Hans Conzelmann
Andreas Lindemann

Arbeitsbuch zum Neuen Testament

6., durchgesehene Auflage

J. C. B. Mohr (Paul Siebeck) Tübingen

Hans Conzelmann: 1915 in Tailfingen geboren, 1952 Promotion und Habilitation; 1956 o. Professor in Zürich; seit 1960 Ordinarius für NT in Göttingen.

Andreas Lindemann: 1943 in Leer geboren, Studium der Theologie in Tübingen und Göttingen, Vikardienst in Göttingen; 1974 Assistent von Professor Conzelmann; 1975 Promotion, 1977 Habilitation; seit 1978 Professor für Neues Testament an der Kirchlichen Hochschule Bethel.

1.– 5. Tausend 1975
6.–10. Tausend 1976, 2., durchgesehene Auflage
11.–15. Tausend 1977, 3., wiederum durchgesehene und verbesserte Auflage
16.–24. Tausend 1979, 4., durchgesehene Auflage
25.–31. Tausend 1980, 5., wiederum durchgesehene und verbesserte Auflage
32.–38. Tausend 1982, 6., durchgesehene Auflage

CIP-Kurztitelaufnahme der Deutschen Bibliothek

Conzelmann, Hans:
Arbeitsbuch zum Neuen Testament / Hans Conzelmann; Andreas Lindemann. – 6., durchges. Aufl., 32.–38. Tsd. – Tübingen: Mohr, 1982.
(Uni-Taschenbücher; 52)
ISBN 3-16-144546-5

NE: Lindemann, Andreas; GT

Einbandgestaltung: Alfred Krugmann, Stuttgart
Druck: Presse-Druck, Augsburg
Printed in Germany

VORWORT

Biblische Exegese, zumal des Neuen Testaments, scheint gegenwärtig weniger „gefragt“ zu sein. Das mag zum einen daran liegen, daß das Interesse an Geschichte überhaupt geringer geworden ist. Es liegt zum erheblichen Teil aber auch daran, daß die Methoden der Exegese sich inzwischen so weit verfeinert und spezialisiert haben, daß sie nur noch „Eingeweihten“ verständlich scheinen. Die Vielfalt der Methoden und vor allem der Ergebnisse erweckt beim Studenten den Eindruck, neutestamentliche Exegese trage weniger zum Verstehen als vielmehr zur allgemeinen Verunsicherung bei.

Es gibt deshalb hier und da die Aufforderung, das Maß an kritischer Arbeit bewußt zurückzuschrauben, um damit wieder mehr „positive“ Ergebnisse zu gewinnen. Solches Bemühen aber wäre keine Weiterentwicklung, sondern ein Rückschritt der exegetischen Arbeit. Deshalb wird in diesem Buch ein anderer Weg beschritten: Wir haben versucht, Methoden und Ergebnisse kritischer Exegese so darzustellen, daß die Schritte, die zu diesen Ergebnissen führten, durchschaubar werden und kritisch nachvollzogen werden können – sei es, daß man sie dann übernimmt, sei es, daß man sie ablehnt. In jedem Fall muß beachtet werden, daß Methodenfragen keine Weltanschauungsfragen sein dürfen, sondern daß sich die Richtigkeit einer Methode rational, d. h. allein am Gegenstand auszuweisen hat. Vielleicht kann auf dieser Grundlage wenn schon nicht die Einheit der Theologie so doch möglicherweise die Einheit der neutestamentlichen Exegese sichtbar werden.

Natürlich kann eine Darstellung der Methoden und Ergebnisse nicht sine ira et studio erfolgen. Auch ein „Arbeitsbuch“ hat einen eigenen besonderen Standort. Wir sind davon ausgegangen, daß die historisch-kritische Auslegung des Neuen Testaments nicht Selbstzweck sein kann, sondern daß sie vor allem zur Klärung dessen beizutragen hat, was christlicher Glaube ist. Insofern ist historische Arbeit von unmittelbarer Aktualität.

Wir danken an dieser Stelle Frau Margitta Stein für das sorgfältige Schreiben des Manuskripts und den Herren stud. theol. Frank Herkommer und Hartmud Plath für die Hilfe bei den Korrekturen.

Herr Dr. Berndt Schaller hat vor allem im Zusammenhang der Darstellung des Judentums wichtige Hinweise gegeben. Dafür gebührt ihm unser besonderer Dank.

Göttingen, den 14. 2. 1975

Hans Conzelmann
Andreas Lindemann

VORWORT ZUR 3. AUFLAGE

Das Arbeitsbuch enthält keine zusammenfassende Darstellung der neutestamentlichen Theologie. Angesichts der Tatsache, daß zahlreiche einschlägige Werke auf dem Markt sind und z. T. auch in paperback-Ausgaben vorliegen (zuletzt die von O. Merk durch umfangreiche Literaturangaben aktualisierte „Theologie des NT" von R. Bultmann, UTB 630), ziehen wir es vor, generell auf diese zu verweisen. Eine Kurzfassung der neutestamentlichen Theologie in diesem Arbeitsbuch hätte sich inhaltlich kaum von H. Conzelmanns „Grundriß der Theologie des NT" (^{3}1976 als Studienausgabe) unterscheiden können.

Das Arbeitsbuch orientiert sich an den „traditionellen" Methoden der Textexegese. Wir sind nach wie vor nicht davon überzeugt, daß die einen erheblichen Aufwand voraussetzenden linguistischen Methoden entscheidende, wirklich neue Einsichten für die Interpretation der neutestamentlichen Texte vermitteln und daß die Ergebnisse wesentlich über das auf dem herkömmlichen Weg Erreichbare hinausführen. Eine ausführliche Darstellung der linguistischen Methoden gibt jetzt K. Berger in seinem Buch „Exegese des Neuen Testaments" (UTB 638), auf das hier verwiesen werden kann.

VORWORT ZUR 5. AUFLAGE

Wiederum haben wir einiges verbessert und ergänzt; notwendig war vor allem die Berücksichtigung der neuen Auflage des NT Graece, insbesondere im Zusammenhang der Darstellung der Textkritik. Diese Ergänzungen sowie die Korrektur der Einordnung des Philipper- und des Philemonbriefes haben dazu geführt, daß die bisherige Seitenzählung nicht beibehalten werden konnte. Die Anregung, bei griechischen Worten jeweils die Übersetzung anzugeben, ließ sich nicht verwirklichen; es dürfte aber im allgemeinen kaum Schwierigkeiten machen, die – ohnehin wenigen – griechischen Texte mit Hilfe einer Bibelübersetzung zu verifizieren.

Göttingen und Bethel,
den 14. 2. 1980

Hans Conzelmann
Andreas Lindemann

INHALT

Zweiter Teil: Neutestamentliche Zeitgeschichte – die Umwelt des Urchristentums

Dritter Teil: Übersicht über die neutestamentlichen Schriften

I. Die Briefe des Paulus

II. Die deuteropaulinischen Briefe

III. Die synoptischen Evangelien und die Apostelgeschichte

Vierter Teil: Jesus von Nazareth

Fünfter Teil: Geschichte des Urchristentums

HINWEISE ZUR BENUTZUNG DIESES BUCHES

Das „Arbeitsbuch zum Neuen Testament“ ist nicht dazu gedacht, daß man es auf einmal von vorn bis hinten durchliest. Es ist vielmehr gedacht als Anleitung zum eigenen Arbeiten und als Einführung in die Methoden und Ergebnisse der exegetischen Arbeit am Neuen Testament. Es soll dem Anfänger Hinweise geben, sich durch das Ganze der Exegese hindurchzufinden, und es kann insofern ein Hilfsmittel für die selbständige Arbeit im Rahmen von Proseminaren und Seminaren sein. Dem Examenskandidaten soll es helfen, die Anwendung des im Studium Gelernten zu erproben.

Die einzelnen Teile des Buches können je für sich durchgearbeitet werden, etwa parallel zu Vorlesungen oder Übungen, aber auch als Ergänzung oder als Hilfe zur Nachbereitung. Es empfiehlt sich allerdings, in jedem Falle mit der „Methodenlehre“ zu beginnen.

Die Arbeits- und Lektürevorschläge sind jeweils so angelegt, daß sie sich mit Hilfe der genannten und in der Regel leicht zugänglichen Hilfsmittel in kurzer Zeit bearbeiten lassen.

Die Literaturangaben beschränken sich im übrigen auch sonst auf das Notwendigste; insofern enthalten sie indirekt Vorschläge zum Aufbau einer privaten neutestamentlichen Handbibliothek. In den meisten der genannten Arbeiten findet man weitere Hinweise, so daß sich ein umfangreicher und verwirrender Literaturapparat vermeiden ließ.

Drei wichtige Abkürzungen sind zu beachten:

Barrett bezeichnet stets: C. K. Barrett, Die Umwelt des Neuen Testaments, WUNT 4, deutsch hrsg. von C. Colpe, 1959 mit der Angabe der *Nr.* eines Quellentextes

L–G bezeichnet stets: J. Leipoldt/W. Grundmann (Hrsg.), Umwelt des Urchristentums II. Texte zum neutestamentlichen Zeitalter, [3]1972, ebenfalls mit der Angabe der *Nr.* eines Quellentextes.
(bei Verweisen auf den ersten Band heißt es durchweg: L–G I mit Angabe der Seitenzahl)

H–S bezeichnet stets: E. Hennecke/W. Schneemelcher (Hrsg.), Neutestamentliche Apokryphen in deutscher Übersetzung, 2 Bände, [4]1968/1971.

Alle anderen Abkürzungen entsprechen den im Theologischen Wörterbuch zum Neuen Testament und in den Nachschlagewerken „Theologische Realenzyklopädie“, „Die Religion in Geschichte und Gegenwart“ sowie „Lexikon für Theologie und Kirche“ vorgeschlagenen.

Erster Teil:

METHODENLEHRE

§ 1 Übersicht über die neutestamentliche Wissenschaft

Literatur: *Zu 1:* R. Bultmann, Das Problem der Hermeneutik, Glauben und Verstehen II, 211–235; ders., Ist voraussetzungslose Exegese möglich?, Glauben und Verstehen III, 142–150; G. Ebeling, Studium der Theologie, UTB 446, 1975, 13–25. *Zu 2.:* G. Ebeling, Die Bedeutung der historisch-kritischen Methode für die protestantische Theologie und Kirche, Wort und Glaube (I), [3]1967, 1–49. *Zu 3.:* W. G. Kümmel, Das Neue Testament. Geschichte der Erforschung seiner Probleme, [2]1970. *Zu 4.:* E. Preuschen, Analecta. Kürzere Texte zur Geschichte der alten Kirche und des Kanons II, 1910; H. v. Campenhausen, Die Entstehung der christlichen Bibel, BHTh 39, 1968; Ph. Vielhauer, Geschichte der urchristlichen Literatur, 1975, 774–786.

1. Grundbegriffe

Die wichtigste Aufgabe der neutestamentlichen Wissenschaft ist die *Exegese,* d. h. die Auslegung des neutestamentlichen Textes.

Der Exegese dienen Hilfsdisziplinen, z. B. die Herausarbeitung der Besonderheiten des neutestamentlichen Griechisch, die Erhellung der neutestamentlichen Zeitgeschichte als einer bestimmten Epoche in der hellenistisch-römischen und jüdischen Geschichte, die Darstellung der sozialen Verhältnisse in Palästina zur Zeit Jesu usw.

Der „Text“ ist in Gestalt der Schriften des NT vorgegeben, die ihre besondere Bedeutung dadurch haben, daß sie in der christlichen Kirche als „Heilige Schrift“ in besonderer Geltung stehen. Der Gebrauch des Neuen Testaments in der Kirche ist vordergründig der Anlaß dafür, daß das Fach „Neues Testament“ einen Platz als theologische Disziplin einnimmt und nicht z. B. zum Bereich der klassischen Altertumswissenschaften gehört. Trotz dieses besonderen theologischen Standorts der neutestamentlichen Wissenschaft entsprechen die Methoden, deren sie sich bedient, den Methoden der Auslegung anderer historischer Texte.

Ziel der Exegese ist das *Verstehen* des Textes. Dem vorausgehen muß jedoch die Frage, welchen Bedingungen Verstehen grundsätzlich unterworfen ist. Die allgemeine Lehre vom Verstehen heißt *Hermeneutik.* Die Hermeneutik als Methode ist notwendig, weil

Text und Leser einander niemals unmittelbar begegnen, sondern immer durch einen zeitlich oder sachlich bedingten Abstand voneinander getrennt sind. Es gibt kein unvermitteltes, gleichsam „direktes" Verstehen, sondern es muß immer zuerst eine Vermittlung geleistet werden. Der Leser muß über die Sprache informiert sein, in der der Text abgefaßt ist, er muß die besonderen historischen, sozialen und kulturellen Bedingungen kennen, unter denen der Text entstand, und er muß die Adressaten, womöglich auch deren Verhältnis zum Autor des Textes kennen.

Eine weitere Voraussetzung sachgemäßer Exegese bezieht sich auf die Position des Exegeten selber: Er muß sich fragen (oder fragen lassen), mit welchen Voraussetzungen er an den Text herangeht. Aus welcher Tradition kommt er, auf welche Fragen erwartet er vom Text eine Antwort, warum befaßt er sich überhaupt mit diesem Text? Es wäre falsch, wollte man die Begegnung zwischen dem Exegeten und dem Text gleichsam in einen „neutralen" Raum verlegen, als gäbe es hier einen (womöglich) geschichtslosen, jedenfalls zeitlos gültigen Text und dort einen Exegeten, der frei von allen Voraussetzungen „objektiv" an den Text herangeht. Voraussetzungslose Exegese gibt es nicht, jede Interpretation ist durch den jeweiligen geschichtlichen Standort des Exegeten zumindest mitbestimmt, und deshalb muß sich der Exeget zunächst auch Klarheit über die von ihm mitgebrachten eigenen Voraussetzungen verschaffen.

Es wird deutlich sein, daß dies nicht im Sinne psychologischer Tiefenschau gemeint ist. Es geht vielmehr darum, den eigenen Standort zu bestimmen, damit es nicht zu einer unsachgemäßen Identifikation zwischen der Aussage des Textes und der vorgegebenen Erwartung des Exegeten kommt; vgl. dazu R. Bultmann, Glauben und Verstehen III, 142–150.

Wesentliche Grundlage für eine wissenschaftlichen Kriterien entsprechende Exegese ist die Kenntnis und Anwendung der *Methoden*, mit deren Hilfe die Aussagen des Textes herausgearbeitet werden können. Dabei gilt der Grundsatz, daß sich die Methode an ihrem Gegenstand orientieren muß und nicht etwa umgekehrt diesen bestimmen darf; die Methoden sind Hilfsmittel und nicht Selbstzweck.

Dieser Grundsatz ist gegen Kritik von „rechts" und „links" festzuhalten. Von rechts, d. h. von der Position des Fundamentalismus aus, wird die These vertreten, Voraussetzung sachgemäßer Exegese sei der persönliche Glaube des Exegeten, der bestimmte „kritische" Ergebnisse von vornherein ausschließe. Von links, z. B. von der Geschichtsideologie des Marxismus her, wird der Standpunkt vertreten, die allein richtige Auslegung auch religiöser Texte sei die marxistische – diese könne aber immer wieder nur zu dem Ergebnis führen, daß Religion unwissenschaftlich und ausschließlich eine Projektion gesellschaftlich bedingter menschlicher Wünsche auf ein metaphysisches Jenseits sei. Beide Positionen weigern sich, ihre eigenen Voraussetzungen kritisch zu prüfen.

2. Methoden

Die biblischen Texte werden methodisch nicht anders behandelt als andere literarische Zeugnisse, insbesondere solche der Antike. Die Bibelwissenschaft bedient sich derselben formalen Methoden wie die Altertumswissenschaften: klassische Philologie, Archäologie, alte Geschichte.

Bei dieser Feststellung können für den Anfänger bereits die ersten Probleme auftauchen. Wer etwa von der Begegnung mit dem Alten und dem Neuen Testament „Erbauung" erwartet, der wird auf einmal mit den Fragen nach Echtheit, Einheit und historischer Zuverlässigkeit konfrontiert. Es stellt sich ihm die Frage, ob nicht seine persönliche Glaubensüberzeugung durch die Infragestellung der historischen Zuverlässigkeit bestimmter Überlieferungen über Jesus gefährdet werden kann, oder ob dies durch die These vermieden wird, daß Glaube und historische Erkenntnis grundsätzlich zwei verschiedenen Ebenen angehören.

Die Bibel unterscheidet sich von anderen antiken Zeugnissen durch ihr Thema. Sie ist eine Sammlung bestimmter geschichtlicher Urkunden, die – in großer Vielfalt theologischer Meinungen – den jüdischen bzw. den christlichen Glauben bezeugen und darstellen. Einzige und zunächst auch nur vorläufige Voraussetzung für die Exegese dieser Zeugnisse ist die Annahme, daß ihre Aussagen in irgendeiner Hinsicht sinnvoll sind, daß es sich also überhaupt lohnt, sie zur Kenntnis zu nehmen. Methodisch unzulässig wäre es, wollte man dem Exegeten die Bedingung stellen, er müsse den Inhalt der Texte a priori akzeptieren (oder im Gegenteil: ihn von vornherein ablehnen).

Dies gilt insbesondere auch gegenüber der von P. Stuhlmacher, Vom Verstehen des Neuen Testaments, GNT 5, 1979, 205–225 verfochtenen „Hermeneutik des Einverständnisses mit den biblischen Texten". Stuhlmacher meint, es sei „mit der vorschnellen wissenschaftlichen Besserwisserei gegenüber der (biblischen) Textüberlieferung Schluß zu machen, und zwar zugunsten einer neuen Suche nach den wirklich lebenstiftenden und lebenerhaltenden Kräften in der Überlieferung" (220). Aber diese Suche ist ja gerade die Aufgabe *kritischer* Exegese, weil eben nicht von vornherein feststeht, welches die „lebenstiftenden Kräfte“ sind; der Maßstab hierfür kann nicht aus der Überlieferung gewonnen werden, sondern allein aus dem Neuen Testament selbst. Bei Stuhlmacher zeigt sich hingegen eine starke Tendenz zur Harmonisierung und sogar Vereinheitlichung der theologischen Aussagen im NT, und zwar von vorgegebenen dogmatischen Prämissen her.

Historische Texte können grundsätzlich unter zwei verschiedenen Gesichtspunkten interpretiert werden: 1) sie können ihres eigenen Aussagegehalts wegen gelesen werden; 2) sie können als Quellen verstanden und interpretiert werden, d. h. der Rekonstruktion historischer Ereignisse dienen.

Beispiele: Die Plato-Lektüre kann den Sinn haben, daß man sich diese Philosophie verstehend aneignet, um dadurch besser philosphieren zu lernen. Man kann Plato-Texte aber auch als Quelle für die Kenntnis der griechischen Geistesgeschichte benutzen. Ebenso kann man Karl Marx lesen, um die gegenwärtige gesellschaftliche Situation besser analysieren und kritisieren zu können; man kann ihn aber auch zur Kenntnis nehmen, um sich über die soziale Bewegung im 19. Jahrhundert zu informieren.

Allerdings darf man beide Betrachtungsweisen nicht als Alternativen ansehen, sie gehören vielmehr zusammen: Um den Text verstehen zu können, muß man ihn historisch richtig eingeordnet haben; um ihn andererseits als historische Quelle benutzen zu können, muß man zuvor seine inhaltliche Aussage analysiert haben. Es ist klar, daß dabei jeweils die eine oder die andere Betrachtungsweise überwiegen wird. Im Neuen Testament zeigt sich das Problem am deutlichsten in den Evangelien: sie sind einerseits die praktisch einzigen *Quellen* für Geschichte und Lehre Jesu, sie sind andererseits *theologische Dokumente* mit eigenem sachlichen Anspruch. Wollte man methodisch voraussetzen, daß einer der beiden Aspekte zugunsten des anderen abzuwerten sei, so würde das von vornherein eine Verkürzung der möglichen Ergebnisse der Exegese darstellen.

3. Die Teildisziplinen

Die Interpretation eines Textes, d. h. die eigentliche exegetische Arbeit, erfordert bestimmte Vorbedingungen: Der Wortlaut des Textes muß feststehen; der damalige Sinn der Vokabeln muß bekannt sein; der literarische Charakter des Textes muß erkannt und definiert sein; der geschichtliche Ort des Textes muß jedenfalls annähernd eingegrenzt sein. Erst dann kann nach der Theologie des Textes gefragt werden.

1) Die *„Textkritik“* befaßt sich mit der handschriftlichen Überlieferung des Textes und bemüht sich von dieser Kenntnis aus um die Rekonstruktion des „ursprünglichen“ Textes, also desjenigen, der der Urfassung so nahe wie möglich kommt. Dabei ist zu berücksichtigen, daß ein Autograph, d. h. die Urschrift, in keinem Fall erhalten ist.

2) Bei der *Übersetzung* muß man beachten, daß der Gebrauch der griechischen Wörter im Neuen Testament nur im Zusammenhang der damaligen Sprach- und Denkform überhaupt zu verstehen ist. Eine schematische Übersetzungsarbeit, die z. B. die Entwicklung der griechischen Sprache von der klassischen Zeit hin zum Hellenismus übersieht, kann den neutestamentlichen Texten nicht gerecht werden. Ebenso wäre es problematisch, wenn nicht der Urtext, sondern bereits die Übersetzung exegesiert würde: der Sinn einer Vokabel wird durch die Übersetzung häufig gerade nicht erhellt, sondern verdeckt. So entspricht beispielsweise der deutsche Begriff „Geist“ keineswegs immer dem griechischen πνεῦμα.

Man kann sich die Bandbreite der Bedeutung klar machen, wenn man sich vergegenwärtigt, wieviele Äquivalente zu „Geist“ es in der englischen Sprache gibt: spirit, intelligence, imagination, genius, ghost, essence.

Um den griechischen Text wirklich verstehen zu können, bedarf es einer sorgfältigen Analyse der konkreten kulturellen, politischen und sozialen Lebensformen jener Zeit, aus der der Text stammt. Mit anderen Worten: für die Bestimmung des Sinns eines einzelnen Begriffes bedarf es ebensosehr einer sorgfältigen Kontextanalyse wie einer lexikalischen Einordnung.

3) Analoges gilt für die Bestimmung der *literarischen Gattung:* Ein zutreffendes Urteil über die historische Zuverlässigkeit z. B. eines Evangeliums-Textes kann man nur gewinnen, wenn man die literarische Gattung berücksichtigt, zu welcher der Text gehört. Liest man etwa eine Wundergeschichte wie einen Tatsachenbericht, so verfehlt man notwendig deren eigene Intention, weil eine solche Wundergeschichte eben nicht als Tatsachenbericht konzipiert ist, sondern ein literarisches Produkt sui generis darstellt.

4) Die historische Einordnung des Textes ist die Aufgabe der *„Einleitungswissenschaft“*, die die äußeren Grundlagen für das Verstehen schafft, indem sie nach dem Verfasser, dem Empfänger, nach der geschichtlichen Situation, in welcher der Text abgefaßt wurde und nach dessen literarischer Einheit fragt. Für die Exegese ist es notwendig zu wissen, ob z. B. ein bestimmter neutestamentlicher

Brief das einzige literarische Zeugnis ist, das wir von seinem Verfasser besitzen, oder ob wir diesen Brief möglicherweise von anderen Briefen oder sonstigen Schriften desselben Verfassers aus interpretieren dürfen. Es ist notwendig zu wissen, ob der Autor einer Schrift die Empfänger und deren besondere Situation kennt, oder ob er den Text gleichsam auf die ganze Kirche bezieht. Das methodische Problem der Einleitungswissenschaft ist, daß sie notwendig einen Zirkel gehen muß: Sie kann die Informationen über die historische Situation des Textes nirgends anders als eben aus diesem Text selbst gewinnen, da weitere, womöglich außerchristliche Quellen über denselben Gegenstand nur in wenigen Fällen vorliegen.

Die „Einleitung in das NT" stellt die historischen Probleme der einzelnen neutestamentlichen Schriften (meist in der Reihenfolge des Kanons) dar; die Darstellungen der urchristlichen Literaturgeschichte informieren über die vorliterarischen Formen sowie über die urchristlichen Schriften in der Folge ihrer Entstehung und gehen dabei bewußt über die Kanonsgrenze hinaus.

5) Zur näheren Bestimmung des historischen Ortes eines Textes gehört auch die Kenntnis der politischen, sozialen und kulturellen Verhältnisse seiner Umwelt, in unserem Falle also jener spätantiken Welt, in der sich das junge Christentum entwickelte. Diese Kenntnisse zu gewinnen ist die Aufgabe der neutestamentlichen *„Zeitgeschichte"*. In engem Zusammenhang mit dieser steht die Darstellung der Geschichte des Urchristentums, des sogenannten „apostolischen Zeitalters". Hier besteht das gleiche Problem wie bei der „Einleitung": die neutestamentlichen Texte sind ja nur sekundär Quellen für historische Vorgänge, d. h., daß sich die Geschichte der frühen Kirche aus ihnen nur sehr indirekt rekonstruieren läßt. Nur selten hat man das Glück, daß – wie im Falle des sogenannten „Apostelkonzils" – neben der lukanischen Darstellung in der Apostelgeschichte (Apg 15) ein davon abweichender Bericht des „Augenzeugen" Paulus (Gal 2) existiert, so daß man beide Darstellungen miteinander vergleichen und so eine gewisse Wertung ihrer historischen Glaubwürdigkeit vornehmen kann.

6) Das eigentliche Ziel der Exegese neutestamentlicher Texte ist die Erklärung ihres theologischen Inhalts. Die Texte sind ja vor allem durch ihren Gegenstand, d. h. dadurch bestimmt, daß sie eine theologische Aussage, einen theologischen Anspruch enthalten, und dieser soll letztlich herausgearbeitet und verdeutlicht werden. Dem Teilgebiet *„Theologie des Neuen Testaments"* kommt deshalb besondere Bedeutung zu, weil hier versucht wird, die theologischen Ge-

danken der neutestamentlichen Schriften zusammenfassend darzustellen – sei es in systematischer Gliederung nach einzelnen Themen (Christologie, Gotteslehre usw. des NT), sei es nach dem geschichtlichen Ablauf (Theologie des Paulus, der Synoptiker usw.).

Über Geschichte, Funktion und Problematik einer „neutestamentlichen Theologie" gibt R. Bultmann in den Epilegomena zu seiner Theologie des Neuen Testaments (S. 585—599) einen sehr guten Überblick.

4. Die Sammlung der neutestamentlichen Schriften (Entstehung und theologische Bedeutung des Kanons)

1) Die neutestamentlichen Schriften sind nicht als „kanonische" verfaßt worden, d. h. sie waren nicht von Anfang an für den ständigen Gebrauch in der gesamten Kirche gedacht. Die Briefe des Paulus beispielsweise waren sogenannte „Gelegenheitsschreiben" (wenn auch keine Privatbriefe), und der Gedanke, es handle sich um „heilige" Schriften, lag noch fern. Die später erfolgte Kanonisierung bestimmter Texte hatte eine doppelte Funktion: einerseits bedeutete sie eine Sammlung der „klassischen" Schriften, andererseits führte sie zur Ausscheidung der nicht-anerkannten, damit also „apokryphen" Schriften.

Vorbild für die Bildung des neutestamentlichen Kanons war der nach dem Jüdischen Krieg, also nach 70 n. Chr., definierte jüdische Kanon des Alten Testaments. Das Christentum übernahm sowohl den Ausdruck „heilige Schriften" als auch den Gedanken, daß diese „inspiriert" seien (2 Tim 3,15 f.). Zwei relativ frühe Etappen auf dem Wege zur Bildung eines neutestamentlichen Kanons sind noch erkennbar. Erstens zeigt sich mit Beginn des 2. nachchristlichen Jahrhunderts die Tendenz, die Paulusbriefe zu sammeln. So kennt der in Rom geschriebene 1. Clemensbrief (um 100 n. Chr.) den 1. Korintherbrief. Auch Ignatius, der bald nach 100 seine Briefe verfaßt, kennt dieses Schreiben. Im 2. Petrusbrief (kurz vor 150?) ist bereits eine Sammlung paulinischer Schriften vorausgesetzt (2 Petr 3, 15 f.), ohne daß wir freilich über deren Umfang etwas erfahren. Bedeutsam ist zweitens der Kanon des „Ketzers" Marcion (um 150), der zwei Teile, nämlich „ὁ κύριος" (= Lukasevangelium) und „ὁ ἀπόστολος" (= Paulusbriefe, ohne die Pastoralbriefe) umfaßte. Es ist umstritten, ob Marcion der Urheber der Idee eines christlichen Kanons war (so Harnack und Campenhausen), oder ob er bereits gewisse Vorbilder hatte. Sicher ist jedoch, daß Marcion der erste war, der eine Sammlung autoritativer christlicher Schriften herausgab.

Der Umfang des Kanons und die Reihenfolge der Schriften war lange Zeit umstritten; vor allem die Vierzahl der Evangelien stellte ein Problem dar. Während Marcion nur das Lukasevangelium kanonisiert, erarbeitet der Syrer Tatian, ein Schüler Justins, um 175 eine Evangelienharmonie aus allen vier Evangelien, die in der Kirche anerkannt waren, das „Diatessaron". Zur Zeit des Irenäus (um 200) hat sich jedoch das Nebeneinander von Matthäus, Markus, Lukas und Johannes durchgesetzt, wobei die Reihenfolge freilich zunächst noch nicht feststeht: Der Kodex D (s. u. S. 26) beispielsweise stellt die beiden Evangelien voran, die den Namen eines Apostels tragen, also Matthäus und Johannes. Auch im zweiten Teil des Kanons, dem „Apostel", gibt es Schriften, die noch längere Zeit umstritten waren: Der Hebräerbrief, Jakobus, die beiden Petrusbriefe und der 3. Johannesbrief fehlen beispielsweise noch im Canon Muratori, einem um 200 verfaßten Verzeichnis der in der katholischen Kirche anerkannten Schriften. Erst im vierten Jahrhundert gibt es den festen allgemein anerkannten neutestamentlichen Kanon.

2) Eine allgemein verbindliche Einteilung des Kanons gibt es auch heute nicht. Luther z. B. stellte Hebr, Jak und Jud zusammen mit der Offenbarung des Johannes an den Schluß des Neuen Testaments, womit er ausdrücklich ein Werturteil über diese Schriften abgab; in der Zürcher Bibel dagegen eröffnen, der Tradition der Vulgata folgend, Hebr und Jak die Reihe der nichtpaulinischen Briefe, ohne daß damit jedoch eine besondere positive Wertung verbunden wäre.

Es muß nicht eigens betont werden, daß sich die historische Reihenfolge ihrer Entstehung oder eine systematisch-theologische Wertung der neutestamentlichen Texte aus ihrer Stellung innerhalb des Kanons nicht ablesen läßt. Andererseits ist es natürlich kein Zufall, daß das in der alten Kirche besonders hoch geschätzte Matthäus-Evangelium am Anfang und die umstrittene Apokalypse am Schluß steht; das gleiche gilt auch für den Römerbrief, der nicht ohne Grund die Reihe der paulinischen Schriften eröffnet.

3) Wegen der Namen ihrer (angeblichen) Verfasser (Petrus, Judas, Jakobus usw.) galten die Schriften des Neuen Testaments als von Christen der ältesten Zeit verfaßt. Mit dem Aufkommen der historischen Bibelkritik wurde aber deutlich, daß keineswegs alle neutestamentlichen Bücher aus der ältesten Zeit stammen, daß vielmehr einige Briefe (Johannesbriefe; 2 Petr) mit Sicherheit jünger sind als manche Schriften, die nicht kanonisiert wurden (1 Clem; Barnabasbrief) – ohne daß sich ihre Bevorzugung in jedem Fall theologisch angemessen begründen ließe. Allerdings ist festzuhalten,

daß die Auswahl der kanonischen Schriften im allgemeinen mit gutem theologischen Urteil erfolgte. Jedenfalls ist als besonderes theologisches Problem der neutestamentlichen Wissenschaft und der christlichen Theologie überhaupt die *Kanonfrage* gestellt: Läßt es sich begründbar vertreten, daß die Exegese sich ausschließlich auf den abgegrenzten Kanon bezieht, obwohl die Kriterien, die einst zur Schaffung gerade dieses Kanons führten, theologisch heute nicht mehr nachvollzogen werden können? Wenn weder der Gedanke der Inspiration noch das Moment der historischen Ursprünglichkeit als Argument in Betracht kommen, wie läßt sich dann überhaupt die Arbeit am „Neuen Testament" als einer irgendwie noch geschlossenen Einheit rechtfertigen?

Wir können hier nur versuchen, die Richtung anzudeuten, in der eine Antwort auf die Kanonfrage zu geben wäre. Die Autorität des neutestamentlichen Kanons darf nicht als eine formale verstanden werden: der 2. Petrusbrief und ebenso auch der Römerbrief haben a priori keine größere formale Autorität als andere theologische Zeugnisse der Kirchengeschichte auch. Ihre besondere Bedeutung ergibt sich allein von ihrem Thema her, der Offenbarung Gottes in Christus, und von der Art, wie sie dieses Thema bearbeiten. Das Kriterium für die Beurteilung biblischer Aussagen ist die Frage, ob in ihnen die Bedeutung der Offenbarung für den Menschen und für die Welt sichtbar gemacht ist oder nicht. Es gibt also im „äußeren" Kanon noch einmal einen „inneren" Kanon. Luther lehrte, als dieser „Kanon im Kanon" sei die Rechtfertigungslehre anzusehen – zwar nicht unbedingt in ihren formalen Kategorien, aber jedenfalls in ihrer theologischen Struktur. Das ist der Sinn seiner bekannten Formel, wirklich *kanonisch* sei das, „was Christum treibet" (aus der Vorrede zu Jak). Das Problem, vor dem man bei der Arbeit am Neuen Testament steht, ist, ob dieser κανών, diese Richtschnur, theologisch sachgemäß ist oder nicht. Eine harmonisierende Systematisierung der neutestamentlichen Aussagen wäre jedenfalls nicht sachgemäß.

Lektürevorschlag

Das historische und theologische Problem des Kanons wird in der Breite der Diskussion dargestellt in dem von E. Käsemann 1970 herausgegebenen und kritisch kommentierten Sammelband „Das Neue Testament als Kanon".

Empfohlen wird die Lektüre von

W. G. Kümmel, Notwendigkeit und Grenze des neutestamentlichen Kanons, aaO, 62–97.

H. v. Campenhausen, Die Entstehung des Neuen Testaments, aaO, 109–123.

G. Ebeling, „Sola scriptura“ und das Problem der Tradition, aaO, 282–335.

§ 2 Hilfsmittel für die wissenschaftliche Arbeit am Neuen Testament

1. Quellenausgaben

1) *Die* Handausgabe des Neuen Testaments ist das Novum Testamentum Graece („Nestle“), das 1979 in völlig neubearbeiteter 26. Auflage von B. und K. Aland herausgegeben worden ist.

Die älteren Auflagen des Nestle basierten auf den großen Editionen des 19. Jahrhunderts (über Einzelheiten s. Nestle²⁵, S. 3*–6*). Die neue Ausgabe geht auf direkte Handschriftenforschung zurück.

Nestle²⁶ verzeichnet im textkritischen Apparat nahezu alle wichtigeren Lesarten der neutestamentlichen Handschriften, so daß der Leser die Entscheidungen der Herausgeber unmittelbar überprüfen und zu einem begründeten eigenen textkritischen Urteil kommen kann.

Von den älteren Auflagen gibt es auch eine griechisch-lateinische (Vulgata-Text) und eine griechisch-deutsche (Luther-Übersetzung von 1912) Ausgabe.

Auf dem Versuch einer Neukonzeption basiert das Greek New Testament (hrsg. von K. Aland und anderen); es verzeichnet nur zu wenigen Stellen den textkritischen Befund und ist deshalb für das Studium ungeeignet. Im *Text* sind das Greek NT³ und Nestle²⁶ identisch.

Für die exegetische Arbeit an den drei ersten Evangelien ist eine *Synopse* unentbehrlich, in der die Texte parallel fortlaufend nebeneinander abgedruckt sind. Zur Zeit gibt es zwei moderne Ausgaben: Die von K. Aland herausgegebene, mit zahlreichen Beigaben (u. a. im Anhang das vollständige Thomasevangelium in deutscher Übersetzung) versehene Synopsis Quattuor Evangeliorum ⁹1976, die auch das ganze Johannesevangelium wiedergibt; und die von H. Greeven völlig neubearbeitete 13. Auflage der ursprünglich von A. Huck herausgegebenen Synopse der drei ersten Evangelien (1981), die die Joh-Texte nur dort abdruckt, wo tatsächlich Parallelen bestehen. Greeven bietet ebenfalls die Parallelen aus den apokryphen Evangelien, ferner jeweils die parallelen Texte des Thomasevangeliums in eigener griech. Rückübersetzung. Der gedruckte Text der Synopse Alands ist identisch mit dem Text von Nestle[26]; auch die verwendeten textkritischen Zeichen sind dieselben. Der Text der Synopse Greevens weicht von Nestle[26] nicht selten ab; der textkritische Apparat ist z. T. ausführlicher als bei Aland, jedoch schwieriger zu entschlüsseln. Durch Greevens Ausgabe ist die textkritische Diskussion neu belebt worden. Vor der (unumgänglichen) Anschaffung einer der beiden Synopsen sollte man beide Ausgaben an einem Textbeispiel sorgfältig miteinander vergleichen, auch hinsichtlich Aufbau und Druckbild.

2) Die neutestamentlichen Schriftsteller beziehen sich nicht selten auf das Alte Testament, wobei sie meistens dessen gebräuchlichste griechische Übersetzung, die „Septuaginta" (LXX) benutzen (s. S. 160). Als bequeme Handausgabe steht die Edition von A. Rahlfs in zwei Bänden ([7]1962) zur Verfügung; eine große kritische Ausgabe mit umfangreichem Apparat, die „Göttinger LXX", ist im Erscheinen begriffen (bisher 16 Bände seit 1926). Die Septuaginta enthält über die hebräische Bibel hinaus weitere Schriften, die alttestamentlichen „Apokryphen". Diese, sowie weitere alte jüdische Schriften außerhalb des alttestamentlichen Kanons („Pseudepigraphen"), finden sich in deutscher Übersetzung bei E. Kautzsch, Die Apokryphen und Pseudepigraphen des AT, [2]1962. Die Pseudepigraphen sowie zusätzliche Texte bietet P. Rießler, Altjüdisches Schrifttum außerhalb der Bibel ([2]1966), dessen Ausgabe im Unterschied zu der von Kautzsch jedoch nur sehr knappe Erläuterungen enthält. Seit 1973 erscheint in kommentierter deutscher Übersetzung die Sammlung „Jüdische Schriften aus hellenistisch-römischer Zeit", hrsg. von W. G. Kümmel und anderen.

3) Unerläßlich ist eine gewisse Kenntnis der Texte der jüdischen Sondergruppe von Qumran am Toten Meer. Die wichtigsten Texte liegen in einer hebräisch-deutschen Ausgabe von E. Lohse vor (Die Texte aus Qumran, [2]1971). In das schwierige rabbinische Schrifttum kann man sich relativ bequem einarbeiten mit Hilfe des Auswahlbandes von R. Mayer, Der babylonische Talmud (1963; Goldmann-Taschenbuch Religion 1902, vgl. u. S. 129 f.).

4) Häufig erfordert die Arbeit am NT auch einen Blick auf spätere christliche Quellen. Die Schriften der sogenannten „Apostolischen Väter" sind griechisch herausgegeben von F. X. Funk – K. Bihlmeyer (Die Apostolischen Väter, 1. Teil, [2]1956). Die neutestamentlichen Apokryphen sind in einer zweibändigen Ausgabe von E. Hennecke – W. Schneemelcher in deutscher Übersetzung gesammelt (Band 1: Evangelien, [4]1968; Band 2: Apokalypsen u. ä., [4]1971).

2. Hilfsmittel für die Übersetzung

1) Das moderne Wörterbuch für den gesamten Bereich der (alt-) griechischen Sprache ist H. G. Liddell–R. Scott, A Greek-English Lexicon ([9]1940, ergänzt 1968). Speziell für die Arbeit am NT ist unentbehrlich W. Bauer, Griechisch-deutsches Wörterbuch zu den Schriften des NT und der übrigen urchristlichen Literatur ([5]1958). Für Spezialarbeiten kann man heranziehen J. H. Moulton – G. Milligan, The Vocabulary of the Greek Testament Illustrated from the Papyri and Other Non-Literary Sources (1929). Dieses Werk enthält zwar nicht den gesamten Wortbestand des NT, gibt jedoch im Unterschied zu Bauer bei der Nennung des Vergleichsmaterials nicht nur die Fundstelle, sondern zitiert den Text.

2) Kein eigentliches Wörterbuch, sondern eine Sammlung monographischer Darstellungen theologisch wichtiger Begriffe des NT ist das von G. Kittel begründete, seit 1954 von G. Friedrich herausgegebene Theologische Wörterbuch zum NT (9 Bände 1933–1973; Registerband und Literaturnachträge 1978/79). In jedem Artikel wird ein ausführlicher Überblick über den Gebrauch des betreffenden Wortes im Griechentum, im AT und im Judentum, im Neuen Testament sowie in nachneutestamentlicher Zeit gegeben; das Gewicht liegt dabei auf der Darstellung der theologischen Bedeutung.

3) Notwendiges Hilfsmittel für Übersetzung und Exegese schwieriger Stellen ist die Grammatik des neutestamentlichen Griechisch von Blaß/Debrunner, die 1976 in einer vollständigen Neubearbeitung von F. Rehkopf erschienen ist. Die Arbeit mit diesem Buch wird durch die umfangreichen Register sehr erleichtert.

4) Einen Überblick über Vorkommen und Gebrauch der im NT belegten Wörter kann man sich selbst verschaffen mit Hilfe einer Konkordanz. Nicht vollständig, aber im allgemeinen ausreichend, ist die Handkonkordanz zum griechischen NT von A. Schmoller ([7]1938, seitdem Neuauflagen). Vollständig ist W. F. Moulton – A. S. Geden, A Concordance to the Greek Testament ([4]1963), wo allerdings nicht der Nestle-Text, sondern die Edition von Westcott-Hort zugrunde gelegt ist. Seit 1975 erscheint die von K. Aland herausgegebene „Vollständige Konkordanz zum griechischen Neuen Testament". Für die LXX gibt es die Konkordanz von E. Hatch–H. A. Redpath, A Concordance to the Septuagint and the Other Greek Versions of the OT (zwei Bände 1897–1906, seitdem nachgedruckt). Eine Konkordanz zu den Schriften der Apostolischen Väter hat H. Kraft zusammen mit U. Früchtel herausgegeben (Clavis Patrum Apostolicorum, 1963).

3. Literatur

1) Die beiden wichtigsten *allgemeinen Nachschlagewerke* sind: Die Religion in Geschichte und Gegenwart (hrsg. von K. Galling; 3. völlig neu bearbeitete Auflage 1957–1965, sechs Bände mit Registerband; abgekürzt RGG³) und das (katholische) Lexikon für Theologie und Kirche (hrsg. von J. Höfer und K. Rahner; 2. Auflage 1957–1967, zehn Bände mit Registerband; abgekürzt LThK²). Über palästinische Landeskunde, Geschichte, Religion, Kultur und Literatur informiert das Biblisch-Historische Handwörterbuch (hrsg. von B. Reicke und L. Rost; 1962–1979, drei Bände und Registerband mit einer sehr ausführlichen historisch-archäologischen Palästinakarte, abgekürzt BHH). Seit 1976 erscheint die auf 25 Bände angelegte Theologische Realenzyklopädie (abgekürzt TRE).

2) Die wichtigste Literaturgattung innerhalb der neutestamentlichen Disziplin bilden die meist in Reihen erscheinenden *Kommentare* zu den einzelnen Schriften des NT. Die bedeutendste deutschsprachige Kommentarreihe ist der Kritisch-exegetische Kommentar über das Neue Testament, begründet 1832 von H. A. W. Meyer (jetzt herausgegeben von F. Hahn; abgekürzt KEK, früher: MeyerK). Die Bände dieser Reihe werden laufend bearbeitet; die Neuauflagen repräsentieren im allgemeinen den gegenwärtigen Stand der Auslegung und bieten ein hohes Maß an historischer und theologischer Information. Reiches philologisches und religionsgeschichtliches Material findet sich im Handbuch zum NT, begründet 1907 von H. Lietzmann (seit 1949 herausgegeben von G. Bornkamm; abgekürzt HNT); hier ist jedoch – bedingt durch die Gesamtanlage des Werkes – die eigentliche theologische Interpretation meist knapp gehalten. „Meyer" und „Lietzmann" werden für die exegetische Arbeit am häufigsten benötigt. Für eingehendere Arbeiten unentbehrlich ist Herders Theologischer Kommentar zum NT (katholisch; hrsg. von A. Wikenhauser; abgekürzt HThK), der seit 1953 erscheint; die einzelnen Bände sind sehr breit angelegt und geben einen guten Überblick über die Diskussionslage. Seit 1975 erscheint der Evangelisch-katholische Kommentar (abgekürzt EKK).

Es empfiehlt sich, neben den bisher genannten Reihen den vollständig vorliegenden, teilweise neu aufgelegten, inzwischen jedoch nicht mehr bearbeiteten „Kommentar zum NT" (hrsg. von Th. Zahn 1903ff.; abgekürzt KNT) sowie den in der DDR erscheinenden Theologischen Handkommentar zum NT (in der Neubearbeitung hrsg. von E. Fascher; abgekürzt ThHK) zur vertiefenden Arbeit heranzuziehen. Beide Reihen sind theologisch eher konservativ, vor allem „Zahn“ ist aber philologisch im allgemeinen sehr sorgfältig. Die beiden wichtigsten fremdsprachigen Kommentarreihen sind der International Critical Commentary (ICC), der seit 1895 erscheint und inzwischen teilweise auch neu bearbeitet wird, und der Commentaire du Nouveau Testament (CNT; seit 1949); ausführliche exegetische Kommentare enthält auch die katholische Reihe Études Bibliques. In erster Linie für den Nicht-Fachmann gedacht sind Das Neue Testament Deutsch (NTD; seit 1932, hrsg. jetzt von G. Friedrich) und die Zürcher Bibelkommentare (ZBK; Neubearbeitung seit 1978) sowie auf katholischer Seite das Regensburger NT (RNT, seit 1938, hrsg. von A. Wikenhauser und O. Kuß). Weitere Kommentare, insbesondere auch solche, die nicht innerhalb von Reihen erschienen sind, findet man bei W. G. Kümmel, Einleitung in das NT verzeichnet.

3) Kein eigentlicher Kommentar, sondern eine unentbehrliche Sammlung von Material aus der rabbinischen Literatur ist der Kommentar zum NT aus Talmud und Midrasch von P. Billerbeck (Band I–IV, ^{5}1969; Band V/VI, ^{3}1969). Das Werk wird in Katalogen und Bibliographien meistens als Strack-Billerbeck verzeichnet; H. L. Strack hat seine Herausgabe ermöglicht, das Werk selbst ist jedoch die alleinige Arbeit von P. Billerbeck.

4) Die Masse der Literatur bilden die Spezialarbeiten zu einzelnen Textstellen oder Themen („Monographien“). Die meisten dieser Monographien erscheinen, wie die Kommentare, in Reihen, stehen also in den Präsenzbibliotheken am selben Ort beieinander. Der Charakter der einzelnen Reihen ist in sich uneinheitlich, generelle Urteile über „wichtige“ und weniger wichtige monographische Reihen lassen sich nicht fällen. Im folgenden wird deshalb nur eine nach dem Alphabet geordnete Auswahl der gegenwärtig erscheinenden Reihen (einschließlich der üblichen Abkürzungen; s. dazu unten) gegeben.

Abhandlungen zur Theologie des Alten und Neuen Testaments – AThANT – Theologischer Verlag, Zürich

Beiträge zur Historischen Theologie – BHTh – J. C. B. Mohr (Paul Siebeck, Tübingen

Biblische Studien – BSt – Neukirchener Verlag, Neukirchen

Beiträge zur Wissenschaft vom Alten und Neuen Testament – BWANT – Kohlhammer, Stuttgart

Beihefte zur Zeitschrift für die Neutestamentliche Wissenschaft – BZNW – de Gruyter, Berlin

Forschungen zur Religion und Literatur des Alten und Neuen Testaments – FRLANT – Vandenhoeck & Ruprecht, Göttingen
Neutestamentliche Abhandlungen – NTA – Aschendorff, Münster
Society for New Testament Studies, Monograph Series – MSSNTS – Cambridge University Press
Novum Testamentum Supplements – Nov Test Suppl – E. J. Brill, Leiden
Studien zum Alten und Neuen Testament – StANT – Kösel-Verlag, München
Studien zum Neuen Testament – StNT – Gütersloher Verlagshaus Gerd Mohn
Studien zur Umwelt des Neuen Testaments – StUNT – Vandenhoeck & Ruprecht, Göttingen
Stuttgarter Bibelstudien – SBS – Katholisches Bibelwerk, Stuttgart
Texte und Untersuchungen – TU – Akademie-Verlag, Berlin (DDR)
Wissenschaftliche Untersuchungen zum Neuen Testament – WUNT – J. C. B. Mohr (Paul Siebeck), Tübingen
Wissenschaftliche Monographien zum Alten und Neuen Testament – WMANT – Neukirchener Verlag, Neukirchen.

5) Aus der Reihe der *Fachzeitschriften* können ebenfalls nur die wichtigsten genannt werden. Im deutschsprachigen Raum steht an der Spitze die Zeitschrift für die neutestamentliche Wissenschaft und die Kunde der älteren Kirche (ZNW, seit 1900); auf katholischer Seite führend ist die Biblische Zeitschrift (BZ, Neue Folge seit 1957). Die wichtigsten internationalen Zeitschriften mit Beiträgen in deutscher, englischer oder französischer Sprache sind die New Testament Studies (NTS, seit 1954), Novum Testamentum (Nov Test, seit 1956) und die Zeitschrift des päpstlichen Bibelinstituts in Rom, Biblica (Bibl, seit 1920). In den USA erscheint u. a. das Journal of Biblical Literature (JBL, seit 1881), in Frankreich die (katholische) Revue Biblique (RB, seit 1894), die in der Information über biblische Archäologie führend ist.

Neuerscheinungen aus allen Gebieten der Theologie werden, zum Teil eingehend, in der Theologischen Literaturzeitung (ThLZ, seit 1876) und in der (katholischen) Theologischen Revue (ThRv, seit 1902) besprochen. Forschungsberichte bringen die Theologische Rundschau (ThR, Neue Folge seit 1929) und die im allgemeinen halbjährlich erscheinende Zeitschrift Verkündigung und Forschung (VF, seit 1941). Aufsätze über neutestamentliche Themen findet man darüber hinaus in allgemein-theologischen Zeitschriften wie Evangelische Theologie (EvTh, seit 1934), Kerygma und Dogma (KuD, seit 1955), Zeitschrift für Theologie und Kirche (ZThK, seit 1891) und Theologische Zeitschrift (ThZ, seit 1945).

6) Eine umfassende *Bibliographie* der theologischen Neuerscheinungen (Bücher und Aufsätze) enthält der Elenchus bibliographicus biblicus (EBB). Aufsätze, neuerdings auch ausgewählte Bücher, zum Alten und Neuen Testament sowie angrenzenden Gebieten, verzeichnet die jährlich erscheinende Internationale Zeitschriftenschau für Bibelwissenschaft und Grenzgebiete (IZBG, seit 1951), wobei jeweils kurze Inhaltsangaben beigegeben sind. Ausführlichere Inhaltsangaben aus einem kleineren (aber ausreichenden) Kreis von Zeitschriften finden sich in den New Testament Abstracts (seit 1956). Auch ZNW und ThLZ (s. o.) verzeichnen neuerschienene Aufsätze und Bücher. Literaturangaben zu bestimmten Themenbereichen kann man im allgemeinen auch den Literaturverzeichnissen neuerer Dissertationen, sowie Kommentaren zu neutestamentlichen Schriften entnehmen.

4. *Abkürzungen*

Um Fachliteratur lesen zu können und auch für die Anfertigung eigener Arbeiten benötigt man eine gewisse Kenntnis der gebräuchlichen Abkürzungen, sei es der biblischen Bücher oder der antiken Schriftsteller und ihrer Werke, sei es der Kommentar- und monographischen Reihen (s. o.). Praktisch vollständig ist das von S. Schwertner zusammengestellte Abkürzungsverzeichnis der im Erscheinen begriffenen Theologischen Realenzyklopädie. Nützlich bleiben daneben die Abkürzungsverzeichnisse der RGG (in jedem Band), des ThWNT (nur im ersten und im zehnten [Register-]Band) oder des LThK. Zum Teil ergänzen sie einander, zum Teil verwenden sie allerdings auch unterschiedliche Abkürzungen. Zu beachten ist, daß manche Zeitschriften, mit Rücksicht auf fremdsprachige Beiträge, ein eigenes Abkürzungssystem geschaffen haben.

Arbeitsvorschlag

1. „Entzifferung" von ThWNT VI Seite 1 (einschließlich Anm. 4) mit Hilfe des Abkürzungsverzeichnisses.

2. Aufschlüsselung der Belegstellen, die Haenchen in seinem Kommentar zu Apg 26, 28 (KEK III, Seite 615 Anm. 1) nennt; man sollte die drei dort genannten Stellen in der Bibliothek nachschlagen.

§ 3 Die Sprache des Neuen Testaments

Literatur: A. Debrunner, Geschichte der griechischen Sprache II, 1954 (Sammlung Göschen 114); E. Norden, Die antike Kunstprosa (II), [5]1958, 451–510; L. Radermacher, Neutestamentliche Grammatik, HNT 1/1, [2]1925.

1. Allgemeines

Die im NT gesammelten Schriften gehören nicht zur gehobenen oder Kunstliteratur, sondern zur volkstümlichen „Kleinliteratur". Nach dem Urteil des Altphilologen E. Norden stehen etwa die Evangelien „völlig abseits von der kunstmäßigen Literatur". Die Sprache der neutestamentlichen Bücher ist nicht das klassische Griechisch, sondern die Umgangssprache der damaligen Zeit, die „Koine", die sich mit der weltweiten Ausdehnung des Griechentums im Zeitalter des „Hellenismus" (s. u. S. 132 ff.) zur Weltsprache entwickelt hatte. Innerhalb der Koine gibt es natürlich auch Abstufungen der sprachlichen Qualität: vulgäre und gebildete Ausdrucksweise, die Umgangssprache auf dem Markt und die Sprache der Literatur lassen sich durchaus unterscheiden. Beispiele für die Umgangssprache findet man in zahlreichen antiken Privatbriefen, die A. Deißmann in seinem Buch „Licht im Osten" zusammen mit der deutschen Übersetzung abgedruckt hat. Die volkstümliche Sprache ist in den Diatriben des Philosophen Epiktet (ca. 50–138 n. Chr.) bewußt als literarisches Mittel verwendet.

2. Besonderheiten des Koine-Griechisch

Den Hauptanteil am Koine-Griechisch hat das Attische, wobei sich die Aussprache jedoch gewandelt, vor allem abgeschliffen hat (Itazismus, d. h. die Neigung, η, ει wie i-Laute zu sprechen). Auch die Formen haben sich vermischt: das α des Aor I dringt in den Aor II ein (εἶπαν statt εἶπον), Verben auf -μι werden an die Verben auf -ω angeglichen (ἐτίθουν statt ἐτίθεσαν). In präpositionalen Wendungen fehlt oft der bestimmte Artikel (vgl. Röm 1,1: εἰς εὐαγγέλιον θεοῦ „für das Evangelium Gottes", nicht etwa „für ein Ev. eines Gottes"). Die scharfe Unterscheidung der Bedeutung der Präpositionen wird nicht mehr durchgehalten, was auch für die Exegese biblischer Texte wichtig ist. Wenn z. B. περί und ὑπέρ beinahe synonym werden, so bedeutet das für die Exegese, daß es sachlich keinen Unterschied macht, ob gesagt ist, Christus sei gestorben ὑπὲρ τ. ἁμαρτιῶν (1 Kor 15,3) oder aber περὶ ἁμαρτιῶν (1 Petr 3,18). Der Gebrauch der Kasus bei den einzelnen Präpositionen wird nicht mehr streng beachtet: ὑπό mit Akk steht auch auf die Frage „wo" (vgl. Röm 6,14 ὑπὸ νόμον nicht „unter ein Gesetz", sondern „unter dem Gesetz"; zum Artikel s. o.). Ähnliches gilt für παρά und πρός: Joh 1,1 καὶ ὁ λόγος ἦν πρὸς τ. θεόν heißt nicht „der λόγος war auf Gott hin (orientiert)", sondern „er war bei Gott". Selbst εἰς und ἐν werden nicht immer unterschieden (Mk 1,9 ἐβαπτίσθη εἰς τὸν Ἰορδάνην „er wurde im Jordan getauft", nicht „... in den Jordan hineingetaucht"). Typisch für das Koine-Griechisch ist, daß der Optativ stark zurücktritt und daß die Tempora, vor allem Imperfekt und Aorist, nicht mehr konsequent unterschieden werden. Nach ἵνα kann der Indikativ stehen (vgl. Bauer s. v. ἵνα); außerdem kann es außer der finalen auch konsekutive Bedeutung haben. Überhaupt können Final- und Konsekutivsätze logisch oft kaum noch voneinander unterschieden werden, wobei im NT allerdings bisweilen ein theologischer Grund mitspielen kann: Gottes Absicht und deren Folgen sind nicht voneinander zu trennen. Der Satzbau lockert sich: Durchkonstruierte Perioden werden selten, wie man besonders gut am Gebrauch des Genitivus absolutus und des acc cum inf im NT beobachten kann (vgl. Bl-Debr §§ 423; 406). Kompliziertere Satzgebilde finden sich fast nur noch im Hebräerbrief und hier und da bei Lukas. Dafür dringen Semitismen, also Anklänge an das Hebräische und Aramäische, ins Griechische ein. Auffallend ist in dieser Hinsicht die pleonastische Setzung des Personalpronomens (Mk 7,25 γυνή, ἧς εἶχεν τὸ θυγάτριον αὐτῆς πνεῦμα ἀκάθαρτον), ferner die Verwendung von εἰς bei εἶναι (Mt 19,5 ἔσονται εἰς σάρκα μίαν; vgl. dazu Bl-Debr §§ 297; 145). Im Bereich der Syntax fällt auf, daß – vor allem bei Markus – eine Aufreihung mehrerer Sätze durch ein einfaches καὶ (ἐγένετο) häufig ist; das entspricht der durchschnittlichen Volkssprache, aber auch dem hebräischen Sprachstil. Man muß beachten, daß viele Semitismen nicht unmittelbar auf das Hebräische oder Aramäische zurückgehen, sondern auf den Einfluß der stark semitisch gefärbten Sprache der LXX – man spricht dann von „Septuagintismen".

Eine sprachliche Besonderheit im neutestamentlichen Koine-Griechisch ist das starke Hervortreten und der Bedeutungswandel bestimmter Vokabeln: πίστις in der festen Bedeutung „der Glaube" oder κύριος in der Bedeutung „der Herr (= Christus)" sind vor allem bei Paulus zu beinahe technischen Begriffen geworden, die ein starkes theologisches Gewicht besitzen. Man erkennt an diesen und anderen Beispielen, daß sich die christliche Gemeinschaft – wenn auch in begrenztem Umfang – eine eigene neue Ausdrucksweise geschaffen hat.

Das sprachliche Niveau innerhalb des Neuen Testaments ist sehr unterschiedlich. Markus schreibt ein sehr einfaches Griechisch, Matthäus und Lukas verbessern ihn an vielen Stellen in stilistischer Hinsicht. Nach dem Urteil der Grammatik von Blaß und Debrunner hat Lukas, neben dem Verfasser des Hebräerbriefes, sprachlich am sorgfältigsten formuliert, vor allem in den Prologen (Lk 1,1–4; Apg 1, 1–3) und in den Paulusreden der Apostelgeschichte. „Paulus zeigt ein gutes, bisweilen gewähltes Vulgärgriechisch", während auf der anderen Seite etwa die Johannes-Apokalypse sprachlich völlig aus dem Rahmen fällt: Sie schreibt – grob gesagt – Semitisch mit griechischen Vokabeln (vgl. Bl-Debr § 3.4).

3. Semitismen

Die semitische Färbung mancher Partien des NT wird von einigen Forschern mit der Annahme zu erklären versucht, daß hier „Übersetzungsgriechisch" vorliege – ursprünglich seien diese Texte aramäisch oder hebräisch verfaßt gewesen und erst dann ins Griechische übersetzt worden. In der Tat ist unbestreitbar, daß Jesus sich einer semitischen Sprache bediente, daß die von ihm überlieferten Worte also irgendwann einmal ins Griechische übersetzt worden sein müssen. Aber diese ursprüngliche semitische Fassung der Worte Jesu läßt sich nicht mehr eindeutig rekonstruieren.

Beispiele: Man kann die Probe machen, indem man die griechischen Worte ins Aramäische zurückzuübersetzen versucht.

1) Nach Lk 10,11 (par Mt 10,7) kündigt Jesus an: ἤγγικεν ἡ βασιλεία τοῦ θεοῦ, was man gewöhnlich übersetzt mit „... ist nahe herbeigekommen". C. H. Dodd (The Parables of the Kingdom, 1935; zahlreiche Neuauflagen) hat hier nun auf das Semitische verwiesen: In LXX seien das hebräische נגע bzw. das aramäische מטא sowohl mit ἐγγίζειν als auch mit φθάνειν wiedergegeben, folglich sei das zitierte Wort Jesu gleichbedeutend mit Lk 11,20 ἔφθασεν ἐφ' ὑμᾶς ἡ βασιλεία τοῦ θεοῦ („... ist bei euch eingetroffen"), so daß man den Schluß ziehen müsse, Jesus selbst habe gelehrt, das Gottesreich sei in seiner Person bereits Gegenwart; nur durch die griechische Übersetzung sei der eindeutige Sinn undeutlich geworden. Dodds Deutung beruht jedoch auf der vorausgesetzten Annahme, daß in Lk 10,11 und 11,20 dasselbe aramäische Wort zugrunde liegt – und das ist überhaupt nicht zu erweisen. Selbst wenn es der Fall sein sollte, so wäre immer noch unbekannt, welches aramäische Wort das war. Hier führt also die Methode der Rückübersetzung gar nicht wirklich weiter, sondern läßt nur die Auffassung des jeweils Rückübersetzenden erkennbar werden.

2) Was bedeutet in der vierten Bitte des Vaterunser das Wort ἐπιούσιος? Hieronymus in seinem Matthäuskommentar erklärt, er habe im „Hebräer-Evangelium“ (tatsächlich handelt es sich wohl um das Nazaräer-Evangelium; vgl. H-S I,95) die Lesart מחר gefunden, die bedeutet „unser morgiges – d. h. zukünftiges – Brot gib uns heute“. Doch auch dieser Hinweis trägt für die Frage nach dem ursprünglichen Verständnis des Satzes im Munde Jesu nichts aus; denn das Nazaräerevangelium hat nicht etwa die semitische Ursprache der Worte Jesus beibehalten, sondern es ist selbst eine Übersetzung aus dem Griechischen ins Hebräische.

3) In Mt 7,6 a ist überliefert „Gebt nicht das Heilige den Hunden und werft eure Perlen nicht vor die Säue“. Jeremias (Abba, 1966, 83 ff.) hat nun darauf hingewiesen, daß das aramäische קדישא sowohl „das Heilige“ als auch „der Ring“ bedeuten kann; der ursprüngliche Sinn jenes Ausspruches sei „Legt den Hunden keinen Ring an und hängt eure Perlen nicht (an den Rüssel der) Schweine“. Hier muß man fragen, ob die Rückübersetzung für das Verständnis der Stelle etwas austrägt.

Es läßt sich tatsächlich wahrscheinlich machen, daß einzelne von neutestamentlichen Schriftstellern verarbeitete Quellen in semitischer Sprache abgefaßt waren. Für ganze Bücher ist jedoch in keinem Fall nachzuweisen, daß sie ursprünglich nicht Griechisch geschrieben waren. Semitische Sprachfärbung beweist jedenfalls nicht, daß eine Übersetzung vorliegt, denn Semitismen stellen sich z. B. auch dann ein, wenn ein Autor mit semitischer Muttersprache griechisch schreibt. Diese Feststellung bedeutet für die Exegese, daß man sich stets mit dem gegenwärtig vorliegenden, also dem griechischen Text auseinandersetzen muß. Zwar ist es für das Verständnis zahlreicher Begriffe im NT erforderlich, die semitischen Äquivalente und deren Geschichte zu kennen, denn z. B. die Bedeutung von ἀλήθεια ist in den neutestamentlichen Texten stärker durch die jüdische als durch die philosophische Tradition der Griechen bestimmt. Aber der Rückgriff auf eine vermutete semitische Urfassung ganzer Textabschnitte ist mit so starken Unsicherheiten behaftet, daß man darauf im allgemeinen besser verzichtet. Das Problem zeigt sich deutlich etwa bei Bultmanns Versuch, hinter dem Logos-Lied von Joh 1,1–18 eine ursprünglich semitische Fassung zu finden (s. u. S. 116 f.).

§ 4 Der Text des Neuen Testaments

Literatur: *Zu 1. und 2.:* K. und B. Aland, Der Text des Neuen Testaments. Einführung in die wissenschaftlichen Ausgaben und in Theorie wie Praxis der modernen Textkritik, 1982, 13–190; B. M. Metzger, A Textural Commentary on the Greek New Testament, 1971. *Zu 3.:* K. und B. Aland, Der Text des NT, 1982, 282–318; H. Zimmermann, Neutestamentliche Methodenlehre, [6]1978, 33–88.

Vorbemerkung:

In diesem Paragraphen sollen Hinweise für die eigene textkritische Arbeit gegeben werden; vor allem aber geht es um eine Hilfe für den Umgang mit den Kommentaren: Man sollte imstande sein, die textkritische Argumentation in den Kommentaren kritisch nachzuvollziehen und zu beurteilen. Für eingehende Informationen verweisen wir auf das bei den Literaturangaben genannte Buch von K. und B. Aland, das als Hilfe insbesondere für die Arbeit mit dem NT Graece (Nestle[26]) gedacht ist.

1. Die Überlieferung des neutestamentlichen Textes

Die neutestamentlichen Bücher sind, wie die antike Literatur überhaupt, nur handschriftlich überliefert. Allerdings besitzen wir gerade vom Neuen Testament eine sehr große Zahl von Handschriften – freilich unterschiedlichen Alters und unterschiedlicher Qualität. Die Ordnung und Bewertung dieser Handschriften mit dem Ziel, womöglich den „Urtext“ wiederherzustellen, ist die Aufgabe der *Textkritik.* Dieses Ziel läßt sich jedoch immer nur annähernd erreichen, und deshalb forscht man a) nach der ältesten handschriftlichen Überlieferung und b) nach der vermutlich „besten“ Textgestalt.

Der älteste uns bekannte Text muß nicht notwendig auch der beste sein; eine später angefertigte Handschrift kann durchaus entweder eine – inzwischen verlorengegangene – sehr gute Vorlage gehabt oder aber durch sorgfältige Bearbeitung den ursprünglichen Text wiederhergestellt haben. Pauschale Urteile sind in der Textkritik in jedem Fall zu vermeiden.

Das erste gedruckte griechische NT brachte im Jahre 1516 der Humanist Erasmus von Rotterdam heraus; aber seine Ausgabe basierte auf schlechten Handschriften und war insgesamt flüchtig gearbeitet. Besser war die „Complutensische Polyglotte“, die zwar schon 1514 (AT: 1517) fertiggestellt war, jedoch erst 1520 mit Erlaubnis Papst Leos X. veröffentlicht wurde; sie enthielt im NT neben dem griechischen auch den lateinischen Text, d. h. die Vulgata (daher auch der Name Polyglotte, d. i. „die Vielsprachige“). Diese Textausgaben waren bis ins 18. Jahrhundert hinein als „textus receptus“ im praktischen Gebrauch. Die ersten kritischen Editionen, d. h. solche, die zu einzelnen Stellen mehrere Lesarten verzeichnen, stammen von J. A. Bengel (1734) und von J. J. Wettstein (1751/52).

Wettsteins 1962 wieder gedruckte Ausgabe bietet neben den Handschriftenvarianten eine Fülle von Parallelen aus griechischen, lateinischen und jüdischen Schriftstellern – sie ist deshalb bis heute von Wert für die Exegese.

Die moderne methodisch betriebene Textkritik begann im 19. Jahrhundert; sie fand ihren Niederschlag in den NT-Ausgaben von Tischendorff – seine „Editio octava critica maior" erschien 1869/72 –, Westcott–Hort und von Soden, die alle eine eigene Textrekonstruktion und im Apparat den ihnen erreichbaren Handschriftenbefund bieten.

2. *Die neutestamentlichen Handschriften*

1) Erste Aufgabe der Textkritik ist die ungefähre Bestimmung des Alters einer Handschrift. Im allgemeinen ist die Paläographie hier bereits zu einigermaßen gesicherten Ergebnissen gekommen. Erstes Indiz ist die äußere Form der Schrift, vor allem der Unterschied zwischen Majuskeln (große Buchstaben) und Minuskeln (kursive Kleinbuchstaben). Im Unterschied zu den antiken Privatschreiben wurden die Bücher in Großbuchstaben geschrieben, die ohne Worttrennung, Interpunktion oder Akzente, d. h. in „scriptio continua" nebeneinandergesetzt wurden. Die antike Alltagsschrift, die Kursivschrift mit kleinen Buchstaben, die ähnlich unserer Schreibschrift fortlaufend geschrieben wurde, setzte sich in Bibelhandschriften erst vom 8./10. Jahrhundert an durch. Die Paläographie hat darüber hinaus noch eine Reihe weiterer Gesichtspunkte erarbeitet, die eine genauere Datierung von Handschriften ermöglichen. Aufgrund der Form der Buchstaben, aufgrund der Abkürzungen häufig wiederkehrender Worte (beispielsweise $\overline{\Theta\Sigma}$, $\overline{\Pi N}$ und $\overline{K\Sigma}$ für ΘΕΟΣ, ΠΝΕΥΜΑ und ΚΥΡΙΟΣ) und aufgrund des verwendeten Schreibmaterials läßt sich das Alter einer Handschrift verhältnismäßig genau bestimmen.

Als weiteres Indiz für das Alter einer Handschrift kommt theoretisch auch die Buch*form* in Frage. In der Antike gab es zwei Bucharten, die Rolle und den Kodex. Bei der (älteren) Rolle werden die einzelnen (Papyrus-)Blätter aneinandergeklebt und auf einem Stab aufgerollt; geschrieben wird in Kolumnen, so daß beim Lesen der Text von der einen zur anderen Seite abgerollt wird. Beim Kodex dagegen werden wie beim heutigen Buch die Blätter gefalzt, in Lagen aufeinandergelegt und geheftet (Einzelheiten bei O. Paret, Die Bibel. Ihre Überlieferung in Druck und Schrift, ^{2}1950, 34 f.). Da neutestamentliche Handschriften, selbst das aus dem 2. Jahrhundert stammende älteste Papyrusbruchstück P 52, ausschließlich als Kodizes erhalten sind, kommt die Buchform als Unterscheidungsmerkmal für die neutestamentliche Textkritik nicht in Betracht.

Das normale Schreibmaterial der Antike war der aus Ägypten stammende Papyrus. Papyrus war verhältnismäßig billig, aber auch empfindlich gegen äußere Einflüsse. Papyri sind daher fast ausschließlich im trockenen Ägypten gefunden worden. Erst später, als die Gemeinden wohlhabender geworden waren, konnten sie sich das teure Pergament leisten; man kann deshalb im allgemeinen sagen, daß Papyri von hohem Alter sind.

In der heutigen Textkritik werden die Papyri durch den Buchstaben P und beigefügte Nummern bezeichnet, wobei sich diese Nummern nicht auf das Alter, sondern nur auf die Reihenfolge der Registrierung beziehen. Bis in die dreißiger Jahre unseres Jahrhunderts hinein besaß man von den Papyri nur kleine Bruchstücke; erst seither kamen umfangreiche Papyrus-Manuskripte ans Licht: Die Chester-Beatty-Papyri P 45 (Evangelientext), P 46 (Paulusbriefe) und P 47 (Apokalypse) aus dem 3. Jahrhundert sowie die unvergleichlich gut erhaltenen Bodmer-Papyri, unter denen P 66 (um 200 geschrieben; er enthält das Johannes-Evangelium) und P 75 (ebenfalls Anfang des 3. Jahrhunderts geschrieben; er enthält das Lukas- und das Johannesevangelium) herausragen. Von diesen Papyri (die jeweils nach ihrem Besitzer genannt werden) gibt es Photographien, so daß man sich von ihrem Zustand ein Bild machen kann. Durch diese und andere Papyrusfunde ist die Textkritik neu belebt worden.

Die Masse der Handschriften sind die Pergamentkodizes. Üblicherweise werden die seit längerem bekannten Majuskeln durch lateinische und griechische Großbuchstaben bezeichnet, Codex Sinaiticus durch das hebräische א.

Für diese und alle inzwischen entdeckten Majuskeln gibt es auch eine fortlaufende Numerierung (zur Unterscheidung von den Minuskeln mit vorangestellter Null, also 01, 02 usw.). Eine praktisch vollständige Übersicht über die griechischen NT-Handschriften mit Angabe des Alters und des Inhalts enthält Nestle[26], S. 684–711. Ausführlich beschrieben werden die Handschriften bei K. und B. Aland, Der Text des NT, 106–113 (Papyri). 113–137 (Pergament-Majuskeln). 137–166 (Minuskeln). Sehr hilfreich ist jetzt die Einteilung der Handschriften in verschiedene (Qualitäts-)Kategorien (Übersicht 167–171).

Die vier wichtigsten Majuskel-Kodizes enthielten ursprünglich das ganze Alte und Neue Testament; es bestehen jetzt aber z. T. recht erhebliche Lücken.

ℵ = 01 „Sinaiticus“ aus dem 4. Jahrhundert; der Name geht darauf zurück, daß Tischendorf den Kodex in einem Kloster am Sinai entdeckte. Das Zeichen für den Sinaiticus in der alten Synopse von Huck–Lietzmann war nicht ℵ, sondern S.
A = 02 „Alexandrinus“ aus dem 5. Jahrhundert;
B = 03 „Vaticanus“, geschrieben um 350;
C = 04 „Codex Ephraemi rescriptus“ aus dem 5. Jahrhundert;

Der Kodex C ist ein „Palimpsest“: Pergament war teuer und so radierte man manchmal einen Text aus und schrieb einen anderen – in diesem Fall Werke des syrischen Kirchenvaters Ephraem – darüber.

Alle übrigen Majuskeln enthalten nur Teile des NT, seien es die Evangelien, die Paulusbriefe o. a.

Für diese Teilhandschriften werden dieselben Buchstaben bisweilen mehrfach gebraucht: Ein Kodex D enthält Evangelien und Apostelgeschichte, der zweite Kodex D enthält die Paulusbriefe; beide stammen aus dem 6. Jahrhundert. Man sollte sich deshalb die Namen oder die Nummern merken: D^{e} ist der Codex Bezae (Cantabrigiensis), der früher dem Genfer Reformator Theodor Beza gehörte und sich heute in Cambridge befindet, mit der Nummer 05; D^{p} ist der eine Zeitlang im Kloster Clermont (Frankreich) aufbewahrte Codex Claromontanus mit der Nummer 06 (früher übrigens ebenfalls im Besitz Bezas).

Die Minuskelhandschriften werden fortlaufend numeriert. Sie stammen in der Mehrzahl aus dem 10./11. Jahrhundert (s. o. S. 22) oder aus späterer Zeit, und ihre Bedeutung ist erheblich geringer als die der Papyri und Majuskeln. Dennoch sind einige von ihnen durchaus zu beachten: Die bekannteste ist die Minuskel 33, die „Königin der Minuskeln“, die dem Text des Vaticanus nahesteht; in den Paulusbriefen hat (zusammen mit P 46) die Minuskel 1739 eine gewisse Schlüsselstellung. Beachtet werden schließlich zwei Gruppen verwandter Minuskeln, die nach den Entdeckern dieser Verwandtschaft „Lake-“ und „Ferrar-Gruppe“ (bei Nestle abgekürzt durch f^{1} und f^{13}) genannt werden.

Für die Textkritik sind neben den griechischen Handschriften auch die alten Übersetzungen von Bedeutung, die z. T. in eine frühe Zeit zurückführen. Die wichtigsten sind die syrischen, die aus Ägypten stammenden koptischen und die lateinischen Übersetzungen (Informationen darüber geben K. und B. Aland, Der Text des NT, 191–226; vgl. Greeven, Synopse, S. XIX–XXVI). Material für die Textkritik bieten endlich auch die Schriftzitate in den Werken der Kirchenväter; man muß freilich beachten, daß diese nicht immer wörtlich zitieren und daß die handschriftliche Überlieferung im allgemeinen schlechter ist als die des NT (vgl. dazu K. und B. Aland, 179–190).

Die Einteilung der biblischen Texte in Kapitel erfolgt im 13. Jahrhundert; Luther zitiert „Matthäi am Letzten" ohne Verseinteilung, die erst der Pariser Buchdrucker Estienne im Jahre 1551 schuf.

Eine gewisse Bedeutung haben schließlich auch die Lektionarien, also die für die Lesung im Gottesdienst bestimmten Perikopensammlungen.

Ein besonderes Problem ist bei Lk und bei den paulinischen Briefen der Text des als Erzketzer in die Kirchengeschichte eingegangenen Marcion. Marcion veränderte die Texte stark, weil sie seiner Meinung nach im Sinne des Judaismus verfälscht worden waren und deshalb gereinigt, in ihrem „ursprünglichen" Sinn wiederhergestellt werden mußten.

Marcion streicht z. B. das ganze 4. Kapitel des Römerbriefes (Glaubensgerechtigkeit des Abraham), und er erreicht an anderen Stellen durch teilweise ganz geringfügige Veränderungen des Wortlauts eine völlige Umkehrung des Sinnes. So entfernt er in Gal 1,1 die Worte καὶ θεοῦ πατρός, so daß nun dasteht, Jesus Christus sei nicht von Gott auferweckt worden, sondern er habe sich selbst auferweckt. Dahinter steht die Tendenz, zwischen dem Gott des AT als dem (unvollkommenen) Schöpfer der schlechten Welt und dem von Christus offenbarten „fremden" Gott der Gnade scharf zu unterscheiden.

Es wäre falsch, wollte man die Lesarten Marcions durchweg als tendenziös ablehnen. Sein Text ist sehr früh entstanden (um 150) und daher jedenfalls zu beachten. Allerdings kennen wir ihn nur aus den Schriften einiger Kirchenväter (insbesondere Tertullian), so daß eine zuverlässige Rekonstruktion nicht möglich ist.

Arbeitsvorschlag

Textkritische Analyse von Eph 3,9. Welche Absicht ist bei den verschiedenen Lesarten erkennbar?

2) Die Untersuchungen der Textkritiker haben gezeigt, daß manche Handschriften eine deutliche Verwandtschaft untereinander aufweisen, so daß man mehrere „Textfamilien" unterscheiden kann:

a) Die wichtigste Gruppe ist der ägyptische oder genauer: alexandrinische Text; er wird vor allem von den oben genannten alten Majuskeln א, B und C sowie außerhalb der Evangelien auch von A repräsentiert.

Man muß beachten, daß eine Handschrift keineswegs durchgehend einen und denselben Texttypus vertreten muß. Vielmehr kann der Abschreiber ja in den Evangelien eine andere Vorlage als beispielsweise bei den Paulusbriefen gehabt haben. Der Kodex A gehört in den vier Evangelien zum Koine-Texttyp.

Die Bedeutung des alexandrinischen Texttyps hat sich durch die Papyrusfunde (P 46.66.75 und mit Einschränkungen auch P 45) noch erhöht.

Man nahm früher an, ein gewisser Hesychius habe diesen Texttyp durch methodische Arbeit geschaffen und sprach deshalb auch vom „hesychianischen" Text (vgl. das Zeichen $\mathfrak{H}$ in den früheren Ausgaben des Nestle).

b) Die zweite Gruppe ist der sogenannte „westliche" Text, der so heißt, weil er unter anderem durch die lateinischen Übersetzungen vertreten wird. Er war aber auch in Syrien und in früher Zeit auch in Ägypten verbreitet, wie P 38.48 und einige später geänderte Lesarten in P 46.66 zeigen; deshalb ist die Bezeichnung „westlich" unglücklich, hat sich aber eingebürgert. Hauptzeugen für diesen Texttyp sind die Kodizes Bezae Cant. (D^e) und Claromontanus (D^p). Die Lesarten enthalten erhebliche Besonderheiten, z. T. starke Wucherungen; in den Synoptikern zeigt sich die Tendenz, die Texte der einzelnen Evangelien aneinander anzugleichen.

c) Die Masse der Handschriften bezeugt den „byzantinischen" Texttyp ; er wird auch „Reichstext" oder gewöhnlich Koine genannt. Dieser Texttypus enthält zahlreiche Änderungen, meist „Verbesserungs"versuche und Zusätze; der Wert für die textkritische Arbeit ist geringer, obwohl auch hier Pauschalurteile zu vermeiden sind. Das Zeichen für die Koine in den früheren Ausgaben des Nestle war $\mathfrak{K}$.

3. Methoden der Textkritik

Für die eigentliche textkritische Arbeit geht man zunächst von der äußeren Bezeugung einer Lesart aus, wobei man sich weniger auf die Zahl als auf die Qualität der Handschriften bezieht. An der Spitze rangieren die Papyri und die Kodizes des alexandrinischen Typs, die im allgemeinen den späteren Handschriften vorzuziehen sind, auch wenn sich diese weit in der Überzahl befinden. Hat man den Lesartenbefund aufgenommen und in etwa geordnet, so folgt der wichtige zweite Schritt, die „innere Textkritik": Die als älteste und ursprüngliche vermutete Lesart muß einen vernünftigen, dem Kontext entsprechenden Sinn ergeben, und es muß möglich sein, zu erklären, wie die anderen Lesarten durch Textänderungen aus dieser ersten entstanden sein könnten. Dabei ist zu unterscheiden zwischen 1) den unabsichtlichen Schreib- und Lesefehlern und 2) den absichtlichen Änderungen des Textes.

1) Unabsichtliche Schreib- und Lesefehler können dadurch entstehen, daß ein Text in der Majuskelschrift (vgl. S. 22) verschieden gelesen werden kann, was dazu führt, daß der Rückgriff auf die ältesten Handschriften nichts nützt. Beispiel: In Mk 10,40 heißt es τὸ δὲ καθίσαι ... ΔΟΥΝΑΙΑΛΛΟΙΣΗΤΟΙΜΑΣΤΑΙ. Die letzten Buchstaben können gelesen werden entweder „ἀλλ' οἷς ἡτοίμασται", d. h. „... sondern denen es bestimmt ist" (wobei zu ergänzen wäre „... wird es geschenkt werden"), und so drucken die meisten NT-Ausgaben; die Vulgata übersetzte entsprechend „... sed quibus paratum est". Es kann aber auch gelesen werden „ἄλλοις ἡτοίμασται", also „es ist für andere bestimmt"; so hat z. B. die syrische Übersetzung (sy^{s}) die Stelle verstanden, und diese Interpretation vertritt auch E. Klostermann, Mk, 108. Eine Entscheidung läßt sich nur aufgrund des Sinns, nicht aber aufgrund des handschriftlichen Befunds in den alten Majuskeln fällen, denn dieser ist in beiden Fällen derselbe.

Manche Schwierigkeiten gehen auf die Aussprache in der Zeit der Koine zurück: In Röm 5,1 ist überwiegend die Lesart ἔχωμεν bezeugt, aber man muß wissen, daß ο und ω in der Koine in derselben Weise ausgesprochen wurden – d. h. im Klang bestand für die Abschreiber gar kein Unterschied zwischen beiden Worten. Die Entscheidung läßt sich nur aufgrund des Kontexts der paulinischen Theologie fällen, und dieser macht es wahrscheinlich, daß es nicht ἔχωμεν („wir sollen Frieden haben mit Gott"), sondern ἔχομεν („wir haben Frieden") heißt. Auch der in der Koinesprache verbreitete Itazismus konnte zu Schreibfehlern führen: εἶδε, ἴδε und ἤδη wurden praktisch gleich ausgesprochen und konnten deshalb leicht verwechselt werden. Eine häufige Ursache für unabsichtliche Fehler ist die versehentliche Auslassung (Haplographie) oder auch versehentliche Doppelung (Dittographie) von Worten oder ganzen Satzteilen. So läßt es sich z. B. nur durch den Sinn entscheiden, ob es in 1 Thess 2,7 heißt ἐγενήθημεν ἤπιοι („wir waren mild, sanft"), oder ob man dies für Haplographie hält und als ursprünglich ansieht: ἐγενήθημεν νήπιοι („wir waren töricht"). Hält man umgekehrt die zuerst genannte Möglichkeit für ursprünglich, so müßte man annehmen, daß die zweite durch Dittographie entstand. Nicht selten begegnet Homoioteleuton (die übereinstimmende Endung von Worten oder Textzeilen), das bisweilen zur Auslassung eines Wortes oder auch einer ganzen Zeile führt. So ist in einigen Mt-Handschriften ein ganzer Vers, nämlich 12,47, ausgelassen, weil V. 46 und V. 47 mit dem Wort λαλῆσαι enden. Diese Stelle ist zugleich ein guter Beleg dafür, daß ein Pauschalurteil über den Wert von Handschriften im Einzelfall zu falschen Entscheidungen führen kann: Mt 12,47 wird vom Vaticanus und der ursprünglichen Fassung des Sinaiticus nicht gelesen, während der Vers in der Koine und in den „westlichen" Texten überliefert ist – was zweifellos ursprünglich ist. Ähnlich liegt der Fall in Joh 21,25: Der Vers wird in der ursprünglichen Fassung des Kodex א nicht überliefert, ganz offensichtlich wegen seiner Nähe zu Joh 20,30.

2) Interessanter sind die absichtlichen Änderungen, die ein Abschreiber im Text vorgenommen hat. So gibt es beispielsweise in den synoptischen Texten starke Tendenzen zur Harmonisierung der Evangelien; zu vergleichen ist etwa der Handschriftenbefund bei Mk 8,31; 9,31; 10,34 mit dem der Parallelen bei Mt und Lk. Hier ist wahrscheinlich diejenige Lesart die beste, die die geringsten Übereinstimmungen mit den Paralleltexten aufweist. Häufig wird ein Text auch durch Material aus den Seitenreferenten, vor allem aus Mt, aufgefüllt; hier ist ein gutes Beispiel die textliche Überlieferung des Vaterunsers bei Lk (11,2–4) im Vergleich zu Mt (6,9 bis 13): Ganz offensichtlich ist die kürzere Überlieferung in den Lukashandschriften durch den Matthäustext ergänzt worden.

Zwei Faustregeln sollte man sich merken: 1. Die kürzere Lesart ist im allgemeinen die bessere, denn die Abschreiber haben eher Zusätze gemacht als Streichungen vorgenommen (Kurzformel: „lectio brevior potior"). Ein Beispiel: Die Schlußdoxologie des Vaterunsers wäre nicht gestrichen worden, wenn sie von Anfang an dazugehört hätte; vielmehr fehlte sie im ursprünglichen Text und wurde, weil sie liturgisch in Gebrauch war, sekundär ergänzt. Konsequenz für die Textkritik: Die Lesart ohne die Doxologie ist die bessere. 2. Die Textaussagen, die man nicht mehr recht verstand, wurden aufgehellt oder der inzwischen veränderten dogmatischen Situation angepaßt. So wurde die Aussage von Joh 7,39 („den Geist gab es noch nicht") im Sinne der Trinitätstheologie geändert: „der heilige Geist war noch nicht verliehen". Hier gilt die Regel der sogenannten „lectio difficilior": Der schwieriger zu verstehende, anstößigere Text ist im allgemeinen der bessere, sofern er nicht so „schwierig" ist, daß er gar keinen Sinn ergibt. J. A. Bengel formulierte daher präziser: proclivi praestat ardua.

Die äußerste textkritische Maßnahme ist die Konjektur: Wenn kein überlieferter handschriftlicher Text einen verständlichen Sinn gibt, dann – aber auch nur dann! – ist vermutungsweise festzustellen, wie der Urtext gelautet haben könnte. Konjekturen werden in der modernen Exegese des NT nur noch in den seltensten Fällen vorgeschlagen. Ein Beispiel ist Apg 4,25, wo keine der handschriftlich überlieferten Lesarten einen vernünftigen Sinn ergibt.

Übungsbeispiel

Textkritik von Mk 1,4:

Die textkritische Arbeit vollzieht sich in drei Schritten: 1) Aufnahme des handschriftlichen Befundes; 2) Beurteilung der einzelnen Lesarten; 3) das eigentliche textkritische Urteil mit dem Ziel, die Textgeschichte zu rekonstruieren.

1) Der handschriftliche Befund (nach Nestle^{26}):

I Kodex B (Vaticanus), Minuskel 33, wenige andere griechische Handschriften, sowie einige bohairische (d. h. koptische) Handschriften bezeugen die Lesart:
ἐγένετο Ἰωάννης ὁ βαπτίζων ἐν τῇ ἐρήμῳ κηρύσσων βάπτισμα

II Kodex ℵ (Sinaiticus) und die Kodizes L und Δ, ferner wenige andere griechische Handschriften, sowie die Mehrzahl der bohairischen Handschriften bezeugen die Lesart:
ἐγένετο Ἰωάννης ὁ βαπτίζων ἐν τῇ ἐρήμῳ καὶ κηρύσσων βαπτισμα

III Die Kodizes A (Alexandrinus) und W (Freerianus), ferner die Kodizes K (017), P (024), Γ (036) und 0133, die Minuskelfamilien f^{1} und f^{13} sowie die Minuskeln 565, 1010, 1241, und 1424 und die ganz überwiegende Zahl der übrigen Minuskeln, außerdem eine syrische Ausgabe und offenbar auch die sahidische (d. h. koptische) Überlieferung bezeugen die Lesart:
ἐγένετο Ἰωάννης βαπτίζων ἐν τῇ ἐρήμῳ καὶ κηρύσσων βάπτισμα

Die Aufschlüsselung des Sigels 𝔐 („Mehrheitstext") ist etwas kompliziert: Die Übersichten bei Nestle^{26} S. 12* f. nennen alle zu Mk *stets genannten* Handschriften. Die Anwendung des S. 10* f. beschriebenen Verfahrens ergibt, daß hinter 𝔐 in diesem Fall zunächst der Kodex 0133 steht (alle anderen „ständigen Zeugen" sind entweder schon für andere Lesarten genannt oder enthalten, wie die Übersicht S. 684 ff. zeigt, die Stelle gar nicht), außerdem aber auch die S. 13* genannten Handschriften, soweit sie Mk 1,4 enthalten (s. o.), und schließlich die S. 711 aufgeführten Minuskeln.

IV Die Kodizes D (Bezae Cantabrigiensis) und Θ (Koridethi), die Minuskeln 28 und 700, die lateinische Überlieferung (einschließlich Vulgata) und die syrische Peschitta bezeugen die Lesart:
ἐγένετο Ἰωάννης ἐν τῇ ἐρήμῳ βαπτίζων καὶ κηρύσσων βάπτισμα

(Vulgata: Fuit Ioannes in deserto baptizans et praedicans baptismum)

2) Beurteilung: Lesart I ist quantitativ schwach, qualitativ aber recht gut bezeugt, da B Hauptzeuge des ägyptischen Texttyps ist. Lesart II ist quantitativ und qualitativ gut bezeugt, da alle genannten Majuskeln zum ägyptischen Texttyp gehören. Lesart III ist quantitativ am stärksten bezeugt, allerdings vornehmlich durch Zeugen des Koine-Texttyps (Kodex A, Minuskeln) und des „westlichen" Texts (Kodex W). Lesart IV wird jeweils vom Hauptvertreter des „westlichen" und des Caesarea-Textes bezeugt (s. o. S. 26); zwar ist insbesondere D gegenüber Vorsicht angebracht, aber angesichts des hohen Alters dieses Typs ist Ursprünglichkeit keinesfalls von vornherein auszuschließen. Der äußere Befund läßt also kein sicheres textkritisches Urteil zu.

3) Deshalb muß versucht werden, die Textgeschichte zu rekonstruieren, um auf diesem Wege die älteste erreichbare Fassung zu finden, aus der sich alle anderen ableiten lassen.

a) Wir gehen hypothetisch von der Annahme aus, daß Lesart III – da insgesamt quantitativ am stärksten bezeugt – ursprünglich sei (so Greeven in seiner Synopse) und fragen, ob sich die anderen Lesarten aus ihr erklären lassen. Bei Lesart IV ist das zweifellos der Fall: D und die anderen haben durch einfache Umstellung der Wortfolge den Text geglättet. Nicht zu erklären ist aber, warum die Schreiber der Lesarten I und II vor dem Partizip βαπτίζων den Artikel ὁ eingefügt haben sollten, der ja die grammatische Konstruktion stört.

b) Wir nehmen also an, Lesart II sei ursprünglich; א ist eine ausgezeichnete Handschrift, und der ungewöhnliche Titel ὁ βαπτίζων ist sicher ursprünglich, zumal א hier mit B übereinstimmt. Im übrigen ist Lesart II (ὁ βαπτίζων ... καὶ κηρ.) zwar „schwieriger" als Lesart I, wo καὶ fehlt; aber da die unschöne Fortsetzung eines finiten Verbs durch ein mit καί angeschlossenes Partizip bei Mk sonst nicht begegnet, ist wohl gegen die Regel der „lectio difficilior" zu entscheiden (anders Nestle[26]).

c) Es muß also geprüft werden, ob die Textgeschichte erklärt werden kann unter der Annahme, Lesart I biete die älteste erreichbare Textform (so Nestle[25]). Dann hätte der Schreiber der Lesart II die beiden Partizipien βαπτίζων und κηρύσσων miteinander verbunden, den nun störenden Artikel vor βαπτίζων aber zu streichen vergessen. Es ist jedoch auch denkbar, daß die Lesart III direkt aus Lesart I abzuleiten ist und daß Lesart II eine Mischform aus beiden darstellt. Lesart IV ist in jedem Fall die jüngste Textfassung.

Fazit: Die Textgeschichte von Mk 1,4 läßt sich wohl am ehesten unter der Annahme erklären, daß im Vaticanus die älteste uns erreichbare Textgestalt erhalten ist.

Arbeitsvorschläge

1. Lektüre eines Stücks Majuskeltext anhand von Photographien (zahlreiche Abbildungen bei K. und B. Aland, Der Text des NT, 1982) oder anhand von Faksimiles (vgl. die Ausgabe der Bodmer Papyri Bibliotheca Bodmeriana, 1956 ff.).
2. Lektüre von Joh 11,31–37 nach P 66 (Bodmer II; aaO, 111) mit den Erklärungen von H. Zimmermann (s. Literaturangaben), 84–88.
3. Studium des Apparats bei Nestle S. 170 f. (Lk 5,39–6,9), wobei vor allem auf Harmonisierungslesarten (insbesondere im Kodex D) und auf Zusätze zu achten ist.
4. Textkritische Analyse von Mk 1,1.
5. Als weiterführende Lektüre: H. Zimmermann (s. Literaturangaben), 59 ff.
6. Instruktiv ist die Lektüre von B. Aland, Neutestamentliche Textkritik heute, VF 21 (2/1976) 3–22.

§ 5 Die literarischen Gattungen im Neuen Testament

Literatur: *Zu 1.:* W. Schneemelcher, Evangelium, in: H-S I, 41–51. *Zu 2.:* P. Wendland, Die urchristlichen Literaturformen, 1912. O. Roller, Das Formular der paulinischen Briefe, BWANT IV/6, 1933; Art. Epistolographie, in: Der Kleine Pauly II, 1967, 324–327. *Zu 3.:* M. Dibelius, Aufsätze zur Apg, FRLANT 60, [5]1968 (darin insbesondere: Der erste christliche Historiker, 108–119). *Zu 4.:* Ph. Vielhauer, Die Apokalyptik, in: H-S II, 408–421.

Vorbemerkung

Man kann die neutestamentlichen Schriften vier verschiedenen literarischen Gattungen zuordnen:

1. der Gattung „Evangelium“
2. der Gattung „Brief“
3. der Gattung „historische Monographie“
4. der Gattung „Apokalypse“.

Diese Literaturgattungen sind, mit Ausnahme der Gattung des Evangeliums, nicht von den neutestamentlichen Schriftstellern selbst geschaffen worden, sondern wurden von ihnen bereits vorgefunden und für die theologische Arbeit in der frühen Kirche dienstbar gemacht.

1. Evangelium

Das Wort „εὐαγγέλιον" ist ursprünglich nicht Bezeichnung für eine bestimmte Art von Literatur, sondern es meint die Heilsbotschaft selbst. In Mk 1,1 meint die Wendung ἀρχὴ τοῦ εὐαγγελίου offenbar die „Eröffnung der Botschaft" von Jesus Christus; erst allmählich wird εὐαγγέλιον auch zur Bezeichnung einer literarischen Gattung, weil die geschriebenen Evangelien die Berichte von den Heilsereignissen enthalten. Nach Justin werden die Schriften über Jesus εὐαγγέλια genannt. Die alte Bedeutung hält sich jedoch weiter durch, was man daran erkennen kann, daß es nicht „das Evangelium *des* Markus" usw. heißt, sondern εὐαγγέλιον κατὰ Μάρκον.

Analogien zur neutestamentlichen Literaturgattung „Evangelium" gibt es nicht. Das zeigt der Vergleich mit bestimmten antiken literarischen Gattungen, z. B. der Biographie und der historischen Monographie. Der erhebliche Unterschied zur klassischen Biographie etwa Plutarchs oder Suetons wird vor allem am Markus-Evangelium deutlich: Die Person des Verfassers ist nicht erkennbar, und das Wirken des „Helden", also Jesu von Nazareth, wird nicht biographisch dargestellt. Es geht offenbar gar nicht um eine zusammenhängende Beschreibung des Lebens Jesu und um eine Darstellung seines Charakters, sondern der im Vordergrund stehende Gesichtspunkt ist das Wirken Jesu als des von Gott gesandten Offenbarers in Werk, Lehre und Leiden; die Ereignisse sind eigentlich nur unter diesem Gesichtspunkt von Interesse. Erst Lukas entspricht allmählich auch literarischen Ansprüchen, wie vor allem die Widmung Lk 1,1–4 zeigt. Er strebt nach einer stärker biographischen Entfaltung und stellt daher eine Reihe von Kindheitserzählungen (Lk 1.2) seinem Evangelium voran – möglicherweise sogar nachträglich (s. u.). Der Evangeliumsgattung am nächsten kommen wohl die Überlieferungen von Sprüchen und Erlebnissen der Rabbinen (vgl. z. B. den Mischna-Traktat Abot, d. h. „Väter"), sowie die volkstümlichen griechischen Erzählungen von den Taten berühmter Männer, die πράξεις. Aber die Evangelien stellen dennoch eine besondere Gattung für sich dar, weil sie die Überlieferung von Jesus unmittelbar aus der Perspektive des Glaubens an ihn als den Erlöser gestalten und so nach dem Willen ihrer Verfasser eben nicht nur Erzählung, sondern zugleich und vor allem Verkündigung sein sollten. Besonders deutlich zeigt sich das etwa in Joh 20,31. Andererseits enthalten die Evangelien natürlich auch einen gewissen biographischen Rahmen: Der Bogen spannt sich von der Taufe Jesu im Jordan (bei Matthäus und Lukas sogar von der Ankündigung der Geburt Jesu) bis hin zur Kreuzigung in Jerusalem. Die Passion und der Tod Jesu sind aber nicht in erster Linie der biographische Endpunkt, sondern vor allem das theologische Ziel der Darstellung. Eine Zeichnung der Entwicklung des Selbstbewußtseins oder des Charakters Jesu wird nicht einmal andeutungsweise gegeben.

Arbeitsvorschlag

Lektüre eines apokryphen Evangeliums, z. B. des „Protevangeliums des Jakobus" oder des Nikodemus-Evangeliums (Texte in deutscher Übersetzung bei H-S I, 277ff.; 330ff.). Der Vergleich mit den neutestamentlichen („kanonischen") Evangelien macht deutlich, wie stark novellistische und z. T. phantastisch-bizarre Züge eingedrungen sind, so daß man von einem „Evangelium" im oben bezeichneten Sinne der Gattung kaum noch sprechen kann.

2. *Brief*

1) Der antike Brief unterscheidet sich vom modernen auffallend durch die äußere Form. Am Anfang steht der Name des Absenders, es folgt der des Empfängers, dann die Grußformel: 'Απίων 'Επιμάχω τῶι πατρὶ καὶ κυρίω πλεῖστα χαίρειν (A. Deißmann, Licht vom Osten, 146f.). Es kann ein Hinweis auf die Götter mit Dank oder Fürbitte für das Wohlergehen des Empfängers folgen: καὶ διὰ πάντω[ν] εὔχομαί σαι ὑγειαίνειν. τὸ προσκύνημά σου [ποι]ῶ κατ' αἰκάστην ἡμαίραν παρὰ τῷ κυρίῳ [Σερ]άπειδει (aaO, 154). Am Schluß des Briefes werden Grüße übermittelt: ἀ]σπάζεταί σε ἡ σύμβιός [μου A]ὐφιδία καὶ [M]άξιμος [ὁ υἱός μ]ου κτλ. (aaO, 150).

2) Beim Briefpräskript muß man das griechische vom orientalischen Formular unterscheiden: Das griechische wird mit χαίρειν gebildet und ist eingliedrig (s. o. das zitierte Beispiel); es findet sich im Neuen Testament Apg 15,23; 23,26; Jak 1,1, und es entspricht dem lateinischen Grußformular „salutem (dicit)". Das orientalische Grußformular ist zweigliedrig: Die Satzkonstruktion wird vor dem Gruß unterbrochen, und der Gruß wird in direkter Anrede ausgesprochen. Dan 4,1 (nicht LXX, sondern Theodotion): Ναβουχοδονοσορ ὁ βασιλεὺς πᾶσι τοῖς λαοῖς, φυλαῖς καὶ γλώσσαις τοῖς οἰκοῦσιν ἐν πάσῃ τῇ γῇ Εἰρήνη ὑμῖν πληθυνθείη.

Paulus verwendet stets die orientalische Form, und in seiner Nachfolge steht fast das ganze urchristliche Schrifttum. Man muß das Schema kennen, weil sich von daher bereits erste wichtige Gesichtspunkte für die Exegese ergeben: Man schält zunächst das Gerüst heraus (Absender–Empfänger–Gruß), und dann analysiert man die dieses Gerüst umkleidenden Ergänzungen.

a) Der Absender, also Paulus, der hier als Beispiel dienen soll, fügt seinem Namen fast regelmäßig einen Hinweis auf seine amtliche Stellung hinzu, d. h. einen Hinweis auf das Apostolat: Παῦλος ἀπόστολος. Meist wird dieser dann noch durch Ergänzungen erläutert: Im Galaterbrief zum Beispiel folgt ein Hinweis auf die Herkunft dieser Stellung, denn in Galatien wird sein Apostolat ja bestritten. Auf der anderen Seite kann im Philipperbrief die Bezeichnung ἀπόστολος fehlen, denn in Philippi braucht Paulus Mißverständnisse nicht zu befürchten. Eine amtliche Funktion signalisiert auch der Terminus δοῦλος: Paulus bezeichnet sich als „Knecht" Gottes, d. h. er entspricht den Gottesmännern des Alten Testaments (in Qumran gibt es den Ausdruck „seine Knechte, die Propheten" als feste Wendung). Daß Paulus seine Briefe an die Gemeinden in Rom, Korinth usw. nicht als Privatmann, sondern in Ausübung seines Berufes schreibt, beweist der wirklich private Brief an Philemon, wo ἀπόστολος oder δοῦλος fehlt (δέσμιος bezieht sich auf die Situation der Gefangenschaft und ist wohl kein Titel). Die amtliche Funktion der großen Briefe wird unterstrichen durch die Nennung weiterer Mitabsender, die allerdings nicht auch Mitverfasser sind, denn innerhalb der Briefe redet Paulus meistens in der 1. Pers. Sing. An einigen Stellen verwendet er zwar die 1. Pers. Plural; aber er meint dort ebenfalls sich selbst, d. h. die Verwendung des Plurals ist ein Stilmittel (vgl. etwa 2 Kor 10, vor allem V. 7–16).

b) Die Empfänger werden als christliche Gemeinden angeredet; aber auch hier zeigen sich Nuancen, die in ihrer Tendenz dem weiteren Inhalt des Briefes entsprechen. In dem polemischen Galaterbrief z. B. begnügt sich Paulus mit einem schlichten ταῖς ἐκκλησίαις τῆς Γαλατίας, im 1. Korintherbrief dagegen ist die Anrede reich ausgestaltet.

c) Grundlage für den Gruß ist der jüdische Friedensgruß שלום. Dieser kann auch in jüdischen Briefen erweitert sein: sBar 78,2 „Erbarmen und Friede sei mit euch" (vgl. 1 Tim 1,2). Paulus schreibt, außer im 1 Thess, regelmäßig χάρις ὑμῖν καὶ εἰρήνη ἀπὸ θεοῦ πατρὸς ἡμῶν καὶ κυρίου Ἰησοῦ Χρ. Er spielt also auf das übliche Verb χαίρω an und bringt zugleich den für seine Theologie äußerst wichtigen Begriff der χάρις schon in den ersten Briefzeilen ins Spiel.

Der zitierte Eingangsgruß ist zu übersetzen: „... von Gott unserem Vater, und von dem Herrn ...“, nicht: „... von Gott, unserem und des Herrn Jesus Christus Vater“, obwohl letzteres sachlich nicht falsch wäre (vgl. 2 Kor 1,3). Paulus will aber im Gruß nicht betonen, daß Gott der Vater Jesu Christi ist, sondern daß Gnade und Friede von Gott und von Christus kommen, wie 1 Thess 1,1 zeigt.

Eine erweiterte Grußfassung hat der Galaterbrief; in diesem geht es ja darum, ob Christus etwa „vergeblich gestorben“ sei (2,21) – und Paulus nimmt auf dieses Problem von Anfang an Bezug, indem er in 1,4 die Grußformel christologisch erweitert und indem er in 1,5 eine Doxologie anfügt.

d) Ein weiterer regelmäßiger Bestandteil der paulinischen Briefe ist das dem Eingangsgruß folgende „Proömium“, entweder als Dank oder als Lobpreis Gottes formuliert; die kennzeichnenden Stichworte sind εὐχαριστέω und – bei Paulus nur im 2 Kor – εὐλογέω. Beide sind aus der jüdischen Gebetssprache übernommen, wie die Proömien überhaupt Elemente des jüdischen liturgischen Stils zeigen. Das Proömium kann klar abgegrenzt sein (1 Kor 1,4–9), es kann aber auch in den übrigen Brief übergehen (so im 1 Thess). Ein Sonderfall ist der Epheserbrief, der – offenbar in übertreibender Nachahmung des paulinischen Briefstils – zwei Proömien besitzt, eines mit εὐλογέω und eines mit εὐχαριστέω. Die bezeichnende entgegengesetzte Ausnahme ist auch hier wieder der Galaterbrief, der überhaupt kein Proömium enthält: angesichts der Lage bei den Galatern gibt es für Paulus nichts zu danken.

e) Am Schluß des Briefes steht ein Segenswunsch, dem im allgemeinen Grüße vorangehen. Daß diese im Galaterbrief fehlen, unterstreicht noch einmal den besonderen Charakter dieses Briefes. Typische abschließende Wendungen sind etwa ὁ δὲ θεὸς τῆς εἰρήνης μετὰ πάντων ὑμῶν (Röm 15,33; vgl. 16,20; 1 Kor 16,24) oder auch λοιπὸν ἀδελφοὶ χαίρετε (2 Kor 13,11; Phil 3,1); es kann auch eine Aufforderung zur Fürbitte am Schluß des Briefes stehen (Röm 15,30; Phil 4,6).

Arbeitsvorschläge

1. Gibt es Indizien dafür, daß Röm 15,33 ursprünglich ein Briefschluß ist?
2. Analyse des Briefschlusses des 1 Thess.

3) Die unter 2) genannten festen Briefformen gelten sowohl für den Privatbrief wie auch für den von vornherein zur Veröffent-

lichung bestimmten Kunstbrief, den man nach einem Vorschlag Deißmanns auch „Epistel“ nennt. Solche Episteln waren in der Antike keineswegs selten. Ein fingierter Brief, der in Wirklichkeit eine Lehrschrift (Polemik gegen Götzenbilder) ist, steht in LXX: Die Epistula Jeremiae, ein angeblicher Brief an die deportierten Juden in Babylon, der irgendwann zwischen dem 4. und dem 2. Jahrhundert v. Chr. entstand und nicht mit dem in Jer 29,4 ff. überlieferten (echten?) Brief des Propheten Jeremia verwechselt werden darf. Philosophische Abhandlungen in Form von Briefen verfaßte Seneca um 60 n. Chr. in Rom. Als besonderes Stilmittel finden sich angebliche Briefe auch als Einlagen in umfangreicheren Geschichtswerken, z. B. in den Makkabäerbüchern (1 Makk 10,24 ff.; 12,5 ff.; 2 Makk 1 f.) oder in der lk Apostelgeschichte (15,23 ff.; 23,25 ff.). Für die Interpretation der Paulusbriefe und darüber hinaus für das Verständnis seines ganzen Apostolats ist es nicht bedeutungslos, ob man die Briefe als Privatschreiben oder aber als Episteln auffaßt. Lange Zeit las man sie in erster Linie als Lehrschriften, vor allem den Römerbrief. Dann erkannte man den persönlich-privaten Charakter, der ja selbst im Römerbrief nicht fehlt (Röm 9,1–5), und nun verstand man die Paulusbriefe als Dokumente der Persönlichkeit, der Frömmigkeit und des persönlichen Glaubens des Paulus. A. Deißmann beispielsweise fand im 2. Korintherbrief „die mannigfach sich ablösenden und durchkreuzenden Stimmungen seiner weiten Seele“, „tiefe Ergriffenheit und Dankbarkeit gegen Gott, Reformatorenzorn, Ironie und strafende Offenheit gegen die Lästerer“ (Licht vom Osten, 201); er forderte deshalb, die Exegese der Paulusbriefe müsse zu einer „psychologischen Reproduktion“ werden, denn in seinen Briefen zeige sich nicht ein theologisches System, sondern ihre Besonderheit liege im „systemlos Religiösen“ (aaO, 205). Aber diese einseitige Betrachtungsweise übersieht den theologischen Charakter der paulinischen Briefe: Paulus informiert nicht über sich selbst als Individuum, sondern er stellt thetisch oder polemisch seine theologische Position als Apostel dar.

Arbeitsvorschlag

Lektüre antiker Briefe, die bei A. Deißmann, Licht vom Osten in Photographie, Text und Übersetzung wiedergegeben sind. Weitere Übersetzungen antiker (Privat-)Briefe finden sich bei Barrett 38 ff.; L-G II, 61 ff.

3. Historische Monographie

Zur Gattung der πράξεις, in denen Ereignisse und Taten bekannter Männer in lockerer Folge erzählt werden, gehört im Neuen Testament nur die Apostelgeschichte. Diese Schrift entspricht allerdings nicht in allen Punkten den Werken der Gattung der πράξεις, denn nicht allein der Inhalt, sondern auch die Form ist geprägt durch die besonderen geschichtlichen und theologischen Anschauungen des Verfassers. Stilistisch beherrscht Lukas in der Darstellung des Handlungsablaufs aber durchaus den „dramatischen Episodenstil" (Haenchen), wie er sich auch in zeitgenössischen Geschichtswerken und Romanen findet. Die einzelnen Ereignisse sind zu einem sinnvollen und verstehbaren Handlungsablauf zusammengefaßt, so daß – trotz des von ihm benutzten verschiedenartigen Materials – eine einheitliche Handlung mit einer bestimmten Zielrichtung erkennbar wird.

Mit der antiken Geschichtsschreibung vergleichbar ist die Einfügung von Reden in die Apostelgeschichte. Ihr Charakter entspricht jedoch nicht den Reden der griechischen Geschichtsschreibung; vielmehr steht die theologische Intention im Vordergrund. Biographische Elemente fehlen nahezu ganz. Stattdessen sind die Reden ganz als Verkündigung des Evangeliums gestaltet.

Lektürevorschlag

Über die Bedeutung der Apg in literarischer, theologischer und historischer Hinsicht informiert E. Haenchen, Apg, 81–99.

4. Apokalypse

Auch die Gattung der Apokalypse ist im NT nur einmal vertreten, in der Offenbarung des Johannes. Es handelt sich um eine ursprünglich jüdische Literaturgattung, das älteste erhaltene Werk dieser Art ist das Buch Daniel. Die apokalyptische Literatur blüht in neutestamentlicher Zeit in besonderem Maße.

Die jüdischen Apokalypsen sind durchweg pseudepigraphisch, d. h. sie basieren auf der Fiktion, daß sie von berühmten Personen der Vergangenheit geschrieben worden seien: Daniel, Esra, Henoch, Baruch usw. Sie hätten von Gott „Offenbarungen", Einblicke in die Zukunft bis zum Weltende erhalten. In Wirklichkeit aber verhält es sich so, daß die Verfasser der apokalyptischen Schriften die bereits vergangene Geschichte in der Form früherer Weissagung darstellen und dann eine „echte" Weissagung anschließen, die sich meistens auf die aktuelle Situation bezieht. So steht z. B. am Ende des Danielbuches eine Prophezeiung über das Ende des Königs Antiochus IV.; da die Weissagung von Dan 11,40 ff. nicht eintraf, muß das Buch kurze Zeit vor dem dort geschilderten Ereignis (syrischer Feldzug nach Ägypten) geschrieben worden sein. Man kann also annehmen, daß das Danielbuch vor dem Tode des Antiochus, also um 165 v. Chr., verfaßt worden sein muß.

Die literarische Form der Apokalypse ist Ausdruck eines bestimmten Geschichtsverständnisses. Der Apokalyptiker geht von dem Gedanken aus, die Weltgeschichte verlaufe nach einem von Gott einst festgelegten Plan. Dieser Plan lasse sich an der vergangenen Geschichte ablesen, und man könne erkennen, welche Stunde gerade geschlagen habe. Ein solcher Plan ist beispielsweise in der Zehn-Wochen-Apokalypse in äth Hen 93; 91,12–17 dargestellt. Die Apokalypsen verstehen die Gegenwart als die „letzte Zeit", in der sich die Drangsal steigert und die Not für die Frommen immer größer wird. Doch am Ende steht das Heil für die, die jetzt leiden. Der Sinn der „Offenbarungen" ist es, das Gottesvolk zur Treue zu mahnen.

Die Verfasser versuchen, innerhalb der vergangenen Geschichte einzelne Perioden abzugrenzen, um von dort Termine der Endereignisse „berechnen" zu können. Im Unterschied zum alttestamentlichen Geschichtsverständnis rechnet der Apokalyptiker nicht mit der Möglichkeit eines kontingenten Geschichtshandelns Gottes. Dem Geschichtsbewußtsein entspricht das Weltbild der Apokalyptik: Die Welt ist bösen Mächten preisgegeben. Mythische Bilder, Zahlenspekulationen und Astrologie sollen helfen, die Gegenwart zu verstehen und zu bewältigen.

Zum Inhalt und Verständnis der neutestamentlichen Johannes-Apokalypse s. u. § 44.

Arbeitsvorschläge

1. Lektüre des Danielbuches und des apokryphen 4. Esra (deutscher Text bei Kautzsch, Apokryphen II, 352–401).

2. Vergleich der mythischen Tiere bei Daniel und in der Offenbarung des Johannes: Wer ist gemeint, welche Darstellungsmittel sind vom Verfasser gewählt? (Hilfsmittel: Kommentare im NTD und ATD).

§ 6 *Die exegetischen Methoden*

Literatur: H. Zimmermann, Neutestamentliche Methodenlehre. Darstellung der historisch-kritischen Methode, [6]1978.

1. *Der wissenschaftliche Zweifel*

Ausgangspunkt der modernen exegetischen Arbeit am Neuen Testament ist zunächst ganz allgemein der wissenschaftliche Zweifel: Die altkirchliche Tradition über die Bibel wird durch die historische Forschung in Frage gestellt. 1) Sind die neutestamentlichen Bücher wirklich von den Männern geschrieben worden, unter deren Namen sie überliefert sind? 2) Entspricht die Darstellung vor allem der Worte und Taten Jesu der historischen Wirklichkeit, d. h. lassen sich die Evangelien als Erinnerungen von Augen- und Ohrenzeugen der Geschichte Jesu verstehen?

1) Es gibt im Neuen Testament Schriften, in denen der Verfasser ausdrücklich seinen Namen nennt, z. B. die Briefe des Paulus, des Jakobus, des Petrus oder des Judas. Wenn das historisch zuverlässige Angaben sein sollten, so müßten diese Briefe alle aus etwa derselben Zeit (zwischen 40 und 70 n. Chr.) stammen. Man hat aber den Eindruck, daß in den einzelnen Briefen sehr unterschiedliche kirchliche Situationen vorausgesetzt sind. Außerdem fällt beim aufmerksamen Lesen auf, daß einige der Paulusbriefe anderen Briefen des gleichen Verfassers gegenüber Besonderheiten in Sprache, Gedanken und objektiver Briefsituationen aufweisen. Hat man also das Recht, einzelne oder möglicherweise sogar alle diese Briefe als pseudonym anzusehen?

Es gibt ebenso Schriften, die gar keine Verfassernamen enthalten; zu ihnen gehören zum Beispiel die vier Evangelien und der Hebräerbrief. Hier muß man fragen, ob die kirchliche Überlieferung, die diese Schriften dem Johannes, Markus usw. zuschreibt, zutreffende Feststellungen enthält, oder ob es sich um reine Fiktion handelt. Was können wir überhaupt über die Verfasser der Evangelien wissen, wenn wir nicht einmal ihren Namen kennen?

Zweifel hinsichtlich der Verfasserschaft werden in der Forschung geäußert gegenüber

a) einer Anzahl von Paulusbriefen (Pastoralbriefe, Kolosser- und Epheserbrief, 2. Thessalonicherbrief);

b) allen sieben „katholischen" Briefen (Jakobus, Judas, Johannesbriefe, Petrusbriefe) – sie tragen diese Bezeichnung, weil sie sich nicht an einzelne Gemeinden oder Personen, sondern anscheinend an die gesamte Kirche (καϑολικὴ ἐκκλησία) richten;

c) allen Evangelien sowie der Apostelgeschichte;

d) gegenüber der Offenbarung des Johannes.

e) Völlig unbekannt ist der Verfasser des Hebräerbriefes. Die kirchliche Tradition schrieb ihn dem Paulus zu, wogegen aber schon Origenes aufgrund des Stils Einspruch erhob; in der Tat fehlt für eine solche Annahme jedes Indiz (s. u. § 40).

Fazit: Man muß es für möglich halten, daß wir außer Paulus keinen Autor des NT mit Namen kennen.

2) Die vier Evangelien überliefern Worte und Handlungen Jesu, wobei sie aber in ihrer Darstellung keineswegs miteinander übereinstimmen. Darüber hinaus wird einiges erzählt, was der Natur der Sache nach gar nicht von unmittelbaren Zeugen miterlebt sein kann, etwa das Verhör Jesu vor Pilatus oder Jesu Gebet in Gethsemane. Muß man daraus schließen, daß zumindest an solchen Stellen die Phantasie des Autors blüht? Kann man die Unterschiede zwischen den einzelnen Evangelien auf die unterschiedlichen subjektiven Erinnerungen ihrer Verfasser zurückführen? In gleicher Weise muß man angesichts der Schilderungen in der Apostelgeschichte fragen, ob Lukas zutreffende historische Berichte über die Geschichte der frühen Kirche gegeben hat, ob er sich also auf authentisches Quellenmaterial stützt, oder aber, ob seine Darstellung eher romanhaft zu nennen ist, so daß man historische Erkenntnisse aus ihr nicht gewinnen kann.

Solche Fragen gelten als *methodische Prinzipien* keineswegs nur bei der Arbeit an neutestamentlichen Texten, sondern sie gelten für alle literarischen Zeugnisse der Vergangenheit.

2. *Hinweise zu konkreten historisch-exegetischen Problemen*

I. Beispiele für die Frage nach dem Verfasser einer neutestamentlichen Schrift.

1) Die Pastoralbriefe:

Die beiden Timotheusbriefe und der Titusbrief sind nach ihren eigenen Angaben von Paulus verfaßt worden. Gibt es eine Möglichkeit, die Zuverlässigkeit dieser Angabe zu prüfen? Folgende Fragen sind zu stellen und müssen befriedigend beantwortet werden:

a) Wird die paulinische Verfasserschaft irgendwo in der alten Kirche bezweifelt oder bewußt bestritten?

b) Entsprechen die Pastoralbriefe theologisch den übrigen Briefen? Finden sich Begriffe und Vorstellungen, die bei Paulus bisher, d. h. in den jedenfalls älteren Briefen völlig fehlten? Ist die Bedeutung der hier wie dort vorhandenen Begriffe dieselbe, oder gibt es Verschiebungen?

c) Entspricht das in den Pastoralbriefen vorausgesetzte Selbstverständnis des Paulus dem der übrigen paulinischen Briefe?

d) Läßt sich die in den Pastoralbriefen gezeichnete Situation im Leben des Paulus verifizieren?

2) Kolosser- und Epheserbrief:

Auch diese beiden Briefe sind nach Kol 1,1 bzw. Eph 1,1 von Paulus geschrieben worden. Ebenso wie bei den Pastoralbriefen gelten die unter a) bis d) gestellten Fragen, wobei man noch stärker differenzieren kann:

a) Entspricht die Sprache, d. h. der Satzbau und die Begrifflichkeit, der Sprache der übrigen Briefe?

b) Sind die theologischen Vorstellungen, etwa in der Ekklesiologie, dieselben? Entspricht insbesondere der Gedanke, daß Christus das „Haupt" seines Leibes, d. h. der Kirche, ist, der Ekklesiologie der anderen Paulusbriefe?

c) Wie steht es mit der kirchen- und theologiegeschichtlichen Situation? In Eph 2,20 werden Apostel und Propheten als geschlossene Gruppe betrachtet: Ist das ein Ausblick des Paulus in die Zukunft, oder handelt es sich um einen Rückblick, also um die Perspektive eines „Fälschers"?

3) 2. Petrusbrief:

Hier ist die Situation von der unter 1) und 2) geschilderten insofern verschieden, als es neben dem 2. nur noch den 1. Petr gibt – das in Frage kommende Kontrollmaterial ist also sehr viel geringer. Zusätzlich erschwert wird die Analyse durch die Tatsache, daß von vielen Forschern auch die Echtheit des 1. Petr bezweifelt wird. Jedenfalls gelten für den 2. Petr etwa die folgenden Fragen:

a) Wenn es sich wirklich um einen Brief des Jüngers Simon Petrus handelt, wann müßte er dann verfaßt worden sein? Ist die in dem Brief vorausgesetzte theologiegeschichtliche Situation (vgl. z. B. 3,14 ff.) zu Lebzeiten des Petrus überhaupt denkbar?

b) Wie läßt sich die eigenartige Parallelität zwischen 2. Petr und Jud erklären?

Da in diesem Teil des § 6 nur das methodische Prinzip des wissenschaftlichen Zweifels dargestellt, nicht aber die theologischen und historischen Fragen inhaltlich beantwortet werden sollen, genügt es, daß die Fragen als solche bewußt gemacht werden. Das heißt nicht, daß man nicht schon an dieser Stelle versuchen könnte, Antworten auf die gestellten Fragen zu finden, wobei der Blick auf die entsprechenden §§ des dritten Teils nützlich sein wird (vor allem die §§ 31–33.43).

II. Die bisher genannten Beispiele bezogen sich auf die grundsätzlichen Fragestellungen gegenüber ganzen neutestamentlichen Schriften. Nun sollen einige Einzelfragen zu bestimmten Textstellen exemplarisch dargestellt und mit Hilfe der kritischen Methoden beantwortet werden.

1) Apg 17,22. Paulus eröffnet die Areopagrede damit, daß er den Athenern ihre δεισιδαιμονία bescheinigt. Was bedeutet das sachlich? Das Wort ist zweideutig: Es kann einmal heißen: „Religion, Gottesfurcht", aber auch: „Aberglaube, Bigotterie". Daß beide Bedeutungen im griechischen Sprachbereich belegt sind, zeigt das Wörterbuch von Bauer. Die Frage ist nun, welche der beiden Bedeutungen dem Text sachlich entspricht: Macht Paulus eine captatio benevolentiae, betont er also „Ihr seid fromm"? Oder schilt er die Athener als abergläubisch, etwa ihrer Bilderverehrung wegen?

Bei der Antwort muß man davon ausgehen, daß man nicht danach fragen darf, was *Paulus* gemeint haben könnte; man muß vielmehr – mindestens vorläufig – von der Frage ausgehen, was der *Verfasser* der Apostelgeschichte („Lukas") den Paulus sagen läßt. Selbst wenn Paulus tatsächlich auf dem Areopag in Athen gesprochen haben sollte, so ist doch klar, daß in Apg 17 keine wörtliche Wiedergabe dieser Rede vorliegt. Um die Rede richtig verstehen zu können, muß man also nach deren Form und Zweck im jetzigen Kontext fragen. Dann zeigt sich: „Paulus" knüpft positiv an eine bestimmte athenische Altarinschrift an; er attestiert also den Athenern subjektive Ehrlichkeit in ihrem religiösen Tun. δεισιδαίμων heißt in Apg 17,22 also nicht „abergläubisch", sondern „fromm, religiös" im positiven Sinne.

2) Apg 18,13. Die Juden klagen Paulus vor dem römischen Statthalter von Achaia, Gallio, an; er vergehe sich gegen „das Gesetz". Gegen welches Gesetz? Gegen das jüdische (= alttestamentliche), oder gegen das römische (also das staatliche)? Soll sich die Anklage auf das jüdische Gesetz beziehen, so ist zu fragen, warum der römische Statthalter sich überhaupt darum kümmern soll. Und ginge es um das römische Gesetz, dann wäre die Reaktion Gallios, sein Verzicht auf ein Eingreifen, unverständlich. Die Lösung dieses Problems wird sichtbar, wenn man – wie im ersten Fall – den literarischen Charakter des Textes beachtet: Die Frage darf gar nicht

heißen „Was meinten die Juden?“, sondern sie muß lauten „Was läßt Lukas sie sagen?“. Dann wird klar, daß die Klage der Juden bewußt zweideutig formuliert ist: Gallio soll gegen Paulus einschreiten, obwohl ihn das strittige Problem gar nichts angeht.

3) Jesu Predigt in Nazareth (Mk 6,1–6; Mt 13,54–58; Lk 4,16 bis 30) wird von Lukas viel genauer dargestellt als von Markus und Matthäus. Einige Exegeten ziehen daraus den Schluß, daß Lukas hier historisch zuverlässiger und besser berichte als die beiden anderen Evangelisten. Angesichts dieser These gilt eine Beobachtung, die man sich als „Karl-May-Regel“ leicht merken kann: Eine genaue Milieuschilderung oder auch die breite Wiedergabe wörtlicher Rede beweist für die Geschichtlichkeit oder „Richtigkeit“ des erzählten Ereignisses überhaupt nichts.

3. *Praktische Übungen zur Exegese*

1) Allgemeine Hinweise:

1. Man beginnt am besten mit einer vorläufigen Übersetzung unter Verwendung von Wörterbuch und Grammatik. Gleichzeitig prüft man, ob der textkritische Apparat wesentliche Abweichungen vom gedruckten Text verzeichnet, wobei unter Umständen Entscheidungen gegen den von den Herausgebern vorgeschlagenen Text möglich sind. Dann versucht man, die Handlung bzw. den Gedankengang nachzuzeichnen: Wie ist die Szene, welche Personen treten auf? Was ist das Ziel der Handlung? Gibt es auf dem Wege zu diesem Ziel Lücken und Brüche, oder ist alles logisch aufgebaut?

2. Vor der eigentlichen Exegese muß man sich dann Klarheit über die eigene Fragestellung verschaffen: Was will ich überhaupt erfahren, was erwarte ich von der Aussage des Textes? Hoffe ich, Informationen über die Geschichte bzw. das Leben Jesu zu erhalten? Möchte ich – angesichts von Wundergeschichten – etwas über den antiken Wunderglauben allgemein oder über den christlichen Wunderglauben speziell erfahren? Oder frage ich weniger nach der historischen Realität als vielmehr etwa nach dem Jesus*bild* oder dem Glaubensverständnis des jeweiligen Evangelisten?

Man braucht diese Fragen nicht als Alternativen aufzufassen; sie können als leitende Gesichtspunkte durchaus gleichzeitig von Bedeutung sein. Es geht nur darum, die Fragen so zu formulieren, daß der Text als Antwort darauf verständlich wird, damit auf diesem Wege erste exegetische Ergebnisse formuliert werden können. Etwa: Wie sieht die Geburtsgeschichte Jesu Lk 2 aus, wenn ich sie als historischen Bericht zu verstehen versuche? Wie stellt sich der Text dar, wenn ich die Frage nach der Historizität offen lasse?

3. Erst wenn man diese Fragen geklärt hat, sollte man die Literatur zu Rate ziehen: Welche Fragestellungen enthalten die Kommentare? Welche historischen oder theologischen Informationen bieten sie? Wo widersprechen sie meinen bisherigen Ergebnissen, und woran liegt das?

2) Beispiele:

a) Exegese eines Synoptikertextes (Mk 1,21–28)

1. Gemäß dem oben vorgeschlagenen Weg beginnen wir mit Übersetzung, Textkritik und grammatikalischer Erklärung.

21	Und sie gehen nach Kapernaum hinein.	praes. hist. Die altsyrische Übersetzung (Sinaisyrer) läßt diesen Passus aus. Hat diese Lesart Anspruch auf Ursprünglichkeit?
	Und sogleich am Sabbat	Warum steht im griechischen Text der Plural τοῖς σάββασιν?
	ging er in die Synagoge und lehrte.	Tempuswechsel (jetzt Imperfekt). ℵ und andere ägyptische Zeugen lesen εἰσελθών nicht und bieten eine andere Wortfolge. Ist das ursprünglich? Kann εἰς bei Markus „in" im Sinne von ἐν bedeuten? Hilfsmittel: Konkordanz.
22	Und sie erschraken über seine Lehre; denn er lehrte sie wie einer, der Vollmacht hat, und nicht wie die Schriftgelehrten.	Was ist die Lehre? Warum wird über den Inhalt nichts gesagt? ἦν διδάσκων ist eine beliebte Wendung. Zur conjugatio periphrastica, vgl. Bl.-Debr. §§ 352–56.
23	Und sogleich war in ihrer Synagoge	Die Worte εὐθύς und αὐτῶν werden von einigen Handschriften nicht gelesen (s. den Apparat in Alands Synopse). Fehlten sie ursprünglich? Was ist stilistisch besser? Was ergibt der Vergleich mit der Lukasparallele?

jemand	Zur Übersetzung von ἄνθρωπος sollte man sich Bauers Wörterbuch ansehen.
mit einem unreinen Geist, und der schrie indem	ἐν = „mit“: Bl.-Debr. § 198, 2. Was zeigt der Lukastext?
24 er sprach: Was haben wir miteinander, Jesus, du Nazarener? Du bist gekommen, um uns zu verderben.	
Ich weiß, wer du bist:	ℵ liest den Plural (οἴδαμεν) entsprechend ἡμῶν und ἡμᾶς in V. 24. Ist das ursprünglich? (Erinnerung an die Regel von § 4: proclivi praestat ardua.)
der Heilige Gottes.	Oder steht der Nominativ hier für den Vokativ: „Du Heiliger Gottes!“ (vgl. Bl.-Debr. § 147)? Kontrollfrage: *Was* weiß der Dämon (in der Erzählung)?
25 Und Jesus bedrohte ihn indem er sprach: Verstumme und fahre aus ihm heraus.	Einige Handschriften haben hier einen längeren Text. Was ist ursprünglich? Zum Apparat bei Nestle: Was bedeutet (D)? Auskunft gibt die Einleitung bei Nestle S. 8* f.
26 Und der unreine Geist riß ihn hin und her und schrie laut und kam aus ihm heraus.	Nach einigen Handschriften ist die Reihenfolge der Geschehnisse eine andere (s. den Apparat in Alands Synopse). Wie kann man sich die Vorgänge eher vorstellen? Wieder gilt für die textkritische Entscheidung: proclivi praestat ardua.
27 Und alle gerieten in Staunen, so daß sie (untereinander) disputierten: Was ist das? Eine neue Lehre mit Vollmacht. Und den unreinen Geistern befiehlt	

er, und sie gehorchen ihm?
28 Und die Kunde von ihm
ging sogleich aus überall-
hin in die ganze Gegend
von Galiläa.

Der Text bietet eine Reihe von Schwierigkeiten für das Verstehen, damit zugleich aber auch Ansätze für die inhaltliche Exegese:

V. 21 *Sie,* d. h. Jesus und die Jünger, gehen nach Kapernaum, aber nur *er,* d. h. Jesus, geht in die Synagoge. Wieso gehen die Jünger nicht mit ihm?

V. 23 f. Wer schreit, der Mann oder der unreine Geist? Wie ist der Wechsel vom Plural in den Singular zu erklären?

V. 27 Warum sind die Umstehenden nicht über das Wunder, sondern über Jesu Lehre erstaunt – und das als unmittelbare Reaktion auf das Wunder?

Man kann versuchsweise die Notizen über Jesu Vollmacht einklammern; es zeigt sich, daß die Erzählung dann glatter wird. Hat Markus möglicherweise eine Quelle benutzt und diese dort ergänzt, wo ihm das sachlich geboten zu sein schien?

2. Auffallend ist der Stil der Erzählung: Außer Jesus wird keine Person besonders erwähnt, selbst der Besessene bleibt namenlos und wir erfahren, abgesehen von seiner Krankheit, nichts über ihn. Es wird vor allem nicht gesagt, wie er auf die Heilung reagiert: Gewinnt er ein besonderes Verhältnis zu Jesus, schließt er ihm sich aus Dankbarkeit vielleicht sogar an, oder ändert sich für ihn außer seiner Heilung gar nichts? Sein Schicksal bleibt eigenartigerweise völlig im Dunkel. Man kann aus dieser Beobachtung – die durch andere Erzählungen gleichen Stils bestätigt wird – eine für Exegese und Predigt wichtige Schlußfolgerung ziehen: Heilungsgeschichten sind offenbar keine Bekehrungsgeschichten.

Andererseits fällt auf, daß die Darstellung durchaus in sich verständlich und geschlossen ist; man kann tatsächlich von einer selbständigen kleinen Erzählung mit Einleitung, dramatischem Höhepunkt und Schluß sprechen.

Um nun tiefer in das Verständnis des Textes eindringen zu können, braucht man Informationen über Synagoge und Sabbat, über das Lehren in der Synagoge, über die Gruppe der Schriftgelehrten. Außerdem muß man sich informieren über den damaligen Dämonenglauben, über die Anschauungen vom „Besessensein“ sowie über antike Praktiken des Exorzismus. Erste Hinweise kann man aus den beiden Exkursen in Klostermanns Markus-Kommentar gewinnen, einige der dort genannten Belegstellen sollte man sich ansehen und dann auch weitere Sekundärliteratur beiziehen.

Ergibt sich aus den Erzählungen des Markusevangeliums ein rekonstruierbarer Ablauf des Lebens Jesu? Läßt sich die von uns analysierte Erzählung 1,21–28 als Glied in dieser Kette verstehen? Zunächst muß man sich mit der in 1,21 ff. nach dem jetzigen Kontext vorausgesetzten äußeren Situation vertraut machen: Der Wundergeschichte, die in der Synagoge von Kapernaum spielt, geht die Berufung der ersten Jünger am sogenannten „Galiläischen Meer", dem See Genezareth, voraus; Kapernaum liegt an diesem See. Also liegt der Gedanke nahe, daß die Berufung in unmittelbarer Nähe von Kapernaum erfolgte, und dieser Eindruck wird durch die Formulierung καὶ εἰσπορεύονται ... noch gestützt, denn an eine große Distanz ist dabei wohl nicht gedacht. Außerdem wird in 1,29 ausdrücklich gesagt, daß Simon und Andreas in Kapernaum zu Hause sind. Über den See und die Stadt sollte man sich bei G. Dalman, Orte und Wege Jesu, oder in den entsprechenden Artikeln des BHH informieren, auch wenn diese Information für das Verständnis des Textes wenig austrägt.

Die Wendung καὶ εὐθὺς τοῖς σάββασιν könnte zunächst den Eindruck erwecken, als seien die Jüngerberufungen am Freitag im Laufe des Tages erfolgt, so daß dann danach bald – um 18 Uhr – der Sabbat dagewesen sei. Wie paßt dazu aber der Hinweis, Jesus sei sogleich am Sabbat „in die Synagoge" gegangen? Fand der jüdische Gemeindegottesdienst am Freitagabend statt? Aus Billerbecks Kommentar (IV/1,153 ff.) erfährt man, daß der jüdische Gottesdienst am Samstagmorgen bzw. – nachmittag stattfand – mit andern Worten: Die Erzählung enthält in diesem Punkt eine Unstimmigkeit.

3. Es ist jetzt erforderlich, sich der Sekundärliteratur zuzuwenden. Dabei sollte man zunächst eine Darstellung der Formgeschichte (zum einzelnen s. u. § 9), dann die Kommentare zu Mk und schließlich die weitere Literatur ansehen.

Bultmann, Gesch syn Trad, 223 rechnet unsere Perikope zu den Wundergeschichten. Er ist der Meinung, die Hinweise auf die „Lehre" Jesu hätten ursprünglich nicht zu der Erzählung gehört. Vielmehr habe erst Mk sie hinzugesetzt, als er den ihm überlieferten Text in sein Evangelium einfügte. Streiche man diese „redaktionellen" Zusätze des Evangelisten, so liege eine stilreine Wundergeschichte (Dämonenbeschwörung) vor.

Da es sich in der Tat, unabhängig davon, ob man Bultmanns

Analyse für richtig hält, um die Darstellung eines Wunders handelt, benutzen wir als Test für die nun heranzuziehenden Kommentare die Frage, wie sie den Dämon und seinen Ausruf interpretieren. Wir beschränken uns dabei auf die gängigen Kommentare:

J. Gnilka, Das Evangelium nach Markus, EKK II/1,2, 1978/79.
W. Grundmann, Das Evangelium nach Markus, ThHK 2,[6]1973.
E. Haenchen, Der Weg Jesu. Eine Erklärung des Markus-Evangeliums und der kanonischen Parallen, [2]1968.
E. Klostermann, Das Markusevangelium, HNT 3, [5]1971.
E. Lohmeyer, Das Evangelium des Markus, KEK I/2, [17]1967.
R. Pesch, Das Markusevangelium, HThK II/1,2, 1976/77.
W. Schmithals, Das Evangelium nach Markus, ÖTK 2, GTB 503/4, 1979.
E. Schweizer, Das Evangelium nach Markus, NTD 1, [3]1973.
V. Taylor, The Gospel according to St. Mark, 1953.
G. Wohlenberg, Das Evangelium des Markus, KNT 2, [3]1930.

Im nachstehenden Referat sind die Kommentare, soweit möglich, zeitlich geordnet.

Wohlenberg (aaO, 59 f.) gibt zur Interpretation des Dämons und seines Wortes an Jesus folgende Hinweise: a) Der Ausdruck ἅγιος τοῦ θεοῦ finde sich im Alten Testament (womit natürlich dessen griechische Übersetzung, die Septuaginta, LXX, gemeint ist), aber auch im außerbiblischen Griechisch; es handele sich um einen besonderen Würdetitel. Das ist eine objektive Information, die für das Verständnis wichtig ist und deren Richtigkeit sich ohne weiteres kontrollieren läßt. b) Das Bekenntnis des Dämons sei Jesus unangenehm, denn Jesus wolle, daß man sein Wesen mit klarer Vernunft erfasse. Das ist nicht Information, sondern Interpretation, die man aber ebenfalls kritisch prüfen kann: Woher ist sie gewonnen? Aus dem Text? Oder erfolgte sie aus allgemeinen Erwägungen über Jesu Wesen bzw. über das Wesen von Religion überhaupt? Und vor allem: Entspricht Wohlenbergs Interpretation überhaupt dem Duktus und der ganzen Absicht des Textes?

Lohmeyer (aaO, 36) meint, der Dämon versuche, gegen Jesus seine Machtmittel einzusetzen: Er kenne Jesu Namen, und diese Kenntnis verleihe ihm eine gewisse Gewalt über ihn („Rumpelstilzchen-Motiv"); der Dämon *drohe* Jesus. Aber angesichts dieser These ist zu fragen, ob sie dem Aussagegefälle der Erzählung entspricht: Die Erzählung setzt doch von vornherein voraus, daß Jesus dem Dämon überlegen ist; dieser *kann* ihm also gar nicht drohen.

Klostermann (aaO, 20) weist darauf hin, daß der Dämon Jesus nicht beschwören will; in seinen Worten liegt vielmehr das Bekenntnis, daß Jesus der Messias ist. Die Dämonen wissen, daß sie in der messianischen Zeit vernichtet werden. Einen ähnlichen Standpunkt vertritt auch *Taylor* (aaO, 174 f.)

Haenchen (aaO, 87) psychologisiert: Er meint, Jesus heile den Besessenen nicht aus Mitleid, sondern „um nicht in seinem wahren Wesen bekanntgemacht zu werden". Auf diese Tendenz in der Erzählung sei es auch zurückzuführen, „daß die Hörer anscheinend das Wort des Dämons nicht beachten, sondern nur die Heilungstat Jesu".

Haenchen macht zugleich darauf aufmerksam, daß man 1,21 ff. nicht zeitlich streng an 1,16 ff. anschließen dürfe; die einführende Bemerkung „sogleich am Sabbat" (V. 21) bedeute nicht, daß sich die vorangegangene Berufung der Jünger ebenfalls am Sabbat ereignet habe. Diese Beobachtung wirft nun auch ein Licht auf den zunächst so unverständlichen Wechsel vom Plural zum Singular in V. 21: in der ursprünglichen Erzählung war offensichtlich nur von Jesus allein die Rede gewesen; als die Heilungsgeschichte an die Berufungserzählung angehängt wurde, ergab sich die Notwendigkeit eines Ausgleichs: die Jünger mußten noch einmal erwähnt werden. Da sie dann in der eigentlichen Erzählung überhaupt keine Rolle mehr spielten, setzte sich der alte Text durch: Jesus allein geht in die Synagoge.

Grundmann (aaO, 42) versteht das Besessensein als Geisteskrankheit. Der Kranke lebe in der „Zwangsvorstellung", von einem Dämon beherrscht zu sein. Er erkennt Jesus, denn „Geisteskranke haben eine besondere Witterung für das, was um sie geschieht". So versuche der Kranke, gegen Jesus ein Mittel des magischen Zaubers einzusetzen. Grundmann glaubt selbst offenbar nicht an die Existenz von Dämonen, und er sucht deshalb nach einer rationalen Erklärung für die geschilderten Ereignisse, die er im übrigen für historisch zu halten scheint. Auch angesichts dieser Exegese ist aber die Kontrollfrage zu stellen: Was steht im *Text*? Setzt er nicht das Wunder in seiner Massivität voraus?

Auch *Schweizer* (aaO, 27 f.) argumentiert ähnlich wie Grundmann: In der antiken Vorstellung, Krankheit gehe auf böse Geister zurück, stecke die Wahrheit, daß Krankheit das letztlich von Gott nicht gewollte sei. Schweizer (wie auch Haenchen) hält es für möglich, daß Jesus tatsächlich Menschen geheilt hat; freilich seien die Heilungen psychologisch erklärbar, und über Jesu Vollmacht sei durch sie gar nichts gesagt.

Pesch (aaO. 121 f.) betont, der Dämon wolle Jesus mit einem „Gegenzauber" bekämpfen; der christliche Erzähler habe diese abwehrende Gebärde zu einer „christologischen Inszenierung" genutzt. Pesch nimmt an, die Erzählungen von Exorzismen beruhten „auf historischen Voraussetzungen aus dem Leben Jesu" (aaO, 125) und zeigten „die befreiende Macht der Gottesherrschaft, das Wunder der heilen Existenz des Menschen in angstfreier (weil herrschaftsfreier) gelungener Kommunikation" (aaO, 127).

Nach *Gnilka* (aaO, 80) enthält der Schrei des Dämons „Abwehr und Bekenntnis"; er wisse, daß Jesu Sendung „die Vernichtung des dämonischen Wesens zum Ziel" hat, versuche aber, durch die Anwendung dieses Wissens „wie mit einem Zauber Macht über Jesus zu gewinnen". Gnilka meint, hinter der Erzählung stehe nicht ein historisches Detail, wohl aber eine „allgemeine Erinnerung an [Jesu] exorzistische Tätigkeit" (aaO, 82).

Schmithals, der eine eigene literarkritische Hypothese zur Entstehung des Mk vertritt (s. u. S. 72), betrachtet 1,21–28 als ursprüngliche Einheit: Das Wunder beschreibe den Inhalt der neuen Lehre Jesu (aaO, 120). Der Besessene sei „das Exempel des der Hilfe Jesu bedürftigen Menschen überhaupt" (daher der Plural in V. 24). Der Erzähler lasse bewußt offen, ob der Dämon oder der Mensch redet – das Böse sei nur dort mächtig, wo der Mensch ihm Raum gibt; außerdem stecke in dem Wort deutliche Ironie, da der Dämon ohnmächtig versuche, seinerseits Jesus zu beschwören (aaO, 121 f.).

Nach der kritischen Lektüre der Kommentare sollte man die weitere Sekundärliteratur zu Rate ziehen(vgl. D. A. Koch, Die Bedeutung der Wundererzählungen für die Christologie des Markusevangeliums, 1975, 43 f.; dort weitere Literatur).

Gegenüber der Literatur gilt die Kontrollfrage, ob sich ihre Aussagen am Text orientieren und seinen Wortlaut berücksichtigen, oder ob zusätzliche Überlegungen eingetragen werden. Grundsätzlich ist bei der Exegese davon auszugehen, daß der Text als literarisches Zeugnis verstanden und interpretiert wird. Man darf nicht fragen, was der Dämon oder auch der Kranke meint, sondern man muß fragen, was der Erzähler ihn sagen läßt. Es ist der Erzähler, der dem Leser eine Mitteilung machen will – und in dieser Mitteilung steckt der Sinn der ganzen Erzählung. Berücksichtigt man dies, dann wird deutlich, daß die Erzählungen von Jesus der Verkündigung des Glaubens an ihn dienen: Wo Jesus auftritt, da sind die Dämonen am Ende (nach dem Verständnis des damaligen Weltbildes natürlich), sie müssen ihre Ohnmacht vor dem „Heiligen Gottes“ bekennen. Es wäre absurd, die Anrede von V. 24 als Drohung zu interpretieren, denn die Erzählung – gleich ob sie einen historischen Kern hat oder nicht – wurde nach dem Tode Jesu gestaltet, sie setzt den Glauben an ihn als den Auferstandenen voraus. Letztlich geht es in der Erzählung um die gegenwärtige Macht dessen, den die Kirche als den „Heiligen Gottes“ bekennt. Nimmt man jetzt die oben (S. 46) eingeklammerten Passagen hinzu, dann ergibt sich, daß Markus eine weitere Aktualisierung des Textes anstrebt: Was Jesus einst in der Synagoge von Kapernaum tat, das wird gegenwärtig immer noch erfahren in der Macht seiner Lehre. Angesichts dieser Lehre Jesu soll der Leser in den Chor der Zuschauer einstimmen.

Der Auslegung des Markus-Textes muß sich der Vergleich mit den synoptischen Parallelen anschließen: Wo finden sich bei Lukas Übereinstimmungen mit Markus, wo gibt es Unterschiede? Wie ist der Befund im Matthäustext zu erklären? Wie steht es mit der Möglichkeit von Abhängigkeiten zwischen Lukas und Markus? Gibt es Indizien für eine literarische Priorität des einen oder des anderen? Vgl. § 7.

b) Hinweise für die Erarbeitung eines Paulustextes:
Fragen und Gesichtspunkte zu 1 Thess 4,13–18 (bzw. 5,11).

Wir verzichten an dieser Stelle auf Übersetzung und Textkritik und schlagen vor, nach dem Schema von S. 29 f. 43 ff. selbständig vorzugehen.

Eine wesentliche Voraussetzung für die Exegese ist eine erste allgemeine Orientierung über den 1. Thessalonicherbrief; man kann sie sich aus Kümmels Einleitung oder auch aus den einleitenden §§ der Kommentare verschaffen. Das wichtigste wird im übrigen auch unten im § 24 unserer Darstellung genannt, so daß hier ein allgemeiner Hinweis genügt.

Paulus kennt die Gemeinde in Thessalonich (Nordgriechenland); er hat sie selbst gegründet, und die Grundzüge seiner Theologie müssen dort bekannt sein. Der erste Brief, den Paulus an die Gemeinde richtet, befaßt sich zum Teil mit Themen, die dort offensichtlich unklar geblieben sind. Es scheint so, daß der Mitarbeiter des Paulus, Timotheus, von seinem Aufenthalt in Thessalonich eine Liste von Fragen mitgebracht hat, die Paulus nun schriftlich beantwortet. Eines dieser Themen ist die Frage, was mit denjenigen Gemeindemitgliedern geschieht, die schon vor der Parusie Jesu sterben bzw. bereits gestorben sind. Paulus beginnt mit der Wendung οὐ θέλομεν δὲ ὑμᾶς ἀγνοεῖν. Das neue Thema wird angezeigt durch die Präposition περί: „Über die Entschlafenen“ (vgl. 5,1: „Über Zeiten und Termine“). Paulus nimmt zu zwei miteinander zusammenhängenden Komplexen Stellung: a) 4,13 ff. Auferstehung der Toten und Parusie Jesu; b) 5,1 ff. Termin der Parusie und Konsequenzen für die Gegenwart. Die Frage aus der Gemeinde, auf die Paulus antwortet, kann man indirekt aus der Art der Antwort erschließen. Sie dürfte etwa gelautet haben: Gehen auch diejenigen Gläubigen in das ewige Leben ein, die vor der Parusie Christi sterben? Interessant an dieser Frage ist schon, daß sie überhaupt gestellt wird: Offensichtlich hat Paulus bei seiner Tätigkeit in Thessalonich über dieses Thema gar nicht gesprochen, möglicherweise spielt es im Zusammenhang seiner Theologie keine entscheidende Rolle. Die Frage der Gemeinde enthält mehrere ganz bestimmte sachliche Voraussetzungen: a) Die Anerkennung des apokalyptischen Weltbildes; b) das grundsätzliche Vorhandensein des Glaubens an die Auferstehung; c) die Erwartung einer relativ nahe bevorstehenden Parusie.

Paulus beantwortet die Frage durchaus im Rahmen des vorgegebenen Weltbildes: Auch die Toten werden auferstehen – sie werden sogar als erste vor den noch Lebenden Christus entgegengehen. Den Termin der Parusie kennt niemand, es braucht ihn auch niemand zu kennen. Es genügt allerdings nicht, den Inhalt der Antwort des Paulus zu konstatieren; man muß zusätzlich die Methode der paulinischen Argumentation beachten, denn daraus können sich weitere wichtige Gesichtspunkte für das Verständnis des Textes ergeben. Dann gewinnt man die Erkenntnis:

1) Der paulinischen Argumentation geht es nicht um das formale Vorauswissen von künftigen Ereignissen, sondern es geht um die Hoffnung der jetzt Lebenden (V. 13). Die Bezeichnung der Glaubenden als Hoffende im Gegensatz zu den „übrigen, die keine Hoffnung haben" bedeutet nicht, daß es nach Meinung des Paulus außerhalb des Christentums Jenseitsvorstellungen und -erwartungen nicht gebe; gemeint ist vielmehr, daß jene nicht die wahre, begründete Hoffnung besitzen. Die Aussagen sind also nicht vom Weltbild her, sondern streng christologisch konzipiert: Das Heilsgeschehen von Tod und Auferstehung Christi begründet die Hoffnung der Christen.

2) Einstiegspunkt ist nicht eine visionäre Schau der Zukunft (mit der Paulus an sich durchaus auch aufwarten könnte, vgl. 2 Kor 12,1 ff.), sondern Einstiegspunkt ist die Aussage des Glaubensbekenntnisses: „Jesus ist gestorben und auferstanden" (V. 14). Daß dieser Satz wahr ist, braucht nicht weiter begründet zu werden, denn er wird in Thessalonich gar nicht bezweifelt: εἰ γὰρ πιστεύομεν ... (εἰ steht hier, wie im NT öfter, mit dem Indikativ der Wirklichkeit:

„wenn – wie es tatsächlich der Fall ist –"; vgl. Bl.-Debr. § 372.1). Aus dem Schicksal Jesu ergeben sich Konsequenzen für die Gläubigen; ihr Schicksal ist mit dem Jesu verbunden, und zwar unabhängig davon, ob sie die Parusie erleben oder nicht. Christliche Existenz, die als Hoffnung bestimmt ist, orientiert sich am Heilswerk.

3) Paulus führt als weitere Begründung ein Wort Jesu an (V. 15). Dabei gibt es allerdings einige Unklarheiten: 1. Wie weit geht das Wort? 2. Woher hat es Paulus? Von da aus kann man dann noch weiter fragen: 3. Wie oft (und: in welcher Absicht) führt Paulus Worte Jesu an? 4. Wo gibt es sonst noch Jesusworte, die außerhalb der Evangelien überliefert sind? Eine Übersicht über das Material gibt J. Jeremias, Versprengte Herrenworte, in: H-S I, 52–55. 5. Gibt es Kriterien für die Beurteilung der „Echtheit" eines solchen Wortes (s. dazu S. 359 f.)?

Aus Credo und Herrenwort zieht Paulus die Konsequenz: Er erwartet, persönlich die Parusie noch zu erleben (V. 17). Aber der physische Tod berührt in keiner Weise das Heil. Paulus unternimmt nicht den Versuch einer apokalyptischen Berechnung der Parusie (5,1 ff.), der Hauptpunkt ist: Der Herr kommt plötzlich.

Man kann das in 1 Thess 4,13–18 entworfene Parusiegemälde mit den „Apokalypsen" in den synoptischen Evangelien vergleichen, vor allem mit Mk 13. Dabei führt die Frage nach den Übereinstimmungen und Differenzen fast von selbst zu dem Problem der sachlich-theologischen Relevanz der apokalyptischen Vorstellungen. Für 1 Thess 4,13–18 ergeben sich folgende exegetische Resultate:

1. Paulus arbeitet mit traditionellem Material, und zwar mit Elementen des Glaubensbekenntnisses, mit apokalyptischen Bildern und mit Jesustradition, deren Herkunft unklar ist.

2. Paulus ordnet dieses Material so, daß der Hinweis auf Hoffnung und Glaube am Anfang steht, d. h. das Entscheidende ist für ihn die Bestimmung der gegenwärtigen christlichen Existenz.

3. Das bestätigt sich, wenn man das Resultat (V. 18 bzw. 5,11) betrachtet: Zielpunkt ist die gegenseitige Mahnung, Tröstung und Erbauung der Christen untereinander (Stichwort ist παρακαλέω).

Arbeitsvorschlag

Exegese eines Paulustextes nach den genannten und exemplarisch vorgeführten Gesichtspunkten. Als mögliche Texte bieten sich an: Röm 12,1–2; 13, 1–7; 1 Kor 8,1–6.

Hilfsmittel: Grammatik, Wörterbuch, Artikel im ThWNT; erst dann die Kommentare.

§ 7 Literarkritik der synoptischen Evangelien

Literatur: *Zu 1.:* R. Bultmann, Die Erforschung der synoptischen Evangelien, Glauben und Verstehen IV, 1–41. *Zu 2.:* W. G. Kümmel, Einleitung in das NT, [17]1973, 13–44. *Zu 3.:* H. Zimmermann, Neutestamentliche Methodenlehre, [6]1978, 89–95.

1. Allgemeines

Die drei ersten Evangelien bezeichnet man seit dem 18. Jahrhundert als „synoptische", weil sie eng miteinander verwandt sind und jedenfalls „zusammengesehen" werden müssen. Die *Literarkritik* befaßt sich nun vor allem mit der Frage, ob und wie diese drei Evangelien *literarisch* miteinander zusammenhängen.

Es gibt von vornherein mehrere Möglichkeiten: 1) Ein Autor könnte vom anderen abgeschrieben haben – wobei dann zu fragen ist, wer wessen Schrift als Quelle benutzt hat. 2) Alle drei Evangelisten könnten eine gemeinsame, nicht mehr erhaltene Quelle benutzt haben. 3) Alle drei könnten unabhängig voneinander aus gemeinsamen schriftlichen oder mündlichen Überlieferungen geschöpft haben.

Die Literarkritik kann nicht darüber befinden, ob eine bestimmte Tradition möglicherweise auf Jesus selbst zurückgeht, oder ob etwa Gemeindebildung vorliegt – die Lösung dieses Problems ist eine Aufgabe der Formgeschichte (vgl. § 9). Die Literarkritik erforscht nicht die einzelnen Überlieferungsstücke selbst, sondern sie prüft die verschiedenen Überlieferungen bei Matthäus, Markus und Lukas *in ihrem Verhältnis* zueinander, wobei neben dem eigentlichen Inhalt eines Abschnitts (Perikope) auch dessen Stellung innerhalb des Aufrisses des Evangeliums eine Rolle spielt.

Das besondere Problem der Literarkritik in den synoptischen Evangelien ist die Tatsache, daß es auf der einen Seite starke Ähnlichkeiten, auf der anderen Seite aber auch erhebliche Unterschiede im Wortlaut der Überlieferung gibt. Die entscheidende Frage lautet, wie sich dieser doppelte Befund erklären läßt.

Die Literarkritik hat daneben auch eine gewisse Bedeutung für eine mögliche Rekonstruktion der Geschichte Jesu: Welches ist die älteste erhaltene Quelle? Welches ist die zuverlässigste Quelle? Das muß nicht notwendig in beiden Fällen dieselbe sein; denn ein späterer Schriftsteller kann durch intensivere Forschungen durchaus an einigen Stellen zu genaueren Ergebnissen gekommen sein (vgl. Lk 1,1–4).

Man kann sich das Problem der Literarkritik etwas eher verdeutlichen, wenn man zunächst einen Blick auf die älteren Hypothesen zum synoptischen Problem wirft. Natürlich braucht man sich diese Hypothesen nicht im einzelnen zu merken, aber man sollte sie kennen, weil eine Reihe von Fragestellungen der älteren Forschung auch heute noch von Bedeutung ist.

1) Traditionshypothese (Vertreter waren J. G. Herder und J. C. L. Gieseler): Alle Evangelisten schöpfen unabhängig voneinander aus mündlicher Tradition.

Diese Hypothese sieht etwas Richtiges (s. unten § 9); sie vermag aber das *literarische* Verhältnis der Evangelien zueinander nicht ausreichend zu erhellen: Die wörtliche Übereinstimmung an einzelnen Stellen wird ebensowenig erklärt wie die Übereinstimmung in der Anordnung der Erzählungen und Worte Jesu.

2) Benutzungshypothese (von J. J. Griesbach vertreten): Ein Evangelist hat ein oder mehrere andere Evangelien benutzt.

Aber wer hat welches als Quelle benutzt? Traditionell galt das Mt-Evangelium als das älteste, und dies wird in der neueren Forschung von Zahn und Schlatter noch vertreten; aber inzwischen hat sich – bis heute – die Annahme der Mk-Priorität durchgesetzt. Die Benutzungshypothese leidet darunter, daß sie die Unterschiede zwischen den Evangelien nicht hinreichend erklären kann; jedoch gelten einige ihrer Elemente auch heute noch in der Zwei-Quellen-Theorie (s. unten § 8).

3) Ur-Evangeliums-Hypothese (D. F. Michaelis, G. E. Lessing): Alle drei Synoptiker benutzten ein – nicht mehr vorhandenes – „Ur-Evangelium". Diese Hypothese kann nicht erklären, wie die Übereinstimmungen von Matthäus und Lukas gegen Markus zustande gekommen sein könnten. Sie hilft sich mit der zusätzlichen Annahme, daß Markus nur eine gekürzte Fassung des Ur-Evangeliums vor sich gehabt habe. Aber gegenüber solchen „Hypothesen zweiten Grades", die auf anderen Hypothesen aufbauen und diese zugleich auch beweisen sollten, muß man äußerst mißtrauisch sein, obwohl sie in der historischen Forschung keineswegs selten begegnen.

4) Fragmentenhypothese (F. D. E. Schleiermacher): Die Evangelien sind aus einer großen Zahl ursprünglich selbständiger kleiner Sammlungen von Einzelgeschichten zusammengestellt.

In dieser Hypothese bleibt die Übereinstimmung im Gesamtaufbau der Evangelien unerklärt. Andererseits wird die Frage nach älteren Sammlungen innerhalb der Evangelien auch heute wieder gestellt und z. T. positiv beantwortet.

2. Das Problem der gegenseitigen Abhängigkeit

1) Auffallend ist die Tatsache, daß die drei synoptischen Evangelien eine ganz unterschiedliche Länge haben: Markus umfaßt bei Nestle etwa 1500 Druckzeilen, Matthäus bereits mehr als 2400, und das Lukas-Evangelium schließlich umfaßt über 2600 Druckzeilen. Nimmt man hypothetisch an, diese Evangelien müßten in irgendeiner Weise literarisch miteinander verwandt sein, dann stellt sich von selbst die Frage nach der Priorität: Können diese drei Evangelien auf eine gemeinsame schriftliche Quelle zurückgehen (Ur-Evangeliums-Hypothese)? Dafür sprechen tatsächlich auf den ersten Blick die Übereinstimmungen im Gesamtaufbau, aber auch wörtliche Parallelen in den Einzeltexten. Andererseits aber läßt sich dann kaum erklären, warum Markus so viel weniger Material bietet als die übrigen Verfasser: Hat er einiges gestrichen, z. B. die ganze Bergpredigt? Oder haben die anderen in erheblichem Umfang zusätzliches Material gehabt – und wenn ja, woher hatten sie es? Es ist tatsächlich von vornherein wahrscheinlicher, daß Lk und Mt über Mk hinaus weitere Quellen besaßen, denn ein Grund, weshalb Mk in so erheblichem Umfang gekürzt haben sollte, ist nicht zu erkennen. Unter der Annahme der entgegengesetzten Entwicklung ist der Befund jedenfalls leichter zu erklären: Das kürzeste Evangelium, also Markus, war die Grundlage für Matthäus und für Lukas; diese nahmen in stilistischer und auch in theologischer Hinsicht einige „Verbesserungen" des Markusstoffes vor und fügten weiteres Material – schriftliche Quellen oder auch mündliche Überlieferung – ergänzend hinzu.

Es ist klar, daß die Entscheidung über die Priorität nur zwischen Matthäus und Markus fallen kann – Lukas setzt ja ausdrücklich die Existenz anderer Evangeliumsschriften vor seiner eigenen voraus (Lk 1,1–4).

2) Prüfen wir nun anhand einzelner Perikopen die Tragfähigkeit der vorläufigen Hypothese, daß Markus die (oder: eine) Vorlage des Matthäus gewesen sei.

a) Die Heilung des Gelähmten wird in Mt 9,1–8 und in Mk 2,1 bis 12 – außerdem bei Lk (5,17–26) – erzählt. Dabei weisen die Mt- und die Mk-Fassung vor allem am Anfang deutliche Unterschiede auf: Nach Mk hält sich Jesus schon seit einigen Tagen in Kapernaum auf; man hat den Eindruck, daß es zur Substanz des Ablaufs der Erzählung zu gehören scheint, daß Kapernaum eine eng gebaute Ortschaft ist. Bei Matthäus dagegen fehlt das Szenenbild vom Gedränge ganz; die Geschichte beginnt offenbar sofort nach Jesu Ankunft in der

Stadt, und von irgendwelchen Schwierigkeiten, an Jesus heranzukommen, wird nichts gesagt. Neben solchen Unterschieden gibt es aber auch starke Übereinstimmungen zwischen beiden Fassungen der Erzählungen (zu vergleichen sind hier vor allem Mk V. 8 ff. und Mt V. 4 ff.), so daß eine völlige literarische Unabhängigkeit als unwahrscheinlich gelten kann. Die Testfrage lautet: Welche Fassung läßt sich leichter aus der anderen ableiten? Von dieser Frage her wird dann deutlich: Mt kürzt, was ihm als unwesentlich für den eigentlichen Kern der Erzählung erschien; die malerische Situation stört ihn, er will stattdessen den lehrhaften Gehalt stärker herausheben. So ergibt es sich, daß bei Mk die Leute ihren Glauben an Jesus dadurch erweisen, daß sie ein erhebliches Hindernis überwinden, um zu ihm zu gelangen, während nach Mt sich der Glaube schon darin zeigt, daß sie überhaupt zu Jesus kommen. Besonders aufschlußreich ist ein Vergleich zwischen Mt V. 3 f. und Mk V. 6 ff.: was sich bei Mk konkret auf die Szene bezieht – und zwar sowohl der Vorwurf der Schriftgelehrten, als auch die Antwort Jesu –, das wird bei Mt zum allgemeinen moralischen Vorwurf – und zwar ebenfalls auf *beiden* Seiten. Mt hat damit zwar einerseits den etwas umständlichen Stil der markinischen Fassung geglättet; er hat aber andererseits das sachliche Problem, um das es geht, simplifiziert, indem er die grundsätzliche Frage „Wer kann Sünden vergeben außer Gott?" (Mk V. 7) gestrichen hat.

Ein frappierender Beweis für literarische Abhängigkeit ist die Übereinstimmung in der Satzkonstruktion Mt V. 6/Mk V. 10: An beiden Stellen liegt ein Anakoluth vor. Theologisch bedeutsam ist die Differenz am Schluß: Während Mk mit dem stilgemäßen Schlußwort „Solches haben wir niemals gesehen", endet, verweist Mt auf die ἐξουσία, die Gott *den Menschen* gegeben hat – was sich im Zusammenhang des Evangeliums nur auf die Kirche beziehen kann, die das Recht zur Sündenvergebung (und die Macht der Wunderheilung?) hat.

Der Vergleich zwischen Mk und Lk ist einfach; die Unterschiede sind – im Sinne des Lk – Verbesserungen: Die Gegner werden gleich zu Anfang eingeführt und näher beschrieben, ihr Auftreten in V. 21 ist deshalb nicht so unvermittelt wie bei Mk. Andererseits zeigt aber gerade V. 21, daß Lk den Mk-Text vor sich gehabt hat, denn hier ist nun doch wie bei Mk von γραμματεῖς (und nicht, wie von V. 17 her zu erwarten gewesen wäre, von νομοδιδάσκαλοι) die Rede.

b) Das Gleichnis vom Senfkorn ist in Mk 4,30–32 sowie in Mt 13,31 f. und Lk 13,18 f. überliefert. Auffällig ist, daß Mk und Lk mit einer Doppelfrage beginnen, während Mt thetisch formuliert: ἄλλην παραβολὴν ... (vgl. V. 24). Daß zwischen Mk und Mt ein literarischer Zusammenhang besteht, ist offenkundig: μικρότερον ... πάντων τῶν σπερμάτων ... μεῖζον τῶν λαχάνων ... ὥστε ... τὰ πετεινὰ τοῦ οὐρανοῦ ... κατασκηνοῦν. Gleichzeitig bestehen aber sachliche Differenzen: Während Mk ein Bild zeichnet („Wenn man ein Senfkorn sät, dann geschieht ..."), fängt Mt zunächst an, eine Geschichte zu erzählen („Ein Mann säte ..."), fährt dann aber nicht im Erzählstil (etwa: „und als es sproßte ...") fort, sondern im selben Stil wie Mk: „Wenn es sproßt, dann ..." Lk, dessen Darstellung am Anfang teilweise der des Mk entspricht (s. o.), trifft sich mit Mt in dem ὁμοία ἐστίν der Gleichniseinleitung; er erzählt auch – wie Mt – eine Geschichte, freilich mit dem Unterschied, daß er den Erzählstil konsequent durchhält. Im Wortlaut bestehen zwischen Mt und Lk deutliche Übereinstimmungen gegen Mk: Gemeinsam ist das Wort αὐξάνειν; ferner die Aussage, daß das Korn zum Baum wird und der Hinweis, die Vögel würden unter seinen Zweigen nisten. Andererseits wird bei Lukas das Senfkorn nicht mit anderen Samen verglichen, insbesondere wird es nicht als das kleinste aller Körner bezeichnet; einander gegenübergestellt werden nur der Same am Anfang und der Baum am Ende.

Der Befund ist also erheblich komplizierter als im ersten Fall: Mk und Lk differieren; Mt jedoch berührt sich mit Mk gegen Lk, andererseits jedoch auch mit Lk gegen Mk. Auch dieser Befund läßt sich am leichtesten von der Mk-Priorität her erklären; denn die Mk-Fassung kann kaum aus dem Lk- oder dem Mt-Test entstanden sein. Andererseits aber scheint Lk hier gar nicht auf Mk zurückgegriffen zu haben, sondern auf eine davon unabhängige Überlieferung, die dasselbe Gleichnis – wenn auch in anderer Form – enthielt. Diese zweite Fassung scheint auch Mt gekannt zu haben, denn sein Text zeigt deutlich den Versuch, beide Fassungen miteinander zu verbinden, ohne daß allerdings ein wirklicher Ausgleich zustande gekommen wäre.

Es ist nun allerdings zu beachten, daß die von uns behauptete Mk-Priorität sich nur auf die *literarischen* Verhältnisse bezieht – die Frage, ob die Mk-Fassung oder aber die Lk-Fassung die ursprünglich(er)e bzw. die traditionsgeschichtlich ältere ist, läßt sich von der Literarkritik nicht beantworten. Vielmehr ist dieses die Aufgabe der Formgeschichte (s. u. § 9). Die Literarkritik kann nur feststellen, daß das Gleichnis vom Senfkorn dem Mk in *einer* Fassung bekannt war, während es dem Mt in *zwei* Fassungen vorlag, von denen die eine jedenfalls der Mk-Text war; Lk hat offenbar ebenfalls beide Fassungen gekannt, jedoch die nicht-markinische vorgezogen.

3) Die Vermutung, daß dem Mk-Evangelium die Priorität zukommt und Mt und Lk ihn als Vorlage bzw. Quelle benutzt haben, wird durch einen Vergleich des Gesamtaufbaus der Evangelien erhärtet (instruktiv ist hier schon ein Blick in das Inhaltsverzeichnis einer Synopse). Zwar könnte man die Übereinstimmungen in der Darstellung des Handlungsablaufs damit erklären, daß es sich ja um die Wiedergabe historischer Vorgänge handle, aber dann wären wieder die Abweichungen, z. B. in der Darstellung von Jesu Auftreten in seiner Vaterstadt Nazareth, nicht zu verstehen. Der Befund muß also auf anderem Wege erklärt werden.

Vergleichen wir Mt und Mk in ihrem Aufbau miteinander, so laufen folgende Abschnitte parallel:

Mt 3, 1– 6	und	Mk 1, 1– 6
Mt 3, 7–10		ohne Parallele bei Mk, vgl. aber Lk (3,7–9)
Mt 3,11–12		Mk 1, 7– 8
Mt 3,13–17		Mk 1, 9–11
Mt 4, 1–11		Mk 1,12–13, vgl. außerdem wieder Lk (4,1–13)
Mt 4,12–17		Mk 1,14–15
Mt 4,18–22		Mk 1,16–20

Bei Mk folgen jetzt Heilungsgeschichten, ferner ein zusammenfassendes „Summar“ (1,32–34.35–38.39), dann wieder Heilungen und schließlich mehrere „Streitgespräche“. Mt dagegen hat am Ende von Kapitel 4 ein Summar, dann folgt in Kap. 5–7 die Bergpredigt, in Kapitel 8 und 9 werden Wundergeschichten erzählt, wobei sich Mt 9,1 mit Mk 2,1 trifft. Es zeigt sich also, daß Mt erheblich mehr Stoff bringt als Mk. Dabei ist anzunehmen, daß nicht etwa Mk ihm bekanntes Material unterdrückte, sondern daß Mt mehr Material zur Verfügung stand als dem Verfasser des Mk-Evangeliums.

Wichtig ist nun, daß der bei Mt über Mk hinausgehende Stoff sich zum großen Teil auch bei Lukas findet. Der Vergleich zwischen Mk und Lk bringt ähnliche Ergebnisse wie der zwischen Mk und Mt: Der Inhalt von Mk 1,1–6,44 findet sich auch bei Lk, und zwar in weitgehender Übereinstimmung; nur zu Mk 3,20f. und 4,26–29 fehlen Parallelen. Umgekehrt tritt bei Lk vor die Berufung der ersten Jünger (Mk 1,16–20) Jesu erstes öffentliches Auftreten in Nazareth (4,16ff.), die Berufung selbst wird in Lk 5,1–11 in einer ganz anderen Version erzählt, weshalb Lk dann später den Inhalt von Mk 6,1–6 übergeht. Besonders auffallend ist die Tatsache, daß

Mk 6,45–8,26 bei Lk überhaupt keine Parallele hat, man spricht hier von der sogenannten „großen Lücke". Zur Kontrolle ist es nun nützlich, Mt und Lk miteinander zu vergleichen. Es zeigt sich, daß beide eine Menge mehr Material enthalten als Mk. Sie fügen es aber in den von Mk übernommenen Stoff stets an jeweils verschiedenen Stellen ein. Eine Übereinstimmung zwischen Mt und Lk im Aufriß des Evangeliums besteht – mit wenigen Ausnahmen (s. u.) – nur dort, wo beide auch mit Mk übereinstimmen. Beispiel: Mt fügt die Bergpredigt hinter Mk 1,39 ein, Lk dagegen bringt seine der Bergpredigt entsprechende Feldrede nach Mk 3,19. Umgekehrt werden die Heilung des Gichtbrüchigen, die Berufung des Levi und die Fastenfrage in Mt 9,1–8.9–13.14–17 parallel zu Lk 5,17–26.27–32.33–39 erzählt – was ganz dem Mk-Text (2,1–12.13–17.18–22) entspricht. Man kann aus diesen Beobachtungen die Vermutung ableiten, daß Mt und Lk voneinander unabhängig gearbeitet haben. Es bleibt nur zu fragen, woher sie dann ihnen gemeinsames Material gewonnen haben.

Als vorläufiges Ergebnis läßt sich festhalten: a) Das Mk-Evangelium hat Mt und Lk als Quelle vorgelegen, es ist also das älteste der drei synoptischen Evangelien. b) Lk und Mt stehen literarisch offenbar in keinem Zusammenhang. c) Möglicherweise haben Lk und Mt unabhängig voneinander eine Quelle benutzt, die dem Mk nicht bekannt war.

In dieser Hypothese, der sogenannten „Zwei-Quellen-Theorie", gibt es einige schwache Punkte:

1. Wie ist die Tatsache zu erklären, daß Mk einige – allerdings nur wenige – Abschnitte hat, die von Mt und Lk übereinstimmend *nicht* übernommen wurden (z. B. Mk 4,26–29; 8,22–26)? Haben Mt und Lk möglicherweise einen kürzeren „Ur-Markus" gelesen, in dem das genannte „Sondergut" fehlte?

2. Wenn Mt und Lk literarisch voneinander unabhängig sind, wie läßt es sich dann erklären, daß sie an manchen Stellen gegen den Mk-Text übereinstimmen, obwohl die Substanz jener Texte aus Mk stammt? Man spricht von den „minor agreements", den kleineren Übereinstimmungen; der englische Terminus ist darauf zurückzuführen, daß auf diesen Punkt vor allem von der angelsächsischen Forschung hingewiesen wird. Mt und Lk streichen beispielsweise bestimmte „psychologische" Notizen des Mk (vgl. etwa Mk 1,41 parr), und es wird auch hier gefragt, ob etwa ein möglicher „Ur-Markus" diese Stellen noch nicht enthielt. Oder haben Mt und Lk doch nicht völlig unabhängig voneinander gearbeitet? Oder haben sie – unab-

hängig voneinander – die gleiche Idee gehabt? Ein besonders eindrucksvolles Beispiel ist Mk 9,14–29 parr: Die Ähnlichkeit zwischen Mt und Lk ist vor allem in den Kürzungen so stark, daß man sich den Befund ohne die Annahme einer literarischen Beziehung kaum erklären kann (mit einem Hinweis auf mündliche Tradition ist jedenfalls nichts gewonnen, da beide ja den Mk-Text auf jeden Fall benutzt haben).

Es ist mit Recht von den Vertretern der Zwei-Quellen-Theorie darauf hingewiesen worden, daß es sich bei den kleineren Übereinstimmungen zwischen Mt und Lk gegen Mk in den meisten Fällen um grammatische oder stilistische Verbesserungen handelt, die sich auch dort finden, wo Mt und Lk nicht zusammengehen. Für die Annahme der gegenseitigen Unabhängigkeit von Mt und Lk spricht, daß die „minor agreements" niemals *ganze Sätze* über Mk hinaus enthalten. Und ein drittes Argument: Falls Lk das Mt-Evangelium gekannt haben sollte, müßte man erklären, wieso er den zusätzlichen gemeinsamen Stoff *niemals* an derselben Stelle des Mk einfügte wie Mt.

Es muß an dieser Stelle noch einmal betont werden: Keine Theorie ist vollkommen, keine Hypothese vermag alle Probleme hinreichend zu erklären, offene Fragen bleiben immer. Es scheint aber so, als sei die Zwei-Quellen-Theorie geeignet, den größten Teil der im Zusammenhang des synoptischen Problems auftauchenden Probleme befriedigend zu beantworten.

3. Zum Verhältnis von Text- und Literarkritik

Sowohl der Schluß des Mk (16,9–20) als auch das Schlußkapitel des Joh (21) sind umstritten. In beiden Fällen lautet die Frage: Ist der Schlußabschnitt ursprünglicher Bestandteil des Buches oder nicht? Obwohl die Frage formal dieselbe ist, sind die Methoden der Beantwortung in beiden Fällen völlig verschieden. Mk 16,9–20 ist ein Fall für die Textkritik: der Abschnitt fehlt u. a. in B ℵ sy^{s}, andere Handschriften überliefern einen völlig anderen Schluß. Das deutet darauf hin, daß es sich um eine nachträgliche Ergänzung zum Mk-Evangelium handelt. Diese Vermutung wird noch durch die literarische Beobachtung gestützt, daß der Abschnitt den Eindruck macht, als sei er aus einer Anzahl anderer Stellen nachträglich und künstlich zusammengesetzt worden. Joh 21 ist demgegenüber kein Fall für die Textkritik, denn es gibt überhaupt keinen Hinweis darauf, daß das

Kapitel jemals in einer Handschrift des Joh-Evangeliums gefehlt hätte. Dennoch zeigen sowohl Joh 20,30 f. als auch Joh 21,24 f., daß das Kapitel ein Nachtrag zum fertig vorliegenden Evangelium ist. Die Zweifel an seiner Ursprünglichkeit basieren eben nur nicht auf der Text-, sondern auf der Literarkritik.

Übungsbeispiel: Exegese von Mt 1,16

Der Stammbaum Jesu in Mt 1 ist nach dem Schema gebaut: „Abraham zeugte Isaak" usw. Dieses Schema wird in V. 16 durchbrochen, weil nach der Anschauung des Evangelisten nicht Joseph der Vater Jesu war; deshalb heißt es: „Jakob zeugte Joseph, den Mann der Maria, aus der Jesus der sogenannte Gesalbte, geboren wurde." Die syrische Übersetzung vom Sinai (sy[s]) schreibt nun aber interessanterweise (in griechischer Rückübersetzung): Ἰωσὴφ δέ, ᾧ ἐμνηστεύθη παρθένος Μαρία, ἐγέννησεν Ἰησοῦν τὸν λεγόμενον χριστόν. Manche Exegeten halten diesen Text für den ursprünglichen; hier sei ja noch deutlich, daß der Stammbaum ursprünglich auf Joseph als den Vater Jesu hingeführt habe – schließlich sei Jesu über Joseph und nicht über Maria ein Nachkomme Davids.

Man muß an dieser Stelle zwischen Text- und Literarkritik scharf unterscheiden: Natürlich muß der Stammbaum Jesu, der ja überhaupt nur dann Sinn hat, wenn er Jesus tatsächlich auf David zurückführt, ursprünglich den Wortlaut gehabt haben „Joseph zeugte Jesus aus Maria" – aber diese Fassung kann unmöglich jemals im Mt-Evangelium gestanden haben, denn für Mt gilt, daß Jesus Davidssohn und *zugleich* Jungfrauensohn ist. Mt mußte also seine Vorlage ändern, als er sie in sein Evangelium einfügte. Wer dennoch annimmt, daß die syrische Lesart den ursprünglichen Mt-Text bewahrt habe, der muß erklären a) wie Matthäus diesen Wortlaut mit seiner theologischen Überzeugung vereinbaren konnte und b) wieso der Text abgesehen von sy[s] durchweg in anderer Formulierung überliefert ist.

Man kann natürlich auch umgekehrt die Frage stellen, ob etwa die syrische Übersetzung die Absicht verfolgte, die Lehre von der jungfräulichen Empfängnis Jesu zu bestreiten; für die Frühzeit der östlichen Kirche in Syrien kann eine solche Tendenz nicht von vornherein ausgeschlossen werden. Nun zeigt aber ein Blick auf den syrischen Text von Mt 1 und 2 (sowie Lk 1.2), daß der Sinaisyrer die Jungfrauengeburt keineswegs bestreitet (Mt 1,18–23; Lk 1,34 f.). Hinter seiner Formulierung von Mt 1,16 steht offenbar nur das Anliegen, Jesus als den zwar nicht leiblichen, aber doch rechtlichen Sohn Josephs darzustellen, damit Jesus auf diese Weise als Davidide erwiesen wird.

§ 8 Die großen Übereinstimmungen zwischen Matthäus und Lukas. Die Logienquelle (Q)

Literatur: A. v. Harnack, Sprüche und Reden Jesu, 1907; P. Hoffmann, Studien zur Theologie der Logienquelle, NTA NF 8, 1972; W. G. Kümmel, Einleitung in das NT, [17]1973, 26–53; D. Lührmann, Die Redaktion der Logienquelle, WMANT 33, 1969; S. Schulz, Q – Die Spruchquelle der Evangelisten, 1972; Ph. Vielhauer, Geschichte der urchristlichen Literatur, 1975, 268–280.311–329.

1. Das Verhältnis zwischen Mt und Lk

Im § 7 ist bereits gesagt worden, daß es zwischen Mt und Lk auch dort Übereinstimmungen gibt, wo eine Mk-Parallele (= Vorlage) fehlt. Wie ist dieser Befund zu erklären, wenn die Feststellung, daß Mt und Lk literarisch voneinander unabhängig seien, Gültigkeit haben soll?

1) Vergleich zwischen Mt 3,1–12 und Lk 3,1–18: Beide lehnen sich zunächst an Mk (1,2–6) an, dann aber geben sie über Mk hinaus den Inhalt der Bußpredigt Johannes des Täufers wieder. Dabei sind zwar die Adressaten nicht dieselben (Mt 3,7: Pharisäer und Sadduzäer; Lk 3,7: Volk), aber der Predigtinhalt wird in beiden Fällen mit fast denselben Worten angegeben. Die Übereinstimmung des Wortlauts von Mt 3,7–10 und Lk 3,7–9 läßt sich nur mit der Annahme erklären, daß beide Evangelisten neben Mk noch eine zweite Quelle hatten. Diese Vermutung wird noch verstärkt, wenn man sieht, daß Mt 3,11 und Lk 3,16 zwar eine Parallele in Mk 1,7f. haben, also offenbar auf Mk zurückgehen, daß aber Mt 3,12 und Lk 3,17 ohne eine Mk-Vorlage wieder fast wörtlich übereinstimmen. Auch in der Versuchungsgeschichte Mt 4,1–11 par Lk 4,1–13 liegt vielfach wörtliche Übereinstimmung vor.

In der Täuferpredigt hat Lk einen Zusatz gegenüber Mt (Lk 3,10–14). Woher dieser Zusatz stammt, ist nicht klar. Stand er in einer weiteren Quelle, die Mt nicht zur Verfügung stand? Oder hat Lk ihn selbst geschaffen? Kriterien für die Antwort könnten sich sowohl aus dem Stil als auch aus dem Inhalt ergeben.

2) Vergleich zwischen Lk 6,20–49 (Feldrede) und Mt 5–7 (Bergpredigt):

Lk 6,20–23 entspricht Mt 5,3.6.11 ff.
Lk 6,27–30 entspricht Mt 5,44.39–42
Lk 6,32–36 entspricht Mt 5,46 f.45.48

Lk 6,37 f. entspricht Mt 7,1 f.
Lk 6,41–49 entspricht Mt 7,3–5.16–21.24–27

Geht man von Lk aus, dann erscheint die Bergpredigt als Erweiterung der Feldrede. Die Übereinstimmungen zwischen beiden Kompositionen können jedenfalls kein reiner Zufall sein, denn es gibt ja auch Übereinstimmungen im Aufbau – wichtig ist insbesondere die Stellung der Seligpreisungen am Anfang. Geht man umgekehrt von Mt aus, so fällt auf, daß ein großer Teil jener Sätze, die sich in der Bergpredigt, nicht hingegen in der Feldrede finden, dennoch im Lukasevangelium zu finden sind – allerdings an ganz anderen Stellen in völlig anderem Zusammenhang.

Die einfachste Erklärung dieses Befundes ist die Annahme, daß es eine Quelle gibt, die Mt und Lk unabhängig voneinander benutzt haben, wobei sie sich jedoch nicht immer an die in der Quelle gegebene Darstellung (Reihenfolge der einzelnen Logien und Szenen) hielten. Allerdings läßt sich diese neben Mk zweite Quelle nur hypothetisch erschließen, eine Handschrift ist nicht überliefert. Man spricht von der Zwei-Quellen-Theorie, wobei man die zweite Quelle mit dem Sigel Q oder selten auch L (für „Logienquelle") bezeichnet. Der Hauptinhalt von Q sind Logien (= Worte) Jesu, es ist aber auch Erzählstoff vorhanden.

Arbeitsvorschlag

1. Aufsuchen solcher Logien, die sich in der Bergpredigt und im Evangelium des Lk – jedoch in einem jeweils verschiedenen Zusammenhang – finden. Hilfsmittel: Synopse.
2. Analyse der Überlieferung des Vaterunsers, d. h. Vergleich zwischen der Lk- und der Mt-Fassung.

2. *Der Charakter der Logienquelle* Q

Die Annahme, daß Q eine schriftliche Quelle gewesen sei, wird bisweilen bestritten:

1) Es könne sich allenfalls um eine fließende Schicht mündlicher Tradition handeln, denn sonst sei nicht zu erklären, daß der Wortlaut der aus Q stammenden Logien im einzelnen so stark voneinander abweicht.

In der Tat gibt es solche Abweichungen, die man nicht als absichtliche Änderungen durch den jeweiligen Evangelisten ansehen kann, weil sie weder dessen typischen Stil noch das besondere theologische Interesse des einen bzw. des anderen zeigen. So enthalten z. B. Mt

5,25 f./Lk 12,57–59 und Mt 5,43–48/Lk 6,27 f.32–36 offenbar dieselben Sprüche, und dennoch muß man fragen, ob Mt und Lk tatsächlich dieselbe Fassung der Logien vorlag. Gab es „Q" tatsächlich doch nur in mündlicher Überlieferung? Oder muß man annehmen, daß verschiedene Ausgaben der (schriftlichen) Logienquelle in den Gemeinden in Gebrauch waren?

2) Die Schriftlichkeit von Q wird zweitens bestritten mit dem Hinweis darauf, daß Mt und Lk das ihnen gemeinsame „Q"-Material in ganz unterschiedlicher Reihenfolge aufnehmen und in ihr Evangelium einbauen.

Diese Beobachtung ist in der Tat zutreffend: Im Unterschied zu Mt, der die ihm vorliegenden Quellen unter systematischen Gesichtspunkten gliedert, faßt Lk das Material aus Q (und sein Sondergut) in zwei Blöcken zusammen, wobei er sich an die Reihenfolge des ihm vorliegenden Stoffes gehalten zu haben scheint.

Es sei unwahrscheinlich, daß Mt und Lk eine und dieselbe Quelle so unterschiedlich verarbeitet hätten. Zumindest stünde dies in krassem Gegensatz zu der Art, in der sie das Mk-Evangelium benutzten. Dessen Reihenfolge ließen beide – außer in ganz wenigen Fällen – unverändert stehen.

Gegen diesen Hinweis werden jedoch eine Reihe von Gegenargumenten angeführt: a) Es bestehen bei aller Verschiedenheit des Umgangs mit Q doch ganz erhebliche Übereinstimmungen im *Wortlaut.* Geht man davon aus, daß die Worte Jesu aus dem Aramäischen ins Griechische übersetzt sind, dann ergibt sich notwendig, daß eine griechische Quelle, die die Worte Jesu enthielt, in *schriftlicher* Form existiert haben muß, denn sonst könnten Mt und Lk nicht an so vielen Stellen exakt denselben Wortlaut haben. b) Wäre Q nur zerstreutes mündliches Traditionsgut ohne festen Umfang, so wäre kaum zu erklären, wie Mt und Lk aus diesem Traditionsgut so viel *Gemeinsames* auffangen konnten. c) Es ist darauf hinzuweisen, daß die Übereinstimmung in der Reihenfolge der Aufnahme von Q-Stoff keineswegs so gering ist, wie gern behauptet wird – instruktiv ist hier die Tabelle bei Kümmel (Einleitung S. 34). d) Schließlich muß man beachten, daß sich bei Mt und Lk hier und da „Dubletten" finden – d. h. dasselbe Wort Jesu wird an zwei verschiedenen Stellen wiedergegeben. In diesem Fall ist es stets so, daß das Wort einmal bei Mk belegt ist – von ihm übernahmen es die beiden Seitenreferenten – und daß es dann noch einmal in Q schriftlich vorgelegen haben muß, denn sonst hätten Mt und Lk es wohl kaum so mechanisch übernommen. So folgt Lk in 8,16–18 der Mk-Vorlage (4,21 f. 24 f.),

d. h. er übernimmt die drei einzelnen Sprüche in der gegebenen Reihenfolge. Im genauen Wortlaut finden sich dann jedoch Abweichungen – und zwar gerade solche, die keine spezifisch lukanischen Merkmale aufweisen. Vor allem aber steht der Spruch von Lk 8,16 (par Mk 4,21) bei Lk noch ein zweites Mal, nämlich in 11,33. Dort handelt es sich um eine größere Zahl von Einzelsprüchen, die – allerdings an anderer Stelle – auch bei Mt stehen, die also vermutungsweise aus Q stammen. Das bei Lk in 11,33 überlieferte Wort hat Mt in die Bergpredigt (5,15) eingebaut. Als Lk nun dasselbe Logion in Mk 4,21 fand und in sein Evangelium übernahm (8,16), glich er es an die Q-Fassung an: er formulierte es aktivisch von der Person aus (ὁ λύχνος ist nicht, wie bei Mk, Subjekt des Satzes), und er übernahm vor allem auch nicht die Frageform.

Weitere Beispiele, die denselben Befund belegen: Lk 8,17 (par Mk 4,22) steht auch in Lk 12,2; der dortige Wortlaut stimmt mit dem von Mt 10,26 fast überein.

Lk 8,18 (par Mk 4,25) steht noch einmal in Lk 19,26, dort jedoch als Partizipial- und nicht als Relativsatz formuliert. Auch bei Mt ist dieses Wort doppelt überliefert (13,12; 25,29) – und zwar wieder a) in der Mk-Fassung (d. h. als Relativsatz) und b) in der Q-Fassung als Partizipialsatz.

Arbeitsvorschlag

Analyse von	Mk 8,34 f. /	Mt 16,24 f. /	Lk 9,23 f.
		Mt 10,38 f. /	Lk 14,27; 17,33
	Mk 8,38 /	Mt 16,27 /	Lk 9,26
		Mt 10,32 f. /	Lk 12,8 f.
	Mk 13,9.13 /	Mt 24,9.13 /	Lk 21,12.17.19
		Mt 10,19 f. /	Lk 12,11 f.

Neben den bisher behandelten *Wortdubletten* gibt es auch ganze *Rededubletten.* So geht der Anfang der großen Aussendungsrede Mt 10 auf Mk 6,7–13 zurück, wo die Jünger nach einer kurzen Instruktion durch Jesus zur Mission ausgesandt werden; im Gesamtaufriß bringt Mt die Rede freilich an anderer Stelle als Mk. Lk nun hat *zwei* Aussendungen, wobei Lk 9 im wesentlichen dem Mk-Text, Lk 10 dagegen im wesentlichen dem Mt-Text entspricht. Dieser Befund läßt sich am leichtesten mit der Vermutung erklären, daß es zwei Berichte von der Jüngeraussendung gab: Mk und Q. Während Lk beide Berichte aufnahm, arbeitete Mt sie zusammen und schuf – unter Zuhilfenahme von „Sondergut" – eine einzige große Rede.

Die Probe kann man machen, indem man versucht, die Schichten innerhalb von Mt 10 voneinander abzuheben. Es zeigt sich dann, daß Mt hier wie auch in anderen Reden Material aus Q, Mk und Sondergut zu größeren Einheiten zusammengefaßt hat (vgl. etwa auch die eschatologische Rede in Mt 24 f.).

Diese Hinweise sprechen dafür, daß die Logienquelle Q wahrscheinlich schriftlich überliefert war. Dennoch bleiben einige offene Probleme: Der ursprüngliche Wortlaut von Q läßt sich nur schwer rekonstruieren. Man muß im Umkreis von Q immer wieder mit starker Einwirkung mündlicher Tradition rechnen. Auch der Umfang der Logienquelle läßt sich nur annähernd bestimmen. Zwar können als sichere Bestandteile von Q jene Stellen angesehen werden, an denen Mt und Lk – über Mk hinaus – übereinstimmen (vor allem bei größeren Kompositionen, etwa in der Bergpredigt bzw. Feldrede). Andererseits ist es denkbar, daß Mt oder Lk aus Q etwas weggelassen haben, so daß das betreffende Logion oder auch eine bestimmte Erzählung sich nur noch bei *einem* Evangelisten findet und man nicht mehr feststellen kann, ob das Material aus Q oder aus einer Sonderüberlieferung stammt. Allerdings muß man beachten, daß die Evangelisten im allgemeinen nicht dazu neigen, Material, das sie kennen, zu übergehen – man kann es deshalb als wahrscheinlich ansehen, daß Q nicht sehr viel mehr Material enthielt, als wir aufgrund von Mt und Lk erkennen können.

3. Q als schriftliche Quelle

Versuche einer vollständigen Rekonstruktion der Logienquelle Q haben u. a. A. v. Harnack und in jüngster Zeit S. Schulz unternommen. Harnack fand 7 Erzählungen, 11 Gleichnisse, 13 Spruchgruppen und 29 Sprüche. Schulz legte eine umfassende Analyse und Interpretation des gesamten der Logienquelle zuzurechnenden Traditionsstoffs vor. Q sei in judenchristlichen Gemeinden im syrisch-palästinischen Grenzraum entstanden, und zwar über einen längeren Zeitraum hinweg. Zur ältesten Schicht der Quelle zählt Schulz prophetisch-enthusiastisches Spruchgut, in dem sich noch nicht die Tendenz zeige, das Wirken des irdischen Jesus zu „kerygmatisieren“. In der jüngeren Q-Tradition dagegen fänden sich nicht nur neue Gattungen (Geschichtserzählung, Gleichnisse, Apophthegmata, apokalyptisches Gut), sondern auch die „Ich-Worte“, die auf das irdische Wirken Jesu insgesamt zurückblickten. Hier sei das Erdenleben Jesu kerygmatisch interpretiert, was möglicherweise auf die Einwirkung älterer Mk-Traditionen zurückzuführen sei.

Es ist allerdings zu bezweifeln, daß es jemals in einer christlichen Gemeinde „nicht-kerygmatische“ Jesus-Tradition gegeben hat. Außerdem wird man gegenüber einer allzu detaillierten Umfangs- und Inhaltsbestimmung der Logienquelle zurückhaltend sein müssen. Immerhin lassen sich aber einige relativ unanfechtbare Feststellungen treffen:

1) Q enthält neben Logien auch Erzählstoff, z. B. die Versuchungsgeschichte und die Erzählung vom Hauptmann von Kapernaum.

2) Q ist kein Evangelium im literarischen Sinne, denn sie enthält offensichtlich keine Passionsgeschichte; daraus darf aber nicht geschlossen werden, daß Q das Passionskerygma überhaupt nicht kennt. Q war ein Erbauungsbuch für die Gemeinde, in der das Kerygma von Kreuz und Auferstehung bekannt war.

3) Die Aufreihung der einzelnen Logien in Q geschah keineswegs beliebig, vielmehr finden sich z. T. zusammengefaßte „Reden“: Die Feldrede Lk 6,20 ff. ist eine Art kleiner urchristlicher Katechismus. Auch der Aufbau von Q, der sich aus Lk mit einiger Sicherheit rekonstruieren läßt (s. u.), zeigt, daß es einen sinnvollen Spannungsbogen vom Auftreten Johannes' des Täufers bis zur Rede Jesu von den letzten Dingen gab.

Aus Lk und Mt läßt sich etwa folgender Inhalt von Q ableiten:

Predigt Johannes' des Täufers	(Lk 3, 7–17;	Mt 3, 7–12)
Versuchung Jesu	(Lk 4, 2–13;	Mt 4, 2–11)
Feldrede	(Lk 6,20–49;	Mt 5 – 7)
Hauptmann von Kapernaum	(Lk 7, 1–10;	Mt 8, 5–13)
Johannes der Täufer	(Lk 7,18–35;	Mt 11, 2–19)
Wehe- und Jubelruf	(Lk 10,13–15.21 f.;	Mt 11,21–27)
Beelzebub	(Lk 11,14–23;	Mt 12,22–30
Rückfall des bösen Geistes	(Lk 11,24–26;	Mt 12,43–45)
Gegen die Pharisäer	(Lk 11,39–51;	Mt 23,4.23–25. 29–36)
Weheruf über Jerusalem	(Lk 13,34 f.;	Mt 23,37–39)
Rede über die letzten Dinge	(Lk 17,22–37;	Mt 24,26–28. 37–41)
Gleichnis von den Talenten	(Lk 19,12–27;	Mt 25,14–30)

Die Eschatologie war übrigens nicht nur in Q das letzte „Lehrstück“; auch bei Mk steht sie am Schluß der Darstellung der Lehre Jesu (Mk 13), ebenso in der Didache. Selbst in den paulinischen Briefen zeigt sich die Tendenz, die Behandlung der eschatologischen Themen an den Schluß zu rücken (vgl. 1 Kor 15; 1 Thess 4.5).

4) Wie die Logienquelle keine Passionsgeschichte enthält, so findet sich in ihr auch kein ausdrückliches Passionskerygma. Daher gebraucht sie für Jesus niemals den Messiastitel, der im Urchristentum besonders im Blick auf das Leiden Jesu verstanden wurde (s. u. § 56). Q bewahrt auf der einen Seite die einstige Lehre Jesu, die durch seine Auferstehung als gültig beglaubigt ist; Q erwartet auf der anderen Seite Jesu Parusie – ohne das im einzelnen jedoch weiter auszuführen.

5) Entstehungsort und -zeit sind unbekannt. Allerdings gibt es für beide Fragen gewisse Indizien: Da als Orte des Wirkens Jesu Chorazin, Bethsaida, Kapernaum und Jerusalem genannt werden, kann man Galiläa und insbesondere das jüdische Gebiet am See Genezareth als geographischen Ursprungsort von Q ansehen. Aus der Tatsache, daß in Q ein unmittelbares Bevorstehen der Parusie Jesu nicht mehr angenommen wird (Mt 24, 48 par Lk 12,45) und die Christen zugleich mit größereren Verfolgungen rechnen müssen (Mt 23,35 par Lk 11,50), kann man den Schluß ziehen, daß die Logienquelle nur wenig früher als z. B. Mk entstanden sein dürfte – d. h. kurz vor der Zerstörung Jerusalems 70 n. Chr.

6) Ein Sonderproblem ist das Verhältnis von Q zu Mk: Hat Mk die Logienquelle gekannt? Für eine solche Annahme könnte die Tatsache sprechen, daß es gemeinsame Logien gibt, aber der Umfang dieses gemeinsamen Materials ist auf der anderen Seite so gering, daß man wohl nur mit gemeinsamer mündlicher Tradition rechnen kann.

§ 9 Formgeschichte in den synoptischen Evangelien

Literatur: *Zu 1.:* K. L. Schmidt, Der Rahmen der Geschichte Jesu, 1919 (= 1969). *Zu 2.:* E. Güttgemanns, Offene Fragen zur Formgeschichte des Evangeliums, BEvTh 54, ²1971. *Zu 3.:* R. Bultmann, Die Geschichte der synoptischen Tradition, FRLANT 29, ⁸1970 (mit Erg.H.). *Zu 4.:* M. Dibelius, Die Formgeschichte des Evangeliums, ⁶1971.

Vorbemerkung:

Die exegetische Analyse der synoptischen Evangelien erfordert drei Arbeitsgänge:

1) Die Herausschälung der in den jetzt vorliegenden Evangelien verarbeiteten Einzelerzählungen und -worte (Scheidung von „Tradition" und „Redaktion").

2) Die Bestimmung der Form (Gattung) der so isolierten Erzählungen und Worte mit dem Ziel, sie als selbständige Einzeltexte zu verstehen und zu interpretieren.

3) Die Interpretation des Textes im jetzt vorliegenden redaktionellen Zusammenhang des ganzen Evangeliums.

1. Analyse des literarischen „Rahmens" am Beispiel von Mk 1

Der erste Gesichtspunkt für die Analyse ist die Frage, wie die einzelnen Szenen zeitlich und räumlich miteinander verknüpft sind (vgl. oben § 7). In der Einleitung des Mk-Evangeliums werden Auftreten und Verkündigung Johannes' des Täufers knapp geschildert (Mk 1, (1)2–8), in V. 9–11 wird von der Taufe und in V. 12 f. von der Versuchung Jesu in der Wüste erzählt. Dabei sind die zeitlichen Angaben sehr vage gehalten: Daß Jesus „in jenen Tagen" (nämlich als der Täufer am Jordan war) von Johannes getauft wurde, gibt noch einen verhältnismäßig guten Sinn; daß er aber „sogleich" (εὐθύς) nach der Taufe in die Wüste geführt wurde, klingt einigermaßen befremdlich (die Parallelen haben hier denn auch geändert). Es sieht so aus, als seien Taufe und Versuchungsgeschichte erst von Markus selbst so eng verbunden worden, wobei die Verknüpfung zwischen beiden Erzählungen durch ein knappes und pauschales καὶ εὐθύς erfolgte, das sicher von der Hand des Evangelisten stammt.

Der Blick in die Konkordanz zeigt, wie zahlreich die Wendung καὶ εὐθύς (oder εὐθέως) bei Mk belegt ist, vor allem wenn man Mt und Lk noch zum Vergleich heranzieht.

In 1,14 f. folgt ein sogenanntes „Summar", die vorgreifende und zusammenfassende Formulierung des Gesamtthemas der Lehre Jesu. Die wieder sehr allgemein gehaltene Zeitangabe an dieser Stelle („nach der Verhaftung des Johannes") soll offensichtlich das *Nacheinander* im Auftreten beider unterstreichen; man kann sich nicht gut vorstellen, daß die Gefangennahme Johannes' unmittelbar im Anschluß an die Versuchung Jesu erfolgte.

Die eigentliche Erzählung des Mk-Evangeliums beginnt mit 1,16: Jesus beruft seine ersten Jünger. Merkwürdigerweise fehlt hier eine Zeitangabe, es gibt auch keinerlei Verbindung zu dem vorangegangenen Summar. Mk will offenbar den Eindruck erwecken, als sei die Berufung der Jünger erfolgt, bevor Jesus überhaupt zum erstenmal öffentlich wirkte. Die in 1,16–20 geschilderte Szene am See könnte ebensogut auch an einer ganz anderen Stelle des Evangeliums stehen, einen Zusammenhang zum Vorangegangenen oder zum Folgenden gibt es nicht. In V. 21–28 (s. dazu oben S. 44 ff.) hat man aufgrund des jetzt vorliegenden Zusammenhangs den Eindruck, es handele sich hier wohl um Jesu ersten Aufenthalt in Kapernaum – und doch ist in der Erzählung selbst darüber gar nichts gesagt. Auf das Problem der Zeitangaben sind wir oben bereits eingegangen (s. S. 47); es ist jedenfalls deutlich, daß hier nicht die vita Jesu im biographischen Sinne entfaltet werden soll. Der nachfolgende Text V. 29–31 ist wieder durch das nichtssagende καὶ εὐθύς mit dem Kontext verbunden; der Hinweis auf die Synagoge stellt auch sachlich eine gewisse Verbindung her. Andererseits aber bliebe die Erzählung auch dann in sich völlig verständlich, wenn sie erst mit ἦλθον εἰς τὴν οἰκίαν beginnen würde.

Der Abschnitt V. 32–39 ist wiederum keine Erzählung, sondern ein Summar, mit dessen Hilfe ein Gesamteindruck von Jesus vermittelt werden soll; zugleich scheint Mk damit aber auch den Eindruck erwecken zu wollen, als habe es sich bei den seit 1,16 berichteten Vorgängen um die Ereignisse im Ablauf eines Tages gehandelt.

Die in 1,40–45 erzählte Heilungsgeschichte enthält weder eine Zeit- noch eine Ortsangabe: Es bleibt im Gang der Handlung überhaupt keine Lücke, wenn man diese Erzählung einklammert und 2,1 sich an 1,39 anschließen läßt.

Arbeitsvorschlag

Analyse von Mk 2 und 3 unter Beachtung der bisher verwendeten Gesichtspunkte (zeitliche und örtliche Verknüpfung).

Als Fazit unseres Ganges durch Mk 1 ergibt sich, daß das Mk-Evangelium offensichtlich aus einer Anzahl ursprünglich selbständiger Erzählungen (= Tradition) besteht, die Mk mehr oder weniger geschickt durch verbindende Zwischenbemerkungen, vor allem hinsichtlich von Ort und Zeit, miteinander verknüpft und durch von ihm selbst geschaffene Summarien ergänzt hat (Redaktion).

Erst jetzt ist es möglich, die beiden anderen oben (S. 69 f.) genannten Aufgaben anzufassen: Die formgeschichtliche Analyse und Interpretation jeder Erzählung auf der ersten Stufe der Tradition (= Interpretation der kleinsten in sich verständlichen Erzähleinheit). Der zweite Schritt, die Interpretation der Erzählungen im jetzigen Rahmen des Evangeliums unter Herausarbeitung des besonderen theologischen Interesses des Evangelisten, wird unten im § 10 dargestellt.

2. *Formgeschichtliche Analyse der kleinen Einheiten*

1) Aufgabe der *Formgeschichte* ist die Analyse und Interpretation der einzelnen Erzählungen, und zwar auf der ältesten Stufe der Tradition. Dabei wird deshalb nach der kleinsten in sich verständlichen Einheit gesucht, weil als wahrscheinlich angesehen wird, daß im Prozeß der Überlieferung eher Material hinzuwächst, als daß umgekehrt gekürzt wird. Die kleinste interpretierbare Einheit gilt deshalb hypothetisch als Ausgangspunkt der Tradition, wobei es zunächst noch offenbleibt, ob diese kleinste Einheit schon in schriftlicher oder noch in mündlicher Form überliefert war.

W. Schmithals bestreitet jetzt, daß die formgeschichtliche Methode bei der Exegese der synoptischen Evangelien erfolgreich angewandt werden könne (Kritik der Formkritik, ZThK 77, 1980, 149–185; vgl. auch seinen Kommentar zu Mk [s. o. S. 48. 50]). Er meint, Mk basiere auf einer von vornherein als *literarische Einheit* von einem einzelnen Verfasser konzipierten „Grundschrift"; alle Erzählungen gingen auf diesen Verfasser zurück. Eine mündliche Vorstufe der Überlieferung lasse sich in keinem Fall aufzeigen. Es leuchtet aber kaum ein, daß die Frage nach der Herkunft der im Mk erhaltenen Traditionen methodisch unzulässig und prinzipiell unbeantwortbar sein soll. Die Annahme, der Inhalt der behaupteten „Grundschrift" sei ein reines Schreibtischprodukt, ist unbegründet.

Die grundsätzliche Fragestellung der Formgeschichte soll am Beispiel der Wundererzählungen erläutert werden. Die Wundergeschichten der Evangelien wurden im Zeitalter der theologischen Orthodoxie als historisch zuverlässige Berichte von tatsächlich geschehenen Ereignissen angesehen, wobei man zur Begründung auf das Dogma der Verbalinspiration der Bibel, d. h. auf deren Irrtumslosigkeit, verwies. Das Blatt wendet sich in der Aufklärung, als die Anwendung des Vernunftprinzips auf die biblischen Texte zu einem völlig neuen Urteil über den theologischen und vor allem auch den historischen Wert der Bibel, insbesondere über ihre Wundererzählungen, führte.

Lessing fällte das theologisch begründete Urteil, eine Vernunftwahrheit könne durch ein Wunder weder bestätigt noch widerlegt werden. Die rationalistische Wundererklärung stellte die These auf, daß ein Durchbrechen der Naturgesetze unmöglich sei und die angeblichen Wunder als natürliche Vorgänge erklärt werden müßten. Also erklärte man die Stillung des Sturmes (Mk 4,35–41) damit, das Boot habe eine Landspitze umfahren und sei dadurch plötzlich im Windschatten gewesen. Der Seewandel Jesu besage, daß Jesus die Kunst des Wassertretens beherrscht habe usw.

Es ist klar, daß eine solche Deutung der Wundererzählungen deren Intentionen völlig zuwiderläuft, denn diese Erzählungen wollen ja *Wunder* und gerade keine natürlich erklärbaren Vorgänge berichten. Es war der methodische Fehler der rationalistischen Theologie, daß sie die neutestamentlichen Wundererzählungen nicht auf ihren Stil hin untersuchte: Handelt es sich um einen Augenzeugenbericht? Welche Funktion hat innerhalb der ganzen Erzählung speziell das Wunder selbst? Eine Wende bedeutete hier das „Leben Jesu“ von David Friedrich Strauß. Er betonte, es handle sich bei den Wundergeschichten um Mythen, d. h. um die „geschichtsartige Einkleidung religiöser Ideen“. Die Berichte der Evangelien seien gar nicht als historische Erinnerungen gestaltet, sondern vielmehr unter dem Eindruck der Idee der Gottmenschlichkeit entstanden, jener Idee, die durch Jesus geweckt worden sei. Man dürfe das, was in den Evangelien an Unerklärlichem erzählt werde, nicht auf einen „vernünftigen“ Kern zurückführen wollen, sondern müsse den mythischen Charakter der Erzählungen anerkennen. Umgekehrt werde jedoch klar erwiesen, daß das Erzählte insgesamt – weil der Vernunft widersprechend – unhistorisch sein müsse. Die These Strauß' bedeutete für die Exegese einen erheblichen Fortschritt: Man kann aus der Wundergeschichte nicht das Wunder streichen, um dann den historischen Kern zurückzubehalten, denn der Inhalt der Wundererzählung ist ja gerade das Wunder selbst.

Wir erinnern uns daran, daß die Evangelien aus selbständigen kleinen Überlieferungseinheiten zusammengestellt sind: kurze Szenen (Gespräche, Wunder), Sprüche und Gleichnisse sind durch knappe „redaktionelle“ Verknüpfungen miteinander verbunden. Es ist mit großer Wahrscheinlichkeit anzunehmen, daß diese Stücke ursprünglich mündlich überliefert worden waren. Die Formgeschichte untersucht diese kleinen vorliterarischen Einheiten hinsichtlich ihrer äußeren Erzählform, ihres besonderen inhaltlichen Charakters und ihres theologischen Zwecks; dabei sind vor allem die Gestaltungsgesetze der mündlichen Überlieferung wichtig. Der Übergang der mündlichen zur schriftlichen Fassung vollzog sich nicht bruchlos, sondern führte zur Verkürzung der mündlichen Erzählungen (dazu Güttgemanns [s. Literaturangaben], vor allem 69–166).

2) Die Formgeschichte verwendet zwei unterschiedliche Methoden – eine eher ästhetische und eine eher soziologische Analyse, denn es geht ihr sowohl um die Bestimmung der äußeren Form eines Textes als auch vor allem um den Ort, die Situation, in der der Text entstand. Mit diesen beiden Ansätzen, die nicht alternativ zu sehen sind, sondern jeweils unterschiedlich betont werden können, hängt es zusammen, daß es in der Formgeschichte keine allgemein aner-

kannte einheitliche Terminologie und dementsprechend auch keine einheitliche Analyse des Materials gibt.

Dibelius und Bultmann verstehen die Formgeschichte als eine in erster Linie soziologische Analyse, indem sie bei den einzelnen Traditionen nach deren „Sitz im Leben" fragen. Dibelius bestimmt aber die Formen der Tradition eher vom Formalen her (vgl. Formgeschichte, 1–8), Bultmann dagegen urteilt stärker vom Inhaltlichen her (vgl. Geschichte, 4–8). Das kommt in der Terminologie zum Ausdruck: Dibelius spricht von Novellen, Paradigmen usw. als literarischen Gattungen, Bultmann spricht gemäß dem Inhalt der Texte von Wundergeschichten, Streitgesprächen usw. Der hier und da gegen Bultmanns Verfahren vorgebrachte Einwand, man könne doch die *Form*bestimmung nicht vom *Inhalt* her vornehmen, trifft nicht; denn die Formgeschichte fragt ja gerade nach dem Verhältnis von Form und Inhalt, nach dem geschichtlichen Ort der Gestaltung. Sie geht dabei von der Beobachtung aus, daß einem bestimmten erzählten Inhalt eine bestimmte Form der Erzählung entspricht – deshalb ist Bultmanns Verfahren methodisch gerechtfertigt. Die Tatsache, daß es zwei Terminologien im Bereich der Formgeschichte gibt, braucht auch den Anfänger nicht zu irritieren. Die Frage, ob denn Bultmanns oder Dibelius' Klassifizierung die „richtige" sei, ist überflüssig, weil es ja in erster Linie nicht um die Aneignung der Terminologie, sondern um die formgeschichtliche Arbeitsweise geht. Die „Formen" sind sowieso Idealtypen, die im konkreten Einzelfall durchaus weniger „rein" als in der Theorie vorkommen können.

Bei der Bestimmung der Form ist zunächst die Frage zu beantworten: Handelt es sich um eine Geschichtserzählung oder um eine Legende, handelt es sich um Poesie oder Prosa, um eine Anekdote, ein Gleichnis usw.? Aber eine solche Klassifizierung nach äußeren Gesichtspunkten allein führt noch nicht zum eigentlichen Kern der formgeschichtlichen Analyse, vielmehr muß auch der soziologische Aspekt berücksichtigt werden. Jede Tradition, vor allem auch mündlich überlieferte, steht in einem unmittelbaren Zusammenhang mit der tradierenden Gemeinschaft, sie spiegelt also deren soziale Verhältnisse, deren religiöse, politische, philosophische Ideen. Mit anderen Worten, die Tradition selbst läßt Rückschlüsse auf die besondere Situation bei der Traditionsbildung zu. Die soziologische Aufgabe der Formgeschichte ist daher die Frage nach dem „Sitz im Leben".

Die formgeschichtliche Arbeit ist vor allem von H. Gunkel im Bereich des Alten Testaments entwickelt worden. Das Phänomen des „Sitzes im Leben" zeigt sich hier viel deutlicher als im NT. So haben zum Beispiel die

Vätersagen im Pentateuch den Sinn, die Existenz bestimmter sozialer und politischer Gemeinschaften in Israel zu begründen, etwa des „Hauses Joseph". Die Stiftungssagen bei einigen Heiligtümern sollen die Gültigkeit, d. h. vor allem: das hohe Alter des dort veranstalteten Kults erweisen (vgl. etwa die Kultlegende von Bethel Gen 28, 10–22).

3) Innerhalb der formgeschichtlich analysierten Überlieferungseinheiten lassen sich bestimmte Stilgesetze erkennen:

a) Es herrscht eine strenge Einheit von Ort und Zeit, d. h. die einzelne Erzählung enthält nur eine Szene und nicht etwa einen längeren Handlungsablauf oder die psychologische Entwicklung einer Person. So spielt es für die Erzählung vom Ährenraufen am Sabbat (Mk 2,23–28) keine Rolle, wie es zu diesem Spaziergang kam, wie lange er dauerte, ob es ein bestimmtes Ziel gab und was möglicherweise anschließend geplant war. Allein das Faktum des Weges „durch die Saaten" wird als solches aufgegriffen, und zwar offensichtlich vor allem zu dem Zweck, einem Gespräch (V. 24–27) einen erzählerischen Rahmen zu geben. Dieses Hauptmerkmal der raumzeitlichen Einheit gilt auch für die etwas längeren „Novellen", etwa die Erzählung vom Besessenen von Gadara (Mk 5,1–20). Hier ist die Schilderung des Milieus – jedenfalls im Vergleich mit der Knappheit anderer Geschichten – verhältnismäßig ausführlich, auch gibt es zwei Handlungen: die Begegnung mit dem Besessenen und das traurige Schicksal der Schweineherde. Und dennoch wird nur *eine* Geschichte erzählt, denn die zweite Handlung ist nicht selbständig, sondern auf das Vorangegangene angewiesen.

Anders verhält es sich mit jenen Stellen, wo eine gedehnte Handlung erzählt wird: dort liegt eine sekundäre, von vornherein literarische Bildung vor. Das zeigt der Legendenkranz in Lk 1 und 2, das zeigt auch die Passionsgeschichte, innerhalb derer sich verschachtelte Szenen (Verhör Jesu, gleichzeitig Verleugnung des Petrus) finden, die in dieser Form mündlich nicht tradiert worden sein können.

b) Man erfährt kaum irgendwelche Details (Dibelius spricht vom „Fehlen des Portraits"). Im einfachsten Erzählungstyp z. B. der Wundergeschichten wird etwa der Name des Kranken, der geheilt wird, nicht genannt (eine Ausnahme ist der blinde Bartimäus Mk 10,46), nähere Angaben über Ort und Zeit fehlen sehr häufig (vgl. Mk 1,40–45), die Schilderung des Milieus ist äußerst knapp bzw. fehlt völlig – es sei denn, das Milieu wäre für die erzählte Handlung selbst von Bedeutung. Nichts wird gesagt über die psychologischen Motive der Handelnden, nichts auch darüber, was der Geheilte hinterher empfindet. Wenn vom Glauben oder von Freude die Rede ist, dann ist damit das Verhalten der Umgebung, nicht das des Geheilten gemeint (vgl. etwa Mk 2,5). Die Wundergeschichte will also den Hörer zum Glauben auffordern, sie macht nicht Schicksal und Verhalten des Geheilten zum erbaulichen Vorbild. Als Kernsatz kann man sich merken: Heilungsgeschichten sind keine Bekehrungsgeschichten.

Später ändert sich das allerdings; die breite Erzählung von der Heilung des Blindgeborenen am Sabbat (Joh 9) endet mit dem Bekenntnis des Geheilten zu Jesus als dem Menschensohn (9,38).

c) In den Gesprächsszenen stehen sich jeweils nur zwei Partner (einzelne oder auch Gruppen, z. B. „die Pharisäer") gegenüber, andere Personen – auch wenn sie etwa als Publikum vorhanden sind – greifen nicht unmittelbar ein. Das zeigt die verhältnismäßig komplizierte Szene in Mk 2,1–12: Anwesend sind Jesus, das Volk, der Kranke und seine Gefährten, sowie einige Schriftgelehrte. Trotzdem beschränkt sich das „Gespräch" auf Jesu Anrede an den Kranken (der selber ja gar nichts sagt) und auf die kurze „Debatte" Jesu mit seinen Gegnern. Die Zweiheit der Szene bleibt also auch hier durchaus bestehen.

Differenzierter erzählt auch hier wieder erst das Johannesevangelium, wie die schon erwähnte Erzählung Joh 9 zeigt.

d) Die Zurückdrängung aller Details in den neutestamentlichen Erzählungen läßt die *Pointe* stärker hervortreten, auf die hin die Erzählungen in erster Linie gestaltet sind. Diese Pointe ist zunächst in jedem Fall ganz allgemein Jesus selbst, und zwar der gegenwärtige erhöhte Jesus, an den die Kirche glaubt. Jesus wird als der Wundertäter, als der mächtige Heiland herausgestellt, der sich in seinen Taten als vollmächtiger Sohn Gottes erweist; er wird aber auch als Lehrer vorgestellt, dessen Lehre gegenwärtig noch gehört, verstanden und geglaubt werden kann und der in dieser Lehre selbst gegenwärtig ist.

3. Die Formen der synoptischen Überlieferung (nach R. Bultmann)

Eine erste Übersicht über das Material gewinnt man durch die formale Klassifizierung. Es gibt A) Erzählungs- und B) Redestoff. Allerdings geht diese Einteilung nicht völlig auf, denn es finden sich Zwischenformen: 1) Die Gleichnisse sind Erzählungen Jesu, in denen eine Handlung erzählt wird; dennoch gehören sie systematisch zum Redestoff. 2) Umstritten ist die formgeschichtliche Zuordnung der Erzählungen über Jesus, deren Pointe ein Wort Jesu selbst ist; Bultmann rechnet diese Texte, er nennt sie Apophthegmata, dem Redestoff zu – für Dibelius dagegen gehören sie zu den Erzählungen.

Bevor wir uns näher mit Bultmann befassen können, ist eine grundsätzliche Vorbemerkung für den Umgang mit seinem Buch über die „Geschichte der synoptischen Tradition" erforderlich. Zieht man das Buch für die Analyse einer bestimmten Perikope zu Rate, so hat man zunächst den Eindruck, als würden hier apodiktische Urteile über den Text abgegeben, ohne daß auch nur der Versuch einer Begründung zu erkennen wäre. Das ist jedoch keineswegs der Fall: Liest man gleichsam jedes Kapitel von hinten, dann erfährt man die Kriterien, die Bultmann seinen Thesen zugrunde legt. Erst von daher kann man dann seine Urteile sei es nachvollziehen sei es kritisieren.

Im Teil I A beispielsweise analysiert Bultmann zunächst die Apophthegmata je für sich (S. 9–39), erst dann folgt der grundsätzliche Abschnitt über „Form und Geschichte der Apophthegmata" (S. 39–73), in dem die Stilmerkmale und damit auch die Sachkriterien der formgeschichtlichen Beurteilung aufgeführt und erörtert werden. Dieser zunächst eigenartig wirkende Aufbau ist darauf zurückzuführen, daß Bultmann analytisch verfahren, d. h. von den Texten selbst ausgehen will, um von hier die allgemeinen Maßstäbe und Kriterien für die Gattungsbestimmung zu gewinnen. Umgekehrt setzt er natürlich bei der Einzelanalyse die im zweiten Teil dargestellten grundsätzlichen Erkenntnisse schon voraus. Dies muß man wissen, um Bultmanns Buch richtig zu verstehen und anwenden zu können.

A) Erzählungsstoff

Zum *Erzählungsstoff* gehören 1) die Wundergeschichten, unterteilt in Heilungs- und Naturwunder, und 2) die Geschichtserzählungen und Legenden.

1) Der Begriff der *Wundergeschichte* ist streng formgeschichtlich zu verstehen, d. h. zu dieser Gruppe gehören nur solche Geschichten, in denen die Mitteilung des Wunders selbst der eigentliche Zweck der Erzählung ist. Wundererzählungen, deren Pointe nicht im Wunder als solchem, sondern etwa in einem Wort, einer Lehre liegt, gehören zu den Apophthegmata.

In der allgemeinen Charakterisierung des Stils trifft sich Bultmanns Kategorie der Wundergeschichte beinahe mit Dibelius' Novelle, sie greift aber z. T. auch zu den Paradigmen über.

Die unterschiedliche Beurteilung einzelner Perikopen läßt sich an zwei Beispielen sehr gut zeigen: Mk 1,23(!)–28 ist für Dibelius ein „Paradigma minder reinen Typs“ (S. 40), für Bultmann dagegen eindeutig eine Wundergeschichte (natürlich auf der *vor*markinischen Stufe); Mk 2,1–12 ist für Dibelius ein annähernd reines Paradigma, für Bultmann in der vorliegenden Fassung ein Apophthegma, dem eine Wundergeschichte zugrunde liegt.

Die Wundergeschichten haben einen typischen Aufbau, der besonders deutlich am Beispiel der Dämonenaustreibung („Exorzismus“) zu erkennen ist:

1. Exposition: Knappe Schilderung der Situation des Kranken (eventuell: Hinweis auf Dauer oder Schwere der Krankheit).
2. Der Dämon bemerkt den Beschwörer.
3. Dem Dämon wird befohlen, den Kranken zu verlassen.
4. Die Wirkung am Kranken zeigt sich. Der Dämon fährt mit einer Demonstration aus, die (dem Leser) den Erfolg plastisch vor Augen führt: Der Kranke wird hin- und hergezerrt, der Dämon schreit laut oder wirft beim Ausfahren einen Gegenstand um (dies kommt in einer neutestamentlichen Wundergeschichte allerdings nicht vor). Bei einem Heilungswunder ohne Exorzismus kann die Demonstration auch darin bestehen, daß der bisher Gelähmte sein Bett nimmt und allein nach Haus geht.
5. Wichtig ist die Wirkung auf die Zuschauer: sie preisen Gott oder den Wundertäter (Dibelius: „Chorschluß“), womit der Leser ermuntert wird, in die Bewunderung einzustimmen.

Trotz der erheblichen Übereinstimmungen zwischen den synoptischen Wundergeschichten einerseits und den jüdischen bzw. hellenistischen Wundergeschichten andererseits (Beispiel für diese finden sich in großer Zahl bei Bultmann) besteht doch ein deutlicher Unterschied darin, daß die Wunder Jesu keine Schauwunder, sondern stets Hilfewunder sind. Es findet sich allerdings auch bei den Synoptikern die Tendenz, das Wunderhafte zu steigern, wie man bei einem Vergleich etwa der Speisungsgeschichten leicht erkennen kann.

Lektürevorschlag für Fortgeschrittene

G. Theißen, Urchristliche Wundergeschichten. Ein Beitrag zur formgeschichtlichen Erforschung der synoptischen Evangelien, StNT 8, 1974.

2) Zur Gattung „*Geschichtserzählungen und Legenden*“ gehören die Erzählungen von Taufe und Verklärung, ferner die Geburts-, Passions- und Ostergeschichten. Vor allem bei der Passionsgeschichte weicht Bultmanns Urteil stark von dem Dibelius’ ab: Während Dibelius sie im großen und ganzen als Einheit sieht, vermutet Bult-

mann, es habe am Anfang lediglich einen schmalen Grundbestand gegeben (Verhaftung, Verurteilung, Hinrichtung), und dieser sei durch weitere Szenen sekundär aufgefüllt worden.

Bei den Ostergeschichten unterscheidet Bultmann noch einmal zwei Gruppen: Die Grabesgeschichten und die Erscheinungsgeschichten.

Als Grabesgeschichten bezeichnet er diejenigen Erzählungen, die sich unmittelbar auf das (leere) Grab beziehen. Dabei besteht ein besonderes Problem, denn man kann fragen, ob die Grabesgeschichten ursprünglich Entrückungsgeschichten sind, d. h. ob sie voraussetzen, daß Jesus sich bereits im Himmel befindet. Oder wurden sie nachträglich geschaffen, um die Erscheinungsgeschichten zu unterstützen? Bultmann nimmt das letztere als richtig an, und in der Tat muß derjenige, der für die erste Möglichkeit eintritt, die Konkurrenz zu den Erscheinungsgeschichten erklären, die dann notwendig besteht.

Die zweite Gruppe sind die Erscheinungsgeschichten, bei denen noch einmal zu unterscheiden ist zwischen solchen Erzählungen, deren Pointe ein Wort des Auferstandenen – etwa der Missionsbefehl – ist und solchen Erzählungen, bei denen die Pointe das Erscheinen des Auferstandenen selbst ist.

Bedeutsam für die Interpretation ist auch die Lokalisierung der Erscheinungen: Nach Mt erscheint der Auferstandene den Frauen in Jerusalem (28,9f.), den Jüngern dagegen in Galiläa (28,16–20); nach Lk erscheint er nur in Jerusalem. Joh 20 berichtet von Erscheinungen in Jerusalem, das Nachtragskapitel 21 von solchen in Galiläa. (Das Markusevangelium enthält überhaupt keine Erscheinungsgeschichten.)

B) Redestoff

Zum *Redestoff* zählt Bultmann 1) die „Apophthegmata" – unterteilt in Streit- und Schulgespräche sowie sogenannte „biographische Apophthegmata" und 2) die Herrenworte, in denen Jesus als Weisheitslehrer, als Künder prophetischer und apokalyptischer Worte sowie als Schöpfer von Gemeinderegeln auftritt. Zu den Herrenworten zählen 3) natürlich auch die Gleichnisse, die aber ihrer besonderen Bedeutung wegen in einem eigenen Abschnitt besprochen werden müssen.

1) Das Wort *„Apophthegma"* wird in der griechischen Literaturgeschichte und in der Patristik gebraucht; es charakterisiert Anekdoten über Philosophen, Heilige oder Mönche, die in einem pointierten Ausspruch gipfeln. In den synoptischen Evangelien sind damit also Geschichten gemeint, deren Pointe ein Wort Jesu bildet.

Die wichtigste Gruppe innerhalb der Apophthegmata sind die *Streit- und Schulgespräche,* die Jesus in der Auseinandersetzung mit Gegnern oder bei der Beantwortung bestimmter Fragen – in der Regel Probleme der Gemeindepraxis – zeigen. Anlaß kann ein Wunder (so in Mk 3,1–6) oder auch eine an Jesus gerichtete Frage (Mk 2,23–28) sein, wobei es dann ein fester Zug ist, daß Jesus nach rabbinischer Sitte mit einer Gegenfrage antwortet. Die *„biographischen Apophthegmata"* (z. B. Mk 1,16–20; 6,1–6; 10,13–16) sind Predigtparadigmen; „sie dienen der lebendigen Vergegenwärtigung" Jesu (Gesch syn Trad 64).

Arbeitsvorschläge

1. Mk 3,1–6 ist ein Apophthegma, Mk 1,21–27 (28) ist eine Wundergeschichte. Worin stecken die charakteristischen Stilunterschiede?
2. In Mk 2,1–12 findet sich die sekundäre Umwandlung einer Wundergeschichte in ein Apophthegma. Welchen Umfang hatte die ursprüngliche Wundergeschichte?

Bei den Streitgesprächen handelt es sich meistens um eine Frage oder einen Vorwurf, auf den die treffende Antwort Jesu folgt; es kommt also praktisch nie zu einem wirklichen Wortwechsel. Sitz im Leben ist im allgemeinen die Apologetik und Polemik der christlichen Gemeinde, die ihre religiöse Praxis auf Jesus zurückführt und auf diese Weise Kritikern gegenüber verteidigt. Die in den Apophthegmata dargestellten Situationen spiegeln deshalb nicht wirkliche Ereignisse während des Lebens Jesu wider, sondern sie sind nach Bultmann fast durchweg – die Streit- und Schulgespräche sogar sämtlich – „ideale Szenen", d. h. künstlich geschaffen, um dem isoliert überlieferten Wort Jesu einen passenden Rahmen zu geben (Mk 2,15 f.; 2,18; 7,1 f.). So ist z. B. Mk 1,16–20 gar keine wirkliche „Geschichte", vielmehr wird die Erzählung aus dem ursprünglich wohl selbständig überlieferten Wort Jesu von den Menschenfischern herausgesponnen worden sein, mit dem Ziel, dieses Wort zu veranschaulichen. Auf ähnliche Weise dürfte auch die Erzählung vom Auftreten Jesu in Nazareth aus dem Wort vom Propheten, der in seiner Vaterstadt nichts gilt, entstanden sein.

Bultmann unterscheidet zwischen organischen und unorganischen Apophtegmata: Bei den ersteren sind Wort und Szene in einem Zuge gebildet, und das Wort ist nur im Rahmen der Szene verständlich und sinnvoll (Mk 3,1–6), bei den unorganischen Apophthegmata hingegen wird das Wort ursprünglich selbständig existiert haben.

Beispiel für ein unorganisches Apophthegma ist die Segnung der Kinder Mk 10,13–16. Jesus gibt in dieser Perikope, die der Form nach unzweifelhaft ein Apophthegma ist, zwei Erklärungen, die nicht voll miteinander übereinstimmen: er sagt einmal, daß *die Kinder* in das Reich Gottes kommen, und er sagt zweitens, daß man in das Reich Gottes kommt, wenn man ist *wie* ein Kind – womit er sich natürlich an die Erwachsenen wendet. V. 15 kann man nun aber aus der Szene herauslösen, und zwar ohne daß die Perikope unverständlich wird, während umgekehrt derselbe Vers auch ohne den Kontext als selbständiger Spruch verstanden werden kann. Macht man die Gegenprobe, indem man versucht, V. 14 abzutrennen, so zeigt sich, daß dies nicht möglich ist – V. 14 gehört organisch zur Geschichte dazu. Die Analyse macht also deutlich, daß ein ursprüngliches organisches Apophthegma durch V. 15 erweitert und damit zu einem unorganischen gemacht wurde. Interessant ist, daß Mt V. 15 dann wieder herausgenommen und an eine andere Stelle gesetzt hat (vgl. Mt 19,13–15 mit 18,3).

Die formgeschichtliche Analyse der Apophthegmata hat Auswirkungen auf die theologische Interpretation. In unserem Beispiel Mk 10,13–16 (s. o.) muß man die Geschichte zunächst ohne V. 15 auslegen: Das Reich Gottes ist für Kinder bestimmt, es ist reines Geschenk; man bekommt es ohne eigene Vorleistung. Anschließend muß man V. 15 für sich betrachten: Hier wird die Bedingung für den Einlaß in das Reich Gottes formuliert – man muß es annehmen „wie ein Kind", d. h. ohne auf einen Anspruch pochen zu können. Es zeigt sich, daß die Kombination beider Elemente durchaus nahelag, und der dritte Arbeitsgang, die Auslegung der jetzt vorliegenden gesamten Perikope, bestätigt das.

Arbeitsvorschläge

1. Man kann den „Weg" dieser Tradition weiter verfolgen, indem man nach dem Kontext von Mk 10,13–16 und nach der Aufnahme bei Mt und Lk fragt. Ändert sich der Sinn, oder wird die bisherige Deutung unterstrichen, wenn man die Perikope bei Mk, Mt und Lk jeweils im Zusammenhang betrachtet?

2. Eindrucksvoll ist der Vergleich zwischen Mk und Mt: Die Form der Wundergeschichten wird bei Mt abgeschliffen, damit eine bestimmte Pointe herausgestellt werden kann.

Die Apophthegmata ihrerseits verwandeln sich bei Mt in Gesetzesdebatten. Unter diesen Gesichtspunkten ist besonders ein Vergleich zwischen Mk 3,1–6 und Mt 12,9–14; Mk 2,23–28 und Mt 12,1–8; Mk 10,17 ff. und Mt 19,16 ff. aufschlußreich.

2) Die zweite Gruppe des Redenstoffs ist die der Herrenworte. Wir haben oben bereits gesehen, daß die *Sprüche Jesu* zunächst selb-

ständig, d. h. ohne einen weiteren Zusammenhang überliefert wurden. Das zeigt sich etwa daran, daß sie in den synoptischen Evangelien an ganz verschiedenen Stellen innerhalb des jeweiligen Aufrisses stehen (vgl. Mk 10,15 mit Mt 18,3; Mk 13,9–12 mit Mt 10,17 bis 21). „Reden" Jesu erweisen sich durchweg als sekundäre Zusammenstellungen ursprünglich einzelner Sprüche, wie etwa eine Analyse von Mk 8,34–9,1 zeigt: V. 34.35.36 f.38; 9,1 sind je für sich Sinneinheiten, die sich wie Sprichwörter verstehen lassen (zur Interpretation s. u. S. 83). Lohnend ist in diesem Zusammenhang ein Vergleich zwischen der Bergpredigt bei Mt und der lukanischen Feldrede. Aus der Beobachtung, daß Mt im allgemeinen größere Reden baut als Lk, ergibt sich als Arbeitshypothese, daß die Bergpredigt eine Erweiterung der Feldrede oder besser: der beiden zugrundeliegenden älteren Kompositionen aus der Logienquelle ist.

Beispiel: Der Abschnitt über die Feindesliebe Lk 6,27–36 entspricht Mt 5,38–48, aber die „goldene Regel" von Lk 6,31 steht bei Mt an ganz anderer Stelle, nämlich erst in 7,12. Wer hat umgestellt? Lk 6,34 f. ist überhaupt ohne Entsprechung bei Mt – hat dieser also gekürzt, oder hat Lk erweitert? Vgl. dazu S. 64.

Arbeitsvorschlag

Fortsetzung der Analyse der Bergpredigt und der Feldrede über Lk 6,37 hinaus in der dargestellten Richtung. Als Hilfsmittel sollte Bultmanns „Geschichte der synoptischen Tradition" benutzt werden (Register!). Die leitende Frage muß lauten: Sind die einzelnen Abschnitte in Bergpredigt und Feldrede *literarisch* gesehen einheitlich, oder sind sie es nur dem Inhalt nach?

Bultmann teilt die Worte Jesu nach inhaltlichen und nach formalen Gesichtspunkten ein. Dabei ergeben sich für die inhaltliche Einteilung vier Gruppen:

a) Die „Logien" im engeren Sinne (= Weisheitsworte), und zwar in der Form der Aussage (z. B. Mt 12,34), der Frage (Mt 6,27) oder des Befehls (Mt 10,16).

Die Terminologie Bultmanns ist in diesem Punkt nicht eindeutig: Logien oder Sprüche sind einerseits ganz allgemein alle Worte Jesu, dann aber auch enger gefaßt nur die Weisheits- oder Sprichworte.

b) Prophetische und apokalyptische Worte, z. B. die Heil- und Weherufe (Lk 6,20 ff.).

c) Gesetzesworte (z. B. Mt 10,11 f.).

d) Ich-Worte (z. B. Mt 10,34–36, vgl. Lk 12,51–53).

In formaler Hinsicht unterscheidet Bultmann zwischen eingliedrigen (Lk 10,17), zweigliedrigen (Mk 8,35) und mehrgliedrigen (Mt 7,1–5) Sprüchen.

Vorbild für die Logien ist die alttestamentliche und jüdische Spruchweisheit, wie sie etwa im Proverbienbuch oder bei Jesus Sirach gesammelt ist. Es gibt dabei eine Fülle von Parallelen, man vergleiche etwa nur Mt 6,34 mit Sanh 100 b: „Sorge nicht um die Sorge von morgen; denn du weißt nicht, was der Tag gebiert! Vielleicht bist du morgen nicht mehr und hast dich um eine Welt gequält, die dich nichts mehr angeht", oder mit Berakh 9 b: (Mose spricht zu Gott:) „Herr der Welt, es ist genug an der Not zu ihrer Stunde" (die Belege finden sich bei Bill I,441).

Auch die Auslegung der Logien muß in zwei Arbeitsgängen erfolgen: Man muß zunächst fragen: Was besagt der Spruch für sich, d. h. wenn man vom Kontext absieht? Und man muß zweitens die Frage stellen: Was bedeutet er im jetzigen Zusammenhang?

Für die erste Frage ist die Lektüre von Dibelius, Die Botschaft von Jesus Christus (Siebenstern-Taschenbuch 99) eine nützliche und interessante Übung; dort sind die Sprüche wie isolierte Aphorismen gedruckt.

Als Übungsbeispiel soll Mk 8,34–9,1 dienen. Wir haben oben darauf hingewiesen, daß man die einzelnen Sprüche isoliert ohne weiteres verstehen kann; wir fragen jetzt nach dem Sinn:

1) Was bedeutet V. 34 in einer Situation des Lebens Jesu? Was bedeutet der Vers in der Situation der Gemeinde?

2) Klammert man in V. 35 die Worte ἕνεκεν ἐμοῦ καὶ τοῦ εὐαγγελίου probeweise ein, so erhält man eine „Weisheitsregel", die in antiken historischen Darstellungen, etwa in Reden von Feldherren vor einer Schlacht, vorkommt: Der Soldat, der flieht, setzt gerade dadurch sein Leben aufs Spiel. Welchen Sinn bekommt diese Sentenz, wenn sie eine christliche Regel ist?

3) In welche Situation paßt V. 38, in welche 9,1?

4) Wie ist die „Rede" 8,34–9,1 im Kontext des Mk-Evangeliums zu verstehen? Warum wird sie unmittelbar an die erste Leidensweissagung angeschlossen?

Für die Sammlung von Logien lassen sich in den Evangelien einige Regeln erkennen:

1. Sie werden in bereits vorhandene oder erst ad hoc geschaffene Szenen eingefügt, so daß Apophthegmata entstehen (Beispiel: Mk 10,15; vgl. oben S. 81).

2. Sie werden in einen „passenden" Kontext gestellt; so ist z. B. Mk 4,21–25 im Sinne des Evangelisten zusammen mit V. 11 zu lesen – die Aussage erläutert dann das Wesen des Geheimnisses des Gottesreiches.

3. Durch Stichwortanknüpfung werden einzelne Logien miteinander verbunden.

4. Es werden Reihen inhaltlich verwandter Logien gebildet (vgl. etwa die Seligpreisungen).

5. Es werden ganze „Katechismen" gebildet, kleinere (vgl. Mk 9,37 ff.) und größere (Feldrede, Bergpredigt).

Die formgeschichtliche Analyse liefert auch gewisse Gesichtspunkte für die Frage, welche der Logien als „echt" anzusehen sind, d. h. welche auf die Verkündigung des historischen Jesus zurückgeführt werden können. Denn sobald man sie ihres durchweg christlichen, d. h. nachösterlichen Rahmens entkleidet, kann man sachgerecht die Frage erörtern, ob das Logion für sich genommen aus der Lehre der Gemeinde stammt, ob es in den traditionell vorgegebenen Rahmen des Judentums paßt – oder ob beides nicht der Fall ist und man daher annehmen kann, es handle sich mit hoher Wahrscheinlichkeit um ein authentisches Wort Jesu. (Die Problematik ist unten im § 52 ausführlich dargestellt).

3) Der zweifellos wichtigste Teil des Redenstoffs sind die *Gleichnisse,* denn hier ist die Wahrscheinlichkeit, auf „echtes" Material zu stoßen, besonders groß. Diese Annahme kann sich einmal auf den Vergleich mit jüdischen Gleichnissen stützen, und sie berücksichtigt andererseits die Beobachtung, daß die Produktion von Gleichnissen innerhalb der Gemeinde nur einen sehr geringen Umfang annimmt. Drittes und wichtigstes Kriterium ist die Feststellung, daß die meisten Gleichnisse aus der vorösterlichen Situation heraus, d. h. unmittelbar vom Zusammenhang des Lebens Jesu her zu verstehen sind. Sie konfrontieren beispielsweise das gegenwärtige Handeln Jesu mit dessen künftiger Wirkung (vgl. Mk 4,3–8); sie lehren das kommende Gottesreich verstehen; und sie enthalten vor allem keine ausdrückliche Lehre über die Person Jesu und setzen noch keine organisierte Gemeinde voraus. Zweifel an der „Echtheit" eines Gleichnisses sind angebracht, sobald eine der genannten Feststellungen nicht mehr zutrifft, d. h. etwa dann, wenn eine ausdrückliche Christologie enthalten ist, wenn Probleme einer Gemeindeverfassung angesprochen zu sein scheinen usw.

Für die Rekonstruktion der Lehre Jesu sind die Gleichnisse um so wichtiger, als sich hier das Problem der Übersetzung vom Aramäischen (der Sprache Jesu) ins Griechische nicht so ausgeprägt stellt: Während einzelne Worte oder auch ganze Logien sowohl bei der Übersetzung als auch dann beim Übergang von der mündlichen zur schriftlichen Fassung stark verändert werden können, wird das Bild eines Gleichnisses im ganzen eher intakt bleiben, selbst wenn in Einzelheiten manche Änderungen möglich sind.

Die allgemeinen Stilmerkmale der Gleichnisse entsprechen denen der anderen Erzählungsformen:

1. Die Darstellung ist knapp gehalten, es werden also nur Personen und Umstände erwähnt, die für die Handlung von Belang sind (so fehlt im Gleichnis vom verlorenen Sohn die Person der Mutter).

2. In der Regel treten nur zwei handelnde Personen auf; eine eventuell erwähnte Gruppe, etwa die „bösen Weingärtner", wird wie eine Einheit behandelt.

Bei Mk 12,1 ff. handelt es sich, jedenfalls in der jetzt vorliegenden Fassung, allerdings um Gemeindebildung. Die charakteristischen Stilelemente sind aber dieselben.

3. Die Handlung ist einlinig und steuert auf ein klares Ziel zu.

4. Der Nachdruck liegt auf dem Gleichnisschluß; deshalb sind die Gleichnisse von rückwärts aufzuschlüsseln (man spricht vom Gesetz des „Achtergewichts").

Das in den Gleichnissen überwiegend verwendete Material stammt aus dem ländlichen Milieu Palästinas: der Bauer und sein(e) Knecht(e), die backende Hausfrau, die Nachbarn im Dorf, Hausbau und Fischfang, das Spiel der Kinder, Handel und Weinbau und ähnliche Lebensbereiche werden als illustrierende Stoffe herangezogen. Dem entsprechen auch die handelnden Personen: Pharisäer, Zöllner, Samaritaner begegnen mit typischen, z. T. aber auch gerade mit atypischen Verhaltensweisen.

Im Stoff und teilweise auch in der Tendenz bestehen natürlich Ähnlichkeiten zwischen den synoptischen und den jüdischen Gleichnissen. Allerdings kann man sagen, daß die synoptischen Texte im ganzen farbiger gestaltet sind als die im Durchschnitt etwas eintönigen rabbinischen Gleichnisse.

Exkurs I: Zur Geschichte der Gleichnisforschung

Die Regeln der Gleichnisauslegung kann man sich leichter erarbeiten, wenn man sich zunächst einen Überblick über einige entscheidende Stationen der neueren Forschung verschafft.

Literatur:

A. Jülicher, Die Gleichnisreden Jesu, ²1910.
C. H. Dodd, The Parables of the Kingdom (1935), 1961.
J. Jeremias, Die Gleichnisse Jesu, ⁸1970.
E. Jüngel, Paulus und Jesus, HUTh 2, ⁴1972, 87–139 (zur Geschichte der Gleichnisauslegung).

Adolf Jülichers besonderes Verdienst liegt darin, daß er die bis dahin übliche allegorische Deutung der Gleichnisse (dazu S. 89 ff.) überwand; die Gleichnisse seien Bilder, in denen es auf eine einzige Pointe ankomme. Dieser methodische Grundsatz hat sich weithin durchgesetzt. Kritisiert wird jedoch Jülichers Deutung der Gleichnisinhalte, denn es ist durchweg sein Ziel, dem Gleichnis jeweils eine allgemeine Wahrheit zu entnehmen: Das Gleichnis von den anvertrauten Pfunden lehre, daß es Lohn nur für Leistung gebe – und der Darstellung dieser Wahrheit diene die ganze Erzählung.

Charles Harold Dodd wandte sich gegen Jülichers Deutungen mit dem Vorwurf, sie seien zu allgemein-moralisch. Entscheidend für die sachgerechte Interpretation sei die Frage nach der Verankerung der Gleichnisse in der konkreten Situation Jesu. Freilich geht es Dodd nicht darum, biographische Begebenheiten als Rahmen der Gleichnisse zu zeigen, sondern darum, Jesu Selbstverständnis im Rahmen der Gesamtsituation der Welt als „Kontext" jedem Gleichnis zugrunde zu legen. Jesus verkündige, so erklärt Dodd, die „realisierte Eschatologie", d. h. er sei davon überzeugt, daß mit seiner Person das Reich Gottes in der Welt eingetroffen sei; was sich in der Gegenwart abspiele, sei die durch das Reich bereits ausgelöste Krise. *Diese* Situation sei es, die Jesu Gleichnisse auslegen wollten. Von daher interpretiert Dodd (Parables, 142) das Gleichnis vom Senfkorn Lk 13,18 f. (Dodd hält diese Fassung und nicht diejenige von Mk 4,30 bis 32 für ursprünglich): „Jesus is assuming, that the time has come when the blessings of the Reign of God are available for all men."

Joachim Jeremias knüpft an Dodd an. Er ist jedoch der Auffassung, man müsse die Gleichnisse von der *biographischen* Situation her interpretieren: Ein Gleichnis, in dem z. B. von einem Dieb die Rede ist, wurde im Anschluß an einen tatsächlich vorher geschehenen Diebstahl erzählt (Jeremias, Gleichnisse, 45 f.) usw. Die Vielfalt der verwendeten Bilder sei darauf zurückzuführen, daß Jesus stets auf aktuelle Ereignisse Bezug genommen habe. Insgesamt zeige sich in den Gleichnissen nicht die realisierte, sondern eine sich realisierende

Eschatologie: Jesus deute in den Gleichnissen an, daß das Ende sich unaufhaltsam nähere und daß jetzt für den Hörer die letzte Entscheidungssituation da sei. Die Analyse der Gleichnisse zeigt allerdings, daß die ursprüngliche Erzählsituation in keinem Fall überliefert ist, ja, es ist gerade das Bezeichnende, daß die Gleichnisse überhaupt ohne eine spezielle Situationsangabe überliefert werden konnten und dennoch voll verständlich bleiben.

Jülicher hat in seinem bis heute nicht ersetzten Standardwerk „Die Gleichnisreden Jesu" eine nähere Klassifizierung der Gleichnisse vorgenommen.

Er lehnt sich dabei an die Begriffe der aristotelischen Rhetorik an. Gegen dieses Verfahren wird eingewandt, diese Kategorien seien für die Gleichnisse Jesu doch nicht anwendbar, weil diese nicht nach einem griechischen, sondern nach jüdischem Stilmuster gestaltet seien. Es gilt jedoch in der Exegese grundsätzlich, daß über die Brauchbarkeit bestimmter Gattungsbegriffe immer erst die konkrete Auslegungsarbeit entscheiden kann. – Man muß prüfen, ob sich mit Jülichers Kategorien arbeiten läßt – und wenn ja, dann ist die Terminologie weniger wichtig als die sachgerechte inhaltliche Bestimmung der verschiedenen Erzählungen.

a) Die Vorform der Gleichniserzählung ist das *Bildwort* (Beispiel Mt 5,14: Eine Stadt auf einem Berg kann nicht verborgen sein).

b) Steigerungsformen des Bildwortes sind die *Hyperbel* (Mt 5,29: Wenn dich dein Auge ärgert, reiß es aus!) und die Paradoxie (Mk 8,35: Wer sein Leben retten will, der wird es verlieren).

c) Recht selten ist der einfache *Vergleich* (wie – so), wie er sich etwa Mt 10,16 findet: Seid klug wie die Schlangen ...

d) Der abgekürzte Vergleich ist die *Metapher* (vgl. etwa Mt 7,13f.: die „enge Pforte", der „schmale Weg"), die entschlüsselt, „übersetzt" werden muß.

Die ausgeführten Gleichniserzählungen teilt Jülicher in vier Gattungen ein:

e) Das *Gleichnis* im engeren Sinn, bei dem es sich um ein ausgeführtes Bildwort handelt; Gegenstand ist ein häufig zu beobachtender Sachverhalt, beispielsweise die Anfertigung von Sauerteig, das Wachsen des Senfkorns usw. Der Hörer wird selbst zum Beobachten aufgefordert, damit er so zu einem bestimmten Urteil komme. Im besonderen Maße zeigen das diejenigen Gleichnisse, die mit der Frage „Wer ist unter euch ..." eingeleitet werden. Der Vergleichspunkt zwischen dem dargestellten Bild und der gemeinten Sache liegt an einer einzigen Stelle, und es ist die Aufgabe der Exegese, diesen einen Vergleichspunkt zu finden.

f) Die *Parabel* ist eine „Geschichte", die man erzählt bekommt, eine bestimmte und individuelle Handlung (z. B. die Erzählung vom verlorenen Sohn Lk 15,11–32). Allerdings gibt es Übergänge: das Wort vom Senfkorn beispielsweise ist ein Gleichnis und so wird es von Mk auch erzählt (im Präsens); in Q dagegen war es in Parabelform überliefert, wie die Lk-Fassung zeigt: „Es war einmal ein Mann ..." Der erzählerische Unterschied zeigt sich sehr deutlich bei Mt: Dort beginnt der Text in Parabelform, wird dann aber wie in der Mk-Fassung fortgesetzt (nicht: es sproßte ..., sondern: wenn es sproßt ...). Auch in der Parabel gibt es nur einen Vergleichspunkt.

g) Ebenfalls ein einmaliger Vorgang wird in der *Beispielerzählung* berichtet, aber im Unterschied zur Parabel wird hier ein bestimmtes vorbildliches Verhalten nicht in bildlicher Verkleidung, sondern direkt geschildert. Man kann sich den Unterschied zwischen der Parabel und der Beispielerzählung verdeutlichen, indem man Lk 16,1–8 mit Lk 10,30–35 vergleicht: Der ungerechte Haushalter in der Parabel ist natürlich kein moralisches Vorbild in seinem praktischen Handeln – vorbildlich ist allein sein rasches Erfassen der Situation; dagegen ist das Verhalten des barmherzigen Samariters als direktes Vorbild dargestellt: So soll jedermann handeln.

h) Ein von den bisher genannten Typen völlig abweichender ist die *Allegorie*, die man sich am besten als eine Aufreihung von Metaphern vorstellen kann. In der allegorischen Erzählung gibt es nicht nur einen, sondern *mehrere* Vergleichspunkte. Alle oder jedenfalls der größte Teil der aufgeführten Einzelheiten haben einen symbolischen Sinn, d. h. die Erzählung muß Stück für Stück entschlüsselt werden. Der Handlungsablauf ist kein natürlicher, sondern er ist mehr oder weniger deutlich auf den symbolischen Sinn hin konstruiert, während ja beim Gleichnis und bei der Parabel die Einzelheiten nicht allegorisch-übertragen, sondern im Wortsinn zu verstehen sind.

Ein Beispiel: Die Geschichte vom barmherzigen Samariter spielt zwischen Jerusalem und Jericho. Wäre sie allegorisch zu deuten, dann würden sich folgende Übertragungen anbieten: Jerusalem wäre die Gottesstadt, Jericho, das „unten" liegt, die Stadt der Sünde. Wer die Gottesstadt verläßt, fällt unter die „Räuber" und er käme um, wenn nicht ein „Retter" erschiene. Die Tatsache jedoch, daß die Erzählung im Wortsinn völlig stimmig ist und einen ohne weiteres sinnvollen Handlungsablauf enthält, macht deutlich, daß keine Allegorie vorliegt.

Die Bildhälfte der Allegorie, d. h. die erzählte Handlung, ist so konstruiert, daß nur die Sachhälfte, d. h. das eigentlich Gemeinte, zum Ausdruck kommt, während die Bildhälfte immer entweder einen deutlichen Bruch enthält oder aber eine inhaltliche Übersteigerung, die als normale Handlung unverständlich ist.

Exkurs II: Hinweise zur Bestimmung der Allegorie

Literatur: H.-J. Klauck, Allegorie und Allegorese in synoptischen Gleichnistexten, NTA NF 13, 1978.

Die Frage, ob es sich bei einem zu exegesierenden Gleichnis um eine Allegorie handelt oder nicht, ist von besonderer Bedeutung, denn sie ist auch im Zusammenhang des Echtheitsproblems wichtig.

Jülicher hat die These aufgestellt, Jesu Gleichnisse seien durchweg *keine* Allegorien. Wo sie allegorische Züge enthielten, da seien diese sekundär, und bei reinen Allegorien handle es sich stets um Gemeindebildungen. Diese These wird von einigen Exegeten bestritten mit der Frage, warum Jesus nicht gelegentlich in Allegorien gelehrt haben sollte. Die Antwort darauf ergibt sich jedoch schnell aufgrund der Beobachtung, daß die Allegorien in den synoptischen Evangelien durchweg eine entwickelte Christologie bzw. Ekklesiologie voraussetzen, die in der Verkündigung Jesu nicht denkbar sind. Außerdem ist es wenig wahrscheinlich, daß sich Jesus einer Redeform bediente, die gar nicht ohne einen besonderen zusätzlichen hermeneutischen Schlüssel verständlich war.

1) Es fällt auf, daß die Evangelisten selbst die mehr oder weniger allegorische Deutung von zwei Gleichnissen bieten:

a) Das Gleichnis vom Säemann Mk 4,1 ff. parr (mit Th-Ev Log 9) wird in Mk 4,13–20 so gedeutet, daß einzelne Züge des Bildes symbolisch „übersetzt“ werden. Diese Deutung ist nicht ursprünglich, denn es zeigen sich Merkmale, die einer späteren Zeit angehören. So ist z. B. das absolute ὁ λόγος, womit die Predigt gemeint ist, ein terminus technicus der kirchlichen Verkündigungssprache. Entscheidend ist aber die Beobachtung, daß das Gleichnis und seine Deutung in sachlicher Hinsicht gar nicht zusammenpassen: die Deutung, daß mit den Vögeln der Teufel gemeint sei, ist recht gewalttätig; es fällt auf, daß die Bedeutung des Samens mitten im Text abrupt wechselt – zunächst ist der Same „das Wort“, dann plötzlich sind die Menschen gemeint, die das Wort hören. Aus der reinen Bildrede wird eine Allegorie, aus der Verheißung wird nun eine Mahnung. Während nämlich im Gleichnis selbst der große Ertrag auf dem „guten Land“ im Vordergrund stand, rückt in der Deutung der vielfache Mißerfolg ins Zentrum des Interesses. Es wird sogar darauf verzichtet, die Ernte („dreißigfältig usw".) auf die Sache hin zu interpretieren. Offenbar spiegelt sich in der Deutung die Erfahrung der Gemeinde, daß die Predigt häufig ohne positives Echo bleibt (vgl. im übrigen S. 99 ff.).

b) Auch in der Deutung des Unkrautgleichnisses (Mt 13,24–30 und 36–43) wird das Bild zur Allegorie verwandelt. Während im Gleichnis das Gewicht darauf liegt, daß Unkraut und Weizen noch nicht geschieden werden sollen, hebt die Deutung das böse Schicksal der Gesetzesübertreter hervor – wieder wird aus der Verheißung Mahnung und Drohung.

2) Es läßt sich auch beobachten, daß ein ursprüngliches Gleichnis selbst nachträglich allegorisiert wird. Das zeigt z. B. das Gastmahlgleichnis Mt 22,1–10 par Lk 14,16–24: Die Mt-Fassung enthält schon am Anfang einen allegorischen Zug, denn es ist nicht wie bei Lk von „Jemand" die Rede, sondern von einem König. Auch handelt es sich nicht um ein beliebiges Fest (so Lk), sondern um die Hochzeit des Königssohnes. Es drängt sich also von vornherein der Gedanke auf, daß hier von Gott und seinem Sohn die Rede ist. Der einmaligen Sendung eines Knechts bei Lk steht die mehrfache Mission bei Mt gegenüber – offenbar ist an die Propheten gedacht, die das widerspenstige Israel rufen. Daß die Knechte gequält und gar getötet werden, ist innerhalb des Bildes absurd; es erklärt sich von der Anschauung her, daß die Propheten in Israel getötet wurden. Vollends grotesk ist die Fortsetzung: Während das Mahl wartet, führt der König einen Krieg gegen „die Stadt" der widerspenstigen Gäste, vernichtet sie und – lädt dann neue Gäste zum offenbar immer noch bereitstehenden Hochzeitsmahl. Gedacht ist offensichtlich an die Zerstörung Jerusalems im Jahre 70 n. Chr., die als Strafe für die Ablehnung der christlichen Botschaft gedeutet wird. Die Mt-Fassung enthält über Lk hinaus eine weitere Szene: einer der neuen Gäste hat keinen Festanzug an. Aber wie sollte er auch – er war doch von der Straße weg eingeladen worden? Offenbar soll allegorisch die Reinheit als Bedingung für die Teilhabe am Heil dargestellt werden. Bei Mt ist das Gleichnis also ein allegorischer Abriß der Heilsgeschichte. Klammert man die störenden Züge ein, so kommt man offenbar in die Nähe der ursprünglichen Parabel – und nun zeigen sich auch deutliche Übereinstimmungen mit der Lk-Fassung. Hier ist die Handlung zunächst ganz natürlich: Einladung, Ablehnung, andere Gäste. Doch dann gibt es auch hier eine gewisse Störung des Ablaufs: Obwohl sich alle möglichen Leute aus der Stadt jetzt im Festsaal befinden, ist immer noch Platz vorhanden; also geht der

Knecht ein weiteres Mal, um Leute von den Straßen zu holen. Mt hat hier keine Verdoppelung – es sieht also so aus, daß Lk es war, der hier eine Allegorisierung vorgenommen hat. Waren bei Mt Israel und das neue Gottesvolk miteinander konfrontiert, so bei Lk Israel und die Kirche, die aus Juden und Heiden, d. h. den „Städtern" und denen „von draußen" besteht. Klammert man also bei Mt und Lk jeweils die allegorischen Züge ein, dann ergibt sich ein beiden gemeinsamer Grundbestand: Das Gleichnis (Jesu) lehrte, daß das Heil zu denen kommt, die nicht dafür bestimmt schienen. Bei Mt wird daraus das Bild der Auseinandersetzung der Kirche mit Israel, bei Lk das Bild der universalen Mission.

Eine exegetische Einzelbeobachtung: Wer spricht eigentlich in V. 24? Ursprünglich wohl der Hausherr – dann paßt es zum Bild. Im Sinne des Lk aber spricht jetzt natürlich Jesus unmittelbar – und dann ist symbolisch das himmlische Mahl gemeint.

3) Auf der Grenze zwischen Parabel und Allegorie scheint die Erzählung von den bösen Weingärtnern Mk 12,1–12 zu stehen. Der Herr sendet mehrmals vergeblich seine Knechte, um die Pacht zu kassieren. Nachdem die Knechte mißachtet und sogar z. T. ermordet wurden, sendet er seinen Sohn, der ebenfalls getötet und aus dem Weinberg geworfen wird. Damit aber haben sich die Übeltäter das Verderben zugezogen, der Weinberg fällt an andere. Hier ist umstritten, ob bei dem getöteten Sohn an Jesus gedacht, ob dieser Zug des Gleichnisses also allegorisch zu deuten ist. Wenn das Gleichnis den Tod Jesu voraussetzt (so Bultmann, Kümmel), dann ist es in der Gemeinde entstanden. Dagegen steht die u. a. von Jeremias und Hengel vertretene These, auch der „geliebte Sohn" sei im Rahmen des Gleichnisses unallegorisch zu interpretieren; wenn man die Spuren allegorischer Überarbeitung, vor allem in V. 5, ausklammere, so erhalte man ein stilgemäßes Gleichnis Jesu. Es beziehe sich auf die konkrete soziale Situation in Galiläa: Die Latifundien befinden sich in der Hand ausländischer Besitzer, was zu Unruhen unter der ländlichen Bevölkerung und zu Gewalttätigkeiten führt. Das Thomas-Evangelium zeige in Log 65 noch die ursprüngliche Fassung. Aber selbst wenn man V. 5 als eindeutig sekundäre Erweiterung ausklammert, bleibt es immer noch eine Allegorie: Die Sendung des „geliebten Sohnes" ist innerhalb des Bildes unbegreiflich – dem Leser aber ist klar, *wer* dieser Sohn in Wirklichkeit ist.

Ähnlich ist die Lage bei der Erzählung von den klugen und den törichten Jungfrauen Mt 25,1–13: Kann man die Handlung als solche verstehen, oder nötigt sie zur symbolischen Deutung? Zugleich stellt sich wieder die

Echtheitsfrage: Ist von einer normalen Hochzeit gesprochen, dann kann die Parabel auf Jesus selbst zurückgehen. Ist mit dem Bräutigam dagegen Christus bei der Parusie gemeint, dann liegt Gemeindebildung vor.

Arbeitsvorschlag

Sammlung von Gesichtspunkten und Erarbeitung eines Lösungsversuchs zu Mt 25,1–13 anhand von Jülicher, Bultmann, Jeremias und Weder (s. u.).

Exkurs III: Besondere Probleme der Gleichnisauslegung

1) Die sogenannten „Wachstumsgleichnisse" (Säemann, selbstwachsende Saat, Unkraut unter dem Weizen, Senfkorn, Feigenbaum) stellen für die theologische Interpretation ein besonderes Problem dar. Die in ihnen enthaltenen Bilder suggerieren dem Leser ja zunächst, es sei vom Wachsen, d. h. von der organischen und kontinuierlichen Entwicklung des Gottesreiches in der Welt die Rede. Zur Auslegung von Mk 4,26–29 werden von daher eine Reihe verschiedener Lösungen angeboten: a) Das Reich wächst im Innern des Menschen; b) es wächst und entwickelt sich in der Welt; c) es ist eine eschatologische Größe, d. h. es ist wie die *Ernte;* d) das Reich ist weder innerweltlicher Prozeß noch künftige apokalyptische Katastrophe, sondern gegenwärtige Krisis (Dodd: realisierte Eschatologie); e) die Pointe des Gleichnisses ist die Sicherheit, mit der die Verheißung eintrifft. Alle diese Deutungsversuche übersehen, daß die Wachstumsgleichnisse gar nicht der Darstellung einer Entwicklung dienen, sondern daß sie im Gegenteil gerade einen Kontrast herausstellen wollen. Besonders deutlich zeigt sich das beim Senfkorngleichnis: dem unscheinbaren Anfang steht ein überwältigendes Ende gegenüber.

2) Ebenfalls ein besonderes Problem ist die Einleitungsformel der Gleichnisse vom Reich Gottes. Diese Formel lautet (mit einigen Varianten) ὁμοία ἐστὶν ἡ βασιλεία τοῦ θεοῦ ... (vgl. die etwas abweichenden Formulierungen in Mk 4,26.30; Mt 13,24.33; Lk 13,20), und sie entspricht dem hebräischen אמשל לך משל למה הדבר דמה ל oder kurz משל ל. Gemeint ist nicht „Das Reich Gottes ist wie (ein Kaufmann, Weinbergbesitzer usw.)", sondern gemeint ist „Mit dem Reich Gottes verhält es sich wie ..." (Mt 13,45), d. h. mit dem Gottesreich wird nicht die Person, sondern der ganze geschilderte Vorgang verglichen. Man muß jedoch immer wieder fragen, ob das so eingeführte Gleichnis in seinem Kern wirklich vom Reich Gottes handelt, oder ob die Einleitungsformel nicht möglicherweise sekundär ist und also nur die Interpretation der Gemeinde oder des Evangelisten spiegelt. So sind z. B. nach Meinung Bultmanns die Gleich-

nisse von der selbstwachsenden Saat, vom Senfkorn und vom Sauerteig ursprünglich nicht auf das Gottesreich bezogen gewesen – der einstige Sinn sei überhaupt nicht mehr zu erkennen (Gesch syn Trad, 216 f.).

3) Am Schluß mancher Gleichnisse findet sich eine Anwendung (vgl. Mk 13,29; Lk 14,33; 15,7.10); auch hier ist von Fall zu Fall zu prüfen, ob es sich nicht möglicherweise um sekundäre Zusätze handelt, die den ursprünglichen Sinn des jeweiligen Gleichnisses gar nicht treffen.

Ziehen wir aus unseren Erkenntnissen das *Fazit* für die Gleichnisauslegung:

1. Die Gleichnisse sind ohne Angabe der Situationen, in denen sie ursprünglich erzählt wurden, überliefert. Deshalb kann man nicht versuchen, sie aus einer bestimmten biographischen Situation des Lebens Jesu heraus erklären zu wollen; man kann sie nur im Ganzen der Lehre Jesu verstehen und interpretieren.

2. Wichtigstes methodisches Kriterium der Gleichnisauslegung ist die Frage nach der Pointe, auf die die Erzählung zuläuft.

3. Den inhaltlichen Sinn eines Gleichnisses kann man sich mit Hilfe einer handlichen Leitfrage erschließen: Will es trösten, oder will es mahnen bzw. warnen? Dabei ist vom jetzigen Kontext und von sekundären Erweiterungen selbstverständlich abzusehen, denn hier herrscht generell die Tendenz, die Gleichnisse als Mahnworte an die Kirche aufzufassen. Man darf jedoch die genannte Alternative auch nicht auf die Spitze treiben: In den Gleichnissen teilt Jesus natürlich das bedingungslose Heil Gottes mit, sie sind also positive Illustration der Verheißung. Aber diese Botschaft wird dort zur Gerichtspredigt, wo das Heil nicht angenommen wird – die Gleichnisse sind deshalb in gewissem Sinn Trost und Mahnung zugleich.

Neuere Literatur zur Interpretation der Gleichnisse:

G. Eichholz, Gleichnisse der Evangelien. Form, Überlieferung, Auslegung, ²1975.

E. Jüngel (s. S. 86), 139–174.

H. Weder, Die Gleichnisse Jesu als Metaphern, FRLANT 120, 1978.

D. O. Via, Die Gleichnisse Jesu. Ihre literarische und existentiale Dimension, BEvTh 57, 1970.

4. Die Formen der synoptischen Überlieferung (nach M. Dibelius)

Dibelius unterscheidet zwischen A) den Erzählungen auf der einen und B) der Paränese, d. h. der Lehre Jesu auf der anderen Seite.

A) Für den Erzählstoff hat Dibelius eine Einteilung in fünf Gruppen vorgeschlagen: 1) Paradigma; 2) Novelle; 3) Legende; 4) Mythus; der 5) Leidensgeschichte kommt eine Sonderstellung zu. Da sich Dibelius' Kategorien hier stärker als bei der „Paränese“ von denen Bultmanns unterscheiden, ist auf sie ausführlicher einzugehen. Der „Sitz im Leben“ der Erzählungen ist nach Dibelius die Predigt, das „Zeugnis vom Heil“. Tragende Bedeutung für die Predigt hat jedoch nur ein Teil der Erzählungen, nämlich die Leidensgeschichte. Die übrigen Formen dienen der Predigt nur als veranschaulichende Beispiele, als Paradigmen im weiten Sinne. Die Paränese hat von vornherein einen anderen Sitz im Leben; sie gehört in den Bereich der katechetischen Unterweisung.

1) Zur Gruppe der *Paradigmen* gehören z. B. die Geschichte von der Heilung des Mannes mit der gelähmten Hand (Mk 3,1–6) und die Erzählung von der Kindersegnung (Mk 10,13–16). Folgende Stilmerkmale werden von Dibelius herausgestellt: Die Paradigmen sind in sich geschlossene Sinnganzheiten, sie sind für sich verständlich (Dibelius spricht hier von einer „Rundung“); sie existierten ursprünglich also als selbständige Erzählungen.

Sie sind einfach erzählt; farbige Details, vor allem die Schilderung von Personen, ihres Charakters usw. (Dibelius: „Portrait“) fehlen. Der Stil ist der der erbaulichen Sprache.

Worte Jesu werden deutlich hervorgehoben, am Ende kann ein bekräftigender „Chorschluß“ des anwesenden Publikums stehen, der sich natürlich an den Hörer richtet.

Es ist zu beachten: Bultmann rechnet Erzählungen, die Worte Jesu enthalten, zum Redenstoff (s. o.).

Der typische Schluß des Paradigmas ist nach Dibelius ein Gedanke, der für die Predigt verwendbar ist.

2) Zur Gruppe der *Novellen* rechnet Dibelius u. a. die Erzählung vom Besessenen und den Schweinen (Mk 5,1 ff.) und die Geschichte von der Speisung der Fünftausend (Mk 6,35 ff.).

Hier nennt Dibelius die folgenden Stilmerkmale:

Die Novellen sind – wie die Paradigmen – in sich geschlossene Einzelgeschichten.

Sie sind jedoch breiter angelegt als die Paradigmen und enthalten mehr Details.

Die Novellen sind der antiken Wundererzählung vergleichbar; ihr Ziel ist es, Jesus als Wundertäter herauszustellen, d. h. es handelt sich um Epiphaniegeschichten, in denen Jesus als ein mit göttlichen Kräften begabter Mensch erscheint. Deshalb enthalten die Novellen auch detaillierte Einzelangaben, etwa Hinweise auf die besondere Technik einer Heilung (Berühren, Bestreichen mit Speichel, Ausspruch einer wirksamen Formel).

Dibelius vermutet, daß die Novellen Erweiterungen der Paradigmen sind; indem sie profane Motive aufnehmen, spiegeln sie eine gewisse innere Entwicklung des Christentums, das sich inzwischen stärker „der Welt" zugewandt hat.

Die Novellen sollen keine Beispiele für die Predigt sein. „Mit ihnen konnte man weder die Heilspredigt erläutern noch die Heilserkenntnis mehren", man konnte aber die „Überlegenheit des ‚Herrn Jesus' erweisen und die Konkurrenz aller anderen Kultgötter aus dem Felde schlagen" (Dibelius, Formgeschichte, 93).

3) Zur Gruppe der *Legenden* gehört nach Dibelius etwa die Geschichte vom zwölfjährigen Jesus im Tempel (Lk 2,41–52). In den Geburts- und Kindheitsgeschichten bei Mt und Lk finden sich einige für die „Personallegenden" typische Motive: die wunderbare Geburt des Helden, die Erkennung des Kindes als des künftigen Retters, seine Gefährdung und wunderbare Bewahrung, die frühe geistige Reife. Solche legendarischen Züge finden sich übereinstimmend in den Lebensbeschreibungen vieler bedeutender Persönlichkeiten der Antike; Dibelius spricht deshalb von dem „Gesetz der biographischen Analogie" – Analogie deshalb, weil irgendeine direkte Abhängigkeit nicht besteht.

Die Legende hat, ähnlich wie das Paradigma, stark erbaulichen Charakter. Anders als dort steht hier jedoch nicht die Botschaft, das Kerygma in Wort oder Tat im Vordergrund, „sondern die Frömmigkeit und Heiligkeit des Helden ebenso wie die ihm von Gott gewährte Protektion" (Dibelius, Formgeschichte, 105).

4) Der *Mythus* im Sinne von Dibelius taucht in den Evangelien nur ganz vereinzelt auf; er wird sehr zurückhaltend eingesetzt; nur die Tauferzählung, die Versuchungs- und die Verklärungsgeschichte sind nach Dibelius „Mythen". Mythisch sind diese Texte deshalb, weil in ihnen überirdische Personen handelnd auftreten oder weil ein mythischer, d. h. außerwirklicher Vorgang erzählt wird. Dibelius versteht unter Mythus, wie das in der Religionsgeschichte nicht selten geschieht, eine Göttergeschichte – d. h. sein Mythosbegriff unterscheidet sich von dem Bultmanns erheblich.

5) Die *Passionsgeschichte* ist ein Sonderfall insofern, als hier von vornherein eine feste Abfolge von Szenen vorgegeben ist und ja auch vorgegeben sein muß: die Verhaftung *muß* vor dem Verhör erfolgen, das Verhör vor der Verurteilung usw. Der vorgegebene Grund-

riß entspricht dem christologischen Kerygma (vgl. 1 Kor 15,3–5), dessen Aussagen inhaltlich aufgefüllt werden. Die Passionsgeschichte hat nach Meinung Dibelius' unmittelbaren Heilssinn, d. h. sie will nicht Berichterstattung sein, sondern Verkündigung dessen, was *von Gott aus* in der Passion Jesu geschehen ist; das ist auch der Grund dafür, daß so häufig auf das Alte Testament Bezug genommen wird: die Passion entspricht dem aus der Bibel erkennbaren Gotteswillen. Einzelne Züge der Passionserzählung gehen ja überhaupt nur darauf zurück, daß man das Alte Testament als Weissagung auf Christus hin las. Z. B. weiß man von dorther die Summe, die Judas für seinen Verrat erhielt (Mt 26,15).

Arbeitsvorschläge

1. Analyse eines Paradigmas, z. B. Mk 3,1–6, nach den von Dibelius genannten Kriterien: Passen die von Dibelius aufgeführten Charakteristika, etwa auch hinsichtlich der Anwendung für die Predigt?

2. Analyse einer Novelle, z. B. Mk 5,1–20 (nach den gleichen Gesichtspunkten).

B) Die Paränese, d. h. die Überlieferung der Worte Jesu, teilt Dibelius nach formalen Gesichtspunkten in sechs Gruppen ein:

1. Weisheitswort (Sentenz, Gnome)
2. Bildwort
3. Gleichniserzählung
4. prophetischer Ruf (Seligpreisung, Weherufe, eschatologische Verkündigung)
5. kurzes Gebot
6. ausgeführtes Gebot (mit Begründung, Verheißung oder Drohung).

Man muß nach Meinung von Dibelius alle diese Gattungen zu den paränetischen Texten rechnen, obwohl nur die beiden letzten Gruppen imperativische Formulierungen enthalten. Selbst die Gleichnisse haben nach Dibelius durchgängig paränetischen Sinn.

Arbeitsvorschlag

Wir verzichten darauf, Dibelius' Position ausführlicher zu referieren und empfehlen statt dessen die Lektüre von Dibelius, Formgeschichte, 234 bis 265.

§ 10 Die „redaktionsgeschichtliche" Fragestellung

Literatur: H. Conzelmann, Die Mitte der Zeit. Studien zur Theologie des Lukas, BHTh 17, [6]1977; W. Marxsen, Der Evangelist Markus, FRLANT 67, [2]1959; G. Strecker, Der Weg der Gerechtigkeit. Untersuchung zur Theologie des Matthäus, FRLANT 82, [3]1971; ders., Redaktionsgeschichte als Aufgabe der Synoptikerexegese, in: Eschaton und Historie. Aufsätze, 1979, 9–32; H. Zimmermann, Neutestamentliche Methodenlehre, [6]1978, 221–241.

1. Allgemeines

Aufgabe der redaktionsgeschichtlichen Arbeit ist es, den theologischen Standort der einzelnen synoptischen Evangelien herauszuarbeiten. Unter welchen Gesichtspunkten hat der Evangelist sein Material ausgewählt und zusammengestellt? Wie hat er die einzelnen Traditionsstücke im ganzen Zusammenhang seines Werkes verarbeitet? Welche theologische Tendenz und Absicht liegt seinem Evangelium überhaupt zugrunde? Diese Themen gehören natürlich vor allem in den dritten Teil dieses Buches (s. §§ 34–36). Dennoch muß hier bereits darauf eingegangen werden; denn die redaktionsgeschichtliche Frage verwendet zwar keine von der Formgeschichte unterschiedene Methode, aber sie stellt einen die Formgeschichte weiterführenden methodisch notwendigen Schritt bei der Synoptikerexegese dar.

Die ersten Vertreter der Formgeschichte sahen in den Verfassern der synoptischen Evangelien zunächst „nur zum geringsten Teil Schriftsteller", sondern „in der Hauptsache Sammler, Tradenten, Redaktoren" (Dibelius, Formgeschichte, 2), die kleine Einheiten zusammenfügten und dem ganzen überlieferten Material einen gewissen Rahmen gaben. Etwas pauschal urteilte K. L. Schmidt (Der Rahmen der Geschichte Jesu, 317): Markus reiht „im Grunde nur Einzelperikopen nebeneinander". Bultmann legte im letzten Teil seiner Geschichte der synoptischen Tradition bereits größeres Gewicht auf die besonderen theologischen Interessen der einzelnen Evangelisten, wobei der Gesichtspunkt, daß Matthäus, Markus und Lukas doch nicht nur „Sammler", sondern auch theologische „Schriftsteller" waren, etwas stärker in den Vordergrund rückte. Bultmann ging dann aber doch nicht so weit, etwa von einer „Theologie des Markus" zu sprechen: In seiner Darstellung der Theologie des Neuen Testaments gibt es keinen besonderen Abschnitt, in dem die Theologie der Synoptiker behandelt würde. Inzwischen hat sich jedoch eine neue Tendenz durchgesetzt: Man fragt nach dem besonderen theologischen Standort und nach dem besonderen theologischen Interesse auch der drei ersten Evangelisten und danach, inwieweit dieser Standort Aufbau und Inhalt der einzelnen Evangelien prägt. So enthält Conzelmanns „Grundriß der Theologie des NT" einen – wenn auch relativ kurzen – Hauptteil über das synoptische Kerygma und darin einen eigenen Paragraphen über die „Theologie der drei Synoptiker" (s. auch E. Lohse, Grundriß der neutestamentlichen Theologie, 1974, §§ 26–28). Inzwischen sieht es beinahe so aus, als gebe es nach der Blüte der formgeschichtlichen Methode einen gewissen Gegenschlag: Die redaktionsgeschichtliche Arbeit droht die formgeschichtliche Methode beinahe zu verdrängen. Tatsächlich ist es jedoch so, daß beide Methoden gar nicht in Konkurrenz zueinander stehen, sondern einander ergänzen. Erst die Formgeschichte hat es ja ermöglicht, den von den Verfassern der Evangelien geschaffenen Rahmen zu erkennen, sie hat die Kriterien dafür aufgewiesen, wie man die einzelnen Überlieferungsschichten voneinander unterscheiden kann. Es ist jedoch richtig, daß man nicht bei der Analyse der kleinen Einheiten stehenbleiben kann. Man darf auch nicht die „Ergänzungen", die die Evangelisten an ihrem Traditionsmaterial vorgenommen haben, als „sekundär" und nahezu bedeutungslos abtun. Vielmehr muß man bei der Exegese beachten, daß sich vor allem hier das besondere theologische Interesse des Evangelisten zeigt. Dasselbe gilt umgekehrt dort, wo es sich beim synoptischen Vergleich erweist, daß Mt oder Lk bestimmte Perikopen aus dem Mk-Stoff in charakteristischer Weise verändert oder sie auch ganz weggelassen haben. Ein Beispiel für diese Form der Interpretation ist Mt 15,29–31, wo das in Mk 7,31–37 erzählte Wunder der Heilung eines Taubstummen so radikal verändert wird, daß die Erzählungen kaum noch als Parallelen zu erkennen sind. Nach dem Mk-Text vollzieht sich die Heilung unter Verwendung bestimmter magischer Praktiken: Jesus legt seine Finger in die Ohren des Kranken und berührt mit Speichel dessen Zunge. Er verwendet Zauberworte (ἐφφαθά) und holt sich Kraft vom Himmel. Lk hat diese Erzählung überhaupt nicht übernommen, Mt übernahm sie nur mit ganz starken Korrekturen: Alle magischen Praktiken bleiben unerwähnt. Es wird lediglich am Anfang gesagt, Jesus habe „Lahme, Verkrüppelte, Blinde, Taube und viele andere" geheilt, die man zu ihm brachte. Diese Veränderungen durch Mt bzw. die Streichung durch Lk ist nicht Zufall, sondern volle theologische Absicht. Die beiden Seitenreferenten streichen nämlich auch die Erzählung von der Heilung des Blinden von Bethsaida (Mk 8,22–26) – offenbar deshalb, weil auch diese Erzählung bestimmt ist durch die Nennung von Zauberpraktiken.

2. Synoptischer Vergleich als Voraussetzung der „redaktionsgeschichtlichen" Fragestellung

Ein Überblick über die Theologie der einzelnen synoptischen Evangelien wird in den §§ 34–36 gegeben.

Man kann sich die „redaktionsgeschichtliche" Fragestellung einfach klarmachen, indem man die drei synoptischen Evangelien miteinander vergleicht. Dabei sind zwei Aufgaben zu erfüllen: Einerseits ist das jeweilige theologische Interesse der Evangelien insgesamt herauszuarbeiten; andererseits ist der synoptische Vergleich im Detail notwendig. Setzt man die Zwei-Quellen-Theorie voraus, so lassen sich für Mt und Lk die besonderen redaktionellen Interessen leicht aufzeigen, wenn man prüft, wo die beiden Seitenreferenten von Mk abweichen. Man versucht dann zu klären, welche Gründe es für diese Abweichungen geben könnte: Sind es rein stilistisch-sprachliche Gründe, oder verbirgt sich hinter ihnen ein theologisches Konzept?

Schwieriger ist die Lage in dem Fall, wenn eine Mk-Parallele fehlt, wenn also ein traditionelles Stück wahrscheinlich aus Q stammt. Dann muß im Einzelfall untersucht werden, ob Unterschiede zwischen Mt und Lk auf das besondere Interesse des einen oder des anderen Evangelisten zurückzuführen sind, oder ob – was theoretisch ja auch denkbar ist – Q in zwei unterschiedlichen Rezensionen vorlag (S. 64 ff.).

Als Beispiel kann das markinische Gleichniskapitel 4 mit seinen Parallelen dienen: Der erste Blick zeigt, daß Mt und Lk die großen Stücke aus Mk 4,1-20 übernommen haben. Zu Mk 4,21–25 gibt es nur eine Lk-Parallele, während das Gleichnis von der selbstwachsenden Saat Mt 4,26–29 sowohl von Mt als auch von Lk gestrichen wurde. Mt hat an seine Stelle das Gleichnis vom Unkraut unter dem Weizen, das er in seinem Sondergut fand, gesetzt. Bei Mk 4,30–32 gehen alle drei Synoptiker dann wieder zusammen, wobei Lk dieses Gleichnis jedoch erst in 13,18 f. nachträgt.

Die formgeschichtliche Analyse von Mk 4,1–9 zeigt, daß V. 1 und 2 Bildung des Evangelisten sind – darauf weist die starke Betonung der typisch markinischen Stichworte διδάσκειν und διδαχή. Im weiteren Text liegt dann aber eine völlig stilgemäße Parabel (ohne Anwendung) vor, die mit dem Aufruf „Höre!" schließt. Durch die Kennzeichnung dieser Parabel als „Lehre" will Mk offenbar ein novellistisches Mißverständnis der Parabel von vornherein ausschließen.

Matthäus streicht das Stichwort „Lehre“, behält aber die äußere Szene am Meer bei (13,1–9). Im übrigen nimmt er stilistische Verbesserungen vor und kehrt in V. 8 die Reihenfolge der genannten Zahlen über die Frucht um: der größte Erfolg steht am Anfang.

Lukas verfährt anders: Er verbindet die Szene, in der Jesus vom Schiff aus die auf dem Lande stehende Menge lehrt, mit dem Fischzug des Petrus (5,1 ff.; Sondergut), so daß von der Mk-Vorlage in Lk 8,4 nur der Hinweis übrig bleibt, daß Jesus außerhalb der Stadt gelehrt habe. Im eigentlichen Gleichnis gibt es dann eine Reihe sprachlicher und logischer Verbesserungen.

An das Säemannsgleichnis schließt sich in Mk 4,10–12 die sogenannte Parabeltheorie an. Sie ist in der jetzigen Form deutlich eine redaktionelle Bildung des Mk, der auf diese Weise eine ursprünglich vorhandene Verbindung zwischen V. 9 und V. 13 ersetzt hat. In der Tradition war auf das Gleichnis sofort die Frage der Hörer nach der Gleichnisdeutung, dann die Deutung selbst (4,13 ff.) gefolgt. Mk hat die Frage der Hörer umgestaltet zu einer Frage allein der *Jünger* (die alte Form schimmert noch durch im ἠρώτων αὐτὸν οἱ περὶ αὐτόν V. 10), auf die Jesus dann mit der Parabeltheorie antwortet. Diese Theorie besagt, daß man allein als Nachfolger Jesu, d. h. in der Kirche, die Gleichnisse richtig, d. h. als Heilszusage Gottes, verstehen kann. οἱ ἔξω, d. h. die Nichtchristen, hören nur ἐν παραβολαῖς, womit hier deutlich „Rätselrede“ gemeint ist. Zur Bestätigung wird in V. 12 Jes 6,9 f. in einer gerafften Fassung zitiert, wobei sich jedoch eine direkte Textvorlage (LXX, hebräischer Text oder Targum) nicht ausmachen läßt. Mk hat durch die Parabeltheorie den Gleichnissen, die ja an sich gerade den „Außenstehenden“ den Sinn der Botschaft Jesu erläutern und verdeutlichen sollen, eine völlig andere Funktion gegeben: Sie dienen jetzt der Scheidung zwischen Kirche und Welt. Mt und Lk haben zunächst einmal die ungeschickte Einleitung des Mk (V. 10) geglättet (vgl. 13,10: Warum redest du in Gleichnissen zu *ihnen*?). Die bei Mk vorhandene Tendenz wird dann bei Mt noch dadurch verstärkt, daß es heißt, die anderen kennten ja die Geheimnisse bzw. Offenbarungen des Gottesreiches überhaupt nicht (13,11). Deshalb fügt Mt bereits hier (V. 12) das Wort von Mk 4,25 („Wer hat, dem wird gegeben...“) ein und läßt Jesu Gleichnisrede als Erfüllung der alttestamentlichen Weissagung (ἀναπληροῦται αὐτοῖς ἡ προφητεία ...) erscheinen. In V. 16.17 schließt sich die Seligsprechung der Jünger an; sie sind es, die im Unterschied zu den anderen „sehen" und „hören".

Dieser Makarismus stammt aus Q, Lk bringt ihn in 10,23 f. im Zusammenhang der Aussendung und der Rückkehr der Jünger.

Mit 4,13 kommt Mk wieder zu seiner Vorlage zurück. Kenntlich ist das schon daran, daß die Antwort V. 13 nicht zur Frage V. 10 paßt: Mk hatte ja in V. 10 die Frage zum Zweck der Verallgemeinerung umgestaltet und den Plural (τὰς παραβολάς) gesetzt, in V. 13 steht aber nun wieder der Singular (τὴν παραβολὴν ταύτην). Der Mk-Text enthält einen deutlichen Vorwurf gegen die Jünger: Wie wollt ihr, wenn euch schon dieses Gleichnis zu hoch ist, die anderen alle verstehen? Mt und Lk dagegen schließen einfach die Gleichnisdeutung an und verstärken damit die von ihnen angestrebte Tendenz, die Jünger von vornherein auf die Seite der Verstehenden zu stellen.

Die Gleichnisdeutung ist gegenüber dem Gleichnis selbst sekundär, denn sie paßt in den Einzelheiten gar nicht. In der allegorischen Auslegung steht nicht der Same als Wort der Predigt im Mittelpunkt, sondern von Mk V. 16 par an ist allein von den Hörern die Rede. Das Gleichnis handelt nicht mehr vom Geschick des Wortes, der Predigt, sondern von der Reaktion der einzelnen Hörer. Dabei ist die Steigerung des psychologisierenden Aspekts bei Mt gegenüber Mk daran erkennbar, daß Mt von den Hörern der Predigt stets im Singular redet, wo Mk noch den Plural hatte. Lk erweitert darüber hinaus die Deutung des Gleichnisses durch bestimmte Ergänzungen, die ein Licht auf die kirchengeschichtliche Situation werfen und zugleich wieder das besondere theologische Interesse des Evangelisten zeigen. So wird das Wirken des Teufels (V. 12) dahin gedeutet, daß die Menschen nicht glauben und somit auch nicht „gerettet" werden; andere glauben eine gewisse Zeit lang, in der Zeit der Versuchung fallen sie dann aber vom Glauben ab (V. 13). Für Lk kommt also alles auf das „Festhalten" in der gegenwärtigen Situation an! Das wird in V. 15 geradezu paradigmatisch unterstrichen: die in dem guten Boden sind die, die das Wort *behalten* und Frucht bringen in *Ausdauer*. Mit dieser Mahnung zur Ausdauer und Beharrlichkeit im Glauben wendet sich Lk an den Hörer: das Gottesreich steht nicht nahe bevor, es gilt, treu zum Glauben zu stehen.

Arbeitsvorschlag

In der Gleichnisdeutung bei Lk 8,11–15 ist ein Teil der stilistischen Verbesserungen, die Lk im Gleichnis selbst vorgenommen hatte, offenbar wieder „vergessen“ worden. Worin stecken die Widersprüche? Wie sind sie zu erklären?

Eine deutliche Korrektur des Mk-Textes durch die Seitenreferenten wird darin erkennbar, daß sie das Gleichnis von der selbstwachsenden Saat (Mk 4,26–29) nicht übernommen haben; Mt hat es durch das Gleichnis vom Unkraut unter dem Weizen ersetzt. Die damit verfolgte Absicht ist deutlich erkennbar: der eschatologische Aspekt, daß das Gericht unaufhaltsam kommt und nahe ist, wird zurückgedrängt. Mt betont, daß die Scheidung zwischen Gut und Böse noch nicht jetzt, nicht in der Kirche, erfolgen darf; Lk streicht den Zukunftsgedanken an dieser Stelle ganz.

Arbeitsvorschlag

Synoptischer Vergleich zwischen Mk 8,31–9,1 und den Parallelen. Form- und redaktionsgeschichtliche Analyse des Mk-Textes: Welche besonderen theologischen Interessen des Evangelisten werden erkennbar?

Welche Besonderheiten bei Mt und Lk zeigt der synoptische Vergleich? In welchem sachlichen Zusammenhang steht der Text bei Lk?

Hilfsmittel: Conzelmann (s. Literaturangaben) 48 ff.; Strecker Weg (s. Lit.), Register; ders., Eschaton (s. Lit.), 52–75.

§ 11 Literarkritik außerhalb der Evangelien

Literatur: *Zu 3.:* N. Brox (Hrsg.), Pseudepigraphie in der heidnischen und jüdisch-christlichen Antike, Wege der Forschung 484, 1977.

1. Literarische Beziehungen zwischen einzelnen neutestamentlichen Schriften

1) Die in § 7 und § 8 dargestellten literarkritischen Methoden werden außerhalb der Evangelien grundsätzlich genauso angewandt wie in der Evangelienkritik. Wenn z. B. zwischen den Schriften verschiedener Verfasser auffallende Übereinstimmungen bestehen, dann stellt sich hier wie dort die Frage, wie diese Übereinstimmungen erklärt werden können. Von vornherein bieten sich als Antwort drei Möglichkeiten an:

a) Die Verfasser waren Augenzeugen derselben Vorgänge (wobei allerdings zu beachten ist, daß man *wörtliche* Übereinstimmungen damit nicht erklären kann).

b) Ein Schriftsteller kennt den anderen (wobei dann die Frage zu beantworten ist, wer wen als Vorlage benutzt hat).

c) Beide Verfasser benutzen unabhängig voneinander dieselbe Quelle.

Ein Beispiel aus der klassischen Philologie: Die Darstellung der römischen Kaiser Galba, Otho und Vitellius stimmt bei den Historikern Plutarch, Tacitus und Sueton so deutlich überein, daß man gezwungen ist, einen literarischen Zusammenhang zu vermuten: entweder haben die Verfasser einander gekannt, oder sie haben teilweise dieselben Quellen vor sich gehabt.

2) Innerhalb der neutestamentlichen Briefliteratur kann man sich das Problem am besten durch einen Vergleich zwischen 2 Petr und Jud verdeutlichen. Die beiden Briefe tragen zwar verschiedene Verfassernamen. Es bestehen aber inhaltliche und z. T. sogar wörtliche Übereinstimmungen an so vielen Stellen, daß man um die Annahme einer literarischen Verwandtschaft nicht herumkommt. Die beiden Briefe sind auf der anderen Seite stilistisch und gedanklich jedoch wieder so verschieden, daß man es als höchst unwahrscheinlich ansehen muß, daß sie vom selben Verfasser stammen (vgl. § 43).

Übungsbeispiel:

Man folge den bei Nestle angegebenen Parallelstellen und vergleiche in beiden Richtungen: Wie liest sich 2 Petr, wenn man annimmt, er sei auf der Grundlage des Jud entstanden? Wie liest sich umgekehrt Jud, wenn man annimmt, er stehe auf der Basis des 2 Petr?

Kontrollfragen: Worin stimmen beide Briefe überein, worin nicht? Auf welche Briefteile und welche Themen beschränken sich die Parallelen? Hat der eine Verfasser gekürzt? Oder hat der andere erweitert? Welcher Brief ist also die Vorlage des anderen gewesen?

Weitere Hinweise in dieser Richtung:

a) Jud zitiert apokryphe Schriften (beispielsweise äthHen oder Ass Mosis), 2 Petr nicht.

b) Die Beispiele aus dem Alten Testament werden im Jud nicht in derselben Reihenfolge angeführt, in der sie in der Bibel stehen; im 2 Petr dagegen entspricht die Reihenfolge der Texte dem Kanon. Für a) und b) gilt die Frage: Welches Vorgehen setzt die entwickeltere Beschäftigung mit der Bibel voraus?

c) Die Thematik im 2 Petr ist breiter als die im Jud. Welche Bedeutung hat das für die Datierung beider Schriften?

3) Instruktiv ist auch ein Vergleich zwischen dem Eph und dem Kol, wobei der Befund jedoch insofern komplizierter ist, als beide Briefe denselben Verfassernamen – nämlich den des Paulus – tragen. Hält man das für historisch zuverlässig, dann müßte man fragen, ob Paulus etwa den einen Brief als Vorlage für den anderen benutzte.

Hält man dagegen die Verfasserangabe für unzutreffend, so bieten sich vier Möglichkeiten an:

a) Der eine Brief stammt von Paulus, der andere ist eine Nachahmung durch einen Schüler (wobei die Frage zu beantworten ist, welcher der beiden Briefe „echt" ist).

b) Beide Briefe stammen von demselben Schüler des Paulus (wobei dann ebenso wie im Falle der Echtheit beider Briefe zu fragen ist, wie sich die wörtlichen Übereinstimmungen erklären lassen).

c) Die Briefe sind zwar von verschiedenen Verfassern geschrieben, sie tradieren aber beide dasselbe Sprach-, Formel- und Gedankengut (wobei die Frage zu beantworten ist, ob sich die deutlichsten Übereinstimmungen gerade im Bereich fester Formeln finden).

d) Beide Briefe stammen von verschiedenen Verfassern, wobei der eine dem anderen als Vorlage gedient hat (wobei wieder die Zusatzfrage gilt: wer hat wen benutzt?).

Arbeitsvorschlag

Vergleich zwischen dem 1. und dem 2. Thessalonicherbrief oder Vergleich von Kol 2,6–19 mit den bei Nestle angegebenen Parallelen im Eph.

Hinweise für die weitere eigene Arbeit:

1. Welche Gedanken und Begriffe im Kol und im Eph stimmen überein, welche nicht? Finden sich die Übereinstimmungen vornehmlich in solchen Abschnitten, in denen traditionelles Material, etwa Lieder, zitiert wird, so daß beide Verfasser unabhängig voneinander denselben Stoff aufgenommen haben könnten? Oder finden sich die Übereinstimmungen in eher „redaktionellen" Abschnitten, d. h. in solchen, die mit Sicherheit vom jeweiligen Autor selbst geschaffen wurden?

2. Wörtliche Übereinstimmungen über weite Strecken enthalten urchristliche Schriften außerhalb des NT, z. B. die Didache und der Barnabasbrief, die zu den Schriften der sogenannten Apostolischen Väter gehören. Hier bestehen aber andererseits an einigen Stellen auch wieder so große Differenzen, daß eine unmittelbare Abhängigkeit als höchst unwahrscheinlich anzusehen ist. Es ist deshalb die Annahme am wahrscheinlichsten, daß beide Schriften unabhängig voneinander teilweise dieselbe Quelle benutzt haben.

3. Gewisse Ähnlichkeiten bestehen auch zwischen dem Eph, Jak und 1 Petr (sie sind tabellarisch aufgeführt z. B. bei C. L. Mitton, The Epistle to the Ephesians, 1951). Bei näherem Zusehen ergibt sich allerdings, daß die Übereinstimmungen nur die Paränese betreffen. Für diese ist es aber typisch, daß weit verbreitete und oft verwendete Ausdrücke und Formulierungen immer wieder auch in den verschiedensten Texten auftauchen, ohne daß ein literarischer Zusammenhang zwischen ihnen bestünde.

2. Literarkritische Probleme innerhalb neutestamentlicher Schriften

Bisweilen finden sich innerhalb einer Schrift Widersprüche in der Darstellung oder auch Brüche im Gedankengang. Instruktive Beispiele dafür enthält vor allem die Apg.

Dabei ist zu berücksichtigen, daß die Literarkritik hier komplizierter ist als in den synoptischen Evangelien, denn dort bietet das Nebeneinander von drei verwandten Büchern eine Handhabe für die Bestimmung der Quellenverhältnisse, während man bei der Apg ausschließlich auf innere Kriterien angewiesen ist.

Beispiele:

1) In Apg 15,22 ff. wird erzählt, wie Paulus und Barnabas von Judas und Silas nach Antiochia begleitet werden; in V. 33 heißt es dann, Judas und Silas hätten Antiochia wieder verlassen und seien nach Jerusalem zurückgekehrt. Und dennoch wird in V. 40 berichtet, Paulus habe beim Aufbruch zu seiner neuen Missionsreise – Silas (!) mitgenommen. Wie läßt sich dieser Widerspruch erklären? Liegt eine bloße Nachlässigkeit des Autors vor, der in V. 33 lediglich vergessen hat zu erwähnen, daß Silas doch in Antiochia zurückblieb? Tatsächlich versuchen einige Handschriften, auf diese Weise auszugleichen (V. 34). Oder läßt sich hier die Nahtstelle zweier verschiedener Quellen erkennen?

2) Das Aposteldekret 15,23 ff. wendet sich an Heidenchristen nicht nur in Antiochia und Syrien, sondern auch an heidenchristliche Gemeinden in Kilikien. Von der Existenz solcher Gemeinden in der kleinasiatischen Landschaft um Tarsus war aber bisher in der Apg noch gar nicht die Rede. Muß man in dieser Spannung einen inneren Widerspruch sehen, der uns zwingt, in V. 23–29 ein Zitat aus einer Quelle zu vermuten? Oder liegt eine bloße schriftstellerische Nachlässigkeit vor?

3) Die Pfingsterzählung Apg 2 macht einen zwiespältigen Eindruck: Einerseits wird erzählt, jeder der Hörer habe die Predigt in seiner eigenen Sprache verstanden, d. h. es ist von einem Sprachenwunder die Rede. Andererseits werden die vom Geist Erfüllten als Betrunkene verdächtigt, d. h. sie reden offenbar unverständlich „in Zungen" und befinden sich in Ekstase. Wie ist dieser Widerspruch aufzulösen? Kann man die jetzt vorliegende Erzählung zerlegen – etwa in zwei ursprünglich selbständige Berichte (Sprachenwunder; Massenekstase mit Zungenreden)? Oder gab es eine Grunderzählung, die von Lk überarbeitet wurde (wobei dann weiter zu fragen wäre, welches die Grunderzählung und welches die Überarbeitung ist)?

4) Eigenartig doppelschichtig ist auch die Erzählung vom Martyrium des Stephanus. Nach 6,11–15 scheint es sich um ein gerichtliches Verfahren vor dem Synhedrium zu handeln; 7,54–58 hingegen deuten auf einen Volkstumult hin, so daß die Steinigung (V. 59) nicht als Urteil, sondern als Lynchjustiz erscheint. Hatte Lk zwei Quellen, die Unterschiedliches erzählten?

5) Die Berichte von Apg 4 und 5 sind auffallend parallel, außerdem berühren sich Apg 5 und 12. Hat der Verfasser verschiedene Quellen aufgenommen, in denen dasselbe Ereignis erzählt wurde? Oder ist von verschiedenen Vorgängen die Rede und die Parallelität zufällig?

Arbeitsvorschlag

Analyse der genannten Stellen aus der Apg und Versuch, die gestellten Fragen zu beantworten.

Hilfsmittel: Kommentare zur Apg.

Literarkritische Probleme bestehen auch bei einigen paulinischen Briefen, insbesondere im 2 Kor.

6) So besteht zwischen 2 Kor 2,13 und 2,14 ein merkwürdiger Bruch. Man könnte diesen psychologisch etwa damit erklären, Paulus habe nach V. 13 das Diktat unterbrochen und sei am nächsten Tag mit V. 14 fortgefahren. Aber solche Überlegungen erledigen sich, wenn man sieht, daß der Bericht von 2,13 offenbar seine direkte Fortsetzung in 7,5 findet. Als Lösung des Problems bietet sich also eine literarkritische Hypothese an: die Abschnitte gehörten ursprünglich zu verschiedenen Briefen, die in ganz verschiedenen Situationen verfaßt worden waren und erst nachträglich zu einem einzigen Briefe zusammengearbeitet wurden. Ein besonderes literarkritisches Problem stellen schließlich auch die Kap. 10–13 dar (s. u. § 29.4).

Ähnliche Teilungshypothesen werden auch für andere Paulusbriefe vorgeschlagen (s. u. § 26 und § 28).

7) Ein weiteres Problem innerhalb des 2 Kor, das jedoch etwas anders gelagert ist als die in 6) genannten, ist der Abschnitt 6,14–7,1. Diese Stelle weicht in der Gedankenführung so stark vom Kontext ab und entspricht sprachlich so wenig dem sonstigen Stil der paulinischen Briefe, daß man hier wohl mit einem Einschub von späterer Hand, einer „Interpolation" (andere Bezeichnung: „Glosse") rechnen muß. Offen bleibt dabei natürlich zunächst, woher dieser Einschub stammt und auf wessen Veranlassung hin er erfolgte. Immerhin ist auffällig, daß 2 Kor 6,14–7,1 deutliche Parallelen in den

Qumrantexten besitzt. Mit ähnlichen sekundären Interpolationen rechnen einige Forscher auch im Römerbrief und im Johannesevangelium, wobei im letzteren Falle Bultmann die Vermutung hat, es handele sich um einen „kirchlichen" Redaktor, der versucht habe, das Joh der allgemeinen kirchlichen Theologie, insbesondere der Eschatologie, anzupassen.

8) Auch syntaktische Schwierigkeiten können die Vermutung nahelegen, eine zweite Hand habe nachträglich in den Text eingegriffen; entsprechende Indizien finden sich z. B. in Joh 4,1 f.; 13,1 f.; Jak 2,1.

3. Zum Problem der Echtheit neutestamentlicher Schriften

In den Bereich der literarkritischen Probleme gehören auch die „Echtheitsfragen". Die Frage ist, ob es Kriterien gibt, mit deren Hilfe man beurteilen kann, ob eine Schrift wirklich von dem Verfasser stammt, unter dessen Namen sie läuft. Dabei ist stets äußerste Vorsicht angebracht, wenn die „Echtheit" einer Schrift diskutiert wird. Die Beweislast liegt bei dem, der die Echtheit bestreitet. Andererseits kann man das Problem nicht mit dem Hinweis beiseiteschieben wollen, Fälschungen seien den Christen des 1. und 2. Jahrhunderts – und gar den Verfassern biblischer Schriften – doch gar nicht zuzutrauen. Vielmehr muß man sich klar darüber sein, daß Pseudonymität und Anonymität sowohl im Judentum – man denke nur an die apokryphen Schriften – als auch im Christentum – wie jedenfalls die apokryphen Evangelien und Apostelakten zeigen – nicht selten waren.

Die Frage, warum es im Urchristentum eine so große Zahl anonymer und vor allem pseudonymer Schriften gab, wird immer wieder diskutiert (s. d. Literaturangabe). Zwei Beobachtungen sind wichtig: a) Diejenigen, die mit falschen Verfasserangaben etwa Briefe schrieben, wollten sich die Autorität ihres Pseudonyms, also etwa die des Paulus, zunutze machen, d. h. zugleich: Sie wollten ihre Leser täuschen. b) Sie wollten aber auch die Autorität des gewählten Pseudonyms stärken; so will der Verfasser des 1. Petrusbriefes offensichtlich das kirchlich-theologische Erbe des Petrus fördern.

Die erste Frage muß stets lauten: Nennt der Verfasser seinen Namen? Oder gibt es nur eine kirchliche Tradition über den Autor einer Schrift? Wenn ein Verfassername nur traditionell überliefert ist (das ist z. B. bei den Evangelien und dem Hebräerbrief der Fall), so muß man fragen, wie alt diese Tradition ist und welche Gewährsmänner hinter ihr stehen. Gründet sich ihr Wissen auf greifbare Quellen, oder sind die Angaben mehr oder weniger phantastisch? Der bekannteste Fall ist der des Bischofs Papias von Hierapolis (um

140, möglicherweise auch früher), der behauptet, besondere Einzelheiten über die Entstehung der Evangelien zu kennen (vgl. Huck-Greeven, Synopse, S. VIII; Aland, Synopse, 531 f.).

Schwieriger ist es, wenn in der Schrift tatsächlich der Name eines Autors genannt wird, wie es in allen neutestamentlichen Briefen – ausgenommen Hebr und die Joh – der Fall ist. Ist die Angabe zuverlässig oder fingiert? Hat ein Schüler seine Schrift dem Meister zugeschoben, um sich auf dessen Autorität stützen zu können?

Arbeitsvorschläge

1. Überprüfung der paulinischen Verfasserschaft des Kol und des Eph. Hinweise: a) Der Stil eines Autors kann sich im Laufe der Zeit wandeln. Es ist jedoch zu fragen: Liegen Kol und Eph noch innerhalb der zu vermutenden Wandlungsfähigkeit des Autors (und Theologen) Paulus? Instruktiv ist ein Vergleich zwischen den unbestritten echten Paulusbriefen (1 Thess, Gal, 1 Kor, 2 Kor, Röm, Phil, Phm) auf der einen und den umstrittenen Briefen (2 Thess, Kol, Eph, Pastoralbriefe) auf der anderen Seite.
b) „Verdächtig“ ist weniger das Auftreten neuer Gedanken oder neuer Begriffe. Verdächtig ist es, wenn die von einem Autor relativ häufig verwendeten Begriffe plötzlich in einer veränderten Bedeutung oder in neuen Kombinationen auftauchen. Im Falle des Eph und des Kol ist zu fragen, ob die veränderte ekklesiologische Begrifflichkeit eine noch innerhalb der paulinischen Theologie denkbare Variante darstellt oder nicht.
(für Fortgeschrittene:)
c) Deckt sich das „Weltbild“ das Eph mit dem der (anderen) paulinischen Briefe? Vgl. etwa Eph 2,2; 2,7; 4,8–10; 6,10ff. mit verwandten Aussagen bei Paulus.
d) Wie steht es mit der Eschatologie und dem Geschichtsverständnis in Kol und Eph? Hilfsmittel: H. Conzelmann, Grundriß der Theologie des NT, ^{3}1976, 344–347; A. Lindemann, Die Aufhebung der Zeit, 1975, 26–48.237 bis 259.

2. Von besonderer Bedeutung ist die Frage, welche kirchen- und theologiegeschichtliche Situation in einem Brief vorausgesetzt ist. Läßt sich diese Situation im Leben des angeblichen Verfassers noch unterbringen? Diese Frage ist mit besonderer Dringlichkeit bei den Pastoralbriefen zu stellen.

§ 12 Kleine Formen außerhalb der Evangelien

Literatur: Ph. Vielhauer, Geschichte der urchristlichen Literatur, 1975, 9–57; K. Wengst, Christologische Formeln und Lieder des Urchristentums, StNT 7, 1972. *Zu 1.:* H. Conzelmann, Was glaubte die frühe Christenheit?, Ges. Aufs., BEvTh 65, 1974, 106–119. *Zu 2.:* D. Lührmann, Das Offenbarungsverständnis bei Paulus und in paulinischen Gemeinden, WMANT 16, 1965, 124–133. *Zu 3.:* R. Deichgräber, Gotteshymnus und Christushymnus in der frühen Christenheit. Untersuchungen zu Form, Sprache und Stil der frühchristlichen Hymnen, 1967. *Zu 5.:* A. Vögtle, Die Tugend- und Lasterkataloge im NT, NTA 16, 4/5, 1936; S. Wibbing, Die Tugend- und Lasterkataloge im NT, BZNW 25, 1959.

Kleine Formen – Bekenntnisse, Lieder, feste Schemata – finden sich nicht nur in den Evangelien, sondern auch in der übrigen neutestamentlichen Literatur, insbesondere im Corpus der Briefe.

1. Bekenntnisformeln

Die Bekenntnisformeln bilden die älteste Schicht der neutestamentlichen Tradition; sie stellen den Ausgangspunkt der christlichen Theologie überhaupt dar. Es gibt bei den neutestamentlichen Bekenntnissen zwar noch keinen festen Wortlaut, aber gewisse Schemata haben ihren deutlichen Niederschlag in den Briefen gefunden.

1) Kriterien der Rekonstruktion

a) Gelegentlich wird in einem Brief ausdrücklich gesagt, daß nun „Tradition", Paradosis, zitiert werde (1 Kor 15,1 ff.); das wird angedeutet durch die typischen Stichworte παραλαμβάνειν und παραδιδόναι, bei denen es sich um die technischen Ausdrücke für die Weitergabe von Schultradition handelt. Die entsprechenden jüdischen Begriffe sind קבל מן und מסר ל. Bei der Abendmahlsüberlieferung 1 Kor 11,23 ff. wird der Traditionscharakter zusätzlich noch dadurch bestätigt, daß wir den gleichen Text ja noch einmal bei Mk (und in den Parallelen) finden.

b) Auch die Stichworte πιστεύειν und ὁμολογεῖν können auf Traditionsgut hinweisen (Röm 10,9; 1 Joh 1,9; 2,23; 4,2 f.); Bekenntnisse und Glaubenssätze – auch Teile daraus – werden durch diese Verben eingeleitet.

c) Gewisse äußere Stilmerkmale können für die Annahme sprechen, daß an einer bestimmten Stelle eines Textes nicht frei formuliert, sondern auf Tradition zurückgegriffen ist:

1. Parallelismus membrorum (Röm 4,25; 1 Kor 15,3–5)
2. Relativstil (Röm 3,25; 4,25)
3. Partizipialstil (Röm 1,3 f.)
4. Eigenartiges Vokabular; ein wesentliches Indiz ist es, wenn sich Wörter oder Wendungen gehäuft finden, die bei dem betreffenden Autor sonst nicht oder nur in Ausnahmefällen vorkommen (Röm

1,3 f.; 3,25: πνεῦμα ἁγιωσύνης, ἱλαστήριον, πάρεσις τῶν προγεγονότων ἁμαρτημάτων).

d) Auch eine auffällige Stellung im Kontext kann ein Indiz für ein Traditionsstück sein: In Röm 1,3 f. beispielsweise ist vom Zusammenhang her gar nicht recht einzusehen, warum Paulus hier diese gewichtigen christologischen Aussagen einsetzt. Deutlich wird das erst, wenn man erkennt, daß Paulus hier ein vorformuliertes Bekenntnis zitiert: Er will die ihm noch unbekannte römische Gemeinde mit Hilfe dieser offenbar allgemein bekannten Formel auf die Gemeinsamkeit des Glaubens hinweisen.

Arbeitsvorschlag

Man kann 1 Kor 15,3–5 auf eine Grundaussage reduzieren: „Christus ist gestorben und auferweckt (auferstanden)." Von hier aus ist nach weiteren Belegen für diese Formel zu suchen (Hilfsmittel: Konkordanz!).

2) Ergebnisse von Rekonstruktionsversuchen

Man kann die neutestamentlichen Bekenntnisaussagen nach verschiedenen Gesichtspunkten einteilen. Es gibt

a) Bekenntnisse (Stichwort: ὁμολογέω), die sich auf die Person Jesu beziehen, etwa: „Jesus ist der Herr"; eine solche „Homologie" findet sich in reiner Form in Phil 2,11.

b) Glaubenssätze (Stichwort: πιστεύω), die sich auf das „Heilswerk" beziehen, etwa: „Gott hat Christus von den Toten erweckt" (Röm 8,11). Beste *Merkstelle* ist Röm 10,9, wo beide Typen, Homologie und „Credo", kombiniert sind.

Die meisten neutestamentlichen Bekenntnisse umfassen nur einen „Artikel": den christologischen. Dabei kann sowohl sachlich, d. h. auf das Heilswerk bezogen, als auch personal, d. h. auf die Person Jesu selbst bezogen, formuliert sein. Daneben gibt es Bekenntnisse, die zwei Artikel enthalten: „*ein* Gott und *ein* Herr (= Christus)" (1 Kor 8,6). Natürlich sind die zweigliedrigen Bekenntnisse später entstanden; während dem Judentum gegenüber die Lehre von dem einen Gott nicht betont zu werden brauchte, mußte sie auf dem Gebiet der Heidenmission ja ausdrücklich formuliert werden.

Die Tendenz zur Erweiterung der Glaubensformeln läßt sich bereits innerhalb des NT beobachten. Das bekannteste Beispiel einer ausgebauten Formel ist 1 Kor 15,3–5; erweitert ist auch die „Werkaussage" Röm 4,25: παρεδόθη – διὰ τὰ παραπτώματα ἡμῶν – καὶ ἠγέρθη – διὰ τὴν δικαίωσιν ἡμῶν. Besonders instruktiv ist 1 Thess

1,9 f., wo Paulus einen knappen Abriß der christlichen Lehre gibt und dann ausdrücklich eine christologische Formel (V. 10 b) einfügt.

Man kann die Entwicklung des Glaubensbekenntnisses von den knappen Formeln im Neuen Testament bis hin zum Apostolikum verfolgen. Das Material ist gesammelt bei E. v. Dobschütz, Das Apostolicum, 1932.

Arbeitsvorschläge

1. Analysen: Herausschälung der Bekenntnisformel aus der Leidensankündigung Mk 8,31 (unter Berücksichtigung der Parallelen in Mk 9 und 10); Mk 14,53 ff. parr. (Verhör Jesu vor dem Hohen Rat); Joh 11,20 ff. (Lazaruserzählung). Es ist zu beachten: Die Bekenntnisformel kann so in den Kontext eingebettet sein, daß der Formelcharakter gar nicht mehr ohne weiteres zu erkennen ist.
2. Theologische Interpretation: Paulus führt in seinen Briefen Bekenntnisformeln an und interpretiert sie dann im Zusammenhang; Möglichkeiten für eigene Beobachtungen bieten sich 1 Thess 4,13 ff.; Röm 3,21 ff.; 4,25 ff.; 14,1–9. Welche Schlußfolgerungen aus dem Bekenntnis werden betont? Welche fehlen ganz?
3. Polemische Anwendung: Im 1. Johannesbrief bekämpft der Verfasser die Gegner mit dem Hinweis auf das Bekenntnis. Das Problem aber besteht darin, daß beide Seiten dasselbe Bekenntnis haben: „Jesus ist der Sohn Gottes". Worin liegt der theologische Unterschied auf beiden Seiten?

2. *Revelationsschema*

Eine besondere Aussageform ist das „Revelationsschema". Es handelt sich dabei um ein festes Schema, in dem zwei unterschiedliche Aussagen über das Verhältnis der Offenbarung (lateinisch: revelatio) zur Welt einander gegenübergestellt werden: a) Gottes Heilsplan war bisher verhüllt; b) Gottes Heilsplan ist jetzt offenbart. Dabei werden die Empfänger und die Heilsbedeutung dieser Offenbarung stets besonders genannt und betont.

Dieser Grundbestand des Schemas kann erweitert werden, etwa dadurch, daß die gegenwärtige Enthüllung des Geheimnisses näher beschrieben wird: Die Offenbarung geschieht heute durch Gottes Beauftragte, d. h. durch die Apostel oder die Propheten. Das Revelationsschema begegnet voll ausgebildet erst im Kolosser- und Epheserbrief sowie im weiteren nachpaulinischen Schrifttum.

Arbeitsvorschläge

1. Das Revelationsschema im Kolosser-, Epheser-, in den Pastoralbriefen (1,2 Tim; Tit) und im 1 Petr aufsuchen. Wie wird es verarbeitet? Welche besondere Funktion hat es jeweils im Kontext? Wie verhält sich das Schema zu Aussagen wie etwa denen von Hebr 1,1–4?

2. Übungsvorschlag für Fortgeschrittene:
Analyse von Röm 16,25–27: a) textkritisch; b) literarkritisch (Echtheitsfrage!) c) theologische Interpretation.
Hilfsmittel: W. Schmithals, Der Röm als historisches Problem, 1975, 108 bis 124.

3. Lieder

1) Eine weitere Gruppe fester Formen im NT sind die Lieder. Freilich heben sie sich nicht immer klar heraus, in einer Reihe von Fällen ist die Analyse im Gegenteil sogar sehr umstritten. Daß es christliche Dichtungen von Anfang an gab, bezeugen Kol 3,16; Eph 5,19 und möglicherweise sogar schon 1 Kor 14,26.

Im Umkreis des Urchristentums hat es eine lebendige Dichtung in der Stiltradition des Alten Testaments gegeben; das zeigen z. B. die „Psalmen Salomos“ aus dem 1. vorchristlichen Jahrhundert, die man in der Septuaginta findet (in deutscher Übersetzung bei Kautzsch, Apokryphen des AT), sowie die Hymnen von Qumran (Hodajot).

Zwei Lieder im Stil der Psalmen sind im NT deutlich erkennbar: Das Magnificat Lk 1,46–55 und das Benedictus Lk 1,68–79 (die Namen gehen auf die Anfangsworte in der Vulgata zurück). Das Magnificat zum Beispiel hat eine gewisse Ähnlichkeit mit dem Psalm der Hanna in 1 Sam 2,1–10. Bei beiden Liedern von Lk 1 handelt es sich möglicherweise um christliche Bearbeitungen von Liedern, die ursprünglich im Kreis der Anhänger Johannes des Täufers entstanden waren.

Weitere im NT überlieferte Lieder lassen sich leider nicht so eindeutig rekonstruieren. Es gibt zwar gewisse Indizien für die Abgrenzung, aber in vielen Fällen muß das Urteil unsicher bleiben. Als Anzeichen für das Vorhandensein eines Liedes können gelten: gehobener Stil, eine gewisse strophische Gliederung, ein besonderer sprachlicher Rhythmus und eine sachlich betonte Stellung im Kontext. Andererseits aber gibt es kaum ganz regelmäßig gebaute Strophen und auch keinen festen Rhythmus. In keinem Fall entspricht der Stil der neutestamentlichen Lieder dem der griechischen Poesie – deren Rhythmus finden wir nur in den wenigen Zitaten aus der griechischen poetischen Literatur, d. h. in 1 Kor 15,33; Tit 1,12; Apg 17,28.

2) Im folgenden sollen vier Lieder analysiert und knapp interpretiert werden: 1 Tim 3,16; Phil 2,6–11; Kol 1,15–20; Joh 1,1 ... 18.

a) 1 Tim 3,16 ist das einzige regelmäßig gestaltete Lied innerhalb des NT, die einzige Unregelmäßigkeit besteht darin, daß im dritten Kolon das Wörtchen ἐν fehlt.

Erkennbar ist von vornherein, daß V. 14–16 in 1 Tim 3 den Zusammenhang unterbrechen; außerdem ist V. 16 durch die feierliche Einführung noch einmal zusätzlich herausgehoben. Der Text entspricht dem ägyptischen Thronbesteigungsritual (vgl. E. Norden, Agnostos Theos, [4]1956, 254 ff.): Die sechs Kola sind paarweise angeordnet, die Stellung der Verben am Anfang ist ungriechisch. Anders ist die Analyse Lohmeyers: Er sieht zwei Strophen zu je drei Zeilen, wobei die erste Strophe von der Geschichte handelt, die zweite dagegen von der vollendeten, eschatologischen Tatsache.

Folgende besondere Stilelemente des Liedes fallen sofort ins Auge: 1. die relativische Anknüpfung, durch die das Zitat in den Kontext eingefügt wird; 2. die Er-Form; 3. die Voranstellung des Verbs; 4. der auf den Inhalt sich auswirkende Zwang der Form: unten/oben (Fleisch/Geist); oben/unten (Engel/Völker); unten/oben (Welt/Herrlichkeit), wobei der Chiasmus zu beachten ist.

Das Wort Chiasmus ist dem griechischen Buchstaben χ nachgebildet und meint die Stellung von Satzgliedern nach dem Schema a-b-b-a.

Weitere Stilelemente des Liedes sind 5. die Artikellosigkeit und 6. der zielgerichtete Aufbau des Ganzen. Dem Inhalt nach handelt es sich um eine Darstellung des Revelationsschemas (s. o.) in dichterischer Form, wobei das Heilsgeschehen dargestellt ist als Inthronisation des Offenbarers im Raum von Welt und Überwelt. Genannt werden der Offenbarer und die Offenbarung, der Raum und die Empfänger der Offenbarung und schließlich deren Verkündigung selbst.

b) Phil 2,6–11. Erstes Indiz dafür, das Paulus hier zitiert, ist das für ihn singuläre Vokabular – und zwar nicht nur einzelne Wörter, sondern eine ganze Vokabel- und zugleich Sachgruppe. Man spürt auch eine gewisse Rhythmisierung, ein regelmäßiger Rhythmus besteht allerdings nicht. Auffallend ist ein Einschnitt innerhalb des Textes: Das handelnde Subjekt wechselt (zuerst Christus, dann Gott), so daß man deutlich den Eindruck hat, das Lied sei in zwei Strophen gegliedert. Man kann den Text versuchsweise in Zeilen schreiben:

[ἐν Χριστῷ Ἰησοῦ]
ὃς ἐν μορφῇ θεοῦ ὑπάρχων
οὐχ ἁρπαγμὸν ἡγήσατο τὸ εἶναι ἴσα θεῷ,
ἀλλὰ ἑαυτὸν ἐκένωσεν

μορφὴν δούλου λαβών,
ἐν ὁμοιώματι ἀνθρώπων γενόμενος
καὶ σχήματι εὑρεθεὶς ὡς ἄνθρωπος
ἐταπείνωσεν ἑαυτὸν
γενόμενος ὑπήκοος μέχρι θανάτου θανάτου δὲ σταυροῦ.
διὸ καὶ ὁ θεὸς αὐτὸν ὑπερύψωσεν
καὶ ἐχαρίσατο αὐτῷ τὸ ὄνομα τὸ ὑπὲρ πᾶν ὄνομα,
ἵνα ἐν τῷ ὀνόματι Ἰησοῦ πᾶν γόνυ κάμψῃ
ἐπουρανίων καὶ ἐπιγείων καὶ καταχθονίων,
καὶ πᾶσα γλῶσσα ἐξομολογήσηται
ὅτι κύριος Ἰησοῦς Χριστός,
εἰς δόξαν θεοῦ πατρός.

Vom Rhythmus her als überschießend und als inhaltlich störend empfindet man am Ende der ersten Hälfte den Hinweis auf das Kreuz: Daß nicht allein Jesu Tod als solcher Heilsbedeutung habe, sondern daß gerade die spezifische Todesart, das Kreuz, konstitutiv für das Glaubensverständnis sei, ist ein paulinischer Gedanke (Gal 3,13), der dem Lied an sich fernlag. Offensichtlich hat Paulus die Worte θανάτου δὲ σταυροῦ in das vorgefundene Lied eingefügt.

Die Analyse des Liedes ist im einzelnen umstritten. Vor allem wird über den ursprünglichen Umfang diskutiert, d. h. vor allem darüber, ob es außer dem schon erwähnten paulinischen Zusatz weitere Ergänzungen gibt. G. Strecker (ZNW 55, 1964, 71 f.) klammert V. 8 als paulinisch ein, G. Friedrich (NTD 8, z. St.) hält V. 10 b und V. 11 b für Zusätze des Paulus. Aber hier gilt wie sonst auch bei der Analyse derartiger Texte die generelle Regel, daß die einfachste Analyse im allgemeinen auch die wahrscheinlichste ist – es sei denn, starke Argumente sprächen dagegen. In unserem Fall wird es aber tatsächlich genügen, die drei Worte θανάτου δὲ σταυροῦ als Zusatz einzuklammern – der Sinn wird dann bereits deutlich: Das Lied handelt von einem präexistenten Gottwesen, das in Abstieg, Menschwerdung und Tod seinen Gehorsam gegen Gott zeigt. Dieser reagiert darauf mit der Erhöhung, der Einsetzung in die Würde des Kyrios und der Präsentation vor allen Wesen in allen Räumen des Weltgebäudes. Dem Hörer wird durch das Lied mitgeteilt, daß er durch das Einstimmen in die Schlußakklamation, also durch die Anerkennung Jesu als des Herrn, Anteil am Heil gewinnt.

Es ist deutlich, daß es nicht um die Übernahme einer bestimmten Hypothese der Gliederung im einzelnen geht. Vielmehr kommt es auf inhaltliche Beobachtungen und in unserem Fall vor allem darauf an, den Einschnitt vor V. 9, also die Gliederung in zwei Teile, zu erkennen.

c) Kol 1,15–20. Es fällt auf, daß V. 12. 13–20 den Gedankengang in gewisser Weise unterbrechen, sie enthalten eine thematisch-christologische Ausführung. Andererseits heben sich aber V. 13 und V. 14 noch einmal in sprachlicher Hinsicht vom folgenden ab: diese beiden Verse enthalten die durchschnittliche Gemeindesprache („Vergebung der Sünden...“), in V. 15 ff. dagegen herrscht eine sonst ungewöhnliche kosmologische Terminologie. Außerdem findet sich in V. 15 der relativische Satzbeginn (ὅς ἐστιν), den wir auch in anderen vorgeformten Stücken fanden. Es spricht also eine erhebliche Wahrscheinlichkeit dafür, daß das Lied mit V. 15 beginnt. Der Schluß ist leichter abzugrenzen: In V. 21 setzt der Verfasser mit der Anrede an die Leser neu ein – mit anderen Worten: das Lied wird wohl bis V. 20 reichen.

Ausgangspunkt für die Analyse ist die Feststellung, daß zwei parallele Sätze vorliegen: V. 15 ὅς ἐστιν εἰκὼν τοῦ θεοῦ ... πρωτότοκος, V. 18 b ὅς ἐστιν ἀρχή, πρωτότοκος... Man wird also versuchsweise in zwei Strophen gliedern dürfen: 1) das „Bild“, d. h. der Sohn des Schöpfers ist Offenbarer als Mittler der Schöpfung und als Herr der Welt; 2) der Sohn ist Erlöser als Mittler der Versöhnung durch seine Auferstehung. Dann fällt allerdings sofort auf, daß die Form (zwei Strophen) und der Inhalt (zwei Wirkungen des Sohnes: Schöpfung und Erlösung) nicht genau übereinstimmen; denn es ist ja schon in der ersten Strophe auf die Erlösung angespielt, wenn die Kirche – als Leib des Offenbarers – erwähnt wird. Diese Unstimmigkeit zwischen Form und Inhalt läßt sich ausgleichen, wenn man annimmt, daß der Verfasser des Kol das von ihm vorgefundene Lied ergänzt hat, in Kol 1,15 ff. also nicht die ursprüngliche Fassung vorliegt. Klammert man in der ersten Strophe die Worte τῆς ἐκκλησίας ein, dann gehört V. 18 inhaltlich noch ganz zur ersten Strophe; mit dem σῶμα des Schöpfungsmittlers ist dann nicht die Kirche, sondern der Kosmos gemeint. Unter dieser Voraussetzung stimmen die inhaltliche und die formale Gliederung überein. Mit der ergänzenden Bezugnahme auf die Kirche verfolgte der Verfasser des Briefes das Ziel, die beiden Teile des Liedes enger miteinander zu verknüpfen: Der Leib des Schöpfungsmittlers ist die Kirche, und damit gehören Schöpfung und Erlösung unmittelbar zusammen. Die Annahme, daß in Kol 1,15 ff. eine Bearbeitung vorgenommen wurde, wird durch eine weitere Beobachtung, die sich auf die zweite Strophe bezieht, bestätigt: Die Aussage διὰ τοῦ αἵματος τοῦ σταυροῦ αὐτοῦ paßt stilistisch und sachlich nicht in den Zusammenhang; klammert man sie probeweise ein, so ergibt sich eine glatte Aussage εἰρηνοποιήσας δι’ αὐτοῦ εἴτε ... εἴτε... Der Zusatz des Verfassers soll ähnlich wie in V. 18 an das geschichtliche Heilswerk erinnern, indem er den mythologischen Inhalt des Liedes interpretiert durch den Hinweis auf den geschichtlichen Tod Jesu. Dieselbe Tendenz zeigt sich dann auch in V. 21 f., wo die Anwendung des Liedes im Kontext folgt.

Auch zu Kol 1,15 ff. gibt es subtilere Analysen, die beispielsweise von der Annahme ausgehen, beide Strophen müßten ursprünglich den gleichen Umfang gehabt haben. Aber dergleichen kann man nur durch recht willkürliche Streichungen „erweisen".

d) Joh 1,1 ... 18. Der besondere Charakter des Johannes-„Prologs" zeigt sich schon daran, daß innerhalb von Joh 1,1 ff. zwei Stilformen, nämlich Poesie und Prosa, deutlich voneinander unterschieden werden können. Der poetische Stil setzt bereits mit V. 1 ein, es sind dann aber Sätze eingefügt, die in reiner Prosa formuliert sind (V. 6–8.15). Entsprechend fallen inhaltlich erhebliche Unterschiede ins Auge: die Poesie handelt von einem Gottwesen, dem Logos, die Prosatexte sprechen von einem historischen Menschen, von Johannes dem Täufer. Auch stilistische Härten zeigen sich: V. 9 paßt nicht hinter V. 8, denn das Subjekt des Satzes in V. 9 kann nicht der Täufer sein. Es sieht ganz so aus, als knüpfe V. 9 an V. 5 an, so daß der prosaische Abschnitt V. 6–8 eingeklammert werden kann.

Der Text enthält ein formales und ein inhaltliches Problem: Wie weit reicht das Lied? Wo liegt der Übergang von der Präexistenz zum geschichtlichen Auftreten des Logos? Es ist völlig klar, daß in V. 19 etwas Neues beginnt, das Lied also spätestens mit V. 18 enden muß. Aber schon V. 17. 18 sind in Prosa formuliert, auch sie müssen deshalb wohl aus dem Lied ausgeklammert werden. Bultmann hat von diesen Voraussetzungen her die These vertreten, das Lied reiche bis V. 16 (wobei V. 15, der wieder von Johannes handelt, natürlich auch ein Zusatz ist; s. o.). Käsemann hat demgegenüber in V. 12 den Abschluß des Hymnus gesehen, wobei er freilich übersieht, daß V. 15 eine deutliche Einsprengung zwischen V. 14 und V. 16 ist, daß mithin diese beiden Verse nicht vom Evangelisten selbst stammen können, sondern ihm im Rahmen des Liedes bereits vorgegeben sein müssen. Die Frage der Abgrenzung des Hymnus hat eine erhebliche theologische Bedeutung, denn es geht hier darum, ob V. 14 – die Inkarnation – zum Lied gehört oder aber vom Evangelisten als Interpretament angefügt wurde. Damit hängt zugleich das Problem zusammen, ob das Lied ursprünglich überhaupt christlich war, oder ob es sich um einen vorchristlichen Hymnus handelt, der vom Verfasser in das Evangelium aufgenommen und erst dabei christianisiert wurde. Wenn Bultmann das Lied für ursprünglich jüdisch hält – und zwar einschließlich V. 14! –, dann übersieht er, daß der Gedanke der Fleischwerdung eines Gottwesens im jüdischen Bereich ohne Parallele ist. Umgekehrt leuchtet allerdings auch nicht ein, warum Käsemann das Lied zwar für christlich hält, V. 14 aber dennoch als Bildung des Evangelisten ansieht. Man kann durchaus die These vertreten: V. 14 gehört zum Lied (mit Bultmann, gegen Käsemann), aber dieses ist christlich (mit Käsemann, gegen Bultmann).

Die zweite Frage ist erheblich schwieriger zu beantworten: Man hat auf den ersten Blick den Eindruck, als sei erst in V. 14 von der Inkarnation die Rede – dann aber stellt sich sofort die Frage, wie V. 5 („das Licht scheint in der Finsternis") und V. 9ff. („das Licht kam in die Welt") zu deuten sind. Bultmann sieht hier einen deutlichen Unterschied zwischen dem Lied und dem Evangelisten: jenes habe den Übergang erst mit V. 14 darstellen wollen, der Evangelist habe jedoch schon V. 5 auf das geschichtliche Auftreten des Logos bezogen und deshalb bereits hier den Hinweis auf den Täufer eingeschoben. Käsemann demgegenüber meint, auch das Lied habe ebenso wie dann der Evangelist schon in V. 5 das geschichtliche Auftreten gemeint – deshalb dürfe V. 14 in seiner Bedeutung keinesfalls überschätzt werden.

Arbeitsvorschlag

Interpretation des Textes nach Bultmanns bzw. Käsemanns Analyse. R. Bultmann, Das Evangelium des Johannes, KEK II, 1–57; E. Käsemann, Aufbau und Anliegen des johanneischen Prologs, Ex. Versuche und Besinnungen II, 155–180.

Zusätzlich für Fortgeschrittene: Wie sind die Tempora zu verstehen? Muß der Evangelist sie (z. B. in V. 5) geändert haben, wie Bultmann meint?

3) Ein Sonderfall sind die Hymnen in der Apokalypse. Es ist umstritten, ob sie judenchristliches *Gemeinde*gut sind oder ob sie vom *Verfasser* der Apokalypse selbst gedichtet wurden. Indizien für die Entscheidung sind:

a) Unterscheidet sich der Stil der Hymnen von dem des Kontexts?

b) Wie verhalten sich die Hymnen inhaltlich zum Kontext; sind sie möglicherweise auf diesen abgestimmt?

Beide Fragen werden wohl so beantwortet werden müssen, daß man zu dem Ergebnis kommt, es handele sich um poetische Einlagen in den Text, die der Verfasser selbst schuf (vgl. z. B. Apk 4,11; 5,9 bis 12).

Es gibt eine Reihe weiterer Texte, die von einigen Exegeten für Lieder bzw. Hymnen gehalten werden, etwa Eph 1,3–12; 1,20–23; 2,14–18; 1 Petr 2,21–24. Aber der Befund ist hier bei weitem nicht so eindeutig wie in den oben von uns behandelten Beispielen. Überhaupt muß vor allzu häufiger Charakterisierung eines Textes als „Hymnus" gewarnt werden.

4. Weitere Formen

1) Die urchristliche Gemeinde verwendet einige liturgische Formeln.

a) In 1 Kor 16,22; Did 10,6 ist die aramäische Akklamation maranatha (מרנאתא) belegt. Es sind zwei unterschiedliche Übersetzungen möglich: 1. die indikativische „Unser Herr ist gekommen" und 2. die imperativische „Unser Herr, komm!" Im allgemeinen wird die imperativische Deutung vorgezogen; aber auch dann bleibt offen, ob in der Akklamation das eschatologische Kommen Christi, die Parusie, erbeten wird, oder ob an das Kommen des Herrn zur jetzt versammelten Gemeinde gedacht ist.

b) Das Urchristentum übernimmt die jüdische Form der Doxologie: „Gott sei gelobt in Ewigkeit. Amen" (Röm 1,25; 9,5 u. ö.).

2) In Predigt und Lehre sind einige Schemata entwickelt worden, die man als Ausdruck des christlichen Heilsverständnisses verstehen und interpretieren kann.

a) Das „Einst-Jetzt-Schema", in dem die unselige Vergangenheit des einzelnen und sein jetziges neues Leben in Christus einander gegenübergestellt werden, findet sich geradezu paradigmatisch in Röm 7,5 f., wobei man Röm 7,7 ff. als Kommentar zum „einst" und Röm 8 als Kommentar zum „jetzt" verstehen kann. Weitere Belegstellen lassen sich leicht in der Konkordanz finden (einfachstes Mittel ist das Aufsuchen der Stichworte ποτέ und νῦν; allerdings können diese in einigen Fällen auch einmal fehlen). Für die theologische Interpretation ist zu beachten, daß es nicht heißt: „Einst waren wir – jetzt sind wir"; das würde nämlich bedeuten, daß der einzelne eine psychologische Selbstdurchleuchtung auf den jetzigen Gnadenstand hin vornimmt. Es heißt vielmehr: „Einst waren wir – jetzt sind wir (von Gott) gemacht zu" – mit anderen Worten: Thema des Einst-Jetzt-Schemas ist nicht der begnadete Mensch, sondern Gottes Gnadentat am Menschen.

b) Durch das Verhältnis von „Indikativ" und „Imperativ" wird der Zusammenhang zwischen der Heilstat und deren ethischer Konsequenz dargestellt. Betont ist, daß der Indikativ, d. h. die Zusprechung des Heils, dem Imperativ, d. h. der christlichen Ethik, vorausgeht. Die Erfüllung ethischer Forderungen ist nicht Voraussetzung, sondern Folge des Heils. Das Schema spiegelt sich deutlich im Aufbau einiger neutestamentlicher Briefe: Der erste Teil handelt von der Heilstat, der zweite von den sich daraus ergebenden sittlichen Konsequenzen (vgl. Röm 1–11; 12–15; Gal 1–4; 5–6; Eph 1–3; 4–6).

Arbeitsvorschläge

1. Untersuchung der Gliederung von Röm, Gal, Eph und Kol und Bestimmung der Themen.
2. (für Fortgeschrittene:) Untersuchung des Aufbaus des Hebr und des 1 Joh. Wie sind hier die christologischen und die ethischen („paränetischen“) Abschnitte einander zugeordnet?

Es ist zu beachten: Das Schema Indikativ-Imperativ kann ebenso wie das Einst-Jetzt-Schema ein Kriterium für die heutige Predigt sein. Als Predigt*modell* ist es aber jedenfalls dann nicht geeignet, wenn es schematisch gehandhabt wird. Christliche Predigt, die im moralisch-ethischen Appell endet, hebt letztlich die Zusage der Heilstat („ohne Werke des Gesetzes“) wieder auf und landet – trotz besten Willens – in Gesetzlichkeit. Instruktive Beispiele, Warnungen und Hinweise gibt M. Josuttis, Die Gesetzlichkeit in der Predigt der Gegenwart, ²1969.

5. Formen der Paränese

Mit den zuletzt erwähnten Schemata christlicher Lehre und Predigt sind wir bereits in den Bereich der Paränese gekommen. Auch hier werden im Urchristentum feste Formen verwendet, die im wesentlichen aus der Umwelt stammen.

Wenn das Urchristentum vorgefundene Formen und auch den Inhalt der sittlichen Belehrung aufnehmen kann, so spiegelt sich darin das Grundverständnis der urchristlichen Ethik überhaupt: Was das Gute ist, das der Mensch tun soll, darüber ist man sich mit der jüdischen, aber durchaus auch mit der heidnischen Umwelt weitgehend einig. Die von Paulus in Phil 4,8 aufgezählten sittlichen Werte sind keineswegs spezifisch christliche Tugenden, sondern sie werden allgemein anerkannt. Neu ist die Begründung der ethischen Forderung: die Ethik ist nicht die Voraussetzung, sondern die Folge des Heilsgeschehens und der daraus resultierenden eschatologischen Hoffnung (vgl. Phil 4,5: ὁ κύριος ἐγγύς).

Rein formal finden sich in den neutestamentlichen Briefen

a) *Spruchethik* nach jüdischem Vorbild (vgl. etwa die Proverbien und das Buch Jesus Sirach), wie sie sich auch in den synoptischen Evangelien findet (s. o.). Bei der Exegese solchen Materials ist auch innerhalb der Briefliteratur zu beachten, daß die einzelnen Sprüche selbständig und je für sich auszulegen sind. Jeder Spruch enthält einen geschlossenen Gedanken, der aus sich selbst überzeugen will. Die Sprüche sind also nicht logisch miteinander verknüpft, und auch wenn hier und da sachlich geordnete Gruppen vorkommen, so gibt es doch keinen konsequenten Gedankengang. Man darf einen solchen auch nicht dadurch in den Text hineinlesen, daß man etwa die einzelnen Sprüche sich gegenseitig interpretieren läßt.

Arbeitsvorschläge

1. Analyse von Röm 12 und der Paränese des Eph (Spruchethik).
2. (für Fortgeschrittene:) Analyse der Paränese des Jak (Hilfsmittel: Kommentar von M. Dibelius).

b) *Tugend- und Lasterkataloge,* die ihr Vorbild im hellenistischen Judentum besitzen (Sapientia Salomonis, Philo), aber möglicherweise stoischen Ursprungs sind. Ein Paradigma ist Gal 5,16–23, wo ein Laster- und ein Tugendkatalog einander gegenüberstehen (vgl. auch Kol 3,5–14). Inhaltlich findet sich in allen Katalogen ein relativ fester gemeinsamer Grundbestand an aufgezählten Tugenden und Lastern, woraus man bereits den Schluß ziehen kann, daß die Aussagen der Kataloge nicht aktuell, d. h. als Reaktion auf bestimmte Situationen gedeutet werden dürfen. Man kann also z. B. aus Gal 5,16 ff. keinesfalls die Folgerung ableiten, gerade diese Laster seien in Galatien zur Zeit des Paulus besonders verbreitet gewesen. Vielmehr sind die Kataloge als allgemein gültige Zusammenfassungen moralischer Lehre überhaupt zu lesen und zu interpretieren. Deshalb darf man auch die einzelnen aufgeführten Laster nicht zu fein definieren (Raub und Diebstahl, Geiz und Habgier z. B. meinen praktisch dasselbe).

Arbeitsvorschlag

Herausarbeitung des Grundbestandes der Tugend- und Lasterkataloge mit Hilfe der Konkordanz auf der Grundlage von Gal 5,16 ff.

c) Die *Haustafeln* sind ebenfalls hellenistischen Ursprungs. Ihre Grundgedanken begegnen bereits in philosophisch-politischen Texten des Aristoteles, wo das „Haus" und seine Ordnung (oikonomia) als Keimzelle und Urbild des Staates gilt. Die christlichen Haustafeln enthalten insofern einen indirekten politischen Anspruch, als es hier um die Ordnung und Organisation der christlichen Gemeinden und um das Verhalten der Christen untereinander geht. Für die Haustafeln gilt aber ebenso wie für die Tugend- und Lasterkataloge, daß die Einhaltung ihrer Vorschriften in keinem Fall etwa die Vorbedingung für das Heil darstellen.

Die sachliche Funktion der Haustafeln kann man sich erschließen, wenn man von der Analyse der einfachsten (Kol 3,18 ff.) ausgeht und dann die Auffüllung des Schemas im Eph einerseits und im 1 Petr andererseits beobachtet.

Lektürevorschlag

D. Lührmann, Wo man nicht mehr Sklave oder Freier ist. Überlegungen zur Struktur frühchristlicher Gemeinden, WuD NF 13, 1975, 53–83 (vor allem 71–83).

W. Schrage, Zur Ethik der neutestamentlichen Haustafeln, NTS 21, 1975, 1-22.

6. *Anhang: Zur Anwendung der formgeschichtlichen Methode in der Apg*

M. Dibelius hat gezeigt, daß sich ähnlich wie in den synoptischen Evangelien auch in der Apg überlieferte Einzelgeschichten und ein redaktioneller Rahmen erkennen lassen. Dabei blieb zunächst offen, ob der Rahmen auf lukanische Redaktion oder aber schon auf vorlukanische Tradition zurückgeht. Dibelius selbst vermutete, der Rahmen der Apg sei ein „Itinerar“ gewesen, eine Art Tagebuch über die einzelnen Stationen der Reisen, das von den Begleitern des Paulus geschrieben worden sei. In dieses Reisetagebuch habe Lk dann bei den einzelnen erwähnten Orten Berichte von Erlebnissen des Paulus eingefügt, die ihm aus der Tradition bekannt gewesen seien. So habe er beispielsweise in den Bericht vom Aufenthalt in Lystra (14,8 ff.) die Erzählung von der Heilung des Lahmen und in den Bericht vom Aufenthalt in Athen (17,16 ff.) die Areopagrede eingefügt. Aber diese Itinerarhypothese ist nicht tragfähig. Wahrscheinlicher ist die entgegengesetzte Annahme, daß der Rahmen das Werk des Verfassers der Apg ist. Offenbar war es Lk selbst, der die ihm vorliegenden aus verschiedenen Städten stammenden Einzelerzählungen durch die nachträgliche Herstellung von Reiserouten miteinander verknüpfte, wodurch dann der Eindruck von „Missionsreisen“ entstand. In Apg 13 f. etwa ist es ohne weiteres möglich, den Rahmen, d. h. die Bemerkungen über die Reisestrecke, von den selbständigen

Einzelerzählungen abzuheben: 13,4–6a redaktioneller Rahmen; V. 6b–12 Wundergeschichte; V. 13–15 Rahmen; V. 16–43 Rede des Paulus in Antiochia (vermutlich ein Werk des Lk selbst) usw. Auffällig ist, wie stark der jeweilige Abschluß der Einzelstücke (13,12; 13,48 f.) dem Abschluß synoptischer Wundergeschichten entspricht („Chorschluß").

Lektürevorschlag

M. Dibelius, Die Apostelgeschichte als Geschichtsquelle, in: Aufsätze zur Apostelgeschichte, FRLANT 60, 1951, 91–95.

E. Gräßer, Acta-Forschung seit 1960, ThR NF 41, 1976, besonders 186 bis 194.

U. Wilckens, Die Missionsreden der Apostelgeschichte. Form- und traditionsgeschichtliche Untersuchungen, WMANT 5, [3]1974.

Zweiter Teil:

NEUTESTAMENTLICHE ZEITGESCHICHTE – DIE UMWELT DES URCHRISTENTUMS

§ 13 Hinweise zum Methodischen

1. Allgemeines

Die Kenntnis der Lebens- und Denkformen der Zeit, in der Jesus und das Urchristentum lebten, ist unentbehrlich für die historische Analyse und theologische Interpretation des NT; sie ist zugleich auch die Voraussetzung dafür, daß man das Urchristentum als geschichtliche Erscheinung der Antike und nicht als abstrakte Größe – etwa als Idealkirche – begreift.

Einige Beispiele sollen die Notwendigkeit dieser Aufgabe erläutern:

1) Die Geschichte vom Zinsgroschen Mk 12,13 ff. ist nur verständlich, wenn man die damaligen politischen Verhältnisse in Palästina kennt.

2) Den Sinn der lk Erzählung von der Geburt Jesu Lk 1 f. kann man nur erfassen, wenn man eine Kenntnis der erwähnten historischen Personen und Daten besitzt: Wer war Herodes? Wer Augustus? Was geschah nach dem Tode des Herodes in Palästina? Wie läßt sich der in Lk 2 erwähnte Zensus innerhalb des Systems der römischen Staatsverwaltung begreifen?

3) Zahlreiche Gedanken und Begriffe, die im NT eine große Rolle spielen – Reich Gottes, Messias, Menschensohn, Gottes Gerechtigkeit, Gesetz – sind jüdisch bzw. jüdischen Ursprungs. Welche Bedeutung sie haben, läßt sich nur erkennen, wenn man den großen religiösen und weltanschaulichen Zusammenhang beachtet, in dem sie verwendet werden.

4) Will man ein zutreffendes Urteil über den Prozeß Jesu gewinnen, dann setzt das nicht nur die Beherrschung der formalen exegetischen Methoden (Literarkritik, Formgeschichte usw.) voraus, vielmehr muß man auch einen Überblick sowohl über die römische Regierungspraxis in den Provinzen als auch über das römische und das jüdische Straf- und Strafprozeßrecht besitzen.

5) Eine genaue Kenntnis der Umwelt des NT ist aber auch deshalb erforderlich, damit man erkennen kann, welche Themen und Probleme im NT gleichsam ausgespart sind: Es fehlt die Ideenwelt und Terminologie der griechischen Philosophie, also der Ontologie, der

Logik, der Seelenlehre, der Ästhetik. Das bedeutet, daß ntl. Begriffe, die auch in der griechischen Philosophie eine Rolle spielen – etwa νόμος, θεός, δικαιοσύνη, ψυχή –, nicht von dieser her erklärt werden können. Im NT fehlt die griechische Staatslehre, die systematische Ethik (nicht dagegen die popularphilosophische Ethik), die gesamte griechische Kosmologie. Man kann sich daher übrigens leicht die Frage beantworten, welchen Eindruck die neutestamentlichen Schriften auf den gebildeten Griechen oder Römer gemacht haben müssen.

2. Literaturhinweise

1) H. Köster, Einführung in das NT im Rahmen der Religionsgeschichte und Kulturgeschichte der hellenistischen und römischen Zeit, 1980, 1–427.

J. Leipoldt / W. Grundmann (Hrsg.), Umwelt des Urchristentums I (Darstellung), ^{3}1971; II (Ausgewählte Quellen), ^{3}1972; III (Bilder zur Religionsgeschichte), ^{3}1973.

E. Lohse, Umwelt des NT, GNT 1, ^{2}1974.

E. Schürer, Geschichte des jüdischen Volkes im Zeitalter Jesu Christi, 3 Bände 1901–1909 (= 1964; Band 1 englisch neu bearbeitet 1973).

Knapp aber instruktiv ist R. Bultmann, Das Urchristentum im Rahmen der antiken Religionen, ^{4}1976.

Quellensammlungen:

C. K. Barrett, Die Umwelt des NT, 1959 und Leipoldt-Grundmann II (s. o.; im folgenden zitiert L-G).

2) Das erforderliche Grundwissen über Daten, Fakten und Personen der Umwelt des Urchristentums kann man sich erarbeiten, indem man zunächst die traditionellen Gliederungsprinzipien beachtet, die in der Literatur vorherrschen. Im allgemeinen werden die folgenden Bereiche behandelt:

a) Die Geschichte der hellenistisch-römischen Antike, und zwar sowohl die politische Geschichte, als auch damit verbunden die Religions- und Geistesgeschichte.

b) Die Kulturwelt des römischen Imperiums, darin eingebettet

c) die Stellung des Judentums in dieser Zeit. In der Regel unterscheidet man dabei zwischen dem Judentum in Palästina und dem in der Diaspora.

Die einzelnen Darstellungen der neutestamentlichen Zeitgeschichte gliedern diese drei Themenkomplexe ganz unterschiedlich – entweder vom Allgemeinen (Römisches Reich) ausgehend zum Speziellen (Judentum, Religionen etc.) oder umgekehrt ausgehend vom Judentum und seiner Geschichte über Griechentum und Hellenismus bis hin zur Darstellung der Geschichte und Politik Roms.

Arbeitsvorschlag

Man sollte eine Darstellung der neutestamentlichen Zeitgeschichte ganz lesen und dabei eine Quellensammlung mit heranziehen, also etwa E. Lohse, Die Umwelt des NT, und Barrett bzw. L-G II.

§ 14 Quellenkunde

Vorbemerkung

Die Erarbeitung geschichtlichen Wissens wird durch die eingehende und kritische Lektüre von Quellentexten fundiert und zugleich wesentlich erleichtert.

Man kann das in Frage kommende Quellenmaterial in verschiedene Gruppen einteilen: Nach dem Inhalt („religiöse" oder „profane" Texte) oder nach dem äußeren Charakter (Inschriften oder literarische Quellen). Eine solche Einteilung hat natürlich keine prinzipielle, sondern nur eine „technische" Bedeutung. Es gibt zum Beispiel Sammlungen von Inschriften oder von Papyri mit Texten ganz unterschiedlichen Inhalts.

Wir unterscheiden hier zwischen hellenistischen und jüdischen Quellen. Aber auch dabei sind die Grenzen nicht scharf zu ziehen: Der Historiker Josephus etwa ist Jude und dennoch ein hellenistischer Schriftsteller, denn er schreibt Griechisch für nichtjüdische Leser.

Die wichtigsten Quellen aus dem gesamten antiken Raum – also aus dem griechischen, dem römischen und aus dem jüdischen Bereich – geben die o. a. Quellensammlungen von Barrett und L-G.

1. Hellenistische Quellen

1) Außer bei Barrett und L-G findet man *religiöse Quellen* in deutscher Übersetzung im „Religionsgeschichtlichen Lesebuch"; für unsere Zwecke sind besonders wichtig Band 4: M. P. Nilsson, Die Religion der Griechen, ²1927, und Band 5: K. Latte, Die Religion der Römer, ²1927, der auch Quellen aus dem griechisch-römischen Synkretismus (Gnosis, Mysterienreligionen) enthält. Religiöse Quellen in griechischer Sprache enthält die Sammlung Pantheion (³1965).

2) Wichtig sind auch die Darstellungen *geschichtlicher Vorgänge.* Für die römische Historie sollte man die Werke des Tacitus und die Kaiserbiographien Suetons, für die jüdische Geschichte sollte man die Werke des Josephus ungefähr kennen. Tacitus beschreibt in den „Annalen" und den „Historien" die Geschichte der Kaiserzeit bis zum Ende des 1. Jahrhunderts, wobei er sich um ein für antike Verhältnisse hohes Maß an wissenschaftlicher Genauigkeit bemüht. Sueton bringt die Biographien der römischen Kaiser von Cäsar bis

Domitian – seine Darstellung ist allerdings mit der des Tacitus an Wert nicht zu vergleichen. Josephus gibt in den „Jüdischen Altertümern“ (Ant) eine Darstellung der jüdischen Geschichte von der Schöpfung bis zum Jüdischen Krieg, den er in seinem zweiten großen Werk „Der jüdische Krieg“ (Bell) noch einmal ausführlich darstellt (Griechisch-deutsche Ausgabe mit Register und Anmerkungen, hg. von O. Michel/O. Bauernfeind, 3 Bände 1960–1969). Zu nennen ist darüber hinaus noch der griechisch schreibende Biograph und Philosoph Plutarch, der für uns unter anderem durch seine Beschreibung der Mysterienreligionen interessant ist.

Von allen genannten Werken gibt es kritische Ausgaben; sie sind aber auch in deutscher Übersetzung bequem – z. T. als Taschenbücher – zugänglich.

3) Von großer Bedeutung sind die *Inschriften,* die über religiöse, aber auch über politische Sitten Auskunft geben. Sie sind in riesigen, nahezu unübersehbaren Corpora gesammelt.

Eine repräsentative Auswahl solcher Inschriften bietet W. Dittenberger in seiner Sylloge Inscriptionum Graecarum (4 Bände, [3]1915 bis 1924) und in der Sammlung Orientis Graeci Inscriptiones Selectae (2 Bände, 1903–5). Eine elementare Einführung gibt R. Helbing in dem Band „Auswahl aus griechischen Inschriften“ (in der Sammlung Göschen Nr. 757, 1915), der jeweils auch die deutsche Übersetzung der Inschriften enthält. Keine Übersetzung, aber einen Kommentar zu den Texten bietet G. Pfohl, Inschriften der Griechen, 1972.

Auch in den beiden bereits mehrfach genannten Quellensammlungen von Barrett und L-G finden sich wichtige und interessante Inschriften in deutscher Übersetzung (Barrett 46–52; L-G 84.113.114), darunter die historisch wohl bedeutendste erhaltene Inschrift, das „Monumentum Ancyranum“, der Rechenschaftsbericht des Augustus (auszugsweise bei Barrett 1).

4) Bei den in Ägypten in großer Zahl gefundenen *Papyrustexten* handelt es sich vor allem um Urkunden – offizielle Verordnungen, gerichtliche Klagen, Protokolle, Wirtschaftsverträge, Heirats- und Scheidungsurkunden; es sind aber auch Privatbriefe entdeckt worden. Über das Herstellungsverfahren informiert der römische Forscher C. Plinius d. Ä. (Text bei Barrett 19). Religionsgeschichtlich besonders wichtig sind die Zauberpapyri.

In einem solchen Zauberpapyrus steht die umfangreiche sogenannte „Mithrasliturgie“ (L-G 125); man hielt diesen Text zunächst für ein liturgisches Formular des Mithraskults (daher der heute gebräuchliche Name), die Forschung hat aber inzwischen gezeigt, daß es sich um einen Zaubertext handelt.

Arbeitsvorschlag:

Lektüre der sogenannten „Mithrasliturgie".

Über die allgemeine Bedeutung der Papyri für die Erforschung von Sprache und Umwelt des NT informiert A. Deißmann, Licht vom Osten, ^{4}1923. Texte bieten Barrett (z. B. 20. 24. 27. 31. 34. 41. 45) und L-G 71 ff.

5) Bedeutsame Quellen sind auch die antiken *philosophischen* Schriften. *Die* typische philosophische Richtung der neutestamentlichen Zeit ist die Stoa, und zwar vor allem in ihrer populären Ausprägung. Wenn man sich mit den paränetischen Abschnitten der ntl. Schriften befaßt, dann sollte man von der stoischen Ethik, mindestens von der Lehre Epiktets, eine ungefähre Vorstellung haben (vgl. § 21).

Größere Auswahlen aus den Schriften Epiktets und Plutarchs sind als Taschenbücher erschienen. Auf jeden Fall sollte man aber die bei Barrett und L-G abgedruckten philosophischen Texte lesen, um einen allgemeinen Eindruck nicht nur vom Inhalt, sondern auch von der Darstellungsform zu bekommen.

2. *Jüdische Quellen*

Das religiöse Quellenmaterial des Judentums ist für die Arbeit am Neuen Testament besonders wichtig. Es läßt sich freilich nur schwer überblicken.

Die Quellensammlungen von L-G und Barrett enthalten eine Fülle von Texten des antiken Judentums (zum Teil in Auszügen); dennoch ist es erforderlich, daß man auch unabhängig von diesen Sammlungen mit den Quellen selbst arbeiten kann, zumal diese in der Literatur häufig angeführt werden.

1) Zunächst muß man generell die wichtigsten Gattungen der jüdischen Literatur kennen:

a) Die Spruchweisheit; im Alten Testament ist das Proverbienbuch dieser Gattung zuzurechnen. Aus dem späteren Judentum stammen das in die LXX aufgenommene Buch Jesus Sirach und z. B. der Mischna-Traktat (s. u.) Abot, „Sprüche der Väter".
b) Auch Baruch und die Sapientia Salomonis sind Weisheitsbücher; aber im Unterschied zur Spruchweisheit handelt es sich nicht um bloße Spruchsammlungen, sondern um stärker thematisch bestimmte Abhandlungen.
c) Psalmen; zu dieser Gattung gehören im neutestamentlichen Zeit-

alter die „Psalmen Salomos" und vor allem die Lieder aus Qumran (Hodajot, 1 QH).

d) Die Geschichtsschreibung findet ihren Niederschlag beispielsweise in den beiden apokryphen Makkabäerbüchern (1,2 Makk).

e) Zur Gattung der Erzählung bzw. Novelle gehören die Bücher Tobias und Judith; die Schrift „Joseph und Aseneth" ist ein Roman.

f) Apokalypsen; im AT findet sich das Danielbuch. Ein typisches Produkt dieser Literatur aus späterer Zeit ist der 4. Esra (dieses Buch sollte möglichst ganz gelesen werden).

g) Es gibt schließlich die Gattung des „Testaments", entstanden in Anlehnung an den Jakobssegen Gen 49. Charakteristisches Beispiel ist die Schrift „Testamente der 12 Patriarchen".

2) Von ganz erheblicher Bedeutung für unsere Kenntnis des antiken Judentums sind die Texte der jüdischen Sekte von Qumran am Toten Meer. Sie geben z. T. sehr detailliert Aufschluß über Leben und Lehre dieser religiösen Gruppe außerhalb des offiziellen Judentums zur Zeit Jesu (vgl. § 19.6). Die Handschriften stammen vorwiegend aus dem 1. vor- bzw. nachchristlichen Jahrhundert, d. h. es sind die ältesten, die wir aus diesem Bereich überhaupt besitzen.

Da in der Literatur diese Texte sehr häufig als Parallelen zum NT beigezogen werden, muß man die gebräuchlichsten Ausgaben der Qumranschriften und vor allem die Zitierweise kennen.

Am leichtesten zugänglich und am bequemsten zu benutzen ist die von E. Lohse besorgte Ausgabe, die neben dem (punktierten) hebräischen Text die deutsche Übersetzung mit kurzen Anmerkungen bietet. Ausführlicher kommentiert ist die zweibändige Ausgabe „Die Texte vom Toten Meer" (hg. J. Maier, 1960).

Es hat sich in der Forschung mittlerweile ein einheitliches Verfahren bei der Zitation der Qumranschriften durchgesetzt. Als erstes wird die Ziffer der Höhle genannt, in der die Handschriften gefunden wurden (diese Numerierung richtet sich nach der zeitlichen Reihenfolge der Entdeckung), dann folgt der Buchstabe Q und schließlich ein weiterer Buchstabe, der das eigentliche Buch bezeichnet. Bei der Stellenangabe (im allgemeinen mit römischen und arabischen Ziffern) ist zu beachten, daß es sich nicht etwa um Kapitel und Vers handelt, sondern daß jeweils Kolumne und Zeile angegeben werden – im Unterschied zur urchristlichen Literatur wurde in Qumran auf *Rollen* geschrieben (vgl. oben S. 22 f.).

1 QS I 1 besagt also: Höhle Nr. 1 (die zuerst entdeckte) aus

Qumran, Buch Serek (gewöhnlich: Sektenregel), Kolumne 1, erste Zeile. 1 QM XI 3: Höhle Nr. 1, Buch Milhama (Krieg der Kinder des Lichts gegen die Kinder der Finsternis; kurz Kriegsrolle genannt), Kolumne 11, Zeile 3.

Die Abkürzung 1 QH bezeichnet das Buch Hodajot (Hymnen).

Die Abkürzung 1 QpHab besagt, daß es sich um einen paeschaer (Kommentar) handelt, und zwar zum Propheten Habakuk.

Neben diesen großen zum Teil sehr gut erhaltenen Büchern gibt es in den Höhlen zahllose kleinere Fragmente; sie werden unter Angabe der Höhlennummer fortlaufend mit arabischen Ziffern numeriert, also z. B. 1 Q 27 usw.

Für die alttestamentliche Wissenschaft, insbesondere auch für die Textkritik, ist es von besonderer Bedeutung, daß in Qumran auch eine Reihe von Bibelhandschriften des hebräischen AT – die ältesten, die wir überhaupt besitzen – gefunden wurden. Die Abkürzungen 1 QIs^a, 1 QIs^b usw. bezeichnen entsprechend die verschiedenen in Höhle 1 gefundenen Jesajahandschriften.

Zur Gruppe der Qumranschriften gehört auch die Damaskusschrift. Eine vollständige aus dem Mittelalter stammende Handschrift wurde 1896 gefunden; das Buch wird nach seinem Fundort meist als „Cairo Document" (abgekürzt: CD) bezeichnet (z. T. gibt es in der Literatur auch die Abkürzung Dam). Fragmente dieser Schrift wurden auch in Qumran entdeckt.

3) Die „rabbinische Literatur" umfaßt a) Talmudliteratur, b) Midraschliteratur und c) targumisches Schrifttum. Dabei handelt es sich durchweg nicht um Werke einzelner Rabbinen, sondern um z. T. riesige Sammlungen von Traditionsgut, die auf einen mehrere Jahrhunderte umfassenden Prozeß zurückgehen. Man unterscheidet üblicherweise die folgenden rabbinischen Traditionsgruppen: Die ältesten Tradenten waren die Tannaiten (bis 220 n. Chr), es folgten die Amoräer (bis etwa 500 n. Chr.), die Saboräer (bis etwa 600) und die Geonen (bis etwa 1000).

a) Wichtigstes Sammelwerk ist der Talmud („Lehre"), der in erster Linie Gesetzesauslegung enthält, darüber hinaus aber eine Art Enzyklopädie des antiken jüdischen Wissens aus allen Bereichen des Lebens darstellt. Er besteht aus zwei Teilen: Der hebräisch geschriebenen *Mischna* und der überwiegend aramäischen *Gemara.* Grundlage ist die um 200 n. Chr. zusammengestellte Mischna (der Name leitet sich ab vom hebr. שנה „wiederholen, lehren, lernen"), die 63 „Traktate" in 6 nach Sachgebieten gegliederten „Ordnungen" umfaßt. Die Gemara ist die Sammlung der rabbinischen Lehrdebatten über die Mischna.

Dabei ist zu beachten: Die Gemara enthält nicht ausschließlich späteres Material, sondern auch Lehrsätze, die traditionsgeschichtlich auf der gleichen Stufe stehen wie die Mischna (man spricht hier von Baraita-Sätzen).

Die Gemara der palästinischen Rabbinen über die Mischna bildet zusammen mit dieser den Palästinischen oder Jerusalemer Talmud (Jeruschalmi). Dessen Bedeutung ist freilich gering verglichen mit der des Babylonischen Talmud (Babli), der auf die Arbeit der in den rabbinischen Akademien Babyloniens wirkenden Gelehrten zurückgeht. Der Babylonische Talmud hat das Denken des Judentums bis zur Gegenwart entscheidend geprägt.

Der Babylonische Talmud liegt in deutscher Übersetzung von L. Goldschmidt vor (12 Bände; 1929–1936); eine allgemeinverständliche Einführung gibt der kommentierte Auswahlband von R. Mayer, Der Babylonische Talmud (Goldmann-Taschenbuch). Auf jeden Fall sollte man sich den Talmud aber auch einmal im Original in der Bibliothek ansehen.

Sowohl der Jeruschalmi als auch der Babli folgen im Aufriß der Mischna, lassen dabei jedoch zahlreiche Traktate aus.

Zitiert wird die Mischna unter Angabe des Traktats, des Kapitels und des Paragraphen – d. h. M Schab(bat) III, 1 (oder 3,1) ist der Mischnatraktat über den Sabbat, Kap. 3, § 1.

Das M wird häufig – so bei Billerbeck – weggelassen, weil man an der Zitierweise erkennen kann, daß es sich um die Mischna handelt.

Zitiert man aus dem Babylonischen Talmud, d. h. nicht aus der Mischna, sondern aus der Gemara, so wird der Traktat und – da sich in allen Ausgaben die gleiche Blattzählung eingebürgert hat – die Blattzahl angegeben (jeweils unterschieden nach Vorder- und Rückseite). Zusätzlich wird bisweilen (nicht jedoch bei Billerbeck) zur Verdeutlichung ein kleines b davorgesetzt. b Schab 30 a ist also: Babylonischer Talmud, Traktat Schabbat, Blatt 30, Vorderseite (30 b ist entsprechend die Rückseite). Zitiert man aus dem Jerusalemer Talmud, so werden angegeben: Traktat, Kapitel, Seite, Spalte und Zeile, sowie zur Verdeutlichung ein kleines p oder j. pBerakh 2, 5d, 10 ist also: Jerusalemer Talmud, Traktat Berakhot, Kap. 2, Seite 5 Rückseite, linke Spalte, Zeile 10.

Man muß mit dieser Zitierweise vertraut sein, um Angaben aus Billerbeck oder aus der Sekundärliteratur nachschlagen zu können.

Ein paralleles Werk zur Mischna ist die Tosephta („Ergänzung"), die die Mischna nicht nur ergänzen will, sondern eigenständig neben ihr steht. Die Tosephta gelangte nicht zu allgemeiner Geltung, sie ist aber historisch und theologisch von großer Bedeutung. Sie wird in gleicher Weise zitiert wie die Mischna, jedoch mit einem vorangestellten großen T (also: T Schab III, 1).

b) Sehr wichtig ist auch die rabbinische Auslegungsliteratur, bei der man generell zwischen Halacha (von הלך „wandeln") und Haggada (von הגיד „erzählen") unterscheidet. Die Halacha bezieht sich auf die Interpretation und Neubildung von Gesetzesvorschriften; die Haggada legt erzählende Stoffe aus und ist demgemäß bunter und vielgestaltiger als die Halacha.

Zur halachischen Literatur gehören u. a. die Midraschim (Kommentare) zu gesetzlichen Texten des Pentateuch, zur haggadischen Literatur gehören u. a. die überwiegend erbaulichen Midraschim zum Pentateuch und anderen biblischen Büchern. Berühmt ist der Midrasch Rabba („Großer Midrasch") und daraus vor allem das Buch Genesis Rabba.

Über die Ausgaben informiert der Art. „Rabbinische Literatur" im Kleinen Pauly, IV, 1323–1326.

c) Das targumische Schrifttum entstand aus der Notwendigkeit, die hebräische Bibel in das umgangssprachlich verwendete Aramäisch zu übertragen. Der Targum Onkelos war die offizielle aramäische Übersetzung der Bibel (entstanden etwa im 2. Jahrhundert n. Chr. in Babylon); daneben gab es palästinische Targume, die weniger eine Übersetzung als vielmehr eine freie Übertragung mit zahlreichen kommentierenden und erläuternden Erweiterungen darstellten. Diese Targume spielen auch für die alttestamentliche Textkritik eine gewisse Rolle.

Arbeitsvorschläge

1. Den Traktat Schabbat sollte man im Babylonischen Talmud suchen und sich den Aufriß einer Seite ansehen. Erläuterungen dazu findet man bei R. Mayer, Der Babylonische Talmud, 22 f.

2. Aufschlüsselung einiger Abschnitte aus Billerbeck, z. B. I, 616–618 zum Sabbatproblem.

4) Wichtigste Quelle für unsere Kenntnis des hellenistischen Judentums ist neben einigen Schriften des griechischen Alten Testaments (z. B. die „Weisheit Salomonis") das umfangreiche Werk des Religionsphilosophen Philo von Alexandria. Eine Auswahl aus seinen Schriften bietet L-G 292–324 (s. u. S. 161 f.).

§ 15 Die politische und gesellschaftliche Situation des hellenistischen Zeitalters

Literatur: M. I. Finley, Die antike Wirtschaft, dtv 4277, 1977; U. Kahrstedt, Kulturgeschichte der römischen Kaiserzeit, ²1958; M. Rostovtzeff, Gesellschaft und Wirtschaft im römischen Kaiserreich, 1929; F. Taeger, Charisma. Studien zur Geschichte des antiken Herrscherkults, 2 Bände, 1957/60; W. W. Tarn/G. T. Griffith, Die Kultur der hellenistischen Welt, 1972; C. B. Welles, Die hellenistische Welt, PWG III/2, 1976, 401–571.

1. Zum Begriff „Hellenismus"

„Hellenismus" ist ein moderner Begriff. Er wurde von der Geschichtswissenschaft des 19. Jahrhunderts geprägt und bezeichnet ganz allgemein die Epoche der nachklassischen griechischen Geschichte seit Alexander d. Gr. Kennzeichnend für den Hellenismus ist nach der Definition J. G. Droysens die Begegnung und Vermischung der griechischen und der orientalischen Kultur.

Der Ausgang des hellenistischen Zeitalters wird von den einzelnen Forschern unterschiedlich bestimmt. Tarn sieht die römische Kaiserzeit als eine entscheidend neue Epoche an und rechnet sie daher nicht mehr zur hellenistischen Zeit. Bengtson dagegen faßt die ganze nachklassische Antike bis zum Ende des antiken Heidentums unter dem Stichwort Hellenismus zusammen. Es ist natürlich für die Darstellung der Umwelt des Urchristentums nicht sehr wesentlich, welcher Definition von „Hellenismus" man sich anschließt, denn es ist kaum zu bestreiten, daß man den östlichen Mittelmeerraum in neutestamentlicher Zeit zum Bereich der hellenistischen Kultur rechnen muß.

Mit dem Stichwort „Hellenismus" verbindet sich weithin die Vorstellung, hier handele es sich um eine Epoche des Niederganges, in der es keine eigene kulturschöpferische Leistung gegeben habe. Hinter diesem Urteil stand das Bild der „klassischen" Zeit, die mit Alexander d. Gr. an ihr Ende gekommen sei. In seiner Nachfolge habe es nur noch „Diadochen" und „Epigonen" gegeben, bis Rom endlich mit seiner neuen Ordnung eingegriffen habe. Dieses Bild ist stark korrekturbedürftig, und es ist inzwischen auch vielfach modifiziert worden. In Wahrheit besaß die hellenistische Zeit eine völlig eigene Vitalität; sie brachte beachtliche politische, kulturelle und auch technische Leistungen, aber auch Fortschritte auf dem Gebiet des Handels oder der Verwaltung hervor. Man braucht nur einmal in einen größeren Geschichtsatlas hineinzusehen (z. B. Großer Historischer Weltatlas S. 20–22 oder Westermanns Geschichtsatlas S. 20. 22f. 26f. 28f.), um zu erkennen, daß sich in dieser Zeit ein beinahe weltweites Netz wirtschaftlicher und kultureller Beziehungen der Staaten und Völker untereinander gebildet hat.

2. Die hellenistische Kultur, Gesellschaft und Politik

1) Der Hellenismus stellt eine „Mischkultur" dar. Man kann ihn verstehen als eine Synthese zweier entgegengesetzter Bewegungen: Das Griechentum drängt unter Alexander d. Gr. und seinen Nachfolgern nach dem Osten, zugleich aber gewinnen orientalisches Denken und orientalische Kultur im Westen an Einfluß. So entsteht beispielsweise im religiösen Bereich eine Götter- und Mythenmischung: Griechische Göttergeschichten nehmen orientalische Züge an, orientalische Götter werden mit griechischen identifiziert (sog. interpretatio Graeca). Auf diese Weise entsteht im Zeitalter des Hellenismus eine weltweite synkretistische Kultur und Religiosität.

Griechische Städte werden in weit entfernten östlichen Gebieten gegründet und bilden dort wirtschaftliche und kulturelle Zentren – die wichtigsten sind Alexandria in Ägypten und Antiochia in Syrien. Alexandria besitzt bald die größte Bibliothek der Antike und wird zum Zentrum philologischer Gelehrsamkeit. Hier werden Kommentare zu Werken der klassischen Literatur erarbeitet, hier entstehen textkritische Ausgaben literarischer Werke. Antiochia am Orontes, das in der Geschichte der Urchristentums eine hervorragende Rolle spielt, weil hier die erste heidenchristliche Gemeinde entstand, entwickelt sich zu dem nach Rom und Alexandria bedeutendsten wirtschaftlichen Zentrum des Römischen Reiches.

Das äußere Bild der hellenistischen Städte ist geprägt durch die typischen Kennzeichen der griechischen Kultur: Man trifft allenthalben Tempel, Theater und Gymnasien; in den Straßen findet man zahllose Statuen und Inschriften zu Ehren bedeutender Persönlichkeiten der Stadt (vgl. 1 Makk 1,10–15; 2 Makk 4,7–17). Im Gegensatz zur traditionellen Stadtkultur der klassischen griechischen Zeit sind diese hellenistischen Städte aber nicht mehr *politisch* „autonom". Ihre Freiheit ist nur noch eine *kommunale*, d.h. sie beschränkt sich auf die inneren Angelegenheiten. Dementsprechend hat auch der Bürger nicht mehr die alten Freiheiten, wie sie etwa für die athenische Demokratie typisch waren.

2) Die Folge ist, daß das Bemühen um die bessere Gestaltung des privaten Lebens des einzelnen Bürgers stärker hervortritt. Zugleich wird z. B. der Begriff der Freiheit entpolitisiert und individualisiert;

jetzt geht es nicht mehr so sehr um die äußere, politische Freiheit, sondern um eine „innere", geistige Freiheit. Diese Idee von der inneren Freiheit, die jedem – auch dem Sklaven – erreichbar ist, trägt mit dazu bei, daß die Sklaverei bestehen bleibt, gemildert nur durch das wirtschaftliche Interesse der Sklavenbesitzer, das eine bessere Behandlung der Sklaven erforderlich macht, gemildert aber auch durch das neu sich entwickelnde Ideal der Humanität, das zu zahlreichen, vorher nicht üblichen Freilassungen – aber eben nicht zur Abschaffung der Sklaverei! – führt (Freilassungsurkunden bei Barrett 51 f.).

So ist es erklärlich, daß sich in dieser Zeit fast keine gesellschaftlichen Veränderungen vollziehen: Die Idee der inneren Freiheit des einzelnen hebt die Suche nach der äußeren Freiheit der Gesellschaft beinahe völlig auf. Zwar gibt es hier und da soziale Unruhen, Sklavenaufstände; in der Literatur finden sich kommunistische Utopien, aber im großen Ganzen bleibt die Struktur der hellenistischen Gesellschaft festgefügt bis zur Völkerwanderung, in deren Verlauf sie beinahe schlagartig zusammenbricht.

Unbestritten das höchste Prestige in der hellenistischen Gesellschaft genießen die Grundbesitzer. Hinter ihnen rangiert die Finanzaristokratie (Kaufleute, Reeder). Lohnarbeiter und Handwerker werden grundsätzlich gering geachtet. Allen verhaßt sind die Steuereinnehmer (vgl. dazu u. S. 145). Es gibt einige philosophische Gruppen, etwa die Kyniker (s. u.), die Reichtum und Standesunterschiede als nebensächlich ansehen, aber diese Einstellung hat keinerlei konkrete soziale Auswirkungen.

Die sozialen Mißstände wirken sich vor allem in der Unterschicht in starkem Maße auf die Familie aus. Außerordentlich häufig kam es zu Kindesaussetzungen, vor allem von Mädchen, weil man fürchten mußte, daß größere Familien dem Hunger preisgegeben seien. Die an die freien Arbeiter oder Handwerker gezahlten Löhne waren überaus niedrig, teilweise war der Lebensstandard der Sklaven sogar höher als der der Freien. Eine organisierte Sozialfürsorge gab es nicht; reiche Bürger waren allerdings oft bereit, große Summen für die Getreideversorgung oder auch für öffentliche Bauten zu spenden, weil dies ihrem Ansehen zugute kam.

3) Über die Rolle der Frau in hellenistischer Zeit sind einige Klischees verbreitet. So wird behauptet, die Frauen seien mehr oder weniger rechtlos gewesen und hätten prinzipiell kein öffentliches Ansehen genossen. Dieses Bild ist so nicht zutreffend. Es gab Herrscherinnen, die als Politikerinnen außerordentlich erfolgreich waren; viele Königinnen gelangten an der Seite ihrer Gatten zu hohem

Ansehen und großem, auch politischem Einfluß. Richtig ist allerdings, daß die Frauen in der Regel von der eigentlichen öffentlichen Betätigung ausgeschlossen waren; im privaten, bürgerlichen Bereich waren sie aber keineswegs rechtlos: Sie konnten Vermögen erwerben und darüber frei verfügen. In gewissen religiösen Vereinigungen konnten sie als Priesterinnen fungieren. Tatsächlich aber war es doch immer nur eine Minderheit der Frauen, die diese Rechte auch tatsächlich wahrnehmen konnte.

Bemerkenswert ist, daß im Bereich der Ehegesetzgebung ein hohes Maß an Gleichberechtigung und Liberalität herrschte. Eheschließung und Scheidung erfolgten durch einfachen Vertrag oder auch durch eine gemeinsame entsprechende Erklärung beider Partner. Die Scheidung der Ehe konnte nach griechischem und römischem Recht auch von beiden Partnern beantragt werden (im jüdischen Recht hatte nur der Mann diese Möglichkeit). Praktisch gab es nur die Monogamie.

Arbeitsvorschläge

1. Vergleich eines hellenistischen Ehe- bzw. Scheidungsvertrages (Barrett 31;34) mit dem jüdischen Eherecht (Billerbeck I,318).
2. Exegese und rechtsgeschichtliche Beurteilung von Mk 10,1–12 par. Hilfsmittel: E. Klostermann, Das Markusevangelium, HNT 3, z. St.

4) Der gegenüber der klassischen Antike veränderten politisch-sozialen Situation entspricht die neue hellenistische Staatsidee. An die Stelle des nicht mehr in der alten Form existierenden unabhängigen Stadtstaats (s. o.) ist der Flächenstaat getreten. An seiner Spitze steht der gottähnliche Alleinherrscher. Man kann geradezu sagen, daß der Herrscherkult eines der typischen Kennzeichen des Hellenismus ist. Dahinter steht der Gedanke, im Herrscher werde Gott sichtbar. Der durchaus gebräuchliche Herrschertitel Soter deutet dabei freilich auch an, daß der Herrscher die Verpflichtung sieht, für die Wohlfahrt des Volkes zu sorgen. Überhaupt wird in den Herrschernamen der Anspruch der Könige deutlich erkennbar: Antiochos Soter, Antiochos Theos, Antiochos Epiphanes. Es war ganz zwangsläufig, daß es zwischen den hellenistischen Herrschern im Vorderen Orient und den Juden immer wieder zu heftigen Auseinandersetzungen kam, denn Herrscherkult und jüdischer Monotheismus schlossen sich gegenseitig aus. Die prägende Kraft des hellenistischen Herrscherkults läßt sich an der Entwicklung der Geschichte der römischen Kaiser ablesen: Als das römische Imperium die Herrschaft im Osten übernahm, verband sich damit dort alsbald die

Einführung der kultischen Verehrung des jeweils regierenden Kaisers. Unter Augustus geschah das noch in Form der Verehrung der vergöttlichten Roma und des Herrschers als Institution, später wurde daraus ein Kult für die Person des regierenden Kaisers. Zahlreiche Inschriften legen davon Zeugnis ab.

Arbeitsvorschlag

Man lese einige Inschriften, die sich auf den Herrscherkult beziehen. L-G II,126.128–131 und vor allem den Hymnus auf Demetrios Poliorketes L-G II,127.

§ 16 Die politische Struktur des Römischen Reiches

Literatur: E. Meyer, Römischer Staat und Staatsgedanke, [3]1964.

1) Formal ist das Römische Reich zur Zeit Jesu immer noch eine Republik; faktisch handelt es sich aber um eine Monarchie, genauer um einen „Prinzipat". Konkret bedeutet das zum einen, daß die Kaiserwürde nicht erblich ist; es bedeutet zum andern, daß der Kaiser, richtiger: der princeps, zwar der erste Bürger ist, mit weitreichenden Vollmachten und dem entscheidenden politischen Gewicht, aber eben noch keineswegs allmächtig. Seine besondere Stellung beruht darauf, daß er in seiner Person eine Reihe wichtiger Ämter vereinigt: Er hat das Kommando über das römische Heer außerhalb Italiens, er hat die unmittelbare Gewalt in denjenigen Provinzen, in denen Truppen stationiert sind („kaiserliche Provinzen" im Unterschied zu den „senatorischen"). Er besitzt als ständiger Volkstribun die Immunität und hat in dieser Eigenschaft außerdem das Vetorecht gegen alle Maßnahmen der Behörden. Faktisch ist er in allen Gerichtssachen für römische Bürger die oberste und letzte Appellationsinstanz.

Das Römische Reich war kein Einheitsstaat im modernen Sinne; dafür fehlten schon allein die technischen Voraussetzungen – etwa im Bereich des Nachrichtenwesens. Man braucht sich nur zu vergegenwärtigen, daß es Wochen dauerte, bis eine Behörde im östlichen Teil des Reiches mit einer Anweisung aus Rom als Antwort auf eine aktuelle Anfrage rechnen konnte. Dies hatte zur Folge, daß die in den Provinzen amtierenden Statthalter sehr große Machtbefugnisse besaßen. Es gab kein Reichsbürgerrecht, sondern nur ein römisches Stadtbürgerrecht. Die cives Romani konnten bestimmte Rechte (z. B. das Wahlrecht bei den römischen Beamtenwahlen) nur in Rom selbst ausüben. Römische Bürger außerhalb Roms genossen einen besonderen Rechtsschutz; so durften sie nicht ohne Gerichtsurteil ausgepeitscht werden und hatten bei Prozessen das Appellationsrecht an den Kaiser. Da in vielen Fällen Nichtrömer zu römischen Bürgern ernannt wurden, konnte deren bisheriges Bürgerrecht in ihrer Heimatstadt mit dem römischen Bürgerrecht kombiniert sein. Als ein römischer Bürger und zugleich Bürger der Stadt Tarsus ist in der Apg Paulus dargestellt.

Die Stadt Rom und auch Italien besaßen innerhalb des Reiches eine Sonderstellung; beispielsweise durften hier keine Truppen – mit Ausnahme der kaiserlichen Praetorianergarde – stationiert sein. Im übrigen aber war das Reich in Provinzen gegliedert, die freilich im einzelnen sehr unterschiedlichen Charakter besaßen. An der Spitze der Provinz stand der Statthalter, und zwar in den senatorischen Provinzen (z. B. in der Asia, d. h. dem westlichen Kleinasien) ein proconsul oder propraetor (mit dem Titel „proconsul"), in den kaiserlichen Provinzen (z. B. in Syrien), ein legatus Augusti pro praetore.

Provinzen minderen Ranges waren lediglich einem praefectus oder procurator unterstellt. Diesen Status hatte seit dem Jahre 6 n. Chr. die Provinz Judäa, die der Oberaufsicht des Statthalters von Syrien unterstand.

Im Gebiet der Provinzen lagen freie Städte. Ihre Bewohner galten offiziell nicht als Untertanen, sondern als Verbündete – freilich in vielfacher Abstufung. Sie besaßen eine weitgehende kommunale Selbstverwaltung, auf der die römische Verwaltung aufbaute, so daß die letzte Entscheidung stets beim römischen Statthalter lag. Wie dessen Eingreifen im Einzelfall aussehen konnte, zeigt in Apg 19 das Beispiel von Ephesus. Daneben bestanden römische Kolonien, also Städte, in denen römische Bürger wohnten. Ein aus der Apg bekanntes Beispiel dafür ist die Stadt Philippi in Nordgriechenland (Apg 16,12; vgl. unten S. 203).

Schließlich gab es mit dem Imperium verbündete Klientel-Fürstentümer, denen eine weitgehende innere Unabhängigkeit, unter Umständen sogar eigenes Militär zugestanden wurde. Sie konnten jedoch keine eigene Außenpolitik treiben und lebten tatsächlich mehr oder weniger von der Gnade Roms. Ein Beispiel hierfür ist Palästina: Über das Erbe des Königs Herodes verfügt Augustus von Rom aus (s. u. S. 140). Liest man zeitgenössische Darstellungen der römischen Geschichte, etwa die Werke des Tacitus, so fällt auf, daß die Ereignisse stets aus der Perspektive Roms gesehen werden. Aber in Wirklichkeit ging die römische Verwaltung in den Provinzen auch dann einigermaßen kontinuierlich ihren Gang, wenn in Rom selbst etwa durch den Wahnsinn Caligulas oder Neros zeitweilig geradezu chaotische Verhältnisse herrschten. Die Bürgerkriegssituationen im Zusammenhang mit Thronfolgekämpfen wirkten sich freilich auf das ganze Reich aus.

Auch in den Provinzen geschah vieles ohne unmittelbaren Zusammenhang mit der Entwicklung in Rom: Der jüdische Krieg, ausgelöst im Jahre 66 durch die Einstellung der Opfer für den Kaiser im Jerusalemer Tempel, hatte mit der Politik Neros in Rom nichts zu tun. Die Stellung der Juden im übrigen Reich wurde durch die Niederlage in Palästina nicht gefährdet.

2) Interessant ist in diesem Zusammenhang die römische Religionspolitik. Augustus versuchte, die Verehrung der überkommenen Götter Roms neu zu beleben, aber das mußte, wie alle derartigen Restaurationsversuche, letztlich scheitern. Daneben wurde in Rom die Verehrung des gestorbenen Herrschers als des divus eingeführt – der erste, dem solchermaßen göttliche Ehren erwiesen wurden, war Caesar als divus Iulius. In den Provinzen, vor allem im Osten, kam bald die Verehrung der Roma und des lebenden Herrschers hinzu (s. o.). Mit dieser ganzen Entwicklung hatten aber die breiten Volksschichten in der Regel zunächst nichts zu tun – es handelte sich um offizielle Staatskulte und nicht um Elemente der Volksfrömmigkeit.

Bedeutsam ist die im religiösen Bereich herrschende Toleranz: Die offizielle römische Religion wurde nicht als Reichsreligion propagiert, sondern die Ausübung der verschiedenen Religionen blieb frei. Das Judentum nahm dabei sogar noch eine Sonderstellung ein: Der Herrscherkult war wegen des jüdischen Monotheismus für die Juden unzumutbar und wurde deshalb von ihnen nicht gefordert; man einigte sich darauf, daß die Juden *für* den Kaiser Opfer darbrachten, ihn aber nicht als Gott verehrten (s. u. S. 140). Die Grenze der Toleranz im religiösen Bereich war dort erreicht, wo ein Kult nach dem Urteil der Polizeibehörden die öffentliche Sicherheit gefährdete. So bestand bei Mysterienreligionen leicht der Verdacht der Geheimbündelei, und deshalb standen die in Rom ansässigen Mysterienvereinigungen unter Polizeikontrolle. Der berühmte Brief des jüngeren Plinius an den Kaiser Trajan (Text: Conzelmann, Geschichte des Urchristentums, 150 ff.) zeigt, daß auch das Vorgehen gegen die Christen in erster Linie mit dem Hinweis auf die Sicherheitsinteressen begründet wurde.

§ 17 Palästina zur Zeit der römischen Herrschaft

Literatur: W. Grundmann, Das palästinensische Judentum, in: L-G I,[3]1971, 143–194; M. Hengel, Die Zeloten, AGSU 1, [2]1976; ders., Judentum und Hellenismus, WUNT 10, [2]1973; J. Jeremias, Jerusalem zur Zeit Jesu, [3]1963; E. Lohse, Umwelt des NT, NTD Erg. 1, [2]1974; R. Meyer, Art. Σαδδουκαῖος, ThWNT VII, 35–54; ders./H.-F. Weiß, Art. Φαρισαῖος, ThWNT IX, 11–51.

1. Die Entwicklung bis zur Übernahme der Herrschaft durch Rom

Die Annahme, Palästina habe außerhalb des unmittelbaren Einflußbereiches der hellenistischen Kultur gelegen, ist unzutreffend. Allerdings hat sich das Judentum in Palästina weniger als in den anderen Gebieten des Reiches mit hellenistischen Elementen vermischt.

Politisch gehörte Palästina nach dem Tod Alexanders d. Gr. zunächst unter den Ptolemäern zu Ägypten; dann war es unter den Seleukiden syrisch. Urkunden dieser Phase der Entwicklung des hellenistischen Palästina sind die beiden Makk (s. o.) und Dan. Damals wurden in Palästina mehrere hellenistische Städte gegründet. Die bekanntesten waren zur Zeit Jesu Caesarea am Meer, das dem römischen Statthalter als Residenz diente, und Sebaste (genannt nach Augustus-Sebastos), das ehemalige Samaria; hellenistische Gründungen waren auch die meisten Städte der Dekopalis (die „Zehn Städte" östlich des Jordan), besonders bekannt Gadara (vgl. Mk 5,20; 7,31).

Selbst Jerusalem, das Zentrum und Symbol des Judentums, wurde unter den Seleukiden stark hellenisiert. Unter anderem gegen diese Bestrebungen richtete sich dann der Kampf der Makkabäer. Aber auch nach deren Sieg blieb Jerusalem eine hellenistisch beeinflußte Stadt, wie überhaupt der jüdische Staat der Makkabäer ebenso wie der ihrer Nachfolger, der Herodier, faktisch ein hellenistisches Gebilde war. Nur der Kult in Jerusalem blieb streng jüdisch und war frei von hellenistischen Zügen.

Im letzten vorchristlichen Jahrhundert wurde Palästina durch das römische Reich erobert: Im Jahre 63 besetzte Pompeius das Land einschließlich Jerusalems und gliederte es in die Provinz Syrien ein (L-G 139). Der Schrecken und die Empörung darüber spiegeln sich in Ps Sal 2. Im Jahre 40 v. Chr. erhielt das Land eine beschränkte

Selbständigkeit zurück: Herodes bekam es als Klientelkönigtum von Roms Gnaden. Nach seinem Tode (4 v. Chr.) wurde Palästina zunächst unter seinen Söhnen aufgeteilt, aber schon im Jahre 6 n. Chr. kam der Süden (Samaria, Judäa und Idumäa) direkt unter römische Verwaltung.

2. *Die politischen Verhältnisse in Palästina zur Zeit des Urchristentums*

1) Die äußere Lage Palästinas wird durch das Verhältnis zu Rom bestimmt. Die Klientelfürsten (Tetrarchen) haben einen gewissen Bewegungsspielraum; selbst in der Provinz Judäa (s. o.) gibt es eine gewisse jüdische Selbstverwaltung. Die Juden in Palästina profitieren davon, daß sie im ganzen Reich als besondere Nation anerkannt sind. Die von Caesar gewährten Privilegien (L-G 247) waren von Augustus und Tiberius bestätigt worden: Die Juden brauchen weder am Herrscherkult teilzunehmen, noch können sie zur Teilnahme an anderen Kulten gezwungen werden. In Jerusalem darf es fremde Kulte nicht geben (wobei natürlich der Bereich der römischen Garnison ausgenommen ist). Diese besondere Stellung der Juden hat sich sogar nach dem jüdischen Krieg nicht grundsätzlich geändert.

2) An der Spitze der jüdischen Selbstverwaltung in Judäa steht der Hohepriester, der einerseits das Volk gegenüber dem römischen Prokurator vertritt und andererseits die Aufsicht über den Kult in Jerusalem hat. Er ist außerdem Vorsitzender des 70 Mitglieder umfassenden Synhedriums (hebraisiert: Sanhedrin; Luther übersetzt: Hoher Rat). Im Neuen Testament und auch bei Josephus ist davon die Rede, es habe mehrere Hohepriester zur selben Zeit gegeben (vgl. Mt 26,14); aber mit Sicherheit ist dabei einfach an die Mitglieder des Synhedriums gedacht, die aus hohepriesterlichen Familien stammen, also sowohl an den amtierenden als auch an abgesetzte Hohepriester und die Angehörigen der vornehmsten Priestergeschlechter (vgl. Bauer WB 223). Im übrigen setzte sich das Synhedrium aus Vertretern der Priester- und der Laienaristokratie zusammen, hinzu kam noch die Gruppe der Schriftgelehrten. Offizielle Befugnisse besaß es nur in Judäa; sein Ansehen erstreckte sich freilich über die ganze Judenschaft, denn ihm oblag ja die Verwaltung des Tempels, an den jeder Jude in der Welt eine jährliche Steuer in Höhe einer Doppeldrachme zu entrichten hatte.

Nach 70, also nach der Zerstörung des Tempels, wurde diese Tempelsteuer abgeschafft; an ihre Stelle trat der „fiscus Iudaicus", eine Zwangsabgabe an den Jupiter Capitolinus. Diese Maßnahme stieß immer wieder auf Widerstand und förderte den Ausbruch späterer jüdischer Aufstände. Sie blieb jedoch praktisch bis zum Ende des Jupiterkults in Rom in Kraft (vgl. Barrett 17).

In bestimmten Fällen konnte das Synhedrium außerhalb Judäas durch besondere Beauftragte eingreifen; von einem Recht des Synhedriums, wie es in Apg 9,2 vorausgesetzt ist, ist in der Literatur aber sonst nichts bekannt. Sehr umstritten ist die Frage, ob es auch die Kapitalgerichtsbarkeit besaß, ob also die Hinrichtung Jesu aufgrund eines entsprechenden Urteils des Synhedriums erfolgt sein kann (s. dazu u. S. 390 f.).

3) Innerhalb des palästinischen Judentums gab es mehrere Gruppen, bisweilen auch „Parteien" genannt, mit unterschiedlichen religiösen Vorstellungen und z. T. gegensätzlichen politischen Plänen (Jos Bell II 119 ff.; vgl. Barrett 115):

a) Die Gruppe der *Pharisäer* war ein geschlossener Verband; die Führung lag zwar in den Händen von Schriftgelehrten, im wesentlichen aber setzte sich diese Gruppe aus Laien zusammen. Sie hatten sich unter den Hasmonäern (Makkabäerdynastie) im 2. vorchristlichen Jahrhundert zusammengeschlossen in der Absicht, sich von der Masse des Volkes – dem „am ha'arez" – durch besondere religiöse Leistung abzusetzen. Ihr Ziel war die Verwirklichung des Priesterideals im Alltag (vgl. Barrett 165). Sie bemühten sich aber gleichzeitig auch darum, die Entwicklung des jüdischen Denkens voranzutreiben und nicht beim Überlieferten einfach stehenzubleiben (s. dazu u. S. 153). Den Römern gegenüber war der Pharisäismus zurückhaltend, denn die Pharisäer erwarteten die Wiederherstellung Israels durch Gottes unmittelbares Eingreifen, nicht aufgrund politisch-militärischer Aktionen.

b) Politisch einflußreich war in der Zeit bis zum jüdischen Krieg die Gruppe der *Sadduzäer*, die Partei der Priesteraristokratie. Sie hielt streng am Wortlaut des Gesetzes fest und lehnte daher die „moderne" Metaphysik und die Anerkennung der nachbiblischen Tradition ab. (s. dazu unten S. 155). Politisch bemühten sich die Sadduzäer um einen Ausgleich mit Rom. Im jüdischen Krieg wurde diese Gruppe praktisch völlig vernichtet, was zum endlichen Sieg der Pharisäer führte. Diese erscheinen daher in den synoptischen Evangelien als die wichtigste der jüdischen Parteien.

c) Von den beiden zuerst genannten Gruppen unterschieden sich scharf die *Zeloten*. Sie standen zwar in ihrer religiösen Überzeugung den Pharisäern nahe und bemühten sich ebenfalls in besonderem Maße um Gesetzestreue. Aber damit verband sich bei ihnen ein revolutionäres Programm: Den Satz, daß nur Gott allein Herr über Israel sein dürfe, interpretierten sie politisch, und daher standen sie in einem unüberbrückbaren Gegensatz zur römischen Besatzungsmacht. So mußten ihre Bestrebungen nahezu automatisch zum Aufstand führen (Jos Ant XX 167 ff.; Bell II 258 ff.).

d) Eine vierte Gruppe bildeten die *Essener*. Von den drei ersten Gruppen unterschieden sie sich prinzipiell dadurch, daß sie in die Wüste gingen und sich dadurch von der Welt und auch vom übrigen Judentum trennten (s. u. S. 162 ff.).

4) Die Spannungen zwischen Rom und der jüdischen Bevölkerung verschärften sich während der Amtszeit des Statthalters Pontius Pilatus (Barrett 114). Die Situation wurde auf die Spitze getrieben, als der Kaiser Caligula unter Mißachtung der jüdischen Privilegien befahl, seine Statue im Jerusalemer Tempel aufzustellen. Es gelang jedoch dem syrischen Statthalter Petronius, die Ausführung dieses Befehls hinauszuzögern, bis Caligulas Nachfolger Claudius die Anordnung zurücknahm (vgl. Barrett 8).

Einige Exegeten führen die „kleine Apokalypse" 2 Thess 2 (V. 3!) auf die Maßnahme des Caligula zurück; andere wollen den in Mk 13 erwähnten „Greuel der Verwüstung" darauf beziehen. Das ist aber nicht sicher auszumachen. Überhaupt muß man bei der zeitgeschichtlichen Erklärung apokalyptischer Texte äußerst vorsichtig sein.

Herodes Agrippa I. erreichte für Palästina noch einmal eine größere Selbständigkeit (41–44 führte er sogar den Königstitel), aber nach seinem Tode wurde das ganze Land endgültig römischen Prokuratoren unterstellt. Der Grad der Unruhe stieg weiter (Barrett 116), vor allem durch Aktionen der Zeloten und der „Sikarier" (= Dolchträger), die auch vor politischem Mord nicht zurückschreckten. Im Jahre 66 kam es schließlich zum allgemeinen Aufstand gegen Rom. Dieser Aufstand, der „Jüdische Krieg", endete im Jahre 70 mit einer totalen Niederlage: Jetzt wurde Palästina eine normale römische Provinz (Barrett 118–121). Es blieb nur ein schmaler Raum für eine gewisse jüdische Selbstverwaltung, die von den Pharisäern dazu verwendet wurde, das Judentum systematisch in ihrem Sinne zu reformieren. An der Spitze dieser Entwicklung stand Rabbi Johanan ben Zakkai.

In diese Phase der Geschichte des palästinischen Judentums fällt die Abgrenzung des biblischen Kanons und die systematische Sammlung der Tradition durch die pharisäisch beeinflußten Rabbinen. Ein Spiegel der Lage ist Mt: Für Mt sind die Pharisäer *die* Vertreter des jüdischen Volkes, von der Existenz der Sadduzäer – die zur Zeit Jesu auch eine entscheidende Rolle gespielt hatten – weiß er zwar noch, aber er kennt sie nicht mehr.

3. Die geographischen Verhältnisse in Palästina

1) Information geben die Darstellungen der „biblischen Geographie", die sich auf archäologische Funde und auf Schilderungen antiker Autoren stützen.

D. Baly, Geographisches Handbuch zur Bibel, 1966.
G. Dalman, Orte und Wege Jesu, ^{3}1924.
C. Kopp, Die heiligen Stätten der Evangelien, ^{2}1964.

Aufschluß über die politischen und geographischen Verhältnisse in Palästina geben die Bibelatlanten:
Y. Aharoni / M. Avi-Yonah, Der Bibelatlas, 1981.
H. Guthe, Bibelatlas, ^{2}1926.
H. G. May, Oxford Bible Atlas, 1962.
G. E. Wright/F. V. Filson, The Westminster Historical Atlas to the Bible, 1945.

Karten von Palästina zur Zeit Jesu und des Urchristentums enthalten aber auch der Große Historische Weltatlas und Westermanns Geschichtsatlas.

Bei den Bibelatlanten – ausgenommen Guthe – ist zu beachten, daß sie einen wissenschaftlich nicht mehr zu vertretenden Abriß der biblischen Geschichte geben. So findet sich im Bereich des AT durchweg eine Darstellung des „historischen" Weges der Israeliten unter Mose durch die Wüste oder die Route der Wanderungen der Patriarchen. Fast alle Atlanten und viele Karten bieten die Reiserouten des Apostels Paulus, ohne zu berücksichtigen, daß wir ja nur die Angaben der Apg, nicht aber die wirklichen Routen kennen. Selbst nach den Angaben der Apg läßt sich kein lückenloser Verlauf darstellen; man muß mit Hilfe von Vermutungen Ergänzungen vornehmen.

2) Das Wichtigste zur Lage in Palästina kann man dem Gr. Hist. Weltatlas (S. 27) entnehmen:

1. Unter Herodes d. Gr. ist ganz Palästina vereinigt.
2. Nach seinem Tode wird das Land unter seine Söhne (als Tetrarchen) geteilt.
3. Der Süden (Judäa) wird im Jahre 6 n. Chr. römische Provinz.
4. Unter Herodes Agrippa I ist das Land noch einmal ganz vereinigt (in den Jahren 41–44).

5. Nach dem jüdischen Krieg, also nach 70, ist ganz Palästina römische Provinz.

Um die Darstellung der Wanderungen Jesu in den Evangelien verstehen zu können, braucht man eine ungefähre Kenntnis der Lage der einzelnen palästinischen Landschaften.

a) Galiläa gehörte unter den Seleukiden zu Syrien; unter den Hasmonäern wurde das Gebiet planmäßig rejudaisiert. Zur Zeit Jesu herrschte hier und in Peräa (s. u.) Herodes Antipas; im Nordosten Galiläas regierte sein Bruder Philippus.

b) Peräa war das Land östlich des Jordans; im Norden lag die „Dekapolis", ein Bund freier hellenistischer Städte. Zur Zeit Jesu war dieses Gebiet jenseits des Jordans für die Juden faktisch „Heidenland".

c) Samaria war das Siedlungsgebiet der von der übrigen Judenschaft getrennten Samariter (s. u. S. 164 f.), die ein eigenes Heiligtum auf dem Garizim besaßen. Zentrum war Samaria, das von Herodes als hellenistische Stadt neu erbaut worden war und den Namen Sebaste trug. Nach dem Tode des Herodes regierte hier zunächst dessen Sohn Archelaus. Im Jahre 6 n. Chr. wurde es zusammen mit Judäa römische Provinz.

d) Judäa mit der Hauptstadt Jerusalem war das eigentliche Kernland Palästinas.

e) Ganz unten im Süden lag Idumäa, das alte Edom, das einst von den Hasmonäern zu einem jüdischen Land gemacht worden war. Von dort stammte die Familie Herodes d. Gr. (s. u.).

4. Die wirtschaftlichen Verhältnisse in Palästina

Welche Erwerbszweige dominierten, kann man den Gleichnissen entnehmen, denn sie spiegeln die soziale und wirtschaftliche Situation des „flachen Landes" zur Zeit Jesu.

Grundlage der Produktions- und Lebensverhältnisse war die landwirtschaftliche Kleinproduktion. In Judäa gab es allerdings auch größere landwirtschaftliche Einheiten, ebenso bestand in den fruchtbaren Gegenden Galiläas und in den Jordanniederungen Großgrundbesitz (vgl. Jeremias, Gleichnisse 72f.). Dieser befand sich meistens in der Hand der königlichen und der hohepriesterlichen Familien, zum großen Teil aber auch in fremdem (kaiserlichen) Besitz. Das zeigen einige Aussagen bei Josephus: In Palästina wird Getreide für Rechnung des Kaisers gelagert (Vit 71). Josephus selbst erhält – obwohl in Rom lebend – Grundbesitz in Palästina (422.

425.429). Die Großgrundbesitzer besaßen wirtschaftlichen und auch wesentlichen politischen Einfluß sowohl durch die mengenmäßige Bedeutung ihres Ertrages, vor allem bei Wein, Öl und Getreide, als auch durch die Beschäftigung zahlreicher Arbeitskräfte. Der Grundbesitz wurde vielfach verpachtet, was wegen der hohen Abgabeleistungen in vielen Fällen zur Verarmung der Pächter führte; auch hierüber finden sich bei Josephus Informationen (Bell II 84f.; Ant XVII 304ff.). Das Handwerk war auf dem Lande – anders als in den Städten – kaum entwickelt. Auch Handel gab es nur in geringem Umfang, Tauschgeschäfte waren der Normalfall.

In Jerusalem konzentrierte sich das Handwerk. Verarmte Familien erwarteten vielfach von der Stadt eine Besserstellung ihrer wirtschaftlichen Lage und verließen deshalb das „flache Land".

Eine ständige Quelle für Spannungen und Unruhen waren die Steuern und Zölle. Es gab in allen Provinzen zwei Arten von direkten Steuern, nämlich eine Steuer auf den Bodenertrag und eine Kopfsteuer. Diese Steuern waren in Palästina zur Zeit Jesu nicht verpachtet, sondern für die regelmäßige Zahlung waren die Behörden zuständig. Dagegen waren die Zölle, d. h. die indirekten Abgaben, verpachtet. Besonders wichtig war dabei das portorium (Grenzzoll und Zahlungen beim Passieren von Straßen, Brücken etc.). Die Staatspächter waren in höchstem Maße unbeliebt, weil die Bürger sich – vielfach zu Recht – von ihnen übervorteilt glaubten.

Lektürevorschlag

Eine umfassende Information über das Steuer- und Abgabewesen gibt O. Michel, Art. τελώνης, ThWNT VIII, 88–106.

§ 18 Personen der neutestamentlichen Zeitgeschichte

Literatur: *Zu 1.:* H.-G. Pflaum, Das römische Kaiserreich, PWG IV/2, 1976, 317–428.

Vorbemerkung

Man muß darüber informiert sein, welche Personen im Neuen Testament und in der Umwelt des Urchristentums eine besondere Rolle spielten. Es geht in diesem § natürlich nicht um eine ins einzelne gehende biographische Darstellung dieser Personen, sondern um diejenigen Daten und Fakten, die für Exegese des NT von Bedeutung sind.

1. Römische Kaiser

1) *Augustus* (Alleinherrscher von 31 v. Chr. bis 14 n. Chr.) wird in Lk 2,1 erwähnt und zwar im Zusammenhang mit einer weltweiten Volkszählung. Ob dieser Zensus tatsächlich – und in dieser Form – stattgefunden hat, ist umstritten (s. u. S. 341 f.).

Über die Herrschaft des Augustus informieren das Monumentum Ancyranum (Barrett 1; L-G 17) und die von Sueton verfaßte Biographie. Vielen Zeitgenossen erschien die Regierungszeit des Augustus als eine Art Anbruch des goldenen Zeitalters; das Aufkommen derartiger „messianischer" Stimmungen spiegelt sich in der 4. Ekloge Vergils (verfaßt 40 v. Chr.; Text bei Barrett 4 und L-G 132) und im carmen saeculare des Horaz (Barrett 3). Die Idealisierung des Augustus führte zur Ausbildung von Geburts- und Jugendlegenden (wunderbare Zeichen bei der Geburt, Rettung des Kindes vor Verfolgung, bedeutende geistige Anlagen; L-G 135) und zur Entwicklung des Augustus-Kults (L-G 130 f.). Aber Augustus war noch kein absoluter Alleinherrscher in dem gleichen Stil wie einige seiner Nachfolger. Seine Stellung als princeps basierte in hohem Maße auf seiner tatsächlichen persönlichen Autorität und auf der Kumulation verschiedener wichtiger Ämter (s. o.), weniger auf gewaltsamen Mitteln seiner Herrschaft.

2) *Tiberius,* der Nachfolger des Augustus (14–37), wird in Lk 3,1 f. erwähnt, wo übrigens die einzige feste Datierung für das Leben Jesu vorliegt (es handelt sich wohl um das Jahr 28). Über Tiberius informieren Tacitus und Sueton (Texte bei Barrett 5 ff.). In die Zeit seiner Regierung fiel die Kreuzigung Jesu; allerdings hat man die Hinrichtung Jesu in Rom überhaupt nicht zur Kenntnis genommen. (Jesus wird in der römischen Literatur erstmals bei Tacitus erwähnt.)

Bisweilen wird behauptet, daß Seianus, bis 31 ein Günstling des Tiberius, als Gegner der Juden auf die Haltung des judäischen Prokurators Pilatus Einfluß genommen habe. Im Zusammenhang mit der Absetzung Seians sei dann auch Pilatus abgelöst worden. Aber das ist ganz unwahrscheinlich: Pilatus hat sein Amt trotz Seians Sturz noch bis zum Jahre 36 (oder 37) innegehabt, ein Bruch in seiner Politik (s. u.) ist nicht feststellbar.

3) *Gaius* (Caligula), der von 37–41 regierte, wird im NT nicht erwähnt. Seine Herrschaft war aber für die geschichtliche Entwick-

lung Palästinas von Bedeutung, denn er war der erste römische Herrscher, der den Kaiserkult massiv betrieb. So mußte es, trotz der persönlichen Freundschaft zwischen Caligula und Herodes Agrippa, zu Spannungen kommen (s. o. S. 140). Philo hat in seiner Legatio ad Gaium eine Apologie des Judentums verfaßt (vgl. L-G 251).

4) *Claudius* (41–54) wird in Apg 11,28 und 18,2 erwähnt. Sein Bild ist in der antiken Literatur verzerrt (vgl. die Texte bei L-G 26–28). Insgesamt war seine Herrschaft eine Epoche innerer Konsolidierung. In Apg 11,28 ist von einer weltweiten Hungersnot während seiner Regierungszeit die Rede; andere Quellen berichten immerhin von einzelnen Ernährungsengpässen, wenn auch nicht von einer *allgemeinen* Hungersnot. Claudius erließ ein Edikt, durch das die Juden aus der Stadt Rom ausgewiesen wurden (das Edikt wird in Apg 18,2 erwähnt; zur Datierung s. u. S. 399). Sueton führt es auf Unruhen unter der römischen Judenschaft zurück, deren Urheber ein gewisser „Chrestus" gewesen sei (Barrett 9). Es ist möglich, daß sich hinter dieser Darstellung eine vage Erinnerung an das Eindringen des Christentums in Rom verbirgt – Sueton müßte von diesem Vorgang freilich eine ganz falsche Vorstellung gehabt haben (Jesus in Rom). Claudius griff auch bei jüdischen Unruhen in Alexandria ein, wie sein Brief an die Stadt beweist (L-G 269).

5) *Nero* (54–68), in dessen Regierungszeit der Beginn des Jüdischen Krieges fällt, wird im NT nicht direkt erwähnt, obwohl er für die Christen geradezu das Urbild des apokalyptischen Tyrannen wurde, und zwar wegen der an den Brand von Rom sich anschließenden Christenverfolgung. Diese erfaßte allerdings nicht das ganze Reich, sondern blieb auf die Stadt Rom beschränkt (Barrett 11).

Später entwickelte sich sogar die Idee eines apokalyptischen Nero redivivus. Dabei ist zu beachten, daß Nero für die Christen nicht in erster Linie deshalb zum apokalyptischen Scheusal wurde, weil seine Regierung insgesamt diktatorisch war. Als verbrecherisch sahen sie vielmehr seinen Schlag gegen die römische Gemeinde an; der republikanisch gesinnte Tacitus mißbilligt *diese* Aktion Neros übrigens nicht grundsätzlich.

Wenn Paulus (nach der Darstellung der Apg) unter Berufung auf sein römisches Bürgerrecht während seines Prozesses an den Kaiser appelliert, dann muß es sich dabei um Nero handeln. Die Apg verschweigt aber den Ausgang des Verfahrens.

Die immer wieder diskutierte Frage, ob in Apk 13 Nero in verschlüsselter Form erwähnt sei, läßt sich endgültig wohl nie beantworten.

6) *Vespasian* 69–79 und *Titus* 79–81 werden trotz ihrer großen Bedeutung für die jüdische und die christliche Geschichte im NT nicht erwähnt. Vespasian war zunächst römischer General und als solcher von Nero mit der Niederwerfung des jüdischen Aufstands in Palästina beauftragt worden (Barrett 15). Noch während des Aufenthalts dort wurde er von den Truppen zum Kaiser proklamiert, woraufhin er nach Italien zurückkehrte und die Herrschaft eroberte. Sein Sohn Titus beendete den Krieg siegreich durch die Eroberung Jerusalems im Jahre 70. An diese Vorgänge erinnern im NT Mt 22,7 und Lk 21,20 ff. Der Titus-Bogen in Rom zeigt Geräte aus dem Tempel, so den siebenarmigen Leuchter, die im Triumphzug mitgeführt worden waren. Die Eroberung Jerusalems und die Zerstörung des Tempels bedeuteten einen schweren Schlag für das Judentum; für die jerusalemer Urgemeinde, die wahrscheinlich kurz vor Beginn der Belagerung aus der Stadt geflohen war, bedeutete sie das definitive Ende. Die Stellung der Juden als einer im Römischen Reich privilegierten Gruppe wurde jedoch durch die Niederlage praktisch nicht angetastet (s. o. S. 138. 140).

7) Unter *Domitian* (81–96) gab es die ersten größeren Christenverfolgungen, deren Spuren sich in 1 Petr, in der Apk und im 1 Clem finden, ohne daß der Name des Kaisers genannt wird. Domitian intensivierte den Herrscherkult: Erstmals erhielt der lebende Kaiser den Titel „Deus et Dominus noster" (Barrett 16). Kennzeichnend für den Herrschaftsstil des Domitian ist die Domitian-Statue in Ephesus (BHH III, Tafel 50 b).

Die Regierung der späteren römischen Kaiser hat im NT keinen Niederschlag gefunden.

2. *Die Herodianer*

1) *Herodes* „der Große" wird in der Geburtsgeschichte Jesu erwähnt. Er regierte in Palästina von 37 bis 4 v. Chr. (Josephus gibt zwei ausführliche Darstellungen seines Lebens; vgl. Barrett 109–112.) Er stammte aus Idumäa (s. o. S. 144) und wurde daher von den Juden nicht als vollwertiger Jude angesehen. Die Herrschaft über Palästina war ihm von Rom übertragen worden; mit Geschick rettete er sie durch die Wechselfälle der römischen Bürgerkriege hindurch bis zu seinem Tode. Seine politischen Leistungen als Herrscher sind unbestritten, seine Methoden waren aber vielfach fragwürdig. Der Kindermord von Bethlehem (Mt 2) ist wohl unhistorisch. Es ist aber kein Zufall, daß ihm solche Taten zugetraut wurden.

In Palästina trat Herodes als Förderer des Judentums auf, indem er den Tempel in großem Stil umbauen und die Burg Antonia erheblich erweitern ließ. Außerdem errichtete er einen neuen großen Königspalast. Über die Ausmaße dieser Bauten kann man sich auf einem Stadtplan des alten Jerusalem informieren (vgl. die Berichte des Josephus L-G 142.143). Berühmt sind die Festungsbauten des Herodes in Masada und Machärus.

Außerhalb seines Landes gab Herodes sich jedoch ganz als hellenistischer Herrscher – ohne Rücksicht auf die jüdische Religion. So baute er Samaria/Sebaste und Caesarea als hellenistische Städte aus, einschließlich der Tempel für den Kaiser (vgl. L-G 143). Nach dem Tode des Herodes wurde das Land unter seine Söhne Archelaus, Herodes Antipas und Philippus aufgeteilt. Sie erhielten allerdings nicht den Königstitel, sondern hießen Ethnarchen bzw. Tetrarchen (im NT werden sie freilich bisweilen auch Könige genannt).

2) *Archelaus,* Ethnarch in Judäa, Samaria und Idumäa, wird in Mt 2,22 erwähnt. Josephus schildert ihn als brutalen und ungerechten Herrscher (s. auch Barrett 113). Zehn Jahre nach seinem Amtsantritt wurde er verbannt.

3) *Herodes Antipas* war von 4 v. Chr. bis 39 n. Chr. als Tetrarch Herrscher in Galiläa und Peräa und damit der Landesherr Jesu. Im NT spielt seine dem Gesetz widersprechende Ehe mit Herodias, einer Enkelin Herodes' d. Gr. eine Rolle. Er wurde im Jahre 39 abgesetzt und verbannt.

4) *Philippus* regierte bis zu seinem Tode im Jahre 34 im östlichen Jordanland, also in einem kaum von Juden bewohnten Gebiet. Er wird in Lk 3,1, und Mk 6,17 par (s. o.) erwähnt, spielt aber in der Geschichte des Urchristentums keine Rolle.

5) (Herodes) *Agrippa I.*, Bruder der Herodias, wurde Nachfolger des Antipas und regierte bis zum Jahre 44; es gelang ihm, nach und nach ganz Palästina unter seine Herrschaft zu bringen. Im Jahre 41 erhielt er den Königstitel. Sein Tod wird in legendärer Form in Apg 12 geschildert.

6) Sein Sohn *Agrippa II.*, der von ca. 50 bis 100 im Ostjordanland regierte, wird in Apg 25 f. erwähnt.

3. Statthalter

Von den Statthaltern Syriens und Palästinas in neutestamentlicher Zeit werden im NT vier genannt: Quirinius, Pilatus, Felix und Festus.

1) Publius Sulpicius *Quirinius* wurde im Jahre 6/7 n. Chr. Statthalter von Syrien; nach der Absetzung des Archelaos (s. o.) führte er in Judäa eine Volkszählung durch.

Nach Lk 2,2 fällt diese Volkszählung in die Zeit der Geburt Jesu (zu deren Datierung s. § 48). Das aber läßt sich mit den sonst bekannten Daten über die Amtszeit des Quirinius nicht in Einklang bringen, nach denen diese Zählung frühestens im Jahre 6 oder 7 n. Chr. stattgefunden haben kann. Deshalb wird die These vertreten, Quirinius habe sein Amt in Syrien zweimal zu verschiedenen Zeiten innegehabt. Aber diese Annahme ist nicht zu begründen.

2) *Pontius Pilatus* war ca. 26–36 n. Chr. Statthalter (praefectus) von Judäa. Nach jüdischen Aussagen war er grausam und ungerecht. In Lk 13,1 wird von der Tötung mehrerer Galiläer berichtet; nach Josephus (Ant XVIII 85 ff.) ließ er im Jahre 36 Samariter, die sich am Garizim versammelt hatten, überfallen und später hinrichten. Wegen dieser Aktion wurde er vom syrischen Statthalter abgesetzt und zur Verantwortung nach Rom geschickt. Er hielt sich auch nicht an die den Juden zugestandenen Privilegien, sondern ließ z. B. Truppen mit den das Kaiserbild tragenden Feldzeichen in Jerusalem einmarschieren (Barrett 114). Sein Verhalten im Prozeß gegen Jesus stand aber offenbar in Übereinstimmung mit den bestehenden Rechtsnormen (vgl. dazu u. S. 390 f.).

3) *Antonius Felix* war ca. 52–56 Prokurator in Palästina (also nicht mehr nur in Judäa!). Er war ein Freigelassener und hatte seine sonst nur Rittern vorbehaltene Position durch eine für ihn günstige politische Konstellation in Rom erhalten. Tacitus (Hist V 9) stellt ihn als grausam und ungerecht dar. Die Apg hingegen schildert ihn eigentümlich zwiespältig: Nach 24,25 gerät er in Furcht, als er Paulus von der Gerechtigkeit und vom Gericht predigen hört; nach V. 26 erwartet er jedoch, von Paulus bestochen zu werden. Dahinter steckt aber wohl kein historisch zutreffendes Charakterbild des Felix: Lk will auf diese Weise offenbar nur darlegen, warum Paulus trotz erwiesener Unschuld von Felix nicht freigelassen wird.

4) *Porcius Festus,* Nachfolger des Felix, war 56–60 (?) Statthalter in Palästina. Er hatte den Prozeß gegen Paulus von Felix übernommen, und er gilt als rechtlich denkender Mann. Diesen Eindruck gewinnt man auch aus Apg 25 f.

4. Die Hohenpriester

Im NT werden drei Hohepriester namentlich erwähnt:

1) *Hannas,* der das Amt in den Jahren 6 bis 15 n. Chr. innehatte, war der erste von den Römern eingesetzte Hohepriester. Lukas erwähnt ihn in Lk 3,2 und Apg 4,6 als regierenden Hohenpriester zur Zeit Jesu, aber diese Angaben beruhen auf einem Irrtum.

Fünf Söhne des Hannas wurden später selbst Hohepriester, das „Haus des Hannas" war eine der beiden führenden hohepriesterlichen Familien.

2) *Kaiphas* (Joseph Qajjaph/Kaiaphas), der in der Passionsgeschichte eine große Rolle spielt, hatte ca. 18 bis 37 das Amt des Hohenpriesters inne; nach Joh 18,13 war er ein Schwiegersohn des Hannas. Joh scheint von der Annahme auszugehen, daß das Hohenpriesteramt jährlich neu besetzt bzw. bestätigt wurde, aber diese Angabe deckt sich nicht mit dem, was wir aus den jüdischen Quellen wissen.

3) *Ananias,* der nach Apg 23,2; 24,1 wesentlich am Prozeß gegen Paulus beteiligt war, amtierte von 48 bis ca. 55. Beim Beginn des Jüdischen Krieges 66 wurde er von Aufständischen ermordet.

Die beiden anderen in Apg 4,6 genannten Hohenpriester Johannes und Alexander waren keine Hohenpriester (s. o. S. 140); einen Hohenpriester Skeuas (Apg 19,14) hat es nicht gegeben.

Lektürevorschlag

Über die ursprüngliche Stellung der Hohenpriester informieren 1 Makk 14,25–49 und Josephus (Texte bei Barrett 105.106).

§ 19 Das Judentum

Literatur: J. Maier, Geschichte der jüdischen Religion, 1972, 7–211; J. Maier/J. Schreiner (Hrsg.), Literatur und Religion des Frühjudentums, 1973; *Zu 2.:* M. Limbeck, Die Ordnung des Heils. Untersuchungen zum Gesetzesverständnis des Frühjudentums, 1971. *Zu 3.:* J. Maier, Tempel und Tempelkult, in: J. Maier/J. Schreiner (s. o.), 371–390; P. Schäfer, Der synagogale Gottesdienst, aaO, 391–413. *Zu 4.:* K. Müller, Die Ansätze der Apokalyptik, in: J. Maier/J. Schreiner (s. o.), 31–42; J. Schreiner, Die apokalyptische Bewegung, aaO, 214–253; P. Volz, Die Eschatologie der jüdischen Gemeinde, [2]1934 (= 1966). *Zu 5.:* H. Hegermann, Das griechischsprechende Judentum. Philon von Alexandria, in: J. Maier/J. Schreiner

(s. o.), 328–369; J. Neusner, Babylonisches Judentum während der Zeit des 2. Tempels, aaO, 321–327. *Zu 6.:* Art. Essener, in: Der kleine Pauly, II, 1967, 375–378; Art. Qumran, aaO, IV, 1972, 1316–1322; F. M. Cross, Die antike Bibliothek von Qumran, 1967; J. Maier/K. Schubert, Die Qumran-Essener, 1973 (UTB 224). *Zu 7.:* H. G. Kippenberg, Garizim und Synagoge, RGVV 30, 1972; J. Macdonald, The Theology of the Samaritans, 1964.

1. Allgemeines. Der Gottesgedanke

1) Das Judentum ist zur Zeit Jesu keine einheitliche Größe. Zwar wird der Pentateuch als Grundlage der Religion allgemein anerkannt, aber seine Auslegung ist umstritten. Im übrigen sind die Grenzen des Kanons noch fließend. Als verbindliche theologische Aussagen gelten nur die Sätze, daß Gott *einer* ist und daß er sich Israel als sein Volk erwählt hat. Diese untrennbare Einheit von Volk und Religion ist das generelle Kennzeichen des Judentums: Wer sich von der Geschichte Israels und von der Zugehörigkeit zum jüdischen Volk löst, ist kein Jude mehr (ein berühmtes Beispiel war Tiberius Alexander, der Neffe Philos). Jeder, der als Proselyt in das Judentum eintritt, wird (mit einigen Vorbehalten) auch Glied des jüdischen Volkes.

2) Charakteristische Kennzeichen des Judentums in neutestamentlicher Zeit sind seine weltweite Verbreitung und das Vorhandensein verschiedener Gruppen.

a) Man kann geographisch unterscheiden zwischen dem vorwiegend aramäisch sprechenden Judentum Palästinas einerseits und dem griechisch sprechenden Judentum der Diaspora andererseits. Außerdem besteht eine starke aramäisch sprechende Diaspora in Mesopotamien (Babylon).

b) Das gesamte Volk wird kultisch eingeteilt in vier Gruppen: Priester, Leviten, „Israeliten", Proselyten. Nach theologischer Bildung wird unterschieden zwischen Schriftgelehrten und Laien. Einen Widerhall hiervon findet man im Neuen Testament.

c) Innerhalb des Judentums gibt es unterschiedliche religiöse Gruppen („Parteien"): Pharisäer, Sadduzäer, Zeloten; einen Sonderfall stellen Essener und Samariter dar (s. u. S. 162 ff.). Diese Gruppen vertreten nicht nur in politischen (s. o. S. 141 f.), sondern auch in grundsätzlichen theologischen Fragen verschiedene Auffassungen (s. u. S. 155. 158 ff.).

Das Judentum der neutestamentlichen Zeit wird oft als „Spätjudentum" bezeichnet. Dieser Begriff ist nicht gerechtfertigt; er erweckt den Anschein, als sei das neben der Kirche existierende Judentum bis zur Gegenwart eigentlich ein Anachronismus. Falsch ist aber auch die apologetische Bezeichnung „Frühjudentum", die den Anschein erweckt, als gehöre das Alte Testament nicht zum Judentum. Am besten spricht man vom spätantiken Judentum oder vom Judentum des hellenistisch-römischen Zeitalters.

3) Die beiden tragenden Pfeiler der Religion sind a) das Bekenntnis zum einen Gott, dem Schöpfer, der Israel zu seinem Volk erwählt hat und es einst erlösen wird; b) der Gehorsam gegenüber dem Gesetz, der Urkunde des Bundes zwischen Gott und Israel. Der strenge Gehorsam bezieht sich auf den Kult und auf die Lebensführung, wobei aber ein gewisser Spielraum für die Auslegung der Gebote bleibt.

Sichtbares Zeichen der Einheit des Judentums, zugleich dessen einzige Kultstätte, ist der Tempel in Jerusalem. Wenn also die Samariter einen eigenen Tempel haben, dann bedeutet das deren Separation vom Judentum.

Zwischen ca. 170 v. Chr. und 71 n. Chr. gab es in Leontopolis (Ägypten) einen weiteren jüdischen Tempel, der von dem aus Jerusalem geflohenen Hohenpriestersohn Onias gegründet worden war. Dieser Tempel galt nicht als illegal, besaß aber über seine nähere Umgebung hinaus keine große Bedeutung.

Andererseits sind einige Themen der Theologie offen für verschiedene und teilweise sogar gegensätzliche Positionen. Die Eschatologie z. B. gehört nicht zum festen Bestandteil der jüdischen Lehre: Die Sadduzäer lehnen die Eschatologie apokalyptischen Stils und jede über den Gottesglauben hinausgehende Metaphysik ab (vgl. Apg 23,8), Pharisäer und andere dagegen vertreten den Gedanken der Totenauferstehung (S. 158 f.). Überhaupt entwickelt sich hier eine Tendenz, den Jenseitsgedanken hervorzuheben: Die Transzendenz Gottes wird ständig stärker betont, Gott wird gleichsam immer mehr von der Welt abgerückt. So empfindet man die Notwendigkeit, zwischen dem fernen Gott und dem Diesseits zu vermitteln und spricht Engeln und Hypostasen (s. S. 233) entsprechende Funktionen zu.

2. *Das Gesetz*

1) Zentrum jüdischen Lebens und Denkens war das Gesetz. Es besteht herkömmlich die Meinung, die Gesetzesobservanz sei von den Juden als eine drückende und kaum erträgliche Last verstanden worden. Aber dieses Urteil ist unzutreffend: Von den 613 Geboten und Verboten (Bill I, 900 ff.) waren viele längst zur gewohnten Sitte geworden.

2) Man darf den jüdischen Gesetzesgehorsam nicht falsch interpretieren: Es geht nicht um formalen Gehorsam, sondern um die Haltung, die hinter dem Gehorsam steht. Es kommt nicht ausschließlich auf die Leistungen des Menschen an, vielmehr gehört auch die Gesinnung zum Gehorsam. Auch wenn man die Gebote hält, weil man auf Lohn hofft, so ist es doch nicht erlaubt, das Gesetz selbstsüchtig zu gebrauchen.

Das Gesetz ist also nicht Antrieb zu äußerlicher Gesetzlichkeit, und es ist vor allem für den Juden keine Last (obwohl es der Heidenchrist Lukas so sieht. Apg 15,10). Der fromme Jude ist stolz auf das Gesetz, und er ist stolz auf seine Fähigkeit, die Gebote zu halten (Phil 3,2ff.; Barrett 143.145). Der Gehorsam geschieht deshalb nicht mechanisch, und sein Motiv ist in erster Linie nicht die Angst vor Gott, sondern die Liebe zu ihm, die Anerkennung seiner Ehre. Denn indem der Mensch seine Leistung am Willen Gottes mißt, wird er sich seiner Sündigkeit bewußt und erfährt er, daß er auf Vergebung angewiesen ist. So führt der Gehorsam in die Demut.

Typisch für den Stil der theologischen Arbeit sind die Debatten der Rabbinen über die richtige Auslegung des Gesetzes. Dabei ragen zur Zeit Jesu und des Urchristentums die Schulen Schammais und Hillels heraus: Schammai vertritt eine strenge, Hillel eine mildere Gesetzesauslegung (vgl. Barrett 128).

Nach Apg 22,3 war Paulus Schüler des als Hillelit geltenden Gamaliel I. (Vgl. dazu S. 419).

3) Weil der im Gesetz dokumentierte Wille Gottes ein einheitlicher Wille ist, können Rabbinen das Gesetz in einem Satz zusammenfassen. Von R. Hillel stammt der Satz: „Was dir unlieb ist, tue keinem andren; das ist die ganze Tora und das andre ist Erklärung; geh und lerne“ (Bill I, 460). Diese „goldene Regel“ findet sich auch im NT (Mt 7,12). Allerdings besteht sachlich – nicht formal! (s. dazu u. S. 371) – ein Unterschied: Während das Liebesgebot im NT die Kasuistik aufheben soll, führt es in der rabbinischen Tradition gerade zu deren Bestätigung. Die angesichts des Liebesgebots gestellten Fragen „Wer ist mein Nächster?“ und „Was bedeutet lieben?“ werden kasuistisch (vgl. Lk 10,25–29; Bill I, 354–370) und nicht wie bei Jesus durch den Hinweis auf die konkrete Situation beantwortet (vgl. Lk 10,30–37).

4) Besondere Bedeutung hatte die Debatte um die richtige Auslegung des Sabbatgebots, die ihren Niederschlag auch im NT gefunden hat (vgl. Mk 3,1–6). Ursprünglich galt der Sabbat als Ruhetag;

erst allmählich entwickelte er sich zum Tag des synagogalen Gottesdienstes. Bei den Schriftgelehrten wurde das Gebot der Sabbatruhe zum Gegenstand einer breit ausgebauten Kasuistik. Es wurde interpretiert als striktes Verbot, irgendeine Arbeit zu verrichten. Im Traktat Schabbat ist gesammelt, was am Sabbat erlaubt und was verboten war (Barrett 148.149). Die jüdische Kritik an Jesus dürfte sich vornehmlich daran entzündet haben, daß Jesus das Sabbatgebot von Fall zu Fall übertrat. Natürlich bedurfte auch nach jüdischer Lehre das Gesetz der Auslegung, einer auf die Anwendung in verschiedenen Lebensbereichen bezogenen Interpretation. Aber diese Auslegung war stets kasuistisch, denn der Gehorsam sollte möglichst präzise eingeübt werden. Für diese Aufgabe hatte sich der Stand der Schriftgelehrten entwickelt.

5) Ein grundsätzliches Thema theologischer Diskussion war die Frage, welcher Rang der schriftgelehrten Tradition selbst zukomme. Im Gegensatz zu den Pharisäern waren die Sadduzäer nicht bereit, neben dem Gesetz selbst auch dessen schriftgelehrte Auslegung als Norm anzuerkennen. Zwar legten auch sie das Gesetz aus, aber sie machten diese Auslegung nicht zum verbindlichen Teil der Lehre. Die Aussagen von Mt 23, die sich allein gegen die Pharisäer richten, spiegeln bereits die Situation nach 70, also die Herrschaft der pharisäischen Gesetzesauslegung wider. Berühmt sind die sieben dem R. Hillel zugeschriebenen Auslegungsregeln (Middot; vgl. Barrett 133), unter denen die beiden ersten eine besondere Bedeutung haben.

Die erste Regel qal wachomer (Leichtes und Schweres) meint den Schluß a minori ad maius (und umgekehrt). Er findet sich auch bei Paulus in Röm 5,15 und Röm 5,9 f. (zahlreiche Parallelen bei Bill III, 223 ff.). Die zweite Regel lautet: gezerah schawah (gleiche Verordnung). Sie bezeichnet den Analogieschluß.

Beispiel: Pes 66 a (die Pesikta ist ein haggadischer Midrasch zu den Lektionen der großen jüdischen Feste) wird die Frage erörtert, ob das Passaopfer auch am Sabbat erlaubt sei, ob es also den Sabbat „verdränge". Num 28,2 kann man entnehmen, daß das Tamid-Opfer tatsächlich auch am Sabbat darzubringen ist. An dieser Stelle steht aber das Wort במועדו „zu seiner Festzeit" – und dasselbe steht auch beim Passaopfer Num 9,2. Konsequenz: Was dort gilt, gilt auch hier.

Paulus wendet diese Regel z. B. im Zusammenhang vom Röm 4,1–12 an.

6) Man kann sagen, daß das Judentum insgesamt eine gesetzlich verfaßte Religion war. Das Gesetz war für den Juden das eindeutige Zeichen des Bundes Gottes mit Israel, es verbürgte ihm zu-

gleich die Hoffnung auf die Wiederherstellung des Volkes in einem Staat. Und das Gesetz verhinderte, daß Israel in den Völkern aufging, denn es richtete zwischen ihm und diesen durch Beschneidung, Sabbat und Reinheitsgebote eine Schranke auf.

Arbeitsvorschläge

1. Man sollte die Namen der bedeutendsten jüdischen Gelehrten kennen und zumindest einige rabbinische Texte lesen. Zu Hillel und Schammai vgl. Barrett 128 und L-G 234; zu Gamaliel vgl. L-G 240.241; zu Jochanan ben Zakkai vgl. Barrett 130; zu Aqiba vgl. Barrett 131.
2. Lektüre des Traktat Abot, der bei Mayer, Der Babylonische Talmud, 365 ff. vollständig abgedruckt ist.
3. Mit den Grundzügen rabbinischer Lehre sollte man sich vertraut machen. Zur Sabbatgesetzgebung vgl. Barrett 146–149; zum Strafrecht vgl. Barrett 176–178; zum Passa vgl. Barrett 150. Rabbinische Gleichnisse finden sich bei Barrett 137–139.
4. Vergleich des Achtzehn-Gebets (L-G 244) mit dem Vaterunser.

3. *Der Kult und die Feste*

1) Im Mittelpunkt der jüdischen Gottesverehrung steht der Kult. Kultische Opfer gab es nur am Tempel, der in der nachexilischen Zeit unter Esra neu errichtet worden war. Herodes d. Gr. hatte ihn erneuert und erheblich erweitert.

a) Wie in alttestamentlicher Zeit war das Gebäude des Tempels in das Heilige und das Allerheiligste eingeteilt; die Bundeslade im innersten Raum des Tempels gab es allerdings nicht mehr. Nicht-Juden durften nur den äußeren Vorhof des Tempels betreten, das Überschreiten seiner inneren Schranken war ihnen bei Todesstrafe verboten (Text der Warnungstafeln Barrett 47). Innerhalb dieser Schranken befanden sich verschiedene Vorhöfe: Der Frauenhof war für jüdische Frauen zugänglich, Männer durften den „Vorhof Israels" betreten. Der eigentliche Tempelbezirk war den Priestern vorbehalten. Hier standen der Brandopferaltar, an dem zweimal täglich das offizielle Opfer vollzogen wurde, und der Tempel selbst. Das Allerheiligste im Innern des Tempels durfte nur der Hohepriester einmal im Jahr am „Großen Versöhnungstag" (s. u.) betreten.

Eine ausführliche Skizze vom Grundriß des Tempels gibt J. Jeremias, Jerusalem zur Zeit Jesu, [3]1962, 92; vgl. auch E. Lohse, Umwelt des Neuen Testaments, [3]1977, 110.

b) Der wöchentliche jüdische Gottesdienst in der Synagoge kennt keine Opferhandlungen, sondern ist reiner Wortgottesdienst. Er umfaßt vier Teile: 1. Das Sch^{e}ma („Höre Israel", Bill IV/1, 189 ff.) als Gebet und zugleich als Bekenntnis zum einen Gott nach Dtn 6,4 ff. 2. Das Achtzehn-Gebet (Bill IV/1, 208 ff.). 3. Eine Schriftlesung aus dem Gesetz und aus den prophetischen Büchern mit anschließender freier Übertragung ins Aramäische, d. h. in die Umgangssprache (in der Diaspora also ins Griechische). 4. Predigt über den Text, wobei jedem erwachsenen Juden das Wort erteilt werden konnte (vgl. Lk 4,16 ff.).

2) Von besonderer Bedeutung im Jahreslauf waren die großen Wallfahrtsfeste.

a) Das *Passa* fand am Abend des 14. Nisan (Frühlingsmonat) statt und begann mit dem Schlachten der Passalämmer am Tempel (seit der Zerstörung des Tempels gibt es kein Passalamm mehr). Es schloß sich die Woche der ungesäuerten Brote (Mazzot) an in Erinnerung an die Eile beim Auszug aus Ägypten (in Mk 14,12 ist beides zusammengezogen). Zusammen mit dem Mazzot-Fest war Passa zugleich das Fest des Erntebeginns.

Barrett 150 bietet Auszüge aus dem Traktat Pesachim; zur Lektüre empfohlen ist auch die Darstellung bei Bill IV/1, 41–76.

b) Das *Wochenfest* (Pfingsten) feierte man fünfzig Tage nach dem Passa. Ursprünglich hatte dieses Fest die Bedeutung eines Erntedankfestes; im Laufe der Zeit erhielt es einen heilsgeschichtlichen Sinn als Fest des Bundesschlusses am Sinai (vgl. Bill II, 598–602).

c) Ein wichtiges Fest war der *„Große Versöhnungstag"* (jom kippur) im Herbst; er war ein Fastentag. Nur an diesem Tag betrat der Hohepriester das Allerheiligste des Tempels, um Gott um die Vergebung der Sünden zu bitten (Barrett 153–157). Als Zeichen der Sühne schlachtete er am Brandopferaltar einen Ziegenbock für die eigenen Sünden und belud dann einen zweiten Bock symbolisch mit den Sünden des Volkes und jagte ihn in die Wüste. Die Feier dieses Rituals war nach 70 nicht mehr möglich – seitdem feiert das Volk den Versöhnungstag als Tag der Umkehr.

Die genauen Anweisungen für die Feier sind im Mischnatraktat Joma beschrieben (teilweise bei Barrett 153–157 wiedergegeben).

d) „Das Fest" schlechthin war das *„Laubhüttenfest"*, das sich an jom kippur anschloß und als Fest zur Weinlese mit einem besonders prunkvollen Ritus begangen wurde (der dieses Ritual beschreibende Text ist bei Barrett 152 wiedergegeben). Ein heilsgeschichtlicher Bezug kam dadurch herein, daß die Juden in Erinnerung an den Auszug aus Ägypten sieben Tage lang in Hütten wohnten.

4. Die Eschatologie

1) Eine entscheidende Bedeutung hat im Judentum der neutestamentlichen Zeit die Eschatologie. In der Forschung ist der Ursprung der Eschatologie bzw. deren Entstehen innerhalb der jüdischen Religion umstritten. Es lassen sich zwei Grundtypen jüdischer Eschatologie unterscheiden:

a) Auf der einen Seite steht die national-diesseitige Hoffnung auf die Befreiung Israels, wobei es sich um eine Fortführung der alttestamentlich-prophetischen Heilsankündigung handelt.

b) Auf der anderen Seite steht die universale apokalyptische Erwartung des Weltendes, der Totenauferstehung und des Gerichts, verbunden mit der Hoffnung auf eine kommende Welt. Diese Gedanken sind vermutlich auf iranischen Einfluß zurückzuführen, denn im vorexilischen und auch im frühen nachexilischen Judentum und damit im größten Teil des AT fehlen sie noch.

Die eschatologische Hoffnung verbindet sich bisweilen mit der Erwartung eines Retters; das ist dann entweder der Messias als der nationale Retter (der dann immer ein Mensch ist), oder es ist der „Menschensohn“, eine transzendente Gestalt, die das apokalyptische Reich heraufführt.

2) Der Gedanke der nationalen Hoffnung und der Gedanke der apokalyptisch orientierten Eschatologie sind nicht streng voneinander zu scheiden: Auch die Apokalyptik bleibt an die jüdische Nation gebunden und redet vornehmlich von der Zukunft Israels (Dan, 4 Esr); andererseits kann der Begriff des „Messias“ – entgegen seiner ursprünglichen Bedeutung – auch auf den transzendenten Retter angewandt werden (4 Esr). Bestimmte alttestamentliche Strukturen halten sich in der Apokalyptik auch dann durch, wenn sie systematisch eigentlich gar nicht passen. So kann neben dem apokalyptischen Gedanken der allgemeinen Auferstehung der Toten der prophetische Gedanke des „Restes“ stehen: Nicht alle Toten werden auferstehen, sondern nur der gute Rest des Volkes oder der Menschheit wird im Gericht bewahrt bleiben und die neue Welt erleben.

Der Apokalyptiker versteht seine Lehre als Trost für das angefochtene Volk: In einer Zeit der Bedrängnis und Not soll gesagt werden, daß diese Ereignisse dem Willen Gottes entsprechen und daß Gott ihnen in kurzer Zeit ein Ende machen wird. Daneben spielt der Gedanke der ausgleichenden Gerechtigkeit eine wichtige Rolle: Die Leiden des Volkes und des einzelnen werden sich in der kommenden neuen Welt in Freude verwandeln, der Feind, der jetzt noch triumphiert, wird dann vernichtet werden.

Der Hoffnungsgedanke wird in der Apokalyptik stark „spiritualisiert“ und individualisiert: Das Heil wird nicht mehr von der innergeschichtlichen Zukunft erwartet, sondern vom „Jenseits“. Die Individualisierung der Frömmigkeit ist überhaupt ein allgemeines Charakteristikum des Judentums der neutestamentlichen Zeit und spiegelt sich nicht nur in der Apokalyptik, sondern auch in der Weisheit (s. S. 127).

Lektürevorschläge

1. Häufig belegt ist der Gedanke der beiden Äonen: in „diesem“ Äon herrschen die bösen, gottfeindlichen Mächte, und es leiden die Frommen; im „kommenden“ Äon wird es umgekehrt sein, und diese Hoffnung bedeutet Trost für die Frommen: 4 Esr 7,45–61 (Barrett 218). Hier hat der endzeitliche Gerichtsgedanke seine Funktion: Im Gericht, das Gott vollzieht, werden die Mächte vernichtet, und dann errichtet Gott seine Herrschaft der Gerechtigkeit (besonders instruktiv ist Ass Mos 10; Text bei Barrett 220).

2. Bei der Vorstellung von Auferstehung und Gericht unterscheidet man zwei Typen: Die individuelle und die kollektive Auferstehungsvorstellung. Die Erzählung vom reichen Mann und armen Lazarus Lk 16,19 ff. setzt voraus, daß Auferstehung und Gericht sich individuell, d. h. unmittelbar nach dem Tode des einzelnen vollziehen; häufiger ist aber der Gedanke, es werde eine allgemeine Totenauferstehung am Ende der Zeit geben (so 1 Kor 15 für die Christen). Zur Sache vgl. Bill IV/2, 1166–1198.

3. Der Gedanke der messianischen Zeit und die Erwartung des kommenden Menschensohnes spielen eine besondere Rolle im 4. Esrabuch (Text bei Kautzsch, Apokryphen II, 352–401). Die messianische Zeit wird außerdem geschildert im syrischen Baruch (Auszüge bei Barrett 222), das Kommen des Menschensohnes im äthiopischen Henoch (Barrett 225).

5. *Besonderheiten des Diasporajudentums*

1) Weit mehr Juden als in Palästina lebten in der Diaspora. Wie weit das Judentum verbreitet war, illustriert die „Völkerliste“ Apg 2,9–11. Allerdings muß man beachten, daß Diaspora und hellenistisches Judentum sich nicht decken. Juden wohnten nämlich bis weit in den Orient hinein; eine starke Gruppe lebte in Mesopotamien, von deren theologischer Arbeit der babylonische Talmud zeugt (s. o. S. 129 f.). Das wichtigste geistige und wirtschaftliche Zentrum des hellenistischen Diaspora-Judentums war Alexandria, wo Philo lebte (vgl. Barrett 125; L-G 245). Hier und außerdem in Kyrene (Libyen) bildeten die Juden selbständige politische Körperschaften.

Im Römischen Reich dürften die Juden im allgemeinen den Status der peregrini, d.h. der Nichtbürger, gehabt haben. Ihnen wurde eine gewisse eigene Gerichtsbarkeit und der besondere Schutz ihrer Religion zugestanden. In ihrer „heidnischen" Umgebung fielen die Juden vor allem durch die Exklusivität ihrer Religion auf. Sie waren die einzigen, für die die Teilnahme an fremden Kulten vollkommen undenkbar war. Kennzeichnend und zugleich für die Umwelt überraschend und befremdlich war die Bildlosigkeit des Kultes. Auffällig war schließlich auch das Halten des Sabbats (Juvenal schreibt darüber in der 14. Satire 96–106; L-G 265).

Wie ein Römer die Juden sieht, zeigt Tacitus Hist V 3–5 (L-G 274).

Typisch für das Judentum war die Mission unter Nichtjuden, wobei zwei Gruppen von Bekehrten zu unterscheiden sind:

a) Die Proselyten, die zum Judentum übertreten, sich beschneiden lassen und das ganze Gesetz halten; b) die sogenannten Gottesfürchtigen, die das jüdische Grundbekenntnis zum einen Gott annehmen, die jüdischen Gesetzesvorschriften im einzelnen aber nicht übernehmen.

2) Das hellenistische Judentum hat eine reiche Literatur hervorgebracht, die in nachneutestamentlicher Zeit aber ausschließlich durch christliche Überlieferung erhalten blieb, während sie innerhalb des Judentums selbst durch die rabbinische Literatur völlig verdrängt wurde.

a) Eine hervorragende Leistung war die Übersetzung der Bibel ins Griechische. Die Legende über die wunderbare Entstehung dieser sog. Septuaginta (LXX) ist im Aristeasbrief überliefert (Barrett 207; L-G 275). Tatsächlich entstand die LXX aber in einem langen Traditionsprozeß, der auch in der differenzierten Textüberlieferung und in dem von der hebräischen Bibel abweichenden Kanon zum Ausdruck kommt. Zweifellos war die LXX für die geistige Entwicklung des hellenistischen Judentums außerordentlich wichtig. Sie galt als ebenso inspiriert wie der hebräische Urtext. Die Tatsache, daß das Urchristentum die LXX als heilige Schrift übernahm und christologisch deutete, führte dann aber dazu, daß das Judentum sie im 2. Jahrhundert durch andere Übersetzungen (Aquila, Symmachus, Theodotion) ersetzte.

Aufbau und Zusammensetzung der LXX weichen z. T. erheblich vom hebräischen Kanon (und damit auch von den üblichen AT-Übersetzungen) ab; eine detaillierte Übersicht hierüber findet sich bei Nestle[26], S. 739 ff. Zu den Ausgaben der LXX s. o. S. 11.

b) Die apologetischen Schriften des hellenistischen Judentums wandten sich polemisch gegen den Polytheismus, vor allem gegen die Bilderverehrung, und verteidigten den Monotheismus. Zu nennen sind hier die Sapientia Salomonis (Auszüge L-G 281–286), der Roman über Joseph und Aseneth (deutsch bei Rießler, Jüdisches Schrifttum), die Schrift des Josephus gegen Apion (Auszüge L-G 271–273) und vor allem die Werke Philos (s. u.).

Ein Zeugnis der Auseinandersetzung zwischen Judentum und Hellenismus ist das 2. Makkabäerbuch; es kritisiert ausdrücklich die Tendenz, eine Synthese zwischen beiden Kulturbereichen, insbesondere auf dem Gebiet des Religiösen herzustellen. Im Vordergrund steht daher die Kritik an den syrischen Königen Seleukos und Antiochos Ephiphanes (L-G 278–280).

Lektürevorschlag

2 Makk ist auch ein typisches Beispiel für die erbaulichen Schriften, Legenden und Traktate des hellenistischen Judentums (Kautzsch, Apokryphen I, 81 ff.). Kautzsch bietet außerdem eine Auswahl aus den sibyllinischen Orakeln (Or Sib), mit denen im Judentum die heidnischen Orakel nachgeahmt wurden (II, 184 ff.).

3) Die bedeutendste Gestalt des hellenistischen Judentums war der in Alexandria lebende Theologe und Religionsphilosoph Philo, ein Zeitgenosse Jesu (geb. 15/10 v. Chr.; gest. nach 40 n. Chr.). Er trat politisch hervor, als er im Jahre 40 n. Chr. eine Gesandtschaft der alexandrinischen Judenschaft leitete, die beim Kaiser Caligula (Gaius) gegen die antijüdischen Maßnahmen der Alexandriner protestierte und die angestammten jüdischen Rechte zu sichern versuchte (vgl. die Legatio ad Gaium, eine apologetische Schrift Philos; Auszüge bei L-G 309–314). Er schrieb einen umfangreichen allegorischen Kommentar zur Genesis (in mehreren Einzelschriften überliefert: „Allegorische Gesetze", Leg All; „Über die Giganten", Gig, usw.), ferner kurze Kommentare zum Pentateuch (nur noch teilweise erhalten). Philo verfaßte außerdem systematische Abhandlungen, u. a. über die Schöpfung und über die Gesetzgebung des Mose. Wichtig sind schließlich seine historisch-apologetischen Schriften, in denen er vor allem Mose als einzigartigen und idealen Herrscher und Gesetzgeber und das Judentum als die wahre Religion bzw. Philosophie darstellte. Seine wichtigste Methode der Bibelauslegung war die Allegorese: Die alttestamentlichen Erzählungen setzte er in die Sprache und Vorstellungswelt der hellenistischen Philosophie um und inter-

pretierte die Erzvätergestalten als ethische Vorbilder. Philo hielt aber am Judentum, an dessen grundlegenden dogmatischen Lehren und am Gesetz fest.

Lektürevorschlag

Unerläßlich ist die Kenntnis wenigstens einiger Philo-Texte. Sie werden als Parallelen zu neutestamentlichen Schriften immer wieder herangezogen und geben außerdem Einblick in die theologische Lehre und die hermeneutischen Prinzipien der Bibelauslegung des hellenistischen Judentums. Man sollte auf jeden Fall die bei L-G 292–324 abgedruckten Abschnitte aus verschiedenen philonischen Schriften einschließlich der kurzen Angaben in den jeweiligen Überschriften lesen.

6. Essener (Qumran-Gemeinde)

1) Die Gruppe der Essener lebte am Rande des offiziellen Judentums. Sie hatte sich jedoch von diesem nicht grundsätzlich getrennt und galt nicht als häretisch. Sie war davon überzeugt, das wahre Israel zu repräsentieren, und ihre Angehörigen bemühten sich deshalb in besondrem Maße um die Einhaltung aller im Gesetz vorgeschriebenen Reinheitsvorschriften. Den Tempel in Jerusalem erkannten die Essener zwar grundsätzlich als die jüdische Kultstätte an, sie betrachteten ihn jedoch als entweiht und nahmen daher an den Opfern und den üblichen jüdischen Festen nicht teil.

Über Lebensweise und Anschauungen der Essener gibt es bei antiken Schriftstellern sehr unterschiedliche Aussagen (vgl. Art. „Essener“, Kleiner Pauly II, 375–378).

2) Ein Teil der Essener hatte sich vom übrigen Judentum auch räumlich zurückgezogen und lebte als mönchsähnlicher Orden in einem Wüstenkloster am Toten Meer (Qumran).

Seit dort im Jahre 1947 zahlreiche Schriftrollen entdeckt wurden, fanden umfangreiche Ausgrabungen statt. Sie haben dazu geführt, daß wir über die Qumrangemeinde mehr als über jede andere jüdische Gruppe wissen, obwohl sie im NT nicht direkt erwähnt wird. Insbesondere fand man eine umfangreiche Bibliothek, die Einblick in Kult, Theologie und Alltagsleben der Gemeinde gibt.

Die wichtigsten Gruppen der Qumranschriften (zur Zitierweise s. o. S. 128 f.) sind a) die Ordensregeln, d. h. die Damaskusschrift (dazu S. 129) und die Sektenregel; b) Kommentare zu biblischen Schriften; c) religiöse Dichtung (Psalmensammlungen) und d) die eschatologische Schrift vom „Krieg der Kinder der Finsternis gegen die Kinder des Lichts".

Im Mittelpunkt der Lehre von Qumran stand das Prinzip, daß die Forderungen des Gesetzes voll zu erfüllen seien; konkret geschah das in der Übernahme der Ordensregel durch den in die Gemeinde Eintretenden. Die Gruppe verlangte die Preisgabe jeglichen privaten Besitzes, und sie verschärfte die Reinheitsgebote.

Die eschatologischen Vorstellungen der Qumrangemeinde sind vom Dualismus geprägt. Licht und Finsternis stehen miteinander im Kampf; jetzt werden die Kinder des Lichts und die Kinder der Finsternis voneinander geschieden, und jeder einzelne Mensch hat sich endgültig zu entscheiden, ob er zu diesen oder zu jenen gehören will (vgl. 1 QS III über die beiden Geister und ihre Wege). Am Ende aller Zeit, nach dem letzten Krieg zwischen den beiden Geistern, wird Gottes Herrschaft anbrechen. Dabei gibt es in der qumranischen Eschatologie zwei Messiasgestalten: den priesterlichen Messias an der ersten und den politischen Messias an der zweiten Stelle. In dieser Rangordnung der beiden Messiasse spiegelt sich die hierarchische Ordnung der Qumrangemeinde, wie sie sich in der äußeren Organisation und in der Ordnung beim Gemeindemahl darstellt.

3) Häufig wird die Frage diskutiert, in welchem Verhältnis die Lehre Jesu und des Urchristentums (vor allem im Blick auf die Antithesen der Bergpredigt) zur Theologie der Qumrangemeinde steht. Es bestehen bei einzelnen Themen tatsächlich deutliche Übereinstimmungen: Hier wie dort wird der Mensch zur grundsätzlichen Entscheidung aufgefordert, hier wie dort gibt es einen Licht-Finsternis-Dualismus; Qumran kennt ebenso wie das Urchristentum den Gedanken der Prädestination. Der entscheidende Unterschied besteht aber in der Interpretation des Gesetzes: Jesu Ruf zur Toraverschärfung in den Antithesen ist ungrundsätzlich, d. h. er orientiert sich an der konkreten Situation des Nächsten, während in Qumran die rigorose Ethik prinzipiell gilt. Jesus fordert nicht die prinzipielle Preisgabe des Besitzes (vgl. Mk 10,17–31), denn er macht menschliche Leistung nicht zur Voraussetzung der Gnade Gottes. Gehorsam gegenüber Gottes Forderung kann in der konkreten Situation des einzelnen sich zwar in freiwilliger Armut konkretisieren, aber ein Prinzip macht Jesus daraus nicht. Ähnlich ist das Verhältnis zwischen Paulus und Qumran: Beide kennen den Gedanken des sola gratia; aber während Paulus daraus den Gedanken ableitet, daß Christus das Ende des Gesetzes sei (Röm 10,4), wird in Qumran das Gesetz gerade durch dieses Gnadenverständnis noch verschärft. Die christ-

liche Gemeinde und die Qumrangemeinde führen ihre Existenz jeweils auf eine geschichtliche Gründergestalt zurück – auf Jesus bzw. auf den „Lehrer der Gerechtigkeit“. Es ist aber kennzeichnend, daß das Christentum in Jesus den Erlöser sieht, während der Lehrer der Gerechtigkeit im wesentlichen die Funktion des Gesetzeslehrers hat.

Arbeitsvorschläge

1. Die hermeneutischen Prinzipien der Qumrangemeinde bei der Auslegung des AT zeigen sich in 1 QpHab: Die alttestamentlichen Aussagen beziehen sich eigentlich auf den Lehrer der Gerechtigkeit und auf die Gemeinde, d. h. die Schrift ist eschatologisch auf die Gegenwart hin zu interpretieren. Wie verhält sich das zur urchristlichen Schriftauslegung?
2. Welche Konsequenzen hat das unterschiedliche Verständnis des Lehrers der Gerechtigkeit bzw. Jesu für die Theologie ihrer Gemeinden? Hilfsmittel: G. Jeremias, Der Lehrer der Gerechtigkeit, 1963, 319–353.
3. Wie lassen sich der Dualismus in Qumran auf der einen und der Monotheismus auf der anderen Seite zur Deckung bringen?
Hilfsmittel: J. Becker, Das Heil Gottes, 1964, 74–83.
4. In welchem Verhältnis stehen Sündenbewußtsein und Rechtfertigung zueinander? Inwieweit bestehen Übereinstimmungen mit der paulinischen Theologie? Wo gibt es Differenzen?
Hilfsmittel: J. Becker, aaO, 238–279.

7. Samariter

Faktisch außerhalb des offiziellen Judentums lebten die Samariter (oder Samaritaner). Sie wurden als häretisch angesehen.

Die Ursachen für die Entstehung dieser jüdischen Sondergemeinde sind weitgehend unbekannt. Entscheidend für die Absonderung vom übrigen Judentum war die Gründung eines eigenen Heiligtums auf dem Garizim (vermutlich Ende des 4. Jahrhunderts v. Chr.). Da sie als heilige Schrift ausschließlich den Pentateuch anerkannten, lehnten sie bis in die nachneutestamentliche Zeit sowohl den Gedanken der Totenauferstehung als auch die Apokalyptik insgesamt ab. Ihr Bekenntnis umfaßt vier Hauptaussagen: Es ist *ein* Gott; Grundlage der Religion sind Mose und das Gesetz; Ort der Gottesverehrung ist der Berg Garizim; die Hoffnung richtet sich auf einen kommenden Tag der Rache und der Belohnung.

In Joh 4 liegt der erste Beleg dafür vor, daß es auch eine samaritanische Messiaserwartung gab; es ist allerdings möglich, daß Joh ihnen diese Erwartung lediglich unterstellt. Samaritanische Quellen sprechen erst in später Zeit von der Hoffnung auf einen „Propheten wie Mose“ (nach Dtn 18,15–19), der Ta'eb genannt wird.

Die Übersetzung des Begriffes Ta'eb ist umstritten. Möglich sind a) „der Wiederhersteller (des Kults); b) „der Zurückführer" (d. h. der, der die Menschen zur Buße führt); c) einfach „der Wiederkehrende".

Der Ta'eb ist keine übernatürliche Gestalt und vor allem kein Erlöser, sondern er bleibt dem Priestertum nachgeordnet.

Über das Verhältnis zwischen den Samaritern und den übrigen Juden in neutestamentlicher Zeit werden in der Forschung unterschiedliche Auffassungen vertreten. J. Jeremias meint, die Beziehungen hätten stärksten Schwankungen unterlegen, jedoch könne man sagen, daß zur Zeit Jesu „kein wesentlicher Unterschied in der Stellung der Juden zu den Samaritanern und zu den Heiden bestanden" habe (Jerusalem zur Zeit Jesu, [3]1962, 394). Demgegenüber vertritt H. G. Kippenberg die These, daß trotz der Trennung von Juden und Samaritern in der Makkabäerzeit bis ins 2. nachchristliche Jahrhundert hinein einigen Rabbinen jedenfalls noch durchaus bewußt gewesen sei, die Samariter seien Israeliten und nicht Heiden (Kippenberg [s. Literaturangaben] 137–143).

§ 20 Die nichtjüdischen Religionen des hellenistischen Zeitalters

Literatur: R. Bultmann, Das Urchristentum im Rahmen der antiken Religionen, [4]1976, 109–187; F. Cumont, Die orientalischen Religionen im römischen Heidentum, [3]1931; G. Haufe, Hellenistische Volksfrömmigkeit. Die Mysterien, in: L-G I, [3]1971, 68–126; M. P. Nilsson, Geschichte der griechischen Religion II. Die hellenistische und römische Zeit, HAW V/2, [2]1961.

1. Überblick

Durch Alexander d. Gr. hatte sich das Griechentum weit nach Osten ausgebreitet. Umgekehrt wurde in römischer Zeit das Einströmen von Menschen aus dem Osten des Reiches nach Westen (Italien) zu einem ständig wichtiger werdenden Faktor der religiösen Entwicklung. Denn die mit dieser Wanderungsbewegung verbundenen politischen, wirtschaftlichen und kulturellen Veränderungen führten auch zu Veränderungen des Weltbildes und der Weltanschauung. Zwar blühte der traditionelle Kult der römischen und griechischen Götter äußerlich wie zuvor: Ihnen galt der offizielle Kult bei den großen Festen. Aber ein wirkliches religiöses Bemühen, ein echter Glaube an Apollon oder Athene, an Jupiter oder Diana steht nur noch selten dahinter. Das typische Kennzeichen der Zeit war die Ausbreitung der Religionen und die Bildung von Gemeinden in allen Teilen des Reiches.

Dadurch kam es zu einer Beeinflussung der alten Religionen durch neue Elemente, d. h. zum „Synkretismus" (bzw. zur „Theokrasie"). Kennzeichen dieses Synkretismus war die Identifikation der griechischen mit den im Osten einheimischen Göttern (interpretatio Graeca). Die jeweiligen Göttergeschichten (Mythen) und die jeweiligen Funktionen der Götter vermischten sich. Aphrodite beispielsweise wurde mit der ägyptischen Isis identifiziert, und man feierte sie in Aretalogien als Stifterin von Kultur und Recht (Barrett 94; L-G 124). Hermes, einst Götterbote und Gott der Kaufleute, wurde durch seine Identifikation mit dem ägyptischen Thot zum „Hermes Trismegistos", zum allweisen Logos, zum Erlöser und zugleich zum Patron einer weitverbreiteten Erbauungsliteratur (vgl. das Corpus Hermeticum, vor allem den Traktat Poimandres; Barrett 84–99). Der Zeus/Baal von Heliopolis in Syrien wurde zum Allgott, der die anderen Götter in sich umfaßte.

Die Tendenz zum Monotheismus wurde zu einem charakteristischen Kennzeichen dieser Götteridentifizierungen; sie entspricht auch der Entwicklung in der Philosphie (s. u. § 21). Die Existenz vieler Götter wurde dabei gar nicht bestritten; es zeigte sich aber eine Neigung, diese verschiedenen Götter als Erscheinungsformen der einen göttlichen Potenz zu begreifen. Ein eindrucksvoller Beleg dafür ist ein Text in einem der orphischen Fragmente: εἷς Ζεύς, εἷς Ἅδης, εἷς Ἥλιος, εἷς Διόνυσος, εἷς θεὸς ἐν πάντεσσιν (vgl. E. Peterson, ΕΙΣ ΘΕΟΣ, 1926, 241 f.).

2. *Typen von Religion*

Man muß sowohl die verschiedenen Göttertypen wie auch die verschiedenen Kulttypen voneinander unterscheiden.

1. a) Vor allem in Babylon und in Syrien waren die Gestirnreligionen verbreitet, d. h. die Verehrung von Astral- und Himmelsgottheiten. Die syrischen Baale, bekannt aus dem AT, waren ursprünglich Vegetationsgottheiten gewesen, hatten sich aber unter chaldäischem Einfluß zu Gestirngottheiten entwickelt. Es bestand sogar eine Tendenz, sie als Allgottheiten anzusehen.

Entstanden war der Glaube an die Astralgottheiten durch die Neuinterpretation des alten Schicksalsglaubens, der den Menschen in der Bindung an die Ananke oder Heimarmene gesehen hatte.

Nun wurden die Gestirne als die Weltherren angesehen, die alten Götter wurden zu kosmischen Mächten, die damit aber auch die Macht bekamen, den Menschen von der unerbittlichen Heimarmene zu befreien. Nun war er dem Schicksal nicht mehr rettungslos ausgeliefert, er konnte vielmehr durch den Glauben an die Sterngottheiten befreit und gerettet werden.

Diese Idee war letztlich auch die Grundlage für die Magie und vor allem für die Gnosis (s. u. § 22).

b) Weit verbreitet war der Glaube an die „sterbenden und auferstehenden Götter". Sie symbolisierten ursprünglich den Kreislauf der Natur, wurden dann aber individualisiert. Im Osten waren sie z. T. Volksgötter gewesen (vgl. etwa Isis); aber sobald sie nach Westen kamen, verloren sie diesen nationalen Charakter und wurden zu Kultherren in Gemeinden eines neuen soziologischen Typus, in denen Gläubige ohne Unterschied der Volkszugehörigkeit (s. u.) miteinander verbunden waren.

Eine besonders charakteristische Erscheinung waren die Mysterienreligionen: Der Sinn der antiken Mysterien war es, das eigentliche Sein des Menschen vom Zugriff der dämonischen Mächte zu befreien, indem der Myste durch das Mysterium Anteil am Geschick des Kultgottes gewann. „Getrost, ihr Mysten, der Gott ist erlöst; so werden auch wir Erlösung aus dem Leiden finden" (vgl. L-G 116). Dieser Ruf aus dem Kult des sterbenden und auferstehenden Osiris (L-G: Attis) kennzeichnet das Wesen dieser Religiosität. Bei der Einweihungszeremonie starb das alte Leben des Mysten, und es begann das neue Leben in der Erlösung.

Am weitesten verbreitet war die Verehrung der Isis. Sie gilt als Herrin des Kosmos, als Allwissende; sie ist die personifizierte Weisheit. Sie ist es, deren „numen unicum multiformi specie, ritu vario, nomine multiiugo" in der ganzen Welt verehrt wird (Apuleius met XI 5). Im Kult wird sie angerufen als „una quae es omnia" (vgl. E. Peterson, ΕΙΣ ΘΕΟΣ, 1926, 235).

Neben dem Kult der Isis und des Osiris (Barrett 91.94) waren weitere Beispiele für diesen Göttertyp die Kulte des Attis und des Adonis (Barrett 92; L-G 118). Dabei muß man berücksichtigen, daß die Mysterienkulte nicht exklusiv waren: Man konnte sich in mehrere Kulte einweihen lassen. Zugleich ist von Bedeutung, daß die Mysterienreligionen keine überregionale Organisation, keine „Kirche" bildeten.

Es wäre falsch, hinter den verschiedenen Mysterienreligionen eine einheitliche Theologie oder Anthropologie zu sehen. Ihre große Popularität beweist aber den gegenüber der klassischen Zeit grundlegenden Wandel des Existenzverständnisses, den Hang zum Mystischen und Irrationalen.

c) Von Bedeutung waren auch die Mantik, die Astrologie und der Glaube an Wundermänner. Man befragte das Orakel (L-G 96); ein Vater fragt den Gott Sarapis, ob sein Sohn wohl bereit werde, sich mit ihm zu einigen (Barrett 25). Die herausragende Erscheinung unter den Wundermännern der Zeit war der Wanderphilosoph Apollonius von Tyana, dem unter anderem auch Totenauferweckungen (L-G 86) und Dämonenaustreibungen (Barrett 81) zugesprochen wurden.

d) Zu erwähnen sind noch gewisse Erscheinungen des religiösen Untergrunds. Magische Formeln und Praktiken gelangten im 2. vorchristlichen Jahrhundert zu einer wahren Hochblüte; man war der Meinung, die Götter könnten durch die Anwendung geeigneter Mittel veranlaßt werden, bestimmte Handlungen zu tun oder zu unterlassen. Einige Texte aus der unterschöpflichen Zahl der Zauberpapyri sind bei L-G 87–92 abgedruckt.

2) Die hellenistische Kultur hat im Bereich der Religiosität nicht nur neue Inhalte, sondern auch neue Formen hervorgebracht. Das hängt entscheidend auch mit der Tatsache zusammen, daß der Kult der neuen Götter nicht mehr Volks- bzw. Staatskult war, sondern der Kult einer unter Umständen weltweit verbreiteten Gemeinde, die sich frei und ohne nationale und soziale Schranken versammelt, um der Gottheit zu dienen.

a) Kennzeichnend für die Mysterienreligionen ist im Unterschied zu den Feiern der offiziellen Religion der Kult in abgeschlossenen Räumen, die dem Nichteingeweihten nicht zugänglich sind. Die Satzung eines solchen Mysterienvereins ist bei L-G 113 abgedruckt. Neben den geheimen Begehungen gab es aber auch öffentliche Feste, die natürlich der Werbung dienten und so zu Ausbreitung des Kults beitrugen. Die Weihe eines Priesters der Großen Mutter wird von Prudentius geschildert (Barrett 93).

b) Der wichtigste Ritus der Mysterienreligion war die Initiation, die Einweihung des Mysten durch den Mystagogen. Unter strikter Geheimhaltung unterzog sich der Novize bestimmten Reinigungsriten, dann geschah die Übergabe des Symbols und schließlich die Schau der Gottheit. Es ist klar, daß vor allem beim Kult der weiblichen Götter eine starke sexuelle Symbolik eine große Rolle spielte.

c) Dies und die strenge Abschirmung der Mysterienhandlung gegenüber der Öffentlichkeit war übrigens für die römische Religionspolitik ein Grund, durch Senatsbeschluß gegen den Isiskult vorzugehen. Unter Augustus wurden Gesetze gegen die Mysterien erlassen (Dio Cassius 53,2,4); Tacitus berichtet von der Vertreibung des Kults der Sacra Aegyptica et Judaica aus Rom (Ann II 85). Dennoch erwiesen sich diese Kulte auf die Dauer als stärker – schon Caligula ließ auf dem Marsfeld einen Isistempel errichten.

Lektürevorschläge

Über Einzelheiten des Isiskults und der damit verbundenen Mysterienfeiern unterrichtet Apuleius im 11. Buch seiner Metamorphosen (Der goldene Esel); der Text ist teilweise bei L–G 123 abgedruckt. Die außerordentliche Wertschätzung der Isis läßt sich an der Isis-Aretalogie von Kyme ablesen (L-G 124).

Zum Kult der Kybele und des Attis vgl. L-G 115.

Den teilweise orgiastischen Kult der Dea Syriaca schildert Apuleius met VIII (vgl. L-G 117).

Zum Mysterienkult von Andania vgl. L-G 114.

§ 21 Die Philosophie des hellenistischen Zeitalters

Literatur: O. Gigon, Grundprobleme der antiken Philosophie, 1959; ders., Die antike Kultur und das Christentum, 1966; M. Pohlenz, Die Stoa. Geschichte einer geistigen Bewegung, [4]1970/72.

1. Allgemeines

Parallel zur politischen und sozialen Entwicklung der hellenistischen Epoche (s. o. S. 132 ff.) vollzog sich auch eine geistige Neuorientierung der oberen Schichten der Bevölkerung: Nicht mehr die Polis bildete den Horizont des Denkens und des Bewußtseins, sondern die Welt, der Kosmos; man kann durchaus sagen, im Hellenismus habe sich ein kosmopolitisches Bewußtsein ausgebildet. Das läßt sich beispielsweise an der Bedeutungsgeschichte einzelner politischer Begriffe ablesen: ἐλευθερία und νόμος bezeichnen in der hellenistischen politischen und philosophischen Literatur nicht mehr die Freiheit des Bürgers in der autonomen Stadt und nicht mehr die Gesetze, die sich die freie Stadt selbst gibt; sondern sie beziehen sich auf die Stellung des einzelnen in der Welt. Beide Begriffe verlieren damit aber ihre konkrete politische Funktion und Bedeutung, denn in den Mittelpunkt rückt die Suche nach der inneren Freiheit des einzelnen.

Die Tendenz zum Kosmopolitischen und die Abwendung von den konkreten Fragen der gesellschaftlichen Situation schlägt sich in der Philosophie nieder. Der Mensch will sich verstehen in der Natur und im Kosmos, und die Philosophie entwickelt dabei den Gedanken, daß die Gesetze des Kosmos zugleich die Gesetze des Menschen seien.

2. *Die philosophischen Schulen*

Man sollte auf jeden Fall die vier wichtigsten philosophischen Schulen kennen:

1) Plato – die Akademiker
2) Aristoteles – die Peripatetiker
3) Stoa; den Stoikern in manchem verwandt die Kyniker, die auf Diogenes zurückgehen.
4) Epikur – die Epikureer.

Diese vier Schulen werden, soweit das für die neutestamentliche Zeitgeschichte von Bedeutung ist, kurz dargestellt. Für eingehendere Studien sei auf die Literatur, insbesondere auf O. Gigon (s. Literaturangaben) verwiesen.

Gemeinsam war den vier Richtungen die bereits erwähnte Entwicklung hin zum Individualismus einerseits und zum Kosmopolitismus andererseits. Beherrschendes Thema ist die Frage nach der richtigen Lebensgestaltung des einzelnen, wobei die reine Theorie zurückgedrängt wird. Ausgangspunkt aller Überlegungen ist die Überzeugung, daß Tugend lehrbar sei und den Menschen glücklich mache. Typisch für die philosophische Entwicklung ist die Tendenz zum Monotheismus, die exemplarisch in der pseudoaristotelischen Schrift „De mundo" zum Ausdruck kommt (vgl. L-G 350).

Andererseits aber gab es prinzipielle Unterschiede zwischen den Schulen. Ihre teilweise entgegengesetzten Voraussetzungen (etwa die Spannung zwischen den drei ersten Schulen, die sich auf Sokrates berufen, und den Epikureern, die nicht in der sokratischen Tradition stehen wollen) hielten sich durch und spielten auch in der weiteren Entwicklung eine entscheidende Rolle.

1) Für die platonische Schule, obwohl sie sich von ihrem Ursprung inzwischen entfernt hatte, war der Idealismus weiterhin von grundlegender Bedeutung, d. h. das Nebeneinander von Ideenwelt/Urbild und sinnlich erfahrbarer Welt/Abbild blieb bestimmend. Zu den

Platonikern gehörte im ersten Jahrhundert u. a. Plutarch (50–120 n. Chr.), der vor allem die „Parallelen Biographien“ berühmter Griechen und Römer sowie moralische Schriften verfaßte. Insgesamt führte der Platonismus ein akademisches Dasein und bildete keine populäre Richtung aus. Wirkungen finden sich bei Cicero und bei Philo, aber größeren Einfluß erhält die Akademie erst wieder im Neuplatonismus (Plotin). Es gibt keine echten Berührungspunkte zwischen ihr und dem NT – d. h. neutestamentliche Aussagen und Begriffe dürfen durchweg nicht mit Hilfe „platonischer“ Kategorien interpretiert werden.

2) Die Peripatetiker trieben, wie schon Aristoteles selbst, empirische Wissenschaft. Hierdurch wurde sowohl ihr philosophisches System als auch ihre Ethik bestimmt. Die peripatetische Philosophie baute auf einem sechs zentrale Aussagen enthaltenden System auf: *Gott* ist der erste unbewegte Beweger des Kosmos; *dieser Kosmos* ist ewig, die Welt des *Menschen* ist dem unmittelbaren Einfluß Gottes entzogen. Das Ideal der kosmischen Bewegung ist der Kreis, die *Ideenlehre* Platos gilt als widerlegt. In der *Seelenlehre* hält sich die Spannung, die sich schon bei Aristoteles findet, durch: Die Seele kann als unkörperlich, göttlich angesehen werden – oder aber als irdisch-materiell an den Körper gebunden. Die peripatetische *Ethik* schließlich versteht Tugend stets als Mittel zwischen zwei möglichen Extremen, so etwa Tapferkeit als Mitte zwischen Feigheit und Tollkühnheit, Freigebigkeit als Mitte zwischen Geiz und Verschwendungssucht usw. Anklänge hieran finden sich in den neutestamentlichen Haustafeln. Aber auch der Aristotelismus blieb insgesamt auf den akademischen Bereich beschränkt.

3) In der Stoa wird die monotheistische Tendenz der Zeit besonders deutlich faßbar: Es gibt nur ein einziges Göttliches, das den ganzen Kosmos durchdringt, aber nicht mit ihm identisch ist. Es konnten aber die verschiedensten Mythologien und Gottesvorstellungen innerhalb des stoischen Systems ihren Platz finden.

Kennzeichnend für das stoische Denken war die Einheit von Weltbild und Ethik. Im Vordergrund stand das Bemühen, auf die praktischen Lebensfragen eine Antwort zu geben; dabei wurde aber gleichzeitig gezeigt, daß Naturgesetz und Sittengesetz miteinander übereinstimmten. Der Kosmos ist vom Logos durchwaltet, und zwischen diesem Makrokosmos und dem Mikrokosmos (= Mensch) besteht eine Harmonie. Deshalb wird die Natur als Gesetzgeberin für alle Probleme der Ethik angesehen, d. h.: Sofern der Mensch mit der Natur in vollständiger Übereinstimmung lebt, hat er den höchsten

Grad der Tugend erreicht, wobei ihn sein Gewissen aber immer wieder anspornt, die eigene Vollkommenheit zu überprüfen.

Repräsentanten der Stoa sind zur Zeit des Urchristentums Seneca und Epiktet. Sie fordern, daß der Weise sich bemühen muß, von den Affekten frei zu werden und damit selbst dem Tode gegenüber frei zu sein. Das, was von außen kommt, steht nicht in der Verfügung des Weisen, aber in seiner eigenen Macht steht dessen innere Bewältigung. „In unserer Macht stehen Urteil, Trieb zum Handeln, Begehren, Meiden, mit einem Wort alles, was unsere Aufgabe ist; nicht in unserer Macht stehen der Leib, Hab und Gut, Ehren, Ämter, mit einem Wort alles, was nicht unsere Aufgabe ist. Was in unserer Macht steht, ist seinem Wesen nach frei, nicht aufzuhalten, nicht zu hindern; was nicht in unserer Macht steht, ist ohnmächtig, unfrei, behindert, fremdes Eigentum ... Übe dich darin, bei jeder unangenehmen Vorstellung sofort zu sagen: ‚Du bist eine Vorstellung und nicht von vornherein mit dem vorgestellten Objekt identisch.‘ Dann untersuche sie und prüfe sie mittels der dir zur Verfügung stehenden Kriterien, zuerst und vor allem mit der Frage, ob sie die Dinge betrifft, die in unserer Macht stehen, oder die Dinge, die nicht in unserer Macht stehen ... Und betrifft sie etwas nicht in unserer Macht Stehendes, dann sei sogleich die Antwort bereit: ‚Sie geht mich nichts an.‘“ (Epiktet Ench 1; L-G 332).

Arbeitsvorschläge

1. 1 Kor 3,21–23 ist mit entsprechenden stoischen Aussagen zu vergleichen.

2. Vergleich von 1 Kor 4,9–13 mit entsprechenden stoischen Motiven. Hilfsmittel: H. Conzelmann, Der erste Brief an die Korinther, KEK V. 1969, 107–109.

Wichtig für die neutestamentliche Theologie ist der stoische Gedanke, daß das Leben der Menschen und das Sein des Kosmos von der göttlichen Vorsehung bestimmt seien (L-G 334). Bedeutsam ist auch die stoische „Eschatologie“, die mit einem Weltenbrand rechnet, auf den eine neue Welt folgen werde; denn hier gibt es Berührungspunkte mit apokalyptischen Vorstellungen des Judentums und der Urchristenheit.

4) Den drei zuerst genannten philosophischen Schulen steht die Lehre Epikurs gegenüber, der sich bewußt von der sokratischen Tradition abhebt. Die Grundzüge der epikureischen Lehre hat er selbst in den vierzig Sätzen seines Katechismus (Kyriai doxai) zusammengefaßt:

„(1) Was selig und unvergänglich ist, hat weder selbst Sorgen, noch macht es sie einem anderen; also wird es weder von Gefühlen des Zorns noch der Gunst angefochten; denn alles Derartige gehört zur Schwäche.

(2) Der Tod geht uns nichts an; denn was aufgelöst, ist empfindungslos; was aber empfindungslos, das geht uns nichts an.

(3) Bestimmung für das Maß der Lustempfindungen ist die Beseitigung alles Schmerzenden. Wo immer Lustvolles ist, da ist, solange es da ist, Schmerzendes oder Bekümmerndes oder beides nicht vorhanden.

(4) Das Schmerzende verweilt nicht lange Zeit im Fleische, vielmehr ist der äußerste Schmerz nur ganz kurze Zeit gegenwärtig, das aber, was nur eben das Lustvolle im Fleische überragt, dauert nicht viele Tage. Die lange andauernden Krankheiten aber haben mehr Lustvolles im Fleische als Schmerzendes.

(5) Es ist unmöglich, lustvoll zu leben, ohne zugleich verständig, gut und gerecht zu leben, und verständig, gut und gerecht zu leben, ohne zugleich lustvoll zu leben. Wer dies nicht hat, der kann nicht lustvoll leben.

(12) Es ist nicht möglich, sich von der Angst in bezug auf die wichtigsten Dinge frei zu machen, wenn man nicht begriffen hat, welches die Natur des Alls ist, sondern irgend etwas aus der Welt der Mythen befürchtet. So ist es nicht möglich, ohne Naturkenntnis die Lustempfindungen ungetrübt aufzunehmen." (L-G 325)

Für Epikur steht fest, daß die Götter mit der geschaffenen Welt keine Verbindung haben, daß also Hoffnung oder Furcht im Blick auf ein Eingreifen der Götter in das menschliche Leben sinnlos sind. Ebenso steht für ihn fest, daß der Kosmos zeitlich begrenzt und nicht ewig ist, und daß alle Jenseitsvorstellungen abzuweisen sind. Es war für die Epikureer selbstverständlich, daß der Mensch sich durch rationale Aufklärung von Furcht befreien könne und dazu der Religion nicht bedürfe. Im scharfen Gegensatz zur Stoa wurde jeder Auferstehungsglaube geleugnet.

Arbeitsvorschläge

I. Lektüre:

Zum Platonismus: L-G 350–352; besonders instruktiv sind auch die beiden Plotin-Texte L-G 353.354 über den Geist bzw. die Seele.

Zur Stoa: Zenons These von der Stofflichkeit alles Seienden (Barrett 60), der Gedanke des Weltnomos (Barrett 61) und der „Pantheismus" des

Kleanthes-Hymnus (Barrett 62). Vgl. außerdem L-G 327–349 (Texte von Seneca, Epiktet und Mark Aurel).

Zum Epikureismus: Neben Texten Epikurs (Barrett 78; L-G 325 f.) ist aus dem Lehrgedicht De rerum natura des Lukrez der Abschnitt über Epikur zu lesen (Barrett 77). Der Abschnitt ist ein typisches Beispiel für das Pathos der epikureischen Aufklärung (s. o.).

II. Zur Übung

1. Lektüre von H. Schlier, Art. ἐλευθερία, ThWNT II, 484–500; H. Kleinknecht, Art. νόμος (A. Griechentum und Hellenismus), ThWNT IV, 1016 bis 1029 unter der Fragestellung: Wie verhalten sich das stoische und das neutestamentliche Verständnis der beiden Begriffe zueinander? Kurze Exegese von 1 Kor 6,12; 8,1 ff. von den gewonnenen Erkenntnissen her.

2. Übersetzung von Röm 1,18–3,20; dazu die Lektüre von M. Pohlenz, Paulus und die Stoa, ZNW 42, 1949 (= Das Paulusbild in der neueren deutschen Forschung, 522–569) und G. Bornkamm, Die Offenbarung des Zornes Gottes. Röm 1–3, Ges. Aufs. I, 9–33.

3. Exegese der Formel Röm 11,36.

4. Exegese der Areopagrede Apg 17.

Hilfsmittel: H. Conzelmann, Die Rede des Paulus auf dem Areopag, Ges. Aufs. 91–105.

§ 22 Die Gnosis

Literatur: *Allgemein:* R. Bultmann, Das Urchristentum im Rahmen der antiken Religionen, ⁴1976, 152–162; H. Jonas, Gnosis und spätantiker Geist I, FRLANT 51, ³1964. II, FRLANT 63, 1954; K. Rudolph (Hrsg.), Gnosis und Gnostizismus, 1975 (Sammelband mit zusätzlichen Literaturhinweisen); H.-M. Schenke, Die Gnosis, in: L-G I, ³1973, 371–415. *Zu 1.:* U. Bianchi (Hrsg.), Le Origini dello Gnosticismo, 1967; C. Colpe, Die religionsgeschichtliche Schule, FRLANT 78, 1961; R. Haardt, Zur Methodologie der Gnosisforschung, in: K.-W. Tröger (Hrsg.), Gnosis und Neues Testament, 1973, 183–202; H. Jonas (s. o.) I, 1–91. *Zu 2.:* W. Foerster u. a., Die Gnosis, Band I–III, 1969/1980; R. Haardt, Die Gnosis. Wesen und Zeugnisse, 1967; H. Leisegang, Die Gnosis, 1924; W. Völker, Quellen zur Geschichte der christlichen Gnosis (griechisch). *Zu 3. und 4.:* (S. zu: Allgemein). *Zu 5.:* K. W. Tröger (Hrsg.), Gnosis und NT, 1973; R. McL. Wilson, Gnosis und NT, 1971.

1. Das Problem der Definition

1) Es ist in der Forschung umstritten, was man unter „Gnosis" zu verstehen hat, d. h. welches religiöse Phänomen als Gnosis bezeichnet werden soll. Da in den verschiedenen Darstellungen der Gnosis unterschiedliche Definitionen vorausgesetzt sind, muß hier wenigstens ein knapper Überblick gegeben werden.

Auf einem Kolloquium in Messina im Jahre 1966 haben die Gnosisforscher versucht, Übereinstimmung über den Sprachgebrauch zu finden. Sie unterschieden zwischen Gnosis und Gnostizismus und definierten „Gnosis" als das einer Elite vorbehaltene Wissen um göttliche Geheimnisse. Der Begriff „Gnostizismus" dagegen solle die ausgebildeten gnostischen Systeme des 2. Jahrhunderts bezeichnen (s. C. Colpe, in: Christentum und Gnosis, BZNW 37, 1969, 129–132). Eine wirkliche sachliche Klärung des Problems wurde damit aber nicht erreicht.

2) Man muß deshalb auch die älteren Definitionen kennen.

a) A. v. Harnack bezeichnete die Gnosis als die „akute Verweltlichung resp. Hellenisierung des Christentums" (Dogmengeschichte I, 250 f.). Harnack erklärt, diese Hellenisierung stelle eine fundamentale Entwicklung in der Dogmatik der alten Kirche dar. Sie lasse sich ablesen an den Lebens- und Denkformen der Kirche, vor allem aber an der Entstehung und Ausformung der altkirchlichen Dogmen (Trinitätslehre, Zwei-Naturen-Lehre). Harnack unterscheidet, und das ist von besonderer Bedeutung, zwei verschiedene Formen der Hellenisierung:

1. Wo Christentum und Hellenismus in langsamem Prozeß miteinander verschmolzen seien, da sei das altkirchliche bis heute als verbindlich anerkannte Dogma entstanden. 2. Wo dagegen Christentum und Hellenismus in einer schnellen gleichsam chemischen Reaktion eins geworden seien („akute Hellenisierung"), da sei die Gnosis, d. h. eine christliche Religionsphilosophie, entstanden.

b) W. Bousset (Hauptprobleme der Gnosis, 1907) gab seine Definition unter den Voraussetzungen der „religionsgeschichtlichen Schule". Zentrum sei das Erlösungsmysterium, d. h. die Vorstellung, daß die Menschen durch einen jenseitigen himmlischen Erlöser, der als Urmensch vorgestellt sei, befreit werden. Bousset war der Auffassung, der Gnostizismus sei durch den Zusammenstoß der iranischen mit der babylonischen Religion entstanden: Als die Perser Babylon besiegt hatten, seien die babylonischen Götter, vor allem die weltbeherrschenden Planetengötter, zu gnostischen Planetendämonen degradiert worden. Die religionsgeschichtliche Schule verstand also die Gnosis als ein vorchristliches Phänomen, in dem die Grundzüge der späteren ausgeführten Mythologie von Anfang an vorhanden gewesen seien. Kritik an dieser These, insbesondere am „Urmensch-Mythos" hat C. Colpe (s. Literaturangaben) geübt.

c) Eine grundsätzlich andere Betrachtungsweise liegt bei H. Jonas (s. Literaturangaben) vor. Er kritisiert, daß Harnack und Bousset die Entstehung der Gnosis kausal-genetisch erklären wollen – das sei letztlich eine Übertragung naturwissenschaftlicher Kategorien auf geschichtliche Phänomene, die diesen nicht gerecht werde („Ideen-Alchemie"). Harnack mache überdies den Fehler, sein Urteil auf den großen christlich-gnostischen Systemen des Basilides oder des Valentinus aufzubauen und nicht auf den volkstümlichen Formen bzw. auf den mythischen orientalischen Stoffen. Boussets These von der Degradierung der babylonischen Planetengötter übersehe, daß die Planeten ja auch in der Gnosis weiterhin die Weltherrscher blieben – nur seien sie jetzt teuflische, böse Mächte.

Jonas bezeichnet es als den grundsätzlichen Mangel der bisherigen Definitionen, daß sie das Wesen der Gnosis von deren historischen Anfängen her ergründen wollten. Um aber diese Anfänge feststellen zu können, müsse man zuvor wissen, was Gnosis überhaupt sei. Notwendig sei daher eine phänomenologische Bestimmung des Wesens von Gnosis: Man müsse bei der Definition von einem voll ausgebildeten gnostischen System herkommen, und zwar zunächst von einer nichtchristlichen Form, etwa der mandäischen Religion. Die Analyse der mandäischen Texte und der Vergleich mit anderen gnostischen Systemen zeige folgenden Befund: Das Entscheidende für die Gnosis sei nicht der Mythos, sondern entscheidend sei das besondere gnostische Selbstverständnis des Menschen. Unter „Gnosis" versteht Jonas von daher ein bestimmtes Verständnis der Welt und des Menschen, das sich in vielen vorgegebenen Formen objektivieren, d. h. in unterschiedlichen Weltbildern oder Mythen ausprägen könne. Denn das gnostische Selbstverständnis sei im Grunde der Geist der Spätantike überhaupt. Dies sei der Grund, weshalb das Phänomen Gnosis so vielschichtig sei und warum es z. B. eine jüdische und auch eine christliche Gnosis habe geben können.

Diese These, Gnosis sei „der" Geist der Spätantike, ist heute umstritten. Dennoch gilt, daß Jonas' Arbeit einen bedeutenden Forschungsfortschritt darstellte und in der Beschreibung des Phänomens Gnosis bis heute unersetzlich geblieben ist.

d) H.-M. Schenke (s. Literaturangaben) weist die drei genannten Definitionen des Begriffes Gnosis zurück. Er gibt die folgende Erklärung: „Die Gnosis ist eine religiöse Erlösungsbewegung der Spätantike, in der die Möglichkeit einer negativen Welt- und Daseinsdeutung in besonderer und unverwechselbarer Weise ergriffen ist und sich zu einer konsequent weltverneinenden Weltanschauung verfestigt hat, die sich ihrerseits wieder in Wortprägungen, Bildersprache und Kunstmythen charakteristischen Ausdruck verleiht" (L-G I, 374). Mit dieser weit gefaßten Definition versucht Schenke, die außerordentlich verschiedenartigen Lehren und Vorstellungen zusammenzufassen.

Den Begriff „Gnostizismus" lehnt Schenke ausdrücklich ab. Er sei abwertend und liege „im Grunde auf der Linie der Terminologie der Ketzerbestreiter" (L-G I, 375).

2. *Die gnostischen Quellen*

Zwei Gruppen von Quellen sind zu unterscheiden:

1) Die primären Quellen, also gnostische Originalschriften.

2) Die sekundären Quellen, d. h. Darstellungen der Gnosis aus der Feder ihrer Gegner, vor allem der Kirchenväter, die z. T. sehr umfangreiche Exzerpte aus gnostischen Schriften angefertigt haben.

Die Quellenlage spiegelt sich in dem Sammelwerk „Die Gnosis" (s. Literaturangaben): Band I (^{2}1979) enthält Zeugnisse der Kirchenväter, Band II (1971) Schriften aus Nag Hammadi und mandäische Texte; Band III (1980) enthält Texte des Manichäismus (durchweg in deutscher Übersetzung).

1) Von den primären Quellen sind die umfangreichsten

a) Das Corpus Hermeticum, vor allem die Traktate 1 (Poimandres) und 13. Diese Texte sind nicht christlich beeinflußt; es ist ferner zu beachten, daß nicht alle Traktate des Corp Herm gnostisch sind.

b) Die mandäischen Schriften. Sie sind relativ spät entstanden; in ihnen ist aber sehr alte Tradition verarbeitet. Die wichtigsten mandäischen Schriften sind von M. Lidzbarski übersetzt worden, nach dessen Ausgabe auch zitiert wird: Ginza (d. i. „der Schatz"), das Johannesbuch und die Mandäischen Liturgien.

c) Die Texte von Nag Hammadi (Nil). Unter diesen in koptischer Sprache geschriebenen Texten befinden sich Zeugnisse für christliche Gnosis, aber auch Schriften, die nur eine leicht christlich retuschierte Gnosis zeigen. Für die Exegese der synoptischen Evangelien sind das Thomasevangelium und das Philippusevangelium heranzuziehen.

Einige den Nag-Hammadi-Texten verwandte Schriften sind schon länger bekannt, z. B. die Pistis Sophia.

Die Nag-Hammadi-Texte liegen vollständig in englischer Übersetzung vor: The Nag Hammadi Library in English, 1977.

d) Eine weitere Gruppe bilden die christlich-gnostischen Originalschriften außerhalb der Bibliothek von Nag Hammadi. Hierzu gehören beispielsweise die Thomasakten und die Oden Salomos.

e) Die manichäischen Schriften repräsentieren eine späte Stufe der ausgebildeten Gnosis, enthalten dabei aber an vielen Stellen altes Traditionsgut. Zu nennen sind die Schrift „Kephalaia", die „Manichäischen Homilien" und das „Manichäische Psalmbuch".

2) Die Darstellungen der Gnosis bei den Kirchenvätern und ihre Exzerpte aus gnostischen Schriften sind bedeutsame Quellen vor allem für die großen christlich-gnostischen Systeme. Besonders wichtig sind die Schrift Adversus Haereses des Irenäus, die Refutatio Omnium Haeresium des Hippolyt und das Panarion des Epiphanius. Es ist anzunehmen, daß diese Auszüge weitgehend authentisch sind; dennoch muß man berücksichtigen, daß Mißverständnisse und Verzerrungen, aber auch absichtliche Entstellungen möglich sind (vgl. z. B. das Problem, ob es eine libertinistische Gnosis gegeben habe; S. 180).

Lektürevorschlag

Für alle genannten Schriftengruppen finden sich Beispiele bei L-G 355–365. Man sollte zumindest einige der Oden Salomos und vor allem das Perlenlied aus den Thomasakten kennen.

3. Grundlinien des gnostischen Denkens

1) Gnosis (γνῶσις) meint „Erkenntnis" – und zwar Erkenntnis der Wahrheit der menschlichen Existenz. Das kommt besonders deutlich in einem Text aus der valentinianischen Gnosis zum Ausdruck, der von Clemens Alexandrinus überliefert wird (Exc ex Theod 78,2; deutsch: in: Die Gnosis I, 297):

> „... die Erkenntnis: Wer waren wir? Was sind
> wir geworden?
> Wo waren wir? Wohinein sind wir geworfen?
> Wohin eilen wir? Wovon sind wir befreit?
> Was ist Geburt? Was ist Wiedergeburt?

Die Fragen, die in dem Text gestellt werden, sind an sich nicht spezifisch gnostisch; sie werden es erst durch die implizierte valentinianische Antwort, d. h. durch die Feststellung, daß die Erkenntnis des Woher und Wohin des Menschen zugleich seine Erlösung aus dem Kosmos bedeutet.

2) Dieses Seinsverständnis wird in der Regel durch die Entfaltung eines mythischen Welt- und Menschenbildes dargestellt. Man kann sich deshalb das Typische des gnostischen Denkens am Weltmodell und an der Anthropologie klarmachen.

a) Das Weltmodell. Die Philosophie hatte das Weltbild vom Kosmos als einer Kugel entwickelt (die Kugel stellt eine vollkommene Gestalt dar). Die Gestirne, die sich nach unveränderlichen Gesetzen auf Sphären (Kreisen) bewegen, zeigen die Verläßlichkeit und Harmonie des ganzen Weltgebäudes an, in das der Mensch als Mikrokosmos eingeordnet ist. Dieses Weltbild konnte sich die Gnosis formal aneignen; sie nahm dabei aber eine radikale Umwertung vor: Der Kosmos sei gerade nicht die bergende Heimat des Menschen, sondern eine feindliche Macht. Seine Gesetze seien schlechthin böse, denn sie seien darauf angelegt, den Menschen zu vernichten. Gerade in der gesetzmäßigen Verfassung der Welt liege ihr Schrecken für den Menschen begründet. Das Firmament sei eine Mauer, die uns von der jenseitigen Lichtwelt, unserer Heimat, absperre; und die Sterne seien die Wächter, die uns in der kosmischen Hohlkugel gefangenhielten. Der Aufstieg der menschlichen Seele nach oben in diese jenseitige Lichtwelt vollziehe sich auf dem Weg durch die verschiedenen Sphären, die den Kosmos umfangen und beherrschen. Man kann den Unterschied zwischen dem alten philosophischen und dem gnostischen Weltbild so zusammenfassen: Dort sind Heimarmene (Schicksal) und Pronoia (Vorsehung) eins, hier dagegen fallen sie auseinander, denn die Heimarmene ist schlechthin böse. Diese Sicht hat Konsequenzen für das gnostische Gottesverständnis: Gott ist identisch mit dem jenseitigen Licht. Er ist als das reine Sein absolut transzendent und hat keinerlei Anteil am Kosmos. Das Entscheidende an der gnostischen Weltsicht ist also nicht das Weltbild als solches, sondern die besondere gnostische Wertung des Kosmos: Seine Aufspaltung in die „fremde“ Welt als aktive bannende Macht einerseits und in den jenseitigen Raum des Heils, der unsere eigentliche Heimat ist, andererseits. Dieser gnostische Dualismus ist also nicht statisch, sondern dynamisch.

b) Der gleiche Vorgang wie in der Kosmologie zeigt sich bei der Anthropologie. Die Gnosis kann die griechische Anschauung übernehmen, daß der Mensch aus Leib und Seele bestehe; aber sie gibt dieser Anschauung eine neue Deutung: Der Mensch gehört ganz und gar, also einschließlich der Seele, zur Welt, d. h. er ist als Mensch das Gefängnis seines wahren Selbst. Die Seele ist aktiv böse, weil sie dem wahren Selbst die Schönheit der Welt vorgaukelt. Sie hat die Absicht, das Selbst in dieser Welt gefangenzuhalten, in ihm die Liebe zur Welt zu entfachen, in der es verloren ist. Die Folge ist eine Umdeutung des Gedankens der Himmelsreise der Seele: Nicht die Seele als gestaltete Form steigt auf in den Himmel, sondern das Ich, das wahre Selbst des Menschen findet seine Erlösung im Einswerden mit der jenseitigen Lichtwelt, d. h. Erlösung ist identisch mit der Auflösung des Individuums. Dieses Welt- und Erlösungsverständnis der Gnosis hat Konsequenzen auch für die Ethik. Da die Erlösung in der Aufhebung der Individualität des Menschen besteht, und da die Welt von Grund auf böse ist, kann es eine individuelle Verantwortung des Menschen für die Welt nicht geben. Zwei extreme Existenzmöglichkeiten bieten sich theoretisch an: Entweder die radikale Askese, der Rückzug aus der Welt in die Innerlichkeit, oder aber der totale Libertinismus. Ein solcher Libertinismus ist in den gnostischen Originalschriften nicht erwähnt; er wird ihnen von den Kirchenvätern aber teilweise zugeschrieben (vgl. Die Gnosis I, 400–415). Der Regelfall war der Verzicht des Gnostikers auf ein konkretes Leben in den Bezügen der Welt. Allerdings steht neben diesem radikalen Individualismus – der einzelne betreibt je für sich seine Erkenntnis und geht solipsistisch seinen Weg – bezeichnenderweise die Tendenz zur Bildung von Gemeinden, in denen die Erleuchteten sich gleichsam im höhern Chor gegenseitig die Erkenntnis (Gnosis) zusprechen. Solchen Gemeinden entstammt die gnostische Dichtung und Erbauungsliteratur.

4. Aspekte der gnostischen Mythologie

Die gnostische Mythologie will auf die Frage antworten, warum der Mensch die Erlösung sucht. Die Antwort lautet: Der Mensch trägt in sich, in seinem Ich, einen Funken des Urlichtes; dieser Funke hat die Sehnsucht, zu seinem Ursprungsort, zu seiner Heimat, zurückzukommen.

Statt vom Funken kann auch von einer Perle o. ä. die Rede sein, die der Mensch verloren hat und die er wiederfinden will.

Warum ist aber der Lichtfunke überhaupt in die Materie eingegangen? Darauf gibt es zwei Typen von Antworten: Entweder wird gesagt, der Funke sei aus dem Lichtreich abgestiegen, „gefallen“. Oder es wird gesagt, die Materie habe sich durch einen Aufstand von unten einiger Lichtteile aus der jenseitigen Welt bemächtigt (so im Manichäismus). In der Welt sind die Lichtfunken betäubt vom Lärm dieser Welt, sie vergessen, woher sie stammen, sie sind tot. An dieser Stelle setzt nun das Erlösungsdrama ein: Gott – oder richtiger: das Urlicht (Gott ist gestaltlos) oder das (fremde) Leben sendet den Erlöser, den Rufer, der das schlafende Ich, den toten Lichtfunken zu neuem Leben erweckt (ein solcher Weckruf findet sich in Eph 5,14). Dabei ist kennzeichnend, daß dieser gnostische Ruf eigentlich keinen besonderen Inhalt hat: Das Licht selbst braucht nicht zu einer bebestimmten Erkenntnis aufgerufen zu werden. Vielmehr erkennt es, sobald es erwacht ist, in dem Erlöser sich selbst und also seinen wahren Ursprung. Im Hintergrund steht der antike philosophische Gedanke, daß Gleiches nur durch Gleiches erkannt werde. Das Selbst des Menschen kann den Erlöser nur deshalb erkennen, weil beide Licht sind. Kaum hat das Selbst des Menschen den Erlöser erkannt, da besitzt es die Fähigkeit, an den kosmischen Wächtern (Sternen) vorbei in die jenseitige Lichtwelt zu gelangen.

Dies ist also die entscheidende Aussage der gnostischen Mythologie: Der Mensch ist mit dem Erlöser identisch; der Mensch wird durch die Erlösung nicht – wie in den Mysterienreligionen – zu etwas gemacht, was er vorher nicht war, sondern er „wird" das, was er von seinem Ursprung her immer schon war.

Arbeitsvorschläge

1. Vergleich des Gleichnisses von der Perle Mt 13,45 f. mit der entsprechenden Fassung des Thomasevangeliums (Log 76) und dem Lied von der Perle in den Thomasakten (L-G 465).

Hilfsmittel: H. Jonas, Gnosis I, 320 ff.; A. Adam, Die Psalmen des Thomas und das Perlen-Lied als Zeugnisse vorchristlicher Gnosis, 1959, 55–83.

2. Lektüre von Corp Herm I (Poimandres) bei Barrett 84–90.

5. Gnosis und Neues Testament

Das Thema wird in der Literatur viel verhandelt. Es ist im allgemeinen und im einzelnen umstritten. Gnostischen Einfluß sehen viele Forscher vor allem im Joh und im Eph, aber auch bei Paulus. Andere weisen demgegenüber darauf hin, daß es zur Zeit der Abfassung dieser Schriften ja noch gar keine entwickelte Gnosis gegeben habe und daß man deshalb von einem gnostischen Einfluß noch nicht sprechen könne. Die als Parallelen z. B. zu Joh angeführten Texte seien durchweg jünger als dieses und könnten daher als mögliche Quellen für Joh gar nicht in Frage kommen.

Aber es geht beim Thema Gnosis und Neues Testament gar nicht so sehr um die Frage, ob eine direkte Abhängigkeit etwa des Joh von einem bestimmten Typ von Gnosis vorliegt. Man kann an vielen Stellen beobachten, daß Motive, wie sie etwa für mandäische Texte typisch sind, auch im Joh begegnen. Das ist deshalb besonders interessant, weil die mandäischen Texte ohne Einfluß des Joh entstanden sind.

Es ist sorgfältig zu unterscheiden zwischen nachweisbaren Zusammenhängen und bloßen Konvergenzen. Von einer „Konvergenz" spricht man dann, wenn sich bei verschiedenen Religionen gleiche Motive finden, ohne daß eine Verbindung zwischen ihnen nachzuweisen ist.

Man muß ferner folgendes beachten: Es gibt einerseits eigentlich gnostische Gedanken, und es gibt andererseits Gedanken und Vorstellungen, die nicht an sich gnostisch sind, die aber von der Gnosis aufgenommen wurden. So spielen beispielsweise bestimmte mythische Erlöserlehren, der Dualismus von Licht und Finsternis, Weisheitsspekulationen und vor allem das Prinzip „Gleiches wird durch Gleiches erkannt" (s. u.) in der Gnosis eine sehr wichtige Rolle. Aber alle diese Phänomene sind nicht genuin gnostisch, sondern wurden von der Gnosis lediglich übernommen. Wenn sie sich in ähnlicher Form wie in der Gnosis dann auch im Neuen Testament finden, so kann man dabei nicht von einem Zusammenhang zwischen Christentum und Gnosis sprechen. Man kann sich das komplizierte Verhältnis zwischen gnostischen und neutestamentlichen Texten auch an einem negativen Beispiel klarmachen: Der Christus-Mythos, der Phil 2,6 ff. zugrunde liegt, ist *nicht gnostisch,* obwohl in ihm das Bild von Abstieg und Aufstieg des Erlösers vorkommt. Er könnte aber ohne weiteres gnostisiert werden, wenn das betrachtende Ich a) sich mit dem Erlöser identifizieren, also b) im Erlöser seinen eigenen himmlischen Ursprung entdecken und zugleich c) das Sein in der Welt als Gefangenschaft ansehen würde. Gnosis und christlicher Glaube unterscheiden sich gerade sehr scharf in ihrer Stellung zur Welt: In der Gnosis ist der Kosmos nicht mehr der Ort des Heilsgeschehens, sondern er ist die feindliche Macht, aus der das Ich nach der Erlösung ruft (vgl. den Naassenerhymnus H-S II, 575 f.). Es läßt sich kaum übersehen, daß die mit dieser Kosmologie verwandten Aussagen des Joh (s. die Konkordanz s. v. κόσμος) eine gewisse sachliche Nähe zu gnostischen Aussagen aufweisen.

Bei allen religionsgeschichtlichen Vergleichen ist aber zu beachten: Die geschichtliche Ableitung kann allenfalls zum Verstehen beitragen, sie ist aber keineswegs schon das Verstehen selbst. Andererseits aber bedeutet die Feststellung historischer Abhängigkeiten auf keinen Fall ein Werturteil. Man findet in der Theologie bisweilen das Bemühen, eine historische Neuheit christlicher Gedanken und damit zugleich dann deren Wahrheit nachzuweisen. Aber demgegenüber ist festzuhalten: Historische Originalität ist kein Wahrheitsbeweis. Wenn bestimmte mythologische Aussagen des Joh auf gnostischen Einfluß zurückgehen, dann ist damit über die Wahrheit dieser Aussagen noch kein Urteil gefällt; die Theologie hat keinen Anlaß, sich etwa in apologetischer Absicht gegen eine derartige Erkenntnis zu wehren.

Arbeitsvorschlag

Das Erkenntnisprinzip „Gleiches durch Gleiches" spielt in der gesamten antiken Philosophie- und Religionsgeschichte eine wichtige Rolle. Beispiele:

Demokrit (Diels 68, Fragment B 164): Es ist eine alte Meinung, daß „das Gleiche durch Gleiches erkennbar sei". Begründet wird dies mit Beispielen aus der belebten und unbelebten Natur, wo sich stets Gleiches Gleichartigem zuordne.

Plato, Gesetze IV, 716c: „Welches Verhalten ist Gott wohlgefällig und steht in seiner Nachfolge? Nur eines, und dem entspricht ein altes Wort: ‚Dem Gleichen ist das Gleiche wohlgefällig nach dem rechten Maß'. Dinge, die nicht das rechte Maß haben, passen weder zueinander, noch zu denen, die (das rechte Maß) haben."

Cicero, Tusc IV, 57: „Weisheit ist das Wissen der göttlichen und menschlichen Dinge und die Erkenntnis, was die Ursache einer jeden Sache sei; daraus folgt, daß er das Göttliche nachahmt, alles Menschliche aber für geringer als die Tugend hält."

Epiktet, Diss II, 14: Der Mensch muß wissen, von welcher Art die Götter sind. „Denn welcher Art die Gesuchten sind, denen muß der, der ihnen gefallen und gehorchen will, nach Kräften gleich zu werden versuchen. Wenn das Göttliche treu ist, so sei auch er treu; wenn frei, so sei auch er frei" usw.

Philo, Mut Nom 6: „Wenn du hörst, Gott sei einem Menschen erschienen, bedenke: Dies geschieht ohne wahrnehmbares Licht; denn nur dem Verstand kann das Verstehbare faßbar sein."

Corpus Hermeticum XI, 20: „Wenn du dich selbst nicht Gott angleichst, kannst du Gott nicht erkennen; denn das Gleiche ist (nur) dem Gleichen erkennbar."

Dieses Prinzip ist auch in neutestamentlichen Schriften erkennbar, z. B. bei Paulus in 1 Kor 2,11 und im Johannesevangelium (3,3 ff.). In ausgeprägt gnostischer Form begegnet es etwa im Perlenlied der Thomasakten, vor allem 112 (H-S II 352).

Für die Interpretation ist zu beachten: Spezifisch gnostisch wird der Gedanke erst dort, wo er ausgelegt wird im Sinne einer *Substanz*identität zwischen dem Erkennen und dem Erkannten.

Lektürevorschläge

O. Gigon, Grundprobleme der antiken Philosophie, 1959, 243–256.

C. W. Müller, Gleiches zu Gleichem. Ein Prinzip frühgriechischen Denkens, 1965.

Dritter Teil:

ÜBERSICHT ÜBER DIE NEUTESTAMENTLICHEN SCHRIFTEN

I. Die Briefe des Paulus

Literatur: W. G. Kümmel, Einleitung in das NT, [17]1973, 212–216; B. Rigaux, Paulus und seine Briefe. Der Stand der Forschung, 1964; A. Suhl, Paulus und seine Briefe, StNT 11, 1975.

Vorbemerkung

Die Reihenfolge, in der in den folgenden Paragraphen die Briefe des Paulus besprochen werden, folgt der mutmaßlichen Entstehungszeit. Aus unten erläuterten methodischen Gründen ist beim 2. Thessalonicherbrief eine Ausnahme gemacht. Unsicherheiten sind natürlich in keinem Fall zu vermeiden.

Stark umstritten ist in der Forschung, ob alle unter dem Namen des Paulus laufenden Briefe „echt" sind, d. h. wirklich von Paulus stammen. Die sicher echten Briefe sind deshalb in Abschnitt I, die in ihrer Echtheit umstrittenen und nach dem Urteil dieses Buches sicher unechten Briefe in Abschnitt II behandelt. Auf andere Meinungen zur Echtheitsfrage wird im einzelnen natürlich hingewiesen.

Es gibt in der Paulus-Forschung bestimmte Begriffe, unter denen einzelne der paulinischen Briefe zu bestimmten Gruppen zusammengefaßt werden. Als paulinische „Hauptbriefe" bezeichnet man die vier umfangreichsten Briefe, also Röm, die beiden Kor und Gal; sie werden allgemein als echt anerkannt. Die Briefe, die nach ihrer eigenen Darstellung von Paulus im Gefängnis geschrieben wurden, nennt man „Gefangenschaftsbriefe"; dabei ist jedoch – je nach dem Urteil über die Echtheit – zu unterscheiden:

1) Hält man alle überlieferten Paulusbriefe für echt, dann zählen zu den Gefangenschaftsbriefen Eph, Phil, Kol, 2 Tim und Phm.

2) Da sich die Briefe an Timotheus und Titus als eine eigene Gruppe deutlich aus dem Corpus Paulinum herausheben (man nennt sie Pastoralbriefe), werden sie von vielen Exegeten als unecht angesehen.

Klammert man sie infolgedessen aus, dann bleiben als Gefangenschaftsbriefe im engeren Sinn Eph, Phil, Kol und Phm.

3) Die Echtheit des Eph und des Kol steht zur Diskussion; ver-

neint man sie, dann bleiben als „echte“ Gefangenschaftsbriefe lediglich Phil und Phm.

§ 23 Charakter und Stil der paulinischen Briefe

Literatur: W. G. Kümmel, Art. Paulusbriefe, RGG V, 195–198.

1) Es ist bereits oben (§ 5) auf die Frage hingewiesen worden, ob die Briefe des Paulus Privatbriefe mit ausgesprochen brieflichem Charakter sind oder aber „Episteln“, d. h. Kunstbriefe, die sich lediglich äußerlich der Briefform bedienen. Diese Alternative trifft letztlich nicht.

Auf der einen Seite sind die echten Briefe des Paulus (zu diesem Problem s. u.) wirkliche Briefe: Sie wenden sich an bestimmte Empfänger und nicht nur allgemein an ein „Publikum“. Sie haben bestimmte Anlässe, gehen auf Fragen und konkrete Verhältnisse in den Gemeinden ein. Sie enthalten persönliche Mitteilungen, etwa über Reisepläne; auch persönliche Grüße werden übermittelt.

Ein typisches Beispiel eines persönlichen Briefes ist Phm, ein sogenannter Empfehlungsbrief (vgl. dazu unten S. 208 f.), wie er in der antiken Epistolographie als feste Gattung vorkommt (Beispiel bei A. Deißmann, Licht vom Osten, 163 ff.). Ein Beleg für die laufende Korrespondenz zwischen Paulus und seinen Gemeinden ist 1 Kor, in dem Paulus auf eine Reihe von Anfragen eingeht, die von Korinth aus an ihn gerichtet waren (z. B. 7,1).

Paulus greift auch im Zusammenhang mit aktuellen Verhandlungsgegenständen auf die theologischen Grundlagen zurück. Seine Briefe enthalten zahlreiche Lehrabschnitte, die über die aktuellen Fragestellungen und Probleme hinausgehen und die möglicherweise gar nicht erst ad hoc formuliert worden waren, sondern auf Vorarbeiten, vielleicht auch auf Schuldiskussionen, zurückgehen.

So ist beispielsweise in Thessalonich die Frage aufgeworfen worden, ob auch diejenigen Christen, die vor der (in Kürze erwarteten) Parusie sterben, das ewige Leben erhalten. Paulus beantwortet diese Frage mit einer kleinen Abhandlung, in der er in zwei Durchgängen (4,13 ff.; 5,1 ff.) die Grundzüge seiner Eschatologie entfaltet. Beispiele für das gleiche Verfahren finden sich vor allem auch im 1 Kor (10,1 ff.; 11; 13; 15).

Gal und Röm sind theologische Abhandlungen, aber zugleich doch wirkliche Briefe. Der Aufbau beider Briefe, der nicht dem Briefstil, sondern offenbar einem Dispositionsschema der Predigt entspricht (Indikativ der Heilszusage – Imperativ der ethischen Konsequenz), macht deutlich, daß es sich nicht um Gelegenheitsschreiben, sondern um sorgfältig durchgearbeitete Abhandlungen handelt. Instruktiv ist in diesem Zusammenhang der Vergleich von 1 Kor 8–10 mit Röm 14 f., denn in beiden Texten wird fast dieselbe Problematik behandelt. In Korinth besteht das aktuelle Problem, ob man Opferfleisch essen dürfe; es wird in 1 Kor entsprechend behandelt. Im Röm greift Paulus auf seine früheren Ausführungen im Prinzip zurück, aber diesmal nicht unter Bezugnahme auf mögliche in Rom unmittelbar bestehende Schwierigkeiten (von denen Paulus ja vermutlich auch nichts wußte, weil er die Gemeinde nicht kennt), sondern er handelt das Thema in stärker lehrhafter Form ab.

2) Paulus argumentiert weithin dialogisch, d. h. er läßt einen gedachten Partner Einwände erheben, die er dann zurückweist; dieses Stilmittel findet sich vor allem im Röm (vgl. die häufig dort wiederkehrende Wendung τί οὖν ἐροῦμεν;). Häufig richtet Paulus an den Leser rhetorische Fragen oder argumentiert unmittelbar ad hominem (Röm 2,1. 21 f.); öfter findet sich auch die captatio benevolentiae, die dem Leser in schmeichelnder Absicht ein bestimmtes Wissen in bezug auf das verhandelte Problem unterstellt (Röm 7,1 u. ö.). Dazu gehört auch die Wendung οὐκ οἴδατε ... im Sinne von „Ihr wißt doch wohl ..." (z. B. 1 Kor 9,24). Alle diese Mittel sind Stilelemente der antiken popularphilosophischen Abhandlung, der Diatribe, in der der Verfasser ein fiktives Gespräch mit dem Leser aufnimmt (Musterbeispiel sind die Diatriben Epiktets).

Paulus verwendet weitere rhetorische Kunstmittel, z. B. das Wortspiel (so in 1 Kor 8,2 f. mit dem Begriff γινώσκειν), den Parallelismus (Röm 12,4–8), die Antithese (1 Kor 7,29–31) oder die „Kette" bzw. Klimax (Röm 5,3–5). Ebenso greift er, wenn auch nicht immer sehr geschickt, Bilder und Vergleiche aus allen möglichen Bereichen auf, um ein bestimmtes Problem zu illustrieren. Auf Pflanzen und Bauen bezieht er sich in 1 Kor 3 und Röm 11,16–19, auf den Sport in 1 Kor 9,24 f., auf das Militär in 1 Kor 9,7 und auf die Rüstung der Soldaten in 1 Thess 5,8.

§ 24 Die beiden Thessalonicherbriefe. Zugleich eine methodische Übung für die Erarbeitung eines Paulusbriefes (1 Thess)

I. Der erste Brief

Literatur: M. Dibelius, An die Thessalonicher I.II., HNT 11, ³1937; E. v. Dobschütz, Die Thessalonicherbriefe, KEK, ⁷1909 (Neudruck 1974); W. G. Kümmel, Das literarische und geschichtliche Problem des ersten Thessalonicherbriefes, Ges. Aufs., 1965, 406–416; W. Marxsen, Der erste Brief an die Thessalonicher, ZBK NT 11.1, 1979.

Die Gesichtspunkte, die für die Exegese und für das theologische Verständnis des Briefes von Bedeutung sind, sollen bei der fortlaufenden Lektüre erarbeitet werden.

1. Briefschema

Das Präskript (vgl. oben S. 33 f.) ist ausgesprochen kurz. Das Proömium (s. o. S. 35) beginnt deutlich mit V. 2 (εὐχαριστοῦμεν); wie weit es jedoch reicht, läßt sich kaum feststellen. Man kann nur sagen, daß es mit dem Ende von Kap. 1 abgeschlossen zu sein scheint, denn von 2,1 an herrscht offenbar Korrespondenz. Paulus erinnert hier sich und die Briefempfänger an seinen Aufenthalt in Thessalonich. Dennoch taucht in 2,13 nochmals das Stichwort εὐχαριστέω auf – die Stelle wirkt wie eine Wiederaufnahme des Proömiums, und dem entspricht auch der Inhalt der nächsten Sätze. Man kann also sagen, daß das Proömium offensichtlich gar nicht fest eingegrenzt ist.

Es gibt für den beschriebenen Befund auch eine andere Erklärung: 1 Thess sei aus (mindestens zwei) ursprünglich selbständigen Briefen nachträglich zusammengesetzt worden und dabei seien beide Proömien in den Text gelangt. Aber für die Annahme einer Teilungshypothese fehlt das wichtigste Indiz: In den einzelnen Briefteilen sind verschiedene zugrundeliegende Situationen nicht sicher zu erkennen.

Im Anschluß an die Korrespondenz (Kap. 2f.) werden in 1 Thess 4f. Paränese und Eschatologie thematisch erörtert. Am Schluß des Briefes (5,23–28) stehen Segenswünsche, Grüße und die Bitte, das Schreiben in der Gemeindeversammlung zu verlesen. 1 Thess enthält also alle Elemente des Schemas der paulinischen Briefe.

2. Zur historischen Situation: Ort und Zeit der Abfassung

Die erste Frage der Einleitungswissenschaft ist stets: Wann und wo wurde der Brief geschrieben? Direkt erfahren wir nichts über Abfassungszeit und -ort, aber es gibt einige Hinweise, die eine Antwort ermöglichen. Aus 1,1 erfährt man, daß Silvanus und Timotheus sich bei Paulus befinden. 1,5–9 zeigen, daß Paulus einige Zeit zuvor in Thessalonich gearbeitet und dann die Stadt und die Landschaft Thessalien verlassen hat. Wann war das?

Man benötigt zur Beantwortung dieser Frage geographische und historische Informationen, die man sich aus Landkarten, Lexika, Kommentaren und vor allem auch aus der Konkordanz beschaffen kann. Die Stichworte Thessalonich, Silas (= Silvanus) und Timotheus führen uns zu Apg 17,1 ff., wo vom Aufenthalt und der Verhaftung in Thessalonich berichtet wird. Nach 17,10 ff. flieht Paulus von dort über Beröa nach Athen, während Silas und Timotheus zunächst in Mazedonien bleiben. Paulus begibt sich von Athen aus weiter nach Korinth, und dort erreichen ihn die beiden wieder (18,5). Diese Darstellung der Ereignisse in der Apg läßt sich mit Paulus' eigener Darstellung in 1 Thess 3,1–6 weitgehend in Übereinstimmung bringen: Paulus hat Athen verlassen und schreibt nach der Rückkehr des Timotheus aus Thessalonich von Korinth aus den Brief. Allerdings bestehen zwischen 1 Thess 3,1 f. und Apg 17 gewisse Differenzen: Nach der Apg reist Paulus allein von Beröa über Athen nach Korinth und trifft sich erst dort wieder mit seinen Mitarbeitern. Nach 1 Thess 3 dagegen schickt Paulus den Timotheus von Athen aus nach Thessalonich zurück, d. h. dieser muß ihn entweder dorthin begleitet haben oder er muß ihn schon in Athen (und nicht erst in Korinth) getroffen haben, woraufhin ihn Paulus dann sogleich wieder nach Thessalonich zurückgeschickt haben müßte. Der Hinweis in 3,6 auf die endgültige Rückkehr des Timotheus zu Paulus zeigt nun eindeutig, daß Korinth der Abfassungsort des Briefes ist.

Man könnte dagegen den Einwand erheben, daß die Apg diesen Brief nicht erwähnt; Paulus könne ihn also kaum von Korinth aus geschrieben haben. Aber man muß wissen, daß die Apg die Briefe des Paulus überhaupt nicht erwähnt. Ihr Schweigen an dieser Stelle ist also kein Argument. Der Vergleich von 1 Thess 3 und Apg 17 führt im übrigen zu einer für die Benutzung der Apg als Geschichtsquelle wichtigen Erkenntnis: Die Apg stellt den Ablauf der Ereignisse vereinfacht dar (zur Sache s. u. S. 428 f.).

Hat man den Abfassungsort festgestellt, so lassen sich daraus Rückschlüsse auf die Abfassungszeit ziehen: 1 Thess muß – unabhängig von der „absoluten" Chronologie (s. S. 399 f.) – der älteste erhaltene Paulusbrief sein, denn er ist auf jeden Fall vor den beiden Korintherbriefen entstanden, die Paulus ja erst schrieb, nachdem er sich in Korinth aufgehalten hatte.

3. Weitere historische Einzelheiten

In 1,7 f. erwähnt Paulus die Landschaften bzw. Provinzen Mazedonien und Achaja. Aus dem Lexikon, etwa dem BHH, erfährt man, daß Thessalonich die Hauptstadt der Provinz Mazedonien, Korinth die Hauptstadt der Provinz Achaja war. Die Nennung des Namens Achaja verstärkt also noch das Urteil, daß der Brief in Korinth geschrieben wurde. In 2,2 spricht Paulus von seinen Leiden in Philippi. Paulus war also in Philippi früher als in Thessalonich. Wieder suchen wir nach Informationen über diesen Aufenthalt, wobei als Quellen einmal natürlich der Phil und zum andern erneut die Apg (Kap. 16) zur Verfügung stehen. Die Reihenfolge 1. Philippi, 2. Thessalonich wird durch die Apg bestätigt, aber es zeigt sich auch hier, daß bei der Benutzung der Apg als Geschichtsquelle Vorsicht angebracht ist: Keine der im Phil erwähnten Personen wird in der Philippi-Erzählung der Apg genannt – und umgekehrt.

1 Thess 2,9 gibt einen Einblick in den Lebensstil des Paulus: Er bezieht seinen Unterhalt nicht von der Gemeinde. Es ist aber die Frage, warum er sich hier so auffällig verteidigt. Wurde er angegriffen, etwa mit dem Vorwurf, er verdiene mit seiner Mission Geld?

Kümmel, Einleitung, 222 f., vermutet, die Juden in Thessalonich hätten an Paulus Kritik geübt – tatsächlich haben sie Paulus ja auch bis nach Beröa verfolgt. Sie hätten der christlichen Gemeinde einreden wollen, Paulus sei ein Goet (γόης = lügnerischer Zauberer). Einen ganz anderen Vorschlag macht Dibelius (aaO, 10 f.). Er meint, 2,1–12 sei überhaupt nicht zeitgeschichtlich, sondern motivgeschichtlich auszulegen – m. a. W.: Paulus stelle die *allgemeine* Situation der christlichen Missionare dar. Äußerlich habe ihr Auftreten dem der damaligen Wanderphilosophen und Goeten geglichen, die tatsächlich von ihrem Gewerbe lebten. Paulus habe sich davon prinzipiell absetzen wollen.

In 2,13 beginnt ein Lob der Gemeinde für ihren Glauben und ihre Standhaftigkeit, das in V. 14 f. in eine scharfe Attacke gegen die Juden übergeht (die Parallele zu Apg 17 ist nicht zu übersehen). Hier zeigt sich ein Stück frühchristlicher antijüdischer Polemik; um die Einzelheiten verstehen zu können, sollte man zu den Kommentaren greifen.

Arbeitsvorschlag

Fortsetzung der Exegese des 1 Thess im bisherigen Stil unter der Fragestellung: Welche historischen Einzelheiten erfährt der Leser?

4. Theologische Beobachtungen

In 1,3 entdeckt man die Trias Glaube – Liebe – Hoffnung, verflochten mit drei jeweils entsprechenden Begriffen. Um die sachliche Bedeutung dieser Trias zu erfassen, ist es nützlich, ihrem Vorkommen im Neuen Testament, vor allem bei Paulus, nachzugehen (Konkordanz und Hinweise am Rand bei Nestle). Eindrucksvollstes Beispiel ist 1 Kor 13.

Im Proömium wird zunächst die angeredete Gemeinde um ihres Glaubens willen gelobt, der Blick weitet sich dann aber und bezieht die ganze Kirche mit ein (1,8). Dieser ökumenische Stil findet sich auch in den Proömien des 1 Kor und des Phil.

Die Wirkung der Verkündigung des Apostels wird mit den Begriffen δύναμις und πνεῦμα beschrieben (V. 5; zu vergleichen ist damit 1 Kor 2,4, „Beweis des Geistes und der Kraft"). In 1,9 f. gibt Paulus eine kurze Zusammenfassung des christlichen Bekenntnisses, wobei personale Aussagen über Christus und soteriologische Aussagen über das Heilswerk miteinander verbunden sind. Die Stelle ist ein gutes Beispiel dafür, wie Paulus Vokabeln und Gedanken der jüdisch-hellenistischen Missionsliteratur aufnehmen bzw. weiterführen konnte: Den „Götzen" steht der „lebendige und wahre Gott" gegenüber, zu dem sich die Heiden bekehrt haben. Hinzutreten die Parusieerwartung und das christologische Bekenntnis, daß Gott Jesus von den Toten erweckt hat. Zur Erfassung der näheren Einzelheiten ist die Sekundärliteratur zu Rate zu ziehen.

Thema der Kapitel 2 und 3 ist das Verhältnis zwischen dem Apostel und der Gemeinde, wobei Paulus Wert auf die Feststellung legt, daß dieses Verhältnis gut ist (3,7).

Die bereits erwähnte heftige Kritik an den Juden 2,14–16 wirft ein besonderes theologisches Problem auf: Wie verhält sich dieser Angriff zum später in Röm 9–11 (s. u. S. 228 f.) gefällten theologischen Urteil über Israel? Lassen sich beide Aussagen miteinander vereinbaren, oder liegt ein Bruch innerhalb des paulinischen Denkens vor? Verwendet Paulus hier lediglich unreflektierte Aussagen traditioneller antijüdischer Polemik? Oder besitzt diese Polemik für ihn doch theologisches Gewicht? In diesem Falle müßte sich seine Haltung Israel gegenüber später tatsächlich völlig geändert haben. Man muß aber beachten, welcher Art die Vorwürfe sind, die gegen die Juden erhoben werden; Paulus wirft ihnen z. B. in V. 15 vor, sie seien πᾶσιν ἀνθρώποις ἐναντίοι, und das entspricht dem Urteil des Römers Tacitus, der Juden „hostile odium" und Christen „odium generis humani" unterstellt (Hist V, 5; Ann XV 44). Offensichtlich greift Paulus also auf Gemeinplätze der antiken Judenpolemik zurück; an einen theologisch fundierten Antisemitismus ist nicht zu denken.

In 4,1 setzt die Paränese ein. Hier deutet sich also das Schema Indikativ – Imperativ an (vgl. dazu S. 118 f.). An der Bemerkung καθὼς καὶ περιπατεῖτε läßt sich erkennen, daß Paränese sich nicht unbedingt auf Mängel in der angeredeten Gemeinde beziehen muß. Paränese ist vielmehr grundsätzlich notwendig als immer neue Einweisung in das Leben aus dem Glauben. Paränese ist ein fester Bestandteil der christlichen Lehre.

Es ist kennzeichnend, daß die Wendung καθὼς καὶ περιπατεῖτε im Koine-Text fehlt. Man verstand hier die urchristliche Paränese moralisierend und wunderte sich darüber, daß Paulus überhaupt ethische Mahnungen aussprach, wenn doch angeblich alles in Ordnung war. Also wurde der entsprechende Hinweis gestrichen und damit die Funktion der Paränese „gerettet".

Mit 4,13 beginnt ein neues Thema: Die Eschatologie, „Lehre von den letzten Dingen". Eine gewisse Untergliederung ist durch das zweimalige περί (4,13; 5,1) markiert. Das erste Unterthema (das Schicksal der Gestorbenen) ist durch Zweifel veranlaßt, die in Thessalonich aufgekommen waren; der zweite Teil ist allgemeiner formuliert: V. 1 sieht fast wie eine Überschrift eines „Hauptstücks" in einem Katechismus aus. Paulus betont ausdrücklich, daß er über diesen Punkt die Gemeinde bereits belehrt habe.

Der Abschnitt ist als besonders gutes Beispiel für die theologische Arbeitsweise des Paulus bereits oben (§ 6) erörtert worden; es genügt, wenn hier darauf verwiesen wird.

Arbeitsvorschläge:

1. Analyse des Bildes vom Dieb in der Nacht (dazu: W. Harnisch, Eschatologische Existenz, 1973, 84–116). Es verschiebt sich die Ausdrucksweise: a) Zunächst redet Paulus bildlich – der Tag des Herrn kommt *wie* der Dieb. b) Dann aber ist der „Tag" eigentlich gemeint: Ihr seid nicht in der Finsternis, d. h. ihr werdet vom „Tag" nicht überrascht. c) Weil wir nicht in der Finsternis leben, darum laßt uns wachen (paränetische Wendung: der Imperativ setzt den Indikativ voraus).

2. In welchen Sach- und Stilzusammenhängen stehen sonst im NT die Aussagen über das Wachen und über das Nüchtern-Sein? Hilfsmittel: Konkordanz und O. Bauernfeind, Art. νήφω, ThWNT IV, 935–940. Für religionsgeschichtliche Vergleiche: Kommentare.

3. Welches sind die im 1 Thess vorhandenen Elemente des Briefschlusses (vgl. dazu S. 35)?

4. Es ist nützlich, die gewonnenen geschichtlichen und theologischen Einsichten zusammenzustellen und sich so eine systematisierte Inhaltsübersicht zu erarbeiten.

II. Der zweite Brief

Literatur: W. Trilling, Der zweite Brief an die Thessalonicher, EKK XIV, 1980; W. Wrede, Die Echtheit des zweiten Thessalonicherbriefes untersucht, TU 42/2, 1903.

1. Vergleich des 1. mit dem 2. Thess

Dieser Vergleich ist ein Paradigma für die Einübung in Echtheitsfragen – methodisch besonders interessant deshalb, weil Befürworter und Bestreiter der Echtheit weithin dasselbe Argument benutzen: Sie setzen bei der Beobachtung ein, daß beide Briefe einander sehr ähnlich sind. Sie ziehen daraus aber die entgegengesetzten Konsequenzen:

a) Wegen der Ähnlichkeit stammen sie vom selben Verfasser.

b) Wegen der Ähnlichkeit stammen sie nicht vom selben Verfasser, vielmehr ist 2 Thess eine Imitation.

Zur Klärung des Problems sind beide Briefe synoptisch zu lesen, wobei Wrede als Leitfaden benutzt werden kann. Man kommt dabei zunächst zu folgenden Feststellungen:

1) Die Ähnlichkeit betrifft sowohl Aufbau und Inhalt der Briefe im ganzen, wie auch Einzelheiten bis hin zum Wortlaut.

2) Im 2 Thess fehlt die gesamte Korrespondenz, also jeder konkrete Hinweis auf das Verhältnis Apostel – Gemeinde. Es fehlen Berichte wie der über Timotheus, und auch die Judenpolemik von 1 Thess 2,14 ff. hat in 2 Thess keine Parallele.

3) Dagegen findet sich im 2. Brief zusätzliche eschatologische Lehre. Weiterer Aufschluß ergibt sich, wenn man mit Hilfe der Parallelangaben bei Nestle und einer Tabelle bei B. Rigaux (Les Epîtres aux Thessaloniciens, Et Bibl, 1956, 133 f.; vgl. Wrede [s. Literaturangaben] 24–28) die Einzelheiten in beiden Briefen miteinander vergleicht.

Beispiel: Das Präskript 2 Thess 1,1 f. entspricht zunächst 1 Thess 1,1 (ἐν θεῷ gibt es nur in diesen beiden Briefen im Präskript!); aber dann ist in 1,2 der Gruß im Unterschied zu 1 Thess zur Normalform erweitert.

In beiden Proömien wird bereits das zentrale Thema aufgenommen, die Eschatologie. Die Behandlung dieses Themas ist in beiden

Briefen aber verschieden; es zeigt sich nämlich eine Verschiebung der Argumentationsweise: In 1 Thess 4. 5 ist, wie wir gesehen haben, die eschatologische Lehre aus dem Credo begründet, und es wird dann eine Variation über das Thema „Termine" angefügt mit dem Bild vom Tag, der Nacht und dem Dieb. In 2 Thess 1. 2 dagegen liegt der Ton auf der Drohung gegen die Verfolger der Kirche, wobei der ganze Abschnitt von Anführungen aus dem Alten Testament beherrscht ist. Dibelius hat darauf hingewiesen, daß der Übergang in 2,4 sehr hart ist; er nimmt deshalb an, V. 5–10 stammten aus einer jüdischen Theophanieschilderung, in die der Vf. lediglich christliche Ergänzungen (V. 8. 10) eingefügt habe. Aber daß es sich bei den AT-Anspielungen um Zitate aus einer Quelle handelt, ist nicht zu erweisen. Man kann den – in der Tat auffälligen – Befund auch mit dem Hinweis darauf erklären, daß sich in der Zeit neben und nach Paulus im Christentum die apokalyptische Schilderung wieder stärker durchgesetzt habe (vgl. die „synoptische Apokalypse" Mk 13). Es ist möglich, daß Paulus selbst hier auf dieses Stilmittel zurückgreift; die Wahrscheinlichkeit ist freilich größer, daß es nicht Paulus selbst, sondern ein Schüler bzw. Nachfolger war. Der Abschnitt 2,1–10 verfolgt gegenüber 1 Thess die genau entgegengesetzte Tendenz: Dort heißt es „Der Herr ist nahe; er kommt plötzlich; also wachet!" Hier dagegen heißt es: Laßt euch nicht verwirren, wenn jemand behauptet, der Tag des Herrn sei schon da (2,2).

Es gibt in 2,2 ein exegetisches Problem: Bedeutet ἐνέστηκεν tatsächlich „ist eingetroffen", so daß die im 2 Thess bekämpften Gegner möglicherweise eine gnostische, „realisierte" Eschatologie vertreten würden ähnlich der, die in 2 Tim 2,18 bekämpft wird? Oder bedeutet ἐνέστηκεν dasselbe wie das lateinische imminet (bzw., wie die Vulgata liest: quasi instet)? Dann würden die Gegner lehren, der letzte Tag stehe unmittelbar bevor, d. h. sie würden eine schwärmerische Naherwartung vertreten.

Die Parusie, so wird im 2 Thess betont, steht nicht unmittelbar bevor. Ihr wird zunächst der große Abfall vom Glauben vorausgehen und die Offenbarung des Widersachers – erst danach kommt dann das Ende. Besondere exegetische Probleme sind in diesem Zusammenhang die Gestalt des Antichrist (s. dazu Dibelius' Exkurs zu 2,10) und die Begriffe τὸ κατέχον (V. 6) bzw. ὁ κατέχων (V. 7); vgl. dazu Bauer WB 835 f. und die dort genannte Literatur.

Fazit: Während die Parusie für 1 Thess das Ganze der Endereignisse ist (4,13 ff.), wird sie in 2 Thess als ein einzelner Vorgang innerhalb einer ganzen Serie von endzeitlichen Vorgängen verstanden. Entsprechend erscheint im 2 Thess das Verständnis von Glauben und Eschatologie formalisiert, die „Hoffnung" ist nicht mehr ein Teil des Glaubens selbst, sondern bezeichnet lediglich formal die Erwartung des Gerichts.

Der eschatologischen Lehre folgen von 2,13 an drei nach einem einheitlichen Schema gebaute Abschnitte: Jeder enthält eine enge Parallele zum 1 Thess (vgl. 2 Thess 2,13–17 mit 1 Thess 2,13 f.; 3,11–13; 2 Thess 3,1–5 mit 1 Thess 4,10; 5,24 f.; 2 Thess 3,6–15 mit 1 Thess 5,12 ff.). In jedem Abschnitt steht eine Mahnung an die Leser, und zwar in den beiden ersten nur angedeutet, im dritten ausgeführt. Alle drei Abschnitte münden in einen feierlichen Abschluß, der fast wie ein Briefschluß aussieht.

Der Überblick über den ganzen Brief im Vergleich mit 1 Thess zeigt:

1. Jeder Abschnitt des 1 Thess – mit Ausnahme der „Korrespondenz" (s. o.) – hat im 2 Thess eine Entsprechung.

2. Nicht jeder Abschnitt des 2 Thess hat eine Parallele im 1 Thess. Wrede zieht aus diesem Befund den Schluß, der Vf. des 2 Thess müsse den 1 Thess nicht nur im Kopf, sondern vor sich auf dem Schreibtisch gehabt haben.

2. *Der historische Befund*

1) Hält man 2 Thess für echt, so ergibt sich der folgende Tatbestand: Paulus müßte zweimal kurz nacheinander einen Brief mit ganz ähnlichem Inhalt an dieselbe Gemeinde geschrieben und dabei Teile des 1. Briefes auch in den 2. Brief eingefügt haben. Ferner müßte er, als er 1 Thess 5,1 ff. schrieb, vergessen haben, daß er die Gemeinde in Thessalonich über den Antichrist bereits belehrt hatte. Die Thessalonicher selbst müßten es auch vergessen haben; denn offensichtlich deuteten sie nun die Aussagen des Paulus schwärmerisch im Sinne einer brennenden Naherwartung. Daraufhin müßte Paulus ihnen den zweiten Brief geschickt haben, in dem er ihnen die ursprüngliche Lehre ins Gedächtnis zurückrief – wobei er sich jedoch so ausdrückte, als belehre er sie über diesen Gegenstand zum erstenmal.

Harnack (Das Problem des 2 Thess, SAB 1910, 560 ff.) sieht, in welche Aporie man unter Annahme der Echtheit des 2 Thess kommt. Er nimmt deshalb an, die beiden Briefe seien an verschiedene Gruppen innerhalb der Gemeinde gerichtet gewesen – der erste entweder an die ganze Gemeinde oder auch nur an ihren heidenchristlichen Teil, der zweite Brief (in dem die auf aktuelle Ereignisse bezogene

Judenpolemik ja fehlt) an die Judenchristen in der Gemeinde. Aber für diese These gibt es keinen positiven Hinweis, und durch die Präskripte beider Briefe wird sie geradezu ausgeschlossen.

Kümmel, Einleitung, 229 ff., untersucht die Eschatologie des 2 Thess und kommt zu dem Ergebnis, sie sei aus nachpaulinischen Tendenzen im 1. Jahrhundert nicht zu erklären – der Brief müsse also echt sein; außerdem setze 2,4 das Bestehen des Jerusalemer Tempels noch voraus. Man müsse also bei der Annahme bleiben, daß Paulus 2 Thess kurz nach 1 Thess geschrieben habe, als er den ersten Brief noch im Gedächtnis hatte. Aber Kümmels Ansatz ist methodisch nicht richtig: Ob die theologischen Tendenzen des 2 Thess in nachpaulinischer Zeit denkbar sind oder nicht, kann ja nicht vorab entschieden werden; die Frage ist, ob sie in den Rahmen der aus den anderen Paulusbriefen bekannten Theologie des Apostels hineinpassen.

2) Näher liegt die Erklärung, daß der Brief von einem Schüler des Paulus verfaßt wurde. Seine Polemik würde sich dann in erster Linie gegen einen Typ von „Paulinismus" richten, der eine intensive Naherwartung pflegte und sich dafür auf Äußerungen des Apostels wie 1 Kor 7,29; 10,11; Phil 4,5 berufen konnte. 2 Thess würde dann beanspruchen, diesen Tendenzen gegenüber die authentische Lehre des Paulus zu vertreten (vgl. vor allem 2 Thess 2,2. 15). Es fällt auf, daß im 2 Thess die Begrifflichkeit gegenüber 1 Thess dogmatisch verhärtet ist; so spricht der Vf. in 1,5 von der δικαία κρίσις und in 2,13 von der πίστις ἀληθείας – die Begriffe κρίσις und πίστις allein genügen offenbar nicht mehr. Mehrfach spricht 2 Thess vom „Herrn", wo an der parallelen Stelle im 1 Thess von „Gott" geredet ist. Das Bild der Gemeinde (1,3) und vor allem auch das Bild des Apostels (3,7) ist idealisiert: Der Apostel ist Lehrer der rechten Erkenntnis und zugleich moralisches Vorbild.

Man kann Ähnliches in den Pastoralbriefen beobachten. Die Generation nach Paulus hat dieses idealisierte Bild von der Urkirche zum festen Traditionsgut entwickelt.

Beachtet man nun noch, daß am Schluß des Briefes zweimal ausdrücklich versichert wird, daß der Brief echt sei (3,14.17), so liegt doch die Annahme nahe, daß es sich nicht um einen Paulusbrief handelt. Hier hat ein Nachfolger versucht, einen Paulusbrief nach Form und Inhalt nachzuahmen und dabei die Intention der paulinischen Eschatologie gegen ketzerische Abweichungen zu verteidigen.

Lektürevorschlag

A. Lindemann, Zum Abfassungszweck des 2 Thess, ZNW 68, 1977, 35–47.

§ 25 Der Galaterbrief

Literatur: D. Lührmann, Der Brief an die Galater, ZBK NT 7, 1978; F. Mußner, Der Galaterbrief, HThK IX, 1974; H. Schlier, Der Brief an die Galater, KEK VII, [5]1971.

1. Äußere Gliederung und Problemstellung

Aufbau und Inhalt des Gal kann man sich verhältnismäßig leicht erarbeiten, wenn man ihn sozusagen als Vorarbeit für den Röm ansieht: Hauptthema in beiden Briefen ist die Lehre von der Rechtfertigung allein durch den Glauben – im Gal aus aktuellem Anlaß, im Röm mehr grundsätzlich-thetisch dargestellt und entfaltet. Aus dem Thema ergibt sich für beide Briefe ein analoger Aufbau: Erster Teil Lehre, zweiter Teil Paränese.

Gal 1–4 stellen den „dogmatisch-theologischen" Teil, Gal 5.6 den „ethischen" Teil dar. Der erste Abschnitt läßt sich aber noch einmal untergliedern, wodurch man einen dreiteiligen Aufbau gewinnt:

1–2 historischer Nachweis der Gültigkeit des paulinischen Apostolats und damit seiner Verkündigung;

3–4 systematischer Nachweis über die Rechtfertigung aus Glauben und die Freiheit vom Gesetz;

5–6 die aus der Rechtfertigung sich ergebenden ethischen Konsequenzen;

Briefschluß.

Es ist auf den ersten Blick deutlich, daß Gal von aktueller Polemik bestimmt ist: In Galatien wird die paulinische Lehre von der Freiheit vom Gesetz bestritten. Deshalb steht der ganze Brief im Dienst der Argumentation für das paulinische Rechtfertigungsverständnis.

2. Einzelheiten der Gliederung

Schon das Präskript ist durch aktuelle Situation bestimmt: Paulus betont emphatisch, daß er sein Amt nicht von Menschen, sondern von Christus und von Gott empfangen hat. Zugleich weist er bereits in V. 2 darauf hin, daß alle Brüder mit ihm in der Lehre übereinstimmen; damit ist indirekt schon gesagt, daß die in Galatien lautgewordene Kritik unberechtigt ist. Dieselbe sachliche Funktion hat die auffällige christologische Erweiterung des Präskripts (V. 4), die sich auf das sola gratia bezieht: Schon hier wird auf das Thema des Briefes hingewiesen.

Ein Proömium fehlt, denn angesichts der Lage in den Gemeinden

Galatiens gibt es für Paulus nichts zu danken. Statt dessen setzt er mit einem betont kritisch-polemischen θαυμάζω ein und behauptet sich selbst und seine Lehre gegen die Angriffe der Gegner. In einem autobiographischen Teil (1,10–24) erläutert er das „nicht von Menschen und nicht durch Menschen, sondern durch Jesus Christus und Gott den Vater" des Präskripts und erwähnt in diesem Zusammenhang seine Berufung (1,15 f.). Dabei erzählt er aber nicht von seinem Erlebnis vor Damaskus; er beschränkt sich auf die Erwähnung des Faktums und stellt den empfangenen Auftrag, die Heidenmission, in den Mittelpunkt.

In 2, 1–10 unterstreicht er, daß er auch in Jerusalem von der dortigen christlichen Gemeindeleitung offiziell anerkannt worden sei; in 2,11–21 schildert er, wie er in Antiochia seinen Standpunkt Petrus gegenüber behauptete. Dieser Abschnitt ist die wichtigste Quelle für das „Apostelkonzil"; der Vergleich mit Apg 15 läßt gewisse Differenzen in der Darstellung der Vorgänge erkennen (s. u. § 66). Paulus hebt die Ergebnisse der Beratungen hervor: 1. Die Anerkennung der Freiheit der Heiden vom Gesetz; 2. die Abgrenzung der Kompetenzen: Paulus als Apostel für die Heiden, Petrus als Apostel für die Juden; 3. die Sammlung einer weltweiten Kollekte zur Unterstützung der Jerusalemer Gemeinde als sichtbares Zeichen für die Einheit der Kirche.

In 2,15–21 leitet Paulus bereits zur systematischen Darlegung der Rechtfertigungslehre über. Dabei greift er auf das Alte Testament, speziell auf die Person Abrahams zurück und liefert eine Art „Schriftbeweis" für die These der christlichen Freiheit vom Gesetz (Gal 3.4).

Mit 5,1 setzt der ethische Teil des Briefes ein. Das Gewicht liegt darauf, daß die Ethik aus der Freiheit begründet wird (das „paränetische" οὖν von 5,1 findet sich auch in Röm 12,1). Der entscheidende theologische Satz steht in 5,6. In 5,19–24 stellt Paulus die „Frucht" des Geistes der Freiheit und die „Werke" des Fleisches einander gegenüber und läßt die Darstellung in einen Tugend- und Lasterkatalog münden. In 5,25 folgt dann die klassische Formel für die Bestimmung des Verhältnisses von Indikativ und Imperativ: εἰ ζῶμεν πνεύματι, πνεύματι καὶ στοιχῶμεν.

In 6,1–10 folgen allgemeine Mahnungen, in 6,11–18 der Briefschluß, wobei Paulus betont, daß er ihn eigenhändig geschrieben habe (vgl. 1 Kor 16,21 und 2 Thess 3,17; dort liegt möglicherweise Imitation vor; s. o. § 24). Der Schluß entspricht ganz der Gesamttendenz des Briefes: Paulus spricht den Segenswunsch, übermittelt aber keine Grüße.

3. Historische Probleme

Umstritten ist, an welchen Empfängerkreis sich der Brief richtet, d. h. welche geographische Gegend mit dem Stichwort Galatien bezeichnet ist. Umstritten ist ferner, welche theologische Position die in dem Brief angesprochenen Gegner vertreten und daraus folgend, woher sie kamen.

1) Die Galater waren Kelten, die im 3. Jahrhundert v. Chr. in Kleinasien eingedrungen und schließlich im Gebiet um das heutige Ankara (damals Ankyra) seßhaft geworden waren. Dieses Gebiet nannte man deshalb Galatien.

Paulus hat möglicherweise auf der „zweiten Missionsreise" uns sonst unbekannte Gemeinden in Galatien gegründet (Apg 16,6) und sie auf der „dritten Missionsreise" (vgl. hierzu unten S. 284. 428) wieder besucht (Apg 18,23). Dazu würde passen, daß Paulus in Gal 4,13 möglicherweise auf zwei vorausgegangene Besuche anspielt.

Das Problem ist aber, daß die römische *Provinz* Galatia mehr als nur das Gebiet der *Landschaft* Galatien umfaßte; der Brief könnte sich mithin auch an die im südlichen Teil der Provinz Galatia gelegenen Gemeinden im pisidischen Antiochia, in Ikonium und Lystra richten (s. Karte!), die Paulus auf der „ersten Missionsreise" (Apg 13 f.) gegründet hatte. Es ist jedoch zu beachten, daß die Bewohner dieser Gegend keine Kelten waren (Apg 14,11).

Da Paulus im Gal keine Ortsnamen nennt, ist es zunächst unklar, ob sich sein Brief an die Gemeinden in der *Landschaft* Galatien (sog. „nordgalatische Hypothese") oder an die städtischen Gemeinden im Süden der *Provinz Galatia* (sog. „südgalatische Hypothese") richtete. Das Problem ist nicht nur aus historischem Interesse von Bedeutung: Es geht um die Frage, ob die von Paulus angesprochenen Gemeinden rein heidenchristlich waren, oder ob es in ihnen auch Judenchristen gab. Mit anderen Worten: Waren die offensichtlich judenchristlichen Gegner des Paulus von außen in die Gemeinden eingedrungen, oder hatten sie von Anfang an zu ihnen gehört? Daß im ersten Jahrhundert in der Landschaft Galatien Juden gelebt haben, ist nicht nachweisbar; es würde sich also der Schluß nahelegen, daß der Brief an die Gemeinden in der Provinz Galatia (wo es jüdische Bewohner gab) gerichtet ist. Für diese „südgalatische (oder besser: „Provinz-)Hypothese" läßt sich noch ein weiteres Argument anführen: Nach 1 Kor 16,1 waren die galatischen Gemeinden an der Kollekte für Jerusalem beteiligt; in Apg 20,4 werden jedoch nur Vertreter von *Süd*-Kleinasien als Mitglieder der Gesandtschaft genannt, die die Kollekte nach Jerusalem brachte. Man kann daraus offenbar den Schluß ziehen, daß Paulus unter „Galatien" den südlichen Teil der Provinz verstand.

Dennoch ist diese Provinzhypothese zurückzuweisen, denn die Gegenargumente sind gewichtiger: 1. Die Verwendung des Begriffs „Galatia" zur Bezeichnung der römischen Provinz ist ganz ungewöhnlich; normalerweise werden die verschiedenen Landschaften aufgezählt, wenn man die Provinz Galatien meint. 2. Die Liste von Apg 20,4 kann nicht als überzeugender Beleg gelten, denn sie ist nicht vollständig – es fehlen z. B. auch die Vertreter von Korinth. 3. Auf das Schema der Missionsreisen (s. u. S. 428) sollte man nur mit Vorsicht zurückgreifen: Wann Paulus welche Gegend besuchte, läßt sich genau nicht feststellen; im übrigen muß man beachten, daß in Apg 16,6 zwar von einer Reise durch Galatien, aber nicht von Gemeindegründungen dort die Rede ist. 4. Es ist ganz unwahrscheinlich, daß Paulus die Bewohner des Südteils der Provinz Galatia, also Nicht-Kelten, als „blöde Kelten" (3,1) anredet. 5. Das Fehlen von Städtenamen spricht eher für das mehr ländliche (Nord-)Galatien als für die in Apg 13 f. erwähnte stärker städtisch besiedelte Gegend.

2) Das Urteil über die *Abfassungszeit* des Gal hängt mit dem eben dargestellten Problem eng zusammen. Schreibt Paulus an die südgalatischen Gemeinden, dann kann der Brief schon während der „zweiten Reise" verfaßt worden sein, etwa in Korinth. Er wäre dann möglicherweise der älteste aller erhaltenen Paulusbriefe. Geht er dagegen in die Landschaft Galatien, dann fiele er in die Zeit des Aufenthalts des Paulus in Ephesus (zur Chronologie s. S. 399 f.). Genauer läßt sich die Abfassungszeit nicht bestimmen. Vor allem bleibt das genaue zeitliche Verhältnis zu den Korintherbriefen offen; Ähnlichkeiten etwa zwischen Gal 1,6 ff.10; 2,4 einerseits und 2 Kor 11,4; 5,11; 11,26 andererseits sind jedenfalls unverkennbar. Ein wichtiges Indiz ist, daß Paulus in 1 Kor 16,1 erwähnt, er habe in Galatien die Jerusalemkollekte organisiert; im Gal weist er zwar darauf hin, daß die Kollekte beim Apostelkonzil vereinbart wurde, aber er schreibt nichts über ihre Organisation. Das könnte darauf hindeuten, daß Gal vor 1 Kor verfaßt wurde. Möglich wäre aber natürlich auch, daß sich die Kollekte wegen der Situation in Galatien in einer Krise befand und deshalb von Paulus nicht erwähnt wird. Aber auch in diesem Fall liegt kein sicherer Beleg dafür vor, daß Gal erst nach 1 Kor geschrieben wurde.

3) Die *Empfänger* des Gal sind Heidenchristen (4,8; 5,2 f.; 6,12 f.).

Aber unter ihnen wird durch Leute, die von außen eingedrungen sein müssen, judaistische Propaganda getrieben. Diese „Judaisten" sind Christen, die behaupten, das mosaische Gesetz – ob sie das ganze Gesetz oder im wesentlichen nur das Beschneidungsgebot meinen, ist nicht erkennbar – sei für alle Christen, also auch für die Heidenchristen, verbindlich. Offenkundig ist ihre Forderung nach Beschneidung nicht ohne positive Resonanz geblieben. Die Judaisten behaupten ferner, Mose sei der Mittler (3,19 f.), und das Gesetz vermittle den Geist (3,2).

Nach Gal 5,7.10; 6,3 steht an der Spitze der Agitation offenbar ein einzelner. Die These, daß dabei auf Petrus angespielt sei (so Lietzmann u. a.), ist jedoch ganz unwahrscheinlich (vgl. 1,18; auch 2,11 ff. weist nicht in diese Richtung); eher ist denkbar, daß sich die Gegner auf Jakobus berufen (ähnlich wie bei den in 2,12 geschilderten Vorgängen). Sie werden jedenfalls den „falschen Brüdern" in Jerusalem (2,4) nahestehen. Offensichtlich sprechen sie Paulus seinen Rang als Apostel ab; dasselbe taten ja auch die Agitatoren von 2 Kor 10–13, die sich ausdrücklich auf Jerusalem, d. h. auf die traditionelle Kirchenleitung, berufen. Daß Jakobus aber tatsächlich hinter ihnen steht, ist angesichts von Gal 1,19 recht unwahrscheinlich.

Außer der Beschneidung fordern die Gegner offenbar auch, es seien bestimmte Zeiten („Termine") zu beachten (4,10) und die kosmischen Elemente zu verehren (4,3.9). Heißt dies, daß sie das Gesetz und Christus im Sinne einer kosmischen Erlösungslehre auffassen – etwa mit der These, der Erlöser sei in den kosmischen Elementen verkörpert? Schmithals (Die Häretiker in Galatien, in: Paulus und die Gnostiker, ThF 35, 9–46) nimmt aufgrund dieser Stellen an, die Gegner seien nicht Judaisten, sondern gnostisierende Judenchristen bzw. judenchristliche Gnostiker. Das sei der Grund, weshalb sie nicht das Halten des ganzen Gesetzes, sondern nur die Beschneidung, die sie als einen Ritus zur Befreiung vom Fleisch angesehen hätten, und die Einhaltung weiterer entsprechender Riten forderten. Paulus mache nun klar, daß, wer sich beschneiden lasse, sich damit dem ganzen Gesetz ausliefere (5,3). Aber Gal 3 und 4 mit ihrer sehr breit angelegten Argumentation zeigen, daß den Christen in Galatien wirklich das ganze Gesetz auferlegt werden soll; von gnostischen Tendenzen ist dagegen nichts zu erkennen.

Aufgrund der Warnung des Paulus vor dem Mißbrauch der Freiheit (5,13 ff.) wird die These vertreten, Paulus müsse an zwei Fronten kämpfen: Sowohl gegen Judaisten, als auch gegen libertinistische Enthusiasten. Aber die Aussagen in 5,13 ff. entsprechen dem Gewicht, das Paulus auf den positiven theologischen Zusammenhang von Freiheit und Ethik legt; eine aktuelle Polemik steht nicht dahinter.

4. Theologische Grundgedanken

Das Problem des Gal ist die Rechtfertigungslehre oder anders gesagt: Das Verhältnis von Christusglaube und jüdischem Gesetz. Paulus entfaltet in Gal 3.4 den theologischen Grundsatz, daß der Mensch nicht durch das Gesetz, sondern durch Glauben gerechtgesprochen wird. Zur Begründung wird in 3,6 ff. das AT angeführt: Abraham selbst ist der Glaube zur Gerechtigkeit angerechnet worden – die Christen, für die ebenfalls der Glaube entscheidend ist, sind also Abrahams Kinder. Von großem theologischen Gewicht ist die These, daß das Stehen unter dem Gesetz ein Stehen unter dem Fluch bedeute: Mit Dtn 27,26 wird auf die Verbindung Gesetz–Fluch hingewiesen, mit dem Zitat aus Hab 2,4 auf die Verbindung Glaube – Leben (Gal 3,10 f.). Die notwendig sich ergebende Frage, welchen Sinn unter diesem Vorzeichen das Gesetz dann überhaupt habe, wird mit einer „heilsgeschichtlichen" These beantwortet: Das Gesetz ist 430 Jahre nach Abraham gegeben worden (3,17), es soll die Verheißung nicht aufheben, sondern die Sünde noch vergrößern. Dabei wird differenziert: Das Gesetz *könnte* lebendig machen und dann *käme* die Gerechtigkeit wirklich aus dem Gesetz (3,21) – aber alles, was mit dem Gesetz zu tun hat, gehört faktisch in den Bereich der Sünde. Das Gesetz ist der παιδαγωγὸς εἰς Χριστόν (3,24); das heißt nicht, daß es der Erzieher auf Christus hin, ein pädagogisches Mittel der Vorbereitung ist; sondern das Gesetz ist der Zuchtmeister des Menschen bis zum Kommen Christi. Seitdem sind wir von diesem Zuchtmeister frei (3,25; der Gedanke der Freiheit wird in 5,1 ff. vertieft).

In Gal 4,21–31 führt Paulus ein Beispiel allegorischer Schriftauslegung vor: Die beiden Frauen Abrahams, Hagar und Sara, sind die Mütter jeweils der Unfreien und der Freien. Die Christen wissen sich als Kinder der Verheißung, also als Nachkommen der Sara.

Arbeitsvorschlag

Bestimmung der theologischen Funktion der Paränese (Gal 5.6) innerhalb des Briefes. In welchem Verhältnis stehen Freiheit vom Gesetz einerseits und ethische Normen andererseits zueinander? Zur Sache ist Luthers „Sermon von den guten Werken" zu vergleichen (Clemen I, 227–298).

§ 26 *Der Philipperbrief*

Literatur: G. Bornkamm, Der Philipperbrief als paulinische Briefsammlung, Ges. Aufs. IV, BEvTh 53, 1971, 195–205; M. Dibelius (s. § 24); J. Gnilka, Der Philipperbrief, HThK X/3, ²1976.

1. Problemstellung und äußere Gliederung

1) Philippi war eine Distriktshauptstadt in Mazedonien, eine römische Kolonie (Apg 16,12). Die Stadt war berühmt durch die Schlacht bei Philippi (42 v. Chr.), in der Marcus Antonius und Octavian die Cäsarmörder besiegt hatten, wodurch der endgültige Zusammenbruch der Republik sichtbar wurde.

In Philippi gründete Paulus seine erste Gemeinde auf europäischem Boden. Der Bericht in Apg 16 hierüber ist allerdings stark legendarisch, wie schon ein Vergleich der Personenangaben dort und im Phil zeigt.

2) Schon beim ersten Lesen des Briefes fällt das starke Hervortreten der Stichworte χαίρω, χαρά auf. Offensichtlich ist das Verhältnis des Paulus zu dieser Gemeinde unbelastet; man erkennt das auch daran, daß er von ihr finanzielle Unterstützung annimmt (4,10ff.), während er das gegenüber der Gemeinde in Korinth ablehnt (2 Kor 11,9). Phil hat keinen übersichtlichen Aufbau. Nur das Proömium ist klar abgegrenzt (1,3–11); es folgt ein Hinweis auf die Situation, in der sich der Apostel befindet, die Gefangenschaft (1,12ff.). Paulus nimmt an, daß am Ende dieser Gefangenschaft der Märtyrertod stehen wird (1,19–23); er rechnet andererseits aber doch noch mit der Möglichkeit, noch einmal nach Philippi reisen zu können (1,24–27). In 1,27–2,4 mahnt er die Philipper zur Eintracht, in 2,6–11 schließt sich, eingeleitet durch V. 5, der berühmte Christushymnus an, der sich, wie der Kontext zeigt, auf die Lage der Gemeinde bezieht. Nach einigen freundlichen Ermahnungen (2,12 bis 18) folgt in 2,19–3,1 a Korrespondenz im Blick auf die aktuelle Situation.

Der Neueinsatz in 3,2 ist sehr überraschend. Nach einer scharfen Polemik, die sich offenbar gegen Judenchristen richtet, gibt Paulus einen autobiographischen Rückblick. Er betont, daß seine Berufung zum Apostel keineswegs eine Erlösung aus innerer Not gewesen sei, sondern daß er sich im Gegenteil als Jude von jedem Makel frei gefühlt habe. Mit seiner Bekehrung habe er nicht eine innere Misere, sondern gerade seinen Stolz, seine selbstgeschaffene Gerechtigkeit aufgegeben. In 3,12–16 schildert Paulus seine gegenwärtige Situation, in 3,17–4,9 folgen Mahnungen zur Eintracht und zur Glaubensfestigkeit. Der Abschnitt 4,10–20 enthält wieder Korrespondenz, Paulus dankt vor allem für die ihm zuteil gewordene Hilfe. Am Schluß werden Grüße bestellt.

2. *Literarkritische Fragen*

Der überaus harte Übergang von 3,1 zu 3,2 fordert immer wieder zu literarkritischen Operationen heraus. 3,1 klingt wie die Einleitung eines Briefschlusses – daß dann 3,2 („Sehet die Hunde!") folgt, ist zumindest überraschend. Viele Exegeten nehmen daher an, daß auf 3,1 ursprünglich schon Kap. 4 gefolgt sei, während in 3,2–4,1 ein später geschriebener polemischer Brief vorliege. Beide Briefe seien nachträglich von einem Redaktor miteinander verknüpft worden.

J. Gnilka (s. Literaturangaben) unterscheidet den Gefangenschaftsbrief A (1,1–3,1 a; 4,2–7.10–23) und den Kampfbrief B (3,1 b–4,1.8 f.). W. Schmithals (Paulus und die Gnostiker, 1965, 57 f.) sieht innerhalb des Phil sogar drei Briefe: Brief A (4,10–23) sei ein kurzes Dankschreiben; der später geschriebene Brief B (1,1–3; 4,4–7) gehe auf die sich bereits abzeichnende Auseinandersetzung mit Irrlehrern ein (vgl. 1,15.17.28); Brief C (3,2–4,3) schließlich sei von Paulus geschrieben worden, als der Konflikt offen ausgebrochen war.

Es ist unwahrscheinlich, daß in 4,10–23 ein ursprünglich selbständiger Brief steckt. Hingegen besteht zwischen Phil 2 und 3 tatsächlich ein deutlicher Unterschied im Ton und in der Stimmung. Aber reicht diese Beobachtung schon zu einer Teilungshypothese aus? Es ist immerhin denkbar, daß Paulus in 3,1 a den im wesentlichen unpolemischen Briefteil abschließt und in 3,1 b die Polemik vorbereitet, die dann in 3,2 beginnt. Es fehlen jedenfalls ganz sichere Indizien dafür, daß Kap. 3 wirklich eine andere äußere Situation voraussetzt als der erste Teil des Phil: Die grundsätzlich positive Haltung der Gemeinde gegenüber ändert sich nicht; und von Spannungen innerhalb der Gemeinde ist immerhin auch schon in 1,15.28; 2,21 die Rede gewesen. Es läßt sich daher (im Unterschied zur 1. und 2. Auflage dieses Buches) nicht mit hinreichender Gewißheit sagen, ob Phil eine literarische Einheit ist oder nicht.

3. *Äußere Bedingungen für die Abfassung*

Unabhängig davon, ob man Phil für einheitlich hält oder nicht, hat die Datierung in jedem Fall zunächst anhand der beiden ersten Kapitel zu erfolgen. Nach 1,12–26 befindet sich Paulus in Gefangenschaft, und zwar nach herkömmlicher Auffassung in Rom. Phil wäre dann verhältnismäßig spät geschrieben worden, kurz vor der Hinrichtung des Paulus. Für Rom sprechen zunächst anscheinend einige äußere Indizien: Paulus erwähnt das Prätorium (1,13), d. h. die Prätorianerkaserne und „die aus dem Hause des Kaisers" (4,22), also wahrscheinlich kaiserliche Sklaven. Aber eindeutige Indizien für Rom als Abfassungsort sind das nicht: Das Prätorium ist in der Provinz der Palast des Statthalters (Mk 15,16) und kaiserliche Sklaven gab es auch in der Provinz.

Für Rom als Abfassungsort – und damit zugleich für eine Spätdatierung – wird auch ein theologisches Argument angeführt: Phil enthalte eine – verglichen etwa mit 1 Kor – stark veränderte eschatologische Vorstellung. Während Paulus dort die gemeinsame Auferstehung aller Christen bei der Parusie erwartet habe, nehme er hier an, daß er sofort nach dem Tode ins neue Leben hinübergehen werde (1,23). A. Schweitzer (Die Mystik des Apostels Paulus, ²1954, 135 ff.) führt diesen Unterschied in der Anschauung des Paulus nicht auf seine veränderte Auffassung, sondern auf eine gleichsam erweiterte Systematik zurück: Paulus erwarte, daß der Märtyrer sofort mit seinem Opfertod in den Himmel aufgenommen werde, die anderen Christen dagegen hätten bis zur allgemeinen Totenauferstehung zu warten. Aber es ist zu beachten, daß Paulus auch im Phil die Parusie erwartet (3,20; 4,5), und daß er auch in den früheren Briefen nicht über den Zeitraum zwischen Tod und Auferstehung spekuliert. Die Vorstellungen in 1 Kor 15 und Phil 1,23 brauchen einander also nicht zu widersprechen.

Ein wichtiges Indiz für Abfassungszeit und -ort ist die Tatsache, daß nach 2,24–26 zwischen dem Apostel und der Gemeinde ein reger Kontakt zu bestehen scheint: Es herrscht nicht nur ein reger Briefwechsel, sondern Paulus kündigt vor allem an, nach seiner Haftentlassung nach Philippi reisen zu wollen. Dies zeigt nach Auffassung vieler Exegeten, daß der Brief in der römischen Gefangenschaft des Paulus nicht entstanden sein kann – die Entfernung Rom–Philippi sei für derartig enge Beziehungen einfach zu groß gewesen. Außerdem habe Paulus ja im Röm die Absicht geäußert, von Rom aus nach Spanien (und nicht etwa zurück in den Osten des Reiches) zu gehen. So muß man nach einem anderen Ort suchen, in dem Paulus als Gefangener den Brief Phil 1,1 ff. geschrieben haben könnte.

E. Lohmeyer (Phil, KEK IX/1,3) vermutet, der Brief sei während der zweijährigen Haft in Caesarea (Apg 24–26) geschrieben worden; aber die Argumente hierfür reichen nicht aus: Die Entfernung von dort nach Philippi ist nicht geringer als die von Rom. Die gegenüber der Ankündigung im Röm geänderten Reisepläne kann man durchaus verstehen angesichts der Tatsache, daß die Gemeinde in Philippi von Irrlehre bedroht ist.

Gegenwärtig wird häufig die These vertreten, der Brief sei in Ephesus geschrieben worden. In der Tat ließe sich das rege Hin und Her von Nachrichten angesichts der relativ geringen Entfernung zwischen Ephesus und Philippi einigermaßen leicht erklären, nur – eine Gefangenschaft des Paulus in Ephesus ist nicht direkt belegt. Allerdings deutet Paulus in den Korintherbriefen an, er sei in Ephesus schwersten Gefährdungen ausgesetzt gewesen (1 Kor 15,32; 2 Kor 1,8; in Apg 19 ist die Gefahr offensichtlich verharmlost worden). Phil – bzw. wenn man teilen will: der „erste" Phil – könnte also etwa gleichzeitig mit den Kor entstanden sein (der „zweite" Brief 3,2–4,3 wäre dann vermutlich wenig später geschrieben). Aber völlig eindeutig läßt sich weder die Frage nach der Abfassungszeit noch die nach dem Abfassungsort beantworten; die Annahme Ephesus verträgt sich allerdings am ehesten mit den im Phil selbst erkennbaren Verhältnissen.

Ein weiteres Problem für die Datierung von Phil (und Phm; s. u. S. 208) besteht, wenn man den Zusammenhang mit Kol und Eph beachtet. Diese beiden geben sich ja ebenfalls als Gefangenschaftsbriefe und müssen, wenn sie von Paulus stammen, wegen der Besonderheiten des Stils und der theologischen Gedanken an das Ende seines Lebens gehören. Phil dagegen ist in allen seinen Teilen „normal" paulinisch, d. h. er wird kaum in der gleichen Zeit wie Kol und Eph geschrieben worden sein. Allerdings löst sich das Problem von selbst, wenn man Kol und Eph als deuteropaulinisch ansieht (s. u. S. 232 ff.).

4. Theologische Tendenzen des Phil

Die theologische Stoßrichtung des Paulus ist am deutlichsten im zweiten Teil (oder: Brief B) erkennbar: Paulus polemisiert in 3,2–4,3 mit äußerster Schärfe gegen die Auffassung, es gebe eine Gerechtigkeit, die aus dem Gesetz kommt. Häufig wird daraus der Schluß gezogen, die kritisierten Gegner forderten die Beschneidung, seien also Judaisten wie die im Gal bekämpften Gegner. Aber das ist aus 3,2 ff. nicht zu erheben: Paulus hat es nicht mit der Beschneidung von *Christen* zu tun, sondern es ist erkennbar, daß die Gegner selbst Beschnittene, also Juden (bzw. Judenchristen) sind. Sie bezeichnen sich als „vollkommen" (3,12–16), sind also offenbar Enthusiasten – möglicherweise mit gnostisierenden Tendenzen. Die paulinische Argumentation nimmt beide Gesichtspunkte auf: Der Apostel verweist einerseits auf seine eigene untadelige Gesetzeserfüllung und entzieht damit der jüdischen Kritik den Boden; er weist andererseits auf die dem christlichen Bekenntnis entsprechende ethische Haltung hin und bekämpft so den christlichen Enthusiasmus.

Besonders deutlich ist diese theologische Tendenz auch in 2,6 ff. (Brief A?) zu erkennen, in dem von Paulus zitierten Christushymnus: Dieser Hymnus dient dazu, die paränetischen Mahnungen durch den Hinweis auf das Vorbild Christi zu begründen. Vorbild ist dabei nicht die Gesinnung des irdischen Jesus, sondern der Gehorsam des präexistenten und inkarnierten Christus. Statt Luthers Formulierung in der Einleitung „Ein jeder sei gesinnt, wie Jesus Christus auch war", ist in V. 5 zu übersetzen: „Sinnet auf das, auf das man in Jesus Christus sinnt". Das bedeutet: Der Hymnus hat nicht die Funktion, eine imitatio Christi zu propagieren, sondern er will deutlich machen, daß sich christliche Existenz im Verzicht auf Macht verwirklicht. Der Gedanke des Vorbilds wird dabei keineswegs eliminiert, dafür ist das Bild des Gehorsams Christi zu intensiv gezeichnet. Aber die Christen werden nicht aufgefordert, einzelne Handlungsweisen Jesu in ihrem Leben nachzuahmen.

Zwischen der Christologie dieses Hymnus und der theologischen Intention des Paulus besteht eine Spannung: Der Hymnus betont die Inkarnation des Präexistenten, seinen Tod und seine Erhöhung; die zentralen Aussagen der paulinischen Christologie sind Kreuz und Auferstehung (es ist zu beachten, daß Erhöhungs- und Auferstehungsvorstellung nicht identisch sind). Paulus gibt dem Hymnus daher durch einen erläuternden Zusatz, in dem der Kreuzestod betont wird, einen besonderen Akzent (vgl. oben S. 113 f.).

Arbeitsvorschläge

1. Exegese der Schlußparänese 4,8 f., die ein Beispiel für die „Bürgerlichkeit" der urchristlichen Ethik ist. Welche Bedeutung haben die verwendeten Begriffe? Welche Konsequenzen ergeben sich? Lektüre: K. Barth, Erklärung des Phil, z. St.; J. Gnilka, Phil, HThK X/3, z. St.

2. Analyse von 3,2–11, vor allem V. 7 ff. Die Stelle ist ein ideales Beispiel für die „doppelte Begrifflichkeit" bei Paulus. Er argumentiert sowohl in den Kategorien der Rechtfertigungslehre als auch in mystischen bzw. gnostischen Kategorien. a) Welche Begriffe sind jeweils den beiden Argumentationsreihen zuzuordnen? b) Wie bestimmen sich die beiden Reihen gegenseitig?

3. Zusammenstellung von Argumenten für und gegen die Einheitlichkeit des Phil. Hilfsmittel: J. Gnilka (s. Literaturangaben), 5–25; U. B. Müller, Prophetie und Predigt im NT, StNT 10, 1975, 205—211.

§ 27 Der Philemonbrief

Literatur: E. Lohse, Der Brief an die Kolosser und an Philemon, KEK IX/2, [15]1977; P. Stuhlmacher, Der Brief an Philemon, EKK, 1975.

1. Problemstellung und Thema des Briefes

Phm ist der einzige allgemein als echt angesehene Brief des Paulus an einen einzelnen. Er gehört in die Kategorie der Empfehlungsbriefe (vgl. Dibelius-Greeven, Phm, HNT 12, Beilagen 7 und 8: Fürbitte Plinius' d. J. für einen Freigelassenen, sowie Steckbrief gegen zwei entlaufene Sklaven). Der Inhalt des Phm ist denkbar einfach: Der Sklave Onesimus ist seinem christlichen Herrn Philemon entlaufen und hat sich zu Paulus geflüchtet, wo er offenbar selbst Christ geworden ist. Paulus schickt ihn zu Philemon zurück, bittet jedoch in geradezu beschwörenden Worten darum, daß der Sklave nicht bestraft werde. In V. 22 kündigt er seinen Besuch bei Philemon an.

2. Äußere Bedingungen der Abfassung

Phm ist wie Phil in der Gefangenschaft geschrieben (V. 1), daher kommen dieselben Abfassungsorte wie dort in Betracht: Rom, Caesarea oder Ephesus. Der Empfänger Philemon scheint in Kolossä zu wohnen; jedenfalls wird Archippos (V. 2) auch in Kol 4,17 erwähnt, ebenso Onesimus in Kol 4,9. Für Kolossä als Zielort des Briefes spricht auch die Tatsache, daß Paulus den Philemon offensichtlich nicht persönlich kennt (V. 5) – Paulus ist ja nie in Kolossä gewesen. Wenn das richtig sein sollte, dann ist als Abfassungsort wiederum Ephesus als wahrscheinlich anzusehen, denn eine Flucht des Sklaven von Kolossä nach Cäsarea oder gar nach Rom und seine anschließende Rückreise ist jedenfalls schwerer vorstellbar.

3. Theologische Tendenz des Phm

Der Brief hat eine besondere Bedeutung für die Frage nach der sozialen Einstellung bzw. der politischen Haltung des Urchristentums. Paulus wird wegen dieses Briefes häufig scharf kritisiert: Sein Verhalten, den Sklaven nicht aus der Abhängigkeit von seinem Herrn zu befreien, sondern ihn in die Sklaverei zurückzuschicken, zeige, daß das (Ur-)Christentum von Anfang an auf der Seite der Mächtigen gestanden habe. Mindestens werde deutlich, daß Paulus in seiner sozialpolitischen Einstellung sehr konservativ gewesen sei. Aber diese Kritik trifft nicht. Man muß einmal berücksichtigen, daß Paulus selbstverständlich damit rechnet, das Verhältnis zwischen dem Sklaven Onesimus und seinem Herrn Philemon werde sich prinzipiell wandeln (V. 16). Und zum andern ist es ungeschichtlich gedacht, wenn man die Position des Paulus von heutigen Überzeugungen her beurteilt, ohne die historischen Gegebenheiten des 1. Jahrhunderts und vor allem auch die theologischen Voraussetzungen des Paulus zu berücksichtigen. Seine Stellungnahme zum Sklavenproblem entspricht dem eschatologischen Verständnis der Welt, wie er es in 1 Kor 7 dargestellt hat. Die Welt geht ihrem Ende entgegen, eine programmatische Veränderung der Verhältnisse ist deshalb sinnlos und sogar gefährlich, weil das Ergebnis einer solchen Veränderung der Welt doch wieder nur Welt wäre – Welt, die keine Zukunft mehr hat. Natürlich kann man diese Sicht der Dinge nicht auf die heutige Situation übertragen, aber andererseits kann man aus Phm wie aus 1 Kor 7 lernen, daß keine Veränderung der gesellschaftlichen und politischen Verhältnisse die Welt als Welt aufheben und paradiesische Zustände, das „Heil" herbeiführen kann.

Lektürevorschläge

E. Lohse (s. Literaturangabe). Vgl. darüber hinaus J. Lähnemann/G. Böhm, Der Phm, Handbücherei für den Religionsunterricht 16, 1973. Aus der teilweise sehr kontrovers geführten Debatte über das Verhältnis Urchristentum–Sklaverei sind zu nennen: S. Schulz, Hat Christus die Sklaven befreit? Sklaverei und Emanzipationsbewegungen im Abendland, EvKomm 5, 1972, 13–17 (mit heftiger Kritik an Paulus) sowie als Gegenposition: E. Schweizer, Zum Sklavenproblem im Neuen Testament, EvTh 32, 1972, 502–506.

§ 28 Der erste Korintherbrief

Literatur: H. Conzelmann, Der erste Brief an die Korinther, KEK V, 1969; H. Lietzmann/W. G. Kümmel, An die Korinther 1,2, HNT 9, [5]1969; W. Schmithals, Die Gnosis in Korinth, FRLANT 66, [3]1969.

1. Historische Situation und äußere Gliederung

1) Über den Aufenthalt des Paulus in Korinth informiert die Apg in Kap. 18. Korinth ist römische Kolonie; nach der Zerstörung 146 v. Chr. war die Stadt 100 Jahre später von Rom neu besiedelt worden. Die beiden Korintherbriefe gehen auf diesen besonderen Status nicht ein, aber das besagt nichts, denn auch im Phil fehlt jeder Hinweis auf den Status Philippis als einer colonia (vgl. dagegen Apg 16,12). Korinth ist als Hauptstadt der Provinz Achaja ein bedeutendes Zentrum Griechenlands; es spielt als Hafen- und Handelsstadt eine hervorragende Rolle. Paulus hat sich längere Zeit in der Stadt aufgehalten und von hier aus den 1 Thess geschrieben (s. § 24). Aus Apg 19 erfahren wir, daß Paulus von Korinth nach Ephesus ging – offenbar hat er 1 Kor dort geschrieben (vgl. 1 Kor 16,8).

2) Der Bau des Briefes ist locker. Paulus bespricht Probleme des Lebens einer christlichen Gemeinde, ohne daß dabei eine Themenordnung nach bestimmten Gesichtspunkten erkennbar würde. Es ist deutlich, daß Paulus auf mehrere Anfragen aus Korinth antwortet; der Tenor dieser Fragen ist indirekt jeweils am paulinischen περί zu Beginn einiger Abschnitte zu erkennen (7,1.25; 8,1; 12,1; 16,1). Aber Paulus geht auch schon vorher in den ersten Kapiteln auf Probleme der korinthischen Gemeinde ein. Die Reihe wird in 1,10 mit dem Stichwort σχίσματα eröffnet; auch die Themen von Kap. 5 und 6 (Sexualethik) sind in Korinth aktuell und werden von Paulus aus diesem Grunde aufgenommen. Aus der Vielfalt der weiteren Themen ragen wie zwei Blöcke die Kapitel 13 und 15 heraus, in denen Paulus thetisch-grundsätzlich von der „Liebe“ und von der „Auferstehung“ handelt.

K. Barth, Die Auferstehung der Toten, 1924, versteht 1 Kor ganz als Einheit von Kap. 15 her: Die Eschatologie sei von Anfang an das heimliche Thema, und so strebe der Brief dem Schluß als dem Höhepunkt entgegen. R. Bultmann macht in seiner Besprechung des Barthschen Buches (Glauben und Verstehen I, 38–64) den Gegenvorschlag: Zwar sei die eschatologische Thematik tatsächlich die Mitte des Briefes, aber sie finde ihren reinsten Ausdruck nicht in Kap 15 (dort sei sie vielmehr von apokalyptischen Vorstellungen verdeckt), sondern in Kap 13, also in der Beschreibung der Liebe als der eschatologischen Existenz.

Tatsächlich wird in den vielfachen Stellungnahmen des Paulus zu der Lage in Korinth eine einheitliche theologische Position sichtbar: Die Theologie des Kreuzes. Die Existenz der Christen ist dadurch bestimmt, daß ihr Herr sich am Kreuz, d. h. in der Niedrigkeit und nicht in der Glorie offenbart hat.

2. Einzelheiten der Gliederung und theologische Grundgedanken

Besser als jedes andere Dokument des Urchristentums gibt uns 1 Kor einen Einblick in Probleme und Vorgänge des Lebens in einer hellenistischen Gemeinde. Man kann sich den Brief am besten dadurch erarbeiten, daß man versucht, hinter den Äußerungen des Paulus die tatsächlich in Korinth vorhandenen Schwierigkeiten zu entdecken und diese auf eine mögliche theologisch-ideologische Grundposition zurückzuführen.

1) 1,10–4,21: In der Gemeinde haben sich Gruppen („Parteien") gebildet, die, wie 1,12 zeigt, jeweils einem religiösen Führer huldigen. Einige Punkte sind jedoch unklar: a) Zählt Paulus vier oder nur drei verschiedene Gruppen auf? Ist die Formel ἐγὼ δὲ Χριστοῦ die Parole einer vierten Partei, die die anderen drei dadurch zu übertrumpfen sucht, daß sie Christus selbst zum Gruppenheros macht? Oder bezieht Paulus diese Feststellung auf sich selbst, so daß sie besagen würde: Ich, Paulus, gehöre Christus, bzw.: Für den Christen kann es nur diese eine Parole geben, denn er kann nicht einem menschlichen Führer verfallen? Der Wortlaut von V. 12 und die Gedankenführung von V. 12f. machen es wahrscheinlich, daß es in der Tat in Korinth eine „Christus-Partei" gab. b) Die zweite Frage ist, welche Vorstellungen die einzelnen Gruppen vertraten. In der Forschung werden verschiedene Hypothesen vertreten, so etwa die Auffassung, die Apollos-Anhänger hätten die „Weisheit" gepflegt (vgl. Apg 18,24f.) und die Christus-Leute seien Enthusiasten gewesen, d. h. sie hätten sich eines besonderen unmittelbaren Verhältnisses zu Christus gerühmt. Aber all das ist Spekulation: Paulus sagt nichts über den Charakter der einzelnen „Parteien", sondern er kritisiert pauschal deren Existenz überhaupt. c) Lietzmann hat die These vertreten, durch die Existenz der Petrus-Partei sei bewiesen, daß Petrus persönlich in Korinth war. Aber das ist wenig wahrscheinlich, denn Paulus redet in Kap 3f. wohl von seinem und des Apollos Auftreten in Korinth, nicht aber von dem des Petrus.

Thema von 1,18ff. ist das Verhältnis von Weisheit und Torheit: Paulus entwickelt die These, Gottes Weisheit sei gegenüber der Weltweisheit eine Torheit, d. h. Gottes Tat widerspreche dem Selbstverständnis des Menschen. In 1,26 ff. wird das weiter dadurch entfaltet, daß auf die soziale Zusammensetzung der Gemeinde – konkret in der Großstadt Korinth – hingewiesen wird: Gott hat das Niedrige erwählt, er ist in seiner Wahl von menschlichen Maßstäben frei. Das Thema „Weisheit" wird in 2,6–16 positiv abgeschlossen mit der Feststellung, Erkenntnis der Weisheit Gottes sei dem Menschen möglich durch den Geist; mit andern Worten: Paulus überwindet die religiöse Ideologie der Korinther in der Pneumatologie.

Kap. 3 handelt von der wesensmäßigen Einheit der Kirche, wobei der Aspekt des Dienstes im Vordergrund steht. Zielpunkt der Argumentation ist V. 22 f.: „Alles ist euer". Paulus interpretiert hier exemplarisch die christliche Existenz von Christus, und zwar vom gekreuzigten Christus her. Kap. 4 stellt die Demonstration des paulinischen Apostolats dar als Beispiel christlichen Lebens überhaupt. Das ist das Thema, das später in 2 Kor 10–13 breit entfaltet wird.

2) Kap. 5–7: Mit 5,1 kehrt Paulus zur Lage der korinthischen Gemeinde zurück, in der das Problem der πορνεία offenbar eine wesentliche Rolle spielt. Im Hintergrund steht offenbar wieder ein weltanschaulicher Grundsatz der Korinther: Der Geist (πνεῦμα) macht frei, die Erkenntnis (γνῶσις) macht frei – also gelten die moralischen Normen nicht mehr. Paulus bejaht den Grundsatz: „Alles ist erlaubt" (6,12). Aber er hebt hervor, die Freiheit dürfe nicht sich selbst aufheben: Voraussetzung der Freiheit ist ja das Heil in Christus, und dieser Voraussetzung muß das christliche Leben in der Freiheit entsprechen.

In Kap. 7 behandelt Paulus Probleme der Ehe, wobei er – was er selten tut – ein Wort Jesu (V. 10 f.: über die Ehescheidung) in die Argumentation einbaut. In 7,29–31 geht er dann über das unmittelbare Thema hinaus: Das eschatologische Verhältnis des Freien zur Welt wird durch das ὡς μή, das „Haben als hätte man nicht" beschrieben.

3) Kap. 8–10 handeln vom Götzenopfer(fleisch); ganz offensichtlich ist dies das zweite Gebiet, auf dem die Korinther ihre christliche Freiheit demonstrieren: In ihrem Verhalten dem heidnischen Kult und damit zugleich dem Kultobjekt gegenüber soll jedermann erkennen, daß für den Christen Götzen nicht existieren. Offenbar gibt es in der Gemeinde „Starke", die auf diesen Gesichtspunkt ganz besonders Wert legen: Wenn es die heidnischen Götter nicht gibt, dann können sie auch niemanden unrein machen, und dann kann man sich also an Mahlzeiten am heidnischen Tempel ohne

weiteres beteiligen (8,10). Für die korinthische Gemeinde gab es hier zwei Probleme: 1. Darf der Christ Fleisch essen, das von Opfertieren stammt? Dabei geht es allein um die Speise, d. h. um eine für Christen prinzipiell „unheilige" Substanz. 2. Darf der Christ sich an Mahlzeiten heidnisch-sakralen Charakters beteiligen? Dann wird die vordergründige Speisefrage letztlich zum Problem der Teilnahme am heidnischen Kult.

Paulus führt auch in diesem Fall die Einzelfragen auf das Grundsätzliche zurück: Die Christen haben die Freiheit, ja; aber Freiheit gibt es nicht abstrakt, sondern nur konkret in der Gemeinschaft der Glaubenden. Freiheit wird also in ihr Gegenteil pervertiert, wenn sie sich gegen den Bruder in der Gemeinde richtet. Wenn die Grundaussage gilt, daß Christus für den Bruder gestorben ist (8,11), dann darf nichts geschehen, was den (schwachen) Bruder gefährden könnte. Das Essen von Opferfleisch wird also nicht grundsätzlich, d. h. wegen der kultischen Qualität des Fleisches, verboten, sondern aus Rücksicht gegen den schwachen Bruder, d. h. allein für den Fall des tatsächlichen Anstoßes. Eigenartig ist, daß sich in 10,1–22 die Spitze der Argumentation verschiebt: Jetzt wird die Teilnahme an einer heidnischen kultischen Mahlzeit strikt untersagt mit der Begründung, das christliche Sakrament stifte ein exklusives Verhältnis zum Herrn, während das Götzenopfer, die Teilnahme am heidnischen Kult, zwangsläufig zur Gemeinschaft mit den Dämonen führe.

Es läßt sich nicht übersehen, daß Kap. 8 sowie 10,23–11,1 einerseits und 10,1–22 andererseits in einer gewissen Spannung zueinander stehen. Einige Forscher schlagen deshalb vor, diese beiden Abschnitte – die unzweifelhaft von Paulus stammen – verschiedenen Briefen zuzuweisen. Dann sei auch die Tatsache leichter zu erklären, daß Kap. 9, wo Paulus über seine Rolle als Apostel handelt, wie ein Exkurs oder wie eine Einsprengung wirke. Aber man kann trotz der Spannungen innerhalb der paulinischen Argumentation das Ganze doch als sachliche Einheit verstehen, wenn man die konkrete Situation in Korinth bedenkt: Paulus stimmt der Grundposition der Korinther zu, d. h. er steht zunächst auf der Seite der Starken, mahnt sie aber, auf die „Schwachen" Rücksicht zu nehmen (Kap. 8). Das folgende Kapitel ist, vor allem in V. 19–23, mit dem eben Gesagten verbunden (trotz dem harten Übergang in 9,1). Im Zuge der Darlegungen von 10,1 ff. wird dann aber die Problematik des Verhältnisses von „innerer Einstellung" und „äußerem Verhalten" erkennbar: Beides läßt sich nicht theoretisch-abstrakt trennen, wie es die Korinther anscheinend praktizieren. Deshalb folgen nun die Warnungen des Paulus in 10,14–22 – die freilich an seinem grundsätzlichen Standpunkt nichts ändern (10,23–11,1).

4) In Kap. 11–14 behandelt Paulus Fragen, die mit dem Zusammenleben der Gemeinde, vor allem mit dem Gottesdienst zusammenhängen, wieder sind es Mißstände, die den Anlaß bilden. Dabei geht es in 11,17ff. um den Mißbrauch der Abendmahlsfeier, die in der Gemeinde im Sinne des Enthusiasmus interpretiert wird: Der Charakter als Gemeindemahl ist nahezu verschwunden, die religiöse Erleuchtung des einzelnen tritt ganz in den Vordergrund. Paulus argumentiert in V. 23–26 unter Rückgriff auf die Einsetzungsworte (vgl. Mk 14,22–24): Das Abendmahl ist das Mahl des Herrn, mit dem der Tod Christi verkündigt wird. Deshalb darf es einen individualistischen Mißbrauch dieses Mahls in der Gemeinde nicht geben.

Thema von Kap. 12 und 14 sind die Geistesgaben, die πνευματικά. In Korinth blühen die Ekstasen, die als unmittelbare Manifestationen des Geistes gelten. Wieder stimmt Paulus zunächst zu, er ist ja selbst Ekstatiker (14,18). Aber er betont scharf, die Ekstase allein beweise keineswegs das Walten des Geistes. Vielmehr sei sie jeweils kritisch zu prüfen – und zwar an dem objektiven Maßstab des Bekenntnisses (12,3).

1 Kor 12,2f. macht im übrigen deutlich, daß es in Korinth offenbar auch heidnische Ekstasen gibt. Paulus traut den Korinthern jedenfalls zu, daß sie immer noch in den Kategorien der Mysterien denken.

Die Anwendung des Bekenntnisses ist mehr als nur ein formales Prinzip: In der Prüfung an diesem Kriterium muß an den Tag kommen, *wer* in der Ekstase geehrt wird – Christus oder der geistlich erhobene Mensch selbst. Außerdem muß die Ekstase danach beurteilt werden, ob und was sie zum „Aufbau“ der Gemeinde beiträgt (14,5). Wenn aber dieser Aufbau zum entscheidenden Maßstab wird, dann verliert die Ekstase ihren besonderen Wert, dann ist *jede* Leistung für die Gemeinde – z. B. auch die Arbeit in der Verwaltung – eine Wirkung des Geistes. Hinter dieser Korrektur des korinthischen Pneumatikertums steht wieder die grundsätzliche theologische Position des Paulus: Ekstasen versetzen den Christen nicht in einen himmlischen Zustand, sondern sie stehen unter dem eschatologischen Vorbehalt. Sie müssen an den drei „bleibenden“ Gaben gemessen werden, unter denen die Liebe die größte ist (13,13).

In Kap. 14 findet sich der berühmte Abschnitt „mulier taceat in ecclesia“ (V. 33b–36). Es gibt aber starke Indizien dafür, daß diese Ausführungen später in den Brief eingeschoben wurden: Sie unterbrechen den Gedankengang und widersprechen sachlich 11,2ff., wo das Auftreten von Frauen in der Gemeinde vorausgesetzt ist. Vgl. Conzelmann (s. Literaturangaben), 289f.

5) Im fünfzehnten Kapitel des Briefes handelt Paulus ausführlich über das Thema Totenauferstehung. In der Argumentation geht er ähnlich vor wie in 1 Thess 4,13ff.: Er erörtert das Problem als Kommentar zum Credo (V. 3–5), denn er setzt voraus, daß das Bekenntnis in Korinth nicht bestritten wird. Das Reden von Auferstehung ist für ihn also nicht in erster Linie apokalyptisch bestimmt, sondern er versteht es als Auslegung des Christusgeschehens. Apokalyptische Bilder und Vorstellungen spielen zwar auch eine Rolle (V. 23–28; V. 51–53); aber Paulus macht den grundsätzlichen Vorbehalt, daß die himmlische Existenz der Auferstandenen prinzipiell unanschaulich ist (breit entfaltet in V. 35–49). Die apokalyptischen Aussagen bringen also in der Sache nichts Neues.

Ein besonderes Problem ist hier noch einmal die Frage, welche Position in Korinth eigentlich vertreten wurde. Aufgrund von V. 12 liegt zunächst der Gedanke nahe, es werde die Totenauferstehung überhaupt geleugnet. Aber ist eine solche Auffassung in einer christlichen Gemeinde – die an die Auferstehung Christi glaubt! – überhaupt vorstellbar? Immerhin ist ja zu beachten, daß in der Gemeinde die stellvertretende Taufe für Verstorbene praktiziert wird (V. 29), d. h. ein Weiterleben nach dem Tode ist offenbar doch vorausgesetzt. Wie ist dieser widersprüchliche Befund zu erklären?

Folgende Deutungen werden vorgeschlagen: a) In Korinth bestreite man nicht das Weiterleben nach dem Tode schlechthin, sondern nur die Auferstehung des *Leibes*. b) Man behaupte in Korinth enthusiastisch, sich schon im Zustand der Auferstehung zu befinden (vgl. 4,8, außerdem die Charakterisierung der Irrlehrer durch den Vf. von 2 Tim 2,18). Insofern habe Paulus die Korinther also mißverstanden: Er hielt sie für Skeptiker und merkte nicht, daß sie die Auferstehung aufgrund ihres Enthusiasmus bestritten. Die von Paulus angeführten Argumente sprechen eher für die Richtigkeit von These b): In Korinth leugnet man den eschatologischen Vorbehalt, d. h. das Heil wird als bereits gegenwärtige Wirklichkeit verstanden, weshalb es eine Auferstehung nicht mehr geben kann. Paulus betont dagegen, daß die Auferstehung noch in der Zukunft liegt, daß sich die Existenz der Christen also nicht im Himmel, sondern auf der Erde vollzieht.

6) Im abschließenden Kap. 16 folgen Korrespondenz (persönliche Notizen) und Grüße.

3. Zur Literarkritik

Stark umstritten ist die Frage, ob der Brief literarisch einheitlich ist. In der Tat bestehen einige Spannungen: 10,1–22 stößt sich mit Kap. 8 und 10,23 ff. (s. o.); Kap. 13 steht hart zwischen Kap. 12 und 14 – die Übergänge in 12,31 und 14,1 sind jedenfalls holprig; Kap. 15 erscheint im Zusammenhang des ganzen Briefes isoliert. Aber stilistische Argumente allein können für literarkritische Operationen nicht ausreichen; vielmehr ist es notwendig, für die einzelnen Briefteile jeweils verschiedene Situationen zu finden. Schmithals gibt einige entsprechende Hinweise: Nach 1,11 sind es Leute der Chloe, die sich jetzt bei Paulus befinden, in 16,17 dagegen wird eine ganz andere Gruppe erwähnt. Stephanas befindet sich nach 16,17 gegenwärtig bei Paulus – nach 1,16 dagegen, wo er ebenfalls genannt ist, hat man nicht den Eindruck, er sei anwesend. Ein weiteres Indiz für die Teilungshypothese könnte auch 5,9 ff. sein, wo Paulus auf einen schon früher geschriebenen Brief hinweist; sollte dieser „erste" Korintherbrief mit einem anderen zum jetzigen 1 Kor zusammengearbeitet worden sein?

Dinkler, RGG IV, 18 schlägt folgende Aufteilung vor: Brief A 6,12–20; 9,24–10,22; 11,2–34; 12–14. Brief B: 1,1–6,11; 7,1 bis 9,23; 10,23–11,1; 15–16. Bei der Zusammenfassung sei das Präskript von Brief A gestrichen worden, um die Verdoppelung zu vermeiden.

In der Tat ist Dinklers relativ unkomplizierte Teilungshypothese zunächst durchaus einleuchtend und sinnvoll. Aber die entscheidende Voraussetzung für eine solche Teilungshypothese ist gar nicht eine möglichst sinnvolle neue Aufteilung, sondern entscheidend wäre allein der Nachweis, daß in den verschiedenen Briefteilen unterschiedliche äußere Situationen vorauszusetzen sind und daß der Brief sich als Einheit nicht erklären läßt. Wer eine Teilungshypothese vertritt, muß außerdem zeigen, wie es zu dem jetzt vorliegenden Brief gekommen ist. 1 Kor läßt sich durchaus als Ganzes interpretieren, verschiedene Situationen lassen sich nicht zwingend nachweisen.

4. Historische und theologische Probleme

1) Aus 1 Kor 16,8 (vgl. 15,32) geht hervor, daß der Brief während des Aufenthalts in Ephesus (oder Umgebung) geschrieben wurde. Ob er vor oder nach dem Gal entstand, läßt sich nicht mit Sicherheit sagen (s. o. § 25); Kümmel, Einleitung, 241 f. (vgl. 265 f.) vermutet, der Brief sei kurz vor Gal (und dieser etwa gleichzeitig mit 2 Kor) entstanden.

2) Welche grundsätzliche Position steht hinter den korinthischen Anschauungen? Paulus charakterisiert ihre Haltung in 4,8 mit der ironisch gewendeten Bemerkung, sie seien bereits „zur Herrschaft gelangt“ (Stichwort βασιλεύειν); man kann daraus den Schluß ziehen, daß sie offensichtlich vom Grundsatz her Enthusiasten sind, die die himmlische Herrlichkeit bereits als Gegenwart ansehen. Sie berufen sich dabei auf das Bekenntnis zur Auferstehung Jesu (15,1 ff.), legen es aber in bestimmter Weise – eben enthusiastisch – aus: Christus ist in den Himmel erhöht, und daraus ziehen wir die anthropologische Konsequenz, daß auch wir, die Gläubigen, die ja Anteil an seiner Herrlichkeit haben, uns jenseits dieser Welt befinden. Im Geist haben wir die irdische Existenz bereits hinter uns gelassen, und wir erfahren unseren „Reichtum“ in Ekstasen (12.14).

Auch die Mißstände, die Paulus kritisiert, sind nicht zufällig, etwa aus Nachlässigkeit, aufgekommen. Sie lassen sich vielmehr auf eine bewußte ideologische Basis zurückführen – etwa auf Schlagworte wie „Alles ist erlaubt“ oder „Wir haben Erkenntnis“ (Paulus zitiert in 6,12; 10,23 und 8,1 Aussagen der Gegner). Die in Korinth vertretene Lehre besagt anscheinend etwa dies: Die Erkenntnis, die wir als Christen besitzen, macht uns in jeder Hinsicht frei, z. B. auf dem Gebiet der Sexualität, aber auch in religiösen Dingen – etwa den Götzen gegenüber.

Schmithals hat die Enthusiasmus-Hypothese in besonderer Weise erweitert: Die Korinther seien nicht nur Enthusiasten, sondern Gnostiker, die eine mythische Erlöserlehre vertreten (zum Stichwort Gnosis, s. S. 174 ff.). Aber von einer wirklich gnostischen Position der korinthischen Christen ist in dem Brief nichts zu erkennen.

Überhaupt muß man hinsichtlich einer allzu genauen Bestimmung der theologischen Position der Gegner vorsichtig sein: Man kann nicht ohne weiteres von der Polemik des Paulus auf die tatsächlich bestehenden Zustände schließen, denn Paulus könnte ja z. B. unzureichend unterrichtet gewesen sein und mit seiner Polemik gar nicht die Lage wirklich getroffen haben. Jedenfalls argumentiert Paulus im 1 Kor zwar antienthusiastisch, aber nicht spezifisch antignostisch: Das Kreuz darf nicht zugunsten der Erhöhung ignoriert werden; Weisheit gewinnt man nicht im enthusiastischen Aufschwung, sondern in der Anerkennung der Torheit des Kreuzes. Paulus setzt gegen die theologia gloriae der Korinther die christliche theologia crucis (1,18–2,16), die sich wie ein roter Faden durch seine gesamte Argumentation zieht.

Arbeitsvorschläge

1. Analyse und Exegese von 1 Kor 8,1–6 (Hilfsmittel: Conzelmann). Was bedeutet γνῶσις in 1 Kor sachlich?

2. Welchen Sinn hat das Schlagwort πάντα ἔξεστιν a) bei den Korinthern? b) bei Paulus?

3. Analyse von 1 Kor 14,33–36. Läßt sich das Stück innerhalb von 1 Kor als paulinisch verstehen? Welche Indizien sprechen dafür, in dem Abschnitt eine Interpolation zu sehen?

§ 29 Der zweite Korintherbrief

Literatur: G. Bornkamm, Die Vorgeschichte des sogenannten zweiten Korintherbriefes, Ges. Aufs. IV, BEvTh 53, 1971, 162–194; R. Bultmann, Exegetische Probleme des zweiten Korintherbriefes, Exegetica, 1967, 298–322; ders., Der zweite Brief an die Korinther, KEK, 1976; D. Georgi, Die Gegner des Paulus im 2. Korintherbrief, WMANT 11, 1964; E. Käsemann, Die Legitimität des Apostels, in: Das Paulusbild in der neueren deutschen Forschung, ^{2}1969, 475–521; H. Lietzmann (s. § 28); W. Schmithals (s. § 28); H. Windisch, Der zweite Brief an die Korinther, KEK VI, ^{9}1924 (Neudruck 1970.

1. Historische Voraussetzungen

Man kann sich das Problem der Entstehung des 2 Kor erarbeiten, indem man zunächst einmal die in 1 Kor 16 dargestellten Reisepläne mit den Aussagen von 2 Kor 1 vergleicht. In 1 Kor erklärt Paulus, er wolle von Ephesus aus über Mazedonien nach Korinth kommen, die Kollekte einholen und nach Jerusalem schicken bzw. sie selbst dorthin bringen. In 2 Kor 1,15 f. dagegen erwähnt er einen anderen, jedoch nicht ausgeführten Plan: Er habe von Asien (= Kleinasien; also wohl Ephesus) aus direkt nach Korinth und erst von dort nach Mazedonien reisen wollen, um schließlich wiederum über Korinth nach Judäa zu gehen. Bestimmte Vorgänge in Korinth, über deren Art man einiges aus dem 2 Kor selbst erschließen kann, haben die Verwirklichung dieses Plans verhindert: Die Lage in der Gemeinde nötigte ihn zu einer sofortigen Reise nach Korinth, dem in der Forschung allgemein so genannten „Zwischenbesuch". Aus 1 Kor 4,17; 16,10 wissen wir, daß wegen der Lage in Korinth Timotheus von Paulus dorthin geschickt worden war – sein Auftreten war aber offensichtlich ohne Erfolg gewesen. Inzwischen hatte sich nämlich eine neue Situation entwickelt: Eine Gruppe von paulus-feindlichen Agitatoren war in die Gemeinde eingedrungen. Deshalb endet auch der „Zwischenbesuch“ des Paulus mit einem Fehlschlag: Es kommt zu einem schweren Zusammenstoß (vgl. 2 Kor 2,1 ff.; 7,12), und Paulus kehrt nach Ephesus zurück, von wo aus er einen Brief „unter vielen Tränen“ schreibt (2,4) und Titus schickt, um die Krise beizulegen. Während sich Titus noch in Korinth aufhält, reist Paulus ihm nach Mazedonien entgegen (2,12 f.), wo sie sich treffen. Titus bringt dabei gute Nachrichten mit: Die Gemeinde steht wieder auf der Seite des Paulus (7,5 ff.). Zum Zeichen der Versöhnung schreibt Paulus nun den 2 Kor (oder, wenn dieser aus mehreren Briefen zusammengesetzt sein sollte [s. u.], einen Teil desselben).

2. Gliederung des Briefes

Das Hauptthema des Briefes entspricht seinem Anlaß: Es geht um das paulinische Apostelamt und seine paradoxe „Herrlichkeit“ (Kap. 4). Immer wieder wehrt sich Paulus gegen Vorwürfe, die gegen ihn erhoben werden (1,13 f.; 3,1; 4,2 f.; 5,11 ff.; 6,3 ff.; 7,2; 10–13). Im ganzen ist der Aufbau des 2 Kor aber unübersichtlich; er fordert zu literarkritischen Operationen heraus (s. u.). Dennoch lassen sich die einzelnen Stücke einigermaßen sinnvoll abgrenzen: Nach Präskript und Proömium geht Paulus sofort zur Verteidigung über (1,12–2,4), indem er die Änderung seiner Reisepläne erklärt. In 2,5–13 bezieht er sich auf die Vorkommnisse in Korinth, die zur Abfassung des vorliegenden Briefes geführt hatten. Dieser Gedankengang wird in 2,14 jedoch unterbrochen: Es beginnt eine bis 7,4 reichende Apologie des Apostolats (die Schilderung der Vorgeschichte des Briefes setzt dann in 7,5 wieder ein). Der Abschnitt über das Apostolamt ist von der These getragen, daß die δόξα des Apostels eine paradoxe ist: Zum göttlichen Auftrag (2,14–4,6) gehört notwendig das Leiden um dieses Auftrags willen (4,7–5,10). In 5,11–6,13 wird beides zusammengefaßt: Der Auftrag von Gott, d. h. der Dienst der Versöhnung, die Verkündigung des Evangeliums, führt unmittelbar in Leiden und Verfolgung (6,3–10), doch gerade darin wird die paradoxe „Macht“ des Apostels als Diener Gottes sichtbar. 6,14–7,1 unterbrechen den Zusammenhang: Hier steht eine allgemeine, eigenartig formulierte Warnung vor dem Verkehr mit Ungläubigen. In 7,2–4 kehrt Paulus dann aber zum Thema von 6,11–13 zurück. In 7,5–16 schildert er seine Freude über die Beilegung des Streits mit den Korinthern.

Kap. 8 und 9 handeln in zwei Durchgängen vom Fortgang der Kollekte für die Gemeinde in Jerusalem, und auch hier sind Freude und Dankbarkeit der beherrschende Akzent. Um so überraschender ist die plötzliche Wende in Kap. 10: Paulus wehrt sich in äußerster Schärfe gegen persönliche Angriffe, die in Korinth laut geworden waren; er erhebt seinerseits Vorwürfe gegen seine Gegner, indem er auf seine Leistungen und auf seine Leiden hinweist (Kap. 11 und 12). Schließlich kündigt er einen dritten Besuch an (13,1), was eindeutig als Drohung gemeint ist. Völlig überraschend kommt dann aber ein ausgesprochen friedlicher Schluß in 13,11–13.

3. Historische und theologische Probleme

Das entscheidende Problem für das Verständnis des Briefes ist wie beim 1 Kor die Frage, mit welchen Gegnern es Paulus zu tun hat. Sind es dieselben wie schon im ersten Brief (so Schmithals), oder ist eine neue – von außen hinzugekommene – Gruppe aufgetreten (so Bornkamm, Georgi)? Sind diese neuen Gegner nun womöglich Gnostiker?

2 Kor 5 beweist, daß sie die gleiche enthusiastische Eschatologie vertreten, der gegenüber Paulus schon in 1 Kor 15 den eschatologischen Vorbehalt des „Noch nicht" des endgültigen Heils betont hatte. Paulus verwendet dieses Argument in 5,7 mit dem Hinweis auf die Alternative Glauben–Schauen. Daß die Gegner speziell gnostische Ideen vertreten, ist wie schon im Falle des 1 Kor nicht zu erkennen. Dagegen sieht man deutlich, daß sie Paulus die Apostelwürde absprechen mit der Begründung, er habe keine entsprechenden geistlichen Leistungen vorzuweisen (10,10). Die Gegner legen großen Wert auf die Tatsache, daß sie Juden sind (11,22); sie vertreten jedoch keine judaistischen Forderungen, haben also mit den von Paulus im Gal bekämpften Gegnern nichts zu tun. Deshalb ist Käsemanns Annahme, die Gegner seien offizielle Vertreter aus Jerusalem, die das Amts- und Traditionsprinzip hochhalten wollten, kaum zutreffend. Die Theologie, die sie in Korinth vertreten, entspricht jedenfalls nicht der Position des Jakobus (vgl. Gal 2; s. o. S. 201). Vor allem ist zu beachten, daß die Verbindung zwischen Paulus und Jerusalem durch die Ereignisse in Korinth offenbar nicht belastet oder gar zerbrochen wurde.

Paulus wendet den Gegnern gegenüber alle Mittel der Polemik an: Sie nehmen Geld an (2,17; 11,20; vgl. damit freilich 12,16–18, wo Paulus selbst sich gegen den gleichen Vorwurf verteidigen muß –

es handelt sich offenbar um einen festen Topos der Polemik); sie wollen mit Empfehlungsbriefen in Korinth Eindruck machen (3,1; 10,12.18), sie behaupten, in einer besonderen, exklusiven Weise Christus anzugehören (5,16; 10,7; 11,23). Gegenüber ihrem Anspruch auf die Apostelwürde (11,5.13; 12,11) und ihrer Berufung auf das Judentum und auf Jerusalem (11,22) verhöhnt sie Paulus als „Überapostel“ (11,5; 12,11), die in fremdes Missionsgebiet eindringen und „sich rühmen“ (10,12f.15 f.). Paulus geht zum Gegenangriff über: Sie sind Lügenapostel (11,13), Satansdiener, die einen anderen Gott und einen anderen Christus verkünden (11,4). Er erklärt, auch er könne sich sehr wohl als Pneumatiker erweisen, auch er sei Wundertäter und Ekstatiker (12,12; 12,1 ff.); aber er lehne es ab, seine Stellung und seine Arbeit auf seine persönlichen Fähigkeiten und Leistungen zurückzuführen und damit diese zum Gegenstand seiner Verkündigung zu machen. Seine wirkliche Position wird darin deutlich, wie er das paradoxe Selbstlob (11,16 ff.) mit dem „Peristasenkatalog“ (11,23 ff.) verbindet: Sein Leben und seine – erfolgreiche! – Arbeit vollzieht sich unter dem Vorzeichen, daß die Kraft des Herrn in der Schwachheit vollendet wird (12,9).

4. Literarkritische Probleme

Die schon auf den ersten Blick ins Auge fallende Uneinheitlichkeit des Briefes hat zu zahlreichen literarkritischen Hypothesen herausgefordert:

1) Zwischen 2,13 und 2,14 liegt ein Bruch – und zwar nicht nur im Gedankengang (dann ließe sich der Bruch unter Umständen ja psychologisch erklären), sondern vor allem auch in der vorausgesetzten Situation:

Während im ersten Teil bis 2,13 auf die krisenhafte Situation offenbar schon *zurückgeblickt* wird, lassen sich 2,14–7,4 (zu 6,14 bis 7,1 s. u.) nur vor dem Hintergrund des noch bestehenden Konflikts verstehen. Dagegen wird in 7,5 – wo sich wiederum ein Bruch gegenüber dem Vorangegangenen findet – ganz offensichtlich die Schilderung von 2,12 f. fortgesetzt: Paulus kam nach Mazedonien, um auf Titus zu warten; nachdem dieser eingetroffen war, herrschte Freude.

Angesichts dieses Befunds muß man die Frage stellen, ob in 2,14 bis 7,4 nicht ein Teil eines früheren Briefes vorliegt, der in ein späteres Schreiben eingeschoben wurde.

2) Kap. 8 und 9 sind im wesentlichen parallel. Beide Kapitel setzen abrupt ein; jedes enthält eine in sich geschlossene Darlegung

über die Kollekte. Allerdings werden in 8,1 die mazedonischen Gemeinden als Vorbild für die Achäer gerühmt, in 9,2 dagegen werden umgekehrt die Gemeinden Achajas als Vorbild für die Mazedonen hingestellt. Gehören also auch diese beiden Kapitel zu verschiedenen Briefen?

3) Kap. 10–13 heben sich kraß von dem Vorausgegangenen ab – nicht nur durch den abrupten Einsatz in 10,1, sondern durch ihren Gesamttenor. In sich sind die vier Kapitel völlig geschlossen, aber sie passen überhaupt nicht zur Lage nach der Versöhnung, wie sie in 7,5–16 deutlich vorausgesetzt ist. Paulus steht hier im Gegenteil in einem äußerst scharfen Kampf gegen feindliche Umtriebe. Man kann vermuten, daß hier der in 2,4 erwähnte „Tränenbrief" (oder ein Teil jenes Briefes) vorliegt; man kann darüber hinaus fragen, ob nicht der Abschnitt 2,14–7,4 ebenfalls zu diesem Tränenbrief gehörte. Hiergegen wird freilich eingewandt, daß in 2,14 ff. doch eine andere Situation als in 10–13 vorausgesetzt sei: Während Paulus in 2,14 ff. noch hoffe, die Gemeinde für sich zurückgewinnen zu können, habe er in Kap. 10 ff. diese Hoffnung aufgegeben –, folglich seien diese Kapitel als Teil eines weiteren Briefes anzusehen. Eine sichere Entscheidung darüber läßt sich nicht fällen. Dagegen ist klar, daß Kap. 10–13 nicht zu demselben Brief wie 1,1–2,13; 7,5 ff. gehört haben können. Für diese Vermutung spricht auch, daß Paulus in 12,14; 13,1.10 damit droht, er werde bald zu einem *dritten* Besuch nach Korinth kommen, bei dem es dann für die Gegner keine Schonung mehr geben werde; in 1,15 f.; 2,1 f. dagegen rechnet er offenbar nicht mit einer baldigen Reise nach Korinth.

Ein weiteres Indiz dafür, daß der Brief zumindest nicht mehr in seiner ursprünglichen Form vorliegt, ist die Tatsache, daß in 8,18.22; 9,3 (vgl. 9,5); 12,18 Namen gestrichen worden sein müssen. Hinter der Erwähnung des „Bruders" muß man im jetzigen Text jeweils ein „NN" einsetzen. Ganz offensichtlich haben die Herausgeber des 2 Kor ein Interesse daran gehabt, den oder die hier ursprünglich genannten Namen zu unterdrücken.

4) Gegen sämtliche Teilungshypothesen wendet sich Kümmel, Einleitung, 252 ff.: Da 12,18 – wie 7,5 – auf den Besuch des Titus bereits zurückblicke, könnten beide Stücke durchaus zu demselben Brief gehören. Und da auf das in 2,3 ff. geschilderte Ereignis in 10–13 nicht eingegangen (obwohl das eigentlich zu erwarten wäre) und umgekehrt in 2,3 ff.; 7,8 ff. die Reaktion der Gemeinde auf die außerordentlich scharfen Angriffe von 10–13 nicht erwähnt werde, könnten diese Kapitel schwerlich zu einem selbständigen „Zwischen-

brief" gehört haben. Aber das sind psychologische Argumente e silentio; die Brüche innerhalb des Briefes werden von Kümmel nicht wirklich erklärt.

5) Wer eine der Teilungshypothesen vertritt, muß allerdings erklären, wie das jetzige merkwürdige Gebilde mit dem polemischen Schlußteil zustande kam; der jetzige „Brief" erweckt ja zunächst den Anschein, Paulus sei in Korinth endgültig gescheitert. Daher muß man sich fragen, ob wirklich die korinthische Gemeinde, die sich später ja ihrer Stiftung durch Paulus rühmte, ein Interesse daran haben konnte, mehrere paulinische Briefe oder Briefteile aus ihrem Archiv *so* zusammenzustellen, daß am Ende gerade der äußerste Dissenz zwischen ihr und Paulus stehenblieb. Bornkamm nimmt dieses Argument auf und weist es zurück: Wer aus den Schlußkapiteln des jetzt vorliegenden 2 Kor ein Scheitern des Paulus herauslese, unterliege einer modernen optischen Täuschung. Die Generationen nach Paulus seien durch den Kampf gegen die Irrlehre bestimmt worden; ein entscheidendes Mittel in diesem Kampf sei es gewesen, das Vermächtnis des Apostels zu wahren, sein Bild einzuprägen und insbesondere sein Leiden und seinen Kampf gegen Irrlehrer herauszustellen (vgl. die Past). Eben dieses Bild zeichne aber 2 Kor in seiner jetzigen Fassung: So wuchtig hat damals Paulus die Gegner geschlagen!

6) Ein weiteres literarkritisches Problem bietet der Abschnitt 6,14–7,1. Er sprengt nicht nur den Zusammenhang (vgl., daß 7,2 gut an 6,13 anschließt, s. o.), er ist vor allem im Stil und auch in der Sache unpaulinisch. Es handelt sich um dualistisch bestimmte Paränese, die in Terminologie und Sache an Texte aus Qumran erinnert. Der Abschnitt wird als Interpolation anzusehen sein, wobei freilich zu fragen ist, warum er hier eingefügt wurde (vgl. Kümmel, Einleitung, 253 f.). Jedenfalls unterstreicht das Vorhandensein einer so umfangreichen Glosse den Charakter des 2 Kor als eines „Briefkonglomerats".

Arbeitsvorschlag

Exegese von 2 Kor 3,4–18. Hilfsmittel: M. Rissi, Studien zum 2. Korintherbrief, AThANT 56, 1969, 13–41. Ph. Vielhauer, Paulus und das AT, in: Oikodome. Aufsätze zum NT II, 1979, 196–228, insbesondere 210–213. H. Windisch (s. Literaturangaben), 107–131. R. Bultmann (s. Literaturangaben), 77–101.

Fragen zur Kontrolle: Wie geht Paulus mit dem AT um? Stellt Paulus zwischen altem und neuem Bund einen zeitgeschichtlichen Zusammenhang her? Welches Verständnis der Eschatologie steht hinter dem Abschnitt?

§ 30 Der Römerbrief

Literatur: G. Bornkamm, Der Römerbrief als Testament des Paulus, Ges. Aufs. IV, BEvTh 53, 1971, 120–139; E. Käsemann, An die Römer, HNT 8 a, [3]1974; G. Klein, Der Abfassungszweck des Römerbriefes, Ges. Aufs., BEvTh 50, 1969, 129–144; H. Lietzmann, An die Römer, HNT 8, [5]1971; H. Schlier, Der Römerbrief, HThK VI, 1977; W. Schmithals, Der Römerbrief als historisches Problem, StNT 9, 1975; U. Wilckens, Der Brief an die Römer, EKK VI/1.2 (Röm 1–11), 1978/80.

1. Problemstellung und äußere Gliederung

1) Röm ist der wichtigste Brief des Paulus und zugleich das bedeutendste theologische Dokument des Christentums. Er ist der einzige Brief des Paulus an eine nicht von ihm selbst gegründete Gemeinde (zum Kol s. u. S. 232 ff.), d. h. Paulus überschreitet hier eine selbstgesetzte Grenze.

Röm zeigt in besonderem Maße die dialogischen Elemente des Diatribenstils; er ist an manchen Stellen mehr ein theologischer Traktat als ein Brief. Gegen diese gängige Charakterisierung wird allerdings der Einwand vorgebracht, wichtige Themen der christlichen Lehre, etwa die Ekklesiologie, würden im Röm übergangen; andere Bereiche würden nur gestreift, aber nicht entfaltet, etwa die Eschatologie. Daher sei es falsch, dem Brief einen „grundsätzlichen" Charakter zuzusprechen. Aber dieser Einwand trifft nicht: Röm ist in der Tat kein Kompendium der Dogmatik im modernen Sinn; er geht aber in Anlage und Durchführung über die anderen Briefe weit hinaus. Das zeigt besonders deutlich der Vergleich mit Gal, wo die gleiche Thematik behandelt ist, jedoch bei weitem nicht so ausgefeilt und nicht so gründlich.

2) Mit diesen Feststellungen sind zugleich schon Hinweise für die Möglichkeiten gegeben, einen Zugang zum Röm zu gewinnen:

a) Man kann beim Hauptthema, der Rechtfertigungslehre, einsetzen und den Brief konsequent von daher interpretieren. Man sieht dann zugleich, warum Röm für die Reformation zum wichtigsten biblischen Dokument wurde (vgl. Luthers Röm-Vorlesung und vor allem auch seine Vorrede zum Röm in der Deutschen Bibel) und warum die erste einigermaßen systematische Zusammenfassung der reformatorischen Lehre, Melanchthons „loci", auf den Hauptbegriffen des Röm basieren konnte.

b) Man kann vom Gal ausgehen und beide Briefe miteinander

vergleichen. Es zeigt sich zunächst eine analoge Disposition: I Dogmatischer Teil Röm 1–11 (entspricht Gal 1–4), II Ethischer Teil Röm 12–15 (entspricht Gal 5–6) – das Schlußkapitel Röm 16 muß außer Betracht bleiben (s. u. S. 229 f.). Im einzelnen finden sich aber wichtige Stücke im Röm, zu denen eine Gal-Parallele fehlt – z. B. die Ausführungen über die ὀργὴ θεοῦ 1,18–3,20, die Darstellung der Existenz des Gerechtfertigten in der Welt (Röm 5–8) und die Erörterungen über Gottes Verhältnis zu Israel (Röm 9–11).

3) Es ist umstritten, wie der erste Teil des Briefes (Kap. 1–8) zu gliedern ist: Einige Exegeten gliedern 1–5 Rechtfertigung, 6–8 Heiligung. Es ist aber deutlich, daß der entscheidende Einschnitt hinter 4,25 liegt: Der Darstellung der Rechtfertigung aus Glauben folgt die Darstellung der Konsequenz der Rechtfertigung (das geht aus 5,1 klar hervor). Das Schema Rechtfertigung – Heiligung entspricht nicht der paulinischen Theologie, sondern nachreformatorischer Dogmatik.

2. *Einzelheiten der Gliederung und theologische Grundgedanken*

1) Bereits Präskript und Proömium besitzen ein erhebliches theologisches Gewicht: In 1,3 f. liegt eine christologische Erweiterung des Präskripts vor, das Proömium mündet in 1,16 f. in die Formulierung des Gesamtthemas des ganzen Briefes: Gottes Gerechtigkeit wird im Evangelium offenbart.

Das Thema wird dann nach zwei Seiten hin entfaltet: Zunächst negativ in 1,18–3,20 die ὀργὴ θεοῦ, dann positiv in 3,21–31 die δικαιοσύνη θεοῦ.

ὀργή meint nicht den „Zorn“ als einen Affekt Gottes, sondern das Gericht; man erkennt das schon daran, daß Paulus niemals vom Zornig-sein Gottes, sondern immer nur substantivisch von seiner ὀργή spricht. Wenn in Röm 2,5 (vgl. 1Thess 1,10) von der ἡμέρα ὀργῆς die Rede ist, so ist damit der Tag des Gerichts Gottes gemeint.

Man muß beachten, daß „Gerechtigkeit“ und „Gericht“ Gottes für Paulus nicht Entsprechungen, sondern Gegensätze sind. Paulus sagt nicht: Weil Gott gerecht ist, richtet er die Menschen, sondern: Gottes Gericht ergeht über die Sünde und über den Sünder, aber Gott erweist seine Gerechtigkeit darin, daß er dem Menschen seine Gnade ohne Bedingungen zuwendet. „Gerechtigkeit“ ist also nicht ein formaler Begriff, sondern bezeichnet positiv das Heil: Gottes Gerechtigkeit besteht darin, daß er gerechtspricht (= gerecht macht). Auffällig ist in diesem Zusammenhang die terminologische Differenz zwischen 1,18 und 1,17: Während das Gericht „vom Himmel her" offenbart wird, offenbart sich die Gerechtigkeit im „Wort des Evangeliums".

2) In 1,18–32 behandelt Paulus das Thema Sünde. Dabei wird deutlich, daß die Unmoral, die man populär-christlich als „Sünde" bezeichnet, bei Paulus die *Strafe* für die Sünde ist. Sünde ist allein ein bestimmtes Verhalten gegen Gott, die Verwechslung von Schöpfer und Geschöpf, die Verehrung der Welt und der Weltelemente als göttlicher Größen; Unmoral ist die Folge dieser Sünde (V. 26 ff.).

In Kap. 2 vertritt Paulus die These, im Gericht werde *nur* nach den Werken geurteilt werden (2,6) – eine zunächst überraschend wirkende Aussage angesichts seiner Lehre von der Rechtfertigung allein aus Gnade. Der Widerspruch löst sich aber auf, wenn man die Gerichtsvorstellung streng auf die Rechtfertigungslehre bezieht: Gerade weil das Gericht allein nach Werken ergeht, ist der Mensch auf die Gnade angewiesen und kann vor Gott auf keinerlei Leistung verweisen.

Arbeitsvorschläge

1. Parallele Lektüre von Röm 1,18 ff. und 1 Kor 1,18 ff. Welche sachlichen theologischen Übereinstimmungen bestehen? Hilfsmittel: Kommentare.

2. Findet sich in Röm 1,18 ff. die Grundlage für eine „natürliche Theologie"? Diese geht von der Voraussetzung aus, daß der Mensch Gott aus der Natur (und nicht erst aus der Offenbarung) erkennen kann. Welche Ansicht vertritt Paulus? Hilfsmittel: G. Bornkamm, Die Offenbarung des Zornes Gottes. Röm 1–3, Ges. Aufs. I, 9–33; R. Bultmann, Die Frage der natürlichen Offenbarung, Glauben und Verstehen I, 79–104.

3) Nach der Darlegung in 1,18–3,8, der sich die Feststellung anschließt, daß Heiden und Juden gleichermaßen dem Gericht unterworfen sind (3,9–20), folgt in 3,21 ff. die positive These der Glaubensgerechtigkeit. Grundlage der paulinischen Argumentation ist die vorpaulinische Formel 3,25 f., die von Paulus in charakteristischer Weise erweitert wird – und zwar durch die Einführung in V. 24 mit dem wichtigen Stichwort χάρις und durch die geradezu gewaltsame Einsprengung von διὰ πίστεως in die eigentliche Formel (V. 25). Paulus erläutert hier, was Gerechtigkeit Gottes meint: Gott ist gerecht, und er macht gerecht, d. h. er spricht den gerecht, der an Jesus glaubt (V. 26). Den Abschluß der Argumentationsreihe bildet das jüdische und zugleich christliche Grundbekenntnis εἷς ὁ θεός (V. 30).

Paulus begründet seine Rechtfertigungslehre aber nicht allein aus dem Credo; hinzu kommt der „Schriftbeweis": Auch Abraham wurde aufgrund seines Glaubens gerechtgesprochen (Röm 4, vgl. Gal 3). Ziel des Kapitels ist die Formel in V. 25; sie wird in Kap. 5 bis 8 inhaltlich erläutert, wobei am Anfang die fundamentale These steht: Wir haben als Menschen, die durch Glauben gerecht gemacht sind, Frieden mit Gott. Auffällig ist der Bogen, den Paulus hier schlägt: Die letzten Verse von Kap. 8 beziehen sich wieder auf den Anfang von Kap. 5 („Ringkomposition") – ein weiterer Hinweis auf die Richtigkeit der oben vorgenommenen Gliederung.

Röm 5,1 bietet ein interessantes textkritisches Problem: Die Masse der Handschriften liest nicht ἔχομεν, sondern ἔχωμεν. Dann läge hier das Schema Indikativ-Imperativ (bzw. Rechtfertigung-Heiligung) vor: Wir sind gerechtfertigt, also *sollen* wir Frieden halten mit Gott. Der Zusammenhang zeigt aber, daß die schwächer bezeugte Lesart die „bessere" ist: Kap. 5–8 handeln immer noch vom geschenkten Heil, nicht von den sittlichen Konsequenzen; außerdem ist „Friede mit Gott" nicht Inhalt paränetischer Forderung. Die Lesart εἰρήνην ἔχομεν ist also aus sachlichen Gründen vorzuziehen.

4) Die These, daß wir Frieden haben mit Gott, muß nun freilich bewiesen werden auch gegen die äußeren Tatsachen. Denn scheinbar unberührt vom Heilsgeschehen herrschen in der Welt nach wie vor Sünde und Tod. Paulus geht auf dieses Problem ein, indem er

a) in 5,1–11 im Rahmen der Trias Glaube-Hoffnung-Liebe den Gedanken der Hoffnung einführt. Dabei fällt der Aufbau der „Kette" in 5,3 ff. ins Auge: Es wird nicht gesagt, wir könnten die θλίψεις durch die Hoffnung ertragen, sondern Paulus sagt umgekehrt, die θλῖψις schaffe durch die Bewährung die Hoffnung.

In 5,12–21 bewegt sich Paulus in mythologischen Gedanken: Der Tod wird als Erbtod, als Verhängnis von Adams Fall her verstanden. Aber an der entscheidenden Stelle ist die Mythologie eliminiert: Der Sündenfall wird nicht auf eine mythische Ursache zurückgeführt, d. h. Paulus vermeidet den Gedanken der unentrinnbaren Erbsünde. Der Tod kam über alle Menschen durch die Sünde Adams, aber – es haben alle gesündigt (V. 12).

b) In Kap. 6 stellt Paulus dem bisher Gesagten die positive Gegenthese gegenüber: Durch die Taufe wird den Menschen die Freiheit von der Sünde zugeeignet. Dabei wird die Taufe interpretiert mit Hilfe der Aussagen des Credo: Christus ist gestorben und auferweckt – also ist der Getaufte „mit Christus" gestorben, und (Übergang ins

Futurum!) er *wird* „mit ihm“ auferweckt werden. Das συζήσομεν αὐτῷ in V. 8 hat die gleiche Funktion wie die Darlegungen in 1 Kor 15: Der eschatologische Vorbehalt wird deutlich gemacht, das endgültige Heil ist nicht Gegenwart, sondern es steht noch aus.

c) Kap. 7 entwirft den Gedanken der Freiheit vom Gesetz: Das Gesetz führt den Menschen faktisch in den Tod, denn es führt ihn in den Widerspruch mit sich selbst. Eigenartig ist, daß Paulus in 7,7 ff. in der 1. Person Sing. spricht: Meint er damit sich selbst, liegt also ein persönliches Bekenntnis vor? Oder ist das ἐγώ rhetorisch gemeint, denkt Paulus also an jeden Menschen? Die zweite damit zusammenhängende Frage ist, ob hier das vorgläubige oder das gläubige Ich redet. Die Reformatoren fanden in 7,14 ff. einen Beleg für ihre theologische These, der Christ sei simul iustus et peccator – auch der gläubige Mensch bleibe ein Angefochtener. Aber 7,25 a und vor allem Kap. 8 zeigen, daß Paulus hier den Menschen „unter dem Gesetz“, also den vorgläubigen Menschen meint – und zwar jeden Menschen, nicht etwa nur sich selbst. Entscheidend, auch für die Verwendung des Textes in der Predigt, ist die Erkenntnis, daß Paulus nicht die subjektiven Empfindungen des unter dem Gesetz stehenden Menschen beschreibt – dieser kann sich im Gegenteil durchaus sehr wohl fühlen und braucht von dem in 7,7 ff. beschriebenen Zwiespalt nichts zu spüren. Die These des Paulus ist gerade, daß der Mensch unter dem Gesetz seine wahre Befindlichkeit gar nicht kennt, sondern daß diese ihm erst im Evangelium aufgedeckt wird.

d) In Kap. 8 werden die bisherigen Themen zusammengefaßt: Die christliche Freiheit ist das Leben im Geist. In 8,29 f. wird das Thema Prädestination angesprochen, das dann in Kap. 9–11 entfaltet wird. Zu beachten sind die hymnisch gesteigerten Schlußsätze V. 31–39. Sie machen deutlich, daß der Christ die Welt nicht im mystischen oder ekstatischen Aufschwung hinter sich zurückläßt und so Sünde und Tod faktisch leugnet. Vielmehr geht Paulus davon aus, daß Gottes Gnade und Liebe durch die Erfahrung des Todes und der Not hindurch erfahren und im Glauben festgehalten werden (vgl. zur Sache H. Conzelmann, Theologie NT, § 35).

5) Kap. 9–11 enthalten eine neue Darstellung der Rechtfertigungslehre, unter dem besonderen Aspekt der Existenz Israels: 9,18 enthält den Gedanken der doppelten Prädestination, und dies ist letztlich das Grundthema der drei Kapitel überhaupt. Dabei wird deutlich: Die Prädestinationslehre ist keine Spekulation des Menschen über Gottes geheimen Willen, sondern sie ist die andere Seite der Gnadenlehre und besagt, daß Gottes Gnade dem Sünder ohne dessen

Verdienst zukommt. Deshalb wird auch das jetzt verstockte Israel gerettet werden (11,33–36). Angelpunkt dieses Abschnitts ist der Satz, daß Christus das Ende des Gesetzes ist – und zwar nicht abstrakt heilsgeschichtlich, sondern konkret „für jeden der glaubt" (10,4).

6) Kap. 12–15 enthalten die Paränese. Dabei ist in 12,1 f. das „ethische Prinzip" formuliert, das E. Käsemann mit Recht durch den Begriff „Gottesdienst im Alltag der Welt" interpretiert hat; 12,3 ff. lehnen sich in Stil und Inhalt an die traditionelle Spruchethik an und bieten wie die paulinische Paränese überhaupt inhaltlich nichts entscheidend Neues gegenüber der durchschnittlichen Ethik der zeitgenössischen Philosophie. 13,1–7 ist eine Einlage über das Verhältnis der Christen zum Staat, der als „Obrigkeit" verstanden ist, in V. 8–14 ist der Zusammenhang von Ethik und Eschatologie betont. Kap. 14 und 15 sind parallel mit 1 Kor 8–10 zu lesen, wobei allerdings zu beachten ist, daß Paulus im Röm nicht aktuell-polemisch und deshalb auch weniger widersprüchlich argumentiert. Von 15,14 an herrscht Korrespondenz im Blick auf den geplanten Besuch in Rom.

Arbeitsvorschläge

1. Der Röm ist durchzogen von Bekenntnisformeln (1,3 f.; 3,24 ff.; 4,25; Kap. 6; Schluß von Kap. 8; 10,9; 14,1 ff.). Welche Funktion haben diese Formeln innerhalb des Briefganzen? Welche Bedeutung haben sie im Rahmen der Theologie des Paulus überhaupt? Hilfsmittel: H. Conzelmann, Theologie NT, 186 f.; K. Wegenast, Das Verständnis der Tradition bei Paulus und in den Deuteropaulinen, WMANT 8, 1962, 70–82.

Hinweis: Es ist jeweils der engere und weitere Kontext zu beachten.

2. Exegese von Röm 13,1–7. Der Abschnitt gilt häufig als Beweis für die konservative politische Haltung des Paulus. Dabei wird aber oft der Fehler gemacht, diese Aussagen aus ihrem geschichtlichen Zusammenhang herauszutrennen und direkt auf gegenwärtige Verhältnisse zu beziehen. Hilfsmittel: E. Käsemann, Grundsätzliches zur Interpretation von Römer 13, Ges. Aufs. II, 204–222.

3. Literarkritische Probleme

Im Unterschied zu den beiden Korintherbriefen gibt es beim Römerbrief nur wenige offene literarkritische Fragen.

1) Kap. 16 enthält eine in dieser Länge einzigartige Grußliste. Wie ist sie zustande gekommen? Welche Bedeutung hat sie? Zwei Antworten werden in der Forschung angeboten: 1. Paulus habe, da er an eine ihm unbekannte Gemeinde schrieb, alle Namen aufgeführt,

die er und seine Mitarbeiter aus der römischen Gemeinde kannten. 2. Die Grußliste des Röm sei in Wirklichkeit ein Bruchstück aus einem sonst verloren gegangenen Brief nach Ephesus; darauf deuteten vor allem die Namen Aquila und Prisk(ill)a. Außerdem sei kaum vorstellbar, daß Paulus die Polemik V. 17 ff. an eine ihm unbekannte Gemeinde gerichtet haben würde. Aber der Hinweis auf Aquila und Priska ist in diesem Zusammenhang nicht schlüssig; sie stammen immerhin aus Rom und könnten nach dem Tod des Kaisers Claudius, dessen Judenedikt sie aus Rom vertrieben hatte, in diese Stadt zurückgekehrt sein. Ein völlig eindeutiger Grund, Kap. 16 dem Röm abzusprechen, liegt nicht vor.

2) Einige Stellen im Röm werden von einigen Exegeten als spätere Hinzufügungen (Glossen) angesehen; Bultmann scheidet 7,25 b; 8,1 sowie 2,1; 13,5; 2,16 und 6,17 b als sekundäre Glossen aus. Es empfiehlt sich, den betreffenden Aufsatz kritisch zu lesen (Exegetica, 278–284).

Nach Schmithals (s. Literaturangaben) besteht Röm, abgesehen von Zusätzen (z. B. 5,1–11; 13,1–7), aus drei Briefen: Mit Brief A (1–11; 15,8–13) wolle Paulus bei den römischen Christen eine Gemeinde in seinem Sinne gründen; mit Brief B (im wesentlichen 12–15) melde er sich in Rom an und erörtere das Thema „Starke und Schwache“; 16,1–20 sei ein Brief nach Ephesus. Aber das Thema „Gemeinde“ wird in ‚Brief A‘ überhaupt nicht erwähnt; außerdem entspricht der Aufbau des Röm deutlich dem des Gal. Vor allem macht Schmithals nicht plausibel, weshalb ein Redaktor ‚Brief A‘ und ‚Brief B‘ zusammengefügt haben sollte.

4. Äußere Bedingungen für die Abfassung des Röm

Wichtige Informationen gibt der Abschnitt 15,14 ff. Paulus sieht seine Arbeit im Osten des Reiches als beendet an, weil die Gemeinden so gefestigt sind, daß sie selbständig weiterexistieren können. Dahinter steht das paulinische Missionsverständnis: Es geht Paulus nicht um die Rettung einzelner Seelen, sondern um die „Weltmission“. Nicht sein persönlicher Einsatz ist entscheidend, sondern es kommt darauf an, daß überall das Evangelium verkündigt wird. Daher sieht sich Paulus jetzt in der Lage, den Osten zu verlassen und sein Tätigkeitsfeld nach Spanien zu verlegen (nicht jedoch nach Rom! – er arbeitet nicht da, wo christliche Gemeinden bereits bestehen). Auf der Reise dorthin möchte er die Hauptstadt besuchen und dort natürlich auch predigen (1,9–13). Zuvor will er die Kollekte nach Jerusalem bringen. In 15, 30 f. äußert er in diesem Zusammenhang eine düstere Prognose, die sich tatsächlich bewahrheitet: Er kommt nur noch als Gefangener nach Rom (vgl. Apg 21 ff.).

Der Röm ist also unmittelbar vor der Jerusalemreise beim letzten Aufenthalt des Paulus in Korinth geschrieben worden (vgl. Apg 20,2 f.). Er ist vermutlich der letzte erhaltene Brief des Apostels.

5. *Tendenz und Absicht des Röm*

Der Röm ist viel stärker theoretisch gehalten als Gal und die beiden Kor. Dennoch findet sich auch in ihm Polemik: In 2,1 ff. wehrt sich Paulus gegen den „Kritiker", der meint, vor Gott bestehen zu können; in 3,1 ff. und ähnlich in 6,1 ff. wendet er sich gegen Angriffe auf seine Rechtfertigungslehre, die auf absichtlichen Mißverständnissen aufbauen. Dabei ist allerdings nicht erkennbar, ob Paulus sich auf tatsächlich geäußerte oder nur auf fiktive, prinzipiell mögliche Kritik bezieht. In der Forschung gibt es unterschiedliche Erklärungsversuche:

a) Paulus gebe seine Diskussion mit den Juden, oder besser: mit dem Judentum wieder. Es gehe ihm darum, die jüdischen Einwände gegen seine Lehre zu widerlegen (vgl. 7,1). b) Paulus stehe in Auseinandersetzung mit dem Juden*christen*tum, das grundsätzlich am Gesetz festhalten wolle (zum Stichwort „Judenchristentum" s. u. S. 264). Auch dazu würde 7,1 passen. c) Paulus argumentiere überhaupt nicht gegen jüdische bzw. judenchristliche Positionen, sondern im Gegenteil gegen den Libertinismus; er müsse sich dagegen verteidigen, aufgrund seiner Gesetzeslehre als Antinomist zu gelten. Deswegen weise er antijüdische Polemik zurück (3,1 ff.) und betone besonders die ethischen Konsequenzen, die sich aus der Taufe ergeben (6,1 ff.).

Alle drei Hypothesen haben den Nachteil, daß sie zuviel wissen wollen. Die Ausführungen des Paulus tragen grundsätzlichen Charakter, eine Polemik, die sich auf eine konkrete oder gar aktuelle Situation bezieht, ist nicht zu erkennen. Wir wissen über die christliche Gemeinde in Rom zu jener Zeit sehr wenig, vor allem aber wissen wir nicht, wie genau die Kenntnisse waren, die Paulus von ihr hatte. Alle konkreten Hinweise darauf fehlen. Deshalb muß man darauf verzichten, allzu detaillierte Thesen aufzustellen.

Dennoch ist einiges von den Verhältnissen in der Gemeinde erkennbar: Ein Teil der Gemeinde ist jüdischer Herkunft (4,1.12; 7,1; 9,10) – die meisten römischen Christen sind aber Nicht-Juden (1,5.13; 6,19; 9,3 ff.; 10,1 ff.; 11,13 ff.; 15,15 f.). Häufig wird daraus der

Schluß abgeleitet, die „Starken" von Kap. 14 f. seien Heidenchristen, die „Schwachen" dagegen, die die Speisegebote einhalten wollten, seien Judenchristen. Man könnte dann weiter folgern, daß Paulus über die Spannungen innerhalb der Gemeinde zwar einigermaßen genau informiert war, aber dennoch nicht unmittelbar und ausdrücklich eingreifen wollte. Aber schon der Vergleich mit 1 Kor 8–10 zeigt, daß eine solche Gleichsetzung „Schwache" = Judenchristen usw. nicht möglich ist. Man wird sich tatsächlich mit der Annahme begnügen müssen, daß Paulus hier ebenso thetisch, wie er seine Rechtfertigungslehre entwickelt, auch auf theoretisch mögliche jüdische bzw. judenchristliche Einwände gegen diese Lehre hinweist und sie widerlegt.

Arbeitsvorschlag für Fortgeschrittene

Eine besondere Rolle in der Forschung spielt der Abschnitt Röm 9–11. Dieser Abschnitt wird von einigen Exegeten als heilsgeschichtlicher Entwurf angesehen, in dem das Feld vom Auszug aus Ägypten bis zur endgültigen künftigen Bekehrung Israels durchmessen werde. Andere Exegeten sehen in Röm 9–11 die Entfaltung der Rechtfertigungslehre am Beispiel Israels. Für die Reformatoren lag hier der locus classicus der Prädestinationslehre.

Es ist nützlich, die drei Kapitel mit Hilfe eines Kommentars und einer Monographie (etwa U. Luz, Das Geschichtsverständnis des Paulus, 1968) durchzuarbeiten.

II. Die deuteropaulinischen Briefe

Literatur: H. R. Balz, Anonymität und Pseudepigraphie im Urchristentum, ZThK 66 (1969) 403–436; H. J. Holtzmann, Kritik der Epheser- und Kolosserbriefe, 1872; A. Lindemann, Paulus im ältesten Christentum, BHTh 58, 1979, 36–49. 114–149.

Vorbemerkung

Die in den §§ 31–33 dargestellten unter dem Namen des Paulus überlieferten Briefe sind nach dem Urteil dieses Buches sicher unecht und werden daher als „deuteropaulinisch" bezeichnet. Dennoch wird in den einzelnen §§ aus methodischen Gründen hypothetisch von der paulinischen Verfasserschaft ausgegangen. Vgl. auch S. 39 ff.

§ 31 Der Kolosserbrief

Literatur: J. Lähnemann, Der Kolosserbrief. Komposition, Situation und Argumentation, StNT 3, 1971; E. Lohse (s. § 30); E. Schweizer, Der Brief an die Kolosser, EKK, 1976.

1. Problemstellung und Gliederung

1) Kolossä liegt im Lykostal (Kleinasien), in der Nähe von Laodicea und Hierapolis (Kol 4,13). Die Gemeinden dort sind nicht von Paulus, sondern, wie aus Kol 1,7 hervorzugehen scheint, von Epaphras gegründet worden. Der Zusammenhalt zwischen diesen Gemeinden ist offenbar recht eng gewesen; Kol 4,17 zeigt jedenfalls, daß die an sie gerichteten Briefe unter ihnen kursieren sollten.

2) Die äußere Gliederung des Kol ist sehr übersichtlich: Kap. 1–2 enthalten Lehre (und Polemik), Kap. 3–4 Paränese.

a) Das Proömium ist nur vorn klar abgegrenzt (1,3); es reicht zunächst bis V. 8, dann aber ausgreifend bis V. 20, ohne daß an irgendeiner Stelle ein sachlicher Einschnitt zu erkennen ist. In 1,13 f. steckt offenbar eine Bekenntnisformel: Das Heil geschieht durch die Versetzung der Christen in das Reich des Sohnes und durch die Vergebung der Sünden. Diese unpaulinische Terminologie ist auffällig: Paulus redet nicht vom „Reich des Sohnes", sondern stets vom „Reich Gottes" (vgl. aber Eph 5,5); auch die Wendung ἄφεσις ἁμαρτιῶν ist unpaulinisch (vgl. aber Eph 1,7). Die Formel ist die Einleitung zu dem in V. 15–20 zitierten Lied, in dem Christus als „Bild" Gottes beschrieben wird (vgl. 2 Kor 4,4). Der Begriff „Bild" bezeichnet dabei nicht das bloße Abbild, sondern die Seinsweise. Es handelt sich also um einen Hypostasenbegriff.

Der Begriff Hypostase bezeichnet die Personifizierung einer Eigenschaft oder bestimmten Wirksamkeit einer Gottheit, wobei die Hypostase selbst zu einem göttlichen Wesen wird. Bekannt ist die Hypostasierung der alttestamentlich-jüdischen Weisheit: Sie ist zunächst die in der Schöpfung zutage tretende Weisheit Jahwes, sie wird dann aber als erstes Geschöpf Gottes und als seine Mithelferin bei der Schöpfung beschrieben (Sir 24; Spr 8,22–31). Vgl. zum Ganzen Ringgren, RGG III, 504 ff.

Dem Lied zufolge besteht das Heilswerk in der Herstellung der Weltversöhnung; der Offenbarer/Erlöser ist der Schöpfungsmittler, und der Kosmos wird als sein Leib verstanden. Nun hat der Verfasser des Kol, möglicherweise also Paulus, den Text dahin korrigiert, daß nicht der Kosmos, sondern die Kirche als Leib des Erlösers Christus bezeichnet wird (1,18). Das entspricht der paulinischen Ekklesiologie, wie sie in 1 Kor und Röm begegnet.

In 1,24–2,5 ist das Bild des leidenden Apostels gezeichnet; zugleich wird zur Festigkeit im Glauben gemahnt. Die Verse 1,24–27 sind dabei ein sehr gutes Beispiel für die Stileigentümlichkeiten des Briefes: Verschlungene, komplizierte Sätze, starke Häufung von Genitivverbindungen.

Der Verfasser entfaltet in 2,6–15 das Wesen christlicher Existenz „in Christus" (V. 10f.); dabei ist insbesondere auf die Taufe angespielt, durch die die Christen Anteil haben am Tod und an der Auferstehung Christi (V. 12f.).

In 2,16–23 steht eine massive Polemik gegen Irrlehrer, die Einzelheiten freilich sind sachlich und auch schon rein sprachlich recht dunkel. Jedenfalls kann man im einzelnen nicht erkennen, gegen welche Lehre sich der Autor genau wendet.

b) Die Paränese setzt mit einer bewußten Paradoxie ein: Die Christen sind auferweckt, aber gerade deshalb sollen sie suchen, was „droben im Himmel" ist (3,1). Das bedeutet: Ort des Handelns und des Glaubens ist trotz der „Auferweckung" nicht der Himmel, sondern die Erde. In 3,5–17 werden ein Tugend- und ein Lasterkatalog (s. o. S. 120) angeführt, die beide je fünf Glieder enthalten. Das ist ein aus der iranischen Religion stammendes Schema. Iranischen Ursprungs ist auch die eigenartige Vorstellung, daß die Laster bzw. die Tugenden des Menschen seine Glieder sind, daß er also buchstäblich aus Lastern und Tugenden zusammengesetzt ist und seine Existenz aus seinen Taten aufbaut.

In der iranischen Religion ist das mythologisch durch das Bild vom himmlischen Doppelgänger ausgedrückt, dem der Mensch nach seinem Tode begegnet und mit dem er dann identisch wird – es ist ja sein eigenes Selbst.

3,18–4,1 ist eine Haustafel, wie sie sich ähnlich auch in Eph 5,22 bis 6,9 sowie in 1 Petr 2,18–3,7 findet. Die in diesen Tafeln enthaltenen Normen sind nicht spezifisch christlich, sondern stammen wie die christliche Ethik überhaupt aus der Umwelt, vor allem aus der Ethik der Popularphilosophie (vgl. oben S. 120 f.).

Der Briefschluß enthält Grüße (4,7 ff.).

2. *Stilistische und theologische Besonderheiten: Die Verfasserfrage*

1) Daß der Kol besondere Stilmerkmale enthält, ist bereits erwähnt worden. Für die Einzelanalyse sind natürlich nur solche Stellen zu berücksichtigen, die der Verfasser – also u. U. Paulus – selbst formuliert hat; das Lied 1,15–20 etwa muß aus methodischen Gründen ebenso unberücksichtigt bleiben wie etwa der Hymnus Phil 2,6 bis 11 für die Frage nach dem Stil des Phil. Tatsächlich finden sich sprachliche Besonderheiten auch in den zweifellos vom Verfasser selbst

gestalteten Abschnitten. Beispiele sind die starke Ausdehnung von Satzverbindungen (1,9–12), die Verknüpfung mehrerer sinnverwandter Substantive (1,27), die liturgischem Stil entsprechende Häufung partizipialer Wendungen (1,3–14; 2,12 f.). Es wäre jedoch falsch, wollte man allein aufgrund dieser Stilmerkmale die paulinische Verfasserschaft des Briefes bestreiten; der Wandel im Stil eines Autors ist eine auch in der Antike durchaus übliche Erscheinung.

2) Weitaus wichtiger für die Echtheitsfrage ist das sachlich-theologische Verhältnis zwischen Kol und den (übrigen) Paulusbriefen. So enthält Kol zwar die Bezeichnung der Kirche als „Leib Christi“ (s. o.), aber gegenüber beispielsweise 1 Kor ist das Verständnis dadurch modifiziert, daß der „Leib“, also die Kirche, Christus als dem „Haupt“ zugeordnet ist, was in den älteren Briefen nicht gesagt wird. Allerdings muß auch diese Verschiebung keinen absoluten Bruch bedeuten – Paulus könnte ja seine Gedanken weiterentwickelt haben. Sehr viel auffälliger ist, daß im Kol die durchschnittliche Gemeindesoteriologie stärker vertreten ist – es finden sich Begriffe wie „Vergebung der Sünden“ (1,14) und auch eine stärkere Betonung des Gedankens vom Sühnetod Christi (1,22) als (sonst) bei Paulus. Radikal neu ist aber auch das nicht; Paulus zitiert auch sonst, z. B. in Röm 1,3 f., Formeln, die nicht völlig mit seiner eigenen Theologie übereinstimmen.

3) Besonders bedeutsam ist jedoch die sachliche Umorientierung der Eschatologie. Der Begriff „Hoffnung“ etwa wird im Kol nicht zeitlich, als Blick nach vorn in die Zukunft, aufgefaßt, sondern Hoffnung ist räumlich verstanden als Blick nach oben: Hoffnung liegt oben im Himmel bereit (1,5). Wenn in 2,6–15 das Taufverständnis entfaltet wird, dann sind Anlehnungen an Röm 6,1–11 zunächst nicht zu übersehen (außerdem liegt ein verwandter Text in Eph 2,4–10 vor). Betrachtet man jedoch das in diesen Versen enthaltene Verständnis von Auferstehung, dann zeichnen sich deutliche Differenzen gegenüber dem Röm-Text ab. Man kann insgesamt mehrere Traditionsstufen unterscheiden:

1. Am Anfang steht das Credo: Christus ist gestorben und auferweckt.

2. Paulus kommentiert das in Röm 6 mit der Aussage, die Christen seien in der Taufe mit Christus gestorben und würden mit Christus auferweckt werden (Futur!).

3. In Kol 2 wird diese Aussage abgewandelt, indem die Auferstehungsaussage vom Futur ins Präteritum verschoben wird: Wir sind mit Christus gestorben und sind auch schon auferweckt. (Eine vierte

Stufe zeigt sich dann im Eph; dort wird der Hinweis auf das Sterben mit Christus vollends gestrichen, und es bleibt nur die Aussage über die bereits geschehene Auferweckung Eph 2,5 ff.). Exegeten, die die Echtheit des Kol behaupten, wollen die deutliche Differenz zwischen Kol und Röm mit dem Hinweis erklären, die neuen Gedanken stünden im Zusammenhang mit der aktuellen Polemik des Briefes: Da die Gegner auf ihrem eigenen Felde getroffen werden sollten, komme Paulus ihnen ein Stück weit entgegen. Aber dieses Argument übersieht, daß gerade der Abschnitt 2,6–15 von Polemik völlig frei ist.

Die auffälligsten Besonderheiten des Kol finden sich durchweg gerade in nicht-polemischen Abschnitten (1,9 ff.; 1,24–29; 2,6–15; 3,1 ff.). Man kann über die Eschatologie des Kol generell sagen, daß nicht mehr der zeitliche, sondern ein räumlicher Aspekt im Vordergrund steht: Nicht mehr Gegenwart und Zukunft, sondern Welt und Überwelt sind das Thema. Der Ausblick auf die Parusie ist rein formal zwar noch da (3,4), aber er bestimmt nicht mehr das Weltverständnis – auch nicht die Paränese. Die Parole lautet: „Suchet, was oben ist" (3,1); die theologische Basis heißt: Wir sind bereits auferstanden (2,6 ff.).

Aus alledem läßt sich nun doch folgender Schluß ziehen: Kol ist mit hoher Wahrscheinlichkeit nicht von Paulus verfaßt worden. Eine Reihe von Indizien, etwa die Verbindung mit Röm 6 und die Verwandtschaft der Ekklesiologie, spricht jedoch dafür, daß der Autor aus der Umgebung des Paulus stammt, möglicherweise sogar ein direkter Schüler ist. Die in dem Brief erwähnten Namen weisen ebenso in die Nähe des Paulus wie die Tatsache, daß die Gründung der angesprochenen Gemeinden (Kolossä und Laodicea) auf das paulinische Missionszentrum Ephesus zurückgeht.

3. *Die theologische Front des Kol*

Der dunkle Abschnitt 2,16–23 läßt nur in geringem Umfang Rückschlüsse auf die von den Gegnern vertretene Lehre zu. Offenbar fordern sie die Verehrung der Weltelemente (wie die Gegner in Gal 4,8–10) als personale Wesen (Dämonen, Mächte; 2,10.15.18). Sie behaupten offenbar, diese Wesen seien Elemente des kosmischen Christus. Aus dieser Art Kosmologie leiten sie bestimmte kultische Verpflichtungen ab, die für die Christen Gültigkeit haben sollen: Die Feier kosmisch-zyklischer Festtage, die Einhaltung fester Speisevorschriften, die Verehrung der Engel und den Empfang gewisser Weihen. Die Lehre dieser Gegner ist offenbar synkretistisch, d. h. aus zahlreichen unterschiedlichen religiösen und philosophischen Elementen zusammengesetzt. Dabei fehlt auch nicht ein starker jüdischer Einschlag, der sich vor allem in der Ablehnung gewisser Speisen manifestiert, ohne daß die Gegner jedoch als Judaisten anzusehen wären. Sie dürften vielmehr zur breiten Strömung der frühen Gnosis zu rechnen sein.

Die von den Gegnern vertretene Lehre wird in 2,8 als φιλοσοφία bezeichnet. Das Wort bezeichnet im Hellenismus nicht allein die klassische Philosophie im eigentlichen Sinne, sondern auch die Religions- und Mythenlehre. Der antiphilosophische Affekt bestimmter theologischer Richtungen läßt sich von Kol 2,8 her jedenfalls nicht belegen.

Der Verfasser des Kol wendet sich gegen diesen gnostisierenden Synkretismus, indem er die christliche Freiheit von den Mächten betont und an den menschlichen Gebrauch der Naturgaben (2,22) erinnert. Zugleich mahnt er die Christen zur Liebe untereinander.

Dennoch muß man fragen, ob nicht der Verfasser selbst in Kap. 1 eine gnostisch gefärbte Christologie und in Kap. 2 eine ebenfalls stark von der Gnosis beeinflußte Erlösungslehre bzw. Eschatologie („die Auferstehung ist bereits geschehen") vertritt. Es läßt sich kaum übersehen, daß der Autor sich – möglicherweise unabsichtlich – in unmittelbarer Nähe zu der an sich von ihm bekämpften Lehre befindet.

Dennoch besteht zwischen Kol und der Gnosis an der entscheidenden Stelle eine grundsätzliche Differenz: In der Paränese wird deutlich, daß nicht die in der Meditation erstiegene Überwelt der Ort christlicher Existenz ist, sondern die Erde (daher die betonte Paradoxie in 3,1; s. o.). Der Verfasser des Kol bedient sich einer gnostisch gefärbten Sprache, er hat das paulinische Zeitdenken weithin eliminiert und denkt statt dessen stärker in kosmologischen Kategorien – aber die grundlegenden Aussagen der Theologie des Paulus bleiben auch im Kol gültig: Ort des Glaubens ist die Welt, christlicher Glaube ist nicht spirituale Überwindung der Welt, sondern weltliche Existenz in der Liebe. Christliches Leben ist Leben in der Freiheit, die nicht isolierte Freiheit vom Bruder, sondern mitmenschliche Freiheit zur Liebe ist. Der Christ ist auch für den Kol weiterhin auf dem Wege und lebt noch nicht in der Vollendung.

Arbeitsvorschläge

1. Vergleich der Grußlisten in Phm und Kol. Welche Namen werden erwähnt? Welche Schlußfolgerungen kann man daraus ziehen? Hilfsmittel: E. Lohse (s. Literaturangaben), 246 ff.

2. Der Begriff der Hoffnung hat im Kol eine andere Funktion als bei Paulus. Worin liegt der Unterschied? Hilfsmittel: G. Bornkamm, Die Hoffnung im Kol, Ges. Aufs. IV, 206–213.

§ 32 Der Epheserbrief

Literatur: J. Gnilka, Der Epheserbrief, HThK X/2, 1971; A. Lindemann, Die Aufhebung der Zeit. Geschichtsverständnis und Eschatologie im Epheserbrief, StNT 12, 1975; H. Schlier, An die Epheser, [6]1968.

1. Die Empfänger des Eph

Ephesus in Kleinasien war mehrere Jahre lang das Missionszentrum des Paulus. Von hier aus richtete er seine Briefe an die korinthische Gemeinde; einiges spricht dafür, daß auch Phil und Phm hier geschrieben wurden (s. o.). Die dortige christliche Gemeinde ist von Paulus gegründet worden (Apg 18,19 ff.; 19,1.8 ff.). Berücksichtigt man diese Tatsachen bei der Auslegung des Eph, dann fallen einige Besonderheiten ins Auge. Der Verfasser des Eph scheint die Empfänger seines Schreibens gar nicht zu kennen (3,2); es fehlt in dem Brief auch jede Korrespondenz, vor allem die Bestellung von Grüßen. Die einzige Stelle, wo Personennamen genannt werden (6,21 f.), stimmt wörtlich mit Kol 4,7 f. überein und kann deshalb in keinem Fall als Indiz für eine persönliche Beziehung des Verfassers zur Gemeinde in Ephesus gewertet werden. Vollends dunkel ist die Adresse des Eph (1,1): In den ältesten Handschriften, d. h. in P 46 und in den ursprünglichen Lesarten des Vaticanus und des Sinaiticus, fehlen die Worte ἐν Ἐφέσῳ – d. h. der Brief wäre danach offenbar gar nicht nach Ephesus noch überhaupt an eine bestimmte Gemeinde gerichtet gewesen. Es wird deshalb die These vertreten, der Brief sei ein Zirkularschreiben an mehrere Gemeinden; die Ortsangabe sei jeweils erst nachträglich eingefügt worden. Aber dann ist nicht zu erklären, warum außer Ἔφεσος kein weiterer Ortsname in irgendeiner Handschrift überliefert ist. Einige Exegeten nehmen an, Eph sei von vornherein gar nicht als Brief gedacht gewesen; deshalb fehle die Adresse. Aber man darf nicht übersehen, daß Eph ja jedenfalls in *Briefform* abgefaßt ist, und dazu gehört dann zweifellos auch eine Adresse mit Orts- oder Personenangabe. Die einfachste Lösung des Problems ist die Annahme, daß die Lesart ἐν Ἐφέσῳ in 1,1 ursprünglich ist. Sie wird immerhin von der Masse der Handschriften, darunter dem Alexandrinus, bezeugt. Das muß nicht bedeuten, daß Eph tatsächlich ein „Brief an die Epheser" ist – vielmehr ist eine fiktive Adresse durchaus vorstellbar, wenn der Brief nicht von Paulus selbst stammt. Ein Schüler wollte möglicherweise dem Mangel abhelfen, daß Paulus ausgerechnet an die mit ihm am engsten verbundene Gemeinde keinen Brief gerichtet hatte, und so adressierte er seine in Briefform gekleidete theologische Abhandlung „an die Epheser".

2. Äußere Gliederung und Thematik

Eph gibt sich, wie Kol und Phil, als Gefangenschaftsbrief. Er ist in jedem Fall, unabhängig von der Beurteilung der Echtheitsfrage, in die Nähe des Kol zu stellen. Nicht nur der Aufbau entspricht dem des Kol: 1–3 (Kol: 1–2) Lehre; 4–6 (Kol: 3–4) Paränese; auch bis hinein in die Formulierungen einzelner Sätze gibt es starke Parallelen und Übereinstimmungen.

Arbeitsvorschläge

1. Parallele Lektüre beider Briefe (entgegen der kanonischen Reihenfolge zuerst den Kol). Welche Übereinstimmungen bzw. Ähnlichkeiten bestehen – z. B. zwischen Kol 2,6–15 und Eph 2,4–12; Kol 3,18 ff. und Eph 5,22 ff.?
2. Worin bestehen die Unterschiede zwischen beiden Briefen? Welche Abschnitte sind im Eph ausführlicher gestaltet als im Kol? Hilfsmittel: C. L. Mitton, The Epistle to the Eph, 1951.

Auf das Präskript (s. o.) folgt ein doppeltes Proömium: 1,3–14 ist als Eulogie, 1,15–23 als Eucharistie gestaltet. Diese Verdoppelung ist unpaulinisch und dürfte den Stil eines Nachahmers verraten, der bei Paulus sowohl die Eucharistie (z. B. 1 Kor 1,4 ff.) als auch die Eulogie (2 Kor 1,3 ff.) fand. In 2,1–10 stellt der Verfasser die soteriologischen Konsequenzen des Heilsgeschehens für den einzelnen dar; es finden sich starke Ähnlichkeiten mit entsprechenden Aussagen des Kol (1,21–23; 2,12 ff.), außerdem eine geradezu schlagwortartige Verwendung von Begriffen aus der paulinischen Theologie (Eph 2,5 b.8.9; vgl. die bei Nestle angegebenen Parallelstellen). Der Abschnitt 2,11–22 enthält eine Darstellung des Wesens der Kirche, die als kosmische Einheit beschrieben ist (2,14–16). In 3,1–13 wird betont, daß die Kirche sich auf die apostolische Lehre gründet (vgl. schon 2,20); der lehrhafte Teil schließt in 3,14–21 mit einer Danksagung.

Die Paränese im Eph ist breit ausgeführt, sie umfaßt mehr als die Hälfte des ganzen Briefes. Einzelne Abschnitte heben sich dabei besonders heraus: Die Spruchethik in Kap. 4, die gegenüber dem Kol erweiterte Haustafel 5,22 ff. und die dualistische Kampfethik 6,10 ff., die im Stil an Aussagen der Qumranschriften erinnert. Inhaltlich führt die Paränese über die der (übrigen) Paulusbriefe nicht hinaus; die Begründung jedoch hat sich verschoben: Die Paränese basiert nicht auf der Rechtfertigung, sondern auf der Zugehörigkeit der Christen zur Kirche, d. h. auf der Eingliederung in den Leib Christi. Dieser ragt in den Himmel, und von daher ist die Existenz der Christen bestimmt durch ihre bereits geschehene Himmelfahrt (2,5 ff.). Sie werden ermahnt, in den guten Werken zu wandeln, die Gott zuvor bereits bewirkt hat (2,10). Auf dieser systematischen Voraussetzung ruht die Ethik des Eph.

3. Religionsgeschichtliche Probleme: Das Weltbild

Eph enthält ein eigenartiges Weltbild: Die Welt ist nicht dreistöckig (Himmel–Erde–Unterwelt; vgl. etwa Lk 16,23), sondern im Prinzip zweigeteilt gesehen. Unten befindet sich die Erde (eine Unterwelt gibt es nicht), darüber dehnen sich „die Himmel", die in verschiedene Zonen eingeteilt sind: In der untersten Schicht hausen der Teufel und seine Trabanten (2,2; 4,9 f.), und in diese Schicht ragen die Menschen hinein, die deshalb dem Einfluß jener Mächte ausgesetzt sind. Im Himmel darüber befinden sich Gott und Christus als das „Haupt" der bis in diesen Himmel hineinragenden Kirche (1,21). Die Christen als Menschen „in Christus" sind dem Einfluß des Teufels entzogen; sie befinden sich ebenfalls im Himmel (2,3–6) den Mächten gegenüber, sind ihnen aber nicht mehr ausgesetzt (2,7). Dieses Weltbild hat Ähnlichkeit mit bestimmten Vorstellungen gnostischer Schriften. Für das gnostische Weltbild ist jedoch ein weiterer Aspekt von zentraler Bedeutung: Über dem Luftraum, also über dem unteren Himmel, liegt eine Mauer, die die finstere „Welt" von der „Lichtwelt" trennt; allein der Gnostiker vermag mit Hilfe des Erlösers diese Mauer zu überwinden. In der Forschung ist umstritten, ob sich gewisse Teile dieser Idee auch im Eph finden. Wahrscheinlich wird man 2,14 tatsächlich von hier aus zu erklären haben: In Christus ist die kosmische Mauer beseitigt, der Kosmos ist für die Christen zur Einheit geworden (vgl. 1,23). Vom Haupt, das im Himmel ist, bis hinunter auf die Erde erstreckt sich der Leib Christi; und die Christen sind innerhalb des Leibes zwar noch den Angriffen der

Mächte ausgesetzt, sie stehen aber in der Gewißheit des Sieges (6,10 ff.; vgl. 2,7).

4. Die Verfasserfrage. Das Verhältnis zum Kol

Eph ist nach 1,1 von Paulus geschrieben. Aber die Richtigkeit dieser Angabe ist umstritten: Eph enthält nicht nur einige den (älteren) Paulusbriefen gegenüber neue theologische Gedanken, vielmehr hat sich in einigen Fällen die Bedeutung der hier wie dort verwendeten Begriffe verschoben (vgl. auch o. S. 234 f.). Der insbesondere von Schlier unternommene Versuch, Eph zu verstehen als „Alterswerk" des Paulus, erweist sich deshalb als untauglich. Es ist kaum vorstellbar, daß Paulus nur wenige Jahre nach der Abfassung des 1 Kor oder des Röm seine prinzipiellen Anschauungen vor allem in der Ekklesiologie und der Eschatologie vollständig geändert haben sollte.

Wichtig für das Problem der Echtheit des Eph ist die Klärung des Verhältnisses des Eph zum Kol. Zwischen beiden Briefen bestehen zahlreiche Berührungspunkte. Es ist die Frage, ob eine unmittelbare gegenseitige Abhängigkeit besteht, oder ob beide Briefe unabhängig voneinander gemeinsame Tradition übernommen haben. Falls tatsächlich eine direkte Beziehung besteht, so muß geklärt werden, welchem der beiden Briefe die zeitliche Priorität zuzusprechen ist.

Einige Stellen, vor allem Eph 1,1/Kol 1,1 und Eph 6,21 f./Kol 4,7 f., lassen sich nur mit der Annahme erklären, daß tatsächlich eine direkte Abhängigkeit besteht. Ähnlich wird man auch Eph 1,15 f./Kol 1,4.9; Eph 1,7.20/Kol 1,14.20; Eph 2,20; 3,17/Kol 2,7; Eph 1,19 f./Kol 2,12; Eph 3,2 ff./Kol 1,24 ff. und Eph 4,16/Kol 2,19 zu beurteilen haben. Analysiert man diese Stellen im einzelnen und dann die beiden Briefe im ganzen, dann ergeben sich folgende Konsequenzen: 1. Beide Briefe können unmöglich unabhängig voneinander entstanden sein. 2. Dem Kol muß die Priorität zukommen, denn er bezieht sich konkret auf eine einzelne Gemeinde und deren Probleme, während im Eph ein aktueller Anlaß für die Abfassung nicht zu erkennen ist. Der Eph ist also gleichsam die aufs „Grundsätzliche" bezogene Überarbeitung des Kol, wobei gleichzeitig auch eine gewisse Entwicklung der theologischen Tendenz erkennbar ist. Zugleich wird endgültig klar, daß Eph nicht von Paulus geschrieben sein kann – und zwar unabhängig davon, ob man Kol für paulinisch hält oder nicht.

Einige Exegeten vertreten die These, die Ähnlichkeiten zwischen Eph und Kol ließen nicht auf literarische Abhängigkeit schließen, sondern seien damit zu erklären, daß in beiden Briefen teilweise dieselben liturgischen Texte bzw. Hymnen zitiert würden. Aber das ist höchst unwahrscheinlich; denn auffälligerweise hat gerade der eindeutig hymnische Text Kol 1,15 bis 20 im Eph keine Parallelen, während umgekehrt Eph außer dem „Weckruf" 5,14 nur noch *einen* Text enthält, der mit einiger Sicherheit auf eine Vorlage zurückgeht, nämlich 2,14–16. Die Analyse zeigt, daß die Ergänzungen zur mutmaßlichen Vorlage bestimmten Aussagen des Kol entsprechen, daß zur Vorlage selbst aber eine Kol-Parallele fehlt. Bei allen anderen Texten, die von einigen Exegeten als liturgische oder hymnische Zitate angesehen werden (1,3–12; 1,17–23; 2,4–10), ist dieser Charakter höchst zweifelhaft. Zur Analyse von 2,14–16 vgl. A. Lindemann (s. Literaturangaben) 157–159; dort weitere Literatur.

5. *Die theologische Tendenz des Eph*

Eph ist nicht im eigentlichen Sinne ein Brief, sondern ein in Briefform gekleideter theologischer Traktat. Hauptthema ist die Ekklesiologie. Immer, wenn der Verfasser pointiert auf das Heilsgeschehen Bezug nimmt, erwähnt er die Kirche, die auf diese Weise eine besonders herausragende Bedeutung erhält (1,22f.; 2,14–18; 3,5.9f.; 4,4–6; 5,25f.). Dabei bezeichnet das Wort ἐκκλησία durchgängig nicht die Einzelgemeinde, sondern die universale Kirche, deren Fundament die Apostel und Propheten sind (2,20). Das hierarchische und auf Anerkennung der Tradition basierende Denken spielt im Eph eine wesentliche Rolle: Nicht alle Christen, sondern speziell die Apostel und Propheten sind die Empfänger der Offenbarung Gottes (3,5), die Kirche ist ihrerseits Mittlerin der göttlichen Weisheit gegenüber den kosmischen Mächten (3,10). Eph enthält an vielen Stellen gnostische Motive, er zeigt sich aber auch im Ganzen seiner Theologie durch die Gnosis beeinflußt. Das gilt nicht nur für das Weltbild (s. o.), sondern sogar für die Christologie: Christus hat kosmische Dimensionen (4,10), er sammelt als der himmlische Mensch die Seinen (2,15; 4,13) und führt sie in seinem Leibe zu sich selbst empor (4,7–11; 2,4ff.). Der geschichtliche Aspekt des Heilsgeschehens wird dabei vollständig ausgeschieden – die Theologie des Kreuzes und die futurische Eschatologie spielen keine wirkliche Rolle mehr und werden nur noch nebenher erwähnt. Hinweise auf den Tod Jesu finden sich ausschließlich im Zusammenhang von 2,14–16, wo der Verfasser einen vorgegebenen Text gleichsam paulinisch zu „übermalen" versucht.

Stark in die Nähe der Gnosis gerät auch die Anthropologie des Eph: Der Christ ist nicht mehr wirklich der Welt ausgesetzt, sondern er ist in Christus dem Einfluß der Mächte entzogen (2,7). Es gibt zwar noch eine Auseinandersetzung mit der Welt, aber das Ergebnis dieses Kampfes steht von vornherein fest: Geschützt durch die Waffen Gottes haben die Christen den Sieg auf ihrer Seite (6,10 ff.).

Arbeitsvorschläge

1. Ähnlichkeiten bestehen nicht nur mit dem Kol, sondern auch mit 1 Petr. Die Frage ist, ob in diesem Fall ebenfalls eine literarische Beziehung vorliegt. Zu vergleichen sind Eph 1,20 f./1 Petr 3,22 ff.; Eph 2,20 ff./1 Petr 2,4 ff. und Eph 4,8–10/1 Petr 3,19 f. Lassen sich diese Parallelen eher auf literarische Abhängigkeit oder eher auf die Verwendung ähnlichen Traditionsguts zurückführen?

2. Der wichtigste ekklesiologische Begriff im Eph ist der des „Leibes Christi". Welche Funktion hat er im Rahmen der Theologie des Briefes? Wie verhält sich diese Lehre zur Ekklesiologie des Paulus? Hilfsmittel: H. Schlier, Christus und die Kirche im Eph, BHTh 6, 1930, 37–60.

Für Fortgeschrittene: Wie ist der „Leib-Christi"-Gedanke religionsgeschichtlich abzuleiten? Hilfsmittel: H. Schlier (s. o.); K. M. Fischer, Tendenz und Absicht des Eph, FRLANT 111, 1973, 54–78.

3. Welche Funktion hat die Eschatologie im Eph? Hilfsmittel: A. Lindemann (s. Literaturangaben); F. J. Steinmetz, Parusie-Erwartung im Eph? Ein Vergleich, Bibl 50, 1969, 328–336.

4. Für Fortgeschrittene: Der wichtigste Kommentar zum Eph ist nach wie vor der von H. Schlier (s. Literaturangaben). Es empfiehlt sich die Lektüre einiger Abschnitte (etwa zu 2,1–10; 5,22–33). a) Es zeigen sich bestimmte hermeneutische Prinzipien: Schlier betreibt eine „phänomenologische Interpretation", die darauf verzichtet, das historische Gefälle vom Text zum Ausleger hin zu berücksichtigen; Schlier versucht vielmehr, den Text gleichsam „direkt" zum Sprechen zu bringen. Zugleich erklärt er die Entwicklung von den (frühen) Paulinen zum Eph psychologisch und kann so an der Echtheit des Eph festhalten (vgl. oben S. 241). Die neueste katholische Exegese (Gnilka) hat dagegen die Echtheitsthese aufgegeben.

b) Wie sind die hermeneutischen Kriterien Schliers innerhalb der historisch-kritischen Exegese möglich? Zu vergleichen ist etwa die Auslegung von Eph 2,2 f. bei Schlier einerseits und bei Gnilka andererseits.

§ 33 *Die Pastoralbriefe*

Literatur: N. Brox, Die Pastoralbriefe, RNT 7/2, [4]1969; M. Dibelius/H. Conzelmann, Die Pastoralbriefe, HNT 13, [4]1966.

1. *Problemstellung und Inhalt der Past*

1) Die heute übliche Bezeichnung „Pastoralbriefe“ für die Briefe an Timotheus und an Titus sagt bereits etwas über ihren Inhalt aus: Sie nehmen Stellung zur Führung des Hirtenamtes in der Kirche. Einige Einzelheiten über die in den Briefen genannten Empfänger kann man mit Hilfe der Konkordanz erfahren: Timotheus ist ein in fast allen Paulusbriefen sowie in der Apg genannter wichtiger Mitarbeiter des Paulus; Titus wird zwar in der Apg nicht erwähnt, spielt jedoch im 2 Kor und im Gal eine wichtige Rolle (s. o. S. 219). Es ist nicht von vornherein ausgeschlossen, daß Paulus an diese beiden engen Mitarbeiter Briefe gerichtet haben könnte, zumal Phm zeigt, daß Paulus auch Einzelpersonen Briefe schrieb.

2) *1 Tim* setzt voraus, daß Paulus – von Ephesus kommend – sich in Mazedonien befindet, während Timotheus in Ephesus geblieben ist. Paulus kündigt seine Rückkehr an, gibt aber dennoch Anordnungen, wie Timotheus während seiner Abwesenheit die Kirche zu ordnen habe. Es fällt auf, daß es sich dabei nicht um bestimmte Anweisungen für konkrete Probleme in Ephesus – etwa die Bekämpfung von Gegnern – handelt; 1 Tim enthält vielmehr eine regelrechte Kirchenordnung, die grundsätzlich in allen Gemeinden gelten soll. Der Traditionsgedanke ist dabei von wesentlicher Bedeutung – zwar nicht in dem Sinne, daß bereits eine apostolische Sukzession im Blick wäre, aber doch so, daß die Anerkennung der überkommenen Lehre zugleich als Garantie der kirchlichen Rechtgläubigkeit gilt (1,15 f.). Innerhalb der Kirche besteht eine feste Ämterordnung: An der Spitze stehen Bischof und Presbyter, darunter die Diakonen (1 Tim 3); es gibt auch feste Formen der Ordination (1 Tim 4,14; 5,22; 6,12). Ein monarchischer Episkopat ist offenbar aber nicht vorhanden. Jedenfalls läßt sich kein sachlicher Unterschied zwischen dem Bischof und den Presbytern erkennen; möglicherweise ist der Bischof nur primus inter pares. Die das Verhalten der Christen betreffenden Hinweise spiegeln eine konservative Bürgerlichkeit (2,8–15; 5,1–16). 1 Tim geht davon aus, daß das Verhältnis der Christen zur Welt nicht mehr im ursprünglichen paulinischen Sinn eschatologisch bestimmt ist, sondern daß sie sich in der Welt einzurichten haben (2,1 f.; vgl. dazu Dibelius/Conzelmann

[s. Literaturangabe] Exkurs z. St.). Der Brief kämpft auch gegen Irrlehrer, aber deren Position wird nicht recht erkennbar. Es fällt in diesem Zusammenhang auf, daß der Verfasser sich in seiner antihäretischen Polemik nicht um die Widerlegung der Theologie der Gegner bemüht, sondern sie pauschal verwirft unter Berufung auf die überlieferte Lehre (6,20).

3) Beim *Tit* ist die äußere Situation ähnlich wie beim 1 Tim: Paulus hat zusammen mit Titus auf Kreta Mission getrieben und die Insel inzwischen verlassen; Titus ist jedoch dort geblieben. Von Nikopolis (vermutlich in Epirus gelegen) aus bittet Paulus seinen Mitarbeiter, zu ihm zu kommen (3,12). Wie in 1 Tim gibt er dabei zugleich Anweisungen für die innere und äußere Ordnung der Gemeinde, wobei erneut die Betonung der traditionellen Lehre im Vordergrund steht (2,1). Auch sonst gibt es keine großen Unterschiede zum 1 Tim.

4) Vollkommen anders ist dagegen die in *2 Tim* vorausgesetzte Lage: Paulus befindet sich in Gefangenschaft, und zwar offensichtlich in Rom (1,17); er hat auch schon vor Gericht gestanden. Alle Mitarbeiter, mit Ausnahme des Lukas, haben sich von ihm abgewandt (1,15; 4,11.16); einer hat ihm sogar erheblichen Schaden zugefügt (4,14f.). Tychikus ist von Paulus nach Ephesus geschickt worden (4,12), Trophimus blieb krank in Milet zurück (4,20). Beide sind als Mitarbeiter des Paulus in der Apg erwähnt. Paulus bittet im 2 Tim den Timotheus, so rasch wie möglich nach Rom zu kommen und dabei die in Troas (südlich des Hellespont) liegengebliebenen Bücher und einen Mantel mitzubringen (4,13). Er rechnet mit seinem baldigen Tode (4,6–8) und mahnt deshalb zu großer Eile (4,9).

Der eigentliche Inhalt des 2 Tim entspricht dem der beiden anderen Past, allerdings ist er persönlicher gehalten als jene. Literarisch gesehen ist 2 Tim als „Testament" gestaltet (vgl. 2 Petr): Der Nachwelt soll durch 2 Tim nicht nur die Lehre, sondern auch das Bild des (leidenden) Apostels eingeprägt werden. Das aber ist eine Tendenz, die für das Schrifttum der Mitte des 2. Jahrhunderts kennzeichnend ist (zur Gattung „Testament" s. o. S. 128).

2. *Kritik der in den Past vorausgesetzten historischen Situation: Die Echtheitsfrage*

1) 1 Tim könnte während der in Apg 20,1 ff. geschilderten Reise durch Mazedonien geschrieben worden sein. Da Paulus bei dieser

Reise den Timotheus jedoch bei sich hat und eine spätere Reise auf dieser Route nicht überliefert ist, muß man die Konsequenz ziehen, daß 1 Tim in dem uns bekannten Lebenslauf des Paulus nicht unterzubringen ist.

2) Dasselbe gilt auch für Tit: Von einer Mission auf Kreta hören wir sonst nie etwas, in der Apg wird die Insel nur im Zusammenhang mit dem Gefangenentransport nach Rom erwähnt (27,7 ff.).

3) Undurchsichtig ist die Situation in 2 Tim: Wir erfahren aus Apg 20,4 ff.; 21,29, daß Paulus auf seiner Reise nach Jerusalem tatsächlich von Trophimus und Timotheus begleitet wurde. Allerdings setzt 2 Tim voraus, daß Paulus sich inzwischen längst in Rom aufhält, d. h. seit der Trennung von seinen beiden Begleitern müßten der Darstellung der Apg folgend mindestens zwei Jahre vergangen sein. Dennoch fordert Paulus in 2 Tim den Timotheus auf, rasch nachzukommen und einige in Troas vergessene Kleinigkeiten mitzubringen – eine solche Situation ist sehr unwahrscheinlich. Aber selbst wenn man diese Situation als solche noch nicht für ausgeschlossen halten soll, so passen die Angaben von 2 Tim 4,10 ff. doch auf keinen Fall zu den sonst bekannten Daten der paulinischen Biographie. Offenbar hat der Verfasser des 2 Tim mit Hilfe einiger ihm bekannter Namen und Daten eine Situation fingiert, um dem Schreiben einen „Sitz im Leben" des Paulus zu geben. Jedenfalls scheint deutlich, daß keiner der drei Past in dem uns bekannten Lebenslauf des Paulus unterzubringen ist.

4) Gegen diese Beurteilung werden von einigen Forschern Bedenken vorgetragen. Man könne an der Echtheit aller Past festhalten, wenn man davon ausgehe, daß 2 Tim der älteste Brief dieser Gruppe sei. Paulus habe ihn in Rom geschrieben. Nachdem er aus der Gefangenschaft entlassen worden sei, sei er entgegen seinen im Röm geäußerten Plänen noch einmal in den Osten gegangen und habe dort dann 1 Tim und Tit geschrieben. Später sei er neuerlich verhaftet und dann hingerichtet worden. Man beruft sich hierbei auf den Röm und auf 1 Clem 5,7, d. h. auf einen zu den Schriften der „apostolischen Väter" gerechneten Brief, der um 90/100 von Rom aus nach Korinth geschickt wurde (s. § 45). Im Röm hatte Paulus ja erklärt, er wolle den Osten endgültig verlassen und über Rom nach Spanien gehen. In 1 Clem 5,7 heißt es nun, Paulus sei bis an „die Grenze des Westens" gekommen; sollte damit Spanien gemeint sein, so würde dieser Brief voraussetzen, daß Paulus bei seinem Prozeß in Rom freigesprochen wurde. Die Abfassung der Past nach

dem ersten Aufenthalt des Paulus in Rom wäre also historisch denkbar.

5) Aber die Argumente gegen die Echtheit der Past sind stärker: Zunächst einmal zeigt die Untersuchung des Kontexts von 1 Clem 5,7, daß dieser Brief von der angeblichen Reise des Paulus in den Westen zumindest kein klares Bild hat; er weiß auch nichts von zwei Gefangenschaften des Paulus in Rom. Darüber hinaus aber kann man Apg 20 entnehmen, daß Paulus seine Gemeinden im Osten nicht wiedergesehen hat (Apg 20,25.38). Und schließlich ist zu beachten, daß die Past selbst voraussetzen, Paulus sei am Ende der ersten Gefangenschaft gestorben – von einem Freispruch in Rom wissen sie nichts.

Das aufgrund der historischen Verhältnisse sich ergebende Urteil über die Echtheit der Past wird durch die Exegese der Texte bestätigt. Es fällt auf, daß in den Past neue theologische Begriffe eine wichtige Rolle spielen, die in den älteren Briefen fehlen, z. B. „gutes Gewissen" oder „gesunde Lehre". Der Stil der Past ist insgesamt glatter und eingängiger als der des Paulus; und schließlich hat man an mehreren Stellen den Eindruck, es würden paulinische Aussagen aus älteren Briefen geradezu imitiert (vgl. 1 Tim 1,12–16/Gal 1,13–16 und 1 Kor 15,9 f.; 2 Tim 1,3–5/Röm 1,8–11).

Ein weiteres Argument ist die Bezeugung der Past in der Textüberlieferung. Sie fehlen im Papyrus 46; auch Marcion hat sie nicht in seinem Kanon. Manche Exegeten ziehen daraus sogar den Schluß, die Past seien überhaupt erst in der Zeit Marcions entstanden; die Warnung vor den Antithesen der „fälschlich so genannten Gnosis" (1 Tim 6,20) beziehe sich auf Marcions Buch „Antithesen". Das würde bedeuten, daß die Briefe erst etwa 80 Jahre nach dem Tod des Paulus verfaßt wurden. Diese Annahme ist aber schon deshalb unwahrscheinlich, weil sich die von den Past bekämpfte Lehre im Gegensatz zu Marcion (s. o. S. 25) positiv des Alten Testaments bedient (Tit 1,14; 1 Tim 1,7). Auch sonst weist nichts auf eine antimarcionitische Front der Past.

Es ist also so gut wie ausgeschlossen, daß die Past von Paulus selbst oder zu Lebzeiten des Apostels verfaßt wurden. Andererseits wird man sie auch nicht zu spät ansetzen dürfen, sie sind wahrscheinlich gegen Ende des ersten oder zu Beginn des zweiten Jahrhunderts geschrieben worden.

3. Der literarische Charakter und die theologische Front der Past

1) Wichtigstes Thema des 1 Tim und des Tit ist die Ordnung der Kirche. Dabei fällt auf, daß einige Aussagen in diesem Zusammenhang eher zu einer Haustafel, d. h. zur Paränese passen als zu einer Kirchenordnung (vgl. etwa 1 Tim 2,9 f. mit 1 Petr 3,3 ff.). Auch ist keine klare Disposition der einzelnen Abschnitte zu erkennen, sondern sie scheinen einigermaßen ungeordnet aneinandergereiht: 2,1 ff. Gottesdienst; 3,1 ff. Bischöfe und Diakonen; 5,3 ff. Witwen; 5,17 ff. Presbyter; 6,1 f. Sklaven. Es ist deshalb wahrscheinlich, daß die Regeln nicht einheitlich konzipiert, sondern Sammelgut sind. Der Verfasser hat sie unmittelbar in den Dienst der Ketzerbekämpfung gestellt: Die Definition der rechten Lehre und der rechten Ordnung der Kirche bedeutet die Abgrenzung gegenüber der Häresie (wie umgekehrt gilt, daß solche Auseinandersetzungen die Herausbildung fester Ordnungen überhaupt erst notwendig machen). In Tit 1,9 f. ist dieser Zusammenhang besonders deutlich erkennbar.

Eine andere Funktion hat 2 Tim. Er ist das „Testament“ des Paulus, der seinem „geliebten Kind Timotheus“ paränetische Mahnungen gibt und sich selbst als Vorbild im Leiden darstellt, um so Timotheus zum gleichen Ausharren zu veranlassen. Faktisch ist dabei natürlich die ganze Kirche im Blick (3,12).

2) Alle drei Past befinden sich in einer aktuellen Auseinandersetzung mit Irrlehrern, deren Position freilich nicht klar erkennbar ist. Es scheint, daß sie gnostische Lehre mit jüdischem Einschlag vertreten, denn sie betreiben einerseits Entweltlichung (1 Tim 4,3; Tit 1,14), Spiritualismus (2 Tim 2,18) und „Gnosis“ (1 Tim 6,20), und sie fordern andererseits Observanzen (1 Tim 1,7; Tit 1,10.14; 3,9); schließlich befassen sie sich offenbar intensiv mit Mythen und Genealogien (1 Tim 1,4; 4,7; Tit 3,9). Die Past betonen demgegenüber zunächst, daß das Auftreten von Irrlehrern ein Zeichen des Anbruchs der Endzeit ist (1 Tim 4,1; 2 Tim 3,1), daß es also gilt, ihnen mit Festigkeit zu begegnen. Den Irrlehrern wird gesagt, daß die Welt Gottes Schöpfung ist (1 Tim 4,3–5) und daß den Christen aus diesem Grunde der Umgang mit den Dingen der Welt möglich ist. Während einerseits besonderes Gewicht auf der Forderung liegt, die Leiter der Gemeinde sollten ein moralisch einwandfreies Leben führen (1 Tim 3,2–12), wird andererseits den „Ketzern“ in massiver Form Unsittlichkeit vorgeworfen – ein üblicher Topos der Polemik (1 Tim 6,3–10).

Anknüpfungspunkte für solche Polemik sind einmal der bei einigen Gruppen tatsächlich vorhandene und weltanschaulich begründete Libertinismus, wie er auch in 1 Kor, Jud und 2 Petr angegriffen wird, und zum andern der aus dem Judentum stammende Gedanke, falsche Religion müsse notwendig auch falsche Moral nach sich ziehen (Weish 13–15; vgl. Röm 1,18 ff.; 1 Joh).

In diesem Sinne halten die Past auch an der fortdauernden Gültigkeit des Gesetzes fest (1 Tim 1,8–11), weil sich das Gesetz gar nicht an den Gerechten, sondern an die Gesetzlosen wende, die die „gesunde Lehre" mißachten.

Entscheidendes Kriterium für die Beurteilung der Irrlehre ist die richtige Tradition. In diesem Zusammenhang findet sich zum erstenmal der Gedanke der Theopneustie: Die „Schrift" – worunter offenbar bereits auch christliche Texte verstanden werden – ist von Gott eingegeben (2 Tim 3,16). An diesem Punkt, in der Stellung zur Tradition, liegt ein entscheidender Unterschied zu Paulus: Während Paulus die Tradition verarbeitet, d. h. in den Rahmen seines theologischen Denkens einbezieht, wird sie in den Past lediglich eingeübt, d. h. als autoritativ vorgegeben übernommen. Ein zweiter überaus wichtiger Gesichtspunkt für die Past ist die Kirchenordnung: Die intakte und geordnete Gemeinde ist der Garant der Rechtgläubigkeit – dieser Gedanke durchzieht alle drei Schriften.

Lektürevorschlag

G. Haufe, Gnostische Irrlehre und ihre Abwehr in den Past, in: Gnosis und NT (hrsg. von K.-W. Tröger), 1973, 325–339.

III. Die synoptischen Evangelien und die Apostelgeschichte

§ 34 Das Markusevangelium

Literatur: (Kommentare s. o. S. 48) D.-A. Koch, Die Bedeutung der Wundererzählungen für die Christologie des Markus-Evangeliums, BZNW 42, 1975; W. Marxsen, Der Evangelist Markus, FRLANT 67, ²1959; R. Pesch, (Hrsg.), Das Markus-Evangelium, Wege der Forschung 411, 1979; W. Wrede, Das Messiasgeheimnis in den Evangelien, Zugleich ein Beitrag zum Verständnis des Markus-Evangeliums, 1901 (= ³1963).

1. Problemstellung und äußere Gliederung

Mk ist das älteste der drei synoptischen Evangelien; es hat den beiden anderen als Quelle gedient (s. § 7). Den Inhalt und zugleich die theologische Absicht kann man sich erarbeiten, wenn man das Gliederungsprinzip beachtet: Der erste Teil (Mk 1–9) handelt von Jesu Wirken in Galiläa, der zweite Teil (Mk 11–15) von Jesu Passion in Jerusalem. Das verbindende 10. Kapitel berichtet von Jesu Reise nach Jerusalem (vgl. 10,1.17.32.35.46; 11,1). Das abschließende Kap. 16,1–8 enthält eine Grabesgeschichte.

Es fällt sofort auf, daß der zweite Teil gemessen am dargestellten äußeren Geschehen überdimensioniert ist. Auf die Darstellung der Passion entfällt mehr als ein Drittel des Buches, obwohl die Ereignisse sich in wenigen Tagen abgespielt haben. M. Kähler hat aus diesem eigenartigen Verhältnis, das sich abgeschwächt auch in den anderen Evangelien findet, den Schluß gezogen, die Evangelien seien als „Passionsgeschichten mit ausführlicher Einleitung" zu charakterisieren (Der sog. historische Jesus und der geschichtliche biblische Christus, [2]1896, 80). Aber diese Sicht ist einseitig, denn sie übersieht, daß auch die Worte und Taten Jesu vor der Passion in allen Evangelien eine eigene Bedeutung haben und nicht einfach als „Einleitung" anzusehen sind.

Man kann das bei Mk unter anderem daran erkennen, daß der Gliederung nach geographischen Gesichtspunkten ein christologisch bestimmter Aufriß parallel läuft: Im ersten Teil, bei der Darstellung des Wirkens Jesu in Galiläa (1,1–8,26), werden alle Handlungen Jesu von dem Befehl begleitet, seine Messianität solle vor der Öffentlichkeit verborgen bleiben. Im zweiten Teil dagegen, bei der Darstellung des Passionsweges, wird – zunächst im Jüngerkreise, dann vor dem Hohen Rat und schließlich in aller Öffentlichkeit unter dem Kreuz – das Bekenntnis zu Jesus als dem Messias offen ausgesprochen. Die geographisch-biographische und die christologische Gliederung des Evangeliums erläutern sich also gegenseitig; Jesu *öffentliches* Wirken in Galiläa geschieht unter *Verhüllung* seiner Messianität – in Jerusalem dagegen, d. h. in der Passion und am Kreuz, wird seine Herrlichkeit offenbart; denn hier kann sie nicht mehr mißverstanden werden. Aus diesem Grunde wird auch innerhalb des Abschnittes 8,27–10,52, der noch zum Teil „Galiläa" bzw. zum Reisebericht gehört, immer wieder auf die Passion vorausgewiesen: Im Petrusbekenntnis, in der Verklärungsszene und vor allem in den drei Leidensweissagungen 8,31; 9,31; 10,33 f. (s. u. S. 249).

Diese scharfe Betonung der Kreuzestheologie ist die eigentliche theologische Mitte des Mk.

2. Wichtige Stationen der Darstellung

1) Der Abschnitt 1,1–13 hat deutlich die Funktion eines Vorspiels: Johannes der Täufer, die Taufe und – nur angedeutet – die Versuchung Jesu. Am Anfang wird der heilsgeschichtliche Horizont des Wirkens Jesu abgesteckt. Dabei greift Mk zwar auf alttestamentliche Weissagung, nicht jedoch auf die jüdische Geschichte insgesamt zurück. Die Vorgeschichte Jesu über den Täufer hinaus spielt für Mk also keine Rolle, obwohl das von ihm verarbeitete Material die Idee der heilsgeschichtlichen Vorbereitung durchaus enthält (vgl. 12,1–11). 1,14 f. enthalten eine thematische Zusammenfassung der Verkündigung Jesu. Dieses „Summar" (s. o. S. 70 f.) ist in seiner jetzt vorliegenden Form natürlich eine Bildung des Evangelisten und nicht wörtliche Wiedergabe der Predigt Jesu. Gottesreich, Buße und Sündenvergebung sind die grundlegenden Themen.

2) Der Abschnitt 1,16–5,43 berichtet von Jesu Auftreten in Galiläa. Zentrum ist das Gebiet um den See Genezareth und speziell die Ortschaft Kapernaum. Dabei ist das ganze erste Kapitel als Paradigma für das Auftreten Jesu überhaupt gestaltet: Mk verbindet die ihm überlieferten Wundergeschichten immer wieder mit Hinweisen auf die *Lehre* Jesu und deren Wirkung auf die Hörer (s. o.). Auch die folgenden Kapitel sind nicht unter biographischen, sondern unter sachlichen Aspekten zusammengestellt: Die Kapitel 2 und 3 enthalten eine Serie von Streitgesprächen, es folgt das Gleichniskapitel Mk 4 und schließlich eine Sammlung umfangreicherer Wundergeschichten (Mk 5).

3) Mk 6–9 schildern Jesu Wirken in Galiläa und in Orten der näheren Umgebung; die dabei vorausgesetzten geographischen Vorstellungen sind recht undurchsichtig. Mk hat die einzelnen Traditionsstücke hier besonders locker aneinandergereiht. Man hat vermutet, dieser Teil sei möglicherweise nachträglich in das Evangelium eingefügt worden, denn der Stoff dieser Kapitel fehlt bei Lk weitgehend; sollte Lk diesen Abschnitt bei Mk nicht gelesen haben? Die Analyse der redaktionellen Stücke in dem Abschnitt zeigt aber, daß Mk der Verfasser ist. Es ist ohnehin falsch, angesichts von Ungereimtheiten in der Darstellung sofort auf sekundäre Einfügungen zu schließen.

4) Im 10. Kapitel schildert Mk die Reise Jesu durch das Ostjordanland bis nach Jericho, wobei freilich schon deutlich erkenn-

bar wird, daß Jesus sich in Wahrheit auf dem Weg nach Jerusalem befindet.

5) Mk 11–13 enthalten das Vorspiel zur Passion: Jesu Einzug in Jerusalem ist die erste öffentliche Darstellung seiner Messianität. Der Leser des Evangeliums weiß dabei schon, spätestens durch die Leidensankündigungen, daß dieser Einzug nicht in die Herrlichkeit, sondern ans Kreuz führt. Mit der Tempelreinigung und den sich daran anschließenden Streitgesprächen (Mk 11 f.) wird die öffentliche Wirksamkeit Jesu abgeschlossen; die Rede über „die letzten Dinge" (Mk 13) richtet sich als esoterische Lehre nur noch an den Jüngerkreis.

Die Trennung von öffentlicher und esoterischer Lehre ist in Mk 4 programmatisch begründet. Es wird dort gesagt, die Gleichnisse würden zwar öffentlich erzählt, aber nur den Jüngern gegenüber inhaltlich gedeutet (4,10–12.33 ff.).

Die Stellung von Mk 13 im Ganzen des Evangeliums entspricht dem traditionellen Ort der Eschatologie in der urchristlichen Lehre: Die „letzten Dinge" bilden das letzte Stück des Katechismus (s. o.).

6) Thema von Kap. 14 f. ist die Passion Jesu: Verhaftung, Verurteilung, Hinrichtung. Für Dauer und Ablauf der Passionsereignisse in Jerusalem hat Mk ein Wochenschema geprägt (Mk 11 ff.): Jesu Einzug in die Stadt geschieht an einem Sonntag, die Tempelreinigung am Montag, die Debatten von Mk 12 am Dienstag, das Fest der Ungesäuerten Brote (14,12) beginnt am Donnerstag, die Kreuzigung geschieht am Freitag und die Entdeckung des leeren Grabes nach dem Sabbat wieder am Sonntag (16,1).

Schematisch ist auch die Stundengliederung des Todestages: Die Morgenfrühe sowie die 3., 6. und 9. Stunde werden ausdrücklich hervorgehoben (15,1.25.33.34).

7) Die Darstellung des Ostertages (16,1–8) enthält auffälligerweise nur eine Szene am leeren Grab. Erscheinungen des Auferstandenen werden zwar angekündigt (16,7; 14,28), berichtet wird von ihnen aber nicht.

Damit ist das vieldiskutierte Problem des Mk-Schlusses bezeichnet: Warum enthält Mk keine Erscheinungsgeschichten, obwohl der Evangelist selbst darauf hinweist, daß er solche Erzählungen kennt (16,7 ist redaktionell, wie der ebenfalls redaktionelle Satz 14,28 zeigt)? Kann das Evangelium mit dem Satz enden „Sie sagten niemandem etwas, denn sie fürchteten sich"? Oder ist der ursprüngliche Schluß absichtlich oder versehentlich weggebrochen? Für eine absichtliche Streichung ursprünglich erzählter Erscheinungsgeschichten läßt sich aber kein Grund denken, und ein Blattverlust – wie er bei antiken Manuskripten an sich leicht vorkommen kann– müßte bereits beim Original geschehen sein; denn Mt und Lk kennen Mk nur bis 16,8, und in den ältesten Handschriften findet sich ebenfalls keine Spur einer Fortsetzung. Die Suche nach dem „verlorenen" Mk-Schluß geht von der Annahme aus, hinter V. 8 sei unbedingt eine Fortsetzung notwendig. Aber diese Annahme ist eine petitio principii. Der Abschnitt 16,1–8 läßt sich durchaus als beabsichtigte Schlußpointe des Evangeliums verstehen: Mk weiß zwar von den Erscheinungen des Auferstandenen, und er erwähnt sie deshalb auch in 14,28; 16,7. Aber er braucht von ihnen nicht ausdrücklich zu erzählen: Nach der Verklärungsgeschichte (9,2 ff.) weiß der Leser über Jesu Schicksal nach seinem Tode ohnehin Bescheid. Man muß darüber hinaus beachten, daß *Erzählungen* über die Epiphanien Jesu erst in relativ später Zeit entstehen, wie der negative Befund bei Paulus zeigt (vgl. vor allem 1 Kor 15,3 ff.).

Lektürevorschlag

A. Lindemann, Die Osterbotschaft des Markus, NTS 26, 1980, 298–317.
H. Paulsen, Mk XVI 1–8, NT 22, 1980, 138–175.

3. Quellen

Ohne Zweifel hat Mk in seinem Buch schriftliche Quellen verarbeitet und nicht nur mündlich tradiertes Material aufgenommen. So lassen sich innerhalb von 1,21–28 die mk Zusätze (V. 22.27 a) ohne Schwierigkeiten erkennen, d. h. die Erzählung muß ohne diese Ergänzungen bereits schriftlich formuliert vorgelegen haben. 16,7 wurde von Mk in einen fertigen schriftlichen Text eingefügt, und auch die in 14,3–9 erzählte Szene ist – wie ein Vergleich mit dem Kontext (V. 1 f.10 f.) zeigt – in einen bereits vorliegenden Zusammenhang eingeschoben worden. Das Gleichnis vom Säemann (4,1–9) lag Mk bereits einschließlich der Deutung (V. 13–20) vor – die „Gleichnistheorie", die er selbst einschob (V. 10–12), ist deutlich als nachträgliche Erweiterung zu erkennen. Dabei ist es zunächst unerheblich, ob diese Verse von Mk selbst oder aber in Anlehnung an eine Vorlage formuliert wurden; ihre Erwähnung an dieser Stelle verdanken sie jedenfalls dem Evangelisten. Eine umfassende Rekonstruktion der von Mk verwendeten Vorlagen ist jedoch nicht möglich, insbesondere über den Umfang solcher Vorlagen kann man nur spekulieren. Man wird sich mit der Beobachtung zufrieden geben müssen, daß einzelne

Erzählungen des Mk bereits schriftlich vorlagen und nicht erst durch Mk ihre schriftliche Fixierung erhielten.

Mit der Verarbeitung größerer Vorlagen durch Mk rechnet H.-W. Kuhn, Ältere Sammlungen im Markusevangelium, StUNT 8, 1971; W. Schmithals, Das Evangelium nach Markus, ÖTK 2, 1979 rekonstruiert sogar eine umfassende „Grundschrift", die der Evangelist lediglich überarbeitet habe.

4. Sprache

Die Sprache des Mk ist sehr einfach; der griechischen Hochsprache steht der Verfasser fern. Der Satzbau ist ausgesprochen primitiv; die Parataxe, d. h. die einfache Aneinanderreihung der Sätze durch καί, ist der Normalfall (vgl. etwa Mk 1,16–22). Mt und Lk haben sich um Verbesserungen bemüht; ein instruktives Beispiel ist Mk 14,12 parr. Mt und Lk ersetzen auch einige ihnen besonders unpassend erscheinende Worte des Mk durch feinere, so κράβαττος in Mk 2,4 ff. durch κλίνη (Mt 9,2). Auch die von Mk bisweilen gebrauchten Diminutiva (5,23: θυγάτριον) passen nicht zum Stil gehobener Literatur, Mt und Lk haben dementsprechend auch hier Korrekturen vorgenommen. Daß Mk das kürzeste aller Evangelien ist, liegt am Umfang des verarbeiteten Materials, nicht an seiner Art der Darstellung. Die einzelnen Erzählungen sind im Gegenteil meistens recht ausführlich und teilweise auch umständlich formuliert – Mt und Lk haben häufig Straffungen vorgenommen (vgl. Mk 5,21–43 mit den Parallelen; ferner Mk 2,1–12 mit Mt 9,1–8). Mk versteht es jedoch auch, erzählerische Kunstmittel einzusetzen, z. B. die Verschachtelung zweier oder mehrerer Erzählungen. Ein gutes Beispiel dafür ist der Abschnitt 3,20–35, wo in die Szene „Jesus und seine Familie" (V. 21 f.31 ff.) ein Streitgespräch mit Schriftgelehrten (V. 22–27) und das Logion über die unvergebbare Sünde (V. 28–30) eingeschoben sind. Von literarischer Meisterschaft zeugt die Verknüpfung, die Mk zwischen Verhaftung und Verhör Jesu vor dem Synhedrium einerseits und der Szene von der dreifachen Verleugnung des Petrus andererseits hergestellt hat (14,53–72): Die Verleugnung Jesu durch Petrus geschieht zur gleichen Zeit wie die Verspottung durch die Soldaten.

5. Verfasserschaft

Nach der kirchlichen Überlieferung ist das Buch von Johannes Markus geschrieben worden, der aus Jerusalem stammt und in der Apg erwähnt wird. Er ist ein Verwandter des Barnabas und hat diesen und Paulus auf der „ersten Missionsreise" ein Stück weit begleitet. Nach Apg 13,13 hat er Paulus allerdings in Paphos verlassen, und Paulus weigert sich daher, ihn noch einmal mitzunehmen (15,37–39). Nach Phm 24 scheint er sich später aber doch wieder bei Paulus befunden zu haben.

Die Legende berichtet, Markus sei später Sekretär und Dolmetscher des Petrus in Rom gewesen (1 Petr 5,13); nach Angaben des Papias (s. S. 107 f.) hat er sein Evangelium aufgrund der Erzählungen des Petrus niedergeschrieben. Aber diese Angaben werden durch den Text nicht bestätigt. Ganz offensichtlich ist Mk nicht von einem Juden geschrieben worden. Der Verfasser zeigt sich mit der Geographie Palästinas jedenfalls nicht vertraut (vgl. die in 7,31 erwähnte Reiseroute mit einer Karte Palästinas!); ebensowenig kennt er die örtlichen Gegebenheiten in und um Jerusalem (11,1). Die jüdischen Sitten sind ihm fremd, er weist nur sehr distanziert auf sie hin (7,3 f.). Ein Indiz gegen die Verfasserschaft des Johannes Markus ist die Tatsache, daß Mk von der paulinischen Theologie praktisch nicht beeinflußt ist – bei einem Begleiter des Paulus (Phm 24; vgl. Kol 4,10; 2 Tim 4,11) aber wäre das doch wohl anzunehmen gewesen.

Die gern geäußerte Vermutung, hinter dem bei der Verhaftung Jesu nackt fliehenden Jüngling (Mk 14,51 f.) verberge sich der Verfasser selbst, und er gebe hier nach antiker Sitte einen versteckten Hinweis auf seine Identität, ist durch nichts begründet.

Man kann also nur sagen, daß der Verfasser des Mk ein uns sonst nicht näher bekannter Heidenchrist ist.

Das Problem der Abfassungszeit hängt entscheidend von dem Urteil darüber ab, ob man in der apokalyptischen Rede Jesu (Mk 13) die Zerstörung Jerusalems vorausgesetzt sieht, oder ob man annimmt, diese werde erst in naher Zukunft erwartet. Jedenfalls muß das Buch um das Jahr 70, d. h. zur Zeit des jüdischen Krieges entstanden sein. Über den Abfassungsort läßt sich lediglich sagen, daß er außerhalb Palästinas liegen muß (s. o. die Hinweise auf die geographischen Angaben). Aufgrund der zahlreichen lateinischen Fremdwörter wird bisweilen die These vertreten, Mk sei in Rom geschrieben worden. Aber das Argument ist nicht stichhaltig: Es handelt sich um überall gebräuchliche Worte wie Zenturio, Legion, Zensus usw., die im hellenistischen Griechisch zur Umgangssprache gehören. Über den Abfassungsort läßt sich infolgedessen nichts sagen.

6. Theologische Grundgedanken

Kählers Urteil, die Evangelien seien Passionsgeschichten mit ausführlicher Einleitung (s. o.), ist schon für Mk nicht sachgemäß. Der erste Teil mit den Wundergeschichten und der Darstellung der Lehre Jesu hat sein eignes Gewicht. Es ist allerdings richtig, daß von 8,27 an der Blick auf die Passion zum entscheidenden Prinzip der literarischen Darstellung wird.

Der zentrale theologische Gedanke, der das ganze Evangelium durchzieht und dessen Gliederung auch sachlich bestimmt (s. o.), ist das „Messiasgeheimnis". Jesu Wirken vollzieht sich zunächst unter Verhüllung seines wahren Wesens: a) Die Dämonen dürfen nicht sagen, wer er ist (1,24 f.; 1,34; 3,12) b) Von den Wundern darf nicht öffentlich gesprochen werden, sie sollen niemandem „weitererzählt" werden (5,43). Damit ist klar, daß das Messiasgeheimnis keinen historischen Kern hat, sondern daß es sich um ein Theologumenon handelt; historisch ist das Verbot, von den Wundern zu erzählen, ja unsinnig, denn wie soll z. B. eine Totenauferweckung geheimgehalten werden können (vgl. 5,43). c) Die Jünger mißverstehen ständig, welchen Sinn Jesu Handlungen haben (6,52; 8,17 u. ö.). d) Im Hinblick auf das Messiasgeheimnis liegt in 8,27 ein deutlicher Einschnitt: Zwar ist das Geheimnis vorher schon zweimal durchbrochen worden (2,1–12; 7,36), aber erst jetzt unmittelbar vor der Passion bestätigt Jesus, daß er der Messias ist. Petrus spricht, stellvertretend für alle Jünger, das Bekenntnis zu Jesus als dem Christus. Aber das grundsätzliche Mißverstehen bleibt: Als Jesus sein Leiden und Sterben ankündigt, reagiert Petrus unwillig und macht ihm Vorwürfe. Die von Mk hergestellte Verbindung zwischen Petrusbekenntnis und Leidensweissagung soll deutlich machen, daß Jesu Messianität nicht in die Herrlichkeit, sondern ans Kreuz führt. Jesus selbst spricht in der Verhörszene 14,62 zum ersten und einzigen Mal öffentlich aus, daß er der Gottessohn ist – und diese Aussage führt zu seiner Verurteilung.

Welches theologische Interesse hinter der Messiasgeheimniskonzeption des Mk steht, läßt sich von der Auflösung des Geheimnisses her zeigen: Jesu in der Predigt ergehender Anspruch an die Menschen ist kein weltlicher Machtanspruch. Er ist erst verstanden, wenn man ihn als Angeklagten vor dem Hohen Rat und als Hingerichteten am Kreuz sieht (vgl. 15,39). Deshalb wird in den Leidensankündigungen immer wieder gesagt, daß Leiden und Sterben geschehen *müssen* (δεῖ), d. h., daß sie dem Willen Gottes entsprechen.

Die Leidensweissagungen, die durch ihre auffällige Stellung (8,31; 9,31; 10,32–34) von vornherein ein besonderes Gewicht haben, sind nicht historische Worte Jesu. Es handelt sich um Bekenntnisaussagen der christlichen Gemeinde, die Jesus nachträglich in den Mund gelegt wurden (vaticinia ex eventu). Ihr Sinn ist klar: Jesu Messianität kann allein von seinem Leiden her richtig verstanden werden. Mk unterstreicht die aktuelle Bedeutung dieser Sätze dadurch, daß er jeder der drei Leidensankündigungen Worte über die Jüngernachfolge hinzufügt: 8,34–9,1 – wer sich zu Jesus bekennt, muß sein Kreuz auf sich nehmen, muß selbst zum Leiden bereit sein; 9,33–37 – wer der erste sein will, muß Diener aller sein; 10,35–40 – Nachfolge bedeutet Leiden und nicht Herrlichkeit. Jesu Schicksal bestimmt auch das Schicksal seiner Jünger, d. h. der Christen, deren Nachfolge eben Nachfolge im Leiden unter dem Kreuz bedeutet.

Das historische Problem des Messiasgeheimnisses ist von W. Wrede entdeckt worden. Seine These lautete: Jesus hat nicht gelehrt, daß er der Messias sei. Seine Jünger erinnern sich nach Ostern daran, daß in seinem Leben von Messianität nichts zu sehen war. Von Ostern her, d. h. aufgrund der Erscheinungen des Auferstandenen, glauben sie aber an ihn als den Messias. Sie versuchen deshalb, historische Erinnerung und gegenwärtigen Glauben einander anzugleichen und entwickeln die Theorie, Jesus habe sich auch zu seinen Lebzeiten als Messias (bzw. Sohn Gottes) gewußt, habe dies aber absichtlich geheimgehalten. Im Messiasgeheimnis spiegele sich also eine gewisse Verlegenheit der vormk christlichen Gemeinde.

Wredes Beobachtungen sind richtig, seine Deutung des Befundes ist jedoch unzutreffend. Die von Mk verarbeiteten Stoffe, insbesondere die Wundererzählungen, zeigen gar kein unmessianisches Jesusbild, mehr noch: Eine unmessianische Jesustradition gibt es gar nicht. Die Christologie vor allem der Wunderüberlieferung sieht in Jesus den θεῖος ἀνήρ, den mit besonderen Kräften begabten Wundertäter. Das Messiasgeheimnis ist eine dieser Tradition gegenüber sekundäre und theologisch bewußt gestaltete Theorie, die besagt: Jesu Bedeutung erschließt sich nicht dem, der nur die Wunder sieht, sondern es ist erst der Glaube, der von Kreuz und Auferstehung her Jesus richtig sieht. Gedanken dieser Art wird es zweifellos schon in der vormk Gemeinde gegeben haben, aber als ausgearbeitetes theologisches Konzept ist das Messiasgeheimnis entgegen der These Wredes eine Leistung des Mk. Er hat es planvoll auf das Ganze der Jesusüberlieferung bezogen und so die zunächst ungeordnete Masse des Traditionsstoffes in die Form des „Evangeliums" gegossen. Das Messiasgeheimnis gehört nicht zur Tradition, sondern zur redaktionellen Arbeit des Mk. Er hat es aus theologischen Gründen sogar dort eingefügt, wo es dem logischen Gang der Handlung geradezu widerspricht (5,43; 7,36).

Arbeitsvorschläge

1. Man kann Mk unter einer doppelten Fragestellung lesen: a) Wo wird im fortlaufenden Gang der Handlung auf das Messiasgeheimnis hingewiesen? Wo wird es enthüllt, und welche Konsequenzen werden genannt? b) Wo wird durch das Evangelium selbst dem *Leser* das Geheimnis enthüllt? Ein Beispiel: Die Parabeltheorie 4,10–12 wird dem Leser mitgeteilt; *er* ist es, der als Christ das Geheimnis des Gottesreiches versteht.

2. Welche Gesichtspunkte für die Christologie und für das Glaubensverständnis ergeben sich aus Mk 8,27–35; 9,31–37; 10,32–45? Hilfsmittel: U. Luz, Das Geheimnismotiv und die markinische Christologie, ZNW 56, 1965, 9–30, vor allem 20 ff.; G. Strecker, Zur Messiasgeheimnistheorie im Markusevangelium, in: Eschaton und Historie. Aufsätze, 1979, 33–51.

§ 35 Das Matthäusevangelium

Literatur: G. Bornkamm/G. Barth/H. J. Held, Überlieferung und Auslegung im Matthäusevangelium, WMANT 1, [5]1968; W. Grundmann, Das Evangelium nach Matthäus, ThHK I, 1968; E. Klostermann, Das Matthäusevangelium, HNT 4, [4]1971; J. Lange (Hrsg.), Das Matthäus-Evangelium, WdF 525, 1980; E. Schweizer, Das Evangelium nach Matthäus, NTD 2, 1973; G. Strecker, Der Weg der Gerechtigkeit. Untersuchung zur Theologie des Matthäus, FRLANT 82, [3]1971; W. Trilling, Das wahre Israel. Studien zur Theologie des Matthäus-Evangeliums, StANT 10, [3]1964.

1. Problemstellung und Gliederung

1) Mt ist eine Kombination aus Mk und Q; es enthält außerdem Sondergut. Infolgedessen ist Mt weit umfangreicher als Mk, obwohl die aus Mk übernommenen Texte häufig gekürzt und auf die Pointe hin zugespitzt sind.

Der synoptische Vergleich, insbesondere mit Mk, läßt die besondere Arbeitsweise des Mt deutlich hervortreten: Das Mt-Evangelium setzt nicht erst mit Johannes dem Täufer ein, sondern mit dem Stammbaum Jesu, der Geburtsgeschichte und einigen Kindheitserzählungen. Typisch für Mt sind die sechs großen Reden, die unter Verwendung von Texten aus allen drei ihm vorliegenden Materialgruppen von Mt selbst geschaffen wurden (vgl. u. S. 262 f.): Bergpredigt (Mt 5–7), Aussendungsrede (10), Gleichnisrede (13), Gemeindeordnung (18), Pharisäerrede (23), Rede über die letzten Dinge (24 f.). Man kann sich anhand der Stellung dieser Reden im Evangelium einen Überblick über dessen Aufbau verschaffen. Im übrigen ist Mt nicht so durchsichtig gegliedert wie Mk.

2) Mt beginnt mit einem Stammbaum, der Jesus als Nachkommen der Erzväter und des Königs David erscheinen läßt (zum Verhältnis von Stammbaum und Jungfrauengeburt s. o. S. 62).

Dabei sind neben den Vätern auch einige Frauen aus der Geschichte Israels genannt, nämlich Thamar, Rahab, Ruth und die Frau des Uria. Gelegentlich wird erklärt, diese Frauen seien als Sünderinnen bzw. als Nicht-Jüdinnen erwähnt, um zu zeigen, daß Jesus sich in die Verstrickungen der Sünde hineinbegeben habe, um sie zu zerreißen. Aber diese Frauen standen im Judentum gerade als Beispiele des Glaubens im hohen Ansehen.

Die Geburtsgeschichte macht dem Leser von Anfang an klar, daß Jesus durch seine wunderbare Erzeugung wesenhaft der Sohn Gottes ist, und daß er nicht erst durch die göttliche Proklamation bei der Taufe „adoptiert“ wird.

Die eigentliche Darstellung beginnt in 3,1 mit Johannes dem Täufer; dabei folgt Mt dem Mk-Faden, den er aus Q erweitert. Es folgt wie bei Mk die Berufung der ersten Jünger und schließlich der Beginn der öffentlichen Wirksamkeit Jesu. Von 4,12 an kann man das Evangelium in drei große Abschnitte gliedern:

4,12–13,58 Jesus in Galiläa
14,1–20,34 Wanderungen durch Galiläa und Judäa
21,1–27,50 Jesus in Jerusalem

Wie bei Mk so hat auch bei Mt die Wahl der geographischen Schauplätze programmatischen Sinn: Galiläa ist das verheißene Land, in dem sich die Ankündigung der Propheten erfüllt (4,12–16). In Jerusalem vollendet sich Jesu Schicksal am Kreuz.

Der Mk-Faden wird mit 4,13 verlassen, statt der Wundergeschichten von Mk 1,21 ff. bringt Mt nur ein Summar (4,23–25), dem sich die Bergpredigt, also die katechismusartige Summe der Paränese, anschließt. Erst in Kap. 8 folgen Erzählungen über die Taten Jesu; das zugrundeliegende Material stammt teilweise aus Mk 1. Von 9,1 an bis zum Schluß hält sich Mt wieder an den Aufriß der Mk-Vorlage, Stoff aus Q und dem Sondergut ist erweiternd eingefügt. Hinter dieser Gliederung, die vor allem in der besonderen Stellung der Bergpredigt sichtbar wird, steht eine bestimmte theologische

Absicht: Die Lehre Jesu rückt in den Vordergrund, die Taten sind die Bestätigung für ihre Gültigkeit.

3) Man sollte sich einige für die mt Theologie markante Stellen merken:

a) 6,9–13 das Vaterunser. Gegenüber dem bei Lk überlieferten Text liegt eine Erweiterung vor (die Schlußdoxologie fehlt hier wie dort); durch seine Stellung im Rahmen der Bergpredigt ist das Gebet stark hervorgehoben (vgl. dagegen den Kontext bei Lk 11,2–4), es hat grundsätzliche Bedeutung (vgl. Mt 6,5–8).

b) Mt 13,24–30.36–43 das Gleichnis vom Unkraut unter dem Weizen mit der Deutung. In der Zusammenstellung der sieben Reich-Gottes-Gleichnisse in Mt 13 sind eschatologische und ekklesiologische Motive miteinander verbunden. 13,24 ff. macht deutlich, daß die christliche Gemeinde nicht schon die Sammlung der Auserwählten darstellt, sondern daß sie noch eine Gemeinschaft aus Bösen und Guten ist, deren Scheidung sich erst im Endgericht vollzieht.

c) 16,17–19 das Wort an Petrus. Von besonderem Gewicht ist hier das Stichwort ἐκκλησία, das innerhalb der synoptischen Evangelien außer an dieser Stelle nur noch in Mt 18,17 (Rede über die Gemeindeordnung) belegt ist. Die terminologische Verwendung dieses Begriffes zeigt, daß der Spruch ohne Zweifel nachösterlich ist. Die Schlüsselgewalt, die Petrus als Apostel in der Kirche erhält, gilt für die Zeit zwischen Ostern und der Parusie. In dem Spruch spiegelt sich also das Kirchenverständnis der frühen palästinischen Gemeinde.

d) 25,31–46 das Bild vom Weltgericht (entgegen der geläufigen Bezeichnung ist dieser Text kein Gleichnis). Jesus als der kommende Menschensohn richtet alle Völker, wobei als Maßstab des Gericht das Verhalten des Menschen im irdischen Leben gilt. Die Rede richtet sich natürlich an den Leser des Evangeliums: Er wird aufgefordert, die Hungrigen zu speisen, die Durstigen zu tränken usw. Die apokalyptische Szene wird also sachlich auf die Mahnung zum christlichen Existieren in der Welt reduziert.

e) 28,18–20 der Missionsbefehl. Er enthält die Zusammenfassung des Evangeliums: Dem Auferstandenen ist die Weltherrschaft übertragen, seine Jünger tragen seine Lehre zu allen Menschen und taufen sie in Gottes Namen. Die Betonung am Schluß ist wieder eschatologisch: Der Auftrag ergeht für die Gegenwart bis zum „Ende der Welt“, denn so lange ist Christus bei seinen Jüngern, so lange währt auch die Missionsaufgabe der Kirche.

2. Quellen

1) Neben Mk und der Logienquelle Q hat Mt das sogenannte „Sondergut" benutzt, dessen Charakter als Quelle jedoch umstritten ist. B. H. Streeter (The Four Gospels, [9]1956, 223–270) meint, das mt Sondergut stamme aus einer dritten schriftlichen Quelle. Tatsächlich finden sich im Rahmen der Bergpredigt (Mt 5.6) schematisch gebaute Sondergutabschnitte, in die Material aus Q deutlich erkennbar sekundär von Mt eingeschoben wurde. Voraussetzung für die Annahme einer dritten geschlossenen Sondergut-Quelle wäre jedoch ein zusammenhängender Faden, der sich durch das ganze Mt-Sondergut hindurchziehen müßte. Ein solcher läßt sich aber nicht erkennen.

2) Ein weiteres Problem im Zusammenhang mit der Quellenlage sind die „Reflexionszitate", die für Mt besonders charakteristisch sind. Sie zeigen nämlich das mt Verständnis der Heilsgeschichte, indem sie im Schema von Verheißung und Erfüllung Vorgänge im Leben Jesu als Bestätigung alttestamentlicher Weissagung deuten: „Das geschah, damit erfüllt werde, was vom Herrn durch den Propheten ... gesagt wurde" (vgl. 1,22f.; 2,5f.; 2,15.17.23; 4,14 bis 16; 8,17; 12,17–21; 13,35; 21,4f.; 27,9f.).

K. Stendahl (The School of St. Matthew and its Use of the Old Testament, [2]1968) sieht in den Reflexionszitaten bewußte schriftgelehrte Arbeit einer „matthäischen" Schule im Stil der damaligen theologischen Schulen des Judentums. Ähnlich wie bei der aramäischen Fassung des AT, den Targumen, werde der Wortlaut des zitierten Textes der von den Schriftgelehrten erarbeiteten Deutung angeglichen. In der Tat entspricht die Benutzung des AT durch die christliche Theologie weitgehend diesem hermeneutischen Modell.

Im Unterschied zu Stendahl nimmt Strecker (s. Literaturangaben) an, Mt habe eine Quelle besessen, die diese Reflexionszitate enthielt. Seine Annahme gründet er darauf, daß der AT-Wortlaut der Reflexionszitate eher dem hebräischen Text entspricht, während Mt sonst nach LXX zitiert (Mt 4,6 f. par Lk 4,10 f. aus Ps. 90,11 f. LXX); lediglich die Einleitungsformeln stammen nach Streckers Meinung jeweils von Mt selbst.

Wie immer man die Frage nach der Quelle der Reflexionszitate beantwortet, sicher ist jedenfalls, daß Mt sie redaktionell bearbeitet hat. Sie zeigen das typisch mt Verständnis der Heilsgeschichte; zum andern ist an mehreren Stellen deutlich erkennbar, daß Zitat und Kontext unmittelbar aufeinander bezogen sind. So ändert Mt in 21,5 die aus Mk 11,1 ff. übernommene Erzählung vom Auffinden der Eselin entsprechend dem Zitat aus Sach 9,9 (verbunden mit Jes 62,11), um so selbst in diesem an sich relativ unbedeutenden Vorgang die Bestätigung einer alttestamentlichen Weissagung sehen zu können. Aus einer Quelle kann dieser Hinweis nicht stammen.

3. Sprache bzw. sprachliche Besonderheiten

Der Stil des Mt ist gepflegter als der des Mk. Andererseits erinnert die Terminologie häufig an jüdische Ausdrucksweise. So wird z. B. der Begriff des Gottesreiches durch den spezifisch jüdischen Ausdruck „Himmelreich" (βασιλεία τῶν οὐρανῶν) ersetzt, worin sich das jüdische Bemühen um die Vermeidung des Gottesnamens spiegelt (vgl. J. Jeremias, Neutestamentliche Theologie I, ²1973, 99 ff.).

4. Verfasserschaft

Nach altkirchlicher Tradition ist der „Apostel" und ehemalige Zöllner Matthäus der Verfasser des Evangeliums. Nach Aussage des Papias (s. S. 107 f.) hatte er die Worte Jesu in ihrer ursprünglichen „hebräischen" (gemeint kann nur sein: aramäischen) Fassung herausgegeben. Auch in der Forschung ist die Annahme einer ursprünglich semitischen Fassung des Mt vertreten worden. Aber der Evangelist hat seinem Buch zwei *griechische* Quellen zugrunde gelegt – in „hebräischer" bzw. aramäischer Sprache hat es nie existiert.

Einige Exegeten bemühen sich, in der Papiasnotiz dennoch einen historischen Kern zu sehen: Papias meine gar nicht Mt, sondern die Urfassung der Logienquelle Q. Aber in der Zeit, die Papias überblicken kann, dürfte Q kaum mehr als selbständiges Buch bekannt gewesen sein.

Die Abfassungszeit des Buches läßt sich nur ungefähr angeben. Mt setzt Mk voraus und ist jedenfalls nach 70, d. h. nach der Zerstörung Jerusalems entstanden; das zeigt die Mt-Fassung des Gastmahlgleichnisses deutlich (vgl. Mt 22,7). Andererseits muß das Evangelium auf jeden Fall vor 110 (Ignatius) entstanden sein, denn Ign Sm 1,1 setzt die Existenz des Mt offensichtlich voraus (... ἵνα πληρωθῇ πᾶσα δικαιοσύνη, vgl. Mt 3,15).

Das Mt-Evangelium wurde in der Kirche das führende Evangelium und wirkte deshalb in der Textgeschichte stark auf die anderen ein – immer wieder finden sich bei Lk und Mk Textlesarten, die in Angleichung an Mt entstanden.

5. Theologische Grundgedanken

1) Der Aufbau des Mt ist durch die sechs großen Reden bestimmt (s. o.). Fünfmal heißt es nach einer solchen Rede Jesu: καὶ ἐγένετο

ὅτε ἐτέλεσεν ὁ Ἰησοῦς τοὺς λόγους τούτους o. ä. (7,28; 11,1; 13,53; 19,1; 26,1). Manche Exegeten ziehen daraus den Schluß, Mt habe sein Evangelium in fünf Teile gegliedert, wobei jeder Teil zunächst Erzählstoff und dann zum Abschluß eine Rede Jesu enthalte. Auf diese Weise habe Mt symbolisch andeuten wollen, daß sein Buch an die Stelle der fünf Bücher der alttestamentlichen Tora treten solle. Jesus werde auf diese Weise als der neue Mose dargestellt, der den ersten Mose mit seinem „Ich aber sage euch" (5,21 f. 28 f. usw) überbiete.

Aber eine fünfteilige Gliederung des Mt ist allenfalls durch jene oben genannte Redewendung angedeutet – die theologische Tendenz des Mt zeigt Jesus keinesfalls als den neuen Mose. Zwar erscheinen in der Vorgeschichte schwache Spuren einer Mosetypologie, aber im Buch selbst werden diese Aspekte nicht weiter verfolgt.

Zwei Fragen sind für die Beurteilung der Theologie des Mt besonders bedeutsam: Handelt es sich um ein judenchristliches oder um ein heidenchristliches Evangelium (2)? In welchem Verhältnis stehen Eschatologie und Ethik zueinander (3)?

2) Mt gilt gewöhnlich als ein Dokument judenchristlicher Theologie. Zur Begründung dieser Annahme verweist man auf „judaistische" Stellen wie 10,5 f.; 15,24, wo es heißt, die Mission Jesu und der Jünger richte sich nicht an die ganze Welt, sondern beziehe sich allein auf Israel. Es wird ferner erklärt, Jesus werde bei Mt als der Messias Israels, die Kirche werde als das wahre Israel verstanden. Daher richte sich die Kritik und der Angriff vor allem gegen den Unglauben des jüdischen Volkes und speziell seiner pharisäischen Führer. Diese Argumentationsrichtung sei spezifisch judenchristlich.

Gegen diese Sicht werden aber einige Gegenargumente vorgebracht: Im Mt-Evangelium werde das Zeremonialgesetz des Judentums negiert; außerdem sei zu erkennen, daß der Horizont seines Denkens die *weltweite* Mission sei (28,16–20). Die „judaistischen" Ausagen innerhalb des Mt könnten einfach darauf zurückgeführt werden, daß der Evangelist judenchristliches Material verarbeitet habe, und dieses sei bei der – heidenchristlichen – Endredaktion stehengeblieben.

Neben diesen beiden Thesen wird noch eine dritte vertreten: Mt wende sich weder polemisch noch apologetisch an das Judentum; die Adressaten seines Evangeliums seien vielmehr allein die Heiden, die im Mt enthaltene antijüdische Polemik beziehe sich allein auf das Israel der Vergangenheit.

Es läßt sich kaum bestreiten, daß Mt in starkem Maße von der Auseinandersetzung zwischen dem Judentum und der christlichen Gemeinde betroffen ist. So werden in 23,1–6 den positiven Worten der Pharisäer deren negative *Taten* entgegengehalten. Es fehlt jedoch eine *grundsätzliche* Ablehnung der gesetzesstrengen jüdischen Position. Deshalb hängt die Antwort auf die Frage, ob Mt heidenchristlich oder judenchristlich ist, im Grunde davon ab, wie man den Begriff „Judenchristentum" definiert. Die judaistische Lehre, daß allein Juden (und Proselyten) das Heil erlangen könnten und Heiden deshalb zunächst zum Judentum übertreten und Gesetz und Beschneidung übernehmen müßten, bevor sie Christen werden dürften – diese Lehre hat der Verfasser des Mt nicht vertreten und insofern ist er kein „Judenchrist". Er ist aber – wie Paulus – geborener Jude und in diesem formalen Sinn natürlich Judenchrist. Er verfügt über eine detaillierte Kenntnis des Judentums und speziell der Gesetzesauslegung; und er steht offenbar in einer aktuellen Auseinandersetzung mit dem gesetzlich verfaßten Judentum. Sein eigentliches „Evangelium" aber, seine Heilslehre, ist universalistisch, seine Verkündigung richtet sich letztlich an die ganze Welt.

Der notwendige Ausgleich zwischen der „judaistischen" Beschränkung Jesu auf Israel (10,5 usw.) einerseits und der letztlich auf Weltmission gerichteten christlichen Verkündigung der Jünger andererseits wird von Mt mit Hilfe einer heilsgeschichtlichen Idee gefunden: Jesu Sendung sei auf Israel bezogen gewesen, und deshalb habe er sich mit seiner Lehre und seinen Taten allein an dieses gewandt. Israel habe ihn jedoch abgelehnt und dadurch das Heil verloren, das nun den Heiden zuteil wurde. Geradezu exemplarisch wird dieser heilsgeschichtliche Aufriß sichtbar in der Mt-Fassung der Parabel von den bösen Weingärtnern (Mk 12,1–12/Mt 21,33 bis 46). Dort heißt es (V. 43), die βασιλεία τοῦ θεοῦ werde „von euch" weggenommen und δοθήσεται ἔθνει ποιοῦντι τοὺς καρποὺς αὐτῆς.

3) Von besonderer Bedeutung ist auch die Frage nach dem Verhältnis von Eschatologie und Ethik bei Mt. Vertritt er – etwa im Gegensatz zu Paulus – eine christliche Gesetzlichkeit? In diese Richtung gehen offenbar Aussagen wie die von Mt 5,17–19. Vertritt Mt womöglich auch eine Zwei-Stufen-Ethik, wie das Stichwort der „besseren Gerechtigkeit" (5,20) anzudeuten scheint?

Überblickt man das Evangelium als Ganzes oder auch nur den Aufriß der Bergpredigt, so zeigt sich, daß die Theologie des Mt nicht „gesetzlich" ist – jedenfalls nicht in dem Sinne, daß das Heil nur auf dem Weg über die Erfüllung der Gesetzesvorschriften erlangt werden könnte. Die Heilszusage steht *vor* der Mahnung, die Gebote zu halten; die Seligpreisungen, die die bedingungslose Zuwendung Gottes aussagen, stehen am Anfang der Bergpredigt; die am Gesetz orientierten Forderungen folgen. Mt ist auch kein Vertreter einer Zwei-Stufen-Ethik: Wenn er die „bessere", die überbietende Gerechtigkeit über die der Pharisäer hinaus fordert, dann denkt er offenbar nicht an eine ethisch höherwertige Stufe oberhalb der „normalen" Forderung. Vielmehr ist die „bessere Gerechtigkeit" die absolute Bedingung des Heils – sie ist deshalb möglich, weil alle Forderungen im Liebesgebot zusammengefaßt sind und diesem das Heilshandeln, die Heilszusage Gottes vorausgeht.

Insofern besteht zwischen der Rechtfertigungslehre des Paulus und der Theologie des Mt eine sachliche Übereinstimmung: Die Zusage des Heils ist hier wie dort der Forderung vorgeordnet. Stellt man allerdings Gesetz und Gerechtigkeit bei Mt hier und bei Paulus dort einander gegenüber, dann ist freilich ein starker Dissens festzustellen. Mt sagt nicht wie Paulus, daß die δικαιοσύνη den Menschen geschenkt wird. Aber man darf die Begriffe einander nicht so schematisch zuordnen; man muß vielmehr die Struktur des theologischen Denkens beachten. Untersucht man diese bei Mt und Paulus, dann stellt sich heraus, daß dem systematischen Ort der δικαιοσύνη in der paulinischen Theologie bei Mt nicht die „Gerechtigkeit", sondern das „Himmelreich" entspricht. βασιλεία τῶν οὐρανῶν bei Mt und δικαιοσύνη θεοῦ bei Paulus meinen sachlich Entsprechendes; sie bezeichnen jeweils Gottes bedingungsloses Heilshandeln und Gottes Gnadenerweis.

4) Ein weiteres Problem im Zusammenhang der Ethik des Mt stellt sich bei der Bergpredigt: Sind ihre Forderungen, insbesondere die der Antithesen (5,21–48), erfüllbar oder nicht? Wenn ja, wie verhalten sie sich dann zu den Aussagen der zehn Gebote? Und wenn nicht, welchen Sinn können sie dann überhaupt haben?

Die traditionelle katholische Ethik unterscheidet zwischen den Geboten des Dekalogs und den „evangelischen Ratschlägen" der Bergpredigt, die eine höhere Stufe als jene bezeichneten. Aber eine solche Unterscheidung hat den Text gegen sich: Erstens ist zu beachten, daß die Forderung sich an jeden Menschen richtet, nicht nur an einige wenige besonders „gute" Christen. Zweitens steckt in dem „Ich aber sage euch" nicht die Forderung nach zusätzlicher Leistung über die Forderungen des bereits gegebenen alttestamentlichen Gebots hinaus, sondern es soll im Gegenteil dessen schon immer gemeinter Sinn ans Licht gehoben werden.

Insoweit hat H. Windisch, Der Sinn der Bergpredigt, 1929, recht: Die Bergpredigt enthält radikale jüdische Gehorsamsethik, die von der Voraussetzung ausgeht, ihre Forderungen seien erfüllbar.

Doch es gibt auch die entgegengesetzte Position, die in der reformatorischen Theologie vertreten wurde: Der Sünder kann die Forderungen der Bergpredigt keineswegs erfüllen; ihre Normen sind – so die These der Orthodoxie – letztlich nur aufgestellt worden, um den Menschen der Sünde zu überführen.

Eine dritte Position schließlich vertrat A. Schweitzer in seinem Buch „Das Messianitäts- und Leidensgeheimnis", ³1956, 21ff.: Die Gebote der Bergpredigt seien als erfüllbar gedacht – aber nur in der als extrem kurz vorgestellten Zeitspanne zwischen der Gegenwart der Lehre Jesu und dem Eintreffen des Gottesreiches (Stichwort: „Interimsethik"). Vgl. zum Ganzen § 55.

Man muß bei der Beurteilung der Ethik der Bergpredigt beachten, daß der Inhalt gar nicht als materialiter neu vorgestellt und vor allem nicht eschatologisch begründet wird (das spricht bereits gegen die These von der Interimsethik). Die Bergpredigt ist, auch das muß beachtet werden, von Mt selbst gestaltet und keineswegs mit der Lehre Jesu identisch. Mt aber rechnet, anders als Jesus, nicht mehr mit der Nähe der Parusie – und er stellt gerade aus diesem Grunde die Bergpredigt zusammen. Diese Erkenntnis hat methodische Konsequenzen: Man kann die Bergpredigt nicht isoliert betrachten, sondern muß sie im Ganzen des Evangeliums, insbesondere im Horizont von 28,16–20 sehen. Ihre Forderungen erweisen sich dann gerade nicht als Übergangsregelung für einen kurzen Zeitraum, sondern im Gegenteil als dauernde ethische Weisung für die christliche Existenz in der Welt. Das bedeutet zugleich: Sie sind als im Rahmen christlichen Lebens durchaus erfüllbar gedacht, denn in ihnen kommt der eigentliche Sinn und Inhalt des alttestamentlichen Gebots zum Ausdruck.

5) Der Verfasser des 1. Evangeliums setzt gegenüber der Tradition, von der er abhängig ist – also vor allem gegenüber Mk und Q – ganz bestimmte eigene Akzente. So zeigt sich eine veränderte christologische Titulatur: Neben den Begriffen „Christus" und „Menschensohn" tritt vor allem der Titel „Gottessohn" in den Vordergrund. Dieselbe Tendenz wird darin sichtbar, daß Mt das mk Messiasgeheimnis nicht übernimmt (vgl. insbesondere Mk 6,51 f./par Mt 14,33). Sein Evangelium will nicht die Verhüllung des wah-

ren Wesens Jesu darstellen, sondern es will auf die Paradoxie hinweisen, daß seine Offenbarung in Niedrigkeit geschieht (10,42; 11,25; 12,18 ff.; 18,6.10; 25,40.45). Weitere wichtige Elemente der mt Christologie zeigen sich beim Vergleich der Einzugsgeschichten (Mk 11,1–10 par Mt 21,1–9): In 21,4 f. wird durch Einfügung eines Reflexionszitats von vornherein betont, daß nun vom Einzug des *Messias* berichtet wird, in V. 9 ergänzt Mt das mk ὡσαννά durch τῷ υἱῷ Δαυίδ – der in seiner Niedrigkeit auf Eseln einziehende Jesus wird offen als Messias bekannt.

Mit der Christologie ändert sich auch das (Selbst-)Verständnis der Kirche bei Mt: Sie ist nicht als vorübergehende Größe gedacht, sondern sie besitzt dauernden Charakter. Konsequent tritt die Erwartung der Parusie zurück; statt dessen erhält das Problem der Irrlehrer, die „in der letzten Zeit" erscheinen werden, größeres Gewicht. Entsprechend wird nicht mehr wie bei Mk der *Un*glaube der Jünger gerügt, sondern ihr *Klein*glaube, ihre Verzagtheit (vgl. Mt 8,26 par Mk 4,40). Auch hierin spiegelt sich die kirchengeschichtliche Situation zur Zeit der Entstehung des Mt wider.

Arbeitsvorschläge

1. Beobachtung der Arbeitsweise des Mt anhand der Parallelen, vor allem bei Mk. Mt kürzt und pointiert. Vgl. Mk 2,1 ff. mit dem entsprechenden Mt-Text. Hilfsmittel: G. Barth (s. Literaturangaben).
2. Vergleich der Perikope vom Ährenausraufen am Sabbat bei Mt und Mk. Welche Tendenz wird bei Mt sichtbar? Hilfsmittel: A. Lindemann, WuD NF 15, 1979, 79–105.
3. Versuch einer Quellenanalyse in Mt 10; 24 f. Hilfsmittel: Bultmann, Geschichte der synoptischen Tradition.
4. Bestimmung des Aufbaus der Reden unter Beachtung des eschatologischen Schlußakzents. Hilfsmittel: G. Bornkamm (s. Literaturangaben), 13 bis 21.

§ 36 *Das Lukasevangelium*

Literatur: G. Braumann (Hrsg.), Das Lukas-Evangelium, Wege der Forschung 280, 1974; H. Conzelmann, Die Mitte der Zeit. Studien zur Theologie des Lukas, BHTh 17, [6]1977; W. Grundmann, Das Evangelium nach Lukas, ThHK III, [6]1971; E. Klostermann, Das Lukasevangelium, HNT 5, [2]1929; H. Schürmann, Das Lukasevangelium. Erster Teil: Lk 1,1–9,50, HThK III, 1969.

1. *Äußere Gliederung und Problemstellung*

1) Lk ist das längste und zugleich das sprachlich am sorgfältigsten gestaltete Evangelium. Der Wortschatz ist umfangreicher als der des Mk oder des Mt; auch in stilistischer Hinsicht steht Lk auf höherer Stufe als seine beiden Seitenreferenten. Schon das der hellenistischen Sitte entsprechende Vorwort 1,1–4 macht deutlich, daß Lk literarische Ansprüche erhebt, die den anderen synoptischen Evangelien fremd sind.

Die Gliederung des Lk erschließt sich durch den Vergleich mit Mk. An die Stelle des zweiteiligen Aufbaus bei Mk tritt eine Dreiteilung: Im ersten Teil, der (nach der Vorgeschichte Lk 1 f.) den Abschnitt 3,1–9,50 umfaßt, wird von Jesu Wanderung in Galiläa und Judäa berichtet. Der zweite Teil 9,51–19,27 enthält die Darstellung der Reise Jesu nach Jerusalem. Inhalt des dritten Teils 19,28–24,53 ist Jesu Aufenthalt in Jerusalem.

Die drei Teile sind untereinander gleichwertig; der Aufenthalt in Jerusalem wird nicht wie bei Mk auf eine Woche begrenzt, sondern man hat den Eindruck, daß an ein längeres Auftreten dort gedacht ist. Auch der Vergleich mit Mt zeigt eine deutlich von dessen Vorgehen abweichende Arbeitsweise: Während Mt die einzelnen Quellen ineinanderfließen läßt, fügt Lk stets ganze Blöcke aus Mk einerseits und Blöcke aus Nicht-Mk, d. h. Q und Sondergut, andererseits aneinander. So folgt er bis 6,19 im wesentlichen dem Mk-Aufriß (Mk 3,19); in 6,20–8,3 bringt er dann die sogenannte „kleine Einschaltung" aus Q und Sondergut. Von 8,4 an hält er sich wieder an die Mk-Vorlage, indem er deren Faden bei Mk 4,1 wieder aufnimmt (die Stücke aus Mk 3,20–35 werden teilweise später nachgeschoben). Dasselbe Verfahren wendet Lk noch einmal in Kap. 9 ff. an: Bis 9,50 folgt er Mk (bis Mk 9,41); in der sogenannten „großen Einschaltung" 9,51–18,14 dagegen verwendet er mit wenigen Ausnahmen wieder nur Material aus Q und seinem Sondergut. Von 18,15 an bis zum Ende der Passionsdarstellung übernimmt er den Aufriß des Mk. Dieses typische und von Mt abweichende Vorgehen des Lk zeigt sich auch daran, daß Lk sowohl die Aussendungsrede als auch die eschatologische Rede aus Mk *und* Q übernimmt, sie aber nicht etwa wie Mt in Kap. 10 zu einer großen Rede zusammenzieht, sondern jeweils unvermischt an verschiedenen Stellen in sein Evangelium einbaut (9; 10; 17,20 ff.; 21).

2) Ähnlich wie Mt beginnt auch Lk mit Geburts- und Kindheitsgeschichten Jesu (Lk 1 f.). Die eigentliche Handlung setzt mit 3,1

ein, von wo an Lk sich weitgehend der Mk-Vorlage anschließt. Es fällt jedoch auf, daß er sich nach 9,17 (par Mk 6,44) von dieser Vorlage entfernt: Mk 6,45–8,26 sind bei Lk ohne Parallele. In 9,18 folgt er wieder der Mk-Vorlage (ab Mk 8,27). Warum läßt Lk diese Lücke? Es wird die Hypothese vertreten, dieser Abschnitt habe in dem (zu postulierenden!) Ur-Mk noch gefehlt; aber dagegen spricht schon die Tatsache, daß Mt denselben Mk-Text, den Lk ausließ, durchaus gelesen und auch übernommen hat. Ein anderer Vorschlag lautet deshalb, Lk habe offenbar ein beschädigtes Mk-Exemplar benutzt, in dem der Abschnitt 6,45–8,26 aus äußeren Gründen ausgefallen war. Aber auch das ist höchst unwahrscheinlich; denn die Szene Lk 9,12–17 und der Anfang der folgenden Perikope in 9,18 sind sorgfältig aufeinander abgestimmt: In V. 18 wird betont, daß Jesus mit seinen Jüngern nun wieder allein ist, und damit ist zweifellos auf die vorangegangene Szene mit der Volksmenge Bezug genommen. Diese Stilisierung wäre kaum verständlich, wenn Lk lediglich eine Lücke bei Mk hätte überbrücken wollen. Vielmehr ist es wahrscheinlich, daß Lk den Abschnitt Mk 6,45 ff. aus sachlichen, d. h. theologischen Gründen übergangen hat: Er will offensichtlich die „Auslandsreise“ Jesu, d. h. seine Wanderungen nach Tyrus und die Fahrten über den See Genezareth soweit wie möglich streichen. Lk übergeht bewußt die Landschaften außerhalb von Galiläa und Judäa als Stätten der Wirksamkeit Jesu (Ausnahme: Die Heilung des Besessenen von Gerasa).

Ein für das Lk-Evangelium besonders charakteristischer Abschnitt ist der Reisebericht 9,51–19,27. Hier ist die verhältnismäßig kurze Darstellung der Reise Jesu nach Jerusalem (Mk 10) zu einem umfangreichen selbständigen Hauptteil ausgebaut.

Manche Exegeten lassen den Reisebericht schon bei 18,15 enden, weil sich Lk von hier an wieder dem Mk anschließt. Aber der Charakter des Reiseberichts wird bis 19,27 beibehalten – der Quellenbefund ist für die Herausstellung der literarischen und theologischen Absicht des Lk ohne Belang.

In der Passionsgeschichte schließt sich Lk wieder eng an Mk an, lediglich am Ende geht er durch die Tradierung von Erscheinungsgeschichten über die Mk-Vorlage hinaus.

2. *Quellen und andere literarkritische Probleme*

1) Lk bietet hier größere Probleme als die beiden anderen Synoptiker. Es erhebt sich nämlich von Lk her die grundsätzliche Frage,

ob sich die Zwei-Quellen-Theorie in der üblichen Form halten läßt. Sie wird denn auch modifiziert, unter anderem von den englischen Exegeten B. H. Streeter (s. o. S. 261) und V. Taylor, die die sogenannte „Protolukashypothese" vertreten: Lk habe sich gar nicht am Mk-Aufriß orientiert und in diesen dann das weitere Material aus Q und aus dem Sondergut eingefügt (s. o. S. 65 f.); vielmehr habe er zunächst Q und sein Sondergut zusammengearbeitet („Protolukas") und in diese Kombination erst in einem zweiten Arbeitsgang den Mk-Stoff blockweise eingefügt. Diese Annahme wird durch die bereits skizzierte Beobachtung gestützt, daß es bei Lk zwar in der Tat „nicht-mk" Blöcke, d. h. Mischungen aus Q und Sondergut gibt, nicht aber Mischungen aus Q und Mk bzw. Sondergut und Mk. Dennoch hat die Protolukashypothese nur wenig Wahrscheinlichkeit für sich: 1. Der bei Lk enthaltene Stoff aus Q und dem Sondergut müßte, wenn die Hypothese richtig wäre, ein vollständiges Evangelium ergeben. Das ist aber nicht der Fall, denn es fehlt ein Passionsteil. Die Vertreter der Hypothese sind deshalb genötigt, im Passionsabschnitt des Lk eine zweite Quelle neben Mk, also eine entweder aus Q oder aus dem Sondergut stammende Passionsgeschichte zu postulieren. Es steht aber fest, daß Q keine Passionsgeschichte enthielt (s. o. S. 68 f.); das zeigt ja auch der Befund bei Mt. Das Sondergut, das sich in der lk Passionserzählung findet, reicht für die Annahme einer zweiten vollständigen Passionsgeschichte nicht aus. 2. Gegen die Protolukashypothese spricht auch die Beobachtung, daß der jetzt vorliegende planvolle Aufbau des Lk durch den Mk-Faden bewirkt ist; dessen Evangelium lieferte den Grundriß der lk Darstellung. Selbst das Reisemotiv, das Lk dann mit Hilfe von Q und dem Sondergut so umfangreich ausbaute, stammt im Prinzip aus Mk. Gerade in einem „Protolukas" wäre der Reisebericht nicht „central section" (so Taylor) des Evangeliums gewesen – das ist er nur in der jetzigen Fassung des Evangeliums.

Die Ablehnung der Protolukashypothese sagt noch nichts aus über den Charakter des lk Sonderguts. Handelte es sich um eine schriftliche Quelle? Oder war es nur verstreute und von Lk gesammelte mündliche Überlieferung? Gegen die These, es habe sich um ein selbständiges Evangelium gehandelt (so A. Schlatter), gilt erneut der Einwand, daß sich eine Passionserzählung im Sondergut nicht nachweisen läßt (s. o.). Die Analyse zeigt auch, daß zwischen den einzelnen Traditionsstücken des Sonderguts auf der vorlk Stufe offenbar kein Zusammenhang bestand. Andererseits ist es richtig, daß das Sondergut durchweg bestimmte ausgeprägte Eigentümlichkeiten zeigt: Nur hier findet sich die Gattung der Beispielerzählung (barmherziger Samariter 10,30–35; reicher Bauer 12,16–21; reicher Mann und Lazarus 16,19–31; Pharisäer und Zöllner 18,10–14); nur hier ist die ungewöhnlich ausführlich erzählte Parabel vom verlorenen Sohn überliefert (15,11–32). Das lk Sondergut enthält darüber hinaus eigenartig intime Szenen (Jesus mit Maria und Martha 10,38–42; Jesus und die Sünderin 7,36–50; vgl. Mk 14,3–9). Endlich fällt auf, daß einzelne Stücke des Sonderguts Hinweise darauf enthalten, daß sie ursprünglich in Jerusalem tradiert worden waren; einige Aussagen lassen auf eine gewisse Vertrautheit mit palästinischen Sitten und religiösen Anschauungen schließen (17,14). Vermutlich war das lk Sondergut tatsächlich nicht einfach beliebiges Sammelgut, sondern stellte bereits eine einigermaßen feste Überlieferungsschicht dar.

2) Ein literarisches Spezialproblem ist der Anfang des Evangeliums (Lk 1 f.). Dem Leser fällt sofort auf, daß 3,1 f. wie ein Buchanfang aussieht und daß auch der Stammbaum Jesu erst in Kap. 3 aufgeführt wird (vgl. dagegen Mt). In sprachlicher Hinsicht sind die beiden ersten Kapitel herausgehoben – ihr Stil ist stärker semitisch gefärbt, als das im übrigen Lk der Fall ist. Dennoch ist an der lk Verfasserschaft kaum zu zweifeln, denn es finden sich auch hier die typischen Stilelemente des Lk. Es ist allerdings denkbar, daß Lk die beiden Anfangskapitel erst in einem zweiten Arbeitsgang vor das ganze Evangelium gesetzt hat (vgl. 3,1 ff. mit Mk 1,1 ff.); für diese Annahme spricht auch die Beobachtung, daß die Geburtsgeschichte im Rahmen des Evangeliums von Kap. 3 an und auch in der Apg (s. u.) für die Christologie gar keine Rolle spielt (wenn Lk etwa in Apg 1,21 f. vom „Anfang" Jesu spricht, dann meint er damit die Taufe, nicht Jesu Geburt).

3. Verfasserschaft

Als Verfasser des 3. Evangeliums (und der Apg) gilt nach der Tradition Lukas der Arzt (nach dem Canon Muratori war er außerdem noch „rechtskundig"), der nach Phm 24 (vgl. Kol 4,14; 2 Tim 4,11) ein Begleiter des Paulus war. Diese Tradition wird von Dibelius als historisch zuverlässig verteidigt, aber die Gegenargumente haben erhebliches Gewicht: Mindestens der Verfasser der Apg (der aber mit dem Autor des Lk wohl identisch ist) scheint dem Leben des Paulus nicht mehr unmittelbar nahezustehen; er ist auch von der Theologie des Paulus kaum berührt. Es ist daher sehr wenig wahrscheinlich, daß der Paulusgefährte Lukas tatsächlich der Verfasser der beiden „lukanischen" Schriften ist. Es fehlen aber auch alle Indizien, die mit Bestimmtheit auf einen anderen uns sonst bekannten Autor hinweisen. Man wird infolgedessen kaum über die Feststellung hinauskommen, daß wir den Verfasser des Lk nicht kennen. Die Abfassungszeit des Lk läßt sich nur ungefähr bestimmen. Lk hat jedenfalls das Mk gekannt, und es ist ebenso sicher, daß er auf die Zerstörung Jerusalems bereits zurückblickt (21,20–24), d. h. das Evangelium muß nach 70 geschrieben worden sein. Der Terminus ad quem hingegen läßt sich nur im Zusammenhang mit der Datierung der Apg bestimmen (s. u. S. 276. 279).

Über den Entstehungsort des Lk läßt sich überhaupt nichts sagen – fest steht lediglich, daß der Verfasser Palästina nicht kennt.

4. *Theologische Grundgedanken*

1) Man kann sich die theologische Grundkonzeption am leichtesten erarbeiten, wenn man die Abweichungen vom Mk-Aufriß beachtet und dabei zugleich auf besondere redaktionelle Bemerkungen achtet. In programmatischer Weise gegenüber Mk umgestaltet ist die Schilderung des ersten öffentlichen Auftretens Jesu: Lk faßt die summarische Beschreibung der Predigt Jesu (Mk 1,14 f.) und die Darstellung des Auftretens Jesu in seiner Vaterstadt Nazareth (Mk 6,1–6) so zusammen, daß die – nun breit ausgestaltete – Predigt in Nazareth als erstes öffentliches Auftreten Jesu überhaupt erscheint (Lk 4,14.16–30). Möglicherweise ist die ganze Szene, mit Ausnahme von V. 25–27, redaktionelle Bildung des Lk (vgl. R. Bultmann, Gesch syn Trad, 31).

Eine Klammer besonderer Art stellen 4,13 und 22,3 dar. Vom Beginn seines öffentlichen Auftretens bis zum Verrat des Judas, d. h. bis zur Passion, verschwindet der Satan aus der Umgebung Jesu: Das Wirken Jesu ist nicht angefochten und nicht gefährdet. Hieraus ergeben sich Folgerungen für die Exegese des gesamten Evangeliums: Wenn z. B. Jesus nach Lk 10,3 die Jünger aussendet wie Schafe unter die Wölfe, dann wird damit nicht etwa die Gefahr betont, in die sie sich begeben, sondern im Gegenteil der besondere Schutz, unter dem sie stehen. Im deutlichen Gegensatz dazu steht die Schilderung der Situation, in der sich die Jünger nach Jesu Weggang befinden (vgl. den Übergang von 22,35 zu 22,36).

Es ist kennzeichnend, daß Lk als Raum des Wirkens Jesu von Anfang an nicht nur Galiläa, sondern den ganzen jüdischen Raum nennt (4,44; 7,17). Umgekehrt werden aber alle Hinweise auf ein

Auftreten Jesu außerhalb dieses Gebiets konsequent ausgeschieden. Hinter diesem Verfahren steht die Absicht, eine heilsgeschichtliche Abfolge der Mission deutlich zu machen: Jesu Wirken – so will Lk zeigen – war ganz auf Israel konzentriert; erst sein Tod und seine Erhöhung führen zur Heidenmission (vgl. Apg 1).

Noch stärker als bei Mk und Mt rückt bei Lk die Stadt Jerusalem in den Mittelpunkt. Jerusalem ist nicht nur der heilsgeschichtlich vorbestimmte Ort des Todes Jesu, sondern es ist auch der Ort der Erscheinungen des Auferstandenen und damit der Ursprungsort der Kirche. Wie stark Lk die Frühzeit dieser Kirche auf Jerusalem konzentriert, wird auch im ersten Teil der Apg erkennbar.

2) Lk weiß sich als Angehöriger der dritten christlichen Generation (1,1–4), und er verfügt daher über eine fortentwickelte Traditionsvorstellung. Aus diesem Grund wird in der Lk-Forschung hin und wieder die These vertreten, der Verfasser des 3. Evangeliums sei bereits als ein Vertreter des „Frühkatholizismus" anzusehen. Vor allem in der Apg zeige sich deutlich, wie beispielsweise die Apostel zu „Garanten der evangelischen Tradition" und später dann zu „Garanten und zum Kriterium des Kanonischen" geworden seien, und zwar deshalb, weil man in den Auseinandersetzungen um den Kanon und um die richtige Lehre „Garanten für die Zuverlässigkeit der eigenen Lehrüberlieferung" benötigt habe (E. Käsemann, Ges. Aufs. I, 130 f.). „Lukas hat zum ersten Male, soweit wir zu sehen vermögen, die frühkatholische Traditions- und Legitimitätstheorie propagiert." (aaO, 132). Aber zum „Frühkatholizismus" – der Name ist nicht besonders glücklich – gehört nicht allein der Gedanke der Tradition als solcher, sondern vor allem die Bindung dieses Traditionsgedankens an eine Amts-Sukzession; dieser doppelte Aspekt findet sich z. B. im 1 Clem. Bei Lk dagegen ist der Amtsgedanke noch keineswegs ausgebaut; vor allem fehlt – etwa im Unterschied zu den Ignatiusbriefen (s. u. § 45) – das Programm einer Hierarchie. Lehre und Geist werden bei ihm nicht an die kirchliche Organisation gebunden.

3) Es fällt auf, daß Lk über die ihm überkommene Tradition bewußt reflektiert. Das gilt in besonderem Maße für die Eschatologie: Lk teilt nicht die zunächst übliche Erwartung der nahe bevorstehenden Parusie; aber er begnügt sich andererseits nicht damit, einfach einen längeren Zeitraum bis zum Weltende anzunehmen. Für ihn wird vielmehr die Zeit selbst zum Gegenstand theologischen Nachdenkens; und so entwickelt er seine besondere heilsgeschichtliche Konzeption: Zwischen Jesu Erhöhung und der Parusie liegt die

Zeit der Kirche. Jesus ist die Mitte der Heilsgeschichte, denn er bewirkt den Übergang von der Zeit Israels zur Zeit der Kirche. Deren Dauer aber – so schärft Lk immer wieder ein – läßt sich auf keinen Fall berechnen (17,20f. → 19,11 → 21,5–36 → 22,69 → Apg 1,1–11). Die Gegenwart ist die Zeit der Verfolgung der Kirche. Aber diese Kirche hat als mächtige Hilfe den Geist empfangen, der ihr hilft, diese Zeit zu überstehen. In der Kirche wird die Überlieferung von Jesus, die Tradition seiner Lehre und das Bild seines Wesens und Wirkens, bewahrt. Auch die eschatologische Hoffnung, die sich nun nicht mehr so sehr auf die Parusie, sondern wesentlich auf die Erwartung der Auferstehung des einzelnen richtet, ist durch diese Überlieferung verbürgt.

4) Kennzeichnend für Lk ist auch eine gewisse politische Apologetik. Man hat deutlich den Eindruck, daß Lk den römischen Statthalter Pilatus von der Schuld am Tode Jesu entlastet und vor allem die Juden beschuldigt, für Jesu Hinrichtung verantwortlich zu sein. Entscheidend ist allerdings die Erkenntnis, daß es Lk keineswegs vordergründig darum geht, Pilatus freizusprechen. Vielmehr kommt es ihm darauf an, die Rolle der Juden als Erfüllung der Weissagung und damit als notwendigen Vorgang im Ablauf der Heilsgeschichte zu sehen. Zugleich soll aber auch der politischen Führung des Römischen Reiches gezeigt werden, daß der Herrschaftsanspruch Jesu, von dem die Christen sprechen, kein politischer Anspruch ist. Dies ist der Grund, weshalb Pilatus so betont von Jesu Unschuld spricht (23,22) und weshalb er ihn gar nicht verurteilt, sondern ihn lediglich den Juden „überläßt".

5. Übungsbeispiel: Methodisches Paradigma zur Redaktionsgeschichte des Lk

Typisch für Lk ist der große Reisebericht in der Mitte des Evangeliums. Welche Konzeption steht hinter diesem Aufriß?

Folgende methodische Schritte sind zur Erarbeitung einer Antwort erforderlich:

1. Es fällt auf, daß gerade von dem Augenblick an, wo die Reise nach Jerusalem beginnt (9,51), eine Bewegung von Ort zu Ort beinahe überhaupt nicht mehr erwähnt wird. Es gibt lediglich eine Reihe schematischer Notizen, in denen gesagt wird, daß Jesus sich auf der Reise befindet (10,38; 13,22; 17,11). Dieser Befund läßt zwei Schlußfolgerungen zu: In *literarischer* Hinsicht gilt, daß offenbar Lk selbst diesen Teil des Evangeliums als Reisebericht ausgestal-

tete, denn die entsprechenden Notizen sind redaktionell, d. h. sie stammen von der Hand des Lk. Daraus ergibt sich zweitens die *historische* Folgerung, daß die Reise als ganze eine Fiktion ist.

Das bedeutet nicht, daß Jesus nicht nach Jerusalem gereist sei; aber aus dem Bericht des Lk kann diese Reise nicht rekonstruiert werden.

2. Die Beobachtung, daß der verwendete Stoff, in dem allein die einleitende Szene 9,51–56 eine Reisesituation wiedergibt, mit der Form der Darstellung nicht übereinstimmt, führt zu der Frage, warum Lk dem ihm überkommenen Stoff überhaupt diese Einkleidung gab.

Antwort: Offenbar will Lk dem Leser einprägen, daß Jesu „Gesicht" jetzt auf Jerusalem gerichtet ist. Der Leser soll Jesus kennen und verstehen als den zur Passion bestimmten Messias.

3. Damit ergeben sich für die theologische Beurteilung der Lk-Redaktion drei unterschiedliche christologische Aspekte in den drei Teilen des Buches: 1. Jesus ist der Messias/Gottessohn durch seine Geburt, seine Lehre und seine Wunder; 2. er ist der zum Leiden bestimmte Messias, als der er „hinaufzieht" nach Jerusalem; 3. er ist der König, der im Tempel lehrt und dafür getötet, von Gott aber in der Auferstehung verherrlicht wird.

Arbeitsvorschlag

Ein wichtiges Problem der Theologie des Lk ist die Eschatologie:

1. Analyse der Logienapokalypse in der Lk-Fassung 17,20–37 und Vergleich mit Mt (Hilfsmittel: Aland-Synopse 315–318 oder Huck-Greeven 173–175). Welche redaktionellen Erweiterungen finden sich bei Lk und welche theologische Funktion haben sie?

2. Analyse der synoptischen Apokalypse in der Lk-Fassung 21,5–36 und Vergleich mit Mt und Mk. Wie ist der Text literarkritisch zu beurteilen? Welche theologischen Tendenzen lassen sich erkennen? Hilfsmittel: H. Conzelmann (s. Literaturangaben) 111–124.

§ 37 *Die Apostelgeschichte*

Literatur: H. Conzelmann, Die Apostelgeschichte, HNT 7, ²1972; M. Dibelius, Aufsätze zur Apostelgeschichte, FRLANT 60, ⁵1968; E. Haenchen, Die Apostelgeschichte, KEK III, ⁷1977; J. Roloff, Die Apostelgeschichte, NTD 5, 1981.

1. *Verfasserfrage und literarischer Charakter der Apg*

1) Es ist auf den ersten Blick deutlich, daß die Apg vom selben Verfasser stammt wie Lk:

a) In Apg 1,1 wird auf den Anfang des Lk zurückgegriffen (Widmung an denselben Mann, den uns unbekannten Theophilus).

b) Die Darstellung der geschichtlichen Ereignisse in Apg 1,1–11 knüpft an Lk 24 an (Himmelfahrtserzählung).

c) Stil und theologische Gedanken beider Bücher stimmen überein. Natürlich finden sich in bestimmten Einzelheiten auch differierende Züge, aber diese sind durch die Verschiedenheiten des verarbeiteten Stoffs bedingt. Manche Unterschiede sind auch darauf zurückzuführen, daß der Verfasser im Evangelium viel stärker als in der Apg an Quellen und vorgegebene feste Traditionen gebunden war. Für Abfassungszeit und -ort der Apg gelten die gleichen Feststellungen wie bei Lk: Sie sind nicht erkennbar. Klar ist lediglich, daß die Apg nicht allzu lange nach Lk entstanden sein kann.

Die Apg bestätigt im übrigen die Feststellung, daß der in Phm 24 als Begleiter des Paulus erwähnte Lukas nicht der Verfasser der beiden Bücher sein kann (s. o. S. 271 f.), denn es fehlt jede Vertrautheit mit den Besonderheiten der paulinischen Theologie (Rechtfertigungslehre, Kreuzestheologie). Der Paulus der Apg unterscheidet sich von dem historischen Paulus, wie wir ihn aus seinen Briefen kennen, erheblich.

2) Die Apg ist am ehesten mit den antiken historischen Monographien, vor allem mit der Gattung der πράξεις verwandt; aber insgesamt finden sich doch nur recht wenige Übereinstimmungen. Die von Lk eingesetzten typischen Stilmittel (Reden, romanhafte Schilderungen, Stilelemente der Biographie) werden durchweg umgestaltet in Richtung auf das besondere theologische Interesse, das er verfolgt.

Lektürevorschlag

Der Vergleich etwa mit den apokryphen Paulusakten zeigt deutlich, wie zurückhaltend und „modern“ Lk schreibt. Wucherungen der Tradition und inhaltliche Übertreibungen sind ganz selten. Nützlich ist in diesem Zusammenhang die Lektüre der „Taten des Paulus und der Thekla“ (Act Pauli et Thecl) in: H-S II, 243–251, sowie der Vergleich der dortigen Wundergeschichten mit entsprechenden Perikopen in der Apg.

2. *Gliederung und Inhalt*

Eine erste Übersicht über Inhalt und Thema der Apg gewinnt man durch die Beobachtung, daß das „Apostelkonzil“, auf dem die gesetzesfreie Heidenmission bestätigt wird, in Kap. 15 die literarische und zugleich die sachliche Mitte des Buches bildet. Im übrigen wird die Gliederung des Buches bereits in 1,8 angedeutet, wo Jesus als letztes Wort vor der Himmelfahrt den Jüngern verheißt, sie sollten seine Zeugen sein „in Jerusalem, in ganz Judäa und Samaria und bis zum Ende der Erde". Entsprechend dieser Ankündigung handelt der erste Abschnitt Apg 1–5 von der Gemeinde in Jerusalem, der zweite Teil 6–12 von der Mission in Judäa und Samaria und der dritte Teil 13–28 von der „Weltmission" des Paulus, die diesen bis nach Rom führt.

Man kann den letzten Teil noch einmal gliedern: 1) Apg 13 f. enthalten eine Art Vorspiel (Paulus und Barnabas); 2) in Kap. 15 wird die theologische und „kirchenrechtliche" Basis für die Heidenmission hergestellt; 3) Kap. 16 bis 28 handeln aussschließlich von Paulus – andere Gestalten der Kirche spielen praktisch keine Rolle mehr.

Der Inhalt der Apg läßt sich im einzelnen leicht erfassen, wenn man auf die theologischen Schwerpunkte achtet: Kap. 1 Himmelfahrt; Kap. 2 Pfingsten, wobei ein gewisses literarisches Schema Verwendung findet: Zunächst geschieht ein Wunder, dann folgt eine erklärende Missionsrede; es ist interessant, nach weiteren Beispielen für dieses Schema in der Apg zu suchen (vgl. bereits Kap. 3). In Kap. 4 f. wird von zwei Verhören der Apostel vor dem Synhedrium berichtet.

Arbeitsvorschlag

Zwischen den beiden Erzählungen in Apg 4 und 5 bestehen so starke Übereinstimmungen, daß man kaum mit zwei selbständigen Überlieferungen rechnen kann.

1. Ist sich Lk dessen bewußt, daß er in Apg 4,5–22 und in Apg 5,26–42 dieselbe Erzählung überliefert?
2. Welche Tendenz zeigt der Vergleich zwischen beiden Texten?

Der Abschnitt 6,1–8,3 schildert die Stellung der hellenistischen Judenchristen in Jerusalem; Kern der Darstellung ist die große Rede und das Martyrium des Stephanus (Apg 7). Es fällt sofort auf, daß diese Rede den Rahmen sprengt – sie ist gar nicht auf die Situation bezogen, sondern hat einen selbständigen Inhalt.

Arbeitsvorschlag

1. Welche Tendenz steht hinter der Stephanusrede?
2. Ist die Rede einheitlich konzipiert, oder muß man annehmen, daß in ihr eine Quelle verarbeitet ist?

3. Ist die Rede historisch echt, d. h. wirklich so von Stephanus gehalten worden? Oder handelt es sich um ein literarisches Produkt?

Hilfsmittel: M. Dibelius, Aufsätze zur Apostelgeschichte, 143–146. E. Plümacher, Lukas als hellenistischer Schriftsteller. Studien zur Apostelgeschichte, 1972.

In Kap. 9 erzählt Lk von der Berufung des Saulus (griechischer Name: Paulus); die Erzählung wird wiederholt in 22,3–21 und 26,9–20. Apg 10 enthält modellartig den Bericht von der Bekehrung eines Nicht-Juden. Der „Missionar“ ist – auf Initiative des Geistes – Petrus, der damit als Begründer der Heidenmission erscheint. Kap. 11 berichtet von der heidenchristlichen Gemeinde in Antiochia, in der erstmals die Bezeichnung „Christen“ χριστιανοί verwendet wird. Von Kap. 13 an bestimmt im wesentlichen das Wirken des Paulus den Fortgang des Buches.

Nach der Darstellung des Lk geschieht diese Arbeit in der Form der Missionsreisen, die alle nach dem Muster der ersten Reise (Apg 13 f.) ablaufen: Paulus wendet sich in einer fremden Stadt zunächst an die Juden in der Synagoge und verkündigt in einer Predigt anhand des Alten Testaments Jesus als den Christus. Früher oder später kommt es zum Widerspruch der Juden gegen diese Verkündigung, zugleich setzt ein starker Zustrom von heidnischen Hörern ein. So wendet sich Paulus von den Juden ab und den Heiden zu (vgl. etwa 13,44–46; 18,5 f.; breit ausgeführt in 28,17–28).

Durch diese „erste Missionsreise“ des Paulus macht Lk das grundlegende Problem der Mission sichtbar: Müssen bekehrte Heiden das jüdische Gesetz, vor allem die Beschneidung, übernehmen? Oder kann es eine gesetzesfreie Heidenmission geben? Erst wenn dieses Problem gelöst ist – und das geschieht unmittelbar anschließend auf dem Apostelkonzil Apg 15 – kann die endgültige Arbeit des Paulus beginnen. (Zum Konzil s. u. § 66.)

Die zweite (15,40–18,22) und die dritte (18,23–21,17) Missionsreise des Paulus werden kaum voneinander abgehoben. Unklar ist, welche Bedeutung die merkwürdig kurz abgehandelte – offenbar doch selbständige – Reise von Korinth über Syrien nach Ephesus und dann nach Antiochia (18,18–23) hat.

Die entscheidenden Markierungspunkte für die zweite Reise sind der Übergang nach Europa (16,9 ff.) und der Aufenthalt in Mazedonien, Athen, Korinth und Ephesus. Auch dieser Abschnitt enthält wieder mehrere modellhaft ausgestaltete Szenen: Die Auftritte des Paulus in Philippi, Korinth und Ephesus sind Entwürfe politischer Apologetik; die berühmte Rede auf dem Areopag in Athen soll die Konfrontation mit dem Griechentum zeichnen.

Im letzten Teil der Apg wird von der Gefangennahme des Paulus in Jerusalem, von seiner Gefangenschaft und von der Gerichtsverhandlung in Caesarea, schließlich vom Transport des verhafteten Paulus nach Rom erzählt. Auch hier sind einige Szenen ganz bewußt als Modell gestaltet worden: Wenn in Apg 25 f. der Statthalter Festus und der König Herodes Agrippa keinen Grund sehen, gegen Paulus vorzugehen, so verbirgt sich hinter dieser Darstellung vor allem die Absicht, deutlich zu machen, daß der römische Staat keinen Anlaß hat, gegen das Christentum vorzugehen.

Seltsam ist der Schluß der Apg: Es wird nichts über den Ausgang des römischen Verfahrens gegen Paulus gesagt, sondern das Buch schließt mit der Bemerkung, Paulus habe in Rom gepredigt μετὰ πάσης παρρησίας ἀκωλύτως. Das dürfte, wenn man an die Verurteilung und Hinrichtung des Paulus denkt, kaum mit den Tatsachen übereinstimmen. Es gibt deshalb über den Schluß der Apg eine Reihe von Hypothesen: 1. Lk habe das Buch vor Abschluß des Prozesses geschrieben, ja, die ganze Schrift sei sogar die Verteidigungsschrift des (Juristen; s. o. S. 271) Lukas für Paulus. Aber dafür, daß die Herausgabe der Apg aus aktuellem Anlaß erfolgte, gibt es kein Indiz. Und außerdem macht die Abschiedsrede des Paulus in Apg 20 deutlich, daß Lk von dem Ende des Paulus weiß. 2. Paulus sei nach dem Prozeß in Rom tatsächlich freigelassen worden und erst in einer zweiten Gefangenschaft umgekommen. Zugunsten dieser Hypothese wird auf die Existenz der Pastoralbriefe verwiesen (s. o.). Aber einmal gehören die Past ja unzweifelhaft der nachpaulinischen Epoche an, und zweitens kennen auch sie nur *eine* Gefangenschaft des Paulus in Rom. 3. Lk wisse sehr wohl, daß Paulus nach zweijähriger Gefangenschaft in Rom hingerichtet wurde. Aber er erwähne diese Tatsache nicht, weil er entweder a) keine Paulusbiographie, sondern die Gründungsgeschichte der Kirche habe schreiben wollen, oder aber b) der Meinung war, die Schilderung einer Verurteilung des Paulus durch ein römisches Gericht werde die von ihm verfolgte politische Apologetik empfindlich stören.

Welche dieser Thesen richtig ist, läßt sich nicht sagen. Die zuletzt genannte hat relativ am meisten Wahrscheinlichkeit für sich, aber ganz sicher begründen kann man sie auch nicht.

3. Literarkritische Probleme (Quellen)

Für die Analyse der Apg sind grundsätzlich die gleichen Methoden anzuwenden wie bei der Synoptikeranalyse (vgl. o. §§ 7–10).

1) Es wird zunächst nach durchgehenden in der Apg verarbeiteten schriftlichen Quellen gefragt; dabei spielt – wie in der Evangelienforschung – die historische Frage eine wichtige Rolle, ob sich auf diese Weise einzelne Ereignisse geschichtlich zuverlässig rekonstruieren lassen. Bei der Lektüre der Apg fallen Stileigentümlichkeiten ins Auge, die es wahrscheinlich machen, daß Lukas bei der Abfassung der Apg Quellen benutzt hat. So sind z. B. weite Strecken des Buches in der 1. Person Pl. geschrieben, obwohl die Apg insgesamt nicht als Erlebnisbericht angelegt ist. In einigen Erzählungen zeigen sich gewisse Widersprüche, so daß man den Eindruck hat, es seien zwei verschiedene Quellen zusammengearbeitet worden.

2) Im ersten Teil der Apg sind nach der – von anderen Exegeten vielfach akzeptierten – These Harnacks zwei parallele Quellen unterschiedlichen Charakters verarbeitet: Eine geschichtstreue und eine historisch nutzlose zweite Quelle, die zahlreiche Wundergeschichten enthielt (Harnack spricht von den Rezensionen A und B). Die historisch zuverlässige Quelle umfaßte den Abschnitt 3,1–5,16 (der parallele Text aus der Rezension B ist in Apg 2; 5,17–42 überliefert), ferner die Stücke 8,5–40; 9,31–11,18; 12,1–23. Diese jerusalemisch-caesareensische Quelle gehe möglicherweise auf den Evangelisten Philippus zurück. Daneben gebe es eine antiochenisch-jerusalemische Quelle (6,1–8,4; 11,19–30; 12,25–15,35), die ebenfalls überwiegend historisch zuverlässig sei; ihr Urheber sei vielleicht Silas gewesen.

In der Tat dürfte feststehen, daß Lk bei der Abfassung des ersten Teils der Apg schriftliche Quellen benutzt hat; eine ins einzelne gehende Rekonstruktion dieser Quellen ist jedoch nicht möglich.

3) Anders sieht es dagegen offenbar im zweiten Teil der Apg aus, denn hier scheint sich ein für die Quellenscheidung hervorragendes Indiz anzubieten: Die „Wir-Berichte" in 16,10–17(40); 20,5–15; 21,1–18 und 27,1–28,16. Man könnte vermuten, daß der Autor hier Vorgänge beschreibt, deren Augenzeuge er selbst war. Das „Wir" setzt beim Bericht über Troas ein (16,10), es verschwindet im Zuge der Darstellung des Aufenthalts in Philippi und taucht erst im Zusammenhang einer Reise von Philippi nach Troas wieder auf (20,5 f.). Im Wir-Stil sind auch Teile des Berichts über den Aufenthalt des Paulus in Milet und über die Reise nach Jerusalem verfaßt, außerdem die Erzählung über die Reise nach Rom. Man könnte also

vermuten, daß Lk den Paulus in Troas kennengelernt und sich ihm dort angeschlossen hat; er wäre dann aus irgendwelchen Gründen in Philippi geblieben, während Paulus weiterzog – später müßte er ihm dann doch wieder gefolgt sein. Aber so einleuchtend diese Annahme zunächst zu sein scheint, einige Beobachtungen am Text sprechen deutlich gegen sie: Erstens bricht der Wir-Bericht während des Aufenthalts in Philippi ab (und nicht erst im Zusammenhang mit der Abreise des Paulus); zweitens ist die Philippi-Erzählung stark mirakulös, also vermutlich kein Augenzeugenbericht. Man hat den Eindruck, daß der Wir-Bericht den geschilderten Ereignissen gar nicht nahesteht.

Diese Schwierigkeiten werden übrigens auch dann nicht ausgeräumt, wenn man annimmt, Lk berichte nicht von eigenen Erlebnissen, sondern er habe hier eine Quelle in der Wir-Form, den Bericht eines fremden Augenzeugen übernommen.

Einige Exegeten vertreten angesichts dieses Sachverhalts die These, es handle sich bei den Wir-Berichten weder um eine Quelle noch um einen Augenzeugenbericht; vielmehr liege ein literarischer Kunstgriff des Verfassers vor, der auf diese Weise die Ereignisse dem Leser lebendig habe nahebringen wollen. Dann ist allerdings die Frage, warum dieses Mittel nur an so wenigen Stellen und ausgerechnet bei der Darstellung von Seereisen angewandt wird, auf denen nichts für die Mission Wichtiges geschieht.

In diesem Zusammenhang sind Kap. 27f. besonders interessant. Diese Seefahrt ist die einzige Schilderung einer wirklichen Reise in der Apg. Es fällt aber auf, daß sich die Szenen, in denen Paulus auftritt, aus der Schilderung leicht herauslösen lassen. Man kann fragen, ob Lk möglicherweise die Reiseschilderung zunächst für sich konzipiert bzw. die fertige Beschreibung eines Schiffbruchs übernommen und die Szenen mit Paulus erst nachträglich eingebaut hat.

Man wird kaum über die Feststellung hinauskommen, daß die „Wir“-Berichte den Eindruck der Augenzeugenschaft erwecken wollen, ohne daß dies tatsächlich der Fall ist.

4) Der Verfasser der Apg legte seinem Werk einen von ihm selbst geschaffenen Rahmen zugrunde und fügte in diesen die ihm überlieferten Einzelgeschichten ein. Man kann also auf keinen Fall den Reiserouten einen Quellencharakter zusprechen, sondern muß in ihnen die redaktionelle Arbeit des Lukas sehen (vgl. dazu o. S. 121 f.).

Zweifellos hat die exegetische Forschung in den letzten Jahrzehnten Entscheidendes zur Aufhellung der in der Apg verarbeiteten

Tradition beigetragen, aber das Rätsel der Quellen der Apg ist dennoch nicht abschließend gelöst.

4. Besonderheiten der Textüberlieferung

Der Text der Apg enthält ein besonderes Problem: Der sogenannte „westliche" Text (s. o. S. 26), vertreten vom Kodex D, Altlateinern und den Randnotizen einer syrischen Übersetzung, zeigt Eigenheiten, die weitaus stärker sind als in den anderen neutestamentlichen Schriften. Es wurde daher die These vertreten, Lk habe vielleicht zwei Auflagen seiner Apg herausgebracht. Aber das ist ganz unwahrscheinlich: 1) Wenn zwischen dem ägyptischen und dem „westlichen" Text direkte Widersprüche bestehen, so kann man daran erkennen, daß es sich nicht um zwei „Auflagen" von der Hand desselben Verfassers handeln kann, sondern daß der „westliche" Text den Verfasser der Apg mißverstanden oder auch absichtlich korrigiert hat. So fügt er beispielsweise in 5,16.39 erläuternde Paraphrasen in den Text ein; in 3,11 und 14,2 ff. ist erkennbar, daß er den Text glätten will. Auch in 15,20.29; 16,30.39 nimmt er offenkundig bewußte „Verbesserungen" vor; ausgesprochen tendenziöse Änderungen gibt es in 15,1 ff. 2) Man wird die Textüberlieferung des „westlichen" Textes gar nicht richtig beurteilen können, wenn man nicht neben der Apg auch das Lk-Ev heranzieht. Dann zeigt sich nämlich, daß dieser Text insgesamt von einer großen Zahl von „Harmonisierungslesarten" durchsetzt ist, die die Eigenarten des Lk verwischen und seinen Text oft an die Parallelen angleichen wollen. Offenbar setzt sich diese auf Ausgleich bedachte Tendenz in der Apg fort, indem der Text vielfach von anstößigen oder unverständlich gewordenen Aussagen „gereinigt" wird.

Arbeitsvorschläge

1. Die angeführten Stellen nachschlagen und jeweils prüfen, welche Intention hinter der „westlichen" Lesart steht. Hilfsmittel: E. J. Epp, The Theological Tendency of Codex Bezae Cantabrigiensis in Acts, SNTS 3, 1966.
2. Textkritische Analyse des „Aposteldekrets" (vgl. dazu u. S. 425 ff.).

5. Die theologischen Besonderheiten und der historische Wert der Apg

1) Kennzeichnend für die Theologie des Lk sind in der Apg vor allem die Reden und die Summarien. Dabei ist von vornherein zu beachten, daß es sich nicht um wirklich gehaltene Reden handelt.

Sie sind, nach der Sitte antiker Geschichtsschreibung (vgl. etwa Thukydides), vom Verfasser selbst geschaffen und nachträglich in die Darstellung eingeflochten worden; über die Theologie des jeweiligen Redners oder gar über die Situation, in der sie möglicherweise gehalten wurden, sagen sie nichts aus. Es handelt sich weder um Protokolle noch auch nur um Auszüge aus tatsächlich gehaltenen Reden des Petrus, Jakobus usw.; erkennen kann man aus ihnen lediglich die Theologie des Lk.

Einige feste Typen lassen sich relativ leicht markieren:

a) Reden des Petrus, die als Missionsansprachen an Juden gestaltet sind, enthalten bestimmte charakteristische Merkmale: Anknüpfung an das AT, christologisches Kerygma, Schriftbeweis und Heilszuspruch (mit Bußruf). Dem gleichen Schema folgt übrigens auch die Rede des Paulus in Apg 13 – ein Zeichen dafür, daß sich in den Reden tatsächlich nicht die Individualität des jeweiligen Redners widerspiegelt.

b) Die Rede des Stephanus (Apg 7) ist ein kritischer Überblick über die Geschichte Israels, durch den Lk den Übergang zur Heidenmission rechtfertigen will; eine Beziehung zur äußerlich vorausgesetzten Situation (Anklage vor dem Synhedrium) gibt es nur in 7,52b.

c) Die Areopagrede ist im Sinne des Lk eine typische paulinische Missionsansprache vor Heiden. Die Charakteristika der paulinischen Theologie enthält sie an keiner Stelle.

Manchmal wird gegen dieses Urteil eingewandt, es sei doch gar nicht auszuschließen, daß Paulus in Athen eine Missionspredigt gehalten habe. Das ist durchaus richtig. Dennoch gilt in jedem Fall, daß es diese in der Apg überlieferte Rede nicht gewesen sein kann. Vgl. den Exkurs bei H. Conzelmann (s. Literaturangaben), 111–113.

d) Die Rede des Paulus in Apg 20 trägt die typischen Züge einer Abschiedsrede; es ist die einzige Rede in der Apg, die Paulus vor Christen hält. Im Sinne des Lk markiert sie den Abschluß der Mission und gibt den Hörern letzte Mahnungen und Hinweise für die weitere eigene Arbeit. Dieser Typ des „Testaments“ findet sich auch in Joh 13–17, sowie in der nachpaulinischen Briefliteratur (2 Tim und 2 Petr). Bei der Exegese von Apg 20 ist daher zu beachten, daß Lk nicht etwa eine historische Rede des Paulus vor den ephesinischen Ältesten wiedergibt, sondern er selbst sich an die Christen seiner Zeit wendet (vgl. beispielsweise den Hinweis auf die Irrlehre in V. 29f.).

e) Ein besonderer Typ sind schließlich die Verteidigungsreden des gefangenen Paulus. Sie sollten deutlich machen, daß christlicher Glaube und römischer Staat einander nicht tangieren und daß sie daher ohne weiteres nebeneinander existieren können.

Sowenig wie die Reden haben auch die Summarien in der Apg (vgl. 2,42–47; 4,32–35; 5,12–16) einen unmittelbaren Quellenwert. Sie lassen einen Einblick in die tatsächlichen Verhältnisse in der Urgemeinde nicht zu, sondern stellen in idealisierter Form das Bild der Urgemeinde dar, das der Verfasser sich wünscht. Diese *Form* der Darstellung hat Lk bei Mk kennengelernt (vgl. Mk 1,14f., dort freilich ohne jene Idealisierung) und sowohl in sein Evangelium als auch in die Apg übernommen.

2) Aus diesen Beobachtungen ergeben sich grundsätzliche Folgerungen für die Beurteilung des historischen Werts der Apg. Sie ist keine durchlaufende Quelle für die Geschichte der frühen Kirche. Lediglich einzelne Ereignisse (etwa die Vertreibung der hellenistischen Judenchristen aus Jerusalem) und gewisse typische Phänomene der Urgemeinde (etwa das anfängliche Festhalten am Tempelkult) lassen sich aus ihr rekonstruieren. Eine zusammenhängende Darstellung der Geschichte der Urgemeinde liegt nicht vor und war vermutlich auch gar nicht beabsichtigt. Das Bild, das von der Gemeinde in den Summarien gezeichnet wird, ist nicht historisch getreu, sondern stellt eine Idealisierung der Frühzeit dar, wie sie in der antiken Geschichtsschreibung häufig zu erkennen ist („goldenes Zeitalter"). Ein kennzeichnendes Beispiel ist die Zeichnung Jerusalems: Zwar ist die dortige Gemeinde tatsächlich der Mutterort der Kirche, aber Lk baut das Bild so weit aus, daß die Urgemeinde als das Zentrum der Kirche und als Ausgangspunkt aller kirchlichen Aktivität erscheint. Die tatsächliche Situation war eine andere, wie sich schon aus der Apg selbst durch die Hinweise auf die antiochenische Gemeinde und vor allem aus Gal 1 (insbesondere V. 17) ergibt.

Auch das von der Apg vermittelte traditionelle Bild, demzufolge sich die Mission des Paulus in Gestalt von drei Missionsreisen vollzogen habe, erweist sich als historisch unzutreffend. Es wird insbesondere durch die paulinischen Briefe widerlegt.

Dieses kritische Urteil über die Apg bedeutet nicht, daß der Apg nicht ein erheblicher Quellenwert beizumessen wäre, aber die Geschichte des Urchristentums insgesamt läßt sich aus der Apg nicht historisch zuverlässig rekonstruieren.

Arbeitsvorschlag für Fortgeschrittene

Welche Unterschiede bestehen zwischen dem Paulusbild der Apg und dem der paulinischen Theologie? Wie ist die gesetzesfreie Heidenmission in der Apg begründet? Wie bei Paulus?

Hilfsmittel: G. Klein, Die zwölf Apostel, 1961, 114–192; A. Lindemann, Paulus im ältesten Christentum, 1979, 49–68; Ph. Vielhauer, Zum „Paulinismus" der Apg, Ges. Aufs. I, 1965, 9–27.

IV. Das johanneische Schrifttum (Evangelium und Briefe)

Literatur: R. Bultmann, Theologie des NT, UTB 630, [7]1977, 354–445.

§ 38 Das Johannesevangelium

Literatur: J. Becker, Das Evangelium nach Johannes, ÖTK 4/1.2, 1979/81; R. Bultmann, Das Evangelium des Johannes, KEK II, [20]1978; G. Richter, Studien zum Johannesevangelium, BU 13, 1977; R. Schnackenburg, Das Johannesevangelium, HThK IV/1–3, 1967/76.

1. Äußere Gliederung und Problemstellung

1) Man kann sich die Besonderheiten des Joh am einfachsten durch einen Vergleich mit den Synoptikern erarbeiten. Der Gesamtaufriß entspricht in großen Zügen dem der drei ersten Evangelien: Der erste Teil handelt von Jesu öffentlichem Wirken, der zweite Teil von seiner Passion in Jerusalem. Anders als bei den Synoptikern erstreckt sich Jesu Wirken bei Joh jedoch auf Judäa, Galiläa und Samaria. Joh berichtet darüber hinaus von mehreren Reisen Jesu nach Jerusalem.

2) Auch in den Einzelheiten fallen erhebliche Unterschiede ins Auge. Sie betreffen sowohl den Ablauf der Geschehnisse im einzelnen als auch die ganze Art der Darstellung. Während bei den Synoptikern die Lehre Jesu in Form von Logien und Gleichnissen überliefert ist und selbst bei einer Zusammenfassung einzelner Logien zu „Reden" immer noch die ursprüngliche Selbständigkeit des einzelnen Logions zu erkennen ist, sind die Reden Jesu bei Joh deutlich als in sich geschlossene größere Einheiten konzipiert, in die nur vereinzelt selbständige Sprüche eingereiht sind. Gleichnisse fehlen bei Joh völlig; es gibt lediglich zwei Bildreden (vom guten Hirten

Joh 10 und vom Weinstock Joh 15), die sich vom Stil der synoptischen Gleichnisse jedoch ganz erheblich unterscheiden. Bezeichnend für den gegenüber den Synoptikern vollkommen anderen Charakter des Joh ist schon sein Anfang: Mk sieht den „Beginn des Evangeliums" bei Johannes dem Täufer, Mt und Lk setzen mit Geburtsgeschichten ein. Joh dagegen eröffnet sein Evangelium mit dem Lied über den Logos, in das er selbst Hinweise auf den Täufer eingeflochten hat. Erst dann folgt eine Erzählung über das Auftreten des Täufers (1,19–34) und schließlich der Bericht von der Berufung der ersten Jünger – freilich völlig anders gestaltet als bei den Synoptikern.

3) Der Bestand an gemeinsamem Erzählmaterial bei Joh und den Synoptikern ist relativ gering: Es handelt sich 1. um die Tempelreinigung (Joh 2,13–16, vgl. Mk 11,15–17 par), die jedoch bei Joh am Anfang und nicht am Ende der Tätigkeit Jesu steht; 2. um die Geschichte vom Hauptmann von Kapernaum Joh 4,46–54 (vgl. Lk 7,1–10 par), die bei Joh jedoch gegenüber der Q-Fassung sehr viel kürzer ist; 3. um die Speisung der Fünftausend und den Seewandel (6,1–15.16–21; vgl. Mk 6,30–44.45–52 parr). Die beiden Erzählungen werden hier wie dort miteinander verbunden überliefert, aber der Kontext ist völlig verschieden (Joh 5,2–47 einerseits und 6,22–59 sind bei den Synoptikern ohne Parallele); 4. um die Erzählung von der Salbung in Bethanien Joh 12,1–8 (vgl. Mk 14,3–9 parr), wobei einerseits die Übereinstimmungen im Grundbestand verhältnismäßig groß, andererseits die sprachlichen Unterschiede im einzelnen jedoch ganz erheblich sind (die Stellung im Kontext ist wiederum hier wie dort eine ganz andere); 5. um die Erzählung vom Einzug in Jerusalem Joh 12,12–19 (vgl. Mk 11,1–10 parr), die weitgehend der synoptischen Darstellung entspricht. 6. Auch die eigentliche Passionserzählung von Joh 18,1 an deckt sich weitgehend mit der synoptischen Erzählung.

4) Auffällig ist, daß bei Joh keine Exorzismen, d. h. Dämonenaustreibungen durch Jesus erzählt werden, während alle anderen Typen von Wundererzählungen vertreten sind.

Auch der Bestand an gemeinsamem Logiengut ist verhältnismäßig schmal: Joh 2,19 entspricht Mk 14,58 par (vgl. aber den ganz anderen Kontext); Joh 3,3.5 entspricht im wesentlichen Mt 18,3; Joh 4,44 entspricht Mk 6,4 par; Joh 13,16 = 15,20 entspricht Mt 10,24; Joh 13,20 entspricht Mt 10,40; zu Joh 15,7 ist Mt 7,7 zu vergleichen, und Joh 20,23 entspricht Mt 16,19 (= Mt 18,18).

Alle diese Beobachtungen führen zu der schwierigen Frage, in welchem Verhältnis Joh zu den Synoptikern steht (s. u. S. 281 f.).

2. *Einzelheiten der Gliederung*

1) Es ist nicht leicht, einen Überblick über den ersten Teil des Joh Kap. 1–12 zu gewinnen, denn es zeigt sich keine gerade Linie. In den ersten Kapiteln finden sich einige deutliche Höhepunkte: Kap. 1 enthält eine Art Vorspiel, in Kap. 2 wird die eigentliche Handlung mit zwei symbolischen Szenen – Hochzeit in Kana und Tempelreinigung – eröffnet; in Kap. 3 folgt das Nachtgespräch mit Nikodemus über die Wiedergeburt und den Geist, in Kap. 4 das Mittagsgespräch mit der Samariterin über das Wasser des Lebens, den Messias und die wahre Gottesverehrung. In Joh 5,1–16 wird von einer Sabbatheilung am Teich Bethesda erzählt, der zweite Teil des Kapitels enthält eine lange Rede Jesu in Jerusalem. Joh 6 schließlich erzählt von der Speisung der 5000, vom Seewandel und enthält die Rede über das Brot vom Himmel.

Von Kap. 7 an ist aber kaum noch eine Ordnung zu erkennen – Erzählungen, Wundergeschichten und vor allem lange Redestücke wechseln einander ab. Dennoch gibt es offenbar einen sachlichen Leitfaden, der sich durch das ganze Evangelium zieht: Die sich ständig verschärfende Krisis zwischen Jesus und der – durch die Juden vertretenen – Welt. Ausgangspunkt ist die Perikope 6,66–71, die joh Fassung des Petrusbekenntnisses: Schon hier wird Judas als Verräter angezeigt, und von nun an steigert sich die Spannung bis Kap. 12.

Man kann sich Inhalt und Aufbau von Joh 1–12 anhand einiger charakteristischer Punkte merken:

a) Auffällig ist die Abfolge der Feste. Nach der Darstellung der Synoptiker geht Jesus ein einziges Mal nach Jerusalem, und zwar zu jenem Passafest, bei dem er verhaftet und hingerichtet wird. Bei Joh dagegen wandert er mehrmals zwischen Judäa und Galiläa hin und her und kommt dabei insgesamt viermal nach Jerusalem, und zwar jedesmal anläßlich eines Festes (2,13; 5,1; 7,10; 12,12 ff.; die Feste werden in 2,13; 5,1; 6,4; 7,2 und 10,22 erwähnt; vgl. dazu unten S. 293). Die Frage, welche Darstellung der historischen Wirklichkeit näher steht, kann hier offenbleiben (s. u. S. 344 f.).

b) Auffällig ist auch der Charakter der bei Joh erzählten Wunder. Einige sind mit den Wundergeschichten der Synoptiker identisch

(s. o.), andere aber gehen in ihrer Massivität über die synoptischen Erzählungen weit hinaus (vgl. z. B. Joh 11,39). Insgesamt werden bei Joh sieben Wunder erzählt (2,1–11 Weinwunder in Kana; 4,43 bis 54 Hauptmann von Kapernaum; 5,1–9 Krankenheilung in Bethesda; 6,1–15 Speisung der 5000; 6,16–21 Seewandel; 9,1–7 Blindenheilung; 11,1–44 Auferweckung des Lazarus), aber diese Siebenzahl scheint auf Zufall zu beruhen – eine Symbolik ist jedenfalls nicht entwickelt.

c) Auffällig ist schließlich die Art, wie bei Joh Wunder und Reden Jesu einander zugeordnet sind: Die den beiden parallelen Kapiteln 3 und 4 folgende Fernheilung des Hauptmannssohnes in Kapernaum wirkt wie eine Bekräftigung und Bestätigung der Vollmacht Jesu; umgekehrt werden Kap. 5 und 6 durch Wunder eingeleitet, denen dann eine begründende Rede folgt – an die wunderbare Brotvermehrung Joh 6,1–15 schließt sich Jesu Rede über das wahre, himmlische Brot an (6,32–65). Die Reden haben also offensichtlich die Funktion, die Ereignisse symbolisch zu deuten, die Quintessenz wird häufig in den „Ich-bin"-Sätzen zusammengefaßt (vgl. 6,35.51). Dasselbe Ziel wird erreicht, wenn etwa die Aussage „Ich bin das Licht der Welt" (8,12) der Blindenheilung (9,1 ff.) und das Wort „Ich bin die Auferstehung und das Leben" (11,25) der Auferweckung des Lazarus (11,44) vorausgeht.

Arbeitsvorschläge

Erarbeitung der Ich-bin-Sätze bei Joh. Folgende Fragen müssen beantwortet werden: 1. Was ist in diesen Sätzen Prädikat, was Subjekt? Welche Konsequenzen ergeben sich jeweils für die Auslegung?

Bultmann und Schweizer: In einigen dieser Sätze sei „Ich" Prädikat im Sinne des berühmten l'état c'est moi. Welches hermeneutische Prinzip steht hinter dieser Exegese?

2. Welcher Art sind die Symbole, auf die sich der joh Jesus bezieht (Brot, Weinstock usw.)? Welche direkten Selbstbezeichnungen gibt es?

3. *für Fortgeschrittene*

Was heißt angesichts der Ich-bin-Sätze für Joh „glauben"? Auf diese Sätze folgt ja jeweils eine Aussage über Glauben/Heil/Unheil. Welche Bedeutung kommt diesen Aussagen zu?

Wie wendet Joh im Zusammenhang der Ich-bin-Sätze die Technik des Mißverständnisses an? Vgl. 11,21–27.

Hilfsmittel für alle Aufgaben: E. Schweizer, Ego Eimi, FRLANT 56, [2]1965; R. Bultmann, Theol NT 417 ff.; Schnackenburg, Joh II, 59–70.

2) Der zweite Teil des Joh Kap. 13–20 läßt sich formal aufteilen in die Abschiedsreden 13–17 und die Passions- und Ostergeschichte

18–20. Mit Recht faßt Bultmann aber beide Teile sachlich zusammen unter dem einheitlichen Gesichtspunkt „Offenbarung der Herrlichkeit Jesu vor den Seinen“ – und zwar einmal in der Abgeschlossenheit der Abschiedsreden und zum andern in der öffentlich sichtbaren Passion, die der Glaube als Erhöhung erkennt.

Das Thema der Abschiedsreden wird durch die eröffnende Szene, das Abschiedsmahl, charakteristisch beleuchtet: Anders als bei den Synoptikern stiftet Jesus als sakramentale Handlung nicht das Abendmahl, sondern die Fußwaschung; sie wird von der joh Gemeinde offenbar als fester Ritus geübt. In den Abschiedsreden selbst geht es um den Abschied des Verherrlichten und seine Rückkehr zum Vater, um die Verheißung des Geistes, des „Parakleten“, der nach dem Weggang Jesu die Gemeinde leitet. Es geht um den Vater und den Sohn und um die Gemeinde, schließlich um das Gebot der Bruderliebe. Zusammengefaßt sind diese Gedanken im abschließenden „hohepriesterlichen Gebet“ Joh 17. Im letzten Abschnitt des Joh, in der Passionsgeschichte, gibt es starke Übereinstimmungen mit den Synoptikern. Gerade vor diesem Hintergrund werden aber die Einfügungen, die Joh vorgenommen hat, besonders plastisch sichtbar. So hat Joh beispielsweise das Verhör Jesu vor Pilatus erheblich umgestaltet (Joh 18,29–38; 19,1–15), ebenso die Szene unter dem Kreuz. Auffällig und für Joh typisch ist das Spiel mit der doppelten Bedeutung des Wortes αἴρειν (vgl. nur Joh 19,15; s. im übrigen die Konkordanz). Charakteristisch für Joh ist auch, welche Bedeutung das Wort „Wahrheit“ gerade auch in der Passionserzählung einnimmt.

Ein exegetisches Spezialproblem, auf das hier nicht weiter einzugehen ist, ist die Frage, wie die speziell mit Lk bestehenden Übereinstimmungen im Passionsteil zu erklären sind.

3. Quellen und andere literarkritische Probleme

1) Kennt Joh eines oder mehrere der synoptischen Evangelien? Oder verfaßte er sein Buch ohne direkte Kenntnis der drei ersten Evangelien? In der Forschung werden alle theoretisch möglichen Hypothesen vertreten: 1. Joh kennt *einen* der Synoptiker (wobei dann Mt, Mk und Lk jeder für sich genannt werden). 2. Joh kennt mehrere synoptische Evangelien, wobei dann auch wieder kombiniert werden kann: Mk und Mt; Mt und Lk; Mk und Lk – oder alle drei. 3. Joh kennt überhaupt keines der synoptischen Evange-

lien, sondern er gewinnt sein Material, ähnlich wie Mk, aus der mündlichen Tradition.

Vertritt man eine der beiden unter 1. und 2. genannten Hypothesen, so muß man die erheblichen Unterschiede zwischen Joh und den Synoptikern erklären. Dabei wird der Hinweis auf die eigenwillige Theologie des vierten Evangelisten kaum zur Erklärung des Tatbestandes ausreichen, daß Joh den größten Teil des synoptischen Materials souverän ignoriert haben müßte. Erklären muß man außerdem, woher der außerordentlich umfangreich- und vielschichtige zusätzliche Stoff stammt. Zwei Erklärungsversuche werden angeboten: a) Joh habe die Synoptiker *ersetzen* wollen – etwa deshalb, weil er sich als Augenzeuge bewußt gewesen sei, das bessere weil authentische Material zu besitzen (in der Tradition gilt der Jünger Johannes als Verfasser des Joh; s. u.), oder deshalb, weil er der Meinung gewesen sei, die bessere theologische Deutung vorzutragen. Aber diese These läßt sich vom Text her nicht belegen: Eine grundsätzliche Polemik gegen die Synoptiker ist nicht erkennbar. b) Joh wollte die Synoptiker nicht verdrängen, sondern *ergänzen;* deshalb konzentriere er sich ganz auf den zusätzlichen Stoff, der sich in den Synoptikern nicht findet. Aber auch diese These findet am Text keine Begründung. Joh ist ganz offensichtlich nicht als Ergänzung zu einem anderen Buch (oder zu mehreren anderen Büchern) konzipiert, sondern es versteht sich als einen völlig genügenden und umfassenden Bericht (20,30 f.); Joh setzt nicht voraus, daß man auch noch andere Bücher über Jesus zu lesen hätte. Hält man die oben referierte These 3. für richtig, so muß man die zweifellos vorhandenen Übereinstimmungen zwischen Joh und den Synoptikern erklären. Die englische Forschung zum Beispiel nimmt überwiegend an, Joh habe unmittelbar mündliche Tradition gesammelt, und dabei sei er eben teilweise auf dasselbe Material gestoßen wie die Verfasser der synoptischen Evangelien. Aber diese Erklärung genügt mindestens für die johanneische Fassung der Passionsgeschichte nicht – ihr muß eine schriftliche, der synoptischen Passionserzählung jedenfalls eng verwandte, Quelle zugrunde gelegen haben.

Fazit: Es ist ganz offensichtlich, daß Joh an vielen Stellen keine der uns bekannten Quellen benutzt hat. Dagegen ist mindestens seine Darstellung der Passion Jesu mit der synoptischen Passionsgeschichte verwandt.

2) Welcher Art waren nun die von Joh benutzten Quellen? Bultmann rechnet abgesehen von einer Quelle in der Passionsgeschichte noch mit zwei weiteren Quellen im Joh: Einer Quelle

mit Wundergeschichten (Semeia-Quelle) und einer Redenquelle, die Joh in sein Evangelium eingearbeitet habe.

a) Die *Wunderquelle* findet Bultmann mit Hilfe der Hinweise in 2,11; 4,54, wonach die Wundergeschichten offensichtlich ursprünglich numeriert worden waren. Bultmann behauptet, diese Zählung stimme mit der jetzigen Darstellung nicht überein, denn in 2,23 und 3,2 sei ja von weiteren Wundern die Rede, so daß man in 4,54 nicht vom „zweiten“ Wunder sprechen dürfe. Hier komme also die Quelle zum Vorschein, in der die Heilung des Hauptmannssohnes tatsächlich das zweite Wunder gewesen sei. Aber dieses Argument ist nicht stichhaltig, denn es handelt sich bei der Heilung 4,43 ff. auch im jetzigen Text um das zweite Wunder, das *erzählt* wird (auf die anderen wird lediglich hingewiesen). Die Zählung kann also von Joh selbst stammen und braucht nicht auf eine Quelle zurückzugehen. Bultmanns zweites Argument, das Stichwort σημεῖον gehöre zum Sprachgebrauch der Quelle und nicht zu dem des Joh, ist ebenfalls kaum richtig. Bultmann nimmt an, Joh habe die Wunder keineswegs als „Zeichen“ verstehen wollen, da sie ja immer nur zu Mißverständnissen führten; aber eher ist das Gegenteil der Fall: Joh kann mit dem Begriff des „Zeichens“ gerade die Ambivalenz der Wunder charakterisieren – sie sind Zeichen, nicht mehr und nicht weniger. Als Merkstelle kann 4,48 gelten: „Wenn ihr nicht Zeichen und Wunder seht ...“. Es ist deutlich, daß der Evangelist diese Kritik an der Wundersucht in einen vorgegebenen Zusammenhang eingesprengt hat – der Wundergeschichte 4,43 ff. selbst war dieser Aspekt ursprünglich sicher fremd. Unzutreffend ist schließlich auch Bultmanns Annahme, der Schluß des Joh in 20,30 f. sei ursprünglich der Abschluß der Wunderquelle gewesen; der Sprachgebrauch zeigt deutlich, daß es sich um eine Formulierung des Joh handelt (s. Konkordanz!). Dennoch kann die Existenz einer Quelle mit Wundergeschichten als wahrscheinlich gelten. Wie die Stilanalyse (vgl. Bultmann, Joh, 67 A 7; 78 mit A 3) zeigt, sind die Wundergeschichten in einfachem Griechisch mit semitischer Färbung abgefaßt, wobei es sich aber nicht um Übersetzungsgriechisch (etwa nach einer aramäischen Vorlage) handelt. In den Abschnitten 2,1–11; 4,46–52 (ausgenommen V. 48); 12,1–8; 12,12–15 fehlen joh Stilmerkmale. Das zeigt sich besonders deutlich in 4,43 ff., wo sich der joh V. 48 klar heraushebt (und zusätzlich den Ablauf der Handlung stört); ganz offensichtlich hat Joh ihn in eine *schriftliche* Quelle eingefügt. Freilich läßt sich Näheres über diese Quelle nicht sagen.

Sachlich kann man festhalten, daß sich im Vergleich zu den synoptischen Wundergeschichten bei Joh eine erhebliche Steigerung des Mirakulösen zeigt – so in der Auferweckung des Lazarus, aber auch bei der Speisungsgeschichte und beim Seewandel (vgl. jeweils die synoptischen Parallelen). Auch dies deutet eher auf die Benutzung einer Quelle durch Joh hin, wenngleich die These, Joh kritisiere die Wunder und lehne sie letztlich sogar ab, dem Tatbestand nicht gerecht wird; denn schließlich hat er sie ja in sein Evangelium übernommen.

b) Die zweite Quelle liegt sicher im Bereich der *Passionserzählung* vor. An einigen Stellen lassen sich die joh Zusätze leicht abheben: 18,33–37; 19,7–11. Der zugrundeliegende Bericht ist der synoptischen Darstellung ähnlich, aber nicht mit ihr identisch. Offenbar verfügte Joh über eine alte, von Mk wahrscheinlich noch unabhängige Fassung der Passionserzählung.

Arbeitsvorschläge

1. Zur Stilanalyse der Passionsquelle ist Bultmann, Joh, 491 f. zu lesen.
2. Analyse von Joh 18,12–28 im Vergleich mit Mk. Wo finden sich Einschübe des Evangelisten? Welche Abweichungen von Mk sind offenbar nicht durch die joh Theologie bedingt und müssen also als Besonderheiten der Quelle angesehen werden?

Hilfsmittel: K. Aland, Synopsis Quattuor Evangeliorum.

c) Der Grundbestand der *Reden* stammt nach Meinung Bultmanns ebenfalls aus einer Quelle, und zwar, wie er vermutet, aus einer Sammlung vorchristlicher gnostischer Offenbarungsreden, die Joh mit Zusätzen versehen habe. Wichtigstes Argument ist hier wieder die Stilanalyse, bei der Bultmann sich vor allem auf den Prolog bezieht. Es ist aber zu fragen, ob man nicht zwischen dem Befund im Prolog einerseits und den übrigen Redestücken andererseits unterscheiden muß. Im Prolog (1,1–14 [18]) ist die Annahme eines *vorjoh* – nicht jedoch vor*christlichen* – Liedes überzeugend. In den anderen Stücken, die Bultmann der gnostischen Quelle zurechnen will, finden sich die strengen Stilmerkmale des Prologs nicht. So gibt es als Höhepunkt mehrerer Reden Einzellogien, die beispielsweise durch die Wendung ἀμήν, ἀμήν eingeführt werden. Offensichtlich steht Joh in einer bestimmten Stiltradition seiner Gemeinde, der er die Reden des Buches angepaßt hat, wodurch gewisse feierliche Sentenzen entstehen, denen lehrhafte Erläuterungen beigegeben werden. In anderen Reden liegt der sachliche Höhepunkt in der Selbstprädikation Jesu („Ich bin ...“ s. o.): Es ergeht die Verheißung an die Gläubigen und die Drohung an die Ungläubigen (dabei findet sich sowohl Partizipialstil 6,35; 8,12; 11,25 f. als auch Konditionalstil 6,51 a). Alle diese Indizien sprechen eher gegen als für die Annahme einer durchgehenden Redenquelle. Man kann es insgesamt als wahrscheinlich ansehen, daß die Reden des Joh – natürlich unter Aufnahme gewisser traditioneller Wendungen – vom Evangelisten selbst formuliert wurden.

3) Innerhalb des Joh gibt es neben der Quellenfrage eine Reihe weiterer literarkritischer Probleme.

a) Die Reihenfolge der Kapitel 5–7 scheint gestört zu sein. 6,1 würde wie die geographischen Angaben zeigen, besser an Kap. 4 anschließen; dann würde auch die Chronologie verständlich, weil das in 6,4 angekündigte Passahfest in 5,1 beginnen würde (im jetzigen Text stoßen sich 6,4 und 7,2). Auch die Bemerkung über die Tötungsabsicht der Juden in 7,1 wird verständlicher, wenn man annimmt, 5,18 sei unmittelbar vorausgegangen. Man kann daher in der Tat annehmen, daß die Kapitel 5 und 6 tatsächlich ursprünglich in umgekehrter Reihenfolge standen; freilich bleiben auch nach einer entsprechenden Umstellung einige Unebenheiten.

Blattvertauschung in einem Manuskript war in der Antike möglich; so gehört z. B. Sir 33,13 b–36,16 hinter 30,24, und auch im äth Hen muß an einer Stelle die richtige Reihenfolge sekundär hergestellt werden: 93,1–10; 91,12–17; 92; 94. Ein modernes Beispiel ist die Annahme einer Blattvertauschung in Kants „Prolegomena zu einer jeden künftigen Metaphysik".

b) In Unordnung scheint auch der Abschnitt Joh 13–17 zu sein. Es fällt auf, daß die Abschiedsreden zwei parallele Redengänge enthalten und daß am Ende des ersten Redenganges in 14,31 ein deutlicher Abschluß markiert ist (vgl. Mk 14,42; Mt 26,46), an den 18,1 sehr gut anschließen würde. Sollte es sich also in 15–17 um eine sekundäre Interpolation handeln? Das ist ausgeschlossen, denn dieser Abschnitt ist sachlich und stilistisch joh. Man kann allenfalls fragen, ob Joh zwei Redenentwürfe verfaßte, die dann beide von den Herausgebern des Evangeliums (s. u.) übernommen wurden. Kompliziert ist der Lösungsvorschlag von Bultmann: Er will Joh 13–17 neu ordnen in der Reihenfolge 13,1–30; 17,1–26; 13,31–35; 15,1–16,33; 13,36–14,31; 18,1 ff.

Bultmann sieht noch an zahlreichen weiteren Stellen des Joh eine Notwendigkeit, den Text neu zu ordnen. Beim gegenwärtig vorliegenden Text sei eine Gedankenführung nämlich weithin nicht zu erkennen, und es sei anzunehmen, daß die Herausgeber einzelne Fragmente ungeschickt aneinandergereiht hätten (vgl. Bultmann Joh 236ff.; 249: Rekonstruktion einer Rede über das ‚Licht der Welt'). In der Tat läßt sich kaum bestreiten, daß der von Bultmann hergestellte Text glatter und logischer aufgebaut ist als die überlieferte Fassung des Joh; eine unbedingte Notwendigkeit, die Texte umzustellen, besteht jedoch in den meisten Fällen nicht.

Außerdem ist zu beachten, daß die „Unordnung" des Joh-Textes bereits im Zuge der ersten Edition des Evangeliums entstanden sein müßte; im Zuge der späteren Textüberlieferung sind derartig gehäufte Blattvertauschungen unmöglich (s. K. Aland, Studien zur Überlieferung des NT und seines Textes, 1967, 49ff.).

c) Am Schluß des Joh melden sich die Herausgeber des Werkes. 21,24f. zeigt klar, daß nicht der Verfasser selbst sein Evangelium veröffentlichte, sondern daß mindestens das abschließende Kapitel eine Bearbeitung bzw. Ergänzung darstellt. Bestätigt wird das durch die Beobachtung, daß in 20,30f. bereits ein Buchschluß vorliegt; die Herausgeber fügten dem dann ein weiteres Kapitel mit Erscheinungsgeschichten hinzu. Bultmann nimmt an, diese Herausgeber hätten auch an anderen Stellen in den Text eingegriffen; ihre Ergänzungen seien am Stil und auch durch ihre theologische Intention zu erkennen – vor allem aber dadurch, daß sie jeweils den Zusammenhang sprengten.

Bultmann spricht in diesem Zusammenhang von einer kirchlichen „Redaktion" des Joh. Dieser Ausdruck ist zumindest mißverständlich, denn gewöhnlich versteht man unter „Redaktion" ja die Arbeit des Evangelisten (vgl. die synoptischen Evangelien). Man sollte also eher von Interpolationen sprechen, wenn man die Arbeit der Editoren des Joh charakterisieren will.

Betrachtet man die von Bultmann angenommenen sekundären Ergänzungen zum Joh, so zeigt sich ein ihnen allen gemeinsamer sachlicher Nenner: Die Theologie des Joh wird mehr oder weniger gewaltsam an durchschnittliche kirchliche Anschauungen angeglichen. Das wird besonders deutlich im Bereich der Eschatologie: Im allgemeinen vertritt Joh eine „präsentische" Eschatologie: *Jetzt* ist die Zeit der Krise, der Übergang in das ewige Leben geschieht jetzt – der Glaube hat das Leben bereits in der Gegenwart (5,24f.). In 5,29f. findet sich jedoch überraschend doch die Erwartung einer künftigen Auferstehung, und zwar ausgedrückt im Stil traditioneller Gemeindeapokalyptik; das ist nach Bultmann ein sekundärer Zusatz. Ein weiteres typisches Beispiel ist – nach Bultmann – der Abschnitt 6,51c-58, wo im Anschluß an die typisch joh Brotrede die traditionelle Abendmahlslehre eingefügt wurde. Zweifellos ist dieser

Abschnitt stilistisch störend; die Rede ist mit V. 51b deutlich abgeschlossen, V. 51c ff. klappen nach.

In der Tat spricht einiges für Bultmanns Hypothese einer „kirchlichen Überarbeitung" des Joh. Man muß dann aber beachten, daß das Evangelium mit Sicherheit niemals ohne die „Zusätze" veröffentlicht worden ist, denn die älteste Handschrift des Joh, der bald nach 100 geschriebene P 52 (zugleich die älteste NT-Handschrift, die wir überhaupt besitzen), enthält gerade eine der Stellen, die Bultmann als Interpolation ansieht, nämlich 18,32.

4. Verfasserschaft

Nach der Tradition (Irenäus) ist Joh vom Zebedaiden Johannes, also von einem Augenzeugen des Lebens Jesu, in hohem Alter in Ephesus geschrieben worden.

Gegen diese Tradition sprechen eine Reihe von Argumenten: Da in dem Buch – gerade bei den Wundergeschichten – auf Quellenmaterial zurückgegriffen wird, ist es höchst unwahrscheinlich, daß der Verfasser ein Augenzeuge der Vorgänge war. Ferner ist es eigenartig, daß Ignatius, der dem Joh zeitlich, wohl auch räumlich, vor allem aber in seiner theologischen Sprache nahesteht, das Joh nicht erwähnt (was um so schwerer wiegen würde, wenn man mit Kümmel, Einleitung, 211 annimmt, daß er Joh kennt). Irenäus sieht den Bischof Polykarp von Smyrna als Bindeglied zwischen dem Zebedaiden, den Polykarp noch gekannt haben soll, und sich selbst an; aber weder bei Polykarp selbst in seinem Philipperbrief noch im Bericht über sein Martyrium ist diese Bekanntschaft erwähnt. Das bedeutet, daß wir an keiner Stelle einen historisch zuverlässigen Hinweis auf die Person des Verfassers des Joh haben. Man darf daraus jedoch nicht den Schluß ziehen, Joh sei möglicherweise erst in der Mitte des 2. Jahrhunderts entstanden. Durch den Fund des P 52 ist im Gegenteil sichergestellt, daß Joh bereits um 100 entstanden sein muß.

Kirchengeschichtlich ist vorausgesetzt, daß Kirche und Synagoge bereits völlig voneinander geschieden sind (9,22; 16,1 ff.); „die Juden" können schon als feste gegnerische Größe angesprochen werden, ohne daß noch differenziert werden müßte. Sehr auffällig ist, daß Joh gegen Verehrer Johannes' des Täufers – nicht gegen diesen selbst! – polemisiert. Das zeigt, daß es zur Zeit der Abfassung des Joh noch solche täuferischen Gruppen, die sich auf Johannes beriefen, gab.

A. Schlatter vertrat die These, Joh stamme aus Palästina; er verfüge über die entsprechenden geographischen Kenntnisse und seine Sprache weise palästinische Eigenheiten auf, wie sie auch für die Rabbinen typisch seien. Bultmann weist hierzu kritisch darauf hin, daß sich die spezifisch rabbinischen Stilmerkmale zwar an Stellen fänden, die vom Evangelisten selbst formuliert seien (vgl. Bultmann, Joh, 50 A 2.6.7; 53 A 3.5), daß diese sprachlichen Indizien für die Lokalisierung des Evangeliums in Palästina jedoch nicht ausreichten. Es ist ja auch zu beachten, daß der Verfasser Griechisch und nicht etwa in einer semitischen Sprache schreibt.

Dies wird von einigen Forschern bezweifelt: Joh sei ursprünglich in aramäischer Sprache abgefaßt gewesen, wofür die Semitismen ein deutliches Indiz seien. Aber solche Semitismen – etwa: ἵνα + konditionales Partizip + negiertes finites Verb (3,16; 6,39; 12,46 u. ö.) – beweisen keineswegs eine semitische Urfassung; sie zeigen nur, daß der Verfasser *auch* semitisch sprach. Zweifelsfrei läßt sich die semitische Urfassung eines Textes immer nur dann erweisen, wenn man bestimmte Stellen im griechischen Text eindeutig als Übersetzungsfehler ansehen muß, d. h. wenn der jetzige Text nur unter Rückgriff auf die ursprünglich in anderer Sprache abgefaßte Form zu verstehen ist.

5. *Das religionsgeschichtliche Problem*

Beim Vergleich mit den synoptischen Evangelien fällt auf, daß Joh eine Reihe fremdartig wirkender Vorstellungen enthält. Dazu gehören beispielsweise schon die Aussagen über den λόγος, die sich allerdings nur im Prolog (1,1 ff.) finden. Dazu gehören ferner die Worte über den Parakleten in den Abschiedsreden. Weiter fallen auf: Die Identifizierung von Offenbarung und Offenbarer („Ich bin ..."), der Gedanke der Präexistenz Jesu und die Vorstellung von der „Sendung", d. h. vom Abstieg und Aufstieg des Sohnes. Typisch für Joh ist auch der Dualismus von „oben" und „unten", sowie der Dualismus von Licht und Finsternis und in diesem Zusammenhang die Verknüpfung von „Licht" und „Leben". Zur Erklärung dieser Vorstellungen und Begriffe wird in der Forschung nach religionsgeschichtlichen Parallelen gesucht. Dabei werden jüdische Texte (vor allem aus Qumran), hellenistische und insbesondere auch gnostische Texte herangezogen.

In der Tat gibt es Parallelen zu Joh in verschiedenen Bereichen der religiösen Umwelt. Im Judentum findet sich der Dualismus von Licht und Finsternis und der Aufruf zur unbedingten Entscheidung (Qumran); Philo kennt und verarbeitet eine dem Joh-Prolog verwandte λόγος-Vorstellung. Aber auch heidnische Texte aus dem Umkreis der Gnosis, nämlich die Hermetica und die Mandaica, enthalten deutliche Parallelen. (Ähnliches gilt für spätere oder auch fast gleichzeitige christliche Texte, die mehr oder weniger gnostisch beeinflußt sind, etwa die Ignatiusbriefe oder die Oden Salomos).

Die Mandäerfrage ist ein Spezialproblem in der Joh-Forschung. Die im südlichen Irak heute noch existierende gnostische Sekte der Mandäer (manda = Erkenntnis = Gnosis) scheint ihre Anfänge zur Zeit des Urchristentums in der Gegend des oberen Jordan gehabt zu haben. Das mandäische Schrifttum weist so starke Parallelen zu Joh auf, daß man zeitweilig annahm, das joh Christentum sei von den Mandäern abzuleiten. Inzwischen erkannte man jedoch, daß jedenfalls die schriftliche Abfassung der mandäischen Texte weit später als die des Joh erfolgte. Gleichwohl bleiben diese Texte für die Joh-Forschung von Bedeutung, denn sie enthalten unabhängig von Joh eine Reihe verwandter Motive.

Das religionsgeschichtliche Problem hat für die Auslegung des Joh eine erhebliche sachliche Bedeutung. Bultmann vertritt die Auffassung, die joh Theologie und insbesondere die Christologie setze den vollständigen gnostischen Mythos voraus. Dieser Mythos umfaßt ein festes Schema: Der Urmensch bzw. Gottessohn bzw. Gesandte steigt auf die Erde hinab, um die durch den Fall in der Materie gefangenen Lichtteile (Menschen) durch seinen Ruf zu sammeln und mit sich zurück in den Himmel zu führen. Dabei ist der Erlöser mit den von ihm erlösten Lichtteilen substanzidentisch: Die Seelen oder Lichtteile stammen nicht aus der Welt (= Materie), sondern aus dem Himmel (= Licht) und werden durch den Gesandten an ihren Ursprungsort zurückgebracht. Von dieser Annahme ausgehend stellte Bultmann nun die These auf, Joh habe aus dem Mythos gerade das Kernstück, nämlich die Behauptung der Präexistenz der Seele und ihrer substantiellen Identität mit dem Erlöser, herausgebrochen: Im Gegensatz zur Gnosis sei bei Joh die Erlösung nicht an das Sein des zu Erlösenden gebunden, sondern allein an das freie Heilshandeln Gottes in seinem Sohn. Damit erweise sich Joh gerade als ein scharfer Kritiker der gnostischen Lehre.

Bultmanns Auffassung läßt sich aber aus historischen Gründen nicht halten. Der gnostische Mythos in seiner oben dargestellten Form stammt nicht aus der Frühzeit der Gnosis, sondern steht im Gegenteil ziemlich am Ende der Entwicklung des gnostischen Denkens. Er kann deshalb jedenfalls nicht unmittelbar der Ursprungsort des joh Denkens sein. Wahrscheinlich hat Joh einzelne Elemente sowohl des hellenistischen Judentums als auch der frühen Gnosis aufgenommen und mit der Person Jesu verbunden, wodurch faktisch ein eigener christlicher Mythos entstand.

Neuerdings ist wieder die Auffassung vertreten worden, Joh habe sich den religiösen Aussagen der frühen Gnosis stärker genähert als Bultmann meinte. Faktisch müsse man sein Evangelium bereits zur Gnosis rechnen, denn im Zentrum stehe die christologische Aussage, daß der Erlöser nicht in die Welt eingehe, sondern stets von ihr geschieden sei. Joh vertrete also einen naiven (so E. Käsemann, Jesu letzter Wille nach Joh 17, 1966) oder sogar einen bewußten (so L. Schottroff, Der Glaubende und die feindliche Welt, 1970, 228 bis 296) Doketismus. Aussagen innerhalb des Joh, die dieser Grundtendenz entgegenstehen (etwa Joh 1,14), bedeuten nicht, daß der Erlöser in der Fleischwerdung wirklich Anteil an der Welt erhalte. Jesus bleibe ein Himmelswesen, das die Welt nur streife, aber nicht in sie eingehe.

Diese These beruht auf manchen richtigen Beobachtungen. Dennoch läßt sich die Behauptung, Joh sei insgesamt eine doketische (und insofern gnostische) Schrift, nicht halten. Denn zu einer prinzipiell doketischen Christologie gehört ein entsprechendes Weltverständnis; die Gläubigen müßten aufgerufen werden, sich – mindestens geistig – aus der Welt zurückzuziehen. Und eben dies lehrt Joh nicht. Er fordert nicht, die Gemeinde habe die Welt zu fliehen (17,15).

Lektürevorschläge

1. A. Lindemann, Gemeinde und Welt im Joh, in: Kirche. FS G. Bornkamm (hg. D. Lührmann / G. Strecker), 1980, 133–161.

2. Die unterschiedlichen Standpunkte zum religionsgeschichtlichen Ort des Joh kommen sehr gut in den Kommentaren von Bultmann und Schnackenburg zum Ausdruck. Nützlich ist vor allem die vergleichende Lektüre der Ausführungen über die Herkunft der Logos-Vorstellung (Bultmann, Joh, 5–19; Schnackenburg, Joh I, 257–269).

6. Der Zweck des Joh

Das Joh ist offenbar weder als Konkurrenzschrift noch als Ergänzung zu den Synoptikern verfaßt worden (s. o.). Zeitweilig wurde in der Forschung die Meinung vertreten, das Buch sei eine Missionsschrift, die sich an Israel (oder auch umgekehrt: an die Heidenwelt) richte. Von einer solchen spezifischen Absicht ist jedoch im Text nichts zu erkennen. Joh ist keine „Missionsschrift“, sondern ein Glaubensbuch für die christliche Gemeinde. Der Evangelist hat die Absicht, der Gemeinde die entscheidenden Aussagen des christlichen Bekenntnisses zu verdeutlichen – d. h. Joh ist ein theologisches

Produkt eben jener Gemeinde, an die es sich richtet. Diese Gemeinde soll in ihrem bereits vorhandenen Glauben bestärkt werden. Dieser Gemeinde wird gezeigt, wie sie vom Geist „in alle Wahrheit geleitet" wird und dadurch in der Welt trotz aller Anfechtungen „bleibt" (vgl. das besondere Gewicht des Stichworts μένειν im Joh). Nicht Mission ist die Absicht des Joh, sondern Zeugnis, Mahnung zur Bruderliebe, durch die sich die Gemeinde von einer Welt unterscheidet, die darauf mit Haß reagiert.

Arbeitsvorschlag

Es gibt eine Reihe theologischer Vorstellungen und Begriffe bei Joh, die man sich merken sollte, weil sie eine entscheidende Rolle spielen. Sie sollen hier nur stichwortartig genannt werden, damit man einen Überblick gewinnt, der dann mit Hilfe der Literatur ausgebaut werden kann:

1. Im Bereich der Christologie sind typisch die „Ich-bin"-Worte Jesu.
2. Im Bereich der Anthropologie ist für Joh kennzeichnend der Zusammenhang von Glauben und Erkennen.
3. Die Ekklesiologie ist beherrscht durch die Vorstellung von der Bruderliebe auf der einen und vom Haß der Welt auf der anderen Seite.
4. Wichtigstes Kennzeichen des Joh ist die „realisierte", präsentische Eschatologie (3,18 f.; 5,24 f.). Hier besteht das Problem, ob die futurischen Aussagen im Joh einer anderen Schicht angehören, also sekundäre Interpolationen sind, oder ob sich beide Aussagengruppen sachlich-theologisch miteinander zum Ausgleich bringen lassen.
5. Die christliche Gemeindetradition wird an einigen Stellen umgesetzt: An die Stelle des Abendmahls z. B. tritt die Fußwaschung. Ist das allein das Werk des Joh, oder fand er diese Umgestaltung schon in seiner Gemeinde vor?
6. Das Kreuz wird von Joh als Erhöhung Jesu interpretiert: Ostern, Himmelfahrt, Pfingsten und die Parusie werden in eines zusammengezogen.
7. In der Christologie gewinnt der Präexistenzgedanke Bedeutung. Eine entscheidende Frage in diesem Zusammenhang ist, in welchem Verhältnis Jesus und die Gestalt des Parakleten zueinander stehen.
8. Ein besonderes Problem sind die Wunder. Einerseits enthält Joh die massivsten Wunder- und auch die handgreiflichsten Erscheinungsgeschichten, andererseits aber werden eben diese Vorgänge zu „Zeichen" sublimiert (s. o.). Steckt hierin ein Widerspruch, oder lassen sich beide Aspekte ausgleichen?

Anhang: Der Jünger, den Jesus liebte

Dreimal wird im Joh ein Jünger erwähnt, von dem ausdrücklich gesagt wird, Jesus habe ihn geliebt (13,23; 19,26; 20,2 mit dem

Stichwort ἀγαπάω bzw. φιλέω; vgl. 21,7.20); sein Name aber wird niemals genannt. Gewöhnlich nimmt man an, es sei der Zebedaide Johannes gemeint, und wer diesen für den Verfasser des Evangeliums hält, sieht darin einen Beleg für seine Vermutung: Nur ein wirklicher Begleiter Jesu könne in dieser Weise auf sich selbst hinweisen. Andere meinen, die Notizen seien fingiert: Der Zebedaide sollte auf diese Weise als Gewährsmann des Buches und zugleich als Patron der Kirche, in der es entstand, erscheinen.

Dagegen meinen Bultmann und Kragerud (Der Lieblingsjünger im Joh, 1959), der „Jünger, den Jesus liebte", sei keine historische Person; es handele sich um ein Symbol für den Kreis, dem das Buch zugehöre (Bultmann: Symbol des Heidenchristentums im Unterschied zum petrinischen Judenchristentum; Kragerud: Symbol für die Geistkirche im Unterschied zur Amtskirche). Aber solche Deutungen sind aus dem Text nicht zu erheben. Vor allem muß man berücksichtigen, daß im Nachtrag des Buches (21,23) auf den Tod dieses Jüngers zurückgeblickt wird, daß mit ihm also wohl doch eine geschichtliche Person gemeint ist. Kümmel (Einleitung, 204) hält es für das wahrscheinlichste, daß der Verfasser des Joh Wert darauf legte, „für seinen Bericht vom Leiden Jesu den Gewährsmann anführen zu können, dem man den Ehrentitel ‚der, den Jesus liebte' zuerteilt hatte". Kümmel weist ausdrücklich darauf hin, daß diese Annahme für die Klärung der Verfasserfrage nichts austrägt.

§ 39 Die drei Johannesbriefe

Literatur: R. Bultmann, Die drei Johannesbriefe, KEK XIV, [8]1969; W. Nauck, Die Tradition und der Charakter des ersten Johannesbriefes, WUNT 3, 1957; R. Schnackenburg, Die Johannesbriefe, HThK XIII/3, [4]1970.

Vorbemerkung:

Die Joh lassen sich am leichtesten erarbeiten, wenn man sie im Zusammenhang mit dem Evangelium sieht. Eine Reihe von Indizien sprechen dafür, daß Joh und die Joh-Briefe in enger Beziehung zueinander stehen: Erstens wird im Vorwort des 1 Joh (1,1–4) ausdrücklich auf das Joh-Evangelium zurückverwiesen, zweitens besteht eine deutliche Verwandtschaft hinsichtlich der Sprache und der Gedanken. Da 2 Joh mit 1 Joh, und 3 Joh wiederum mit 2 Joh zusammenhängt, ist es notwendig, alle drei Briefe – zunächst ganz unabhängig vom Urteil über die Verfasserfrage – als sachliche Einheit anzusehen.

Der erste Joh

1. Problemstellung

Die grundsätzlichen Probleme sind beim 1 Joh dieselben wie im Joh-Evangelium. Bultmann findet hier wie im Evangelium die Quelle der Offenbarungsreden. Nauck und Haenchen bestreiten deren Existenz hier wie dort. Bultmann findet auch im 1 Joh Zusätze, die er auf die „kirchliche Redaktion" zurückführt (er rechnet dazu 1,7b; 2,2.28; 4,10b; 5,7–9; 5,14–21, sowie möglicherweise Teile von 3,2; 4,17b). Umstritten ist die Frage der Verfasserschaft: Ist der Autor des 1 Joh mit dem Joh-Evangelisten identisch oder nicht?

2. Gliederung und Charakter

1 Joh ist kein Brief. Das zeigt schon die Einleitung, die nicht zu einem Brief, sondern nur zu einer theologischen Abhandlung paßt. Auch der Schluß trägt nicht Briefcharakter (unabhängig davon, ob man erst 5,21 oder mit Bultmann bereits 5,13 als Schluß ansieht). Andererseits aber werden die Leser direkt angesprochen, d. h. der Verfasser scheint bestimmte Leser vor Augen zu haben und sich nicht allgemein an „die Kirche" zu wenden.

Das ganze Schreiben ist bestimmt durch den ständigen Wechsel zwischen dogmatischen (christologischen) Abschnitten einerseits und paränetischen (ethischen) Abschnitten andererseits. Die damit verbundene Absicht ist deutlich sichtbar: Erkennen und Handeln werden als untrennbar miteinander verbunden verstanden; die Gemeinschaft mit Gott als Wandel im Licht und die Gemeinschaft der Christen untereinander gehören ebenso zusammen wie die Gemeinschaft mit Gott und das Befolgen des alten, zugleich neuen Gebots.

Die Abfolge „Dogmatik" – „Ethik" entspricht dem Schema in den paulinischen Briefen, wo Indikativ und Imperativ einander folgen.

Im übrigen aber läßt sich ein klar gegliederter Aufbau nicht erkennen. Man kann 1 Joh vielleicht charakterisieren als eine Summe von Gedanken zum beschriebenen Grundthema Glaube und Liebe.

3. Literarkritische Probleme

1) Es gibt eine Reihe von Analysen, in denen versucht wird, Quellen oder jedenfalls vorgegebenes Material im 1 Joh zu finden.

a) Bultmann sieht innerhalb des Abschnitts 1,5–2,11 stilistische und sachliche Spannungen: Einerseits würden in poetischer Form dogmatische Thesen formuliert, andererseits aber gebe es seelsorgerliche Sätze im Prosastil. Bultmann schlägt daher die folgende Analyse vor: 1,5–10 gehören zu der poetisch formulierten Quelle (ausgenommen V. 7b.9, die vom Verfasser oder sogar erst von der „kirchlichen Redaktion" eingesprengt worden seien; in der Tat weichen diese beiden Teilverse inhaltlich und terminologisch vom Kontext völlig ab). 2,1 sei eine vom Verfasser selbst gegebene homiletische Anwendung für das Vorangegangene, die in V. 2 von der kirchlichen Redaktion (s. u.) noch ergänzt worden sei. Mit V. 3 leite der Verfasser das neue Thema „Erkenntnis Gottes" ein, wobei er in 2,4f. zur Quelle zurückkehre, um dann aber in 2,6–8 noch einmal eigene Erläuterungen anzufügen. Die dualistisch geprägten antignostischen Aussagen V. 9–11 stammen nach Meinung Bultmanns wieder aus der Quelle. Ursprünglich sei der Brief, so meint Bultmann, mit 2,27 abgeschlossen gewesen; der nun folgende Teil 2,28 bis 5,13 sei als nachträgliche Komposition aus einzelnen Stücken des ersten Teils anzusehen, wobei offen bleibe, ob dieser Nachtrag vom Verfasser des Briefes (also des Abschnitts 1,5–2,27) selbst oder aber erst von seinen Schülern zusammengestellt wurde.

b) Auch Nauck sieht innerhalb des 1 Joh starke stilistische Unterschiede und möchte sie verschiedenen Schichten zuordnen. Er hält aber anders als Bultmann daran fest, daß alle diese Schichten vom selben Autor stammen. Der Befund sei damit zu erklären, daß der Verfasser die von ihm selbst geschaffene „Quelle" später kommentiert habe.

c) Haenchen dagegen bestreitet, daß man überhaupt verschiedene Schichten oder Stilformen voneinander unterscheiden könne. Vielmehr habe der Verfasser des 1 Joh den ganzen Text durchgängig in Prosa formuliert. Die Verbindung von apodiktischer und homiletischer Redeweise innerhalb des Briefes erklärt Haenchen damit, daß der Autor ein Schüler des Joh-Evangelisten gewesen sei und sich bei seiner Arbeit theologisch und stilistisch an das Evangelium angelehnt habe. Tatsächlich dürfte diese Annahme die einfachste und deshalb auch wahrscheinlichste Lösung darstellen.

2) Bultmann vertritt die These, einige Sätze im 1 Joh seien der

späteren „kirchlichen Redaktion" zuzurechnen. Aber die Begründung für diese These ist hier weniger überzeugend als beim Joh-Evangelium. Denn zwar enthalten die von Bultmann ausgeschiedenen Textstellen (s. o.) tatsächlich in besonderem Maße traditionelle theologische Aussagen, wie sie sonst im joh Schrifttum unüblich sind; aber in den meisten Fällen lassen sie sich nicht aus dem Kontext herauslösen, sondern sind fest mit diesem verbunden, d. h. ihr Charakter als Glosse bleibt ganz unwahrscheinlich.

Anders steht es allerdings mit dem Schluß des 1 Joh: Das Schreiben macht deutlich den Eindruck, als sei in 5,13 das Ziel erreicht. Bei 5,14–21 könnte es sich also um eine sekundäre Erweiterung handeln, zumal der Abschnitt wie eine knappe Zusammenfassung des Vorangegangenen aussieht.

4. *Sprachliche und theologische Besonderheiten*

1) Theologisch und sprachlich ist 1 Joh eng mit dem Joh-Evangelium verwandt. Das zeigt sich zum einen in der verwendeten Terminologie (trotz einigen bemerkenswerten Unterschieden; s. u.); es zeigt sich besonders deutlich aber darin, daß beiden Schriften die präsentische Eschatologie gemeinsam ist, wie der Vergleich zwischen Joh 5,24 f. und 1 Joh 3,14 zeigt.

Zwischen 1 Joh 3,14 und 3,2; 4,17 besteht eine gewisse sachliche Spannung. Bultmann will Teile der beiden letztgenannten Stellen daher als Glossen ausscheiden, aber als Grundlage für eine literarkritische Operation reicht diese Spannung letztlich denn doch nicht aus.

2) Andererseits weist 1 Joh trotz aller formalen und sachlichen Ähnlichkeit auch erhebliche Unterschiede zum Joh-Evangelium auf. Im Evangelium ist *Jesus* „das Licht der Welt", in 1 Joh 1,5 dagegen wird *Gott* als Licht (in 4,8 als Liebe) bezeichnet. Unterschiede zeigen sich auch im Verständnis einiger in beiden Schriften belegten Begriffe: So bezeichnet ἀρχή in Joh 1,1 den absoluten Uranfang mit der Schöpfung, in 1 Joh 1,1 dagegen den Beginn der Kirche mit Jesus. Der „Paraklet" ist im Evangelium der Geist, im Brief dagegen Jesus selbst (1 Joh 2,1). Überhaupt ist die Bedeutung des Begriffes πνεῦμα im 1 Joh – anders als im Evangelium – nicht eindeutig: So wird z. B. auch der falsche, nichtchristliche Geist πνεῦμα genannt (1 Joh 4,1 ff.). Der Begriff des πνεῦμα allein reicht zur eindeutigen Bezeichnung der Heilspotenz also nicht mehr aus, sondern hierfür verwendet der Autor den im Evangelium unbekannten Begriff χρῖσμα (2,20.27).

Im 1 Joh werden einige dem Evangelium gegenüber neue Gedanken eingeführt. So findet sich z. B. die besondere Betonung des Sühnetodes Christi, seines „Blutes" (1,7b.9; 2,2; vgl. dazu Bultmanns Analyse), außerdem ein betonter Hinweis auf die Möglichkeit der wiederholten Sündenvergebung und am Schluß die Unterscheidung zwischen Todsünden und leichteren Sünden 5,16 ff.; diese Stelle ist aber wahrscheinlich sekundär (s. o.).

Im Zusammenhang mit dem Thema „Sünde" fällt innerhalb des Textes eine deutliche Spannung auf: Während in 3,6–9 gesagt wird, die Gläubigen seien ohne Sünde, heißt es andererseits in 1,10, daß derjenige, der seine Sündlosigkeit behaupte, ein Lügner sei. Muß man diese Spannung auf Differenzen zwischen einer Quelle und dem Verfasser zurückführen? Oder handelt es sich einfach um eine Nachlässigkeit des Autors in der Argumentation? Die Spannung löst sich jedoch auf, wenn man beide Aussagen streng theologisch interpretiert: Die Gläubigen sind durch Christus sündlos (3,6 ff.), aber sie können vor Gott und den Brüdern darauf nicht als auf einen Zustand hinweisen (1,10).

Der auffälligste Unterschied zwischen 1 Joh und dem Joh-Evangelium besteht darin, daß im 1 Joh die aktuelle Polemik gegen Irrlehre und Irrlehrer eine entscheidende Rolle spielt. 1 Joh ist im Neuen Testament *das* Dokument über das Bewußtwerden von „Rechtgläubigkeit und Ketzerei" innerhalb der christlichen Kirche. Alle theologischen Argumente des 1 Joh, die präsentische Eschatologie wie die Paränese, stehen im Dienst der Polemik gegen die Ketzer: In den Ketzern ist der Widersacher der Endzeit, der Antichrist erschienen – das ist die These des 1 Joh (2,18 ff.). Die zentrale Lehre dieser Ketzer ist die Bestreitung der Inkarnation: Jesus sei nicht wirklich Mensch gewesen, behaupten sie (vgl. 2,23 und 4,2). Als Waffe zu ihrer Widerlegung setzt der Autor das Glaubensbekenntnis ein, und zwar zugespitzt auf die entscheidende christologische These, daß Jesus der Christus, der Sohn Gottes, sei (4,3.15; 5,1.5). Ein weiteres Kriterium für die Rechtgläubigkeit ist das ethische Verhalten: Erkennen und Handeln (Liebe) gehören unbedingt zusammen, wer (den Nächsten) nicht liebt, der hat Gott nicht erkannt (4,8).

5. *Verfasserfrage*

Es ist im Zuge der bisherigen Darlegungen deutlich geworden, daß der Autor des 1 Joh wohl nicht mit dem Verfasser des Joh-Evangeliums identisch ist. Ganz offensichtlich aber stammt er aus der

„Schule“ des Joh-Evangelisten, d. h. er schrieb wohl nur kurze Zeit nach diesem in der ersten Hälfte des 2. Jahrhunderts. Aller Wahrscheinlichkeit nach sind die beiden anderen Joh-Briefe etwa in derselben Zeit entstanden.

Arbeitsvorschläge

1. Vergleich der Christologie des Joh-Evangeliums mit der des 1 Joh. Welche christologischen Aussagen stehen jeweils im Vordergrund? Welche Funktion hat die Christologie in den beiden Schriften?

Hilfsmittel: R. Bultmann (s. Literaturangaben) 82–87.

2. Vergleich der Sprache im 1 Joh mit der des Joh-Evangeliums: Welche Übereinstimmungen, welche Differenzen bestehen?

Hilfsmittel: E. Haenchen, Ges. Aufs. II, 1968, 238–242.

Es ist vor allem auf die unscheinbaren Vokabeln zu achten: So fehlt im 1 Joh das Wörtchen οὖν, das im Joh-Evangelium 194mal vorkommt; παρά mit Gen. steht im Joh-Evangelium 25mal, im 1 Joh gar nicht. Im 1 Joh fehlen Semitismen, wie z. B. das joh ἵνα und ὅτι in der Bedeutung des aramäischen ד; die zusammengesetzten Verben wie etwa ἀναγγέλλω sind in 1 Joh ungleich seltener als im Joh-Ev.

Von den typischen joh Stichworten mit theologischem Gewicht fehlen im 1 Joh σῴζειν, ἀπολλύναι, πέμπειν, κρίνειν / κρίσις, εἰρήνη.

3. Textkritische Übung: Das „Comma Johanneum“ 1 Joh 5,7 f.

Der zweite Joh

1. Allgemeines

2 Joh ist der Brief eines πρεσβύτερος an eine „erwählte Herrin“. Im Unterschied zum 1 Joh handelt es sich um einen richtigen Brief, der ganz der Form des hellenistischen Privatbriefes entspricht, auch wenn sich inhaltlich ein gewisses amtliches Gepräge zeigt. Jülicher und andere halten 2 (und 3) Joh für bewußte Imitationen des joh Schrifttums. Kümmel dagegen verweist auf die Anspruchslosigkeit beider Texte: Es sei nicht zu erkennen, warum der Verfasser des 2 (und 3) Joh das Evangelium und den 1 Joh hätte nachahmen sollen.

Der Inhalt des 2 Joh ist einfach: Er enthält den Aufruf zum Wandel in der Liebe und eine Warnung vor Irrlehrern.

2. Besondere Probleme

1) Es wird gefragt, ob der Verfasser, der sich selbst als πρεσβύτερος bezeichnet (2 Joh 1), ein Presbyter ist oder einfach nur ein alter Mann („der Alte“). Wahrscheinlich ist πρεσβύτερος tatsächlich als

Titel aufzufassen; es handelt sich dann möglicherweise um einen Angehörigen jenes Presbyterkreises, der bei Papias, Irenäus und Clemens Alexandrinus als Garant der christlichen Tradition gilt. Sollte das zutreffen, dann könnte der von Papias erwähnte Presbyter Johannes (s. o.) wirklich der Verfasser sein. Allerdings muß dabei beachtet werden, daß der Name „Johannes" in dem Brief fehlt!

2) Nicht eindeutig ist die Auslegung der Anrede „Herrin". Es stellt sich die Frage, ob der Brief an eine Frau oder aber an eine Gemeinde gerichtet ist. Da das Wort κυρία im Hellenismus als Bezeichnung von Städten immerhin belegt ist (vgl. W. Foerster, ThWNT III, 1095), ist es wahrscheinlicher, daß der Brief an eine Gemeinde und nicht an eine einzelne Person gerichtet ist, zumal in diesem Fall wohl ein Name genannt worden wäre.

Der dritte Joh: Das Problem der Häresie

Auch 3 Joh ist ein Brief des „Presbyters", diesmal an einen sonst nicht bekannten Gaius. Der Verfasser polemisiert gegen einen gewissen Diotrephes, und dabei gewinnen wir einen interessanten Einblick in innerkirchliche Auseinandersetzungen des 2. Jahrhunderts.

1) Der Brief hat die Exegeten zu einer Reihe von Thesen veranlaßt, die in der Forschung immer wieder diskutiert werden.

a) A. Harnack (Über den dritten Joh, TU 15/3, 1897) erklärt: Zwischen dem Presbyter und Diotrephes bestehen nicht nur persönliche Rivalitäten, vielmehr erscheinen in dieser Auseinandersetzung die beiden großen Strömungen der frühen Kirchengeschichte: Die Geistkirche und die Amtskirche. Auf der einen Seite stehen die Charismatiker, die reisenden Missionare, die von dem Presbyter autorisiert wurden, aber im übrigen keiner festen Organisation unterstellt sind. Auf der anderen Seite steht Diotrephes; er ist der Vertreter des ortsansässigen „Amtes" und mißtraut daher jenen Wanderpredigern. Harnack urteilt, Diotrephes sei der „erste monarchische Bischof, dessen Namen wir kennen" (21). Dies werde vor allem daran deutlich, daß Diotrephes vom Presbyter keineswegs der Irrlehre beschuldigt wird, vom Verfasser also nicht zur Gruppe der Ketzer gezählt werden könne (zustimmend Bultmann, Joh-Briefe, 99).

b) Nach W. Bauer (Rechtgläubigkeit und Ketzerei im ältesten Christentum, ^{2}1964, 96 f.) ist 3 Joh ein Beleg für die These, daß es in der frühen Phase der Kirchengeschichte noch keine eindeutige Entscheidung über Rechtgläubigkeit und Ketzerei gab. Diotrephes ist nach Meinung Bauers ein ketzerischer Bischof, der andere Christen exkommuniziert habe und deshalb vom Presbyter angegriffen werde.

c) E. Käsemann (Ketzer und Zeuge, Ges. Aufs. I, 168–187) stellt fest, vermutlich sei das Gegenteil der Fall. Nicht Diotrephes, sondern der Presbyter stehe auf der Seite der Häresie; jedenfalls werde er ja vom Bischof als Anhänger gnostischer Lehren verdächtigt.

2) Alle drei Deutungen sind stark hypothetisch und gehen weit über das hinaus, was man dem Text direkt entnehmen kann. Von Irrlehre und Exkommunikation steht weder in der einen noch in der anderen Richtung etwas da. Man kann lediglich erschließen, daß Diotrephes in der Gemeinde eine Stellung einnimmt, die ihm nach der Meinung des Presbyters nicht zukommt. Ob dahinter eine grundsätzliche kirchenrechtliche Auseinandersetzung steht, läßt sich nicht ausmachen.

V. Der Hebräerbrief

§ 40 Der Hebräerbrief

Literatur: E. Käsemann, Das wandernde Gottesvolk, FRLANT 55, [2]1957; O. Michel, Der Brief an die Hebräer, KEK XIII, [13]1976; G. Theißen, Untersuchungen zum Hebräerbrief, StNT 2, 1969; H. Windisch, Der Hebräerbrief, HNT 14, [2]1931.

1. Problemstellung und Gliederung

Hebr ist kein Brief, sondern ein theologischer Traktat. Zwar enthält er einige konkrete Anspielungen auf die Lage der Leser und bisweilen auch die direkte Anrede an sie (5,11 f.; 6,10; 10,32–34; 13,7. 18 f.23), er besitzt sogar einen ausgeführten Briefschluß (13,24 f.); aber am Anfang fehlt das Briefformular.

Hebr ist eine theologische Abhandlung, deren Abfassung in die Zeit fällt, in der sich die Kirche mit dem Judentum in erster Linie theoretisch, d. h. literarisch auseinandersetzte. Weitere Beispiele für diesen Stand der Entwicklung neben Hebr sind die Rede des Stephanus in Apg 7 und außerhalb des NT der Barnabasbrief (s. § 45).

Charakteristisch für den Aufbau des Hebr ist es, daß sich christologische und paränetische (2,1–4; 3,7–4,11; 4,14–16; 5,11–6,12; 10,19–39; 12,1 ff.; 12,12 ff.; 13,1 ff.) Abschnitte abwechseln. Dabei ist die Paränese als Konsequenz der christologischen Aussagen dargestellt, d. h. es herrscht auch hier das Schema Indikativ – Imperativ. In der Forschung wird immer wieder die Frage gestellt, wo denn der Verfasser des Hebr den Akzent setze – bei den christologischen Voraussetzungen oder bei den ethischen Konsequenzen (zur Zeit neigt man eher dazu, das letztere anzunehmen). Bei dieser Debatte wird aber übersehen, daß es für den Hebr hier gar keine Alternative gibt. Untersucht man beispielsweise den Abschnitt 5,11–6,20, so zeigt sich ein deutliches sachliches Ineinander von Paränese und Christologie/Soteriologie: Formal liegt Paränese vor, inhaltlich aber führt der Verfasser von der Taufkatechese (5,12; 6,1–4) zum πνεῦμα ἅγιον, also zur Soteriologie hin. Mit dem Stichwort Melchisedek (7,1) greift er dann auf 5,10 zurück.

Eine Auseinandersetzung gibt es auch darüber, ob der Hebr drei-, vier- oder fünfteilig gebaut sei, etwa in Anlehnung an ein antikes rhetorisches Schema (Windisch). Umstritten ist in diesem Zusammenhang auch, ob der Haupteinschnitt bei 10,18 oder bei 10,31 liege. Aber in beiden Fällen ist der Streit letztlich unnütz: Formale Einteilungen sind ja nicht Tatbestände an sich, sondern sie können allenfalls den Sinn haben, auf Möglichkeiten der Beobachtung hinzuweisen.

Am einfachsten ist es wohl, eine gewisse Dreiteilung vorzunehmen:

a) 1,1–4,13 Gottes Offenbarung in seinem Sohn ist über alle andere Offenbarung erhaben.

b) 4,14–10,18 (oder 10,31) Jesus selbst ist der vollkommene Hohepriester.

c) 10,19 (oder 10,32)–13,25 Paränetische Anweisungen und (Brief-)Schluß.

2. *Literarische und religionsgeschichtliche Probleme*

Es ist die Frage aufgeworfen worden, ob der Verfasser des Hebr feste Lehrvorträge in seinem Werk verarbeitet habe; Indizien dafür findet man in Hebr 1 f.; 5,1–10; 7,1–10,8 und in Kap. 11. Aber da der ganze „Brief" stark lehrhafte Züge trägt, gibt es keine ausreichenden Kriterien dafür, einzelne Abschnitte gesondert herauszulösen.

Einige Exegeten meinen, in Hebr 11 sei eine jüdische Quelle benutzt. In der Tat fällt auf, daß V. 39 nicht in den Duktus des Textes paßt, sondern wie eine nachträgliche Einfügung wirkt. Aber ob das schon als Kriterium für eine Quellenscheidung ausreicht, kann bezweifelt werden.

Auffällig ist, daß sich im Hebr traditionelle Formen der jüdischen Bibelauslegung finden, die es sonst im NT in dieser Form nicht gibt. So ist Hebr 3,7–14 ein an Ps 95 sich anschließender Midrasch, Hebr 7,1–25 ist ein Midrasch zu Ps 110 und Gen 14,17–22. Überhaupt verwendet der Hebr in starkem Maße Begriffe, Gedanken und Methoden des hellenistischen Judentums, wobei besonders enge Berührungen mit Philo bestehen: Hier wie dort ist Melchisedek als König der Gerechtigkeit verstanden, hier wie dort wird typologische und allegorische Exegese betrieben (Allegorese im Hebr: 11,13 ff.; 13,11 ff.). Dennoch bestehen entscheidende Differenzen: Die Typologie im Hebr ist heilsgeschichtlich bestimmt – im Vordergrund stehen Kategorien wie der vom alten und neuen Bund. Philo dagegen denkt ungeschichtlich – das Paradies zum Beispiel ist für ihn das zeitlose Reich der Tugenden, und die Personen des AT stellen (zeitlose) Typen für den Weg zu Gott dar. Im Gegensatz zum Hebr kennt die philonische Lehre auch keine Eschatologie. Man wird deshalb mit einiger Sicherheit sagen können, daß eine *literarische* Beziehung des Hebr zu Philo nicht besteht.

Darin wie der Hebr das Verhältnis des „Sohnes" zu den „Söhnen" bestimmt (2,10–18), sieht E. Käsemann eine Verbindung mit dem gnostischen Gedanken einer Identität der Erlösten mit dem Erlöser. Aber das ist unwahrscheinlich; Röm 8 zeigt, daß man die Vorstellung Sohn/Söhne auch ohne die spezifische Gnosishypothese verstehen kann.

3. *Stil und sprachliche Besonderheiten*

Literarisch beurteilt ist Hebr die am sorgfältigsten gearbeitete Schrift des NT. Stilistisch zeigt er das beste Griechisch unter den ntl Schriften; man kann das etwa daran erkennen, daß er ausgeführte Satzperioden enthält (1,1–4; 2,2–4.14 f.; 7,20–22.23–25), was sonst im NT selten ist. Der Aufbau des Hebr entspricht Schriften aus der hellenistischen Diatribe, es besteht Verwandtschaft etwa zur Sap Sal oder zu Schriften Philos (s. o.). Auch inhaltlich entspricht Hebr weithin der hellenistisch-jüdischen Gelehrsamkeit, wie sie aus Alexandria – wieder vor allem von Philo her – bekannt ist.

4. *Historische Fragen*

In der alten Kirche galt Hebr vielfach als paulinische Schrift; in P 46 steht er zwischen Röm und 1 Kor. Stil und theologischer Inhalt schließen es aber aus, daß Hebr tatsächlich ein Werk des Paulus ist: Kirchengedanke, Christologie (Hebr ist nicht an der „Auferstehung", sondern an der „Erhöhung" Christi orientiert) und Eschatologie sind von der paulinischen Lehre völlig verschieden. Daher kann man auch, trotz der Nennung des Timotheus in 13,23, die Annahme ausschließen, daß Hebr etwa in der Schule des Paulus entstanden sei. Die Aussage von 13,7 über die „Führer", deren Vorbild es zu folgen gelte und die das Wort Gottes verkündigt hätten, zeigt außerdem deutlich, daß die apostolische Zeit bereits zurückliegt. Auch der Unterschied zwischen Judenchristen und Heidenchristen gehört ganz offensichtlich der Vergangenheit an; die Auseinandersetzung mit dem Judenchristentum ist nur noch eine theoretische.

Über diese allgemeinen Beobachtungen hinaus läßt sich die Entstehungszeit des Hebr einigermaßen eingrenzen: 1. Es gibt Hinweise auf eine Verfolgung (6,10f.; 10,32ff.), deren nähere Einzelheiten allerdings offen bleiben. 2. Es werden „Italiener" erwähnt (13,24). 3. 1 Clem, der zur Zeit Domitians um 90 entstanden sein dürfte, setzt den Hebr offenbar bereits voraus (vgl. 1 Clem 17,1; 36,2–5). Hebr muß also spätestens im letzten Jahrzehnt des 1. Jahrhunderts entstanden sein, aber vermutlich nach den deuteropaulinischen Briefen Kol und Eph.

Läßt sich also die Entstehungszeit noch einigermaßen genau nennen, so erweisen sich alle anderen „Einleitungsfragen" als praktisch unbeantwortbar. Die Suche nach der Person des Verfassers ist ebenso aussichtslos wie die nach den Adressaten. Die Überschrift „An die Hebräer" ist jedenfalls sekundär; sie entstand aufgrund des stark vom hellenistischen Judentum beeinflußten Charakters der Schrift. Über den Entstehungsort läßt sich nichts sagen; sollte mit der erwähnten Verfolgung die Aktion gegen die Christen unter Domitian gemeint sein, dann müßte Hebr im nördlichen Kleinasien entstanden sein, aber das bleibt ganz unsicher.

5. Theologische Grundgedanken

Die Theologie des Hebr ist bestimmt vom Gedanken des „wandernden Gottesvolks". Käsemann sah hierin sogar das Hauptmotiv des ganzen Schreibens. A. Oepke (Das neue Gottesvolk, 1950, 57–74) betonte demgegenüber, der Ton liege nicht so sehr auf dem Wandern selbst, sondern darauf, daß die Kirche – die tatsächlich als auf der Wanderschaft befindlich gedacht sei – das *neue* Gottesvolk ist. Auf die Wanderung wird vor allem in der Paränese Bezug genommen, 3,7–4,13 ist das beste Beispiel. Das Bild wird dann auf sehr anschauliche Weise weiter ausgeführt. Gegen die Ermüdung, die beim langen Wandern eintritt, muß man und kann man kämpfen, indem man an die Zukunft, d. h. an das Ziel der Wanderschaft, die himmlische Ruhe in der himmlischen Stadt, denkt. Dies Bild zeigt zugleich, daß die Eschatologie nicht nur zeitlich, sondern auch räumlich entworfen ist, im Schema von unten/oben. Die Wandernden werden weiter aufgerufen, auch der Gegenwart gewiß zu sein: Die Beschreibung des Weges, die der Orientierung dient, erleichtert die Mühen. Und selbst der Blick zurück in die Vergangenheit auf die schon zurückgelegte Wegstrecke dient der Hilfe: Die Ermüdenden werden an den alten Bund, an die damalige Verheißung erinnert, wodurch indirekt der Ausblick auf das Ziel erneut unterstrichen wird.

Man kann sich von diesem Motiv der Wanderung her die Grundbegriffe des Hebr erschließen: Glaube wird verstanden als das Verbleiben bei der Gemeinschaft des wandernden Volkes; Sünde ist das Zurückbleiben, Ermüden, also der Unglaube und Abfall; Hoffnung schließlich ist der Ausblick vom Weg aus auf das Ziel. Die Verheißung ist einerseits schon erfüllt: Das Gottesvolk ist ja bereits unterwegs; andererseits aber steht das Ende noch aus: Das Ziel ist noch nicht erreicht, das Volk bedarf noch der Stärkung. Die Gewißheit der Hoffnung ist durch das Heilswerk begründet, durch das Opfer Christi, des wahren Hohenpriesters (4,14–7,28). Vor der Folie des alttestamentlichen Vorbilds, des Priesters Melchisedek, hebt sich der vollkommene Hohepriester Christus ab, dessen Gottesdienst und dessen Opfer alles Alttestamentliche weit übertrifft. In derselben Weise wird auch das Verhältnis zwischen dem alten und dem neuen Bund bestimmt (8,1–10,18): Der zweite Bund ist der weitaus bessere (8,6). In typologischer Deutung verhalten sich alter und neuer Bund zueinander wie Bild und Sache oder wie Verheißung und Erfüllung, d. h. der alte Bund wird durch den neuen sowohl abgelöst als auch überboten.

Arbeitsvorschläge

1. Interpretation der Begriffe πίστις und ἐπαγγελία im Zusammenhang des Gedankens des „wandernden Gottesvolks".
Hilfsmittel: E. Käsemann (s. Literaturangaben); E. Gräßer, Der Glaube im Hebr, MThSt 2, 1965, 13–63; ders., Rechtfertigung im Hebr, in: Rechtfertigung (Festschr. E. Käsemann), 1976, 79–93.

2. Der Verfasser des Hebr vertritt in 6,4–8 die theologische Meinung,

ein vom Glauben abgefallener Christ habe nicht die Möglichkeit, durch eine zweite Buße seine Schuld zu sühnen. Wie ist diese Lehre zu beurteilen?

Hilfsmittel: H. Windisch, Taufe und Sünde im ältesten Christentum bis auf Origenes, 1908, 294–312; E. Gräßer, Der Glaube im Hebr. 1965, 192 bis 198.

VI. Die „katholischen Briefe"

Vorbemerkung

Die „katholischen Briefe" richten sich nicht an bestimmte Empfänger, sondern an die ganze (= „katholische") Kirche. Zur Gruppe dieser sieben Briefe gehören auch die drei Johannesbriefe, die bereits im IV. Abschnitt besprochen wurden.

§ 41 Der Jakobusbrief

Literatur: M. Dibelius, Der Brief des Jakobus, KEK XV, [11]1964; F. Mußner, Der Jakobusbrief, HThK XIII/1, [2]1967; W. Schrage, Der Jakobusbrief, in: H. Balz/W. Schrage, Die katholischen Briefe, NTD 10, 1973, 5–58; H. Windisch/H. Preisker, Die katholischen Briefe, HNT 15, [3]1951, 1–36.

Vorbemerkung

Auch Jak ist nicht ein wirklicher Brief. Er wird zwar durch einen eingliedrigen Eingangsgruß, also in griechischer Form, eingeleitet (s. o. S. 33), aber am Schluß fehlen die Briefformalien. Im Hebr (s. o. S. 307) liegt der umgekehrte Befund vor.

1. Gliederung und literarkritische Probleme

Ein fester Aufbau ist nicht erkennbar. Dem Eingangsgruß (1,1) folgen locker aneinandergereiht paränetische Stücke und Sätze der Spruchweisheit. Formal und inhaltlich zentrale Bedeutung hat der Abschnitt 2,14–26 über das Verhältnis von Glaube und Werken. Es gibt aber insgesamt keine Disposition und keinen durchlaufenden Gedankengang (vgl. etwa den Sprung von 1,2–18 zu 1,19 ff.).

Die Spruchgruppen in Kap. 2 sind denen der jüdischen Spruchethik sehr ähnlich, zu vergleichen sind die bei Nestle genannten Parallelstellen (1,5 mit Spr 2,3–6; Weish 9,6; Jak 1,13 mit Sir 15,11 ff. usw.). Thema von Kap. 1 ist der πειρασμός (wobei sich der Sinn des Wortes von „Erprobung" hin zu „Versuchung" verschiebt). Im Hintergrund steht der jüdische Gedanke, daß Gott den Menschen geradezu im Sinne einer Methode göttlicher Pädagogik auf die Probe stellt.

Der Mittelteil enthält drei kleine Abhandlungen (Dibelius: Diatriben) zu den Problemen arm und reich (2,1–13), Glaube und Werke (2,14–26) und über das Thema Mißbrauch der Zunge (3,1–12). Diese drei Stücke sind ziemlich regelmäßig aufgebaut: 1. Nennung des Themas; 2. Illustration durch Beispiele; 3. Widerlegung von Einwänden eines gedachten Gegners; in 2,14–26 wird darüber hinaus noch 4. ein Schriftbeweis angeführt. Eine gedankliche Verknüpfung jeweils von Abschnitt zu Abschnitt fehlt jedoch.

Eine Verbindung zwischen zwei Abschnitten stellt der Verfasser lediglich im letzten Teil des Briefes her; 4,13–17 und 5,1–6 handeln parallel über das (vergebliche) Vorausplanen der Menschen und über die Reichen. Der Schluß des Jak enthält Trost- und Mahnworte sowie bestimmte Regeln für einzelne Situationen (5,7–20).

Eine vollkommen andere These im Blick auf den Aufbau des Jak hat A. Meyer (Das Rätsel des Jac, BZNW 10, 1930, 240–305) aufgestellt. Er geht von der Beobachtung aus, daß sich im Jak kaum christliche Spuren finden. Jesus wird außer im Briefgruß nur noch einmal in 2,1 erwähnt; dort liegt jedoch eine unmögliche Satzkonstruktion vor. Es ist nicht ausgeschlossen, daß dieser Hinweis auf Jesus interpoliert ist. Meyer vertritt deshalb die These, dem Jak liege eine nach einem ganz bestimmten Prinzip aufgebaute jüdische Schrift zugrunde, die vom Verfasser nur leicht christlich retuschiert worden sei. Diese Grundschrift gehöre zur Gattung der „Testamente der (zwölf) Patriarchen". Mit „Jakobus" sei ursprünglich der alttestamentliche Patriarch Jakob gemeint gewesen; sein Name und die Namen seiner Söhne seien allegorisch gedeutet worden, und zwar auf Schicksale, Verhaltensweisen, Tugenden oder Laster (vgl. Test XII, Philo, rabbinische Schriften). So entziffert Meyer Abschnitt für Abschnitt: Der Name Jakobus werde in 1,1–16 als „Anfechtung" gedeutet. Das Stichwort ἀπαρχή in 1,18 weise auf Ruben, den Erstgeborenen; der Abschnitt 1,19–27 über das Hören und über den Gottesdienst sei auf Simeon und Levi zu deuten usw.

Zweifellos sind einige dieser Interpretationen in sich sinnvoll. Aber an vielen Stellen sind die von Meyer herausgearbeiteten Anspielungen nur mit Gewalt zu entdecken. Meyer sieht dieses Problem durchaus. Er führt die Schwierigkeiten, die es für seine Deutung gibt, darauf zurück, daß der christliche Bearbeiter die ihm vorliegende Quelle gekürzt habe; dadurch seien die Anspielungen teilweise so undeutlich geworden.

Aber Meyers These wird dem Textbefund des Jak insgesamt nicht gerecht. Vor allem der Mittelteil des Jak läßt sich nicht als Kürzung einer Quelle, sondern nur als eine bewußt gestaltete Arbeit des Verfassers verstehen. Mit dieser Erkenntnis aber fällt die ganze Hypothese.

2. *Historische Fragen: Verfasser und Empfänger*

1) Der Verfasser stellt sich in 1,1 als „Jakobus, Diener Gottes und des Herrn Jesus Christus" vor; damit ist nach aller Wahrscheinlichkeit der Bruder Jesu gemeint. Das würde bedeuten, daß – sollte die Verfasserangabe des Jak zuverlässig sein – Jak vor dem Jahr 62 (Tod des Jakobus in Jerusalem) geschrieben worden sein müßte.

Von einigen Forschern wird diese Annahme durch den Hinweis zu untermauern versucht, der Brief zeige, daß die Überlieferung von Jesus sich zum Zeitpunkt seiner Entstehung noch im mündlichen und noch nicht im schriftlichen Stadium befunden habe (vgl. Jak 5,12 mit Mt 5,34–37). Aber dieses Argument ist nicht stichhaltig, denn zweifellos lief die mündliche Tradition auch nach der Fixierung der Evangelien noch weiter.

Die Annahme der Authentizität des Jak erledigt sich allerdings sofort, wenn man sieht, daß der Brief historisch nicht in die Zeit des Herrenbruders Jakobus paßt. Im Abschnitt 2,14–26 ist darüber hinaus deutlich erkennbar, daß die für die frühe Kirche ganz im Vordergrund der Auseinandersetzung stehende Alternative Judenchristen – Heidenchristen nicht mehr besteht. Eben dieses Problem müßte aber im Zentrum stehen, wenn der Brief echt wäre. Außerdem müßten sich zumindest Spuren der Auseinandersetzung zwischen Christen und Juden angesichts des drohenden Jüdischen Krieges zeigen – es ist davon aber nichts zu sehen. Der Brief zeigt außerdem keinerlei Anzeichen dafür, daß der Verfasser Jesus persönlich gekannt hat. Schließlich und vor allem aber läßt der Abschnitt 2,14–26 deutlich erkennen, daß der Autor ganz offensichtlich gegen Paulus, bzw. wohl richtiger: gegen einen weiterentwickelten „Paulinismus" polemisiert. Das Gesetz ist für ihn wieder zu einer positiven Größe geworden (vgl. den Ausdruck „das Gesetz der Freiheit" in 2,12). Gegen eine Verfasserschaft des Jakobus spricht zuletzt natürlich auch das im Rahmen des NT relativ gute Griechisch und die Benutzung der LXX – beides wäre von einem Jerusalemer Juden kaum zu erwarten.

2) Als Briefempfänger werden die zwölf Stämme in der Diaspora

genannt; damit ist zweifellos die ganze Kirche (nicht nur das Judenchristentum) gemeint. Die Verwendung des Begriffes „Diaspora“ erklärt sich daraus, daß die Welt für die Christen ja die Fremde ist (vgl. Phil 3,20; Hebr 13,14; 1 Petr 2,11). Jak gehört also zur Gattung der Diasporasendschreiben.

3) In der Forschung wird nach literarischen Beziehungen zu anderen Schriften gesucht, die Aufschluß über den tatsächlichen Verfasser des Jak geben könnten. So vergleicht man Jak 4,6–10 mit 1 Petr 5,5–9 oder Jak 1,5–8 mit Herm mand IX, 1–7. Unmittelbare Verbindungen bestehen jedoch in keinem dieser Fälle. Das bedeutet, daß der Verfasser für uns ganz im Dunkel bleibt. Offenbleiben muß auch die Abfassungszeit (um 100) und der Abfassungsort.

3. Theologische Grundgedanken

Die These von Meyer, Jak enthalte nahezu keine christlichen Elemente (s. o.), läßt sich nicht halten. Zu der Aussage von 1,9 beispielsweise gibt es keine jüdischen Parallelen; die an jüdische Weisheitsliteratur erinnernde Aussage von 1,18 kann ohne weiteres christlich, d. h. im Blick auf die Wiedergeborenen, gedeutet werden. 2,7 läßt sich nur von der christlichen Taufe her verstehen; die Salbung (5,14) ist kein jüdischer Ritus. Es finden sich auch Anspielungen auf Worte Jesu – und zwar außer in 5,12 (s. o.) noch in 1,5.17 (vgl. Mt 7,7 ff.) und in 4,12 (vgl. Mt 7,1, außerdem jedoch Röm 2,1). Vor allem aber legt Jak größtes Gewicht auf die Feststellung, daß innerhalb der Gemeinde der Unterschied von arm und reich nicht gelten dürfe (2,1–13; 5,1–6), und das ist ein typisches Kennzeichen der christlichen Gemeinde (vgl. 1 Kor 1,26; Gal 3,28).

Von entscheidender Bedeutung für die Bestimmung des theologischen Standorts des Jak ist der Abschnitt 2,14–26. Es kann kaum ein Zweifel bestehen, daß hier die Theologie des Paulus, speziell seine Formulierung der Rechtfertigungslehre und deren Demonstration an der Gestalt Abrahams, vorausgesetzt ist. Nach der paulinischen Theologie, wie sie vor allem in Gal und Röm entwickelt ist, wird der Mensch von Gott und vor Gott allein durch den Glauben gerechtfertigt – ohne die vom Gesetz geforderten Werke (Röm 3,27). Deshalb brauchen die Heiden das Gesetz nicht zu übernehmen, weil Gott nur einer ist (Röm 3,30), d. h. weil seine Rechtfertigungsgnade eben nicht nur Juden, sondern auch Heiden gilt. Als Vorbild für dieses Verständnis des Glaubens gilt bei Paulus die Person Abrahams (Röm 4). Ganz offensichtlich bezieht sich Jak auf diese paulinische

Position und wendet sich kritisch gegen sie: Wenn jemand nur Glauben, aber keine Werke hat, dann nützt der Glaube gar nichts. Der Glaube ohne Werke ist ein toter Glaube. εἷς ἐστιν ὁ θεός – das glauben auch die Dämonen (2,19; vgl. damit die ganz andere Interpretation dieses Satzes durch Paulus Röm 3,30). Gerechtfertigt wird der Mensch durch Werke und keineswegs „allein" durch Glauben. Vorbild für dieses Verständnis von Glaube und Werken ist – wiederum die Person Abrahams.

Wie ist dieser auffällige Befund zu erklären, daß zwei neutestamentliche Theologen so extrem unterschiedliche Auffassungen – unter Benutzung desselben Vorstellungsmaterials – vertreten?

a) Es könnte sein, daß der historische Jakobus als ein Hauptvertreter des Judenchristentums unmittelbar gegen Paulus polemisiert, indem er dessen Angriff auf das Gesetz abwehrt. Ob er Paulus dabei richtig verstanden hat, kann in diesem Zusammenhang offen bleiben.

b) Es könnte sein, daß sich der historische Jakobus gegen gleichsam entartete Paulinisten, etwa Libertinisten, wehrt, die sich zur Rechtfertigung ihres Verhaltens auf Paulus berufen.

Beide Lösungen, die an sich durchaus möglich wären, scheiden aus, weil Jak zweifellos nicht vom historischen Jakobus, dem Bruder Jesu, geschrieben wurde (s. o.).

c) Der fiktive Jakobus könnte direkt gegen Paulus und die Geltung seiner Rechtfertigungslehre innerhalb der Kirche polemisieren.

d) Der fiktive Jakobus könnte gegen einen entarteten Paulinismus polemisieren, der die paulinische Lehre als Aufhebung aller ethischen Normen deutet.

Es ist wahrscheinlich, daß Jak nicht eine späte Karikatur der paulinischen Theologie, sondern diese selbst im Visier hat – die Nähe von Jak 2,19 zu Röm 3,30 läßt daran kaum einen Zweifel. Dennoch ist nicht anzunehmen, daß er rückwärts gewandt gegen die Person des Paulus kämpft (etwa gegen dessen Geltung als Apostel). Sein Widerpart ist offenbar die zeitgenössische Form eines entwickelten Paulinismus. Jedenfalls fällt auf, daß Jak die Besonderheiten des paulinischen Glaubensverständnisses nicht berücksichtigt – die Stellung des Gesetzes im Rahmen des ganzen Problems wird beispielsweise gar nicht ausdrücklich erwähnt. Hinter der These des Jak, nur ein Zusammenwirken von Glaube und Werken (und nicht der Glaube allein) sei heilsnotwendig, steht offensichtlich das Mißverständnis, der Glaube sei eine rein intellektuelle Leistung. Damit ist das paulinische Glaubensverständnis natürlich nicht getroffen.

Lektürevorschlag

A. Lindemann, Paulus im ältesten Christentum, 1979, 243–252 (und die dort genannte Literatur).

Bezeichnend für die kirchen- bzw. theologiegeschichtliche Situation des Jak ist seine Stellungnahme zur Eschatologie. Die alten Formeln werden zwar noch wiederholt (5,7 f.), aber sie haben keine aktuelle theologische Bedeutung mehr. Das Christentum des Jak paßt in die Zeit der Apostolischen Väter (s. u. § 45). Daß das Ritualgesetz keine Gültigkeit für die Christen besitzt, ist für Jak selbstverständlich; aber die ethischen Normen bleiben in Geltung (vgl. 2,12). Vor allem ist das Gesetz wieder zum Heilsweg geworden, denn mit der Wertschätzung der Werke ist ja zugleich indirekt die Anerkennung des Gesetzes verbunden.

Arbeitsvorschlag

Das Verhältnis des Jak zur paulinischen Theologie wirft die Frage auf, ob der neutestamentliche Kanon theologisch überhaupt einen Sinn hat, wenn innerhalb dieses Kanons in einer entscheidenden Frage des Glaubens bzw. der Theologie zwei gegensätzliche Positionen vertreten werden. Luther hat in seiner Vorrede zum Jak die Differenz zu Paulus zum Anlaß genommen, dem Jak eine eigentliche theologische Bedeutung abzusprechen. Ist ein solches Urteil zwingend geboten, oder gibt es die Möglichkeit, die Positionen des Paulus und des Jak in den Gesamtrahmen einer neutestamentlichen Theologie einzubauen?

Hilfsmittel: G. Eichholz, Jakobus und Paulus. Ein Beitrag zum Problem des Kanons, ThEx NF 39, 1953; E. Lohse, Glaube und Werke. Zur Theologie des Jak, Ges. Aufs., 1973, 285–306.

§ 42 Der erste Petrusbrief

Literatur: E. Lohse, Paränese und Kerygma im 1. Petrusbrief, Ges. Aufs., 1973, 307–328; N. Brox, Der erste Petrusbrief, EKK XXI, 1979; W. Schrage, in: H. Balz / W. Schrage (s. § 41), 59–117; H. Windisch / H. Preisker (s. § 41), 49–82.

1. Thema und Gedankenführung

Nach Präskript und Eulogie (1,1–2.3–12) werden im ersten Teil des 1 Petr die Christen zu einem heiligen Wandel aufgerufen. Dabei ist vorausgesetzt, daß sie bereits erlöst sind (1,22–2,10), d. h. der „heilige Wandel“ ist nicht als Mittel der Selbstrechtfertigung verstanden. Inhalt des zweiten Teils ist eine umfangreiche Haustafel (2,11–3,12), in der die Christen zu einem ihrem jeweiligen Stand angemessenen Verhalten ermahnt werden. In 3,13–4,11 werden die Christen gemäß dem Vorbild des Leidens Christi zum rechten Verhalten im Leiden ermahnt (dies wird in 4,12–5,11 wiederholt). In 5,12–14 folgt ein kurzer Briefschluß. Ähnlich wie im Hebr wechseln auch im 1 Petr Paränese und Soteriologie einander ab.

Von wesentlicher Bedeutung für das theologische Verständnis des Briefes ist die Tatsache, daß die Verfolgungssituation (vgl. oben das Stichwort „Leiden“) zu einer Reaktivierung der in den Deuteropaulinen nahezu vollständig eliminierten Eschatologie führt (vgl. auch die Apk). Ein besonderer Abschnitt über die Eschatologie fehlt in 1 Petr zwar, es finden sich aber an mehreren Stellen Bemerkungen eschatologischen Inhalts (2,12; 4,5.7; 4,13.17; 5,8, d. h. vor allem im Zusammenhang der Aussagen über die Leiden der Christen).

2. *Literarische Probleme*

1 Petr ist nach seiner äußeren Form ein Brief. In 1,1 werden die Empfänger genannt, die in einem genau umschriebenen Gebiet Kleinasiens wohnen. Aber im ersten Hauptteil 1,3–4,11 fehlen fast alle konkreten Bezüge, die Rückschlüsse auf eine bestehende Beziehung zwischen dem Absender und den Empfängern zuließen. So ist es wahrscheinlich, daß 1 Petr kein Brief, sondern eine nicht auf konkrete Verhältnisse bezogene theologische Abhandlung ist. Das zeigt sich auch an der Art, in der die Paränese vorgetragen wird: Anspielungen auf tatsächliche Verhältnisse fehlen.

Es wird die These vertreten, 1 Petr sei die Liturgie eines Taufgottesdienstes; einige Exegeten sehen im Hintergrund eine Passah-Liturgie (Verwandtschaft zwischen dem Stichwort πάσχω und dem Begriff des Passa; diese Verknüpfung ist jedoch für das 1. Jahrhundert noch nicht belegt). Diese Urteile gehen über das tatsächlich Erkennbare hinaus; die einzelnen Abschnitte haben keine liturgische Form, der Ablauf einer liturgischen Handlung ist nicht zu erkennen.

Ein wichtiges literarisches Problem steckt in 4,11, denn diese Stelle sieht wie ein liturgischer Schluß aus. Zugleich fällt auf, daß in der Fortsetzung 4,12ff. die Hinweise auf die Verfolgungs- und Leidenssituation dichter sind als im ersten Teil. Einige Exegeten ziehen daraus den Schluß, zwischen 4,11 und 4,12 liege eine literarische

Nahtstelle: Während bis 4,11 nur von einer möglichen Verfolgung gesprochen werde, setze der Abschnitt 4,12ff. eine tatsächliche Verfolgungssituation voraus. Deshalb müsse man von zwei zu verschiedenen Zeiten verfaßten Teilen sprechen. Der Abschnitt 1,3–4,11 sei ursprünglich eine Taufpredigt gewesen; diese sei dann nach dem Beginn der Verfolgungen durch aktuelle Hinweise ergänzt (4,12ff.) und zu einem Brief umgestaltet worden (1,1f. und Schluß). Aber diese These läßt sich nicht halten: Anspielungen auf die Taufe sind keineswegs das beherrschende Thema des ganzen Abschnitts bis 4,11, sondern finden sich fast ausschließlich in 1,3–2,10. Und die Aussagen in 4,12ff. müssen auch nicht auf eine gegenüber dem ersten Teil veränderte äußere Lage der Gemeinde zurückgeführt werden.

Arbeitsvorschlag

Analyse der beiden Lieder 2,21–24; 3,18–22.

Hilfsmittel: R. Bultmann, Bekenntnis- und Liedfragmente im ersten Petr, in: Exegetica, 1967, 285–297.

Beim zweiten Lied ist zu beachten: Klammert man 3,19f. ein, dann erkennt man, daß das Lied ursprünglich auf die Himmelfahrt bezogen war. Erst durch den Hinweis auf die gefallenen Engel (Gen 6) und auf die Zeitgenossen Noahs wurde daraus die Darstellung einer Höllenfahrt Christi – die einzige ihrer Art im NT.

3. Historische Situation

Der Brief will in „Babylon“ geschrieben sein, und zwar durch Silvanus (5,12f.). Von diesem Silvanus (= Silas) ist in Apg 15–18 sehr oft die Rede; Paulus erwähnt ihn außerdem in 2 Kor 1,19 und in 1 Thess 1,1 (vgl. 2 Thess 1,1) als Mitabsender. Da mit Babylon sicher Rom gemeint ist, setzt der „Brief“ also voraus, Petrus und Silvanus hätten sich zur Zeit einer Christenverfolgung in Rom befunden und sich von dort aus tröstend und mahnend an die Gemeinden der „Diaspora“ in Kleinasien gewandt (zum Stichwort „Diaspora“ s. o. S. 315). Tatsächlich wird schon um 100 nicht bezweifelt, daß Petrus sich in Rom aufgehalten habe (Ignatius; 1 Clem), obwohl eindeutige Nachrichten darüber fehlen.

Dennoch sprechen zahlreiche Indizien gegen die Abfassung des 1 Petr durch Petrus. Einmal findet sich keine Spur davon, daß der Verfasser Jesus selbst gekannt hätte. Die Benutzung der LXX zeigt darüber hinaus, daß der Verfasser aus dem Griechisch sprechenden Raum stammt. Ein weiteres Argument gegen die „Echtheit“ ist die Bezeichnung Roms als „Babylon“ (5,13), die erst nach dem Jüdischen

Krieg aufkam. Endlich ist zu beachten, daß die Verfolgung, von der in 1 Petr die Rede ist, der ganzen Kirche, nicht nur einzelnen Gemeinden in bestimmten Gegenden droht; das paßt erst zu der Zeit des Kaisers Domitian (vgl. 1 Clem). Schließlich zeigt 1 Petr in mehreren Punkten deutlich den Einfluß des Paulus: Das Präskript entspricht dem paulinischen Briefformular (zu beachten ist jedoch die Modifikation εἰρήνη πληθυνθείη); der Gedanke der Teilhabe der Christen am Leiden Christi dürfte ebenso aus der paulinischen Theologie übernommen sein wie die Vorstellung von der durch den Tod Christi bewirkten Gerechtigkeit (2,24; 3,18). 1 Petr enthält eine der wenigen Bezugnahmen auf die Rechtfertigungslehre außerhalb des Corpus Paulinum. Auffällig ist in diesem Zusammenhang auch die Tatsache, daß die in 1,1 angesprochenen Adressaten zum Teil im Missionsgebiet des Paulus wohnen – auch das spricht gegen die Verfasserschaft des Petrus. Das bedeutet nicht, daß man den Brief allzu spät ansetzen dürfte. Immerhin wird 1 Petr bei Polykarp bereits zitiert, und auch der Verfasser des 2 Petr hat von der Existenz des 1 Petr gewußt (s. u. zu 2 Petr 3,1).

Einige Exegeten verweisen darauf, daß zwischen 1 Petr einerseits und Eph sowie Jak andererseits gewisse Übereinstimmungen bestehen, woraus sie eine literarische Beziehung ableiten wollen. Aber diese Übereinstimmungen bestehen lediglich in einigen traditionellen Wendungen, die die Verfasser ganz offensichtlich unabhängig voneinander aufgenommen haben.

Alle diese Indizien sprechen dafür, daß 1 Petr um 80/90 vermutlich in Kleinasien entstanden ist.

Arbeitsvorschlag

Vergleich von 1 Petr 2,13–17 und Röm 13,1–7.
Hilfsmittel: W. Schrage (s. Literaturangaben) 87–90; ders., Die Christen und der Staat nach dem Neuen Testament, 1971, 50–68.

§ 43 Judasbrief und zweiter Petrusbrief

Literatur: W. Grundmann, Der Brief des Judas und der zweite Brief des Petrus, ThHK XV, 1974; E. Käsemann, Eine Apologie der urchristlichen Eschatologie, Ges. Aufs. I, 135–157; K. H. Schelkle, Die Petrusbriefe, der Judasbrief, HThK XIII/2, ³1970, 137–239; W. Schrage, in: H. R. Balz/W. Schrage (s. § 41), 118–149.217–232; H. Windisch/H. Preisker (s. § 41), 37–48. 83–105.

Vorbemerkung

Diese beiden Briefe müssen gemeinsam besprochen werden. Sie sind inhaltlich ohne große Bedeutung, eignen sich aber sehr gut als Exerzitium für literarkritische Beobachtungen. Liest man sie parallel, dann zeigen sich Ähnlichkeiten bis hin zu wörtlichen Übereinstimmungen, die die Frage nach einer literarischen Abhängigkeit beider Briefe voneinander unabweisbar machen.

1. Das Problem der gegenseitigen Abhängigkeit von Jud und 2 Petr

1) Liest man nebeneinander Jud 4–16 und 2 Petr 2, dann kommt man zu dem zwingenden Schluß, daß der Verfasser des einen Schreibens den anderen Brief gekannt haben muß. Die Übereinstimmungen liegen nämlich nicht nur im Wortlaut einzelner Stellen (das ließe sich noch durch die Benutzung gemeinsamer Tradition erklären), sondern vor allem auch in der Reihenfolge der Aussagen. So folgt dem Hinweis auf die ungehorsamen Engel hier wie dort die Anspielung auf Sodom und Gomorrha (Jud 6 f./2 Petr 2,5 f.). Jud 7–9 entspricht weithin 2 Petr 2,10 f. – die Erwähnung der Gerechten in 2 Petr 2,7–9 dagegen hat bei Jud keine Parallele. Im übrigen zeigt schon der Blick auf die Angaben am Rand des Nestle, wie stark die Übereinstimmungen im Aufbau sind.

Damit stellt sich die Frage nach der Priorität. Die in beiden Briefen genannten Verfassernamen bieten keine Hilfe. Natürlich könnte Judas, der Bruder Jesu, seinen Brief etwa zur gleichen Zeit geschrieben haben wie Petrus, der Jünger Jesu. Aber es handelt sich bei beiden Briefen zweifellos um pseudonyme Schriften. Das zeigt sich bei Jud daran, daß für ihn die Apostel bereits eine Gruppe der Vergangenheit sind (Jud 17) – stets ein sicheres Kennzeichen für die relativ späte Entstehung eines Textes. Beim 2 Petr wird die Pseudonymität vor allem in 2,1–3.12 ff. deutlich, weil die zunächst als Weissagung gedachte Warnung vor Irrlehren sich in Wirklichkeit auf die Gegenwart bezieht (V. 15 sogar Präteritum; vgl. u. S. 324). Außerdem zeigt 2 Petr 3,16, daß eine Sammlung der paulinischen Briefe bereits vorhanden ist (sie werden offenbar vor allem von Irrlehrern gnostischer Provenienz für ihre Zwecke gebraucht). Alle diese Tendenzen und Sachverhalte ließen sich im Rahmen „echter" Briefe des Judas und des Petrus unmöglich erklären.

2) Die Frage, welchem der Briefe die Priorität zukommt, läßt sich beantworten, wenn man beim Vergleich der Parallelen zwischen beiden Schriften vor allem auf die Unterschiede achtet. Dann ergibt

sich das folgende Bild: 1. Jud und 2 Petr führen jeweils Beispiele aus der alttestamentlichen Geschichte an. Dabei erwähnt Jud in 5–7 Israel in der Wüste, dann die gefallenen Engel und schließlich Sodom und Gomorrha (in dieser Reihenfolge), 2 Petr 2,4 ff. enthält Hinweise auf die Engel, die Sintflut und auf Sodom und Gomorrha – d. h. in 2 Petr ist die Reihenfolge, in der diese Geschichten in der Genesis erzählt sind, eingehalten, während sie in Jud verändert wurde. 2. Mythologische Anspielungen finden sich in beiden Briefen – im Jud sind sie aber deutlich, im 2 Petr dagegen nur sehr blaß erkennbar. In diesem Zusammenhang fällt besonders auf, daß Jud an einigen Stellen Anspielungen auf apokryphe Schriften enthält, während im 2 Petr die Hinweise auf solche Schriften fehlen. Zu vergleichen sind Jud 6 f. (vgl. äth Hen 12,4; 10,4) mit 2 Petr 2,4, ferner Jud 9, wo eine Anspielung auf ein verlorengegangenes Stück aus der Himmelfahrt des Mose (Ass Mos) vorliegt, mit 2 Petr 2,11 und schließlich Jud 12 f. (vgl. ath Hen 18,11 ff.; 21,3) mit 2 Petr 2,17. In Jud 14 f. wird Henoch ausdrücklich erwähnt; und auch dieser Hinweis fehlt im 2 Petr.

Diese Feststellungen führen zu dem Schluß, daß Jud der ältere Brief und 2 Petr von ihm abhängig ist. Ganz offensichtlich hat der Verfasser des 2 Petr sich bemüht, die „Mängel", die er im Jud sah – ungenaue Wiedergabe der Reihenfolge der biblischen Erzählungen, Zitierung nichtkanonischer Bücher – zu korrigieren; außerdem hat er Jud hinten und vorn erweitert, wobei er aber auch noch in diesen erweiternden Kapiteln 1 und 3 Material aus Jud benutzt hat. Zu vergleichen sind 2 Petr 1,5 mit Jud 3; 2 Petr 1,12 mit Jud 5; 2 Petr 3,2 mit Jud 17 (zuletzt war in 2 Petr 2,18 Jud 16 verarbeitet worden) und 2 Petr 3,14 mit Jud 24. Das ist jedenfalls wahrscheinlicher als die umgekehrte Annahme, Jud sei eine Verkürzung des 2 Petr. (Kontrollfrage: Nach welchen Kriterien hätte eine solche Kürzung erfolgt sein müssen?)

2. *Das Problem der Datierung*

Wann Jud und 2 Petr geschrieben wurden, läßt sich kaum mit hinreichender Genauigkeit sagen. Es steht lediglich fest, daß 2 Petr nach Jud geschrieben sein muß und daß auch 1 Petr bereits vorlag (s. u.). Aus der Tatsache, daß es zur Zeit der Abfassung des 2 Petr bereits eine Sammlung von Paulusbriefen gab (3,15 f.), kann man den Schluß ziehen, daß 2 Petr in der ersten Hälfte des 2. Jahrhunderts entstand.

3. Inhalt von Jud und 2 Petr

1) Die durch den literarischen Vergleich zwischen Jud und 2 Petr herausgearbeitete Annahme einer Jud-Priorität wird durch den inhaltlichen Vergleich bestätigt: Während Jud insgesamt eine einzige heftige Polemik gegen Irrlehre darstellt, hat 2 Petr dies in Kap. 3 auf den Kampf gegen die Bestreitung der nahe bevorstehenden Parusie beschränkt und zugespitzt.

Der Kampf gegen die Irrlehrer erfolgt mit denselben Mitteln, die in den Pastoralen eingesetzt sind. Man erfährt nicht, welche Lehre die Ketzer vertreten; nur in ganz vagen Andeutungen heißt es, sie seien Träumer (Jud 8); oder es wird gesagt, sie seien Psychiker (V. 19), also wohl Gnostiker. Wie der „Paulus" der Pastoralen, so führt auch Jud gegen die Irrlehrer die Tradition ins Feld (V. 3.20); er betont, daß ihr Auftreten ein Zeichen der Endzeit sei und alter Weissagung entspreche (vgl. 1 Tim 4,1; 2 Tim 4,3). Ihr besonderes Kennzeichen sei die persönliche Sittenlosigkeit (Jud 10 ff.). Als Prototypen der Irrlehrer gelten z. B. Kain und Bileam (V. 11); in Jud 14 f. werden äth Hen 1,9; 60,8 angeführt, wo das Auftreten der Ketzer in der Endzeit und das Gericht über sie geweissagt sei.

2) 2 Petr ist nicht nur eine Überarbeitung des Jud; der Verfasser kennt daneben auch 1 Petr. Das ergibt sich aus der Nachahmung von dessen Präskript (1,1 f.) und aus dem Rückverweis in 3,1. Charakteristisch für 2 Petr ist die hellenistische Terminologie in 1,3–11: Die Begriffe Tugend (1,3.5 vgl. die Liste der Tugenden in 1,5–7) und Erkenntnis (1,2.3.5 f.8) spielen eine wesentliche Rolle. Daneben steht der Gedanke, daß das Heil eine Teilhabe des Menschen an der göttlichen Natur sei (1,4). Die Warnung vor den Mythen (gemeint sind erfundene Göttergeschichten) wird deutlich als Vermächtnis des Petrus weitergegeben (1,15 f.; hier ist der Tod des Petrus vorausgesetzt). Auffallend ist, wie im 2 Petr die Geschichte Jesu und der Jünger weitergegeben wird: Die Erzählung von der Verklärung auf dem „heiligen Berg" (1,16 b ff.) trägt alle Züge einer heiligen Geschichte, die zu kennen selbst bereits ein Stück Heilsverwirklichung bedeutet.

2 Petr ist ähnlich wie 2 Tim als „Testament" geformt; Person und Lehre des Apostels sollen der Nachwelt überliefert werden (1,15).

Gegenüber Jud zeigt sich eine deutliche Verschärfung der Polemik: Die Irrlehrer werden nicht einfach bekämpft, sondern es wird nachdrücklich die Trennung von ihnen gefordert (3,17). Und während im Jud noch allgemein erklärt worden war, das Auftreten der

Irrlehrer sei geweissagt, ist in 2 Petr diese „Weissagung" selbst dadurch geschaffen, daß sie dem Petrus in den Mund gelegt wird und damit zu einer aus der Vergangenheit in die Gegenwart reichenden Mahnung gemacht wird. Man könnte es kurz so ausdrücken: Jud polemisiert selbst unmittelbar gegen zeitgenössische Irrlehrer, 2 Petr läßt Petrus gegen künftige Irrlehrer polemisieren (daß das eine Fiktion ist, zeigt sich an der falschen Wahl der Tempora in 2,10. 12ff.18; vgl. andererseits 2,1–3).

4. Zum Problem der Eschatologie des 2 Petr

2 Petr ist ein Dokument des berühmten Problems der „Parusieverzögerung". Am Ende des 1. und zu Beginn des 2. Jahrhunderts stand die Kirche vor dem Problem, ob und in welcher Weise sie am Gedanken der nahe bevorstehenden Ankunft Christi als des eschatologischen Weltrichters festhalten sollte. A. Schweitzer und nach ihm vor allem M. Werner (vgl. Die Entstehung des christlichen Dogmas, ²1953, 105–125) waren der Meinung, die Lösung dieses Problems sei *die* entscheidende theologische Aufgabe in der frühen Kirche gewesen; aber das ist eine moderne Vorstellung. Zwar finden sich in den Texten dieser Zeit Spuren einer entsprechenden Auseinandersetzung, aber von einer Grundlagenkrise kann man auf keinen Fall sprechen. Die Lösung des Problems, die 2 Petr vorschlägt, ist zunächst verblüffend einleuchtend und einfach: Die Naherwartung, so erklärt er, gilt weiterhin, denn es ist zu beachten, daß vor Gott 1000 Jahre wie ein Tag sind (3,8; der Verfasser merkt offenbar nicht, daß man eben diese Aussage auch als Argument gegen die Naherwartung verwenden kann). Käsemann hat die Frage gestellt, ob die Existenz des 2 Petr im Kanon überhaupt sachgemäß sei.

Lektürevorschläge

E. Käsemann (s. Literaturangaben); C. H. Talbert, II Peter and the Delay of the Parousia, Vig Chr 20, 1966, 137–145.

VII. Die Apokalypse

§ 44 Die Apokalypse des Johannes

Literatur: W. Bousset, Die Offenbarung Johannis (KEK XVI, 1906), [7]1966; H. Kraft, Die Offenbarung des Johannes, HNT 16 a, 1974; E. Lohmeyer, Die Offenbarung des Johannes, HNT 16, [2]1953; E. Lohse, Die Offenbarung des Johannes, NTD 11, [3]1971.

Vorbemerkung

Die Apk (des Joh) ist das einzige Werk der Gattung der Apokalypsen im NT. Um sich einarbeiten zu können, muß man über den Charakter dieser literarischen Gattung informiert sein (vgl. oben S. 37 f.).

1. Äußere Gliederung und Problemstellung

1) In Apk 1 wird zunächst der visionäre Rahmen des ganzen Buches festgestellt: Apk verdankt sich einer persönlichen Offenbarung Christi an Johannes (1,1). Das Schema, nach dem das ganze Buch aufgebaut ist, wird dann in 1,19 genannt: Der erste Teil beschreibt die Gegenwart – „was ist" – und umfaßt die Kap. 2 und 3 mit den sieben Sendschreiben; der zweite Teil über die Zukunft – „was sein wird" – enthält die breite Darstellung des apokalyptischen Dramas (Kap. 4–22). Die Sendschreiben an die sieben Gemeinden sind einheitlich gebaut: 1: Der Seher erhält den Auftrag zum Schreiben (τῷ ἀγγέλῳ ... γράψον); 2. Einleitung des Briefes (τάδε λέγει) mit näherer Präsentation des Auftraggebers; 3. Lob oder Tadel für die Gemeinde, dementsprechend Mahnung oder Drohung; es folgt entweder 4 a) die fest formulierte Aufforderung zum Hören: ὁ ἔχων οὖς ἀκουσάτω..., die die Briefe 4–7 abschließt; oder es folgt 4 b) der Spruch vom „Überwinden", der jeweils den Schluß der drei ersten Briefe (2,1–17) bildet.

2) Der Aufbau des zweiten Teils der Apk ist komplizierter. In Apk 4 f. wird zunächst der Rahmen abgesteckt: Der Seher sieht die Übergabe des Buches mit den sieben Siegeln an das Lamm. 6,1–8,1 stellen gleichsam die Ouvertüre der Endereignisse dar: Die ersten sechs Siegel werden geöffnet, die 144 000 Erwählten aus Israel und die große Schar der Märtyrer erscheinen vor Gottes Thron. Höhepunkt ist in 8,1 die große Stille, die bei der Öffnung des siebten Siegels im ganzen Universum eintritt. Merkwürdig ist dann aber, daß von 8,2 an nicht etwa der Inhalt des Buches mitgeteilt wird, sondern daß neue Symbole (sieben Posaunen, sieben „Zornschalen") an die Stelle des Buches treten.

Kap. 7 ist aus zwei Stücken zusammengesetzt, die mit der eigentlichen Siegelvision nichts zu tun haben: Die erste Szene mit den 144 000 Erwählten (vgl. 14,1–5) ist ein Traditionsstück, das vom Verfasser an diese Stelle gerückt wurde; die zweite Szene mit der unzählbaren Schar der Märtyrer ist demgegenüber ganz offensichtlich die Deutung des Verfassers, der das Bild der 144 000 von Israel auf die Kirche überträgt.

In 8,2–11,19 und in 15,1–16,21 wird in zwei parallelen Durchgängen von den sieben Posaunen bzw. von den sieben Schalen des Zorns erzählt. Im einzelnen sind dabei jedoch Sprünge und Brüche festzustellen: So werden in 8,12 drei Weherufe angekündigt, aber nur zwei sind wirklich ausgeführt (9,12; 11,14). Die Erzählung von den sieben Posaunen ist in Kap. 10 und 11 zweimal unterbrochen: Kap. 10 gibt Rechenschaft über den weiteren Verlauf der Ereignisse und begründet vor allem, warum noch mehr Stoff kommt (10,11). Dabei ist einerseits auf Kap. 1 zurückgeblickt (Erscheinung des Engels und Aufforderung zur Weissagung), andererseits aber ist durch den Hinweis auf die Könige bis Kap. 17 vorausgeblickt. 11,1–14, wo „die zwei Zeugen" eingeführt werden, ist die zweite derartige Unterbrechung. Dabei ist unklar, ob es sich um die Darstellung eines historischen Ereignisses in apokalyptischer Verhüllung handelt (etwa um das Martyrium des Petrus und des Paulus), oder ob der Text im eigentlichen Sinne apokalyptisch ist, so daß dahinter keine geschichtlichen Anspielungen zu suchen sind. In 11,1 f. ist jedenfalls der jüdische Krieg vorausgesetzt, in dem der Tempel von den Zeloten besetzt war; der Verfasser hat Tempel und Altar auf die christliche Gemeinde gedeutet.

In 11,15–19 kehrt der Verfasser zum Siebenerschema zurück: Die siebente Posaune erschallt. Damit müßte an sich der letzte Akt des Dramas eingeleitet werden, aber wieder geschieht etwas anderes: In Kap. 12–14 folgen kompakt mythologische Aussagen, deren Einzelheiten zum großen Teil überhaupt nicht gedeutet werden können (z. B. das Kleid der Frau oder bestimmte Kennzeichen der Tiere; s. u. S. 318 ff.).

Apk 14 enthält in V. 1–5 zunächst die Erinnerung an die 144 000 (Kap. 7), es folgt V. 6–13 die Einleitung einer Gerichtsszene, von der in V. 14–20 offenbar noch ein Fragment zu erkennen ist.

Apk 15–18 wirken fast wie eine zweite Bearbeitung des in Kap. 8–14 schon behandelten Stoffes, man braucht nur an die Verwandtschaft von Kap. 12 f. mit 17 f. zu denken (zu beachten ist freilich der Kontrast: Dort die Himmelskönigin, hier die Hure). Auf die

Einzelheiten des Schicksals der großen Stadt Babylon (womit natürlich Rom gemeint ist) braucht hier nicht eingegangen zu werden.

19,1–21 ist in gewisser Weise eine Parallele zu 14,1–20, denn es vollzieht sich das Gericht über die irdischen Mächte. Der Seher sieht den Völkeransturm und schließlich den Sieg über das „Tier" (19,19–21).

Der Anbruch des tausendjährigen Reiches (20,1–6) entspricht den Vorstellungen vom messianischen Reich in der jüdischen Apokalyptik (4 Esr 7,28 f.; Hen 91,12 ff.; 93) – hier wie dort gibt es einen letzten Kampf gegen das Gottesreich, den endgültigen Sieg und das Weltgericht (20,7–13).

In 21,1–8 schildert der Seher die neue Welt, in 21,9–27 das neue Jerusalem. Charakteristisch dabei ist, daß diese neue Welt ohne Zeit ist, daß es Mond und Sonne nicht mehr gibt. In der neuen Welt gibt es auch kein Meer (Symbol der Chaosmächte) mehr, sondern am Strom des Lebens stehen die Lebensbäume (22,1–5). Äußerlich ist das neue Jerusalem ein Kubus, d. h. es besitzt eine Idealgestalt.

Die Apk schließt in 22,6 ff. mit der Versicherung, daß in ihm die Wahrheit beschrieben sei und mit dem Hinweis, daß das beschriebene Endzeitdrama unmittelbar bevorstehe (22,10–12). Den Abschluß bildet die Bitte um die Parusie Jesu und der Segenswunsch.

2. *Literarische und religionsgeschichtliche Probleme*

1) Der apokalyptische Teil des Buches (Kap. 4 ff.) beginnt mit der Darstellung eines himmlischen Gottesdienstes. In der Forschung knüpft sich hieran die These, das ganze Buch folge dem Ablauf eines himmlischen Gottesdienstes, zu dem die irdischen Ereignisse parallel verliefen. Aber diese These übersieht, daß die Apk nach apokalyptischem Schema aufgebaut ist: Es ist der erwartete Ablauf der Weltereignisse, der die Grundlage für die Gliederung gibt.

Andere Exegeten vertreten die Auffassung, der Apk als ganzer liege eine jüdische Schrift zugrunde, die vom Verfasser bearbeitet worden sei. Aber es gelingt nicht, eine durchgehende Quelle zu rekonstruieren. Allerdings gibt es Indizien dafür, daß an einzelnen Stellen fertige Stücke übernommen wurden.

In der ganzen Apk finden sich immer wieder kurze Hymnen: 4,8.11; 5,9 f.12.13; 7,12; 11,17 f.; 12,10 ff.; 15,3 f.; 19,1 f.; 19,6 ff. Handelt es sich dabei um gottesdienstliche Hymnen, die der Verfasser übernommen hat? Offenbar nicht, denn wenn man ihre Stellung im Kontext prüft, dann ergibt sich, daß die Hymnen durchweg auf den Zusammenhang hin gestaltet sind – d. h. sie erweisen sich alle als das Werk des Verfassers der Apk selbst.

2) Religionsgeschichtliche Besonderheiten finden sich vor allem in den beiden stark mythischen Kapiteln 12 und 13. Hinter dem Bild von der „Geburt des Kindes" (12,1–6) steht die Vorstellung von der astralmythischen Himmelskönigin, deren Sohn vor den Nachstellungen des Drachen durch Gott selbst bewahrt wird. Der in 12,7 ff. dargestellte Kampf Michaels mit diesem Drachen ist ein neues selbständiges Thema: Der äußere Gang der Handlung ist die Verfolgung, die Flucht und die endliche Bergung der Frau, die im Sinne der Apk die Kirche symbolisiert. Im Hintergrund liegen zwei mythische Komplexe: Einmal der Mythos von Geburt, Verfolgung und Sieg des Sonnengottes, zum andern die Vorstellung vom Ansturm und Sturz des Chaos-Drachen. Auch die Aussagen von Kap. 13 haben mythische Vorbilder: Die beiden Tiere sind ursprünglich Leviathan und Behemoth, die Einzelheiten (etwa die zehn Hörner) stammen aus dem Buch Daniel (vgl. Dan 7). Der Apokalyptiker hat jedoch das tradierte Bild zeitgeschichtlich interpretiert: Das Meer beispielsweise ist nicht nur das das Chaos symbolisierende mythische Ur-Meer, sondern es ist zugleich ganz konkret das Mittelmeer, das mare nostrum des Römischen Imperiums. Die „Macht" ist nicht nur mythische Macht, sondern zugleich die konkrete Macht Roms, des Kaisers. Hinter 13,3 steht auch der Gedanke an einen Nero redivivus (auf den noch einmal in 17,8 angespielt ist). Die Zählung der Kaiser in Apk 13 bleibt allerdings unklar, auch die Zahl 666 (Apk 13,18) kann trotz aller Spekulationen nicht aufgelöst werden.

3. Verfasserfrage

Der Verfasser nennt sich Johannes (1,1.4) ohne jeden weiteren Zusatz. Nach alter kirchlicher Überlieferung handelt es sich um den Zebedaiden Johannes, der auch als Verfasser des Joh-Evangeliums und der Joh-Briefe gilt. Aber Sprache und theologische Gedanken, insbesondere im Bereich der Eschatologie, sind bei Joh und in der Apk vollkommen verschieden. Gegen die Verfasserschaft des Zebedaiden spricht die Tatsache, daß keine Bekanntschaft mit dem historischen Jesus erkennbar ist. Das bedeutet, daß wir den Verfasser der Apk nicht kennen.

Die Abfassungszeit der Apk läßt sich anhand einiger Indizien einigermaßen leicht bestimmen: Es gibt bereits einen ausgebildeten

Kaiserkult (der von den Christen verweigert wird; 13,8.15), und es gibt eine organisierte Verfolgung der Kirche (6,9–11) in Kleinasien. Beides paßt auf die Zeit seit Domitian (81–96), und diese zeitliche Ansetzung wird durch Irenäus adv haer V 30,3 bestätigt. Es ist also sehr wahrscheinlich, daß die Apk gegen Ende des 1. Jahrhunderts in Kleinasien verfaßt wurde.

4. Das theologische Problem

1) Bei wohl keinem anderen Buch des NT ist so intensiv nach einem Schlüssel für die Deutung gesucht worden wie bei der Apk. Man hat aus der Apk Weissagungen über den Ablauf der Kirchengeschichte herausgelesen, ebenso eine genaue Prophezeiung über das Ende des Weltlaufs. Noch heute spielt gerade dieses Buch in bestimmten christlichen Gruppen und Sekten eine hervorragende Rolle, weil man aus ihm bestimmte Phänomene der Vergangenheit und Gegenwart deuten und erklären und etwa das Weltende berechnen zu können glaubt. Aber sowohl eine kirchengeschichtliche als auch eine weltgeschichtliche Erklärung der Apk ist nicht wirklich Auslegung des Textes, sondern in Wahrheit „Anwendung" des Textes auf eine bestimmte Situation hin. Z.B. hat man „das Tier" von Kap. 13 je und je auf Personen der Gegenwart, etwa auf Hitler, bezogen und damit dann diese Gegenwart zugleich als Endzeit qualifizieren wollen. Das ist als Exegese des Textes unhaltbar. Manche Abschnitte fordern die zeitgeschichtliche Deutung, die in der Apk die verhüllte Darstellung der Gegenwart des Verfassers sieht. Dieser Typ ist z. B. in der Danielinterpretation üblich (s. o.). Für die Apk bedeutet er, daß man in dem Tier von Kap. 13 einen Kaiser zu sehen hat – etwa Nero oder Domitian. Das Babylon, das auf den sieben Hügeln liegt (17,9), ist natürlich Rom.

Diese Deutungen sind zweifellos richtig, sie erklären dennoch nicht alles. Die mythischen Figuren haben nämlich durchaus auch einen eigenen Sinn, der sich nicht im zeitgeschichtlichen Bezug erschöpft. Man muß daher die zeitgeschichtliche Deutung zumindest ergänzen durch die streng religionsgeschichtliche. Man muß fragen, woher die Gestalt des „Tieres" stammt, was sie zunächst an sich bedeutet, bevor sie dann vom Verfasser der Apk zeitgeschichtlich bezogen wurde. Ebenso muß man fragen, welche theologische Bedeutung es hat, wenn Zeitereignisse in dieser Weise, also mythisch, interpretiert werden können.

Der Verfasser hat nicht das Interesse, die ihm in der Tradition vorgegebenen apokalyptischen Bilder zeitgeschichtlich zu deuten; vielmehr will er gerade umgekehrt seine eigene Geschichte interpretieren im Horizont des Übergeschichtlichen und Transzendenten, das in diesen Bildern ausgesagt wird.

2) Eng mit der Antwort auf diese Fragen hängt das grundsätzliche theologische Urteil über die Apk zusammen. Bultmann wie auch andere Exegeten vertreten die Meinung, es handle sich bei der Theologie der Apk um ein nur leicht retuschiertes Judentum. Aber dieses Urteil ist zu scharf. Der Verfasser der Apk ist zwar Judenchrist, aber man kann ihn auf keinen Fall als Judaisten ansehen: Er postuliert beispielsweise nicht die Gültigkeit des Gesetzes für die Heidenchristen. Auch ist sein Buch durchaus vom christlichen Universalismus geprägt: Nach 5,9 gilt Christi Erlösungstat Menschen aller Völker; und nach 7,9 ff. kommen Menschen aus allen Nationen zum Thron des Lammes (= Christi). Allerdings könnte man 14,6 so deuten, als sei die organisierte Heidenmission der Endzeit vorbehalten und gleichsam Gottes eigenes Werk, nicht Aufgabe der Kirche.

Innerhalb der Apk sind Christologie und Ekklesiologie einheitlich entworfen, wobei es interessant ist, daß von der Historie Jesu nur der Tod und dann die Erhöhung erwähnt werden (1,5). Die Vergangenheit im übrigen interessiert nicht: Die Geschichte Israels ist ohne Bedeutung – trotz unaufhörlicher Anspielungen auf das AT fehlen wörtliche Zitate völlig. Auch die Geschichte der Kirche von Jesus bis zur Gegenwart des Verfassers ist nicht in den Blick genommen.

Die Apk ist ein ausschließlich eschatologisch bestimmtes Buch; sie unterscheidet sich hierin von den verwandten jüdischen Werken, die durchweg pseudepigraphisch sind und daher alle auch einen Überblick über die vergangene Geschichte (allerdings in Form einer Weissagung) geben.

Lektürevorschlag

Lektüre des äth Hen, insbesondere der Bilderreden und der Zehn-Wochen-Apokalypse (Kautzsch II, 258–276. 299–301), sowie des 4 Esr, insbesondere Kap. 11–14 (Kautzsch II, 390–401), im Vergleich zur Apk Joh.

Hilfsmittel: E. Lohse, Apokalyptik und Christologie, in: Die Einheit des NT (Ges. Aufs.), 1973, 125–144.

VIII. Anhang

§ 45 Die Schriften der „Apostolischen Väter"

Vorbemerkung:

Die Schriften der „Apostolischen Väter" sind etwa gleichzeitig mit den jüngeren neutestamentlichen Büchern entstanden. Es ist daher sachgemäß, sie im Rahmen dieser Übersicht über die Schriften des NT darzustellen, denn sie gehören ebenso wie jene zur frühchristlichen Literatur.

Textausgaben: J. A. Fischer, Die Apostolischen Väter I, 1966 (griechisch und deutsch); F. X. Funk/K. Bihlmeyer, Die Apostolischen Väter, 1956 (griechisch).

Literatur: R. Knopf/W. Bauer/H. Windisch/M. Dibelius, Die Apostolischen Väter, HNT Erg.-Bände I–IV, 1920/23; R. Bultmann, Theologie des NT, UTB 630, [7]1977, 513–523.

1. Briefe

1) Der *1. Clemensbrief* wurde von Rom aus an die Gemeinde in Korinth geschickt. Der seit dem 2. Jahrhundert als Verfasser geltende Clemens steht in den römischen Bischofslisten als (angeblich) zweiter oder dritter Nachfolger des Petrus. Er wird später zum Patron eines ausgedehnten Schrifttums, der Pseudoklementinen. Man kann dem 1 Clem entnehmen, daß es in Korinth einen Konflikt gegeben hatte: Eine Gruppe innerhalb der Gemeinde hatte sich gegen die Presbyter empört (1,1; 3,2–4; 44,5 f.), und die römische Gemeinde forderte nun die Wiederherstellung der alten Ordnung. Im Brief spiegelt sich eine Verfolgungssituation – und zwar wohl nicht im Blick auf die Ereignisse in Rom zur Zeit Neros (auf ihn wird in 6,1 f. schon aus einer gewissen Distanz zurückgeblickt), sondern wohl im Blick auf Domitian (81–96). Es ist zu beachten, daß 1 Clem jedenfalls *nach* jener Verfolgung geschrieben wurde. Der Brief ist das erste Dokument, in dem die Martyrien des Petrus und des Paulus erwähnt werden. Zugleich zeigt er eine deutliche Verfestigung der Kirchenordnung und vor allem auch des Traditionsgedankens, der erstmals mit der Vorstellung einer apostolischen Sukzession verbunden ist (44,1–3). Insofern kann man sagen, daß sich im 1 Clem wohl die ersten Spuren des „Frühkatholizismus" finden. Weit über den unmittelbaren Zweck hinaus (Regelung der Verhältnisse in Korinth) enthält der Brief breite Ausführungen über Glauben und Ethik, wobei das AT als moralisches Lehrbuch eine erhebliche Rolle spielt (vgl. Hebr 11). Der Schluß ist besonders wertvoll, weil er ein großes Gebet – vermutlich aus der Liturgie – enthält.

2) Die 7 Briefe des Bischofs *Ignatius* von Antiochia, die an Gemeinden in Kleinasien, außerdem nach Rom und an den Bischof Polykarp von Smyrna gerichtet sind, wurden um 110, d.h. zur Regierungszeit Trajans geschrieben. Ihre Echtheit war lange umstritten, wird aber heute kaum noch angezweifelt. Ignatius wurde als Gefangener nach Rom gebracht und dort zum Tierkampf (=zum Tode) verurteilt.

Die Ignatianen zeigen einen fortgeschrittenen Ausbau der kirchlichen Hierarchie: Die drei Stufen Bischof – Presbyter – Diakonen werden als Abbild der himmlischen Hierarchie verstanden; der monarchische Episkopat scheint aber noch mehr Theorie als praktische Wirklichkeit zu sein. Auffällig ist der sich anbahnende Sakramentalismus: Ignatius prägt den Begriff des Sakraments als des φάρμακον ἀθανασίας (Eph 18). Ignatius kämpft gegen den Doketismus durch eine starke Betonung der Inkarnation; zugleich findet sich eine besondere Betonung des Martyriumsgedankens: Der Märtyrer ist einer, der das Leiden Christi am eigenen Leibe erfährt.

3) Der Brief des *Polykarp* von Smyrna, der durch sein Martyrium bekannt wurde, an die Gemeinde in Philippi, ist möglicherweise aus zwei Briefen zusammengesetzt. Kirchengeschichtlich ist er von nur geringer Bedeutung.

Polykarp war der Empfänger eines Briefes des Ignatius, der auf seinem Transport nach Rom von Smyrna über Troas nach Philippi gekommen war. Die dortige Gemeinde bat Polykarp um die Übersendung der Ignatiusbriefe, und Polykarp kam dieser Bitte nach, wobei er ein eigenes Begleitschreiben anfügte.

4) Der *„Barnabasbrief"* ist ein Lehrschreiben, aus dem sich geschichtliche Daten nicht herauslesen lassen. Wahrscheinlich wurde Barn in Ägypten geschrieben. Der Verfasser ist unbekannt. Clemens von Alexandria äußert die Vermutung, Barn sei vom Paulus-Begleiter Barnabas verfaßt worden; das Schreiben zeigt aber keine Nähe zur paulinischen Theologie.

2. *Die Didache*

Die „Lehre der zwölf Apostel" sollte man gelesen haben. Im ersten Teil der Did (1–6) steht ein Katechismus, der nach dem Schema der „beiden Wege" (Weg des Lebens, Weg des Todes) gearbeitet ist; inhaltlich baut er im wesentlichen auf jüdischer Ethik auf. Derselbe Katechismus steht auch in Barn 18–20. Die Analyse zeigt, daß er in Did überarbeitet wurde; hier wurde er durch Material aus der synoptischen Tradition ergänzt, das in Barn noch fehlte. Der zweite Teil Did 7–15 enthält eine Gottesdienst- und Gemeindeordnung, vor allem die Ordnung der Taufe und des Abendmahls, die für die Geschichte des Abendmahls von großer Bedeutung ist. In Did 8,2 findet sich das Vaterunser in der Mt-Fassung – und zwar unter Einschluß der später traditionellen Schlußdoxologie. Allerdings stammt die einzige erhaltene Did-Handschrift aus dem Jahre 1056, als eine Schlußdoxologie längst als üblicher Bestandteil des Vaterunser bei Mt galt (anders ist der Befund bei Lk).

Von kirchengeschichtlicher Bedeutung ist die Tatsache, daß die Kirchenverfassung der Did keine Presbyter kennt, sondern Bischöfe und Diakonen (vgl. den Befund bei Paulus), dazu wandernde Apostel und Propheten. Die kirchliche Organisation steht ganz offensichtlich erst in den Anfängen.

Am Ende der Did steht eine kleine Apokalypse.

Die Did zu datieren ist besonders schwierig; denn historische Ereignisse werden nicht erwähnt – nach Titel und Inhalt ist das freilich auch nicht zu erwarten. Der geschilderte bzw. vorausgesetzte Zustand der Kirche spricht aber für eine relativ frühe Entstehung, vielleicht um 100–130 in Syrien.

3. Der „zweite Clemensbrief“

2 Clem ist kein Brief, sondern eine frühchristliche Predigt (Homilie). Mit 1 Clem (s. o.) hat er nichts zu tun. 2 Clem steht offenbar dem Judenchristentum nahe, und er zitiert an einigen Stellen apokryphe Evangelien. Ähnlich wie Herm (s. u.) befaßt er sich mit dem Problem der zweiten Buße (2 Clem 8; vgl. zur Sache oben S. 311 f.). Der Verfasser und die Entstehungszeit lassen sich nicht mehr ermitteln.

4. Der „Hirte des Hermas“

Herm besteht aus drei Teilen: 5 „Gesichte“ (visiones; Herm vis), 12 „Gebote“ (mandata; Herm mand) und 10 „Gleichnisse“ (similitudines; Herm sim). Seinem Inhalt nach ist Herm eine Bußpredigt, in der Form jedoch handelt es sich um eine Apokalypse. Ähnlich wie Hebr befaßt sich Herm mit der Frage, ob es für Christen eine „zweite“ Buße geben könne. Er kommt zu der Antwort, daß für den vom Glauben abgefallenen Christen jetzt nochmals eine, aber eben nur noch *eine* Gelegenheit zur Buße gegeben sei (mand IV, 1). Die Schrift entstand wahrscheinlich um die Mitte des 2. Jahrhunderts in Rom.

Lektürevorschlag

Über die nichtkanonischen Schriften informiert ausführlich Ph. Vielhauer, Geschichte der urchristlichen Literatur. Einleitung in das Neue Testament, die Apokryphen und die Apostolischen Väter, 1975 (von § 31 an).

Vierter Teil:

JESUS VON NAZARETH

§ 46 Das Problem der Forschung

Literatur: R. Bultmann, Das Verhältnis der urchristlichen Christusbotschaft zum historischen Jesus, Exegetica, 1967, 445–469 (dort weitere Literatur); H. Conzelmann, Zur Methode der Leben-Jesu-Forschung, Ges. Aufs., BEvTh 65, 1974, 18–29; L. Goppelt, Theologie des NT I. Jesu Wirken in seiner theologischen Bedeutung, 1975; F. Hahn, Methodologische Überlegungen zur Rückfrage nach Jesus, in: K. Kertelge (Hrsg.), Rückfrage nach Jesus, 1974, 11–77; J. Jeremias, Neutestamentliche Theologie I. Die Verkündigung Jesu, ²1973; W. G. Kümmel, Ein Jahrzehnt Jesusforschung (1965–1975), ThR NF 40, 1975, 289–336; 41, 1976, 197–258. 295–363; A. Schweitzer, Geschichte der Leben-Jesu-Forschung, ²1972 (Siebenstern-Taschenbuch 77–80); W. Wrede, Das Messiasgeheimnis in den Evangelien, 1901 (= ⁴1969).

1) Bei der wissenschaftlichen Frage nach Jesus, nach seinem Leben und seiner Verkündigung, müssen drei Aufgaben bewältigt werden:

1. Die Quellen, die Aufschluß über die Geschichte Jesu geben können, sind kritisch zu analysieren.

2. Aufgrund der Quellenanalyse muß der Versuch gemacht werden, zu einer Rekonstruktion dieser Geschichte zu gelangen.

3. Es ist die Frage zu beantworten, inwiefern dieser rekonstruierten Geschichte Jesu eine Bedeutung für den christlichen Glauben zukommt. Die letzte Aufgabe ist besonders wichtig; denn die Rekonstruktion darf nicht bei einem bloßen Referat einer historischen Lehre stehenbleiben. Hier stellt sich nämlich das theologische Problem, warum der christliche Glaube nicht mit dem Glauben bzw. der Verkündigung Jesu identisch ist. Man muß erklären, warum die gesamte urchristliche Literatur abgesehen von den Evangelien sowohl die Lehre als auch die Geschichte Jesu fast vollständig ignoriert.

2) Die Rekonstruktion der Lehre und des Lebens Jesu war in der Forschung so lange kein besonderes Problem, als man davon ausgehen konnte, daß zumindest die synoptischen Evangelien einen zuverlässigen Abriß des Lebens und der Lehre Jesu bieten. Die traditionelle Überzeugung war: a) Die Evangelien geben authentische Geschichtsberichte. b) Zwischen dem historischen Jesus und dem dogmatischen Christusbild besteht volle sachliche Übereinstim-

mung, d. h. der Jesus des Dogmas, etwa des Apostolicums oder des Nicänums, ist der Jesus der Evangelien. Er ist das auf übernatürliche Weise inkarnierte Gottwesen, das durch Reden und Wundertaten seine wesenhafte Einheit mit Gott demonstrierte und am Ende durch Tod, Auferstehung und Himmelfahrt zum Herrn der Kirche eingesetzt wurde.

Die Aufklärung prüfte die Evangelien und das überkommene kirchliche Dogma an ihrem Vernunftprinzip. So unterwarf sie die Wunderberichte einer rationalistischen Deutung, indem sie sie als gegeben hinnahm und dann fragte, was an ihnen „vernünftig" sei. Erzählungen wie die vom Seewandel oder von der Sturmstillung wurden als natürliche Vorgänge zu verstehen versucht (etwa: Das Wasser flimmerte in der Morgensonne am Strand, so daß es aussah, als schreite Jesu über den See dahin).

Diese Position wurde ihrerseits von D. F. Strauß destruiert. Er zeigte nämlich, daß der Rationalismus an den Aussagen der Texte vorbeiging. Er wies nach, daß die Texte eindeutig von Wundertaten und von wunderbaren Begebenheiten jenseits der Vernunft berichteten. Historisch seien sie also „Mythen" – Produkte der Phantasie bzw. „geschichtartige Einkleidungen urchristlicher Ideen".

Die literarische Quellenkritik kam zu einem ganz anderen Ergebnis – und zwar vor allem aufgrund der Zwei-Quellen-Theorie. Nun galt das Mk-Evangelium als zuverlässige Darstellung des *Auftretens* Jesu, die Logienquelle Q wurde als eine authentische Wiedergabe der *Lehre* Jesu angesehen. Inhaltliches Ergebnis dieser vermeintlich objektiven Rekonstruktion der Geschichte Jesu war ein auf die Bedürfnisse des 19. Jahrhunderts zugeschnittener Jesus. Aussagen, die befremdlich oder anstößig erschienen, wurden „kritisch" eliminiert. Jesus wurde Repräsentant einer bürgerlichen Religiosität und Moral, deren Ziel es war, die Menschen zur Umkehr in das Gottesreich zu rufen (Mk 1,14 f.) und damit „ein innerliches Reich der Sinnesänderung (zu) stiften".

Daß diese Sicht dem tatsächlichen Sachverhalt nicht gerecht wurde, zeigte die religionsgeschichtliche Forschung. Sie verglich die Lehre Jesu nicht mehr in erster Linie mit dem AT, sondern vor allem mit Texten des zeitgenössischen Judentums, etwa den Apokalypsen, und sie machte dabei die Entdeckung, daß Jesus in gleicher Weise wie die jüdische Apokalyptik den Zusammenbruch der alten Welt und die Schaffung einer übernatürlichen, neuen Welt erwartete. Jesu Satz, das Gottesreich sei „nahe herbeigekommen", kündigte nicht ein „inneres Reich der Sinnesänderung", sondern den nahen Weltuntergang an. Zugleich wurde deutlich, daß das Jesusbild der liberalen Theologie keineswegs das objektive Ergebnis einer methodisch ausweisbaren Quellenanalyse war. Die Quellen sagten ja nichts über Jesu Charakter; und deshalb hatte man diese Lücke einfach mit psychologischen Vermutungen ausgefüllt – mit Vermutungen, die natürlich dem eigenen Persönlichkeitsideal der Autoren entsprachen. So wurde ein Bild der Gestalt Jesu geschaffen, das nicht auf dem Quellenbefund, sondern auf den jeweiligen religiösen und sittlichen Vorstellungen beruhte. Klammerte man in den Darstellungen des „Lebens Jesu" die Vermutungen, die die Verfasser äußern, ein und stellte nur das zusammen, was die Quellen wirklich hergeben, dann blieb für ein Leben Jesu nur noch wenig Stoff übrig.

Nun stellte sich die Frage, ob denn die Quellen – also Mk und Q – historisch zuverlässig seien. Wrede (s. o. S. 257) zeigte, daß diese Frage verneint werden müsse: Die Quellen stellen nicht den historischen Jesus dar, sondern sie zeichnen Jesus, wie ihn der nachösterliche Glaube sieht – nämlich als den Gottessohn, den Messias. Jesus selber, so erklärt Wrede, habe sich nicht für den Gottessohn gehalten, wie man am „Messiasgeheimnis" in den synoptischen Evangelien erkennen könne.

Wrede hält dieses Messiasgeheimnis für eine Theorie der Gemeindedogmatik: Die Gemeinde erst sei es gewesen, die Jesus ein übernatürliches Wesen und seinem Leben messianische Züge zugesprochen habe, die historischen Überlieferungen von Jesus hätten davon noch nichts gewußt.

Die Formgeschichte stellte fest, daß die Evangelien selbst bereits theologisch geprägte Darstellungen sind und keineswegs als sichere historische Zeugen angesehen werden können. Damit aber war ein neues Problem aufgeworfen: Hat die Tatsache, daß man über den Urheber des Christentums so wenig weiß, nicht Folgen für den christlichen Glauben? Die an dieser Stelle eng mit der Formgeschichte verbundene „dialektische Theologie" gab eine negative Antwort: Der Glaube ist an einer besonderen Kenntnis des Lebens und der Verkündigung Jesu nicht interessiert, weil er nicht auf der Kenntnis bestimmter historischer Tatsachen beruht, sondern gestiftet ist durch die Erscheinungen des Auferstandenen; sie sind die Urdaten des christlichen Bekenntnisses. Ist der Glaube also auf Behauptungen von Leuten angewiesen, die wir nicht kennen und deren Erlebnisse wir nicht nachvollziehen können? Ist Glaubensgewißheit unter diesen Umständen überhaupt möglich? Reduziert sich der Inhalt des

Glaubens damit nicht auf ein Fürwahrhalten von mirakulösen Vorgängen und metaphysischen bzw. mythologischen Vorstellungen?

Sucht die dialektische Theologie, wenn sie behauptet, der Glaube könne von der Person Jesu absehen, nicht nur einen verzweifelten Ausweg aus der historischen Misere? Geht diese Bewertung der Evangelien nicht an deren Selbstverständnis vorbei? Lukas, z. B. will doch gerade das Glaubenszeugnis als Geschichtsbericht darstellen (Lk 1,1–4).

Aber es ist ja gerade das Charakteristische der Gattung Evangelium, daß es sich vom Geschichtsbericht unterscheidet (s. o. § 5). Die Evangelien sind nicht das Ergebnis von Versuchen, die vita Jesu zu rekonstruieren. Vielmehr zielen sie darauf ab, Glauben zu wecken und vorhandenen Glauben zu stärken. Sie unterscheiden dabei offensichtlich nicht zwischen authentischer Jesustradition und sekundärer Gemeindebildung, d. h. sie sind an dem, was man heute „die Frage nach dem historischen Jesus" nennt, gar nicht interessiert.

3) Es wäre falsch, wollte man aus der Erkenntnis, daß die Evangelien Glaubenszeugnisse sein wollen, folgern, man dürfe sie nicht als historische Quellen benutzen. Wohl haben A. Schweitzer und W. Wrede einen erfolgreichen Angriff gegen die liberalen „Leben Jesu" und gegen die mit diesen verbundene Theologie geführt. Sie zeigten, daß ihre Rekonstruktion des Lebens und der Lehre Jesu nicht aus den Quellen stammt, sondern auf psychologischen Vermutungen beruht. Daher kann man bisweilen lesen, es sei der Leben-Jesu-Forschung überhaupt das Ende bereitet worden. Aber das ist unzutreffend. Der Versuch, eine Leben-Jesu-Theologie zu entwickeln, die Person Jesu als Gegenstand des Glaubens zu beschreiben, ist gescheitert. Aber die kritische Bemühung, vor allem die Lehre Jesu herauszuarbeiten und darzustellen, geht weiter. Schweitzer selbst hat im abschließenden Kapitel seines Buches die grundsätzliche Richtung vorgezeichnet: „Der historische Jesus, den die Forschung aufgrund der erkannten und eingestandenen Probleme zeichnen wird, kann der modernen Theologie nicht mehr die Dienste leisten, die sie von dem ihren, halb historischen, halb modernen, in Anspruch nahm ... In der besonderen Bestimmtheit seiner Vorstellungen und seines Handelns erkannt, wird er für unsere Zeit immer etwas Fremdes und Rätselhaftes behalten" (620).

Über die zum Teil sehr unterschiedlichen Ansätze der neueren Jesusforschung informieren die Aufsätze des Bandes: Jesus Christus in Historie und Theologie (Festschr. H. Conzelmann), 1975, hrsg. von G. Strecker.

§ 47 Die Quellen

Literatur: *Zu 1.:* J. Klausner, Jesus von Nazareth. Seine Zeit, sein Leben und seine Lehre, 1930, 13–168; J. Maier, Jesus von Nazareth in der talmudischen Überlieferung, EdF 82, 1978.

Vorbemerkung

Die Quellenlage ist auf den ersten Blick relativ übersichtlich. Während in den synoptischen Evangelien sehr umfangreiches christliches Material vorliegt, sind die wenigen nichtchristlichen Quellen unergiebig und bringen nichts Neues. Monumentale Quellen, d. h. Inschriften, Münzen u. ä., die über Jesu Auftreten Aufschluß geben könnten, existieren nicht.

1. Nichtchristliche Quellen

1) Berühmt ist das Zeugnis des Tacitus in Ann XV 44. Er erwähnt beim Bericht über den Brand Roms unter Nero auch dessen Schlag gegen die Christen in der Hauptstadt und vermerkt dabei: Auctor nominis eius (nämlich des Christentums) Christus Tiberio imperitante per procuratorem Pontium Pilatum supplicio affectus erat (vgl. Barrett 11). Diese Tatsache freilich konnte man überall erfahren, wo es Christen gab. – Offensichtlich besitzt Tacitus darüber hinaus keine weitere Kenntnis vom Leben Jesu. Er hält „Christus" für einen Eigennamen, der tatsächliche Name ist ihm anscheinend unbekannt.

2) Nicht sicher ist, ob Sueton sich auf „Christus" bezieht, wenn er schreibt (Claudius 25): (Claudius) Iudaeos impulsore Chresto assidue tumultantes Roma expulit. Sueton stellt sich möglicherweise vor, dieser Chrestus (= Jesus?) sei zur Zeit des Claudius selbst in Rom gewesen.

3) Auch aus jüdischen Texten erfahren wir über Jesus nur wenig mehr als aus den beiden einzigen frühen römischen Quellen. Josephus berichtet Ant XX 200, der Hohepriester Ananos (= Hannas II.) habe im Jahre 62 den Jakobus, „den Bruder Jesu, des sogenannten Christus", hinrichten lassen. Josephus weiß als Jude, daß „Christus" nicht Eigenname, sondern Titel ist.

Völlig anderen Charakter als diese Stelle hat Ant XVIII 63 f., das sogenannte „testimonium Flavianum" (Text bei H-S I, 324 f.).

Hier findet sich ein hohes Lob Jesu, ja gerade ein Bekenntnis zu ihm, wie es aus dem Munde eines nichtchristlichen Juden nicht erwartet werden kann. Es gilt deshalb seit langem als sicher, daß hier eine christliche Interpolation vorliegt. Es bleibt nur offen, ob eine ursprüngliche Notiz des Josephus über Jesus lediglich christlich ergänzt wurde, oder ob es sich insgesamt um einen christlichen Einschub in den Josephustext handelt. In jedem Fall wird unser Wissen über Jesus durch Josephus nicht erweitert.

4) Dasselbe gilt auch für die rabbinischen Texte, in denen Jesus erwähnt wird. Meist finden sich dort polemische Hinweise auf Jesu Torakritik, daneben stehen Anspielungen auf seine Wundertätigkeit, die als Zauberei angesehen wird, und auf seine Hinrichtung am Vorabend des Passa. Kennzeichnend für den Stil der rabbinischen Beschäftigung mit Jesus ist die „Suche" nach seinem Vater: Jesus wird an einigen Stellen Jeschu ben Pantera (oder ähnlich) genannt, da er ein Sohn des Soldaten Pantera gewesen sei. Allerdings scheint hinter dieser Namengebung zunächst noch gar keine diskriminierende Absicht zu stehen; erst später wird jener Pantera zum Liebhaber der Maria und Jesus damit zum unehelichen Kind gemacht. Irgendein historischer Wert kommt diesen Bemerkungen nicht zu. (Das Material bietet Bill I,36–39).

2. *Christliche Quellen*

Für die Rekonstruktion von Leben und Lehre Jesu ist man deshalb auf die christlichen Quellen angewiesen. Hier stellt sich aber die Frage, ob und wie christliche Tendenz das Jesusbild gestaltet und damit den historischen Sachverhalt möglicherweise verzerrt hat. Darüber, daß eine solche Tendenz besteht, wird heute nicht mehr gestritten; nur das Ausmaß dessen, was als zuverlässig anzusehen sei, wird verschieden beurteilt. Früher wurde oft die Frage gestellt, ob den Synoptikern, vor allem Mk, oder aber Joh die größere Zuverlässigkeit zuzusprechen sei. Diese Frage ist in der Tat von Bedeutung, weil das öffentliche Auftreten Jesu nach der Darstellung der Synoptiker einen ganz anderen Charakter hatte als nach Joh. Während z. B. bei den Synoptikern die Gleichnisse Jesu eine hervorragende Rolle spielen, ist in Joh nicht ein einziges Gleichnis überliefert. Die Zeitdauer des öffentlichen Auftretens Jesu ist hier wie dort verschieden. Außerdem wird bei Joh ein anderer Todestag Jesu genannt als in den Synoptikern. Inzwischen ist das Problem der sachlichen Priorität aber eindeutig geklärt: Als Quellen für Leben und Lehre Jesu kommen fast ausschließlich die synoptischen Evangelien in Betracht.

Sowohl innerhalb des NT als auch in nachneutestamentlicher christlicher Literatur werden weitere Worte Jesu überliefert, und zwar in Lk 6,5 (nur in der Handschrift D); Joh 7,53–8,11 (obwohl diese Perikope von einer großen Zahl von Handschriften überliefert wird, muß sie als sekundär – jedenfalls innerhalb des Joh – angesehen werden, ohne daß damit freilich über ihren historischen Wert schon etwas gesagt wäre); Apg 20,35; 1 Thess 4,15; 1 Kor 7,10. Die weiteren nichtneutestamentlichen Jesusworte („Agrapha") sind bei J. Jeremias, Unbekannte Jesusworte, [4]1965 gesammelt und kritisch analysiert.

§ 48 Die äußere und die innere Chronologie

Literatur: J. Finegan, Handbook of Biblical Chronology, 1964, 215–301. *Zu 3.:* J. Jeremias, Die Abendmahlsworte Jesu, [4]1967, 31–35.

1. Das Geburtsjahr Jesu

Es steht fest, daß Jesus während der Regierungszeit des Octavian (Augustus) geboren wurde, wie es in Lk 2,1 angegeben ist. Dagegen ist es unklar, ob auch die zusätzliche Angabe in Mt 2 und Lk 1,5 zutrifft, derzufolge Jesu Geburt noch während der Regierungszeit Herodes' d. Gr. erfolgt sei. Herodes starb nach unserer Zeitrechnung im Jahre 4 v. Chr. (= 750 ab urbe condita römischer Zeitrechnung). Jesus müßte dann also „vor Christus" geboren sein.

Allerdings wurde die christliche Zeitrechnung erst im 6. Jahrhundert durch den römischen Mönch Dionysius Exiguus aufgestellt, der als Geburtsjahr Jesu das Jahr 754 ab urbe condita festsetzte und dieses dann als das Jahr 1 bezeichnete. Dionysius könnte sich verrechnet haben, d. h. Jesus könnte durchaus noch während der Regierungszeit des Herodes geboren sein.

Man muß jedoch beachten, daß der Hinweis auf Herodes sich nur in den legendären Geburtsgeschichten findet, also gar keinen historischen Kern zu enthalten braucht.

Ohnehin tragen die in den Geburtslegenden gegebenen Daten für die Berechnung des Geburtsjahres Jesu nichts aus, zumal sie sich teilweise auch widersprechen. Nach der Legende vom bethlehemitischen Kindermord ließ Herodes alle Kinder bis zum Alter von zwei Jahren umbringen (Mt 2,16) – d. h. Jesus müßte danach spätestens zwischen 6 und 4 v. Chr. geboren sein. Die in Lk 2,1 f. erwähnte Steuererhebung wäre demgegenüber erheblich später anzusetzen: Nach Josephus Ant XVIII 1 f. fand ein allgemeiner Zensus im Jahre 6 n. Chr. nach der Absetzung des Archelaus statt. Er war keineswegs weltweit, sondern beschränkte sich auf Judäa (m. a. W.: Er erfaßte nicht einmal Galiläa mit Nazareth).

Unmöglich ist die Datierung nach dem Stern der Magier. Zwar gab es im Jahre 7/6 v. Chr. eine besondere Sternkonstellation, aber in Mt 2,9 wird nicht eine reale astronomische Erscheinung, sondern ein wandernder „Wunderstern" geschildert.

Wenn es in Lk 3,23 heißt, Jesus sei bei seinem ersten öffentlichen Auftreten „etwa 30 Jahre alt" gewesen, so bedeutet das im Zusammenhang mit Lk 3,1 f. (s. u.), daß Jesus in einem der letzten Jahre „vor Christus" geboren sein muß – das genaue Geburtsjahr ist jedenfalls unbekannt.

2. *Öffentliches Auftreten*

Es gibt im NT ein einziges ziemlich genaues und wohl auch zuverlässiges Datum im Zusammenhang mit dem Leben Jesu: Den „Synchronismus" von Lk 3,1 f. Dort heißt es, Johannes der Täufer sei im 15. Jahr des Tiberius aufgetreten, d. h. etwa im Jahre 28 n. Chr. (Näheres zu diesem Problem bei Finegan [s. Literaturangaben] 259 ff.) Die zusätzliche Angabe, damals sei Hannas Hoherpriester gewesen, ist jedoch falsch – Hoherpriester war zu jener Zeit Kaiphas. Wie Lukas zu diesem Datum kam, ist unklar: Hatte er eine Quelle, oder ist es seine eigene Berechnung?

Sieht man das Jahr 28 als Datum für Johannes als einigermaßen sicher an, so bleibt immer noch die Frage, wie groß der zeitliche Abstand zwischen ihm und der öffentlichen Tätigkeit Jesu war. Vermutlich war dieser Abstand relativ gering, so daß sich sagen läßt, daß Jesu öffentliche Wirksamkeit in die Zeit um das Jahr 30 fällt.

3. *Todesjahr*

1) Für die Datierung des Todes Jesu ist der Befund ähnlich: Das *genaue* Datum läßt sich nicht mehr feststellen, der ungefähre *Zeitraum* läßt sich aber mit hinreichender Genauigkeit abgrenzen. Es

steht fest, daß Jesu Kreuzigung in die Amtszeit des römischen Prokurators Pilatus und des Hohenpriesters Kaiphas fällt. Dabei sind die Angaben der Evangelien über den amtierenden Hohenpriester allerdings etwas verwirrend: Mk nennt keinen Namen eines Hohenpriesters, Mt erwähnt Kaiphas. Lk bietet (wie Mk) in der Passionsgeschichte keinen Namen, gibt aber in Lk 3,2 (vgl. Apg 4,6) die Angabe „... unter dem Hohenpriester (Sing!) Hannas und Kaiphas" – was natürlich unmöglich ist. Auch Joh nennt in 11,49 und 18,13–24 beide Namen; offenbar hatte er in seiner Vorlage den Namen Hannas gefunden, wußte aber, daß Kaiphas der richtige war, und so fügte er diesen Namen hinzu, ohne jenen zu streichen. Das bedeutet: Die literarischen Quellen ermöglichen keine genaue Datierung des Todesjahres Jesu.

2) Man hat deshalb versucht, den Zeitpunkt des Todes mit Hilfe der Astronomie genauer zu bestimmen, und zwar mit der folgenden Überlegung: Jesus starb an einem Passafest; im jüdischen Kalender war festgelegt, daß das Passa am Abend des 14. Tages des Frühlingsmonats Nisan gefeiert wurde. Alle Evangelien berichten, daß Jesu Todestag der letzte Tag vor dem Sabbat, also ein Freitag gewesen sei; nach der Darstellung der Synoptiker hatte Jesus am Abend zuvor mit seinen Jüngern das Passamahl gegessen – d. h. er müßte am Freitag, dem 15. Nisan gestorben sein. Die Frage ist also: In welchem Jahr um 30 n. Chr. war der 15. Nisan ein Freitag?

Die Lage ist aus zwei Gründen noch komplizierter:

1. Nach Joh starb Jesus bereits in der Stunde, in der man die Passalämmer zu schlachten pflegt (also am Nachmittag des 14. Nisan. Das Mahl findet dann am Abend statt; entsprechend ist Jesu letztes Mahl mit seinen Jüngern jedenfalls bei Joh *kein* Passamahl). Auch bei Joh ist vorausgesetzt, daß dieser 14. Nisan ein Freitag war. Dibelius hält das bei Joh überlieferte Datum für zutreffend. Es sei ja auch in Mk 14,1 f. vorausgesetzt, wo gesagt wird, Jesus sollte nicht am Fest hingerichtet werden. Überdies sei ein solcher Hinrichtungstermin ja auch sehr unwahrscheinlich. Aber die Notiz in 14,1 f. ist ebenso wie die Angabe in 14,12 ungenau und kann deshalb nicht als Beleg beigezogen werden.

Völlig unergiebig ist der Hinweis auf unterschiedliche Kalender innerhalb des Judentums – etwa darauf, daß Pharisäer und Sadduzäer in bestimmten Fällen in der Datierung des Passa voneinander abgewichen seien (Billerbeck). Unbegründet ist auch die These, Jesus habe sich beim Passamahl an den Kalender von Qumran gehalten, das Joh dagegen habe nach dem normalen Kalender datiert. Denn erstens sind die unterschiedlichen Kalender von Sadduzäern und Pharisäern späte Konstruktion, und zweitens gibt es kein einziges Indiz dafür, daß Jesus sich an irgendwelche Regelungen von Qumran gehalten hätte.

2. Man muß fragen, ob die Angabe „Freitag" historisch richtig ist und nicht etwa nachträglich durch die Datierung der Auferstehung „am dritten Tage" (= Sonntag als erster Tag der Woche) berechnet worden ist.

Die Frage, in welchem Jahr der 15. (bzw. 14.) Nisan ein Freitag war, läßt sich durch astronomische Berechnungen praktisch nicht beantworten. Denn der Beginn des Monats Nisan war nicht astronomisch festgelegt. Als 1. Nisan galt stets der Tag, an dem man nach dem vorausgegangenen letzten Neumond des Winters das „Neulicht" beobachten konnte – und diese Beobachtung hing naturgemäß von der Bewölkung ab. Das macht eine sichere Datierung unmöglich.

Unter Berücksichtigung dieser Vorbehalte läßt sich sagen: Jesus starb, als er etwa 30 Jahre alt war. Unter der Annahme, er sei um das Jahr 4 v. Chr. geboren, wäre er also irgendwann in den Jahren nach 26 n. Chr. gestorben. Verbindet man dies mit den synoptischen Angaben, der Todestag sei ein Freitag gewesen, so kommt man zu folgendem Ergebnis:

Freitag, 15. Nisan: Wahrscheinlich das Jahr 27, möglich auch die Jahre 30, 31 oder 34. Legt man die Angaben bei Joh zugrunde, so kommt man zu folgendem Ergebnis:

Freitag, 14. Nisan: Wahrscheinlich das Jahr 30 oder auch das Jahr 33, möglich das Jahr 27.

Generell kann man sich merken, daß Jesus um das Jahr 30 starb.

4. *Innere Chronologie*

Umstritten ist die innere Chronologie des Lebens Jesu, also die Frage, wie lange Jesus öffentlich tätig gewesen ist. Den Synoptikern zufolge begann Jesu öffentliche Wirksamkeit nach der Gefangennahme Johannes' des Täufers (Mk 1,14) – über ihre Dauer wird jedoch überhaupt nichts gesagt. Berichtet wird lediglich vom Beginn, dann von einzelnen Ereignissen während der Tätigkeit Jesu und schließlich von dem Weg nach Jerusalem, der zur Passion führt. Die Synoptiker bestimmen den Zeitraum des Auftretens nicht – wie man manchmal lesen kann – auf etwa ein Jahr, sondern sie bestimmen ihn überhaupt nicht.

Anders ist die Darstellung bei Joh (vgl. o. S. 287). Nach 3,22 f. überschneidet sich das öffentliche Auftreten Jesu zeitlich mit der Tätigkeit des Täufers. Und Jesus reist nach der joh Darstellung auch nicht nur einmal nach Jerusalem, sondern mehrmals: 2,13 zum Passa; 5,1 zu einem nicht näher bezeichneten Fest (der Text ist unsicher); in 6,4 wird erneut ein Passa erwähnt (wenn man, wie Bultmann vorschlägt, die Kapitel 5 und 6 umstellt, dann wäre in 5,1 eben dieses Passa gemeint); nach 7,1 ff. geht Jesus zum Laubhüttenfest und nach 10,22 hält er sich während des Tempelweihfestes in Jerusalem auf. Wie bei den Synoptikern, so fällt auch nach Joh Jesu Tod in die Passazeit. Diese Erwähnung von drei Passafesten würde – wäre sie historisch zuverlässig – bedeuten, daß Jesus mindestens zwei volle Jahre lang öffentlich tätig gewesen sein müßte. Es ist jedoch nicht möglich, das Joh für die innere Chronologie Jesu auszuwerten, denn seine Darstellung beruht nicht auf alter Tradition, sondern gehört der Redaktion des Evangelisten an.

§ 49 Abstammung, Geburt und Heimat Jesu

Literatur: M. Dibelius, Jungfrauensohn und Krippenkind. Untersuchungen zur Geburtsgeschichte Jesu im Lukas-Evangelium, in: Botschaft und Geschichte I, 1953, 1–78; H. Schürmann, Das Lukas-Evangelium 1,1–9,50, HThK III/1, 1969, 140–145; K. Stendahl, Quis et Unde? Eine Analyse von Mt 1–2, in: J. Lange (Hrsg.), Das Matthäus-Evangelium, WdF 525, 1980, 296–311.

Vorbemerkung

Nur Mt und Lk enthalten Geburts- und Kindheitsgeschichten Jesu. Der Vergleich zwischen beiden ergibt zunächst einige Übereinstimmungen: Beide Evangelien enthalten einen Stammbaum Jesu (bei Lk steht er allerdings erst in 3,23–38; s. S. 271), beide erwähnen die Jungfräulichkeit der Maria, beide nennen Joseph, und beide setzen voraus, bzw. berichten ausdrücklich davon, daß Jesus zur Zeit des Herodes in Bethlehem geboren wurde (Mk dagegen erwähnt nicht, daß Jesus mit Bethlehem überhaupt etwas zu tun hatte). Im übrigen aber weichen die Darstellungen bei Mt und Lk stark voneinander ab.

1. Die Geburtsgeschichte Jesu nach Mt 1.2

Die beiden einleitenden Kapitel des Mt enthalten vier ursprünglich selbständige Stücke: Den Stammbaum, den Bericht von der Geburt Jesu, die Erzählung von den Magiern und den Bericht vom bethlehemitischen Kindermord. Ob erst Mt oder schon ein Vorgänger diese einzelnen Stücke miteinander verbunden hat, kann offenbleiben. Sie enthalten legendarischen Stoff, sind aber stark von theologischer Reflexion durchsetzt. Das Thema, unter dem sie bei Mt zusammengefaßt sind, lautet: Wer Jesus ist, und woher er kommt. Es soll der Nachweis erbracht werden, daß Jesus nach Herkunft und Heimat der Messias aus der Familie Davids ist.

1) Der Stammbaum Mt 1,2–17 zeigt, daß Jesus über Joseph in direkter Linie von Abraham und David abstammt. Dabei war ursprünglich natürlich vorausgesetzt, daß Joseph der Vater Jesu sei; durch die Kombination des Stammbaums mit dem Motiv der jungfräulichen Geburt entstand ein Widerspruch.

Diese Kombination muß aber schon relativ früh entstanden sein, denn sie findet sich auch bei Lk (s. u. S. 348).

Welchen historischen Wert hat die Angabe, Jesus sei Davidide gewesen? Der älteste Beleg für diese Behauptung ist die vorpaulinische Formel Röm 1,3 f.; aber dort ist die Davidsohnschaft wahrscheinlich nicht genealogisch, sondern vielmehr als dogmatische Feststellung gemeint: Jesus ist der Messias, ergo ist er der Nachkomme Davids. Im übrigen wäre, selbst wenn die Angaben über die Davidsohnschaft einen historischen Kern hätten, nur bewiesen, daß Jesus bzw. seine Familie eine solche Abstammung für sich behauptete – über die tatsächlichen Gegebenheiten würde das gar nichts besagen.

Joh 7,41 f.52 wird Jesu davidische Herkunft und zugleich die Geburt in Bethlehem bestritten – allerdings wohl kaum aufgrund besseren historischen Wissens, sondern aufgrund der joh Christologie (vgl. R. Bultmann, Joh 224.231).

2) Der in Mt 1,18–25 überlieferte Bericht von Jesu Geburt ist selbständig und setzt den Stammbaum nicht voraus. Es fällt auf, daß der Text eigentlich nicht erzählerisch, im Legendenstil, gestaltet ist: Die wunderbare Geburt z. B. wird zwar angekündigt, aber nicht erzählt. Offenbar handelt es sich um Reflexionen mit apologetischer Tendenz zur Abwehr feindlicher Verdächtigungen, die sich auf die näheren Umstände bei Jesu Geburt bezogen. Die Hauptsache im Text ist der Name Jesus bzw. seine Deutung als „Retter". Jesus wird als Erfüllung der atlichen Verheißung verstanden und dargestellt (vgl. das Reflexionszitat in V. 23).

3) Die Erzählung von den Magiern Mt 2,1–12 war ursprünglich ebenfalls selbständig. Sie setzt den vorangegangenen Text nicht voraus, sondern konkurriert im Gegenteil sogar mit ihm, denn sie ent-

hält das Legendenmotiv der „Erkennung des Kindes". Der Tenor der Magierlegende ist ja gerade, daß das bis dahin in seiner Besonderheit nicht erkannte Kind durch den wunderbaren Stern offenbart wird – Ziel ist die Huldigung. (Man kann, da Joseph nicht erwähnt wird, fragen, ob es sich um eine Jungfrauenlegende handelt; so Dibelius.)

Es ist zu beachten: Selbst wenn die Erzählung vom Stern in Erinnerung an die Sternkonstellation von 7/6 v. Chr. gestaltet sein sollte, lassen sich Hinweise auf die Datierung des Ereignisses nicht ableiten (s. o. S. 342).

Einige Kommentare behaupten, die Magier seien die Vertreter des Aberglaubens, der auf diese Weise indirekt bekämpft werden solle. Aber die Darstellung ist von solchen Tendenzen völlig frei – die Magier haben ja geradezu eine offenbarende Funktion.

4) Die Erzählung vom Kindermord 2,13–23 ist in der jetzigen Fassung mit der Erzählung von den Magiern verflochten; ursprünglich dürfte sie selbständig gewesen sein; denn die Magiergeschichte ist ja nicht auf einen solchen „blutigen Epilog" (Dibelius) hin angelegt. Die Erzählung vom Kindermord enthält das „klassische" Motiv der Gefährdung und Rettung des später bedeutenden Kindes (ähnliche Legenden gibt es über Mose, vgl. Ex 1,15–2,10; ferner über Sargon von Akkade, Kyros und Augustus). Auch die Flucht nach Ägypten erinnert an Mose. In V. 23 wird schließlich der Ortsname Nazareth mit Hilfe eines (fiktiven) Zitats biblisch „verankert".

Lektürevorschlag

1. M. Hengel/H. Merkel, Die Magier aus dem Osten und die Flucht nach Ägypten (Mt 2) im Rahmen der antiken Religionsgeschichte und der Theologie des Matthäus (Festschr. J. Schmid), 1973, 139–169.
2. Sueton Vit Augusti Kap. 94.

2. *Die Vorgeschichte Jesu nach Lk 1.2*

Die Erzählungen in Lk 1 f. sind stilistisch Legenden; insofern unterscheiden sie sich deutlich von Mt 1 f.

In der jetzigen Gestalt der beiden ersten Kapitel des Lk liegt eine sogenannte „Synkrisis" vor, d. h. die vergleichende Darstellung der wunderbaren Geburt des Täufers und Jesu. Die Analyse zeigt jedoch, daß die beiden Erzählungsfäden ursprünglich nicht aufeinander bezogen waren: Man braucht nicht die eine Reihe zu kennen, um die andere verstehen zu können. Auch die Jesus-Handlung für sich genommen ist keine traditionsgeschichtliche Einheit; man kann sie vielmehr in einzelne Geschichten zerlegen.

1) In Lk 1,5–25 wird die Geburt Johannes des Täufers angekündigt. Es ragen drei Motive heraus: Die lange Unfruchtbarkeit der Elisabeth (im AT wird dasselbe von Sara, sowie von den Müttern Simsons und Samuels berichtet; vgl. Gen 17,15 ff.; Ri 13,2 ff.; 1 Sam 1); die Engelerscheinung (vgl. Ri 6,22) mit dem für solche Erscheinungen typischen Anruf „Fürchte dich nicht!"; schließlich die Ankündigung der Geburt des Retterkindes. Es ist deutlich erkennbar, daß das Kind nicht der Vorläufer eines Größeren sein soll, sondern selbst zum eschatologischen Retter bestimmt ist: Johannes wird der Freudenbringer sein (V. 14), er wird „groß" genannt (V. 15), er ist der Vorläufer *Gottes* – also nicht des Messias –, d. h. er ist Elia wesensgleich (V. 17). Ein weiteres typisches Motiv ist das beglaubigende Zeichen: Die Stummheit des Zacharias (V. 20) ist keine Strafe für seinen Zweifel, sondern dient dem Zeugnis.

2) Die Botschaft an Maria unterbricht die Johanneserzählung. Ist sie selbständig, oder ist jene vorausgesetzt? Schürmann nimmt an, der Abschnitt sei eine Nachbildung von V. 5–25, der Hinweis auf den Täufer sei also von Anfang an da gewesen. Und tatsächlich sind die Übereinstimmungen deutlich. Hier wie dort wird eine wunderbare Geburt angekündigt, hier wie dort werden schon in der Ankündigung Name und Wesen des Kindes geoffenbart: Es wird „Sohn des Höchsten" genannt werden.

Der Text bietet gewisse Schwierigkeiten: V. 26 f. wirken überladen, so daß man fragen muß, ob der Hinweis auf Joseph möglicherweise erst sekundär eingefügt wurde. Dibelius vermutet denn auch, daß in der ursprünglichen Fassung der Erzählung der Engel Gabriel zu einer Jungfrau aus dem Hause Davids gesandt worden sei. Aber diese Hypothese ist unwahrscheinlich: Die Tradition läßt die davididische Abstammung Jesu über Joseph laufen (das ändert sich erst bei Ignatius).

Eine zweite Schwierigkeit enthalten die Verse 34–37. Nach Bultmann, Gesch syn Trad, 321 ist dieser Abschnitt erst von Lk selbst geschaffen worden; dann war Maria in der ursprünglichen Geburtsankündigung Jesu (1,26–33.38) keineswegs als Jungfrau vorgestellt (vgl. die eigentliche Geburtsgeschichte 2,1 ff., in der das Jungfrauenmotiv fehlt). Dibelius, Formgeschichte, 121 lehnt diese Überlegung mit dem Hinweis ab, gerade das Wunderbare habe von Anfang an zur Erzählung gehört. Aber auch er hält jedenfalls V. 27 für sekundär – die Kombination mit der Johanneserzählung habe ursprünglich gefehlt. Dabei bleibt offen, ob diese Kombination erst von Lk oder bereits vorher hergestellt wurde. Man kann insgesamt sagen, daß die Erzählung Lk 1,26–38 in ihrem Kern ebenfalls ursprünglich selbständig war und der Bezug zur Johanneserzählung erst nachträglich hergestellt wurde.

3) Die Begegnung der beiden Frauen 1,39–56 ist keine eigentliche Erzählung, sondern stellt lediglich eine sekundäre Verklammerung der beiden Handlungen dar; das hier eingefügte „Magnificat" ist ursprünglich vielleicht ein Psalm aus der Täufergemeinde gewesen, denn es finden sich keine eindeutigen Hinweise auf Jesus.

4) Die Geburt des Johannes 1,57–80 würde glatt an V. 25 anschließen. Auch in dieser Erzählung wird deutlich, daß die ganze Erzählung über Johannes nicht auf seine Unterordnung unter einen nachfolgenden Größeren hin angelegt ist.

5) Die Erzählung vom Kind in der Krippe 2,1–20 setzt weder die Johannesgeschichte noch die Verkündigung des Engels an Maria voraus. Joseph und Maria gelten vielmehr ohne weiteres als Eltern Jesu und offenbar auch als Ehepaar (Maria wird erst durch den Zusatz τῇ ἐμνηστευμένῃ αὐτῷ in V. 5 zur Verlobten gemacht). Das Kind ist nicht durch eine wunderbare Zeugung ausgezeichnet, sondern durch die Epiphanie der Engel und durch das besondere Erkennungszeichen, die Krippe (vgl. Mt 2,1–12; s. o.).

3. Zusammenfassung

Die Analyse der Geburtsgeschichten bei Mt und Lk hat ergeben, daß es sich ausschließlich um legendarischen Stoff handelt. Indirekt fällt von daher also immerhin doch etwas Licht auf Jesu Abstammung und auch auf seinen Geburtsort:

1) Das Theologumenon von der Jungfrauengeburt findet sich nur in einigen Abschnitten innerhalb von Mt 1 f.; Lk 1 f.; in Lk 2 ist es deutlich sekundär. Paulus kennt die Vorstellung überhaupt nicht (Gal 4,4 „vom Weibe geboren" bedeutet einfach „Mensch", vgl. zum Ausdruck Hi 14,1); Joh 1,45; 6,42 widerspricht ihr ausdrücklich (vgl. R. Bultmann, Joh, 40 A 2). Man kann daher annehmen, daß diese Vorstellung sekundär und außerdem im Urchristentum zunächst umstritten ist.

2) Die Geburtsgeschichten berichten, daß Jesus in Bethlehem geboren sei. Das stößt sich mit dem Befund im übrigen NT, wo stets Nazareth als Geburtsort gilt (Mk 1,9; 6,1; Joh 1,45 f.; vgl. überhaupt die Bezeichnung Jesus „von Nazareth"). Bethlehem als Geburtsort ist offenbar erst von einer bestimmten Anschauung über den Messias gefordert (Mt 2,6) – tatsächlich dürfte Jesus in Nazareth geboren sein. Das Mittel, mit dessen Hilfe das Ereignis nach Bethle-

hem verlegt wird, ist bei Lk ausgesprochen künstlich: Welchen Sinn hat eine Steuererhebung, die nicht am Wohn- und Arbeitsort, sondern in der Heimat der Familie erfolgt?

Arbeitsvorschläge

1. Analyse von Lk 2,21–52. Hilfsmittel: s. Literaturangaben.
2. Lektüre eines vergleichbaren Textes, etwa Vergils 4. Ecloge. Weiterführende Literatur: (s. Literaturangaben).

§ 50 Johannes der Täufer

Literatur: J. Becker, Johannes der Täufer und Jesus von Nazareth, BSt 63, 1972; Ph. Vielhauer, Art. Johannes der Täufer, RGG III, 1959, 804–808; W. Wink, John the Baptist in the Gospel Tradition, SNTS Monograph Series 7, 1968.

1) Material über Leben und Verkündigung des Johannes bieten Mk, die Logienquelle Q, Joh und Josephus. Einige Hinweise finden sich auch in der Apg. Die Quellenlage macht es also von vornherein wahrscheinlich, daß das überlieferte Johannesbild stark christlich übermalt ist. Die bei Lk überlieferte Geburtsgeschichte ist legendarisch (vgl. § 49), ebenso wohl auch die nur dort behauptete Abstammung aus priesterlicher Familie. Umstritten ist die Frage, ob sich Johannes tatsächlich als Wegbereiter des Messias sah, oder ob nicht schon dies christliche Deutung ist. Die Urfassung der Geburtslegende setzt, wie wir gesehen haben, voraus, daß Johannes der Wegbereiter Gottes, also der letzte Rufer vor dem Ende gewesen sei. Diese Geburtsgeschichte stammt mit hoher Wahrscheinlichkeit aus dem Kreis der Johannesjünger. Sie entspricht nicht dem Selbstverständnis des historischen Johannes; denn aus Mt 3,11/par Lk 3,16 läßt sich erkennen, daß Johannes den kommenden Feuertäufer, also eine transzendente Gestalt ankündigte. Es ist wahrscheinlich, daß Johannes' Hinweis auf den kommenden Stärkeren nicht christliche Deutung, sondern historische Tatsache ist.

2) Es ist ziemlich sicher, daß Johannes der erste war, der die *einmalige* Taufe – im Unterschied zu den stets zu wiederholenden Reinigungsriten des Judentums – einführte. Das zeigt sich schon daran, daß man ihn den „Täufer" nennt. Dieser Begriff findet sich außer bei Josephus nur bei christlichen Schriftstellern, und zwar ausschließlich auf Johannes bezogen. Er fiel also offensichtlich durch

seine Taufpraxis auf. Johannes verstand seine Taufe eschatologisch. Deshalb ist es christliche Interpretation, wenn er seine Taufe als bloße Wassertaufe bezeichnet, die gegenüber der kommenden Geisttaufe minderen Ranges sei.

Vom „Geist" sprechen wohl weder Johannes noch auch Jesus – vom Geist sprach die christliche Gemeinde aufgrund ihrer eigenen Geisterfahrung. Bei der Frage, von welchen Voraussetzungen her Johannes sein Taufverständnis entwickelte, werden im allgemeinen zwei Hypothesen vertreten: a) Johannes folge dem Vorbild der jüdischen Proselytentaufe. b) Johannes halte sich an die Riten jüdischer Taufsekten im Jordantal (etwa der Qumrangemeinde oder früher Vorfahren der Mandäer). Aber beide Hypothesen stehen auf ziemlich schwachen Füßen: Die Zeugnisse für die Existenz der Proselytentaufe stammen aus späterer Zeit. Außerdem dient diese Taufe der Herstellung kultischer Reinheit; ein eschatologischer Bezug fehlt. Bei den jüdischen Sekten am Jordan sind die Reinigungsriten in den Vordergrund getreten, aber sie kennen nicht die *einmalige* Taufe. Mit Qumran verbindet den Täufer eigentlich nur der Ort seiner Tätigkeit – eben der Jordangraben. Wahrscheinlich läßt sich die Frage nach den religionsgeschichtlichen Voraussetzungen der Johannestaufe gar nicht befriedigend beantworten. Wichtig ist die Frage, welchen *Sinn* die Johannestaufe gehabt hat. Bisweilen wird erörtert, ob sie (wirksames) Sakrament oder aber nur sinnbildliche (Symbol-)Handlung gewesen sei. Aber diese Alternative geht an der Sache vorbei, denn bloße rituelle Symbolhandlungen ohne unmittelbare oder mittelbare Wirkung kennt man in der Antike gar nicht. Johannes hat aber betont, daß seine Taufe nicht mechanisch wirke, sondern daß die Buße die Bedingung für die reinigende Wirkung der Taufe sei. Ob man sie als Sakrament bezeichnen will oder nicht, ist letztlich eine Frage der Definition des Begriffs „Sakrament" – jedenfalls versteht Johannes seine Taufe als einen wirksamen Bußritus im Blick auf das bevorstehende Gericht.

Übungsbeispiel

Nach Mk bewirkt die Johannestaufe die Vergebung der Sünden. Ist dies die eigene Deutung des Täufers, oder handelt es sich um eine christliche Interpretation?

Man muß beachten, daß die Christen die christliche Taufe von der des Johannes abzuheben versuchten, indem sie zwischen Geist- und Wassertaufe unterschieden. Es ist also wenig wahrscheinlich, daß sie der Johannestaufe von sich aus die Wirkung der Sündenvergebung zugesprochen hätten, wenn dies nicht schon in der Überlieferung vorgegeben gewesen wäre. Mt streicht den Hinweis auf die Sündenvergebung!

Lektürevorschlag

H. Thyen, Studien zur Sündenvergebung, FRLANT 96, 1970, 131–145.

3) Johannes tauft in der Wüste: Gemeint ist wahrscheinlich das untere Jordantal (vgl. Jos Bell III 515). Dieser Ort hat für Johannes symbolische Bedeutung: Die Wüstenzeit ist Israels reine Urzeit, die Zeit des Mose, des Bundesschlusses, der Gesetzgebung. In die Wüste zog deshalb auch die Qumrangemeinde, denn dort sollte sich Israels eschatologisches Heil ereignen (vgl. Hos 2,14 ff.). Diese von Johannes also bewußt gewählte Symbolik wird offenbar noch unterstrichen durch die Angaben über Speise und Kleidung des Täufers (Mk 1,6). Gewöhnlich zieht man 2 Kön 1,8 und Sach 13,4 als Parallele heran und erklärt, Johannes habe sich durch diese Prophetentracht als Elia stilisieren wollen. Aber die Übereinstimmung mit der Schilderung des Elia ist gering und besteht zudem nur, wenn man LXX benutzt. Die Angabe in Mk 1,6 über Tracht und Speise des Täufers soll ihn einfach als Wüstenbewohner kennzeichnen und damit die Wüstensymbolik unterstreichen.

4) Es ist eindeutig christliche Interpretation, wenn Johannes in allen Evangelien (und in Q) als auf Jesus zugeordnet dargestellt wird. Dieselbe Absicht verfolgt auch der Schriftbeweis Mk 1,2 f. (nach Jes 40,3; man vergleiche mit dem Urtext!).

In welchem zeitlichen Verhältnis stehen das Auftreten des Täufers und das Jesu zueinander? Die Angaben bei den Synoptikern und im Joh widersprechen einander: Nach Mk und Mt tritt Jesus erst nach der Gefangennahme des Johannes öffentlich auf (Mk 1,14/par Mt 4,12). Ist das historisch, oder steht dahinter ein heilsgeschichtliches Interesse? Umgekehrt sagt Joh 3,22 ff., daß sich beider Verkündigung jedenfalls für eine gewisse Zeit nebeneinander vollzogen habe. Ist darin die Erinnerung an alte zuverlässige Tradition zu sehen? Oder will Joh gerade die Ablösung des Johannes durch Jesus besonders verdeutlichen (vgl. 3,30)? Wahrscheinlich wird man sich mit folgenden Feststellungen begnügen müssen: Jesus ließ sich von Johannes taufen (Mk 1,9), d. h. er war von der Predigt überzeugt worden. Er selbst führte den Gedanken des nahen Gottesreiches weiter aus (s. u. § 54), aber er ging dann seinen eigenen Weg. Er blieb nicht in der Wüste, übte nicht Askese (Lk 7,34). Er erkannte zwar Johannes als den Zielpunkt der Prophetie an (Lk 16,16 par), war aber offensichtlich davon überzeugt, daß man bei seiner Predigt nicht stehenbleiben könne.

Johannes wurde von Herodes Antipas wahrscheinlich aus politischen Gründen gefangengesetzt und zum Tode verurteilt (Jos Ant XVIII 116ff.). Der bei Mk 6,21 überlieferte Bericht vom Tanz der Salome ist aber Legende (zum Motiv der Gewährung eines besonderen Wunsches vgl. Herodot IX 109ff.).

5) Nach dem Tode des Johannes war die mit seinem Namen verbundene Täuferbewegung nicht zu Ende. In Konkurrenz zu den christlichen Gemeinden entwickelten die Johannesjünger offenbar ebenfalls eine Art „johanneischer Christologie", deren Niederschlag sich in Lk 1 noch findet (s. o. § 49). Joh zeigt an einigen Stellen deutliche Polemik, aber nicht gegen Johannes selbst, sondern gegen seine Nachfolger, die ihn für den Messias erklärten (1,19ff. u. ö.).

§ 51 Das Auftreten Jesu

Literatur: G. Bornkamm, Jesus von Nazareth, [10]1975 (Urban-Taschenbuch 19); H. Braun, Jesus. Der Mann aus Nazareth und seine Zeit, 1973 (GTB 70); R. Bultmann. Jesus, [3]1967 (Siebenstern-Taschenbuch 17); M. Dibelius/ W. G. Kümmel, Jesus, [4]1966 (Sammlung Göschen 1130).

1. Das Problem einer Biographie

Die formgeschichtliche Analyse hat die Unmöglichkeit gezeigt, eine zusammenhängende Biographie Jesu zu rekonstruieren; denn der „Rahmen der Geschichte Jesu" in den synoptischen Evangelien erweist sich als sekundär. Außerdem fehlen fast alle biographischen Einzelheiten, die für eine Lebensbeschreibung notwendig wären. Es wird zwar gesagt, er sei Zimmermann bzw. der Sohn eines Zimmermanns gewesen (Mk 6,3), und er habe Geschwister gehabt. Aber es wird nichts darüber berichtet, in welcher Umgebung Jesus aufwuchs und welche Bildung er genoß. Auch wird der Vater kaum erwähnt, woraus bisweilen die Folgerung gezogen wird, er sei wohl früh gestorben. Aber auch Jesu Mutter, die den Sohn überlebte, spielt in den Quellen kaum eine Rolle. Aus 1 Kor 9,5 ergibt sich, daß nach Jesu Tod seine Brüder (und wohl auch seine Mutter) für den christlichen Glauben gewonnen wurden. Einer der Brüder Jesu, Jakobus, wird in 1 Kor 15,7 als Zeuge der Epiphanie des Auferstandenen ausdrücklich erwähnt.

Gewisse Rückschlüsse auf das Milieu, aus dem Jesus stammte, läßt der Stoff der Gleichnisse zu: Es ist die bäuerliche Welt Palästinas: der Sämann, die Hausfrau, die lange nach einem kleinen Geldstück sucht, das Haus mit nur *einem* Raum. Von der Kultur der benachbarten hellenistischen Städte findet man – anders als etwa bei Paulus – nicht einmal eine Spur.

Die meisten Einzelheiten aber, die von biographischem Interesse sein könnten, fehlen völlig: Jesu Aussehen wird nie geschildert, auch über seinen Charakter erfährt der Leser der Evangelien gar nichts (Bemerkungen in den Evangelien wie die, daß Jesus erregt gewesen sei, sind stets redaktionell und damit ohne Quellenwert). Besonders auffällig ist, daß die Quellen über Jesu innere Entwicklung nichts sagen, obwohl doch an deren Schilderung das größte Interesse hätte bestehen müssen. Die Berichte von der Himmelsstimme bei der Taufe, von der Versuchung durch den Satan und von der Verklärung auf dem Berg enthalten deutlich nachösterliche Theologumena, d. h. sie sind als Legenden zu erkennen. Man kann ihnen also keine Hinweise auf Jesu besonderes Selbstbewußtsein entnehmen.

2. Jesu Wirkung in der Öffentlichkeit

1) Vermutlich hat Jesus zunächst mit Johannes dem Täufer in Verbindung gestanden (s. o. § 50). Er übernimmt bestimmte Inhalte der Johannespredigt (Bußruf, Gerichtserwartung); aber er greift dann darüber hinaus, indem er nicht in erster Linie das Gericht, sondern das Heil Gottes *in seiner Person* verkündigt. Woher dieses Selbstbewußtsein stammt, muß offenbleiben. Selbst wenn man annimmt, Jesus sei sich etwa durch die Erfahrung seiner Gabe, Kranke zu heilen, seines besonderen Wesens bewußt geworden, so muß man beachten, daß er sein „Innenleben" nicht zum Gegenstand seiner Lehre macht.

2) Die Tendenz seiner Verkündigung läßt sich bereits an einigen äußeren Merkmalen ablesen: Anders als Johannes bleibt Jesus nicht in der Wüste; er ruft nicht zu sich „hinaus", sondern geht zu den Menschen, die er ansprechen will. Die charakteristische Form seines Auftretens ist nach allem, was die Quellen sagen, die Wanderung durch die Orte und Städte Palästinas, vor allem Galiläas. Allerdings sagen die in den Evangelien genannten Routen nichts über den tatsächlichen Ablauf der Verkündigung – die Angaben sind durchweg

redaktionell. Ein gewisses Zentrum seiner Arbeit ist offenbar Kapernaum, das (infolgedessen?) zum Sitz von Lokaltraditionen wird; dort gab es später eine christliche Gemeinde von erheblicher Bedeutung. Man erfährt aus Mk 1,29, daß Petrus in Kapernaum ein Haus besaß, und man kann immerhin fragen, ob auch Jesus einen solchen festen Standort in dieser Stadt hatte (vgl. Mk 2,1?).

Arbeitsvorschlag

Rekonstruktion der Reiserouten Jesu nach den Evangelien. Welches theologische Konzept steht dahinter, wenn nach Lk Jesus sich nur in Galiläa und Judäa, nicht dagegen im Ausland aufhält, während Mk durchaus von Abstechern nach Phönizien und in die Dekapolis berichtet? Was bedeutet es, wenn Joh von Reisen durch Samaria berichtet?

Hilfsmittel: Zu Mk W. Marxsen, Der Evangelist Markus, FRLANT 67, [2]1959, 33–77; zu Lk H. Conzelmann, Die Mitte der Zeit, BHTh 17, [6]1977, 12–86; zu Joh K. Kundsin, Topologische Überlieferungsstoffe im Johannesevangelium, FRLANT 39, 1925.

3) Der Eindruck, den Jesus auf seine Zuhörer machte, ist in „Summarien“ zusammengefaßt (z. B. Mk 1,14 f.), die freilich sekundäre Bildung der Redaktoren sind. Wir wissen deshalb nur wenig über die tatsächliche Wirkung der Predigt Jesu. Historisch gesichert ist lediglich die Tatsache, daß bei seinem Tod eine Gruppe von Anhängern existierte. Ob Jesus hieraus schon einen engeren Kreis von Zwölf ausgesondert hat, oder ob dieser Kreis erst durch die Erscheinungen des Auferstandenen konstruiert wurde, ist umstritten. Die Zahl bezieht sich symbolisch auf das eschatologische, „wahre“ Israel; es ist fraglich, ob diese Idee in der Verkündigung Jesu überhaupt eine Rolle spielte. Die Zahl der Anhänger, die Jesus begleiteten, war – wie man den Texten noch entnehmen kann – jedenfalls größer und vor allem nicht ausdrücklich begrenzt.

Man muß beachten: Der Aposteltitel geht keinesfalls auf Jesus zurück; außerdem sind „die Zwölf“ und „die Apostel“ ursprünglich nicht identisch (s. u. S. 406 f.).

Das Interesse an den Jüngern ist natürlich im Laufe der frühen Kirchengeschichte gewachsen. In vielen Erzählungen der synoptischen Tradition, Wundergeschichten, Apophthegmata, Streitgesprächen etc. haben sie ursprünglich gefehlt und kamen erst später, etwa durch redaktionelle Rahmennotizen, in den Kontext hinein (vgl. z. B. Mk 1,21 ff.; s. o. S. 49).

3. Anhang: Psychologische Jesusdeutung

Es gibt ein populäres Bild: Jesu Auftreten sei anfangs höchst erfolgreich gewesen (Beleg: Die Speisung der 5000 zeige, daß Jesus riesige Scharen von Anhängern und Zuhörern um sich versammelt habe); später habe die Masse sich enttäuscht von ihm abgewandt. In dieser Krise sei Jesus mit den wenigen treu Gebliebenen in die Einsamkeit gegangen, wo Petrus dann im Namen der Jünger das Bekenntnis zu ihm als dem Messias abgelegt habe. Hierdurch ermuntert habe Jesus sich entschlossen, in Jerusalem eine endgültige Entscheidung herbeizuführen. Unter dem Jubel der Getreuen und auch des Volkes sei er in die Hauptstadt als Messiasprätendent eingezogen – doch habe das Volk sehr bald gemerkt, daß seine Hoffnungen abermals enttäuscht wurden, denn Jesus habe sich nicht als der Heilsbringer erwiesen. So sei es erneut zum Umschwung und damit zur Verurteilung und Hinrichtung gekommen.

Dieses Bild beruht auf einer Synthese zwischen Joh und den Synoptikern. In Joh 6,66 gibt es tatsächlich eine Krise während der öffentlichen Tätigkeit Jesu; es ist aber falsch, dies in die Darstellung der synoptischen Evangelien einzutragen. Das Petrusbekenntnis in Mk 8,27 ff. soll nicht Jesu weiteres Verhalten psychologisch motivieren; vielmehr stellt es im Rahmen der Christologie des Mk die entscheidende Wende dar, indem sich Jesus hier erstmals seinen Jüngern gegenüber als der Messias zu erkennen gibt. Grundsätzlich könnte diese Perikope auch an anderer Stelle des Evangeliums stehen, d. h.: Sie ist kein Indiz für die historische Entwicklung, sondern hat eine theologische bzw. christologische Funktion.

§ 52 Methode der Rekonstruktion der Lehre Jesu

Literatur: *Zu 2.:* G. Bornkamm; H. Braun; R. Bultmann (s. § 51); H. Conzelmann, Art. Jesus Christus, RGG III, 1959, 619–653; M. Dibelius/W. G. Kümmel, Jesus, [4]1966 (Sammlung Göschen 1130); D. Flusser, Jesus, 1968 (Rowohlts Monographien 140); E. Schweizer, Jesus Christus im vielfältigen Zeugnis des Neuen Testaments, [3]1972, 9–54 (Siebenstern-Taschenbuch 126). *Zu 3.:* F. Hahn (s. § 46); J. Jeremias, Kennzeichen der ipsissima vox Jesu, in: Abba (Ges. Aufs.), 1966, 145–152; N. Perrin, Was lehrte Jesus wirklich? Rekonstruktion und Deutung, 1972.

1. Allgemeines

Erheblich wichtiger und ertragreicher als die Rekonstruktion der Biographie Jesu ist der Versuch, Jesu Lehre darzustellen. Es gibt daher zu diesem Thema auch eine umfangreiche Literatur.

Dabei fällt schon bei einem ersten Überblick auf, daß die aus dem 19. Jahrhundert stammenden Darstellungen der Lehre Jesu im allgemeinen sehr umfangreich sind. Seit Beginn des 20. Jahrhunderts, d. h. mit der Entwicklung schärferer exegetischer Methoden, sind die Bücher im allgemeinen recht schmal geworden; denn das Urteil darüber, was historisch wirklich gesichert sei, hat sich gewandelt.

Wie gewinnt man das für die Rekonstruktion der Lehre Jesu notwendige Material, d. h. nach welchen Kriterien lassen sich Aussagen innerhalb der synoptischen Tradition (und auch außerhalb) historisch zuverlässig als Worte Jesu erweisen? Als erstes Minimalkriterium kann Bultmanns Vorschlag gelten, nur solche Worte Jesu als sicher „echt“ anzusehen, die a) nicht im Rahmen des Judentums denkbar sind, und die b) nicht in die Situation der nachösterlichen Gemeinde gehören. Von dieser Grundlage aus kann man dann nach ähnlichen Worten suchen, die mit den bereits als echt erwiesenen zusammenhängen. Selbstverständlich muß man berücksichtigen, daß Jesu Verkündigung weithin mit jüdischer Lehre, etwa mit der Weisheit, übereingestimmt haben dürfte. Ein sicheres Echtheitsurteil ist in diesem Fall nicht möglich (vgl. u. S. 359 f.).

2. Das Problem der Darstellung der Lehre Jesu

1) Die Frage, nach welchen Gesichtspunkten die Verkündigung Jesu zu gliedern und darzustellen ist, hat keineswegs nur formale Bedeutung. Es muß vielmehr erkennbar werden, aus welchem Grunde gerade diese Themen ausgewählt und warum sie gerade in dieser Reihenfolge dargestellt werden.

Zwei Wege bieten sich an: a) Man kann exegetisch-analytisch vorgehen und fragen: Welche Aussagen lassen sich auf Jesus selbst zurückführen? Lassen sich diese Aussagen in den Rahmen bestimmter Themen einordnen? In welchem Verhältnis stehen die einzelnen Themen zueinander – etwa Eschatologie und Ethik oder Gotteslehre und Ethik? b) Man kann systematisch-synthetisch von einzelnen theologisch relevanten Themen ausgehen und prüfen, ob sich authentische Jesusworte dazu finden.

Einen dritten Weg geht der jüdische Neutestamentler D. Flusser. Er setzt bei den theologischen Grundthemen und -problemen des Judentums ein und fragt, inwieweit Jesus diese aufnahm bzw. veränderte.

2) Nach welchen Gesichtspunkten wird nun in den verschiedenen neueren wissenschaftlichen Jesusbüchern Jesu Verkündigung dargestellt?

a) Bultmann gliedert sein Jesus-Buch in die folgenden drei Abschnitte: 1. Vom Kommen der Gottesherrschaft; 2. Vom Willen Gottes; 3. Vom fernen und nahen Gott. Es fällt auf, daß ein Abschnitt über Jesu Selbstbewußtsein fehlt (vgl. dazu dann Bultmanns Theologie des NT).

b) In der Darstellung von Dibelius und Kümmel steht ebenfalls die Eschatologie am Anfang (1. Das Reich Gottes; 2. Die Zeichen des Reiches), es folgt eine Darstellung des Selbstbewußtseins Jesu (3. Der Menschensohn) und schließlich die Entfaltung der Ethik Jesu (4. Der Mensch vor Gott).

c) Einen ähnlichen Aufriß wählt auch Bornkamm: 1. Eschatologie; 2. Ethik; 3. Selbstbewußtsein Jesu.

In diesen drei Darstellungen zeigt sich eine weitgehende Übereinstimmung: Die Eschatologie und die Ethik gelten als besonders wichtige Themen der Lehre Jesu, und sie werden auch durchweg in dieser Reihenfolge erörtert.

Nur eine Differenz ist auffällig: Bultmann behandelt Jesu Gotteslehre in einem besonderen Teil, Dibelius-Kümmel und Bornkamm dagegen sehen sie als Teil der Ethik an. Es ist lohnend, über diese unterschiedlichen Positionen nachzudenken.

Drei weitere neuere Darstellungen weichen von den bisher genannten ab:

d) Schweizer rückt an die erste Stelle „Jesu Anspruch“, d. h. die Darstellung seines Selbstbewußtseins, dann folgen die Eschatologie, die Ethik und am Ende das Problem der Wunder Jesu.

e) Braun stellt zwar auch die Eschatologie voran, es folgen jedoch ein Kapitel über den Bußruf („Bekehrung“), ein breiter Abschnitt über die Ethik und schließlich zwei Teile zum Thema „Jesu Autorität“ und „Gott“.

f) Flusser wählt genau die entgegengesetzte Reihenfolge: Ethik; Eschatologie; Selbstbewußtsein Jesu.

3) Welche Gliederung ist die sachgemäße? Es scheint den meisten Autoren geboten, mit der Darstellung der Eschatologie Jesu zu be-

ginnen: Erstens sei sie in den Quellen am besten zu fassen, zweitens bilde sie in der Verkündigung Jesu ganz offensichtlich das Grundthema, von dem die übrigen Themen abgeleitet werden. Diese Position ist aus methodischen wie aus sachlichen Gründen durchaus zu rechtfertigen. Dennoch wirft sie ein besonderes Problem auf: Wo ist die Lehre von Gott einzuordnen? Gehört sie irgendwo in den Bereich zwischen Eschatologie und Ethik? Oder muß man sie nicht vielmehr gleichsam als Fundament voranstellen?

Hier wird der Vorschlag gemacht, die Darstellung der Lehre Jesu mit der Lehre von Gott zu beginnen und dann Eschatologie (Reich Gottes) und Ethik (Wille Gottes) anzuschließen. Die Frage nach dem Selbstbewußtsein Jesu gehört nicht mehr unmittelbar in den Bereich des Problems der Lehre Jesu, denn Jesus hat sein Selbstverständnis nicht zum Thema seiner Verkündigung gemacht.

Diese Reihenfolge empfiehlt sich beim analytischen Vorgehen, wenn man zuerst den gesicherten Bestand erfassen will. Anders liegen die Dinge jedoch, wenn man Jesu Lehre frei zusammenfassend darstellen will. Dann muß die Frage nach Jesu Selbstbewußtsein an der Spitze stehen, weil sich erst vor diesem Selbstbewußtsein das Spezifische seiner Lehre zeigt. Vgl. H. Conzelmann (s. Literaturangaben).

3. *Hinweise für die Anwendung von Echtheitskriterien*

1) Während der Grundbestand der Gleichnisse als echt angesehen werden kann (s. o. S. 84 f.) und umgekehrt die Apophthegmata sich generell als „ideale Szenen" (s. o. S. 80) erweisen lassen, ist die Entscheidung über die Echtheit der Logien Jesu erheblich schwieriger. Folgende methodische Schritte sind erforderlich:

a) Spricht sich in dem zu beurteilenden Logion ein besonders profiliertes Selbstbewußtsein Jesu aus? Wenn ja, handelt es sich dann um eine Tendenz, die nicht erst durch den christlichen Glauben an die Auferstehung Jesu geprägt ist, sondern die ausschließlich in die Situation vor seinem Tode paßt? Nur im letzteren Falle kann man es für möglich halten, daß das Logion auf den historischen Jesus zurückgeht.

b) Handelt es sich bei den Sprüchen, die thematisch von der Person Jesu reden, um Selbstaussagen? Oder liegen christologische Sätze der Gemeinde vor, die nachträglich zu Worten Jesu umgestaltet wurden? Beispiel: Wie sind die Worte des Stils „Ich bin gekommen..." zu beurteilen? Handelt es sich um aktuelle Worte des irdischen Jesus? Oder soll mit diesen Worten das Ganze des Heilswerks zusammengefaßt werden? Im letzteren Falle würde es sich mit Sicherheit um Bildungen der Gemeinde handeln.

c) Ist das zu beurteilende Logion schließlich typisch oder nicht typisch für die Verkündigung Jesu? Läßt es sich eher im Rahmen seiner Predigt oder eher im Zusammenhang des christlichen Kerygmas erklären?

Es ist klar, daß z. B. Sprichwörter als a-typisch gelten müssen: denn ein sicheres Urteil darüber, ob Jesus selbst das Sprichwort aufnahm oder ob die Gemeinde es ihm nachträglich in den Mund legte, ist nicht möglich. Das gilt insbesondere auch für solche Sprichworte, die einen spezifisch christlichen Sinn erst durch den Kontext erhalten haben (vgl. Mk 8,35 im Rahmen der Perikope 8,34–9,1): Das Sprichwort *kann* von Jesus selbst gebraucht worden sein, aber belegen läßt sich diese Annahme nicht.

2) Mit einiger Wahrscheinlichkeit können über die Gleichnisse hinaus als „echt" angesehen werden: Der Bußruf (und zwar in seiner besonderen Radikalität); Worte wie Mk 10,15 (Kinder und Gottesreich); Worte über die äußere und innere Reinheit (Mk 7,15); eschatologische Worte wie Mk 3,27; Lk 11,31 f., und ausgesprochene Kampfworte wie Mt 23,16–19.23 f.25 f. Umstritten ist die Echtheit des „Ich aber sage euch ..." in den Antithesen der Bergpredigt (s. u. S. 368 f.).

Lektürevorschlag

N. Perrin (s. Literaturangaben) 9–51.

3) Damit ist die oben (S. 340 f.) gestellte Frage beantwortet, welcher Quellenschicht für die Rekonstruktion von Leben und Lehre Jesu Priorität zukomme. Es ist unmöglich, das Problem der Authentizität aufgrund der pauschalen Bewertung der Quellen lösen zu wollen. Weder Q noch Mk noch das Sondergut bei Mt bzw. Lk kann für sich als Träger authentischer Überlieferung angesehen werden. Vielmehr gelten die genannten Kriterien für die Beurteilung jedes einzelnen als Jesuswort überlieferten Logions oder Gleichnisses – unabhängig von der Quelle, in der es steht.

§ 53 *Die Lehre Jesu von Gott*

Literatur: J. Becker, Das Gottesbild Jesu und die älteste Auslegung von Ostern (Festschr. H. Conzelmann), 1975, 105–126; J. Jeremias, Abba, in: Abba (Ges. Aufs.), 1966, 33–67; W. G. Kümmel, Die Gottesverkündigung Jesu und der Gottesgedanke des Spätjudentums, Ges. Aufs., 1965, 107–125.

1) Setzt Jesus in der Lehre von Gott entscheidende neue Akzente? Oder hält er sich im wesentlichen an das ihm überkommene jüdische Gottesverständnis? Zwei grundsätzliche Positionen stehen sich gegenüber: Nach K. Holl (Urchristentum und Religionsgeschichte, Ges. Aufs. II, 1928, 1–32) hat Jesus in der Tat einen neuen Gottesgedanken gebracht, nämlich die Lehre, daß Gott sich dem Sünder zuwende. Diese gegenüber dem Judentum neue Grundaussage begründe zugleich eine neue nichtjüdische Ethik. R. Bultmann wies in seiner Besprechung der Arbeit Holls (ThR NF 4, 1932, 1–21) diese Fragestellung zurück: Jesus habe nicht einen neuen „Gottesgedanken" gebracht, sondern er rede konkret vom kommenden Gott. *Jetzt* gilt es, Gottes Anspruch zu hören.

Zweifellos setzt die Verkündigung Jesu das Gottesverständnis des Judentums voraus. Gott ist nach alttestamentlichem Glauben der Schöpfer und Regent der Welt, zugleich aber auch der Erwähler, Erhalter und Retter Israels als Stifter von Bund und Gesetz. Der gläubige Jude ist daher zum Gehorsam Gott und seinen Geboten gegenüber aufgerufen. Er gibt zugleich zu, daß er Gott gegenüber Sünder ist, weil er die Gebote nicht zu halten vermag (radikal durchgeführt ist dieser Gedanke in Qumran). In der jüdischen Apokalyptik ist Gott in erster Linie der künftige Richter – der einzelne Mensch ist aufgerufen, mit dem künftigen Gericht zu rechnen und sich also entsprechend zu verhalten. Die Folge ist eine stärkere Individualisierung: Nicht schon die Zugehörigkeit zu Israel als dem erwählten Volk Gottes rettet, sondern nur die eigene fromme Leistung des Menschen bzw. deren Anerkennung durch Gott. Diese Elemente der jüdischen Gotteslehre sind auch bei Jesus vorhanden. Aber die Akzente sind doch anders gesetzt: Der Gedanke des Gottesvolkes tritt praktisch ganz zurück; der Glaube an Gott als den Schöpfer wird vorausgesetzt, aber nicht wirklich entfaltet. Jesu Bußpredigt und die damit verbundene Zusage der Vergebung setzen den Glauben voraus, daß Gott der Richter ist. Dabei hat das Heilsangebot den sachlichen Primat; denn „jetzt" wird durch Jesus das Kommen Gottes angekündigt, das für den Menschen die Möglichkeit der Rettung bedeutet. Jesus lehrt in seiner Verkündigung, daß Gottes

Schenken der Forderung vorausgeht und nicht etwa Folge einer menschlichen Leistung ist. Deshalb braucht sich der Mensch nicht gegen Gott abzuschirmen, sondern er kann Gottes Gebot auf der Grundlage des bereits zugesprochenen Heils vernehmen.

Jesus sieht das Verhältnis des Menschen zu Gott also unter einem doppelten Aspekt: Er ist Gottes Geschöpf – und zugleich Sünder. Gott schenkt ihm daher seine Fürsorge – und zugleich seine Vergebung. Als Konsequenz ergibt sich für den Menschen die Freiheit von der Sorge; der Mensch ist aufgefordert, Gottes Schenken nachzuahmen und zu Vergebung und Versöhnung bereit zu sein. Dieser Aspekt des Gottesverständnisses Jesu kommt im Vaterunser (Mt 6,9 ff.) und im Schalksknechtsgleichnis (Mt 18,23 ff.) besonders deutlich zur Geltung.

In der Verkündigung Jesu fehlt eine Theorie über die Entstehung der Sünde; es wird einfach festgestellt „Ihr, die ihr böse seid..." (Mt 7,11). Ebenso wird einfach konstatiert, daß der Mensch der Versuchung ausgesetzt ist (Mt 5,30); eine moralische Kritik hieran fehlt. Die Intention dabei ist deutlich: Gott läßt seine Sonne aufgehen über Guten und Bösen, und in dieser bedingungslosen Zuwendung ist sein Verhalten Norm und Vorbild für den Menschen.

Jesus modifiziert die herkömmliche jüdische Vorstellung, daß die Sünden des einzelnen schon im Diesseits von Gott sichtbar bestraft werden – etwa durch Krankheit oder Unglück. Im Unglück des Menschen sieht Jesus nicht Gottes Strafe über die Verfehlung des einzelnen, sondern darin zeigt sich für ihn die Sündhaftigkeit und Schwäche der Menschen überhaupt. Deshalb wird gesagt: „Wenn ihr nicht Buße tut, werdet ihr alle genauso umkommen (Lk 13,1–5).

Es steht für Jesus fest, daß man Gott um etwas bitten darf und der Erhörung gewiß sein kann. Dabei herrscht eine sachlich, d. h. theologisch bedeutsame Paradoxie: Gott hat alles vorherbestimmt – und dennoch darf man ihn bitten, etwas Unvorhergesehenes zu tun; Gott weiß, was wir brauchen – und dennoch sollen wir beten. Diese Paradoxie wird verständlich, wenn wir sie interpretieren aus der unmittelbaren Situation des Umgangs mit Gott heraus: Indem Gott uns anbietet, daß wir ihn bitten dürfen, wissen wir uns auf ihn bedingungslos angewiesen.

Arbeitsvorschlag

Als typisches Beispiel für den Stil des Umgangs mit Gott muß das Vaterunser genauer untersucht werden. Notwendig ist der literarkritische Vergleich (Mt–Lk): Welche Fassung ist die ältere, möglicherweise auf Jesus zurückgehende? Was zeigt ferner der Vergleich mit einem ähnlichen jüdischen Gebet, etwa dem 18-Gebet? Schließlich ist theologisch zu fragen: Was bedeutet das Vaterunser sachlich? In welches Gottesverhältnis sieht sich der Betende gerufen, wenn ihm dieses Gebet „angeboten" wird?

Hilfsmittel: A. Vögtle, Der „eschatologische" Bezug der Wir-Bitten des Vaterunser, in: Jesus und Paulus (Festschr. W. G. Kümmel), 1975, 344–362.

2) Ein historisches (und theologisches) Sonderproblem ist die Anrede Gottes als Vater. Es wird erklärt, an diesem Sprachgebrauch werde Jesu besonderes Gottesverständnis und Selbstbewußtsein erkennbar: Jesus zeige, daß er Gott in exklusivem Sinn als seinen Vater und damit sich selbst als Sohn verstehe. „Vater" als Gottesbezeichnung ist in der Religionsgeschichte verbreitet. Zeus ist der „Vater der Götter und Menschen", auch in den Mysterien ist die Anrede „Vater" an die Gottheit durchaus üblich (vgl. G. Schrenk, ThWNT V, 935 f.). Im AT und auch im nachalttestamentlichen Judentum kann Gott der „Vater Israels" genannt werden (Belege aus den Pseudepigraphen bei Bill I, 392 f.); die individuelle Aussage („mein Vater, unser Vater") taucht nur ganz vereinzelt auf (Ps 89,27). „Herr, Vater und Gebieter meines Lebens" betet der Siracide (Sir 23,1; vgl. 51,10). In Qumran findet sich nur eine Stelle, nämlich 1 QH IX 35. In späterer Zeit ist es eine geläufige jüdische Gottesbezeichnung (vgl. Bill I, 394).

In den synoptischen Evangelien wird Gott oft als *Vater der Menschen* („euer Vater") bezeichnet; sicher authentisch sind davon Mt 5,45 und 5,48 (par Lk 6,36). Dagegen setzt die Bezeichnung Gottes als *Vater Jesu* („mein Vater") die gemeindliche Christologie voraus, in der Jesus als Gottessohn verstanden ist (der Befund ist bei H. Braun, Radikalismus II, 127 f. A 2 dargestellt und kritisch kommentiert).

Ein Sonderfall ist Mk 14,36, wo sich die Anrede abba im Munde Jesu findet. Es ist zwar klar, daß es sich hier nicht um einen historisch zuverlässigen Beleg handeln kann, denn wer sollte der Zeuge gewesen sein (vgl. V. 35)? Aber es ist immerhin denkbar, daß hier die Erinnerung an das von Jesus oft gebrauchte Gottesprädikat bewahrt ist. Rm 8,15; Gal 4,6 zeigen jedoch, daß „abba" Gebetsanrede der Gemeinde ist und deshalb leicht in Mk 14,36 Verwendung finden konnte. Jedenfalls spricht nichts dafür, daß es sich um eine von Jesus exklusiv gebrauchte Anrede handelt.

§ 54 Die Predigt Jesu vom Reich Gottes

Literatur: H. Conzelmann, Art. Reich Gottes (im NT), RGG V, 1961, 912–918; G. Friedrich, Utopie und Reich Gottes. Zur Motivation politischen Verhaltens, o. J. (1974), Kl. Vandenhoeck-Reihe 1403; W. G. Kümmel, Die Naherwartung in der Verkündigung Jesu, Ges. Aufs., 1965, 457 bis 470; W. Schmithals, Jesus und die Weltlichkeit des Reiches Gottes, in: Jesus Christus in der Verkündigung der Kirche, 1972, 91–117; Ph. Vielhauer, Gottesreich und Menschensohn in der Verkündigung Jesu, Ges. Aufs. ThB 31, 1965, 55–91.

1) Für Jesu Eschatologie gilt Entsprechendes wie für seine Gotteslehre: Sie setzt die im zeitgenössischen Judentum vorhandene eschatologische Erwartung voraus. Daher braucht Jesus den Begriff des Reiches Gottes nicht zu definieren, sondern kann etwa in seinen Gleichnissen voraussetzen, daß der Hörer grundsätzlich wisse, was das Reich Gottes ist.

Die ganze mit der Reich-Gottes-Vorstellung zusammenhängende Ausdrucksweise ist im Judentum nicht besonders häufig belegt. Dabei finden sich dennoch sehr unterschiedliche Bedeutungen. Im AT ist sowohl vom *künftigen* Reich des Menschensohnes (Dan 7,13 f.) als auch vom *gegenwärtigen* Königtum Gottes über das All die Rede (Ps 103,19; 145,11–13), wobei der hebräische Ausdruck מלכות (LXX: βασιλεία) verwendet ist. In Qumran findet sich sowohl der präsentische (1 QM XII 7) wie der futurische Sinn (1 QM VI 6). Bei den Rabbinen meint der Ausdruck מלכות יהוה gar nicht das „Reich Gottes“, sondern hier ist das Substantiv als Umschreibung des Ausdrucks מלך יהוה zu verstehen: „Gott herrscht“. Der Sinn der Aussage ist ein eschatologischer: Gottes Herrschaft ist in der Welt nicht offenbar, aber gerade angesichts dessen ist jetzt eine Entscheidung des Hörers gefordert. In diesem Zusammenhang spielt weder der Gedanke des Gottesvolkes noch die Messiasidee eine Rolle (s. o. S. 158 f.).

Dieser Befund wirft die Frage auf, ob als sachgemäße Wiedergabe von βασιλεία τοῦ θεοῦ in den synoptischen Evangelien „Reich“ oder „Herrschaft“ Gottes anzusehen sei. Die Übersetzung „Reich“ ist wohl vorzuziehen, denn es handelt sich um einen auch räumlich vorgestellten Bereich. Die liberale Theologie um die Jahrhundertwende verstand die βασιλεία τοῦ θεοῦ als das „innere“ Reich des Glaubens und der Sittlichkeit. J. Weiß und A. Schweitzer machten dann aber anhand der Texte deutlich, daß es sich um einen zukünftigen, apokalyptisch vorgestellten Zustand handelt. Dagegen meldete wiederum C. H. Dodd Widerspruch an, indem er die These von der „realisierten Eschatologie“ entwickelte: Das Reich Gottes, wie es von Jesus verkündigt werde, sei im Kommen Jesu bereits gegenwärtig da. Dodd beruft sich hierfür vor allem auf Lk 11,20; Mt 12,28.

Kümmel meint, keine dieser beiden Positionen sei zutreffend. Jesus habe vielmehr mit einer Zwischenzeit zwischen der gegenwärtigen *Wirkung* des Reiches in seiner eigenen Verkündigung und der endgültigen *Realisierung* des Reiches nach seinem Tode gerechnet.

2) Eine kritische Analyse des synoptischen Materials über die Reich-Gottes-Verkündigung Jesu ergibt den folgenden Befund:

1. Das Reich Gottes *kommt* (vgl. das Vaterunser), d. h. die Welt entwickelt sich nicht etwa im geschichtlichen Prozeß auf das Reich hin, das dann etwa als der ideale Endzustand der Menschheit verstanden wäre, sondern das Reich Gottes bricht von „jenseits" in die Welt ein. Das bedeutet zugleich, daß das Reich sich nicht in der Welt entwickelt – sie etwa, wie das Sauerteiggleichnis (Mt 13,33) nahelegen könnte, „durchsäuert"; sondern das Reich steht unmittelbar vor der Tür. In der Botschaft Jesu wird es angekündigt, damit auf diese Weise die augenblickliche Entscheidung des Hörers unter dem Vorzeichen des Heils provoziert wird. Auch hier herrscht die Paradoxie (s. o. S. 362): Das Reich kommt mit Sicherheit; aber der Mensch kann doch darum bitten, daß das Reich „bald" kommt.

In Mt 13,33 (vgl. auch Mk 4,30–32 parr) geht es um den Gegensatz von Anfangs- und Endstadium: Gegenwart und Gottes Reich verhalten sich zueinander wie das kleine Stück Sauerteig zur durchsäuerten Teigmasse.

Was den Termin der Ankunft des Reiches angeht, so stehen zwei Aussagereihen nebeneinander: Nach Lk 17,20; 17,24 par Mt 24,27 bricht das Reich plötzlich ohne jede Vorankündigung an – nach Lk 12,56 dagegen kann man schon jetzt seine Zeichen erkennen und hat auf sie zu achten. Dem entspricht es, wenn das Gericht einerseits als gegenwärtiger Akt der Scheidung zwischen Gut und Böse (Unkraut- bzw. Fischnetz-Gleichnis Mt 13,24–30. 47–50; vgl. vor allem Mt 24,40 f. par), andererseits als eschatologische Gerichtssitzung vorgestellt ist, in welcher der Mensch Rechenschaft über seine Werke abzulegen hat (Mt 25,31 ff.). Wie verhalten sich diese beiden Reihen zueinander? Kann man sagen, daß der Widerspruch unauflöslich ist, daß also eine der beiden Reihen sekundär sein muß? Das ist offensichtlich nicht der Fall. Vielmehr stimmen beide in ihrer grundlegenden Struktur überein, indem sie den Menschen in dieselbe Situation stellen: Sie verlangen die augenblickliche Einstellung auf das Kommende, das jetzt schon – in der Verkündigung – wirksam ist. Dadurch wird die Entscheidung nicht nur gefordert, sondern vor allem überhaupt erst ermöglicht (vgl. Lk 9,60).

2. Ein zentrales Problem ist, wie wir sahen, der Zeitaspekt. Umstritten ist in diesem Zusammenhang vor allem die Bedeutung von

ἤγγικεν: Bedeutet das Wort, das Gottesreich sei „nahe herbeigekommen", oder bedeutet es, es sei „schon da" (so C. H. Dodd)? Der Wortsinn von ἐγγίζειν weist darauf, daß es sich um unmittelbare Zukunft und nicht um Gegenwart handelt. Andererseits gibt es eine Stelle, wo vom Gekommensein des Reiches die Rede ist: ἔφθασεν (Mt 12,28; Lk 11,20). Wie verhalten sich diese beiden Aussagen zueinander? Einige Exegeten nehmen an, es handle sich um verschiedene Übersetzungen desselben aramäischen Wortes; aber ein solcher hypothetischer Rückgriff auf die Sprache Jesu ist sinnlos, denn die aramäischen Äquivalente sind nicht bekannt. Außerdem ist es falsch, ein sachgerechtes Urteil auf die Bedeutung einer einzigen (noch dazu unbekannten) Vokabel stützen zu wollen. Betrachtet man das gesamte Material, das vor allem die Gleichnisse vom Reiche Gottes bieten, dann wird deutlich, daß das Reich Gottes in der Verkündigung Jesu eine zukünftige Größe ist. Auch die Logien, die vom Eingehen in das Reich sprechen (Mk 10,15; 10,23 ff.; Mt 7,21; 21,31), beziehen sich auf die Bedingungen für den *künftigen* Eingang. Dabei gehören die beiden Aspekte Zukunft und Gegenwart freilich untrennbar zusammen: Das Künftige wirkt schon im voraus in der Gegenwart (Mk 3,27); zum nahen, kommenden Reich gehören seine heutigen Zeichen (vgl. die Seligpreisungen). Dem widerspricht es nicht, daß Jesus die an ihn gerichtete Zeichenforderung zurückweist: Zeichen, die neutral ohne die persönliche Entscheidung des einzelnen Menschen begutachtet werden können, lehnt Jesus ab. Das wichtigste Zeichen ist er selbst mit seinen Wundern und seiner Predigt: In beidem zeigt sich die Zukunft des Reiches bereits in der Gegenwart (Mt 12,28).

Arbeitsvorschlag

Wie verhalten sich Zukunft und Gegenwart des Heils zueinander: a) Bei Jesus; b) in Qumran?

Hilfsmittel: H.-W. Kuhn, Enderwartung und gegenwärtiges Heil, 1966, besonders 189 ff.

3) In welchem Verhältnis steht Jesu eschatologische Verkündigung zu seinem Selbstverständnis? Hält er sich selbst für den eschatologischen Vollender als Messias oder Menschensohn, oder wartet er auf einen anderen, den kommenden Menschensohn? Es spricht einiges dafür, daß Jesus überhaupt nicht von einem eschatologischen Heilbringer gesprochen hat – weder im Blick auf sich selbst noch im Blick auf einen anderen. Denn in seinen eschatologischen Gleichnissen fehlt eine solche Gestalt.

In Jesu Verkündigung vom Reich Gottes war für einen Messias bzw. Menschensohn gar kein Platz, wie Ph. Vielhauer deutlich gemacht hat. In der ältesten Schicht der synoptischen Überlieferung der Jesusworte gibt es keine Verbindung zwischen dem „Reich Gottes" und dem „Menschensohn". Das von Jesus verkündigte Reich Gottes wurde von ihm als Anbruch von Gottes unmittelbarer Herrschaft verstanden. Sein eigenes Auftreten betrachtet er als Zeichen dafür, daß das nahe Gottesreich jetzt schon in die Welt hineinwirkt.

4) Wie verhalten sich Individuum und Gottesvolk- bzw. Kirchengedanke zueinander? Ist die Zugehörigkeit zu einer Organisation nach der Lehre Jesu eine Voraussetzung des Heils? Das berühmte Wort an Petrus Mt 16,18 f. könnte in diese Richtung weisen; aber hier spiegelt sich doch deutlich die Ekklesiologie der Kirche und nicht die Lehre Jesu. Aber gleichgültig wie man die Echtheit dieses Logions bewertet: Der Gesamtbefund zeigt, daß Jesus die Zugehörigkeit zu einer festen Gruppe nicht als Bedingung des Heils angesehen hat. Seinen Anhängern hat er keine Organisation mit Regeln und Normen gegeben. Sein Bußruf gilt nicht einem von ihm zu erwählenden „heiligen Rest", sondern richtet sich an ganz Israel.

Man kann fragen, ob das Bild vom Sitzen auf den zwölf Thronen (Mt 19,28) authentisch ist, ob Jesus also annimmt, daß er die Repräsentanten des eschatologischen, des wahren Israel sammelt (so Bornkamm, Jesus, 138). Die Übereinstimmung dieses Bildes mit dem Selbstverständnis der Kirche macht es wahrscheinlich, daß es sich hier um Gemeindebildung handelt.

Mit der – im Bußgedanken des Judentums bereits vorgebildeten – Individualisierung der Heilsgabe ist faktisch, wenn auch noch nicht theoretisch, der Universalismus gegeben. Es steht für Jesus fest, daß Gott am Ende der Zeit alle Völker sammeln wird.

5) Mit den Pharisäern teilt Jesus die Erwartung einer Auferstehung der Toten. Dieser Gedanke ist für ihn eine selbstverständliche Voraussetzung seiner Heils- und Gerichtserwartung und wird darum nicht zum selbständigen Thema (ausgenommen ist allenfalls Mk 12,18 ff.; Mt 12,41 ff.). Es fällt in diesem Zusammenhang auch auf, daß die Bilder des Heils gegenüber dem entsprechenden jüdischen Material stark reduziert sind.

§ 55 Der Wille Gottes (Ethik Jesu)

Literatur: *Allgemein:* H. Bald, Eschatologische oder theozentrische Ethik?, VF 24, 1979, 35–52; H. Braun, Spätjüdisch-häretischer und frühchristlicher Radikalismus. Jesus von Nazareth und die essenische Qumransekte, II. Die Synoptiker, BHTh 24, ²1969; G. Strecker, Handlungsorientierter Glaube. Vorstudien zu einer Ethik des NT, 1972. *Zu 1.:* H. Hübner, Das Gesetz in der synoptischen Tradition, 1973. *Zu 3.:* Chr. Burchard, Versuch das Thema der Bergpredigt zu finden (Festschr. H. Conzelmann), 1975, 409–432; J. Jeremias, Die Bergpredigt, in: Abba (Ges. Aufs.), 1966, 171 bis 189; E. Lohse, „Ich aber sage euch", Ges. Aufs., ²1976, 73–87; U. Luck, Die Vollkommenheitsforderung der Bergpredigt, ThEx 150, 1968.

1. Jesus und das Gesetz

1) Die Auseinandersetzung um die richtige Bestimmung der ethischen Verkündigung Jesu wird weithin als Streit um die Auslegung der Bergpredigt geführt. Sie enthält eine Reihe ethischer Aussagen, die auf Jesus selbst zurückgeführt werden können; sie enthält aber auch Material, das aus der Weiterarbeit der Gemeinde oder unmittelbar aus der Feder des Mt stammt. Es wäre daher falsch, wollte man die Ethik Jesu ohne weiteres aus der Bergpredigt rekonstruieren. Vielmehr stellt sich zunächst die Aufgabe, die Bergpredigt (bzw. deren mutmaßliche Vorstufe, die bei Lk überlieferte Feldrede) kritisch zu analysieren. Diese Analyse soll hier nicht durchgeführt werden, sondern es ist lediglich auf einige Aspekte hinzuweisen. Der Grundbestand der Seligpreisungen (Lk 6,20 f. par) ist mit hoher Wahrscheinlichkeit auf Jesus selbst zurückzuführen; sie zeigen, daß Jesu ethische Forderung systematisch auf der Heilszusage gründet. Auch die Forderungen der Antithesen (Mt 5,21 ff.) entsprechen inhaltlich der Verkündigung Jesu.

Dabei muß man allerdings die „primären" Antithesen von den „sekundären" unterscheiden: Bei den primären Antithesen, in denen die Antithese jeweils direkt auf die These bezogen und nur aus dieser heraus verständlich ist, wird jeweils ein alttestamentliches Gebot überboten (Mt 5,21 f.; 5,27 f.; 5,33–37). Zu diesen primären Antithesen fehlen in der Feldrede des Lk Parallelen; sie sind also Sondergut des Mt. Bei den sekundären Antithesen (Mt 5,31 f.; 5,38–41; 5,43–48) ist die „Antithese" ohne die voranstehende These verständlich. Es handelt sich um sachlich selbständige Forderungen, die das Gebot des AT nicht nur überbieten, sondern korrigieren. Zu diesen sekundären Antithesen finden sich Parallelen bei Lk, jedoch nicht in der Antithesen*form* („Ich aber ..."). Diese Form gibt es überhaupt nur bei Mt, der sie aber wahrscheinlich nicht selbst geschaffen, sondern bereits vorgefunden hat. Man kann das daran erkennen, daß das vorgegebene Schema

(„es ist gesagt ... ich aber sage euch") an einigen Stellen erweitert worden ist; man spricht von „broken patterns".

Stammen die Antithesen in ihrer Form von Jesus selbst? Das ist umstritten. Die Wendung „Ich aber ..." findet sich in der theologischen Diskussion der Rabbinen, wenn es um die Auslegung einer Schriftstelle geht. Möglicherweise ist sie in Analogie dazu Jesus von der Gemeinde in den Mund gelegt worden. Der Sache nach gehen die Forderungen der Antithesen aber wohl auf Jesus selbst zurück.

Arbeitsvorschlag

Die Abwandlung des ursprünglichen Sinns einer Aussage durch die Gemeindetradition läßt sich zeigen bei einem Vergleich von Mt 5,25 f. mit Lk 12,58 f.; Hilfsmittel: J. Jeremias, Gleichnisse Jesu, [7]1965, 39 ff.; G. Klein, Die Prüfung der Zeit (Lukas 12,54–56), ZThK 61, 1964, 373–390.

2) Jesu ethische Lehre läßt sich nur verstehen vor dem Hintergrund des Judentums. Jesus will weder neue Gebote einführen, noch auch nur Zusätze zu den bisher geltenden machen. Vielmehr will er den ursprünglichen Sinn des Gebotes Gottes feststellen, und deshalb beseitigt er die Zusätze der schriftgelehrten Auslegung. Er kann sich sogar gegen die Autorität des Mose wenden, der um „eurer Herzenshärtigkeit" willen die Ehescheidung zugestanden habe (Mt 19,8). Jesus fordert also keine „Verschärfung" der Tora, sondern er interpretiert das Gebot radikal als den Willen Gottes und lehnt jede Uminterpretation ab.

Nur ein Gedanke ist gegenüber dem jüdischen Gesetzesverständnis völlig neu: Jesus lehrt die Möglichkeit, „daß Ernst und Toragehorsam dem Menschen gefährlich werden können" (so Braun, Jesus, 50). Der Mensch, so meint Jesus, kann im strikten Gehorsam gegen den Wortlaut des Gesetzes sich der Forderung Gottes entziehen, indem er im formalen Gehorsam gegenüber dem Gebot die Intention des Gesetzes, nämlich die Tatsache, daß es den „ganzen" Menschen meint, übersieht. Es paßt in diesen Zusammenhang, daß Jesus die jüdischen Gesetzesnormen niemals prinzipiell aufhebt. Zum Beispiel durchbricht er gelegentlich die Sabbatvorschriften; aber er plädiert nie generell für die Abschaffung der Sabbatheiligung (Mk 2,23–28). Das ist nicht etwa ein Kompromiß, sondern dahinter steht im Gegenteil Jesu Kritik an jeder formalen Gesetzlichkeit: Bei einer Abschaffung des Sabbatgebotes könnte sich der Mensch dem von Gott gewollten „ganzen" Gehorsam ebenso entziehen wie bei der formalen Einhaltung der Sabbatvorschriften. Jesus aber kommt es darauf an, die Forderung Gottes zu verstehen als radikale Forderung an den Menschen in jedem Augenblick.

3) Das gleiche gilt für die rituellen Vorschriften: Jesus bestreitet nicht, daß z. B. das Fasten eine fromme Übung sein kann; aber er bekämpft die Heuchelei, die sich in der Zurschaustellung eigener Frömmigkeit zeigt (Mt 6,1–4.5–8). Und Entsprechendes findet sich schließlich auch bei Jesu Stellung zum materiellen Besitz (Mk 10,17 ff.): Er droht den Reichen, aber er fordert nicht den allgemeinen Verzicht auf Besitz, d. h. er macht Armut nicht zur Bedingung für die Erlangung des Heils. Jesus verkündet aber auch nicht lediglich eine „innere Freiheit" des Menschen dem Besitz gegenüber: Radikaler Gehorsam Gott gegenüber kann unter Umständen auch darin bestehen, daß der Mensch allen Besitz aufgibt.

Der charakteristische Unterschied zur Gemeinde von Qumran besteht darin, daß dort der allgemeine Verzicht auf privaten Besitz prinzipiell gefordert ist: Wer in den Orden eintritt, übergibt diesem seinen Besitz und erhält dafür vom Orden die Sicherung der materiellen Existenz garantiert. Das bedeutet aber, daß mit einem einmaligen Akt der Gehorsam absolviert ist, während Jesus die jeweilige ungeschützte Preisgabe der Sicherheit im gegebenen Fall fordert, die aus dem Vertrauen zur Fürsorge Gottes resultiert. Durch diese „Ungrundsätzlichkeit" Jesu (Braun) wird die Gesetzesfrömmigkeit des Judentums in ihrem Kern in Frage gestellt.

4) Bei der Bestimmung des Verhältnisses Jesu zum Judentum ist vor einer Verzeichnung des jüdischen Gesetzesverständnisses zu warnen: Auch für das Judentum sind Gebot und Gehorsam nicht in erster Linie formale Größen, sondern sie stehen im Zusammenhang des gesamten Gottesverhältnisses des Menschen. Der Gehorsam gegenüber Gottes Gebot ist für den Juden keine äußerliche Pflichtübung, sondern er steht durchaus im Zusammenhang mit seinem ganzen Denken und Wollen. Daher kann D. Flusser ohne weiteres sagen, der Jesus der synoptischen Evangelien verstoße nirgends gegen die echte jüdische Gesetzespraxis. Wo er sich gegen jüdische Sitten wende (etwa Mt 15,11), da hebe er nicht etwa das Gebot als solches auf, sondern kritisiere lediglich pharisäischen Übereifer.

In der Tat gibt es zahlreiche Übereinstimmungen zwischen der Ethik Jesu und der durchschnittlichen jüdischen Ethik, wie sie etwa in Sir 27,30–28,7 zusammenfassend dargestellt ist. Auch im Vergleich mit den Aussagen der Rabbinen zeigen sich bemerkenswerte Analogien, die bis in die Terminologie hineingehen: Mk 2,27 „Der Sabbat ist um des Menschen willen geworden, und nicht der Mensch um des Sabbats willen." Dazu paßt Mekh Ex 31,13 (Bill II,5):

„Euch ist der Sabbat übergeben, und nicht seid ihr dem Sabbat übergeben.“ Mt 6,34: „Sorget euch nicht um den morgigen Tag; denn der wird seine eigene Sorge haben.“ Dazu paßt Sanh 100[b] (Bill I,441): „Mache dir keine Not um die Not des morgigen Tages; denn du weißt nicht, was der (heutige) Tag gebären wird.“ Zu Mt 5,23 f. vgl. Joma VIII 8: „Übertretungen zwischen einem Menschen und seinem Nächsten sühnt der Versöhnungstag nicht, bevor er nicht seinen Gefährten besänftigt.“

Manchmal wird die These vertreten, auch wenn es zu einem Wort Jesu eine jüdische Parallele gebe, lasse sich doch zeigen, daß die christliche Fassung eine höhere Moral zeige. Als Musterbeispiel gilt die „goldene Regel“ (Mt 7,12/Lk 6,31), zu der es sowohl jüdische als auch griechisch/römische Parallelen gibt. Hier wird gern damit argumentiert, daß Jesus die Regel positiv verwende („... das sollt ihr auch tun“), während etwa die jüdischen Rabbinen negativ formulierten (etwa Rabbi Hillel: „Was du nicht willst ...“); die positiv formulierte Fassung sei natürlich die ethisch höherwertige. Aber dazu ist festzustellen, daß es die positiv formulierte Fassung auch außerhalb des Christentums gibt und daß zweitens beide Fassungen inhaltlich völlig dasselbe meinen: Sie sprechen den naiven Egoismus der volkstümlichen Weisheit („do ut des“) aus. Ein spezifisch christlicher Sinn des Wortes ergibt sich erst aus dem Ganzen des Heilsverständnisses, d. h. dadurch, daß man die Regel im Kontext des uneingeschränkten Liebesgebotes versteht, das bestimmt ist durch die Aufhebung der Sorge um sich selbst in Gottes Fürsorge und Vergebung.

5) Jesu Ethik ist materialiter also jüdische Ethik: Das Neue liegt nicht in einzelnen Forderungen, sondern darin, daß der Forderung das Heilsangebot vorausgeht. Das ist die systematische Voraussetzung dafür, daß die Forderung verabsolutiert und im Liebesgebot zusammengefaßt werden kann. Das Liebesgebot ist für Jesus nicht die Summe, also gleichsam der krönende Abschluß der Einzelgebote, sondern jedes Einzelgebot ist ein Aspekt und eine Konkretisierung des Liebesgebots und nur in diesem Rahmen zu verstehen.

Man muß beachten: 1. Auch das Gebot der Liebe zu Gott und zum Nächsten stammt aus dem AT (Dtn 6,5; Lev 19,18). 2. Die Doppelfassung des Gebots (Mk 12,30 f.) ist im AT jedoch nicht belegt. Sachlich wird Jesu Lehre durch sie zutreffend wiedergegeben, obwohl das Doppelgebot formal wohl nicht auf Jesus zurückgeht. Diese Zusammenstellung findet sich nämlich nicht bei den Rabbinen, sondern lediglich im hellenistischen Judentum; sie ist dort nur schmal belegt. In Mk 12,30 f. dürfte jedenfalls jüdisch-hellenistischer Einfluß vorliegen. 3. Jesus verabsolutiert das Gebot, indem er die Feindesliebe ausdrücklich einbezieht (Mt 5,44).

2. *Einzelprobleme*

Im Zusammenhang der Ethik Jesu gibt es eine Reihe schwieriger Probleme; sie sind kurz zu umreißen.

1) Es ist umstritten, ob man überhaupt von einer „Ethik" Jesu sprechen darf. Aber dieser Streit ist unfruchtbar. Viele Themenkreise – etwa die Fragen der politischen und sozialen Gestaltung der Gesellschaft, der ganze Bereich der Kultur usw. – fallen aus; insofern gibt es sicher keine Ethik Jesu im systematischen Sinne. Wenn man aber unter „Ethik" nur die Aufstellung bestimmter Sollensforderungen versteht, dann kann man durchaus von einer Ethik Jesu sprechen.

2) Nach einem von H. Braun geprägten Schlagwort ist die ethische Verkündigung Jesu durch die „Toraverschärfung" bestimmt. Dieser Begriff ist angemessen, wenn er nicht verabsolutiert und gleichsam dogmatisiert wird (bei Braun selbst ist das auch nicht der Fall!): Es ist nicht so, daß Jesus die Forderungen des Gesetzes im einzelnen zuspitzt und radikalisiert. Der Begriff „Toraverschärfung" weist auf bestimmte Aspekte der Verkündigung Jesu – etwa auf seinen Versuch, das Gesetz nicht kasuistisch, sondern radikal als absoluten Willen Gottes zu verstehen. Toraverschärfung heißt dann, daß Jesus die Gebote ihrer interpretierenden Deutungen entkleidet und sie auf ihren sachlichen Kern zurückführt: Gott will auch in den Einzelgeboten nicht teilweisen, sondern ganzen Gehorsam des Menschen.

3) Unzutreffend ist die oft geäußerte These, Jesus habe sich als „Bringer der messianischen Tora" verstanden. Mit dem „Ich aber sage euch" der Antithesen stelle er sich über Mose und verhalte sich damit als der Messias (s. u. S. 378 f.). Erstens gibt es die Idee einer messianischen Tora im Judentum gar nicht, und zweitens vergleicht sich Jesus nicht mit Mose. Außerdem ist unsicher, ob die Form der Antithesen überhaupt auf Jesus zurückgeht (s. o. S. 368 f.). Damit ist nicht bestritten, daß in Jesu Verhalten und Lehre ein profiliertes Selbstbewußtsein zum Ausdruck kommt, das sich mit in der jüdischen Religion vorgegebenen Schemata gerade nicht deckt.

3. *Probleme der Auslegung der Bergpredigt*

1) Es wird die Frage diskutiert, ob die Forderungen der Bergpredigt überhaupt erfüllbar seien; Gegenstand der Debatte ist dabei nun nicht mehr die Lehre Jesu, sondern die jetzt vorliegende Fassung der Bergpredigt, wie sie durch die redaktionelle Arbeit des Mt entstanden ist. Im einzelnen werden unterschiedliche Positionen vertreten:

a) H. Windisch erklärte, die Bergpredigt enthalte eine – allerdings radikale – jüdische Ethik, die durchaus als erfüllbar gedacht sei. Aber selbst wenn das richtig ist, bleibt die Frage, ob sie denn wirklich erfüllbar ist. b) Es wird auch die entgegengesetzte These vertreten: Die Forderungen seien bewußt als unerfüllbar gestaltet, der Mensch solle auf diese Weise seiner Schuld Gott gegenüber überführt werden. Dann aber ist zu fragen, ob eine bewußt als unerfüllbar konzipierte ethische Forderung überhaupt einen ernstzunehmenden Sinn hat. c) Auch ein Kompromiß zwischen beiden Thesen ist denkbar (und in der Exegese vertreten worden): Es handle sich um die spezielle Ethik des Reiches Gottes bzw. um eine spezielle Ethik für die Jünger, d. h. um Regeln für das Leben der Gläubigen in der Kirche. Aber diese These geht am Text vorbei: Es ist deutlich zu erkennen, daß die Aussagen der Bergpredigt sich auf das Leben in der Welt beziehen, daß sie entworfen sind als Darstellung des Willens Gottes, der *jeden* Menschen meint. Aus diesem Grunde kann die Bergpredigt auch nicht im Sinne einer d) Zwei-Stufen-Ethik interpretiert werden – als seien etwa die Gebote des Dekalogs für jedermann verbindlich, während Jesus die Möglichkeit lehre, einen höheren Grad des Gehorsams zu üben. Denn Mt 5,19f. zeigt, daß die Bergpredigt einen solchen Unterschied gerade nicht zulassen will. e) Von seinem grundsätzlichen Ansatz her („konsequente Eschatologie") versteht A. Schweitzer die Aussagen der Bergpredigt als „Interimsethik": Jesus erwarte das unmittelbar bevorstehende Weltende, und für die kurze noch zur Verfügung stehende Zeit gebe er radikale ethische Anweisungen, die nur in diesem kurzen Zeitraum erfüllbar seien. Aber man muß fragen, ob die einzelnen Anweisungen sich tatsächlich nur auf einen kurzen Zeitraum beziehen. Sind sie nicht vielmehr ganz deutlich als allgemeingültige Umgangsregeln gestaltet? Man muß ja vor allem auch beachten, daß die Forderungen in keinem Fall mit der Nähe des Reiches Gottes begründet werden; im Unterschied zum Bußruf, der in der Tat begründet ist durch die Ankündigung des Reiches Gottes, werden die Gebote der Bergpredigt nicht eschatologisch begründet. Hinter ihnen steht eher der Appell an die vernünftige Einsicht: „Wer ist unter euch...?" oder: „Sehet die Lilien..."

Die Frage nach der Erfüllbarkeit der Forderungen der Bergpredigt ist im Gesamtkonzept der Verkündigung Jesu zu sehen, denn erst dann wird deutlich, welche Absicht hinter ihnen steht. Absolute Forderung ist das Liebesgebot, und dies wird verständlich eben gerade durch seine Absolutheit: Gott will nicht *etwas* von mir, sondern er will *mich* (Bornkamm), und das bedeutet: Gottes Gebot darf nicht kasuistisch interpretiert werden.

Es ist in diesem Zusammenhang von Bedeutung, daß die Überlieferung in Mt 5,44 f. wohl authentisch ist. Aber man muß auch beachten, daß das Liebesgebot nicht etwa Jesu eigene Prägung ist, sondern aus dem AT stammt (s. o. S. 371). Jesus betont, indem er es übernimmt, daß Gott mit seinen Geboten nie etwas anderes als die Liebe gewollt habe – die einzelnen Gebote konkretisieren lediglich dieses zentrale Gebot. (Zur Verknüpfung von Gottes- und Nächstenliebe [Mk 12,28 ff.] s. o. S. 371).

2) Entscheidend wichtig ist die Beachtung der Tatsache, daß der Forderung die Gabe, nämlich das Geschenk der Vergebung, vorangeht. Das bedeutet, daß sich die Frage nach der Erfüllbarkeit nicht trennen läßt von der Frage nach der Vergebung. Das Gebot trifft mich ja nur dann, wenn ich verstehen kann, warum Gott gerade Liebe und nicht Selbstbehauptung, warum er Vergebung und nicht Rache will. Mit anderen Worten: Die Gebote sind dem Wesen des schenkenden Gottes gemäß – nur dann bleiben sie dem Menschen nicht fremd, nur dann ist die Übereinstimmung meines Willens mit dem Willen Gottes möglich, nur dann wird der innere Widerstand des Menschen gegen die Gebote überwunden.

Die Voranstellung der Heilszusage vor die Forderung hat eine zweite Konsequenz: Es gibt für den Menschen nicht die Möglichkeit, die Frage zu erwägen, was er denn *nicht* zu tun brauche. Es gibt keinen „freien" Raum, in dem der Mensch Gott und seine Forderung los wäre. Es gibt kein heiliges Nichtstun – etwa durch Berufung auf kultische Vorschriften. Der Sabbat beispielsweise berührt nicht die Pflicht zur Hilfeleistung.

3) Theologisch bedeutsam ist die Frage, ob die ethische Lehre Jesu nicht im Widerspruch stehe zur paulinischen Lehre von der Rechtfertigung allein durch den Glauben; offenbar lehrt Jesus doch eine rigorose Werkgerechtigkeit (Mt 5,20). Aber dieser Eindruck ist falsch: Jesus lehrt nicht, daß gute Werke des Menschen von Gott entsprechend belohnt werden, daß das Verhältnis Gott–Mensch also von der menschlichen Leistung bestimmt ist. Jesus lehrt Gottes unbedingte Souveränität, mit der er vom Menschen gute Werke erwartet (Lk 17,7–10), und er lehrt dementsprechend, daß Gott seine Gnade unabhängig von der menschlichen Leistung schenkt (Mt 20, 1–16). Das heißt: Zwischen Gott und dem Menschen bestehen keine abstrakten Beziehungen, sondern der Mensch darf von Gott durchaus das Gute erwarten. Umgekehrt wird vom Menschen nicht Be-

liebiges erwartet, sondern in seinem Handeln wird – wenn er gut handelt – Heilsames bewirkt, das ihn selbst betrifft.

Arbeitsvorschlag

Analyse von Mk 10,17ff.: Welche Stellung zum Besitz läßt sich ablesen a) bei Jesus; b) in der Gemeinde; c) bei Mk selbst? In welchem Verhältnis stehen Besitz und Heil zueinander auf den verschiedenen Stufen der Überlieferung? Hilfsmittel: J. Gnilka, Das Evangelium nach Markus, EKK II/2, z. St.

4. *Zur Kritik an der Ethik Jesu*

Die Ethik Jesu und darin die christliche Ethik überhaupt ist von verschiedenen Positionen her kritisiert worden. Friedrich Nietzsche hat sie als „Sklavenmoral" bezeichnet, hinter deren scheinbarer Demut sich in Wahrheit eine besonders subtile Art des Herrschenwollens verberge. Sie sei die Moral derer, die von „Herren" (etwa von einem Gott) abhängig seien. Zugleich sei sie eine Moral der Rache: Sie brauche das Böse, um selbst als gut erscheinen zu können. Hinter der nach außen gezeigten Bereitschaft zur Vergebung und Barmherzigkeit stehe in Wahrheit der geheime Wunsch, sich einer höheren Instanz gegenüber als gut und gerecht zu erweisen.

Nietzsche forderte den sich selbst wollenden „Willen zur Macht". Dieser Wille sei „jenseits von Gut und Böse" (nicht: von gut und schlecht) und sei insofern Ausdruck radikaler Freiheit.

Lektürevorschlag

F. Nietzsche, Zur Genealogie der Moral. Erste Abhandlung, „Gut und Böse", „Gut und Schlecht".

Die marxistische Kritik an der christlichen Ethik basierte auf der Religionskritik des 19. Jahrhunderts. Marx übernahm die These Feuerbachs, daß Gott eine Projektion des Menschen sei. Entsprechend könne es auch keine auf Gottes Willen sich berufende Ethik geben. Vielmehr sei christliche Ethik in ihren gegenwärtigen Formen und Inhalten nichts als die Verklärung bürgerlicher Wertvorstellungen und zugleich ein Instrument der herrschenden Klasse zur Aufrechterhaltung ihrer Macht. Die Entstehung der klassenlosen Gesellschaft als des Reiches der Freiheit bedeute zwangsläufig das Ende solcher Ethik, denn nun trete an die Stelle der Fremdbestimmung die totale Eigenverantwortung des Menschen.

Der neuere Marxismus, repräsentiert etwa durch Bloch, betont neben dem positivistisch-mechanistischen Element im marxistischen Denken stärker auch den idealistischen Ansatz in der Philosophie des jungen Marx. So interpretiert Bloch Gott nicht einfach nur als Transzendierung von Machtansprüchen des Menschen, sondern als hypostasiertes Ideal des noch nicht zur Identität mit sich selbst gekommenen Menschen (vgl. Prinzip Hoffnung III, 1523). Bloch versucht also, den eschatologischen Ansatz des Urchristentums aufzunehmen, und er erklärt in diesem Zusammenhang, die Bergpredigt und ihre Ethik könnten ohne diesen apokalyptischen Rahmen nicht verstanden werden. Christliche Ethik sei ein „Traum vom Unbedingten", der auch in der künftigen Geschichte seinen Platz finden werde.

Die Interpretation der Bergpredigt kann weder vom materialistischen noch vom idealistischen Ansatz her erfolgen. Vielmehr kann die Ethik Jesu nur sachgemäß verstanden werden, wenn sie in ihrem theologischen Rahmen begriffen wird, d. h. wenn man erkennt, daß ihre Aussagen streng auf das Verhältnis des Menschen zu Gott bezogen sind. Sobald die „ethischen" Forderungen der Bergpredigt hiervon abstrahiert werden, verkehren sie sich zu einer Aufforderung zur Leistungsethik. Nur wenn man sie als Forderung des gnädigen Gottes versteht, erweisen sie sich wirklich als Aufforderung zum Handeln in Freiheit.

§ 56 Die Frage nach dem Selbstbewußtsein Jesu

Literatur: H. Conzelmann, Das Selbstbewußtsein Jesu, Ges. Aufs., 1974, 30–41; J. Jeremias, παῖς (θεοῦ) im Neuen Testament, in: Abba (Ges. Aufs.), 1966, 191–216; R. Otto, Reich Gottes und Menschensohn, ³1954, 118–209; E. Schweizer, Der Menschensohn (Zur eschatologischen Erwartung Jesu), Ges. Aufs. I, 1963, 56–84; H. E. Tödt, Der Menschensohn in der synoptischen Überlieferung, ⁴1978; Ph. Vielhauer, Jesus und der Menschensohn, Ges. Aufs., ThB 31, 1965, 92–140.

1. Allgemeines

Das Problem, welches Selbstbewußtsein Jesus gehabt habe, ist noch schwieriger als die Frage nach Jesu Lehre. Zum einen ist die Quellenlage ganz unsicher: Welche Selbstbezeichnungen Jesu sind authentisch, welche gehen auf die christliche Gemeinde zurück? Zum andern ist das Thema durch die dogmatische Tradition belastet.

Die traditionelle Vorstellung vom Selbstbewußtsein Jesu ist bestimmt von den Ausagen der kirchlichen Christologie: Jesus ist der präexistente Gottessohn, der Mensch wurde; er ist der leidende Gottesknecht und Menschensohn, der zum Gericht wiederkommen wird; er ist wahrer Gott und wahrer Mensch, die zweite Person der Trinität. Einige dieser Aussagen über Jesus sind in den synoptischen Evangelien belegt. Die Frage ist: Gehen sie ganz oder teilweise auf Jesus selbst zurück? Zwei methodische Wege sind zur Klärung dieser Fragen möglich:

1) Die Formgeschichte geht den analytischen Weg. Sie knüpft unmittelbar an die Texte an und sucht sie zu ihrem Ursprung zurückzuverfolgen. Das Ziel ist, ein Urteil über die mögliche Echtheit der einzelnen Aussagen zu gewinnen und von dort aus dann das als authentisch Erkannte zusammenzufassen. Dabei wird vor allem untersucht, ob die traditionellen Hoheitsbezeichnungen Jesu von ihm selbst in bezug auf seine Person gebraucht wurden, ob er sich also als Gottessohn oder als Messias verstand. Das auf diesem Wege gewonnene Ergebnis hinsichtlich der Frage nach dem Selbstbewußtsein Jesu kann radikal sein: Möglicherweise stammen alle Hoheitstitel Jesu aus der christlichen Gemeinde und lassen sich nicht auf Jesus zurückführen. Die Frage, ob Jesus sich möglicherweise als Prophet oder als Lehrer im Rahmen des Judentums verstanden habe, bleibt freilich offen.

2) Es wird bestritten, daß die Formgeschichte imstande sei, Echtheitsurteile zu fällen. An die Stelle des analytischen Verfahrens habe das synthetische zu treten: Man müsse ausgehen von bestimmten religionsgeschichtlich bekannten Modellen – etwa dem Typ des (alttestamentlichen) Gottesknechts oder dem Typ des (apokalyptischen) Menschensohnes. Die Texte seien dann daraufhin zu befragen, ob sich hinter ihnen ein diesen Typen (oder einer Synthese dieser Typen) entsprechendes Selbstbewußtsein Jesu zeigen lasse. Der Beweis für die Richtigkeit einer solchen Annahme liege dann vor, wenn ein in sich geschlossenes und den damaligen Denkformen entsprechendes Gesamtbild entstehe.

Beispiel: Es wird behauptet, Jesus habe sich als den leidenden Gottesknecht nach Jes 53 gesehen. Infolgedessen wird gefragt: Welche Aussagen innerhalb der synoptischen Evangelien lassen sich in den Rahmen dieses Selbstverständnisses einbauen? Antwort: Etwa die Leidensweissagungen. Also haben wir keinen Anlaß, an deren Authentizität zu zweifeln.

Zweifellos führt die synthetische Methode zu einem vollständigeren Bild des Selbstbewußtseins Jesu, als es die formgeschichtliche

Analyse zu erarbeiten vermag. Ein berühmtes Beispiel ist das Jesusbuch von R. Otto (Reich Gottes und Menschensohn). Auch für Otto steht natürlich fest, daß sich die dogmatischen Kategorien der Homousie und der Zwei-Naturen-Lehre nicht auf Jesus selbst zurückführen lassen; aber im übrigen ist er der Meinung, daß viele Züge des überlieferten Jesusbildes tatsächlich einen Anhalt an der Person des historischen Jesus haben: Jesus sei in der Tat der Meinung gewesen, daß sich in ihm die Idee des Menschensohns mit der Vorstellung vom Gottesknecht verbunden habe; darin sei eine Einheit von eschatologischem und Leidens-Bewußtsein vollzogen worden. Dennoch ist der von der Formgeschichte beschrittene Weg der Analyse der einzelnen Texte vorzuziehen, weil er allein zu methodisch überprüfbaren Ergebnissen führt.

2. *Das Problem der Hoheitstitel*

Entscheidend für das Problem des Selbstbewußtseins Jesu ist die Frage, ob Jesus bestimmte Hoheitstitel mit Bezug auf seine Person gebraucht hat. Dabei stehen drei Titel im Vordergrund: 1) Messias, 2) Sohn (Gottes), 3) Menschensohn. Die Frage dabei ist, ob Jesus selbst sie verwendet hat, oder ob sie ihm erst von der Gemeinde nach Ostern beigelegt wurden.

Folgende Schritte der Analyse sind erforderlich: Woher stammt der Titel? Was bedeutet er im vorchristlichen Sprachgebrauch? Wie ist er zu interpretieren, wenn bereits der vorösterliche historische Jesus diesen Titel für sich selbst beansprucht haben sollte? Welche Bedeutung hat er, wenn ihn erst die Gemeinde nach Ostern mit Bezug auf Jesus gebraucht hat?

1) *Messias:* Der im Judentum erwartete Messias ist nicht als übernatürliche, sondern als irdisch-diesseitige Person vorgestellt. Im Vordergrund steht seine politische Funktion: Der Messias wird Israel zusammenführen und befreien. Im jüdischen Schrifttum zur Zeit Jesu ist vom Messias freilich nur selten die Rede. In den synoptischen Evangelien ist der Titel mehrfach belegt, und zwar in griechischer Übersetzung als Χριστός (Μεσσίας findet sich im NT nur bei Joh). Eine der wichtigsten Belegstellen ist in diesem Zusammenhang Mk 8,27 ff.: Wenn diese Stelle, also das von Jesus nicht zurückgewiesene Petrusbekenntnis zu ihm als dem Christus (Messias), historisch ist, wenn sie wenigstens einen historischen Kern hat, dann stünde nahezu mit Sicherheit fest, daß Jesus die Bezeichnung als Christus – allerdings in einem dem Judentum gegenüber neuen, nämlich unpolitischen Sinne – für sich zumindest nicht abgelehnt hat.

Die Stelle würde zugleich zeigen, daß er eine (vorläufige) Geheimhaltung dieses Tatbestandes verlangt hätte.

Die Analyse von Mk 8,27 ff. zeigt Übereinstimmungen mit dem formulierten Glaubensbekenntnis der christlichen Gemeinde. Die Perikope enthält kein konkretes historisches Material, sondern erweist sich als eine Art Credo-Darstellung in szenischer Form: Petrus spricht stellvertretend für alle das aus, was die ganze Gemeinde glaubt. Ähnlich ist der Abschnitt Mk 12,35–37 zu beurteilen: Jesus erklärt, nicht Davids Sohn, sondern Davids Herr zu sein, und er belegt das mit dem Hinweis auf Ps 110,1. Auch hier ist Gemeindechristologie vorausgesetzt: Jesus war als Mensch Davidide, d. h. Messias; durch seine Erhöhung aber ist er zum Herrn Davids gemacht worden. Die dahinter stehende Christologie entspricht etwa der von Röm 1,3 f.

Ein weiteres Indiz für die Annahme, daß Jesus sich nicht als Messias bezeichnet hat, ist das Schweigen der Quellen über eine aktive Auseinandersetzung Jesu mit der traditionellen jüdischen Messiasidee. Wenn Jesus sich selbst als Messias verstanden hätte, dann wäre ja zu erwarten gewesen, daß er dem alten Messiasbild seine eigene neue Vorstellung entgegengesetzt hätte – davon aber hört man nirgends etwas.

Ein solches argumentum e silentio ist für sich genommen wenig tragfähig; zusammen mit den anderen angeführten Argumenten erhält es aber doch Gewicht.

Wie verhält es sich nun mit den anderen synoptischen Texten, in denen der Messiastitel (oder ein verwandter) in bezug auf Jesus gebraucht ist? Der Anruf des blinden Bartimäus („. . . Sohn Davids") ist natürlich kein historischer Beleg – es handelt sich ja um die Einleitung einer Wundergeschichte, also um eine Gemeindebildung. Die Erzählung vom Einzug in Jerusalem erweist sich gerade in dem für uns entscheidenden Punkt, nämlich im eschatologischen Jubel der Menge, als eine messianische Gemeindelegende. Als historischer Vorgang ist die Szene undenkbar. Der Messiasbegriff findet sich auch beim Verhör Jesu vor dem Synedrium (Mk 14,61): Jesus bejaht die Frage, ob er der Christus, der Sohn Gottes sei. Aber auch hier ist klar, daß die Szene keinen historischen Kern enthält, denn die Prozeßdarstellung ist ganz durch die Christologie bestimmt. Die Frage des Hohenpriesters setzt voraus, daß Messias und Gottessohn zwei letztlich identische Bezeichnungen seien – ein dem Judentum fremder Sprachgebrauch. Ganz offensichtlich ist die Stelle Mk

14,61 f. als Kompendium der Gemeindechristologie konzipiert worden; es soll gezeigt werden, daß alle Würdetitel Jesu – Messias, Gottessohn, Menschensohn – gleichwertig sind.

Häufig wird es als ein starker Beweis für das Messiasbewußtsein Jesu angesehen, daß er am Ende seines Lebens nach Jerusalem zog, wohl wissend, welche Gefahr ihm dort drohte. In der Tat ist dieser Entschluß als ein Indiz für Jesu „Sendungsbewußtsein" anzusehen; über einen von ihm vertretenen Messiasanspruch ist damit freilich nichts gesagt. Entscheidend ist aber das letzte Argument: Selbst wenn Jesus sich als Messias bezeichnet haben sollte, so wäre damit über die Struktur seines Selbstbewußtseins überhaupt nichts ausgesagt. Denn nach allem, was wir von Jesus wissen, hat er die traditionell mit diesem Titel verbundenen Vorstellungen gerade nicht übernommen.

2) *Sohn (Gottes):* In der christlichen Kirche ist dieser Titel der gebräuchlichste geworden. Im Judentum findet er sich als Bezeichnung des eschatologischen Heilbringers nicht; dafür, daß die Nathan-Weissagung (2 Sam 7,13 f.) im Judentum aufgenommen wurde, gibt es nur dürftige Spuren (vgl. E. Lohse, ThWNT VIII, 361–363; anders M. Hengel, Der Sohn Gottes, 1975, 71–73).

Arbeitsvorschlag

Wie ist der Befund bei den Synoptikern? Wird 2 Sam 7,14 dort zitiert? Hilfsmittel: Das im Anhang des Nestle abgedruckte Verzeichnis der alttestamentlichen Zitate im NT.

Die Dämonen reden Jesus als Gottessohn an (Mk 3,11); aber das ist Gemeindebildung. Ebenfalls Gemeindebildung ist, wie wir sahen, das Verhör vor dem Hohen Rat. Und dasselbe gilt schließlich auch für die beiden Epiphanieerzählungen von Taufe und Verklärung: Auch hier handelt es sich um Legenden.

Vom Titel „Sohn Gottes" ist das absolute „der Sohn" zu unterscheiden (Mk 13,32; Mt 11,27 par Lk 10,22). An beiden Stellen steht „der Sohn" ausdrücklich in Beziehung zu „dem Vater", wobei vor allem in Mk 13 eine deutliche Unterordnung erkennbar ist. Häufig wird erklärt, ein solches Wort sei unerfindbar: Die Gemeinde würde Jesus niemals in dieser Weise Gott untergeordnet haben, und deshalb müsse hinter dieser Aussage das authentische Selbstbewußtsein Jesu stehen. Aber Mk 13,32 spiegelt die frühe Christologie der Kirche.

Ohnehin ist der Hinweis auf die angebliche Unerfindbarkeit eines Wortes fragwürdig. Die Urkirche unterschied in ihrer Tradition ja nicht bewußt zwischen authentischen Jesusworten und sekundärer Gemeindebildung. Die

Vermutung, man habe nur aus Pietät gegenüber der auf den historischen Jesus zurückgehenden Tradition auch dogmatisch anstößige Aussagen überliefert, ist unzutreffend.

Auch Mt 11,27 ist eine Aussage der Gemeindechristologie (vgl. die Nähe zu Mt 28,18). Schwieriger zu beurteilen ist der Befund in Mk 12,1 ff.: Es handelt sich um ein Gleichnis, in dem das absolute „der Sohn" gebraucht ist. Wird hier nicht doch Jesu Anspruch (wenn auch in verschlüsselter Form) erkennbar, er sei der Sohn (Gottes)? Das jetzt vorliegende Gleichnis ist eine Allegorie über die Geschichte Gottes mit Israel, formuliert im Rückblick auf den Tod Jesu. Versucht man, durch Streichung der allegorischen Züge eine ursprüngliche Parabel Jesu zu rekonstruieren, so bliebe lediglich eine Parabel über das Schicksal eines Weinbergbesitzers und seines Sohnes; eine Antwort auf die Frage, ob Jesus den (Gottes-)Sohntitel beansprucht habe, würde der Text auch dann nicht geben.

Fazit: Soweit zu erkennen ist, hat Jesus sich nicht als Sohn Gottes bezeichnet.

3) *Menschensohn:* Beim Ausdruck „Menschensohn" ist zunächst die Frage zu beantworten, ob „Sohn des Menschen" überhaupt ein Titel ist bzw. als Titel verstanden wurde. Könnte es nicht sein, daß es sich einfach um eine andere Bezeichnung für „Mensch" handelt (vgl. das bei Ez häufige בן אדם, das ja auch keinen Titel darstellt)? Dann wäre der titulare Sinn erst durch ein Mißverständnis bei der Übersetzung aus dem Aramäischen ins Griechische entstanden. Man kann die Probe machen, indem man den Befund in der jüdischen Apokalyptik untersucht: Ist „Menschensohn" dort als Titel gebraucht? Die berühmte Stelle Dan 7,13 zeigt *keinen* titularen Gebrauch, im äth Hen dagegen ist doch eine gewisse Verfestigung zu erkennen (71,14.17). Aber eindeutige Belege fehlen im vorneutestamentlichen Judentum. Man muß daher den gesamten synoptischen Befund aufnehmen, um zu einem gesicherten Ergebnis bei der Frage nach dem Sinn des Menschensohn-Begriffs zu kommen.

Arbeitsvorschlag

Sämtliche Stellen in der Synopse nachschlagen (Hilfsmittel: Konkordanz) und analysieren: Wo ist der Titel sekundär eingetragen (z. B. von Mt gegenüber Mk)? In welchen Quellenschichten ist er primär überliefert (Mk, Q, Mt Sondergut, Lk Sondergut)?

Man kann das Material nach sachlichen Gesichtspunkten gliedern. Einige Stellen (Mk 2,10.28; Mt 8,20 par Lk 9,58) sprechen vom Menschensohn auf Erden, wobei man in der Tat fragen kann, ob hier nicht wirklich vom Menschen und seinem irdischen Los die Rede ist. Denkbar wäre auch, daß der Begriff die Umschreibung von „Ich" im Munde Jesu ist, ohne daß damit irgendwie auf eine besondere Würde oder Hoheit angespielt wäre: „Der Mensch (= Ich) hat nicht, wo er sein Haupt hinlege", oder: „Damit ihr aber seht, daß ich (= der Menschensohn) Macht habe, Sünden zu vergeben ..." (vgl. Mt 9,8; Mk 2,10). In der aramäischen Sprache Jesu wäre dieser Stil vollkommen normal gewesen, erst in der Übersetzung ins Griechische würde der Ausdruck dann den titularen Sinn erhalten haben.

Aber diese Annahme führt letztlich nicht weiter. Es kann nämlich kein Zweifel sein, daß die Synoptiker den Ausdruck Menschensohn als *Titel* kennen (z. B. Mt 10,23; Mk 2,28; Mk 8,31.38 usw.). Kriterien für die Vermutung, daß es bei den Synoptikern oder in der ihnen zugrundeliegenden Tradition etwa zweierlei Gebrauch (titularen und nichttitularen) gebe, fehlen. Das bedeutet, daß, soweit wir sehen, der Begriff Menschensohn in den synoptischen Evangelien durchweg einen Hoheitstitel darstellt. Das Problem reduziert sich infolgedessen auf die Frage: Hat *Jesus* den Menschensohntitel im Blick auf seine eigene Person gebraucht?

Hier sind drei Gruppen von Menschensohnworten zu unterscheiden:

a) Worte über die Parusie des Menschensohnes; b) Worte über den leidenden Menschensohn; c) Worte über das „Gekommen-Sein" des Menschensohnes.

a) Wollte man die Worte von der Parusie des Menschensohnes (Mk 8,38; 14,62) als authentisch ansehen, so müßte man annehmen, Jesus habe seine eigene künftige Verwandlung in den Menschensohn erwartet; das aber ist eine Konstruktion, die aus den Texten in keiner Weise zu erheben ist.

Einige Exegeten, unter ihnen auch Bultmann, versuchen das Problem dadurch zu lösen, daß sie annehmen, Jesus habe nicht sich selbst, sondern einen anderen als kommenden Menschensohn erwartet. Unter dieser Annahme sei es denkbar, daß die zweite Gruppe von Menschensohnworten auf Jesus selbst zurückgehe. Aber diese These übersieht, daß zwischen diesen und allen anderen Menschensohnworten keinerlei Stilunterschied erkennbar ist: Jesus redet vom Menschensohn immer in der dritten Person – für die Annahme, daß er gerade bei den Worten vom kommenden Menschensohn einen anderen gemeint haben soll, gibt es keine methodisch ausweisbare Begründung.

Es ist natürlich denkbar, daß Jesus von einem anderen als kommendem Menschensohn gesprochen hat. Die Gemeinde würde dies dann so interpretiert haben, daß Jesus doch sich selbst gemeint habe und würde weitere Aussagen (vom irdischen, leidenden Menschensohn) hinzugefügt haben. Dies aber bedarf eines methodischen, insbesondere formgeschichtlichen Ausweises: Es müßten sich stilistische Unterschiede zwischen den „echten" und den sekundären Menschensohnworten zeigen lassen – und das erweist sich als unmöglich.

Wahrscheinlich sind die Aussagen, die vom kommenden Menschensohn sprechen, auf Dan 7,13 f. zurückzuführen und von der Gemeinde nachträglich auf Jesus bezogen worden.

b) Es gibt Worte, die vom leidenden Menschensohn sprechen (Mk 8,31), aber wir haben bereits gesehen, daß es sich hier ebenfalls um Gemeindebildung handelt (s. o. S. 257).

c) Hat Jesus sich selber als den „gekommenen" Menschensohn bezeichnet? Schweizer, Ges. Aufs. I, 72 bejaht das unter Bezug auf Mt 8,20 par: Hier finde sich Jesu autoritativer Ruf in die Nachfolge, und es sei undenkbar, daß die Gemeinde in dieser Form von Jesus gesprochen haben würde, wenn das Wort nicht authentisch wäre (zur These der „Unerfindbarkeit" eines Logions s. o. S. 380 f.), Vielhauer, Ges. Aufs., 123 f. wendet mit Recht ein, daß der Satz im Munde Jesu als Beschreibung eines tatsächlichen Sachverhalts „maßlose Übertreibung" und also auf keinen Fall wörtlich aufzufassen gewesen wäre. Die Aussage wird sinnvoll, wenn man sie versteht als Rückblick der Gemeinde auf das gesamte Wirken Jesu; erst von hier aus wird sie auch als Ruf in die Nachfolge verständlich. Man kann es also als wahrscheinlich ansehen, daß dieses Verständnis des Menschensohnbegriffes erst in der Gemeinde entstanden ist.

Es fällt auf, daß der Titel Menschensohn auch bei Joh eine Rolle spielt. Ebenso wie bei den Synoptikern findet sich der Begriff nur in Worten Jesu, niemals in einer Anrede an ihn oder in einer Erzählung. Joh gibt ihm aber eine besondere Prägung dadurch, daß er den Bedeutungsgehalt des Begriffes im Sinne der joh Christologie erweitert: Der Menschensohn ist präexistent (Joh 3,13).

Fazit: Soweit wir sehen können, hat Jesus keinen der bei den Synoptikern erwähnten christologischen Hoheitstitel in bezug auf seine eigene Person gebraucht. Infolgedessen ist es unmöglich, aus den christologischen Hoheitstiteln der synoptischen Tradition das

Selbstbewußtsein Jesu zu rekonstruieren. Aus dem Inhalt seiner Predigt und aus seinem Wirken (Heilungen) ergibt sich aber, daß er sich und sein Auftreten als das Zeichen des nahen Gottesreiches verstand. Alle darüber hinausgehenden Feststellungen sind nicht mehr als bloße Vermutungen.

Lektürevorschlag für Fortgeschrittene

Die Geschichte der christologischen Titel im ältesten Christentum wird dargestellt von F. Hahn, Christologische Hoheitstitel, FRLANT 83, [4]1974. Umfassende Information über die mit den Hoheitstiteln „Sohn", „Gottessohn" und „Menschensohn" verbundenen religionsgeschichtlichen und exegetischen Fragen geben der Art. υἱός κτλ. (P. Wülfing von Martitz, G. Fohrer, E. Schweizer, E. Lohse, W. Schneemelcher), ThWNT VIII, 343 bis 402 und der Art. υἱὸς τοῦ ἀνθρώπου (C. Colpe), ThWNT VIII, 403 bis 481.

§ 57 Das Ende Jesu (Die Passion)

Literatur: J. Blinzler, Der Prozeß Jesu, [4]1969; H. Conzelmann, Historie und Theologie in den synoptischen Passionsberichten, Ges. Aufs., BEvTh 65, 1974, 74–90; M. Dibelius, Das historische Problem der Leidensgeschichte, Botschaft und Geschichte I, 1953, 248–257; E. Lohse, Die Geschichte des Leidens und Sterbens Jesu Christi, GTB 316, 1979; P. Winter, On the Trial of Jesus, Studia Judaica 1, [2]1974.

1. Allgemeines

1) Die Frage, warum Jesus mit seinen Jüngern nach Jerusalem zog, wird *theologisch* von den synoptischen Evangelien in den Leidensweissagungen klar beantwortet: Er „mußte" gehen (δεῖ), d. h. der Weg durch das Leiden in die Herrlichkeit war ihm von Gott bestimmt worden. Zugleich hat diese christologische Aussage eine anthropologische und damit auch ekklesiologische Konsequenz: Durch das Leiden Jesu ist zugleich der Weg seiner Nachfolger bestimmt (Mk 8,34 ff.).

Sehr schwer ist aber nun die Frage zu beantworten, welches der tatsächliche Grund für Jesu Weg nach Jerusalem war. Man ist, da die Quellen durch die christliche Tradition stark übermalt sind, auf Vermutungen hinsichtlich der Motive Jesu angewiesen: Offenbar will Jesus seine Ankündigung des Gottesreichs und seinen Bußruf in die Mitte des jüdischen Volkes tragen; er zieht deshalb anläßlich eines großen Festes in die Hauptstadt, weil er dort eine besonders große Zahl von Menschen erreichen kann. Freilich bleibt auch diese Annahme Vermutung. Nur eines steht historisch fest: Jesus zog tatsächlich nach Jerusalem – aus welchen Gründen auch immer. Und er wurde dort gekreuzigt.

Es ist die Frage, ob über die Gründe für seine Kreuzigung nur Vermutungen angestellt werden können, oder ob genauere Informationen zur Verfügung stehen. Zunächst ist der Quellenbefund aufzunehmen.

2) Die Passionsdarstellungen der vier Evangelien stimmen nicht in allen Punkten miteinander überein. Mindestens zwei Fassungen sind überliefert – die des Mk (von Mt und Lk übernommen) und eine aus Joh zu rekonstruierende, die mit Mk zwar verwandt ist, gleichwohl aber zusätzliches und abweichendes Material enthält.

Es ist strittig, ob bei Lk noch eine dritte Passionsdarstellung sichtbar wird, bei der dann gefragt wird, ob sie aus Q oder aus dem lk Sondergut stammt. Dazu s. o. S. 270.

Formgeschichtlich unterscheidet sich der Passionsteil völlig vom ersten Teil der Evangelien, denn anders als dort ist hier der Rahmen ja weitgehend vorgegeben: Der Ablauf der entscheidenden Ereignisse – Verhaftung, Verhör, Hinrichtung – kann natürlich nicht umgestellt werden. Eine Skizze dieses Ablaufs findet sich in Mk 10,32 bis 34, der letzten und ausführlichsten Leidensweissagung bei Mk, die deutlich die Existenz der vollständigen Passionserzählung voraussetzt.

Natürlich schließt die Tatsache, daß der äußere Rahmen grundsätzlich vorgegeben war, nicht aus, daß der Gang der Erzählung durch zusätzliche Episoden im einzelnen unterschiedlich aufgefüllt werden konnte. Ohnehin würde man die Passionserzählung(en) mißverstehen, wollte man sie als einen Versuch betrachten, den Ablauf der Ereignisse historisch getreu zu rekonstruieren. Wie im vorderen Teil der Evangelien, so überwiegt auch hier das christologische Interesse: Die Passionsgeschichte interpretiert das christliche Bekenntnis – allein von diesem Interesse her ist es gestaltet. Der christologischen Deutung dient auch die Aufnahme alttestamentlicher Motive und Zitate (vgl. die Schilderung des Einzugs in Jerusalem, den Lohn für den Verräter Judas, die Verlosung des Rockes Jesu, Jesu Worte am Kreuz – durchweg Elemente aus dem AT).

2. *Die Passionsgeschichte nach Mk*

Die bisher getroffenen Feststellungen besagen nicht, daß die Passionsgeschichte nicht auch einen historischen Kern enthält. Dieser soll durch die formgeschichtliche Analyse des Mk-Fadens jedenfalls näherungsweise herausgearbeitet werden.

1) Mk 11,1–10 Einzug in Jerusalem:

Daß Jesus nach Jerusalem kam, ist eine historische Tatsache. Aber die Form dieser Erzählung als des messianischen Einzugs des Davididen ist legendär. Die erwähnten Einzelheiten machen das deutlich: Die Erzählung von der Beschaffung des Reittiers ist aus Sach 9,9 herausgesponnen (vgl. Mk 11,2–6 mit Mt 21,5) – als historisches Ereignis ist der Vorgang in der berichteten Form undenkbar.

Zum Methodischen ist noch einmal festzuhalten: Es ist natürlich nicht auszuschließen, daß Jesus bei seiner Ankunft in Jerusalem auf einem Esel ritt. Aber hinter dem Mk-Bericht steht nicht die Erinnerung an ein derartiges, möglicherweise historisches Geschehen. Die Erzählung knüpft an das AT und nicht an historische Vorgänge an.

Auch die Darstellung der Reaktion der Menge wird kaum den tatsächlichen Ereignissen entsprechen: Es ist ja der eschatologische Jubel, der hier laut wird (unterstrichen durch die AT-Zitate). Man kann fragen, auf welcher historischen Basis der Bericht überhaupt aufbaut. Natürlich ist es denkbar, daß Jesus gemeinsam mit einer Schar Festpilger in Erwartung des nahen Anbruchs des Gottesreiches in Jerusalem einzog (so Bornkamm, Jesus, 144 f.), aber mehr als eine Vermutung ist das nicht.

Die Szene Mk 11,12–14 war nicht ursprünglich mit der Passionsgeschichte verbunden, ebenso natürlich die Fortsetzung 11,20–25.

2) Mk 11,15–19 Tempelreinigung:

Das jetzt im Zentrum der Darstellung stehende alttestamentliche Wort V. 17 zeigt deutlich, daß es sich um eine als Apophthegma ausgearbeitete ideale Szene handelt. Aber es ist natürlich möglich, daß dahinter ein historischer Kern steckt. Gegenüber der in jüngster Zeit – vor allem in populärer Literatur – zu beobachtenden Tendenz, die Tempelreinigung als Zeichen der revolutionären Gesinnung Jesu oder gar als Signal zu einem Aufstand zu deuten, ist äußerste Zurückhaltung geboten. Kann sich die Szene denn überhaupt wirklich so abgespielt haben? Das Tempelareal war sehr groß – warum griff weder die Tempelpolizei noch das römische Militär, dessen Kaserne am Nordende des Tempels lag, ein? Man muß vor allem aber fragen, ob die Erzählung ursprünglich mit der Passionsdarstellung verbunden war. In der Darstellung selbst finden sich jedenfalls keine entsprechenden Hinweise – Joh konnte sie daher ohne weiteres an den Anfang der öffentlichen Wirksamkeit Jesu verlegen. Es ist klar, daß die Perikope an Jerusalem als Schauplatz gebunden ist. Vom Aufriß des Mk her konnte sie deshalb nur im Rahmen der Passionsgeschichte verwendet werden, denn Jesus hielt sich ja vor der Passion gar nicht in Jerusalem auf. Aber ob die Perikope immer schon in diesen Rahmen hineingehörte, läßt sich nicht mehr sagen.

Sicher sekundär in die Passionsgeschichte eingefügt sind die in 11,27 bis 13,37 überlieferten Gespräche und Reden Jesu. Sie haben mit Jerusalem und mit der Situation vor der Passion nichts zu tun; die Rede „von den letzten Dingen" (Mk 13) wurde von Mk künstlich mit dem Kontext verbunden – ihren Ort an dieser Stelle verdankt sie der Tatsache, daß Mk die Eschatologie Jesu als den Abschluß seiner Lehre darstellen wollte.

3) Mk 14,1–11 Beginn der Passion:

Der Erzählfaden Mk 14,1 f. findet seine Fortsetzung in V. 10– V. 3–9 sind dazwischen sekundär eingeschoben und erst durch den Zusatz (V. 8 f.) nachträglich auf den Tod Jesu gedeutet worden. Den Rahmen V. 1 f. 10 f. fand Mk bereits vor.

4) Mk 14,12–25 Abendmahl:

Das Abendmahl wird schon in der ältesten Tradition (1 Kor 11,23) als letztes Mahl Jesu mit seinen Jüngern vor seiner „Übergabe" dargestellt. Durch die mk Rahmung erscheint es als Passamahl, aber dieser Eindruck ist sekundär hergestellt. Ursprünglich ist der Abendmahlsbericht eine zeitlich nicht gebundene Kultlegende ohne Bezug zum Passafest, denn weder in der paulinischen noch auch in der markinischen Fassung liegt ein solcher Bezug vor (es gab allerdings eine entsprechende Tradition, die bei Lk noch erkennbar ist). Fragt man nach dem möglichen historischen Kern, so muß noch einmal an den bereits erwähnten methodischen Grundsatz erinnert werden: Natürlich hat Jesus ein letztes gemeinsames Mahl mit seinen Jüngern eingenommen; aber der Abendmahlsbericht enthält nicht die historische Erinnerung an dieses letzte Mahl. Vielmehr ist dieser Bericht ganz bewußt als Sakramentsstiftung gestaltet, denn er setzt Jesu Tod voraus. Innerhalb der Darstellung des letzten Abendmahls steht der Hinweis auf den Verrat Jesu durch Judas; das Motiv ist – jedenfalls in dieser Form – aus Ps 41,10 herausgesponnen worden (vgl. Joh 13,18). Ob dahinter die Erinnerung an einen historischen Vorgang steht, läßt sich nicht ausmachen. Aus dem AT stammt jedenfalls auch das Motiv, daß alle Jünger Jesus verlassen werden (Mk 14,26 bis 31; vgl. dazu V. 53 f.66 ff.).

5) Mk 14,32–43 Gethsemane:

Die Erzählung hat immer wieder zu dem Versuch gereizt, Jesu Verhalten psychologisch zu deuten. Es ist aber klar, daß auch dieser Bericht eine Legende ist; es gab ja gar keinen Augen- bzw. Ohrenzeugen der geschilderten Vorgänge (Mk 14,35–40).

6) Mk 14,43–52 Verhaftung:

Diese Erzählung wird ursprünglich unmittelbar auf V. 31 gefolgt sein, denn das Ziel ist ja die Erfüllung der Weissagung (V. 27) in V. 50. Der „Judaskuß" als Zeichen des Verrats ist legendarisch. Wenn man es auch für historisch halten kann, daß bei der Verhaftung Jesu einer seiner Anhänger beteiligt war, so muß man jedenfalls festhalten, daß sich über seine Beweggründe nichts sagen läßt. Alle Vermutungen darüber – etwa: Er habe Jesus zur Offenbarung seiner Herrlichkeit zwingen wollen und habe dann aus Enttäuschung über den Verlauf der Dinge Selbstmord begangen – sind reine Phantasie.

7) Mk 14,53 f.66–72 Verleugnung durch Petrus:

Es handelt sich um die Erfüllung des zweiten Teils der Weissagung von 14,30 (s. o.). Die Dreizahl entspricht einem volkstümlichen Erzählmotiv; es ist im übrigen aber möglich, daß in dem Berichteten ein historischer Kern steckt.

8) Mk 14,55–64 Verhör vor dem Hohen Rat:

Wieder stellt sich die Frage nach der historischen Basis. Ist der Messiasanspruch, den Jesus erhebt, nach damaligem jüdischem Recht ein Kapitalverbrechen? Gilt er als Gotteslästerung? Nach allem, was wir wissen, war das nicht der Fall. Die Szene ist vielmehr ein Beispiel für die christologische Gestaltung einer Erzählung: Im Mittelpunkt steht ein Kompendium der Christologie (V. 61 f.). Es soll deutlich gemacht werden, daß Jesus wegen seines Messiasanspruchs verurteilt wurde (Bultmann und andere Exegeten halten deshalb V. 57–59 für „sekundär"). Die ganze Verhörszene geht nicht auf einen Augenzeugenbericht zurück, sondern ist aus der Perspektive der glaubenden Gemeinde nach Ostern gestaltet.

Daher ist nicht zu fragen: Was warf der Hohepriester Jesus vor? Sondern: Was läßt ihn der christliche Erzähler sagen? Ein historisch zuverlässiges Urteil darüber, ob überhaupt eine offizielle Verhandlung vor dem Hohen Rat stattfand (noch dazu unter diesen näheren Bedingungen), ist gar nicht möglich.

9) Mk 15,1–27 Verhör vor Pilatus:

Das Stundenschema (V. 1.25.33 f.; vgl. V. 42) ist redaktionell. V. 2 konkurriert mit V. 3–5; denn nach der offenen Selbstbezeichnung Jesu als „König der Juden" ist die Fortsetzung des Verhörs (in dem auf den Königstitel bzw. -anspruch nicht eingegangen wird) wenig einleuchtend. V. 2 wird deshalb ebenso wie der mit ihm zusammenhängende V. 26 als sekundär anzusehen sein.

Daß ein Verhör Jesu vor dem Vertreter der römischen Staatsgewalt stattgefunden hat, ist nicht zu bezweifeln. Die historischen Einzelheiten sind aber nicht mehr zu rekonstruieren. Jedenfalls ist die Episode mit Barabbas eine literarisch sekundäre Einlage. Inhaltlich ist sie als legendarisch anzusehen, denn von einer entsprechenden Ostersitte ist außerhalb der Evangelien nichts bekannt.

10) Mk 15,24–32 Verspottung:

Die Episode ist aus Ps 22,19; 22,8 herausgesponnen worden.

11) Mk 15,33–39 Tod:

Die Szene enthält deutliche Legendenzüge. V. 34.35.36 b sind sekundäre Ausfüllung des wortlosen Schreis Jesu von V. 37. Auch V. 39 ist sekundär – es handelt sich um eine redaktionelle Bemerkung des Mk, der bewußt unter dem Kreuz des gestorbenen Jesus das Messiasgeheimnis endgültig aufhebt, indem er den römischen Hauptmann das Bekentnnis zu Jesus als dem Gottessohn erstmals in aller Öffentlichkeit aussprechen läßt.

12) Mk 15,40 f. Frauen als Zeugen:

Die Verse sind deutlich sekundär. Die Frauen sind an die Stelle der (geflohenen) Jünger getreten und nehmen die Stelle der notwendigen (christlichen) Zeugen ein.

13) Mk 15,42–47 Grablegung:

Bultmann sieht keine legendarischen Züge; aber auch wenn man V. 44 f.47 einklammert (vgl. Bultmann, Gesch syn Trad, 296), wird der Rest kaum auf einen geschichtlichen Kern zurückgehen. Wahrscheinlich ist die Szene im Vorblick auf die Ostererzählung entworfen und gehört somit insgesamt zum Komplex der Grabesgeschichten.

Der historische Grundbestand der gesamten Passionstradition erweist sich also als relativ schmal: Viel mehr als die Tatsache der Verurteilung und der Kreuzigung läßt sich historisch nicht absichern.

3. *Das historische Problem der Verurteilung Jesu*

Die Frage, in welchem Jahr Jesus gekreuzigt wurde, ist bereits erörtert worden (s. o. S. 342 ff.). Es bleiben jedoch zwei Probleme: Aufgrund welcher Rechtsvorschriften konnte Jesus zum Tode verurteilt werden? Und – damit zusammenhängend –: Wer verurteilte Jesus?

Die Evangelien stimmen darin überein, daß Synhedrium und römische Besatzungsmacht (Pilatus) zusammengearbeitet hätten, wobei die eigentliche Verurteilung von Pilatus ausgesprochen worden sei. Entspricht diese Darstellung den historischen Tatsachen?

Um diese Frage beantworten zu können, muß zunächst geklärt werden, ob das jüdische Synhedrium damals überhaupt die Kapitalgerichtsbarkeit besaß, also das Recht, Todesstrafen zu verhängen.

Einige Exegeten nehmen an, der Hohe Rat habe Todesurteile zwar fällen, sie aber nicht ohne römische Zustimmung vollstrecken dürfen. Dabei wird dann diskutiert, ob das in den Evangelien geschilderte Prozeßverfahren ordnungsgemäß nach den Bestimmungen des jüdischen Strafrechts durchgeführt wurde, oder ob diese dabei verletzt wurden. Diese Diskussion führt jedoch nicht wirklich weiter, denn die in der Mischna niedergelegten Rechtsvorschriften sind als Idealrecht entworfen, und zwar überdies zu einer Zeit, als die Juden eine eigene Gerichtsbarkeit gar nicht mehr besaßen. Zur Zeit Jesu galten diese Bestimmungen jedenfalls nicht.

Damit bleibt allerdings immer noch die Frage: Wurde das Todesurteil vom Synhedrium ausgesprochen und von Pilatus lediglich bestätigt? Oder geht schon das Urteil selbst auf Pilatus zurück? Die Hinrichtungsart zeigt eindeutig, daß Jesus aufgrund eines römischen Todesurteils starb, denn die Kreuzigung ist eine römische und keine jüdische Hinrichtungsmethode. Außerdem ist zu beachten, daß Kapitalprozesse in Jerusalem stets vor dem Tribunal des römischen Statthalters durchgeführt wurden, wenn dieser sich in der Stadt aufhielt (E. Lohse [s. Literaturangaben] 74 ff.). Jesus wurde also nicht nur auf römische Anweisung hingerichtet, sondern er ist von den Römern auch verurteilt worden.

Die Darstellung der Evangelien, daß Jesus sowohl vom Synhedrium als auch von Pilatus verurteilt wurde, hat keinen historischen Hintergrund; sie ist – wie die ganze Verhörszene vor dem Hohen Rat (s. o.) – durch das christologische Interesse bestimmt.

Warum aber wurde Jesus verurteilt? Oder anders gefragt: Unter welcher Anschuldigung lieferten ihn die Juden den römischen Behörden aus? An diesem Punkt dürfte es Gewißheit geben: Es muß ein politischer Vorwurf gewesen sein, der gegen Jesus erhoben wurde; denn um rein religiöse Fragen kümmerten sich die Römer nicht. Als Beleg für diese These ist allerdings nicht der sogenannte titulus am Kreuz (Mk 15,26) heranzuziehen, denn bei diesem titulus handelt es sich um ein christologisches Motiv ohne historischen Hintergrund. Entgegen einer bisweilen vertretenen Behauptung ist das Anbringen solcher Aufschriften über dem Kopf des zum Tode Verurteilten als römische Sitte nicht zu belegen.

4. Die Frage nach der „Schuld" am Tode Jesu

1) Die immer wieder einmal verhandelte Frage, wer die „Schuld" am Tode Jesu trage, ist historisch absurd und theologisch verwerflich. Historisch absurd ist es, nach einer Schuld der heute lebenden Juden zu fragen – und zwar unabhängig davon, ob man diese Frage im Sinne eines Angriffs stellt oder aber im Sinne eines apologetischen Versuchs, sie vom Vorwurf des „Gottesmordes" freizusprechen. „Die Juden" haben solche Verteidigung nicht nötig. Theologisch pervers ist die ganze Frage deshalb, weil hier ein historischer Befund und eine Aussage des Glaubens miteinander vermischt und vertauscht werden. Der historische Befund ist eindeutig: Ein politisch Verdächtiger wurde unter Mitwirkung jüdischer Kreise von den Römern in Jerusalem hingerichtet. Der christliche Glaube sagt: Jesus mußte als Gottessohn sterben. Diese beiden Aussagen kann man nicht auf einer Ebene verrechnen.

2) Fragt man nach dem Befund in den Evangelien, so ist von vornherein zu beachten, daß ihre Passionsgeschichte Glaubenszeugnis ist. Von daher ergibt sich die Perspektive, aus der die Gegner Jesu gesehen und dargestellt werden. Die Evangelien betonen immer wieder die Schuldlosigkeit Jesu; zugleich bemühen sie sich offenbar – wenn auch in unterschiedlicher Ausprägung – um eine Interpreta-

tion der Rolle des Pilatus. Verfolgen die Evangelisten damit antijüdische bzw. prorömische (d. h. politische) Motive? Augenscheinlich ist das nicht der Fall. Vielmehr beruht ihre Beurteilung der Juden auf ihrer Sicht der Heilsgeschichte (vgl. auch 1 Thess 2,14–16): Die Juden haben durch ihr Verhalten Jesus gegenüber die eschatologische Erfüllung der prophetischen Weissagungen zurückgewiesen. Sicher spielen bei der Darstellung des Pilatus politisch-apologetische Motive mit hinein; insbesondere bei Lk zeigt sich eine Tendenz, Pilatus zu entlasten. Aber grundsätzlich hängt das Pilatusbild der Evangelien weniger mit der Furcht vor dem römischen Staat zusammen, als vielmehr damit, daß sie (noch) nicht in einer aktiven Auseinandersetzung mit Rom stehen. Mit Rom und der römischen Religion, so sagen die Evangelisten, hat das Christentum zunächst nichts zu tun; wohl aber mit der jüdischen Religion, denn es behauptet ja, deren Erfüllung zu sein.

Man muß beachten, daß die Juden Palästinas jedenfalls für Mk, Lk und Joh eine ferne Größe sind; Mt lebt wahrscheinlich unter Juden, aber auch er ist von der Zeit Jesu durch den Jüdischen Krieg geschieden. Daher entspricht die synoptische Darstellung des Endes Jesu weniger einer historischen Erinnerung bzw. einer „moralischen" Wertung der damals lebenden Juden, als vielmehr der durch die damalige Lage herausgeforderten theologischen Wertung.

5. *Das Urteil jüdischer Forscher über Jesus*

Für die jüdische Forschung (und für das Judentum überhaupt) stellt Jesus ein besonderes Problem dar. Einerseits ist Jesus völlig von der christlichen Kirche in Anspruch genommen worden. Andererseits ist er in Leben und Lehre Jude, und es gibt keine historisch gesicherten Anzeichen dafür, daß er den Boden des Judentums irgendwo grundsätzlich verlassen hätte. Der kritische Punkt ist stets die Frage, warum denn die jüdischen Führer unter diesen Voraussetzungen überhaupt ein Interesse an Jesu Hinrichtung hatten.

J. Klausner, Jesus von Nazareth. Seine Zeit, sein Leben und seine Lehre, 1930, meint, Jesus sei selbst ein pharisäischer Lehrer gewesen, der sich freilich durch seinen Umgang mit Zöllnern und Sündern die Pharisäer zu Feinden gemacht habe. Die Sadduzäer habe er überdies durch seine Tempelreinigung gegen sich mobilisiert.

P. Winter (s. Literaturangaben) erklärt, Jesus sei selbst Pharisäer gewesen, und die Darstellung der Evangelien über Konflikte zwischen ihm und der phärisäischen Partei sei sachlich falsch. Die Anklage gegen Jesus sei von den Sadduzäern erhoben worden, und nur weil zur Zeit der Abfassung der Evangelien nicht mehr die Sadduzäer, sondern die Pharisäer die Repräsentanten des Judentums gewesen seien, träten die letzteren ganz in den Vordergrund und erschienen als die Ankläger Jesu. In Wahrheit schilderten die Evangelien gar nicht die Auseinandersetzung zwischen Jesus und seinen jüdischen Zeitgenossen, sondern den Kampf zwischen der Kirche und dem (pharisäischen) Judentum.

D. Flusser (s. Literaturangaben zu § 52) erklärt in ähnlicher Weise wie Winter, Jesus habe sich nicht mit den Schriftgelehrten und Pharisäern auseinandergesetzt, sondern mit den Überfrommen, mit dem institutionellen Judentum, dem die Pharisäer ebenfalls ablehnend gegenüberstanden.

A. Finkel, The Pharisees and the Teacher of Nazareth, AGSU 4, 1964, differenziert noch stärker: Jesu Angriffe hätten sich vor allem gegen die rabbinische Schule Schammais und gegen deren extreme Verschärfung der Reinheitsvorschriften gerichtet.

Lektürevorschläge

Lektüre einer jüdischen Jesusdarstellung (am leichtesten zugänglich ist Flusser [s. Literaturangaben zu § 52]). Kontrollfrage: Wie steht es mit der methodischen Kontrollierbarkeit der vertretenen Thesen?

Einen umfassenden Überblick über die ältere jüdische Jesusforschung gibt G. Lindeskog, Die Jesusfrage im neuzeitlichen Judentum, ASNU 8, 1938;Nachdruck Darmstadt 1973 mit einem Nachwort versehen. Über jüdische Jesus-Literatur informieren auch E. Gräßer, Motive und Methoden der neueren Jesus-Literatur, VF 2/1973, bes. 30–34 und G. Baumbach, Fragen der modernen jüdischen Jesusforschung an die christliche Theologie, ThLZ 102, 1977, 625–636.

Fünfter Teil:

GESCHICHTE DES URCHRISTENTUMS

Literatur: R. Bultmann, Das Urchristentum im Rahmen der antiken Religionen, [4]1976; H. Conzelmann, Geschichte des Urchristentums, GNT 5, [4]1979; L. Goppelt, Die apostolische und nachapostolische Zeit, Die Kirche in ihrer Geschichte 1 A (o. J.); H. Lietzmann, Geschichte der alten Kirche. I. Die Anfänge, [3]1953; W. Schneemelcher, Das Urchristentum, UT 336, 1981.

§ 58 Grundsätzliches zur Terminologie

Die Geschichte des Urchristentums wird häufig schematisch gegliedert. Knopf, Lietzmann und Goppelt beispielsweise unterscheiden generell das „apostolische" und das „nachapostolische" Zeitalter. Diese Einteilung hat ein relatives Recht: Während wir über die ersten Jahrzehnte der Urkirche recht gut informiert sind, wissen wir über die kirchengeschichtlichen Ereignisse nach dem Tod der ersten christlichen Generation (um 60) bis etwa zum Jahre 100 so gut wie gar nichts, obwohl in diesem Zeitraum fast alle neutestamentlichen Schriften mit Ausnahme der echten Paulusbriefe entstanden. Sofern auf diesen Einschnitt hingewiesen werden soll, kann man die Einteilung apostolisch/nachapostolisch vorsichtig anwenden. Sie kann aber das schiefe historische Bild suggerieren, das „apostolische" Zeitalter sei die reine unverfälschte Urzeit der Kirche gewesen, das „nachapostolische" hingegen signalisiere den Niedergang. Fragwürdig ist allerdings auch die Begrifflichkeit selbst: „Die Apostel" sind als geschichtliche Größe kaum zu fassen, die „zwölf Apostel" sind sogar erst eine Idee der dritten Generation, die in ihrem Geschichtsbild die „erste" Generation als geschlossene Größe verstehen will. Selbst wenn man sich nur an die einigermaßen faßbaren Gestalten – Petrus, Paulus, Jakobus – hält und die „apostolische" Zeit mit ihrem Tod enden läßt, ergibt sich kein allgemeines Kriterium. Denn die Rolle des Jakobus ist begrenzt, und über die Bedeutung des Petrus außerhalb Palästinas wissen wir kaum etwas. Andererseits bedeutet der Tod des Paulus kirchengeschichtlich keinen besonderen

Einschnitt. Eine gewisse Markierung bedeutet der Jüdische Krieg, insbesondere die Eroberung Jerusalems im Jahre 70. Man muß aber beachten, daß dieser Krieg außerhalb Palästinas keine entscheidende Rolle spielte – auch nicht für Juden und Christen. Lediglich für das palästinische Judenchristentum stellt der Krieg ein überaus einschneidendes Ereignis dar.

Die zweite bisweilen gewählte Einteilung: „Neutestamentliche“ und „nachneutestamentliche“ Zeit ist ebenfalls praktisch unbrauchbar. Der Entstehungszeit nach überschneiden sich kanonisches und außerkanonisches Schrifttum – der (kanonische) 2 Petr beispielsweise entstand wesentlich später als der (nichtkanonische) 1 Clem.

Am besten ist es, den neutralen Begriff „Urchristentum“ zu gebrauchen und diesen nach Kriterien zu bestimmen und abzugrenzen, die aus den Quellen selbst gewonnen wurden. Die Epoche des Urchristentums wird man dann dort enden lassen, wo sich Christen bewußt von der Urzeit, d. h. von einer Zeit der „Augenzeugenschaft“ abheben, wo sie ausdrücklich nach der Zuverlässigkeit der ihnen überkommenen Tradition fragen und gleichzeitig durch Sammlung und Sichtung der Überlieferung ihrerseits Tradition ausbilden. Das klassische Dokument aus der ersten Zeit *nach* dem so verstandenen Urchristentum ist das Doppelwerk des Lukas (Lk und Apg) mit dem programmatischen Prolog Lk 1,1–4.

Ungeeignet als Einteilungsschemata sind Differenzierungen wie Judenchristentum – Heidenchristentum oder Urgemeinde – hellenistische Gemeinde, denn die Übergänge sind durchaus fließend.

Viel umstritten ist ein von dem Kirchenrechtler R. Sohm entwickelter Gedanke, wonach die frühe „Geist-Kirche“ von der späteren „Amts-Kirche“ zu unterscheiden sei. Ursprünglich habe die Kirche keine feste Organisation gekannt, sondern sei von charismatischen Führern geleitet worden. Das Ende dieser freien und den Übergang zur amtlich gelenkten Kirche zeige sich im 1 Clem. Sohm verband mit dieser These ein Werturteil: Nur die charismatisch geleitete Kirche sei wirklich Kirche – ein Kirchenrecht sei ein Widerspruch in sich selbst. Demgegenüber wies A. v. Harnack darauf hin, daß es in der Kirche von Anfang an eine gewisse Rechtsordnung gegeben habe.

Nach Meinung R. Bultmanns ist diese Kontroverse auf ein unterschiedliches Kirchenverständnis bei Sohm und Harnack zurückzuführen: Harnacks These beziehe sich auf die Kirche, insofern sie ein historisches Phänomen sei; Sohm hingegen habe die Urkirche von ihrem eigenen Selbstverständnis her im Blick. In Wahrheit stehe eine Rechtsordnung innerhalb der Kirche erst dann im Widerspruch zum Wesen der Kirche, wenn diese Ordnung nicht mehr nur als Regulativ der Kirche, sondern als die die Kirche konstituierende Größe verstanden sei. In der Tat ist deutlich, daß im Urchristentum durch das Walten des Geistes in der Kirche selbst Recht gesetzt wird (vgl. 1 Kor 14).

Lektürevorschlag

R. Bultmann, Theologie des NT, UTB 630, [7]1977, 446–470.

§ 59 Die Quellen für die Rekonstruktion der Geschichte des Urchristentums

1. Das Neue Testament und andere christliche Schriften

1) Die wichtigsten Quellen sind die neutestamentlichen Schriften, vor allem die echten Paulusbriefe und die Apostelgeschichte.

Ein Beispiel für kritischen Quellenvergleich bietet das Apostelkonzil. Es handelt sich um ein historisches Ereignis (zur Datierung s. u.), von dem zwei Quellen berichten: Gal 2 und Apg 15. Es ist klar, daß der Bericht des Paulus als der eines Teilnehmers an dieser Konferenz zunächst einen größeren Quellenwert besitzt als die Darstellung in der Apg, denn diese stützt sich allenfalls selbst auf Quellen, die in ihr verarbeitet sind. Das zu erkennen heißt aber noch nicht, dem Gal-Bericht unbedingte Zuverlässigkeit zuzusprechen. Es ist ja durchaus denkbar, daß die Darstellung des Paulus tendenziös gefärbt ist.

Arbeitsvorschlag

Synoptische Lektüre und kritischer Vergleich von Gal 2,1–14 und Apg 15. Hilfsmittel: Kommentare zum Gal und zur Apg.

Weitere Beispiele für den Quellencharakter der Paulusbriefe sind 2 Kor 11 f.; Gal 1 für die Biographie, Röm 15 für seine Reisepläne, 1 und 2 Kor sowie Gal für die Auseinandersetzung mit seinen theologischen Gegnern. Auch die Deuteropaulinen haben für uns auch die Funktion historischer Quellen: Aus dem Kol erfährt man von der Existenz christlicher Gemeinden in Kleinasien und vom Charakter der theologischen Auseinandersetzungen dort. Der Titusbrief, obwohl insgesamt ein fiktives Schreiben, läßt den Schluß zu, daß die christliche Mission Kreta erreicht hat. Die Apostelgeschichte muß, obwohl sie den Paulusbriefen gegenüber sekundär ist, als unersetzliche Quelle angesehen werden. Die Analyse (s. o. § 37) hat gezeigt, daß das Buch etwa um 80/100 entstanden ist, den in ihm berichteten Ereignissen also schon relativ fern steht. Dennoch beruht seine Darstellung der urchristlichen Geschichte nicht auf reiner Fiktion, denn es gibt ja Indizien, daß in der Apg zeitgenössische Quellen verarbeitet sind. Das gilt zwar wohl noch nicht für die Jerusalemer Urgemeinde, aber in der (heiden-)christlichen Gemeinde von Antiochia sind offenbar Quellen geschaffen worden.

Die Apg ist allerdings als Darstellung der Geschichte „der Apostel" nicht zu verwenden, denn sie folgt von Kap. 16 an fast ausschließlich dem Wirken des Paulus, während die Arbeit der anderen Apostel und Missionare und dementsprechend auch die nichtpaulinischen Missionsgebiete unberücksichtigt bleiben. Dennoch ist die Apg die wichtigste Quelle für die Geschichte des Urchristentums. Ereignisse der Kirchengeschichte spiegeln sich auch in den Evangelien – Verfolgungen, Auseinandersetzungen innerhalb der Gemeinden, Vorgänge während des Jüdischen Krieges (vor allem die Zerstörung Jerusalems). Aber als Quellen für bestimmte historische Tatsachen kommen die Evangelien kaum in Frage.

2) Eine gewisse Rolle für die Rekonstruktion der Geschichte des Urchristentums spielen auch außerbiblische christliche Quellen. Dabei sind in einzelnen Fällen aus den Schriften der „Apostolischen Väter" (s. o. § 45) geschichtliche Ereignisse zu erheben. Besonderen Quellenwert für die Geschichte des Urchristentums besitzt die Kirchengeschichte des Euseb von Caesarea, obwohl sie erst zu Beginn des vierten Jahrhunderts geschrieben wurde. Euseb verarbeitete nämlich Auszüge aus älteren z. T. verlorengegangenen Werken. Besonders wichtig ist das Material, das er über die Geschichte der Jerusalemer Gemeinde besitzt: Tod des Jakobus, Flucht der Gemeinde aus der Stadt zu Beginn des Jüdischen Krieges, Situation der Gemeinde nach dem Krieg. Bei der Bewertung dieser Angaben muß man allerdings stets berücksichtigen, daß keineswegs alle Nachrichten zuverlässig sind. Sie müssen also im einzelnen durchweg sorgfältig geprüft werden.

2. *Außerchristliche Quellen*

Sie sind für uns von weitaus geringerem Wert. Bei Josephus ist der Tod des Herrenbruders Jakobus erwähnt, Tacitus streift in seinen Annalen kurz die Verfolgung in Rom unter Nero, bei Sueton ist erwähnt, es habe zur Zeit Neros in Rom Unruhen unter den Juden gegeben – möglicherweise standen diese im Zusammenhang mit dem Vordringen des Christentums. Plinius d. J. schließlich gibt in seinem 10. Brief einen Einblick in das Vorgehen der römischen Behörden gegen die Christen zur Zeit Trajans (jedenfalls in der von Plinius verwalteten Provinz Pontus). Im übrigen aber erfahren wir aus außerchristlichen, insbesondere auch aus jüdischen Quellen nichts über die früheste Kirchengeschichte.

Lektürevorschlag

Tacitus Ann XV 44 und Plinius' 10. Brief lesen (Texte in deutscher Übersetzung bei H. Conzelmann, Geschichte des Urchristentums, [4]1979, 148–152).

§ 60 Zur Chronologie

Literatur: J. Finegan, Handbook of Biblical Chronology, 1964, 302–325.

1. *Allgemeines*

Jesus wurde um das Jahr 30 n. Chr. gekreuzigt (s. o. S. 344). Welche weiteren Daten der Geschichte des Urchristentums lassen sich darüber hinaus mit einiger Sicherheit bestimmen? Im NT finden sich nur wenige Datierungen, d. h. Hinweise auf Personen oder Ereignisse, die wir aufgrund anderer Quellen näher kennen.

In Apg 11,28 wird vermerkt, unter Kaiser Claudius habe es eine weltweite Hungersnot gegeben. Wir wissen zwar von Hungersnöten während seiner Regierungszeit, jedoch nicht von einer derartigen weltweiten. Josephus erwähnt eine Hungersnot in Palästina, die in den Jahren 46/48 das Land heimgesucht habe; man kann fragen, ob die Notiz der Apg daran anknüpft und also eine Verallgemeinerung ist.

In Apg 12 wird berichtet, daß Agrippa I. den Zebedaiden Jakobus hinrichten ließ und kurz darauf gestorben sei. Da Agrippa von 41 bis zu seinem Tode im Jahre 44 über ganz Palästina regierte, fand die Hinrichtung des Jakobus also in diesem Zeitraum statt.

In Apg 18 wird von dem Ehepaar Aquila und Priscilla berichtet, das aufgrund des Claudiusedikts über die Juden aus Rom ausgewiesen wurde. Der christliche Historiker Paulus Orosius (5. Jh.) datiert dieses Edikt auf das Jahr 49, der römische Schriftsteller Dio Cassius offenbar bereits auf das Jahr 41. Die Datierung bleibt unsicher.

2. *Die Chronologie des Paulus*

Der wichtigste Beleg für ein Datum in der Geschichte des Urchristentums ist der Gallio-Stein, eine Inschrift aus Delphi, aus der hervorgeht, daß der römische Statthalter Gallio im Jahre 50/51 (oder spätestens 51/52) in Korinth residierte (Barrett 46). In Apg 18,12ff. wird erwähnt, Paulus habe während der Amtszeit Gallios in Korinth gearbeitet – es ist freilich unklar, ob das zu Beginn der Tätigkeit Gallios (also möglicherweise schon im Jahre 50) oder erst gegen deren Ende geschah. Man kann aber auf jeden Fall sagen, daß Paulus sich um 50 in Korinth aufgehalten hat.

Zur Gallio-Inschrift vgl. G. Lüdemann, Paulus, der Heidenapostel I. Studien zur Chronologie, 1980, 181–183 (mit weiterer Literatur). Lüdemann vertritt im übrigen eine von der hier dargestellten erheblich abweichende Theorie zur Chronologie des Paulus (vgl. u. S. 421).

Von diesem historischen Datum her bietet sich die Möglichkeit, die Biographie des Paulus und im Zusammenhang damit auch die Geschichte des Urchristentums genauer chronologisch zu ordnen.

Einige wichtige Angaben zum Leben des Paulus enthalten die beiden ersten Kapitel des Gal: Er sei drei Jahre nach seiner Berufung erstmals in Jerusalem gewesen; nach vierzehn Jahren habe er sich erneut in Jerusalem aufgehalten, und zwar aus Anlaß des Apostelkonzils.

Die Angaben sind nicht eindeutig: „Nach" drei bzw. vierzehn Jahren muß nicht heißen „nach Ablauf von" dieser Zahl von Jahren, sondern kann auch heißen „im dritten" usw. Jahr. Außerdem ist unklar, ob die erwähnten vierzehn Jahre zu den zuerst genannten drei Jahren hinzuzuzählen sind, oder ob diese in jenen bereits enthalten sind. Es gilt also entweder X (Jahr der Berufung) + 3 (bzw. 2) + 14 (bzw. 13) Jahre, oder aber X + 14 (bzw. 13) Jahre bis zum Apostelkonzil.

Von daher läßt sich die folgende mögliche Chronologie rekonstruieren: Das Konzil fand statt, bevor Paulus während der „zweiten Missionsreise“ nach Korinth kam, also vor dem Jahr 50 – möglicherweise 48 oder 49. Von hier kann man zurückrechnen:

Aufenthalt in Korinth 50/51
Apostelkonzil ca 48
Berufung 32/35
Man kann von hier aus auch weiterrechnen:
Aufenthalt in Ephesus 52/56
Gefangenschaft (in Caesarea) 56–58
Transport nach Rom 58
Gefangenschaft in Rom bis etwa 60.

Es bleibt eine grundsätzliche Unsicherheit; denn die paulinische Darstellung in Gal 1f. stimmt mit dem Bericht der Apg über die Reisen des Paulus nach Jerusalem nicht überein: Nach Apg 9,26 war Paulus bereits unmittelbar nach seiner Berufung in Jerusalem, und in 11,30 ist von einer Reise des Barnabas und des Paulus im Auftrage der antiochenischen Gemeinde nach Jerusalem die Rede. Einige Exegeten schlagen vor, diese Reise als die Reise zum Konzil anzusehen, das mithin schon vor dem Tode des Agrippa, also spätestens im Jahre 43 stattgefunden haben müßte. Legt man diese Vermutung den übrigen Angaben des Gal zugrunde, dann käme man im Extremfall auf 43 minus 17 Jahre – d. h. auf das Jahr 27 als Datum der Berufung des Paulus.

Eine von den oben vorgeschlagenen Berechnungen abweichende Datierung gibt es auch in bezug auf den Tod des Paulus. Nach der Überlieferung wurde Paulus während der neronischen Verfolgung im Jahre 64 hingerichtet; der Transport nach Rom und die Gefangenschaft dort müßte also im Jahre 62 stattgefunden haben (und nicht im Jahre 58; s. o.). Aber davon, daß Paulus während der neronischen Verfolgung umkam, berichten die Quellen sonst nichts. Es ist im Gegenteil wahrscheinlich, daß er früher starb, denn die Apg setzt ja ausdrücklich eine rechtlich fixierte Prozeßlage und keine Verfolgungssituation voraus.

Aus der weiteren Zeit nach 60 sind zwei Daten geschichtlich feststellbar: Jakobus, der Bruder Jesu, wurde 62 hingerichtet (Barrett 198), der Jüdische Krieg fand 66–70 statt.

§ 61 *Die Entstehung der christlichen Kirche*

Literatur: H. v. Campenhausen, Der Ablauf der Osterereignisse und das leere Grab, [3]1966; H. Graß, Ostergeschehen und Osterberichte, [4]1970; W. Marxsen, Die Auferstehung Jesu als historisches und als theologisches Problem, in: Die Bedeutung der Auferstehungsbotschaft für den Glauben an Jesus Christus, 1966, 9–39; ders., Die Auferstehung Jesu von Nazareth, 1972; U. Wilckens, Die Überlieferungsgeschichte der Auferstehung Jesu, in: Die Bedeutung (s. o.), 41–63.

Einige Traditionen führen die Stiftung der Kirche auf Jesus selbst zurück – so das berühmte Wort an Petrus Mt 16,17–19; auch der Bericht über die Stiftung des Abendmahls setzt dies voraus („sooft ihr dies tut ..."). Aber diese Berichte sind durchweg später entstanden und sind sicher nicht historisch zuverlässig.

Die maßgebliche Primärquelle über die Entstehung der Kirche ist das urchristliche Credo in der Fassung von 1 Kor 15,3 ff. Petrus ist der erste Empfänger einer Erscheinung des Auferstandenen (ebenso in Lk 24,34), d. h. *historisch* ist Petrus der Stifter der Kirche, wobei vorausgesetzt ist, daß der Glaube diese Stiftung als Tat des auferstandenen Jesus ansieht. In 1 Kor 15,5 b wird von einer Erscheinung vor den Zwölf (und vor „allen Aposteln", V. 7, nicht jedoch vor den „zwölf Aposteln") berichtet. Damit verbinden sich jedoch einige Probleme: Warum versammelte sich eine Gruppe von zwölf Leuten? War diese Gruppe bereits von Jesus organisiert worden und fand sich jetzt – etwa auf Initiative des Petrus – wieder? Dann würde die gemeinsame Erscheinung gleichsam die Legitimation dieser Gruppe durch Jesus selbst bedeuten, wobei zugleich der in der Zwölfzahl ausgedrückte Kirchengedanke unterstrichen würde: Die Zwölf sind die Repräsentanten des erwählten Gottesvolkes.

Es spricht aber vieles gegen die Annahme, daß der Zwölferkreis von Jesus selbst gesammelt worden war (s. o. S. 355). Wahrscheinlich muß man sich die Entstehung der Kirche also damit erklären, daß am Anfang die Vision des Petrus steht, der aus „seiner" Erscheinung die Konsequenz zog, das Gottesvolk der Endzeit, also die Zwölf als Repräsentanten der Kirche, zu konstituieren. Und diese Entscheidung wäre dann durch die Erscheinung vor diesem neuen Kreis ausdrücklich bestätigt worden. Es ist in jedem Fall klar, daß die Erscheinungen sofort eine Gemeinschaft konstituierten. Alle Empfänger einer Offenbarung des Auferstandenen verstehen diese unmittelbar als Auftrag zur Mission. Das Selbstverständnis der neuen christlichen Gemeinde drückt sich u. a. darin aus, daß sie ihren Sitz in Jerusalem nimmt (unbeschadet der Existenz weiterer Gemeinden in Galiläa) und sofort mit der Mission, zunächst unter den Juden, beginnt.

Es ist bezeichnend, daß in dieser ältesten Tradition die Erscheinungen des Auferstandenen nicht *geschildert* werden. Wie er erscheint, was er anordnet und welchen unmittelbaren Eindruck die Visionen auf die Empfänger machten, darüber wird nichts gesagt. Besonders wichtig ist die Beachtung der Tatsache, daß keiner der Augenzeugen gleichsam neutral blieb, und daß auch keiner eine Schilderung seines Erlebnisses hinterließ (die Berichte der Apg über das Damaskuserlebnis des Paulus sind spätere Legenden).

Die Ostererzählungen der Evangelien sowie die Himmelfahrts- und Pfingstgeschichte der Apg sind sekundäre Quellen, erzählende Darstellungen des Glaubens, daß Jesus lebt, daß der Auferstandene seine Kirche stiftete. Gleichwohl lassen sich aus der geographischen Lokalisierung dieser Erzählungen theologische Positionen ableiten: Mk, der keine Erscheinungsgeschichte, sondern nur eine Angelophanie hat, verweist in 14,28 und 16,7 voraus auf Erscheinungen in Galiläa. Ob Mk ursprünglich auch Berichte von solchen Erscheinungen enthielt, ist umstritten, kann aber mit gutem Grund bezweifelt werden (s. o. S. 252 f.). Mt berichtet außer von einer Erscheinung Jesu in Jerusalem vor allem von einer solchen in Galiläa, Lk dagegen nur von Erscheinungen in Jerusalem. Joh 20 erzählt von Erscheinungen in Jerusalem, das Nachtragskapitel 21 von solchen in Galiläa. Welche historischen Erkenntnisse (nicht: über den Ort der Erscheinungen, sondern:) über den Ursprungsort der christlichen Gemeinde lassen sich hieraus ableiten?

Man muß beachten, daß die Ostergeschichten ursprünglich Einzelgeschichten sind und daß ihre Zusammenfügung zu einem Legendenkranz sekundär ist. Eine Kombination der Daten der Evangelien, also eine Synthese von Galiläa und Jerusalem zu einem Handlungsablauf (vgl. Joh), ist unmöglich – es sei denn man setze Eilmärsche der Jünger von einem Ort zum andern voraus, was aus den Texten natürlich nicht zu belegen ist.

Angesichts dieses Befundes ist man auf Hypothesen angewiesen.

1) Eine Annahme besagt, die Jünger seien nach Jesu Verhaftung aus Jerusalem nach Galiläa geflohen und hätten dort dann den Auferstandenen gesehen. Aufgrund dieses Ereignisses seien sie nach Jerusalem zurückgekehrt, wo sich die Erscheinungen dann noch fortgesetzt hätten. In der Tat kann man annehmen, daß die Vision des Herrenbruders Jakobus sich in Galiläa ereignete. Im übrigen aber

wirft diese Hypothese Schwierigkeiten auf: Keine Quelle berichtet von einer Flucht der Jünger nach Galiläa und einer entsprechenden „Rückkehr" nach Jerusalem. Und außerdem: Wenn der Auferstandene in Galiläa erschienen wäre, hätte man dann nicht Galiläa (und nicht Jerusalem) als Ort des eschatologischen Heils ansehen müssen – d. h. hätten sich dann nicht von Anfang an christliche Gemeinden zunächst in Galiläa gebildet?

2) Man kann den Befund, daß die Erscheinungen verschieden lokalisiert werden, auf das Nebeneinander von zwei „Ur-Gemeinden" (in Jerusalem und in Galiläa) zurückführen. Über eine solche galiläische Urgemeinde haben wir jedoch sonst keine Angaben.

3) Es wird die These vertreten, die ersten und möglicherweise auch alle anderen Erscheinungen hätten in Jerusalem stattgefunden; die Erscheinung vor Petrus sei wohl an diesen Ort gebunden. Dagegen wird der Einwand vorgebracht, daß für eine Lokalisierung in Jerusalem ein besonderes Interesse spreche, nicht jedoch für eine Lokalisierung in Galiläa. Letztere sei daher traditionsgeschichtlich primär.

Man kann es, mit allem Vorbehalt, als wahrscheinlich ansehen, daß die ersten Erscheinungen in Jerusalem stattgefunden haben. Die Entstehung der durch diese Erscheinungen konstituierten christlichen Kirche ist eindeutig an diese Stadt gebunden.

Eine gewisse Konkurrenz zu den Erscheinungsgeschichten sind die Erzählungen vom leeren Grab. Beide Traditionen sind zwar schon bei Mk miteinander verbunden, aber diese Verknüpfung ist sekundär. Möglicherweise sind die Grabesgeschichten ursprünglich ein Niederschlag des Glaubens, daß der Auferstandene sofort in den Himmel aufgenommen wurde und seine Entrückung am Ostermorgen durch Engel mitteilen ließ. Dazu würde dann auch die Tatsache passen, daß die Himmelfahrtserzählung erst relativ spät entstand, als der ursprüngliche Charakter der Grabesgeschichten nicht mehr unmittelbar bewußt war.

Die theologisch entscheidende Frage ist, welche Bedeutung die Ostergeschichten für den christlichen Glauben haben.

1) Die Frage, ob die Auferstehung Jesu ein „historisches Ereignis" sei, ist von vornherein abzuweisen. „Historisch läßt sich nur feststellen, daß Menschen nach dem Tode Jesu ein ihnen geschehenes Widerfahrnis behaupteten, das sie als Sehen Jesu bezeichneten – und die Reflexion dieses Widerfahrnisses führte diese Leute zur Interpretation: Jesus ist auferweckt worden" (Marxsen, Bedeutung [s. Literaturangaben], 24).

2) Es ist von entscheidender Bedeutung, daß es keinen neutralen

Zeugen für eine Erscheinung gibt. Jede Erscheinung führte sofort zum Glauben.

3) Man darf nicht den Fehler machen, die Visionen psychologisch erklären zu wollen. Wir wissen über die seelische Verfassung der Jünger nach dem Tode Jesu schlechterdings nichts. Außerdem ist ja zu beachten, daß nicht nur ehemalige Begleiter des historischen Jesus eine Vision haben, sondern auch der Christengegner Paulus, der Jesus zu dessen Lebzeiten nicht gekannt hat. Paulus bestreitet nachdrücklich, daß er etwa aus Enttäuschung über seine Erfahrungen mit der jüdischen Religion zum Glauben an Christus gekommen sei (Phil 3,5 ff.).

4) Paulus, der einzige Augenzeuge, dessen authentische Aussage hierüber wir besitzen (Gal 1; 1 Kor 15,8), schweigt über die Art und Weise seines Erlebnisses.

Fazit: Es ist methodisch falsch, psychologische Vermutungen anzustellen; vielmehr kommt es auf die Sachfrage an: Was waren, d. h. was bedeuteten die Erscheinungen? Die Antwort läßt sich an den Konsequenzen ablesen, die die Betroffenen zogen: Sie kommen zu der Überzeugung, daß der gekreuzigte Jesus von Gott auferweckt wurde und daß sie selbst auf der Erde das eschatologische Gottesvolk bilden. Der Glaube an Jesu Auferstehung bedeutet für die Christen die Aufgabe, Gottes Heilstat missionierend in aller Welt zu verkündigen.

§ 62 Die Urgemeinde und die Entwicklung des Judenchristentums

Literatur: H. v. Campenhausen, Kirchliches Amt und geistliche Vollmacht in den ersten drei Jahrhunderten, BHTh 14, [2]1963, 13–31; J. Jeremias, Die Abendmahlsworte Jesu, [4]1967; G. Klein, Die zwölf Apostel. Ursprung und Gehalt einer Idee, FRLANT 77, 1961; W. Schrage, „Ekklesia" und „Synagoge". Zum Ursprung des urchristlichen Kirchenbegriffs, ZThK 60 (1963) 178–202; E. Schweizer, Gemeinde und Gemeindeordnung im Neuen Testament, AThANT 35, 1959, 28–79.

1. Die Gemeinde in Jerusalem

1) Quelle über Umfang und Organisation der Jerusalemer Gemeinde ist in erster Linie die Apg; daneben gibt es einige knappe

Hinweise bei Paulus. Wieder ist grundsätzlich zu beachten, daß der Bericht der Apg aus zweiter Hand stammt, d. h. von Lk überarbeitet wurde und daher kritisch zu analysieren ist.

Es ist klar, daß die Jerusalemer Gemeinde judenchristlich ist, also nur aus Juden besteht, die – nach ihrem eigenen Selbstverständnis – auch als Christen Juden bleiben. Es gibt unter ihnen sowohl palästinische wie auch hellenistische Judenchristen (Apg 6).

Das Bild, das die Apg von dieser Gemeinde zeichnet, trägt ideale Züge: Der Geist waltet in der Gemeinde, die Gläubigen sind infolgedessen „ein Herz und eine Seele". Sie feiern gemeinsame Mahlzeiten unter (eschatologischem) Jubel; äußeres Zeichen ihrer Liebe zueinander ist die Gütergemeinschaft. Der Herr selbst läßt die Gemeinde sehr rasch wachsen (2,47).

Die Analyse, insbesondere der Summarien der Apg, zeigt, daß dieses Bild in starkem Maße auf die redaktionelle Arbeit des Lk zurückzuführen ist.

Übungsbeispiel

Der urchristliche „Kommunismus", d. h. die Gütergemeinschaft der Gläubigen, wird in Apg 5 (vgl. 2,42ff.) erwähnt und in der Erzählung von Ananias und Sapphira anscheinend illustriert. Prinzipiell waren solche kommunistischen Gemeinschaften im damaligen Judentum möglich – das zeigt die Gruppe von Qumran. Das ist jedoch noch kein Beweis dafür, daß es eine ähnliche Tendenz auch in der christlichen Kirche gab. Es ist im Gegenteil möglich, daß gerade in Anlehnung an solche Vorbilder (auch von der „Urgemeinde" der Pythagoreer wird ein solcher Kommunismus berichtet) der ursprüngliche Bericht idealisierend gefärbt wurde. In der Tat zeigt die Analyse, insbesondere der Vergleich zwischen den Summarien einerseits und den konkreten Nachrichten in der Apg andererseits, daß die – redaktionellen, also sekundären – Summarien idealisieren. In den Erzählungen hören wir wohl von Stiftungen an die Gemeinde (Barnabas; auch die Erzählung von Ananias berichtet von einer solchen freiwilligen Stiftung), aber nichts von einer allgemeinen und verbindlich vorgeschriebenen Gütergemeinschaft. Der Verzicht wird tatsächlich nicht zu einer generellen Forderung gemacht.

Gleichwohl ist es richtig, daß die Gemeinde in Jerusalem von einem besonderen Selbstverständnis bestimmt ist, das sich z. B. an ihrer Selbstbezeichnung „Die Heiligen" (Röm 15,25; 2 Kor 8,4; 9,1) ablesen läßt. Es handelt sich um einen eschatologischen Begriff. Freilich nennt Paulus auch die Christen in Korinth, Rom und Philippi „Heilige".

2) Der wichtigste ekklesiologische Terminus ist das Wort ἐκκλησία. Ursprung und Bedeutung des Wortes sind umstritten. Die Frage ist:

Welches Selbstverständnis von Kirche zeigt sich, wenn die Christen diesen Begriff in bezug auf ihre Gemeinde anwenden? Zwei Fragen helfen methodisch weiter:

1. Welche Vorgeschichte hat der Begriff im AT und im Judentum? Welches hebräische bzw. aramäische Äquivalent liegt vor?

2. Wie ist der statistische Befund im NT? Bezeichnet ἐκκλησία eher die Gesamtkirche oder eher die Einzelgemeinde? Wie häufig werden Singular bzw. Plural verwendet?

Es werden in der Forschung folgende Hypothesen vertreten:

a) Vorbild sei der alttestamentliche קהל (Dtn); die Kirche verstehe sich als Erneuerung der (in der Wüste am Sinai) versammelten Gemeinde. Beleg: Apg 7,38.

b) Äquivalent sei כנישתא, Synagoge. Die Christen hätten sich, was im Judentum rechtlich durchaus möglich gewesen sei, als eigene Synagoge innerhalb des Judentums organisiert (so K. L. Schmidt).

c) Der Begriff ἐκκλησία sei gar nicht in Jerusalem, sondern in der hellenistischen Gemeinde aufgekommen. ἐκκλησία bezeichnet im Griechischen die politische Gemeinde, und eben diesen profan-politischen Sinn habe die christliche Gemeinde aufgenommen, um ihre Distanzierung vom jüdischen Kult und Gesetz anzuzeigen (W. Schrage).

d) Beliebt ist die etymologische Deutung: ἐκκλησία, abzuleiten von ἐκκαλέω, bezeichne die Gemeinde der von Gott „herausgerufenen" Menschen. Aber es gibt kein Indiz, daß diese Etymologie im ersten nachchristlichen Jahrhundert noch bewußt gewesen wäre.

Das Wort ἐκκλησία kann die einzelne Gemeinde bezeichnen, die sich zum Gottesdienst versammelt (Apg 5,11; 15,22) bzw. auch einfach die jeweilige Ortsgemeinde (Apg 16,5; vgl. 1 Kor 16,1.19). ἐκκλησία bezeichnet aber auch die ganze Kirche als Einheit (Gal 1,13; Mt 16,18). Gemeint ist offenbar, daß sich „die Kirche" in der einzelnen Gemeinde konkretisiert; das wird in den Präskripten zu den Kor deutlich: „Die Kirche, die in Korinth ist."

Die Kirche ist verstanden als berufene Gemeinde Gottes in der Welt. Ihr Anspruch ist ein exklusiver: Man kann nicht Christ sein und zugleich einer anderen religiösen Gemeinschaft angehören (im Unterschied zu den Mysterienreligionen z. B.). Hierin zeigt sich das Selbstverständnis der Kirche als einer eschatologischen Größe.

3) Nach dem überlieferten Bild standen an der Spitze der Jerusalemer Urgemeinde die „zwölf Apostel", unter denen Petrus die Stellung eines primus inter pares innehatte. Das ist der Hintergrund der Szene in Apg 1,15 ff., die von der Nachwahl des Matthias als Ergänzung der Zwölfzahl berichtet. Diese Zwölf erscheinen – in der

Apg freilich nur flüchtig skizziert – als Träger der Mission und der Lehre in der Gemeinde, sowie als Leiter des Gottesdienstes (6,4) und zunächst auch der Gemeindeorganisation (6,1 ff.). Es ist aber zu fragen, ob dieses Bild den tatsächlichen historischen Gegebenheiten entspricht.

Es ist zunächst noch einmal daran zu erinnern, daß „die Zwölf" und „die Apostel" voneinander zu unterscheiden sind. Über die Rolle der Zwölf sind kaum Nachrichten vorhanden. Es ist zwar klar, daß sie das eschatologische Wesen der Kirche als des wahren Israel symbolisieren sollen; aber darüber, was sie praktisch tun, wird so gut wie nichts gesagt. Mission außerhalb Jerusalems betreibt offenbar nur Petrus, an seiner Seite steht gelegentlich, wie eine Art Schatten, Johannes. Im übrigen aber verschwindet die Spur der Zwölf rasch – nicht einmal ihre Namen sind einheitlich überliefert.

Noch weniger zu fassen ist die Dreiergruppe Petrus, Johannes und Jakobus Zebedäi (vgl. Mt 26,37).

Aus Gal 1 f. erfährt man, daß zur Zeit des Apostelkonzils die drei „Säulen" Petrus, Johannes und der *Herrenbruder* Jakobus an der Spitze der Gemeinde stehen – in welcher Beziehung sie zu den Zwölf stehen, bleibt dabei ganz unklar. Beim Apostelkonzil jedenfalls ist von den Zwölf nicht die Rede (Gal 2), und es sieht so aus, als habe Jakobus später allein an der Spitze der Gemeinde gestanden, unterstützt von einem Kreis von Ältesten.

Es steht fest, daß es in der Frühzeit keine „amtlich" definierten Kompetenzen für die Verwaltung der Gemeinde gab. In der Urgemeinde arbeiteten Propheten, also Prediger (Apg 11,27 f.; 13,1–3; 15,32), in den hellenistischen und heidenchristlichen Gemeinden gab es dann Apostel, Propheten und Lehrer (1 Kor 12,28). Wann die Institutionen der Ältesten aufkam, läßt sich nicht sagen; vielleicht hat Jakobus diese Einrichtung geschaffen.

4) Die Summarien der Apg zählen bestimmte Elemente des Gemeindelebens auf: Gemeinsame Mahlzeiten in den Häusern der Gemeindemitglieder (vgl. dazu auch 1 Kor 11), die Lehrtätigkeit der Apostel, das Brotbrechen und das Gebet. Es wird die These vertreten, Gegenstand der Summarien sei gar nicht das Gemeindeleben insgesamt, sondern speziell der Gottesdienst – d. h. in ihnen spiegele sich der Ablauf eines frühchristlichen Gottesdienstes. Aber diese These übersieht den literarischen Charakter der Summarien: Lk schildert nicht den Ablauf eines frühchristlichen Gottesdienstes, sondern er will auf die seiner Meinung nach tragenden Elemente des urchristlichen Gemeindelebens hinweisen..

Was den Gottesdienst selbst angeht, so ist es wahrscheinlich, daß er dem Vorbild der *Synagoge* folgte: Kein Opferkult, sondern „Wortgottesdienst" mit Gebet, Schriftlesung und Lehre. Frühe liturgische Elemente sind der eschatologische Ruf maranatha, die Gebetsanrede abba und natürlich das (christologische) Bekenntnis. Schon in früher Zeit finden sich auch erste Spuren der Ausbildung eines elementaren „Katechismus". In die Gemeinde wird man durch die Taufe aufgenommen, deren Vorbild die Johannestaufe ist (s. o. S. 350 f.). Das zeigt sich in der Überlieferung, derzufolge Jesus von Johannes getauft wurde. Zum Taufritus gehört das Sündenbekenntnis, denn die Taufe bewirkt ja Vergebung; und es gehört dazu das Glaubensbekenntnis, denn sie erfolgt ja auf den Namen Jesu.

5) Das Abendmahl ist Gegenstand zahlreicher Hypothesen. Eine These ist, daß es zwei Abendmahlstypen gegeben habe: Das Brotbrechen als unsakramentale Handlung und die eigentliche Eucharistie. Das Brotbrechen, auch Agape genannt, sei einfach die Fortsetzung der Mahlgemeinschaft Jesu mit den Jüngern, die (später so genannte) Eucharistie dagegen das Mahl des Gedächtnisses an den Tod Jesu gewesen. Aber es läßt sich lediglich sagen, daß im Rahmen des Gemeinschaftsmahls das Abendmahl gefeiert wurde. Tendenzen, das Gemeinschaftsmahl auf Jesus selbst zurückzuführen, sind in der Urgemeinde nicht zu erkennen.

Wie oft das Abendmahl gefeiert wurde, ist unbekannt – die These, dies sei in jedem urchristlichen Gottesdienst geschehen, läßt sich nicht beweisen (man lese unter dieser Fragestellung jedenfalls einmal 1 Kor 11,17–34 und Did 10; vgl. Bornkamm, Ges. Aufs. II, 138 bis 176).

Häufig wird behauptet, es gebe für das Abendmahl jüdische Vorbilder. Aber es steht fest, daß das Judentum zwar besonders feierliche, aber keine sakramentalen Mahlzeiten kennt. Die Beziehung des Abendmahls zum jüdischen Passamahl wurde erst sekundär hergestellt.

Vergleicht man das Abendmahl mit den von der Qumrangemeinde berichteten Mahlzeiten mit Brot und „Most" (1 QSa 2,18), dann zeigt sich sofort, daß die Ähnlichkeit nur äußerlich ist.

Arbeitsvorschlag

Man kann versuchen, die Urform der Einsetzungsworte des Abendmahls zu rekonstruieren. Dazu sind folgende Arbeitsgänge erforderlich:

1) Vergleich der vier Fassungen Mt, Mk, Lk, Paulus (1 Kor 11).

2) Frage nach dem literarischen Zusammenhang: Mt ist von Mk abhängig,

Lk dagegen kennt offenbar eine weitere Überlieferung, die fragmentarisch noch sichtbar ist (dabei muß man nach der Priorität von Langtext oder Kurztext fragen).

3) Vergleich zwischen Mk und 1 Kor 11 mit der Frage nach der zugrundliegenden ältesten Überlieferung.

4) Sind die Abendmahlsworte aus einer semitischen Sprache übersetzt, oder immer schon griechisch abgefaßt gewesen? Welche Bedeutung haben die Deutungselemente?

Hilfsmittel: J. Jeremias, Die Abendmahlsworte Jesu, [4]1967.

2. *Die weitere Entwicklung des Judenchristentums*

Die Jerusalemer Gemeinde bleibt auch nach dem Apostelkonzil eine rein judenchristliche Gemeinde, die den Zusammenhang mit dem Judentum, insbesondere durch das Halten der Gesetzesvorschriften, zu wahren versucht. An die Stelle des Petrus tritt als ihr Repräsentant der Herrenbruder Jakobus, der sich anfangs aufgrund seiner Frömmigkeit allgemeiner Achtung erfreut. Durch die Verschärfung des jüdischen Nationalismus, des Zelotismus, in der Zeit vor dem Jüdischen Krieg gerät die Gemeinde aber unter immer stärkeren Druck; Jakobus wird im Jahre 62 während einer Vakanz in der römischen Statthalterschaft durch den sadduzäischen Hohenpriester Ananos (= Hannas II.) zur Steinigung verurteilt. Einer Nachricht bei Euseb (Kirchengeschichte III 5,3) zufolge flieht die Gemeinde 4 Jahre später zu Beginn des jüdischen Krieges nach Pella im Ostjordanland. Die Richtigkeit dieser Nachricht ist freilich umstritten.

§ 63 Die Hellenisten in Jerusalem

Literatur: M. Hengel, Zwischen Jesus und Paulus, ZThK 72, 1975, 151 bis 206 (mit umfangreicher Bibliographie); H. Kasting, Die Anfänge der urchristlichen Mission. Eine historische Untersuchung, BEvTh 55, 1969, 61 bis 123; M. Simon, St Stephen and the Hellenists in the Primitive Church, 1958.

Nach dem Bild der Apg sind die Christen in Jerusalem „ein Herz und eine Seele“. Einmal fällt aber – gleichsam versehentlich – ein Schatten auf das ideale Bild: Bei der Armenfürsorge, so wird berichtet, übersieht man die Witwen der „Hellenisten“, und das führt zu Auseinandersetzungen (Apg 6,1). Welcher historische Vorgang könnte hinter dieser Notiz stecken?

Zunächst einmal ist die Bedeutung des Wortes Ἑλληνισταί unklar; das Wort findet sich vorher nirgends. Zwei Möglichkeiten sind denkbar: Es handelt sich entweder um griechisch sprechende Juden, oder aber einfach um Griechen. Der Kontext der Apg zeigt, daß Lk an griechisch sprechende Juden denkt; denn der erste Heide wird ja – entsprechend dem kirchengeschichtlichen Schema des Lk – erst später in die Gemeinde aufgenommen (Apg 10). Das ist auch historisch zutreffend, denn die Entstehung dieser Gruppe liegt vor dem Übergang zur Heidenmission. Stephanus wird als abtrünniger Jude und nicht als Angehöriger einer neuen Religion gesteinigt (Apg 6, 11–15). In Jerusalem lebten aus der Diaspora gekommene Juden (Bill II, 663: Synagoge der Alexandriner in Jerusalem; Deißmann, Licht von Osten, 378 ff.: Synagoge des Theodotos in Jerusalem mit griechischer Inschrift), und es ist deshalb wahrscheinlich, daß hellenistische Juden sich der christlichen Kirche angeschlossen hatten. Die Frage ist nun, warum ausgerechnet die Witwen dieser hellenistischen Juden – und zwar nur sie – bei der Armenversorgung in der Gemeinde kollektiv übersehen wurden? Lebten sie als besondere Gruppe? Es fällt auf, daß die aufgrund dieses Vorfalls von den Zwölf ernannten sieben Armenpfleger (Apg 6,5) durchweg griechische Namen tragen, also offenbar auch „Hellenisten" sind. Ihr Aufgabenbereich erstreckt sich aber auf die ganze Gemeinde.

Prüft man die im Text vorhandenen Nachrichten genauer, so zeigt sich, daß es sich bei den Sieben gar nicht um Armenpfleger handelt. Das Bild, das von Stephanus gezeichnet ist, entspricht weniger dem eines „Diakonen" als vielmehr dem eines „Evangelisten" – und dies sogar in weit höherem Maße als bei den Zwölf. Einer der Sieben, Philippus, trägt geradezu den Titel „der Evangelist". Es sind die Sieben und nicht die Zwölf, die die Öffentlichkeit erregen (Apg 6,8–15). So ist es wahrscheinlich, daß die sieben hellenistischen „Diakonen" Mission trieben. In diese Richtung weist auch die Tätigkeit des Philippus in Samaria nach der Vertreibung der Hellenisten aus Jerusalem. Es ist tatsächlich denkbar, daß sich analog den landsmannschaftlichen Synagogenverbänden unter den Juden (Bill II, 661 ff.) innerhalb der christlichen Gemeinde eine hellenistische Sondergruppe unter Leitung des Stephanus bildete, wobei wir freilich im einzelnen nicht wissen, welche Anschauungen diese Gruppe vertrat. Man kann aus den Ereignissen aber den Schluß ziehen, daß sie im Gegensatz zu den anderen Judenchristen das Kultgesetz nicht mehr für verbindlich hielt (6,13 f.). Möglicherweise geht der Grundbestand der Stephanus-„Rede" (Apg 7,1 ff.) auf Traditionen aus dem Kreis der Hellenisten zurück. Ob dieser Kreis die Gesetzeskritik Jesu weiterführte, muß offen bleiben. Die Äußerung des Paulus, er habe Christen aus Eifer für die väterlichen Überlieferungen (= Gesetz) verfolgt (Gal 1,13 f.), beweist jedenfalls, daß es Judenchristen gab, die sich offensichtlich vom Gesetz emanzipiert hatten. In der Öffentlichkeit wurde die Sonderstellung der hellenistischen Judenchristen offenbar erkannt. Jedenfalls traf der Schlag, Verurteilung des Stephanus und Vertreibung aus Jerusalem, nur sie. Die Folge allerdings war die Ausbreitung der Mission auch außerhalb Jerusalems und Palästinas, freilich unter Wahrung des geschichtlichen Zusammenhanges der Kirche mit Israel und unter Anerkennung der Bindung an die Jerusalemer Urgemeinde.

Arbeitsvorschläge

1. Analyse von Apg 6–8, insbesondere der Stephanusrede. Sie scheint aus zwei Schichten zu bestehen: a) Erbauliche Betrachtung der Geschichte Israels; b) Polemische Anwendung. Frage: Wird die Theologie der Hellenisten greifbar?

2. Welcher Art ist das Vorgehen gegen Stephanus? Handelt es sich um Lynchjustiz oder um das offizielle Vorgehen der Behörden? Entspricht die Notiz über Paulus dem tatsächlichen Sachverhalt, oder handelt es sich um eine sekundäre Ergänzung?

Hilfsmittel: Kommentare zur Apg.

§ 64 Die erste Phase der Ausbreitung des Christentums und seine Stellung in der Öffentlichkeit

Literatur: H. Kasting, Die Anfänge der urchristlichen Mission. Eine historische Untersuchung, BEvTh 55, 1969.

1. Die urchristliche Mission

1) Als Quelle steht fast ausschließlich die Apg zur Verfügung; darüber hinaus gibt es kurze Notizen bei Paulus, die zeigen, daß es außer in Jerusalem selbst auch sonst in Judäa christliche Gemeinden gab (Gal 1,22; vgl. 1 Thess 2,14). Daß der Christenverfolger Paulus seine Berufung bei Damaskus erlebte (Gal 1,17; vgl. 2 Kor 11,32;

vgl. Apg 9), zeigt, daß es auch in Syrien schon christliche Gemeinden gab. Als Missionare kennt Paulus die Apostel (vgl. dazu 1 Kor 15,7) und auch die Brüder Jesu (1 Kor 9,5).

Indirekte Zeugnisse für die Ausbreitung der Kirche sind einige Summarien der Evangelien (Mk 3,7–12; vgl. Mt 4,24 f.; Lk 6,17–19); man erfährt aus den Evangelien auch etwas über die Methode der Mission (vgl. die Aussendungsrede Mt 10), wobei sich noch Spuren einer grundsätzlichen Differenz in der Frage der Heidenmission zeigen (Mt 10,5 f.).

Solche Auseinandersetzungen zeigen sich auch in der Apg (10.11). Sie zeichnet das folgende Bild der Entwicklung: 1) Zunächst eine rasche Ausbreitung in Jerusalem (2,42; 5,14; 6,7 – die Zahlenangabe ist natürlich phantastisch); 2) dann die erfolgreiche Mission in der Umgebung (5,16), und 3) schließlich die durch die Vertreibung hervorgerufene Ausbreitung in Samaria und im Küstenland (Apg 8.9). Der so beschriebenen äußeren Entwicklung entspricht ein sachlicher innerer Fortschritt: 1) Zunächst wendet sich die Mission an die Juden, dann 2) an die Samariter als die jüdischen Häretiker, wobei betont wird, dieser Schritt sei durch den Geist veranlaßt und gerechtfertigt. In Apg 8,14–17 wird ausdrücklich erklärt, der Geist sei zu den samaritischen Christen erst gekommen, als ihre Gemeinde von Jerusalem sanktioniert worden sei. Der 3) nächste Schritt ist die Taufe eines Ausländers, des äthiopischen Kämmerers, dessen religiöser Status von Lk absichtlich in der Schwebe gehalten wird. Auch hier ist es der Geist, der das Geschehen veranlaßt (Apg 8,29). Den prinzipiellen Abschluß der Entwicklung bildet 4) die erste Taufe eines Heiden; auch sie erfolgt auf Veranlassung des Geistes (Apg 10), und zwar bezeichnenderweise durch Petrus, wodurch die Legitimation der Heidenmission und zugleich deren enge Verbindung mit Jerusalem erwiesen ist. In Kap. 11 spiegeln sich noch jerusalemische Auseinandersetzungen über die Heidenmission.

Diese lukanische Darstellung der Entwicklung entspricht im ganzen wohl den tatsächlichen historischen Verhältnissen. Aber man wird sich den Ablauf nicht so schematisch und weniger konstruiert vorzustellen haben: Es ist klar, daß es am Anfang nur Judenchristen gab, aber den ersten Schritt in die Heidenmission wird kaum Petrus getan haben, sondern er dürfte von den Hellenisten gekommen sein.

Eine Spur davon läßt selbst die Apg noch erkennen, wenn sie den Hellenisten Philippus noch vor Petrus nach Caesarea am Meer kommen läßt.

Außerdem gibt es Lücken in der Darstellung: In Apg 9 wird die Existenz einer Gemeinde in Damaskus vorausgesetzt, ohne daß zuvor etwas über eine Mission in Syrien gesagt worden wäre.

Arbeitsvorschlag

Welcher historische Kern läßt sich aus der Pfingsterzählung herausarbeiten? Manche Exegeten meinen, es handle sich um die in 1 Kor 15 berichtete Erscheinung Jesu vor mehr als 500 Brüdern – aber man muß fragen, ob es sich in Apg 2 überhaupt um eine Erscheinungsgeschichte handelt. Das ist doch offensichtlich nicht der Fall. Zwei Fragen sind von Bedeutung:

1) Berichtet Lk von Zungenreden oder von einem Sprachwunder?

2) Sind möglicherweise zwei unterschiedliche Berichte zusammengefaßt worden?

Hilfsmittel: Kommentare.

2) Es dürfte auch der historischen Realität entsprechen, daß sich das Christentum früh entlang der phönizischen Küste nach Norden hin ausbreitete – darauf deutet ja auch die Erwähnung phönizischer Ortschaften in den Evangelien hin. In der Großstadt Antiochia entsteht das zweite große christliche Zentrum, in dem nicht mehr nur Judenmission getrieben, sondern auch Heiden in die Gemeinde aufgenommen wurden. Hier in Antiochia wird zugleich die Eigenart des Christentums gegenüber dem Judentum von der Öffentlichkeit erkannt: Sie erhalten ihren Namen Χριστιανοί.

Bisweilen wird vermutet, in der Apg sei eine durchgehende antiochenische Quelle mit authentischen Nachrichten aus dieser Gemeinde verarbeitet. Das läßt sich zwar nicht schlüssig belegen, aber fraglos stehen in den von Lk redigierten Abschnitten 11,19ff.; 13,1–3 wertvolle alte Notizen.

Die Analyse zeigt im Zusammenhang mit Antiochia eine Spannung im Gesamtaufriß der Apg: Nach Apg 11,19ff. sieht es so aus, als würden jetzt zum erstenmal Heiden in eine Gemeinde aufgenommen – und das stößt sich natürlich mit Kap. 10. Man kann aber die tatsächliche Entwicklung noch erschließen. Zweifellos waren es die Hellenisten, die als erste aufgrund ihrer Stellung zum Gesetz bereit waren, Heiden in die Gemeinde aufzunehmen – und zwar nicht erst in Antiochia. Lk aber hatte ein besonderes Interesse daran, diesen Schritt mit Petrus und der Urgemeinde in Verbindung zu bringen. Deshalb zog er im Aufriß der Apg die Corneliuserzählung nach vorn. Man kann aus seiner Darstellung aber immer noch entnehmen, daß in Antiochia die erste große aus Heiden- und Judenchristen gemischte Gemeinde existierte.

2. Die Stellung der Christen in Jerusalem

Das Bild, das die Apg vom Auftreten der Christen in der Öffentlichkeit zeichnet, ist eigentümlich zwiespältig. Einerseits ist von Verfolgungsaktionen gegen die Christen die Rede, andererseits scheint sich die Gemeinde verhältnismäßig ungestört ausbreiten zu können. Bei den Berichten über die christenfeindlichen Maßnahmen zeigt sich ein deutlicher Unterschied zwischen dem Verhalten der Behörden und der Haltung des Volkes bzw. zwischen der Reaktion der Pharisäer und der der Sadduzäer. Nach Apg 5 hat sich der Pharisäer Gamaliel für die Freilassung der verhafteten Apostel eingesetzt, was in einer gewissen Spannung zu der Aussage steht, der Christenverfolger Paulus sei ein Gamalielschüler gewesen. Zweifellos hat die Verfolgung eine wesentliche Rolle gespielt. Das zeigen auch die Verfolgungslogien der Evangelien (Mk 13,9 ff.). Die Nachrichten über das Ausmaß sind aber widersprüchlich: Nach Apg 8,1–3 gilt die Verfolgung der ganzen Gemeinde; aber ausgerechnet die Apostel dürfen in der Stadt bleiben; der Protest der Öffentlichkeit richtet sich offenbar ausschließlich gegen die Hellenisten (auch die Aktionen außerhalb Palästinas treffen zunächst allein diese Gruppe). In diesem Zusammenhang fällt auf, daß die in Apg 9 geschilderte Aktion in Damaskus als vom Hohen Rat organisiert gilt. Paulus selbst dagegen schildert seine Tätigkeit als freie Aktion aus „Eifer". Jedenfalls besaß der Hohe Rat für Maßnahmen in Damaskus keine rechtliche Legitimation.

Mit der Zeit verschärft sich die Lage: Agrippa I. geht während seiner Herrschaft über Jerusalem in den Jahren 41–44 gegen die Christen vor. Damals wurde der Zebedaide Jakobus hingerichtet (Apg 12,1 f.).

Von einigen Forschern wird die These vertreten, auch Johannes Zebedäi sei in dieser Zeit umgekommen. Die These stützt sich auf Mk 10,39, wo Jesus den beiden Zebedaiden das Martyrium ankündige, wobei man annimmt, es handle sich um ein vaticinium ex eventu. Sollte diese Vermutung richtig sein, dann hätte das Auswirkungen auf die Datierung des Konzils. In Gal 2,9 wird Johannes nämlich als beim Konzil anwesend erwähnt. Es wäre dann der Schluß zu ziehen, daß das Konzil nicht erst im Jahre 48, sondern spätestens im Jahre 43 stattgefunden haben müßte, also noch während der Regierungszeit des Agrippa. Aber Mk 10,39 besagt keineswegs, daß das Martyrium des Jakobus und des Johannes gleichzeitig sein müsse; ob man die Stelle als vaticinium ex eventu, d. h. als „rückschauende Weissagung", auffaßt oder nicht, ist dabei gleichgültig.

Es ist wahrscheinlich, daß Petrus Jerusalem später verlassen mußte, während Jakobus bis zu seiner Hinrichtung im Jahre 62 in der Stadt bleiben konnte.

§ 65 Das hellenistische Christentum und der Beginn der Tätigkeit des Paulus

Literatur: G. Bornkamm, Paulus, [3]1976; W. Bousset, Kyrios Christos. Geschichte des Christusglaubens von den Anfängen des Christentums bis Irenäus, [5]1965, 75–154; R. Bultmann, Theologie des NT, UTB 630, [7]1977, 66–186; Chr. Burchard, Der dreizehnte Zeuge. Traditions- und kompositionsgeschichtliche Untersuchungen zu Lukas' Darstellung der Frühzeit des Paulus, FRLANT 103, 1970; G. Klein, Der Synkretismus als theologisches Problem in der ältesten christlichen Apologetik, Ges. Aufs., BEvTh 50, 1969, 262–301.

1. Das vorpaulinische hellenistische Christentum

Aufgrund der Quellenlage wissen wir nur verhältnismäßig wenig über die Gestalt des Christentums, das der Jude Paulus zunächst verfolgte, zu dem er dann übertrat und in dem er schließlich seine spezifische Theologie ausbildete. Direkte Zeugnisse aus dem vorpaulinischen hellenistischen Christentum gibt es nicht, und man ist deshalb auf dessen Rekonstruktion aus den Paulusbriefen und aus teilweise noch späteren Texten (Apg) angewiesen.

Die formgeschichtliche Analyse der Paulusbriefe läßt erkennen, daß Paulus an vielen Stellen Aussagen des vorpaulinischen hellenistischen Christentums übernommen hat. Ein besonders deutliches Beispiel ist der Christus-Hymnus Phil 2,6–11 (s. o. S. 113 f. 207).

Von Bedeutung für die Rekonstruktion des vorpaulinischen hellenistischen Christentums sind auch Aussagen, die in paulinischen und in nichtpaulinischen Schriften als selbstverständliche christliche Aussagen vorgetragen werden, die man aber nicht auf die Theologie der Jerusalemer Urgemeinde zurückführen kann, da sie hellenistisch gefärbt sind. Ein Paradigma sowohl für die Kontinuität als auch für den Neuansatz in der hellenistisch-christlichen Theologie ist der Christus-Titel κύριος. Wenn die palästinische Gemeinde von Jesus als dem „Herrn" spricht (vgl. den gottesdienstlichen Ruf maranatha; s. o. S. 118), so blickt sie auf seine künftige Parusie in

Herrlichkeit voraus. Die hellenistische Gemeinde, die den Titel übernimmt, behält seine traditionelle Bedeutung bei; sie erweitert aber den „Anwendungsbereich": Der κύριος ist präexistent, seine Inkarnation geschieht in einem kosmischen Rahmen (Phil 2,6 ff.). Die Akklamation an den κύριος 'Ιησοῦς (1 Kor 12,3) wird zum Konstituens des christlichen Gottesdienstes.

Die kirchliche Organisation ist auch im hellenistischen Christentum noch einfach. Eine übergemeindliche Kirchenleitung gibt es nicht. Die Gemeinde in Jerusalem genießt zwar auch weiterhin ein besonderes Ansehen, aber ihr Rang ist nicht rechtlich festgelegt. Man kann das u. a. daran erkennen, daß Paulus zwar Kontakt zu ihr hält, eine Überordnung jedoch nicht anerkennt und offenbar auch nicht anzuerkennen braucht (vgl. Verlauf und Ergebnis des Apostelkonzils; s. § 66). Die einzelnen Gemeinden wissen sich als Teil der einen Kirche; aber diese Einheit stellt sich nicht in einem organisatorischen Zusammenschluß dar.

Bisweilen wird die These vertreten, es habe in der frühen Kirche eine „doppelte Organisation" gegeben: Die Gesamtkirche habe einer charismatischen Leitung durch die Apostel und Propheten (vgl. etwa Eph 2,20) unterstanden; die Einzelgemeinde dagegen habe feste Ämter (Lehrer, Episkopen, Diakonen; vgl. 1 Kor 12,28; Phil 1,1) gekannt. Aber 1 Kor 12 zeigt, daß gerade die charismatischen „Ämter" mit der Einzelgemeinde verbunden sind. Umgekehrt hat die besondere Stellung der Apostel und Propheten keinerlei organisatorischen Charakter.

2. *Das Urchristentum als synkretistische Religion*

Vor diesem Hintergrund muß man den Beginn der öffentlichen Wirksamkeit des Paulus innerhalb der Kirche sehen.

Bevor die Bedeutung der vorpaulinischen hellenistischen Gemeinde erkannt worden war, hatte man Paulus und seine Theologie stets unmittelbar mit Jesus selbst verglichen. Dabei entwickelte sich die Tendenz, die schlichte „Religion" Jesu von der „Theologie" – vor allem von der Rechtfertigungs„lehre" – des ehemaligen Pharisäers Paulus zu unterscheiden. Darüber hinaus fiel auf, daß die Verkündigung des historischen Jesus bei Paulus keine Rolle spielt. Man führte dies darauf zurück, daß das religiöse Bewußtsein des Paulus, seine „Persönlichkeit", an einer Christus-„Mystik" interessiert gewesen sei; dem historischen Jesus sei es im Gegensatz dazu um eine „ethisch" motivierte „Religion" gegangen.

Lektürevorschlag

O. Pfleiderer (in: W. G. Kümmel, Das NT. Geschichte der Erforschung seiner Probleme, ²1970, 262–266).

Erst die religionsgeschichtliche Schule überwand diesen Aspekt, indem sie in die Analyse der paulinischen Theologie den soziologischen Aspekt einführte. Sie erkannte, daß Paulus seine theologischen Grundgedanken nicht frei entworfen hatte; vielmehr waren wesentliche Aussagen seiner Lehre im hellenistischen Christentum vorgebildet, in dem er nach seiner Berufung lebte und arbeitete. Die Ausklammerung der Verkündigung des historischen Jesus aus der christlichen Lehre z. B. war nicht erst das Werk des Paulus, sondern dies war ihm schon durch die hellenistische Gemeinde vorgegeben. Denn für sie war nicht der historische Jesus und seine Verkündigung, sondern der erhöhte Herr, der κύριος, Gegenstand des Glaubens. Nicht Paulus, sondern die hellenistische Gemeinde hatte den „Christus-Mythos" geschaffen. Und der Einfluß des hellenistischen Denkens auf das Christentum war nicht erst durch Paulus ermöglicht worden, sondern er selbst fand das Christentum bereits als ein synkretistisches und vom Hellenismus beeinflußtes Gebilde vor.

Hinter der erstmals von H. Gunkel formulierten These, daß das Christentum eine synkretistische Religion sei, steht ein bedeutsames theologisches Problem: Was bedeutet es für den christlichen Glauben, wenn seine Aussagen zum Teil gar nicht original sind, sondern aus der jüdischen bzw. aus der hellenistisch-heidnischen Umwelt stammen? Ist damit nicht die „Wahrheit" des Christentums, des christlichen Glaubens tangiert? Wenn ja, dann wäre die Wahrheit (des Glaubens) gebunden an eine historisch nachweisbare Originalität.

Das Urchristentum entstand auf dem Boden des palästinensischen Judentums. Dieses hatte in seiner Lehre zahlreiche außerjüdische Vorstellungen aufgenommen, so z. B. den wohl aus dem Iran stammenden Glauben an die Auferstehung der Toten. Im Alten Testament war dieser Gedanke praktisch nicht belegt, und später war er immerhin noch umstritten (s. o. S. 153; vgl. Apg 23,6 f.). In der urchristlichen Theologie bzw. Eschatologie wurde er zu einem entscheidenden Thema. Die formalen und inhaltlichen Elemente der sakramentalen Feiern des Urchristentums wurden durch die hellenistischen Mysterienreligionen beeinflußt – so z. B. die Interpretation der Taufe als „Mitsterben mit Christus" als der Kultgottheit (Röm 6). Auch das Abendmahl als sakramentale Mahlzeit der versammelten Gemeinde wurde durch hellenistische Ideen beeinflußt.

Es wäre falsch, wollte man diese Elemente als dem Wesen des Christentums fremdartig ansehen und deshalb ausscheiden. Sie gehören vielmehr unmittelbar zum christlichen Glauben jener Zeit und müssen insofern heute nicht anders interpretiert werden als andere urchristliche Lehren auch. „Wahrheit" des Glaubens und historische

Originalität bedingen einander keineswegs. Sie liegen vielmehr auf zwei verschiedenen Ebenen. „Die Behauptung der Wahrheit des Christentums ist, wie die irgendeiner Religion oder Weltanschauung, immer Sache persönlicher Entscheidung, und die Verantwortung für diese kann der Historiker niemandem abnehmen“ (Bultmann, Das Urchristentum, 7). Mit andern Worten: Weder ist Originalität ein Beweis für, noch ist die Feststellung, daß das Christentum eine synkretistische Religion sei, ein Beweis gegen die Wahrheit des christlichen Glaubens. Infolgedessen braucht der Glaube sich nicht gegen die historische Erkenntnis zu wehren, daß das Urchristentum bestimmte Aussagen und Denkelemente aus anderen Religionen übernommen hat.

3. Rekonstruktion des Lebens und des Werkes des Paulus aus seinen Briefen und nach der Darstellung der Apg

Der Versuch, die Biographie des Paulus zu erfassen, wirft ein methodisches Problem auf: Die Apg kann als primäre Quelle nicht benutzt werden, da sie das Wirken des Paulus an vielen Stellen tendenziös darstellt und legendarisch ausmalt; außerdem sind ihre chronologischen Angaben lückenhaft. Aber auch die Paulusbriefe selbst ermöglichen keine geschlossene Rekonstruktion der vita Pauli. Es kann deshalb nur versucht werden, einzelne Aspekte darzustellen.

1) Das Geburtsjahr des Paulus ist unbekannt. Er nennt sich zwar in Phm 9 einen alten Mann; aber das ist natürlich sehr relativ. Als Geburtsort wird in der Apg die kilikische Provinzhauptstadt Tarsus genannt. Paulus selbst nennt seinen Geburtsort nicht; es ist aber durchaus möglich, daß die Angabe Tarsus auf alter Tradition beruht.

Daß Paulus den jüdischen Namen Saul(us) trug, erfahren wir nur aus der Apg; er selbst bezeichnet sich in den Briefen stets mit dem (an sich lateinischen) griechischen Namen Paulus. Es war aber durchaus geläufig, daß Juden in dieser Weise Doppelnamen führten (vgl. Kol. 4,11).

Aus 1 Thess 2,9; 1 Kor 4,12 kann man schließen, daß Paulus Handwerker (oder kleiner Unternehmer?) war. Seine missionarische Arbeit setzt das Vorhandensein größerer Geldmittel voraus; er betont andererseits, daß er den Gemeinden (mit Ausnahme von Philippi: Phil 4,10 ff.; vgl. 2 Kor 11,8) finanziell nicht zur Last gefallen sei.

Über die allgemeine Bildung des Paulus läßt sich wenig sagen. Die Stadt Tarsus war ein bedeutendes Bildungszentrum; aber von einer philosophischen Schulung im Sinne der griechischen Bildungstradition wird bei Paulus nichts sichtbar, die jüdische Denkweise steht ganz im Vordergrund (vgl. etwa nur Röm 1 f.). Die berühmte Areopagrede Apg 17 mit ihrer ausdrücklichen Anknüpfung an die stoische Philosophie (17,28) ist kein Zeugnis für die Bildung des Paulus, denn die Rede ist von Lukas konzipiert (s. o. S. 283). Paulus schreibt ein eigenwilliges nicht-literarisches Griechisch, verwendet aber einige rhetorische Kunstmittel (s. o. S. 19. 187).

Auch über die theologische Ausbildung des Paulus erfahren wir wenig. Die Nachricht von Apg 22,3, er sei ein Schüler Gamaliels I. in Jerusalem gewesen, ist kaum zuverlässig. Paulus erklärt aber selbst in Phil 3,5, er sei Pharisäer. In der Tat zeigen die Briefe, daß er stark von jüdischer Theologie bestimmt ist. Dabei handelt es sich natürlich in erster Linie um das hellenistische Judentum der Diaspora; aber man muß beachten, daß die Übergänge zwischen dem palästinischen und dem hellenistischen Judentum fließend waren (s. o. S. 139).

Es ist kennzeichnend, daß Paulus sich nur dann über seine Person äußert, wenn er das im Rahmen einer theologischen Argumentation für notwendig hält. So nennt er sich in Phil 3,5 einen Juden, „Hebräer aus Hebräern“ (vgl. hierzu W. Gutbrod, ThWNT III, 393; J. Gnilka, Phil z. St.), aus dem Stamm Benjamin, Pharisäer, der aus „Eifer“ um die Satzungen der Väter ein Verfolger der Kirche gewesen sei (Phil 3,6; vgl. Gal 1,13; 1 Kor 15,9). Anlaß für diese Selbstdarstellung ist die scharfe Polemik gegen die Vertreter der „Zerschneidung“ (s. o. S. 206 f.), d. h. Paulus illustriert hier an sich selbst den Wert und zugleich die Problematik der Leistungsreligion.

Paulus sagt von sich, er habe als Jude alle Bedingungen des strengen Judentums erfüllt. Seine Bekehrung befreite ihn also nicht etwa aus einer inneren Zerrissenheit oder aus Gewissensnot. Eher ist das Gegenteil der Fall: Seine Bekehrung befreit ihn aus dem äußerlich durchaus berechtigten Stolz auf eigene Leistung. Das in Phil 3,7 ff. gefällte Urteil ist also keineswegs die notwendige Konsequenz eines verfehlten Lebens – es meint vielmehr die Umkehrung der bisher von ihm anerkannten Wertordnung.

2) Seine Schicksale und seine Leistungen nach der Berufung skizziert Paulus in 2 Kor 11 f. Dabei fallen einige Aussagen besonders auf: Paulus hat Visionen (2 Kor 12,1 ff.); er empfängt bei seinen „Offenbarungen“ konkrete Weisungen (Gal 2,2) oder Antworten auf konkrete Bitten (2 Kor 12,8 f.). Paulus lehnt es jedoch ab, solche Erlebnisse zum Thema seiner Verkündigung zu machen oder ihnen eine besondere Beweiskraft für die Richtigkeit seiner Lehre zu-

zusprechen (vgl. 2 Kor 12,1.11). Im Gegenteil: Man erfährt aus 2 Kor 10,10; 11,6, daß ihm aufgrund mangelnder Redegabe der Vorwurf gemacht wurde, er sei kein hinreichend qualifizierter Pneumatiker. Wenn er im Gegenzug dazu dann auf seine besonderen Qualitäten hinweist, dann geschieht das ausdrücklich in der Absicht, sich nicht selbst zu rühmen, sondern die von ihm vertretene Sache, das Evangelium, polemisch zu verteidigen.

Die gleiche Funktion hat der in 1 Kor 15,1–11 entfaltete Hinweis auf das ihm persönlich zuteil gewordene „Sehen" des auferstandenen Herrn: Er ist die sachgerechte Einleitung zum Kapitel über die Theologie der Auferstehung.

Nach 2 Kor 12,12 besitzt Paulus die Gabe, Wunder zu tun (vgl. zur Sache 2 Kor 12,9 f.); er verfügt ebenso über die Gabe der Zungenrede (1 Kor 14,18) – ohne daß er dem freilich besondere Bedeutung beimessen will (V. 19). Viel umrätselt ist 2 Kor 12,7, wo ein körperliches Leiden angedeutet ist. Um welche Krankheit es sich dabei handelt, ist nicht erkennbar. „Medizinische" Bestimmungsversuche bleiben in jedem Fall reine Phantasie.

Paulus erwähnt seine Berufung in 1 Kor 9,1; 15,8; darüber hinaus nennt er in Gal 1,16 f. auch den Ort Damaskus; aber er erzählt nicht, was dort geschah. Deshalb erweisen sich die Berichte der Apg in ihrer ausmalenden Tendenz deutlich als sekundär. Dieser Befund hat sachliche Konsequenzen für die Interpretation der Bekehrung bzw. Berufung: Es ist falsch, nach dem persönlichen Erlebnis des Paulus vor Damaskus zu fragen. Vielmehr ist der sachliche Gehalt des Erlebnisses herauszuarbeiten: Paulus wird vor Damaskus zum Anhänger und Verfechter der gesetzesfreien Heidenmission.

3) Die Einzelheiten der Berufung des Paulus bleiben also im Dunkel. Er selbst betont in Gal 1,11 f.15 ff. scharf, daß er vom Herrn unmittelbar, also nicht durch Vermittlung von Menschen und auch nicht etwa durch eine nachträgliche intellektuelle Erklärung seines Erlebnisses zum Heidenmissionar berufen wurde. Vielmehr war die Bekehrung identisch mit der Berufung zum Apostel.

Man kann sich die Berufung hypothetisch so vorstellen: Paulus verfolgte Judenchristen, die sich vom Ritualgesetz gelöst hatten, d. h. er kannte bereits ein gesetzesfreies Christentum. Wenn ihm bei dieser Verfolgung Christus selbst in den Weg trat (in welcher Form das geschah, bleibt offen), so bedeutete das für ihn, daß Gott sich zum gekreuzigten Jesus bekannte; und es bedeutete zugleich, daß die von den Christen praktizierte Freiheit vom Gesetz durch Gott bestätigt wurde. Das Gesetz konnte damit nicht mehr Heilsbedingung sein. Dann aber galt das Heil nicht nur den Juden, sondern der ganzen Menschheit – und damit hatte Paulus seine Aufgabe.

Über die erste Phase seiner Wirksamkeit als Apostel wissen wir wenig. Nach Gal 1,17 ging er unmittelbar nach seiner Berufung nach Arabien. Das bedeutet aber nicht, daß er „in die Wüste" ging, um dort womöglich meditierend sein Erlebnis zu verarbeiten. „Arabien" ist nicht die Wüste, sondern das Land der arabischen Nabatäer. Wenn es nach 2 Kor 11,32 zu nabatäischen Maßnahmen gegen Paulus kam, so ist das nur unter der Annahme verständlich, daß er dort Mission getrieben hatte. Spuren dieser Mission haben sich allerdings nicht erhalten. Gal 1,18 f. (vgl. Apg 9,26 ff.) zufolge reist Paulus dann nach Jerusalem; daran schließt sich seine Arbeit in Syrien und Kilikien an (Gal 1,21). Wie er nach Antiochia kam und was er dort tat, übergeht er (vgl. dagegen Apg 11,25 ff.; 13,1–3). Seine Stellung dort scheint aber nicht unbedeutend gewesen zu sein; denn auf dem Apostelkonzil ist er zusammen mit Barnabas Delegierter dieser Gemeinde. Er wird in Jerusalem als *der* Repräsentant der Heidenmission anerkannt.

Auffällig ist, daß uns paulinische Briefe aus der Zeit vor dem Apostelkonzil offenbar nicht erhalten sind. Die von Lukas in Apg 13 f. überlieferten Nachrichten sind anscheinend die einzige, freilich sekundäre Quelle für diesen Abschnitt der paulinischen Mission. – Eine von der üblichen Paulus-Chronologie abweichende Hypothese entwirft G. Lüdemann, Paulus, der Heidenapostel I, FRLANT 123, 1980: Während der in Gal 2,1 erwähnten 13 Jahre habe Paulus bereits in Griechenland missioniert; in diese Zeit vor dem Konzil falle die Abfassung des 1 Thess.

4) Die Apg enthält über die eigenen Angaben des Paulus hinaus eine Reihe weiterer Informationen; Zuverlässiges, d. h. aus alter Tradition Stammendes, und Legendarisches lassen sich dabei aber kaum sicher voneinander unterscheiden.

So berichtet die Apg, Paulus sei in Jerusalem aufgewachsen (22,3) und habe dort auch Verwandte gehabt (23,16). Diese Angaben dürften aber auf das Bemühen des Lukas zurückgehen, Paulus als mit Jerusalem eng verbundenen Juden zu zeigen.

Hieronymus weiß später sogar, daß die Familie des Paulus ursprünglich aus Gischala in Galiläa stammte und von dort erst nach Tarsus ausgewandert war.

Es heißt weiter, Paulus habe nicht nur das Bürgerrecht von Tarsus (21,39), sondern vor allem auch von Geburt an das so wichtige römische Bürgerrecht besessen (22,28). Das wird von den meisten Forschern als zuverlässig angesehen. Tatsächlich war eine solche Doppelbürgerschaft möglich (s. o. S. 136 f.); sie ist aber angesichts von 2 Kor 11,23–25 zumindest sehr unwahrscheinlich. Paulus selbst erwähnt jedenfalls ein Bürgerrecht an keiner Stelle.

Als Beruf gibt die Apg „Zeltmacher" an, was zu Tarsus als wichtigem Zentrum der Textilindustrie passen würde (18,3; die Bedeutung des seltenen Wortes σκηνοποιός ist unklar; gemeint könnte auch sein: Lederarbeiter). Auch das bleibt natürlich unsicher.

Die Apg berichtet wie Paulus selbst von seiner aktiven Teilnahme an Christenverfolgungen. Nach Apg 7,58 hat er damit in Jerusalem selbst begonnen; aber in diesem Fall wäre er wohl den Gemeinden in Judäa „von Person bekannt" gewesen, was er in Gal 1,22 ausdrücklich verneint.

Als Stationen nach der Berufung (s. o.) nennt die Apg eine kurze Tätigkeit als Verkünder in Damaskus, anschließend eine erste Reise nach Jerusalem zur dortigen Gemeinde (9,26) und den Rückzug nach Tarsus, über den nichts Näheres gesagt wird (9,30). Der Aufenthalt in Tarsus erscheint deutlich als Pause (vgl. 9,30 mit 11,25; dagegen Gal 1,21). Erst Barnabas holt Paulus von Tarsus nach Antiochia, und beide begeben sich gemeinsam auf die „erste Missionsreise" (Apg 13 f.).

Während dieser Reise wechselt Lk übrigens ganz nebenbei den Namen des Apostels: Aus „Saulus" wird „Paulus". Diese Namens„änderung" (s. o. S. 418) steht also keineswegs im Zusammenhang mit der Berufung, sondern geschieht lediglich in äußerer Anlehnung an den Namen des Statthalters Sergius Paulus (Apg 13,9).

Der Erfolg dieser ersten Reise, also die Entstehung rein heidenchristlicher Gemeinden, läßt das Gesetzesproblem virulent erscheinen. Daher folgt in der Darstellung der Apg nun das Apostelkonzil, auf dem dieses Problem diskutiert und gelöst wird.

§ 66 Das Apostelkonzil

Literatur: M. Dibelius, Das Apostelkonzil, in: Aufsätze zur Apostelgeschichte, FRLANT 60, 1951, 84–90; G. Klein, Gal 2, 6–9 und die Geschichte der Jerusalemer Urgemeinde, Ges. Aufs., BEvTh 50, 1969, 99–128; W. G. Kümmel, Die älteste Form des Aposteldekrets, Ges. Aufs., 1965, 278–288.

Vorbemerkung

Über die Datierungsprobleme im Zusammenhang des Konzils ist in § 60 bereits das Notwendige gesagt worden. Primäre Quelle über Verlauf und Ergebnis ist Gal 2. Zwar ist die Darstellung der Ereignisse durch Paulus erkennbar tendenziös-polemisch; aber man kann dennoch davon ausgehen, daß Paulus gerade deshalb die äußeren Fakten exakt wiedergeben muß, um den Wert seiner Argumentation bei den Galatern nicht selbst herabzusetzen. Daher ist Apg 15 als sekundäre Quelle durchweg nach Gal 2 zu korrigieren.

Es bleibt jedoch umstritten, ob Lk in Apg 15 eine schriftliche Quelle benutzt hat oder nicht.

1. Anlaß und Verlauf des Konzils

1) Das Problem, das zur Durchführung des Konzils den Anlaß gab, war durch die Heidenmission entstanden. Die Kernfrage lautete: Müssen Heiden die Forderungen des jüdischen Gesetzes als heilsnotwendig anerkennen, also das Gesetz übernehmen, bevor sie zur Taufe zugelassen werden können?

Für diese Forderung konnte auf den heilsgeschichtlichen Zusammenhang der Kirche mit Israel und auf die fortdauernde Geltung des Alten Testaments in der Kirche verwiesen werden. Und Apg 15,1; Gal 2,4 zeigen, daß diese Auffassung in der Kirche tatsächlich vertreten wurde. Andererseits muß aber daran erinnert werden, daß die heidenchristlichen Gemeinden von Anfang an vom Gesetz frei waren – freilich wohl ohne daß dieser Tatbestand theologisch reflektiert worden wäre.

Für Paulus war die Forderung der Freiheit vom Gesetz nicht aus missionspraktischen Erwägungen heraus geboten. Sie ergab sich für ihn vielmehr unmittelbar aus seinem Verständnis des Heilsgeschehens (s. u. S. 425): Gott schenkt dem Menschen das Heil bedingungslos; die einzige „Bedingung“ ist der Glaube, d. h. die Annahme des angebotenen Heils. Würde man nun die Gesetzeserfüllung zu einer weiteren Bedingung des Heils erklären, dann wäre „Christus vergeblich gestorben“ (Gal 2,21).

2) Nach seiner eigenen Darstellung in Gal 2 kommt Paulus zusammen mit Barnabas nach Jerusalem, und zwar, wie er ausdrücklich hervorhebt, aufgrund einer Offenbarung. Damit betont er seine Selbständigkeit – was im übrigen nicht ausschließt, daß er beauftragter Delegierter der antiochenischen Gemeinde ist, wie es in

Apg 15,2f. dargestellt ist. Paulus nimmt den Heidenchristen Titus mit (der in der Apg nicht erwähnt wird, obwohl er für Paulus große Bedeutung hatte). Wenn dieser in Jerusalem nicht zur Beschneidung gezwungen wurde, so war damit die Freiheit der Heidenchristen vom Gesetz anerkannt; und dies zu demonstrieren, war wohl die Absicht des Paulus (vgl. Gal 2,3). Gegen die Agitation der „falschen Brüder" kommt es in Jerusalem zu einer Vereinbarung zwischen Paulus und den drei „Säulen". Die Rolle des Barnabas bleibt dabei in der Schwebe (in 2,9 wird auch er erwähnt, in 2,6 dagegen nicht).

3) Durch das Apostelkonzil war nicht nur die Missionsarbeit, sondern auch der Apostolat des Paulus anerkannt.

Dennoch wirft sein Bericht einige Fragen auf:

a) Zunächst einmal bietet bereits der Text von Gal 2,1 ff. Probleme; in einigen Handschriften heißt es nämlich in V. 5: „für den Augenblick gaben wir nach" – und das könnte im Anschluß an V. 3 bedeuten, daß Titus zwar nicht sofort „gezwungen" wurde, sich beschneiden zu lassen, daß er dann aber doch „freiwillig" dazu bereit war. Diese Aussage würde jedoch dem Duktus des Berichts insgesamt widersprechen. Außerdem ist die äußere Bezeugung dieser Lesart schlecht, und man wird ihr deshalb keinen Anspruch auf Ursprünglichkeit beimessen dürfen.

b) Unklar ist, warum Paulus so stark betont, es kümmere ihn nicht, was „sie", d. h. die „Säulen", „einst" waren. Wurde in Galatien die Autorität der Begleiter Jesu gegen den Neuling Paulus ausgespielt? Oder versuchte man in Jerusalem zunächst, Paulus mit diesem Argument unter Druck zu setzen?

c) Warum schreibt Paulus in V. 6 ausdrücklich, es sei ihm keine Zusatzverpflichtung auferlegt worden? Wurde von anderen behauptet, auf dem Konzil sei mehr vereinbart worden, als Paulus wahrhaben wolle – z. B. das Aposteldekret, das Paulus ja nicht erwähnt (s. u.)?

d) Was bedeutet die Abgrenzung der Kompetenzen zwischen Petrus und Paulus? Ist sie geographisch gemeint, etwa in dem Sinne, daß Petrus für Palästina, Paulus dagegen für die übrige Welt zuständig wäre? Das wäre praktisch kaum vorstellbar und stößt sich außerdem mit der Tatsache, daß Petrus später nach Antiochia kommt (Gal 2,11 ff.). Oder ist die Abgrenzung sachlich gemeint: Petrus solle für die Juden und Paulus für die Heiden in aller Welt zuständig sein? Auch das ist praktisch undurchführbar; außerdem missioniert Paulus auch unter Juden. Offenbar hat diese Vereinbarung nur den Sinn, die Gleichberechtigung der Heidenmission neben der Mission unter Juden zum Ausdruck zu bringen; ein organisatorisches Prinzip steht wohl nicht dahinter.

e) Welche Funktion hat die in Gal 2,10 genannte Kollekte (vgl. 2 Kor 8 f.)? Sie wird von einigen Exegeten so interpretiert, als habe Paulus damit die Stellung Jerusalems als Vor-Ort der Kirche offiziell anerkannt. Aber für Paulus ist sie ausschließlich ein Zeichen der Einheit der Kirche und kein Element eines „Kirchenrechts" (s. dazu S. 431).

4) Weitere Probleme ergeben sich dadurch, daß der Bericht der Apg von der paulinischen Darstellung in mehreren Punkten abweicht. Die Apg stellt es so dar, als sei das Konzil durch judaistische Agitation in Antiochia veranlaßt worden. Teilnehmer des Konzils waren nach ihrem Bericht „die Apostel" (im Gal war nur von den drei „Säulen" die Rede), ferner die Ältesten sowie „das ganze Kirchenvolk" (Apg 15,12). Paulus und Barnabas spielen lediglich eine passive Rolle, deren Bericht von Gottes Machttaten unter den Heiden zwar erwähnt, aber nicht inhaltlich wiedergegeben wird. Die Entscheidung zugunsten der gesetzesfreien Heidenmission wird durch die Voten des Jakobus und des Petrus herbeigeführt. Dabei wird das Argument benutzt, das Gesetz sei eine unerträgliche Last, die den Heiden nicht auferlegt werden dürfe. Diese Anschauung ist jedoch unjüdisch (und unpaulinisch: Paulus lehnt das Gesetz nicht deshalb ab, weil es so schwer zu erfüllen ist, sondern weil der Weg der Gesetzeswerke als Heilsweg ein Irrtum ist). Schließlich fällt auf, daß die Kollekte für Jerusalem im Zusammenhang des Apostelkonzils übergangen und lediglich in 24,17 beiläufig erwähnt wird, während umgekehrt das bei Paulus nicht erwähnte „Aposteldekret" in der Apg im Mittelpunkt steht.

2. Das Aposteldekret

Das „Aposteldekret" (Apg 15,23–29) ist sachlich wie historisch das Hauptproblem des Apg-Berichts über das Konzil. Nach der Darstellung des Paulus kann dieses Dekret jedenfalls nicht auf dem Konzil erlassen worden sein, denn nach Gal 2,6 war ja jede Verpflichtung für die Heiden ausgeschlossen worden. Wann aber ist es dann entstanden? Handelt es sich gar nicht um eine Übereinkunft zwischen Paulus (bzw. der antiochenischen Gemeinde) und den Säulen? Ist es möglicherweise eine einseitig von den Jerusalemern aufgestellte Forderung? Man kann diese Fragen nicht unabhängig von der Textüberlieferung beantworten. Das Dekret ist in zwei sehr deutlich voneinander abweichenden Fassungen überliefert: Nach der einen Fassung enthielt es gewisse *kultische* Bestimmungen, nämlich die Minimalforderungen an Nichtjuden, die den Juden das Zusammenleben mit jenen überhaupt erst ermöglichten (es sind die Bestimmungen von Lev 17 f.; vgl. dazu Bill II, 729–739). Nach der anderen Fassung enthielt das Dekret *ethische* Forderungen. Wie sind diese beiden Textfassungen zu beurteilen?

Offenbar entstand die vom „westlichen" Text überlieferte „ethische" Fassung des Dekrets später als die „kultische", nämlich zu einer Zeit, als die Kirche de facto bereits heidenchristlich war. Sie brauchte die kultischen Bestimmungen nicht mehr und verstand inzwischen ihren Sinn auch gar nicht. Es ist aber wahrscheinlich, daß auch das auf den Kult bezogene Dekret kaum aus einer frühen Phase der Kirchengeschichte stammen kann: Die Themen dieses Dekrets – Götzenopfer, Unzucht – werden von Paulus im 1 Kor verhandelt, ohne daß das Dekret auch nur erwähnt wäre. Das bedeutet: Entweder kennt Paulus dieses Dekret nicht, d. h. es existierte zu diesem Zeitpunkt nicht; oder Paulus weiß zwar von seiner Existenz, erkennt es aber nicht an, d. h. es besaß zumindest für ihn keine kirchenrechtliche Relevanz.

Anders H. Lietzmann: Die Auseinandersetzungen in Korinth seien gerade durch das Bekanntwerden des Dekrets entstanden. Aber um so eher wäre doch zu erwarten, daß Paulus es erwähnt.

Das „Dekret" ist wahrscheinlich in einem gemischt juden-/heidenchristlichen Raum entstanden – und zwar offenbar gerade deshalb, weil das Problem des unmittelbaren Zusammenlebens von Juden und Heiden in einer christlichen Gemeinde durch den Beschluß des Konzils über die Aufteilung der Missionsbereiche und über die gesetzesfreie Heidenmission eben *nicht* gelöst worden war. Ja, man kann geradezu annehmen, daß dieses Zusammenleben überhaupt erst durch den Jerusalemer Beschluß zu einem Problem geworden war: Waren Juden und Heiden bisher anscheinend ohne Komplikationen Mitglieder derselben Gemeinde gewesen, so konnten jetzt die Judenchristen auf das strenge Halten des Gesetzes verpflichtet werden. Erst damit gerieten sie in den Konflikt, wie sie sich den Heiden in der Gemeinde gegenüber verhalten sollten. Eine enge Auslegung des Beschlusses, daß die Heidenchristen das Gesetz nicht zu übernehmen und die Judenchristen es nicht abzuschaffen brauchen, konnte das Zusammenleben beider Gruppen praktisch unmöglich machen – eine von Paulus sicher nicht gewünschte Konsequenz.

Wie sind die Widersprüche zwischen Gal 2 und Apg 15 zu erklären? Wie verhalten sich die beiden Darstellungen inhaltlich zueinander? Ganz offensichtlich ist das Bild der Apg, das Paulus und Barnabas als Befehlsempfänger zeichnet, lukanisch; Lk verfolgt die Absicht, der Urgemeinde die erste Position einzuräumen. Die weitere Entwicklung zeigt, daß Paulus in Wirklichkeit als gleichberechtigt anerkannt wurde. Damit wird das Urteil bestätigt, daß der Bericht des Paulus den tatsächlichen Ereignissen wohl eher entspricht als der Bericht der Apg.

Man kann fragen, ob der Beschluß von Jerusalem nicht – jedenfalls aus der Sicht des Paulus – ein inkonsequenter Kompromiß war. Entspricht es der paulinischen Theologie, wenn für die Judenchristen die Gültigkeit des Gesetzes doch anerkannt wurde? Hätte Paulus aufgrund der Rechtfertigungslehre nicht auch für die Judenchristen Gesetzesfreiheit verlangen müssen?

Für Paulus geschieht die Heilszueignung sola gratia, d. h. jeder ist als der berufen, der er ist; er hat keine Vorleistung irgendwelcher Art zu erbringen. Der Heide muß nicht Jude werden; aber der Jude muß umgekehrt sein Judentum auch als Christ nicht aufgeben, sondern kann sowohl an der Beschneidung als auch an den inhaltlichen Forderungen des Gesetzes festhalten. Freilich gilt auch für den Juden, daß das Gesetz als Heilsweg nicht mehr in Frage kommt (vgl. 1 Kor 9,19–23); und von daher gesehen ist der auf dem Konzil gefaßte Beschluß im Sinne des Paulus tatsächlich kein Kompromiß, sondern volle theologische Konsequenz des Glaubensverständnisses.

Arbeitsvorschlag

Textkritische Rekonstruktion der beiden Fassungen des „Aposteldekrets" Apg 15,23–29. Welche sachliche Funktion hat das Dekret jeweils in der einen und der anderen Fassung?

Hilfsmittel: E. Haenchen, Die Apg, 410–414.

§ 67 Paulus und die paulinischen Gemeinden

Literatur: D. Georgi, Die Geschichte der Kollekte des Paulus für Jerusalem, ThF 38, 1965; W.-H. Ollrog, Paulus und seine Mitarbeiter, WMANT 50, 1979; E. Schweizer, Gemeinde und Gemeindeordnung im NT, AThANT 35, 1959, 80–104.

1. Die Grundzüge der paulinischen Mission

1) Über die öffentliche Wirksamkeit des Paulus nach dem Konzil wissen wir weit mehr als über den ersten Abschnitt seiner Missionstätigkeit. Als primäre Quellen besitzen wir die (echten) paulinischen Briefe, als sekundäre Quelle wiederum die Apg, die von 15,35 an bis zum Schluß praktisch ausschließlich von Paulus berichtet.

Gewöhnlich unterscheidet man in diesem Zeitraum die zweite und die dritte Missionsreise (15,40–18,22; 18,23–19,40 oder 21,17); aber selbst in der Apg ist der Einschnitt zwischen beiden Reisen kaum zu erkennen – und sachliche Bedeutung hat die Einteilung in „Missionsreisen" ohnehin nicht (s. o. S. 284).

Der Bericht in der Apg ist lückenhaft. Er ist z. B. stark auf Paulus allein zugeschnitten, so daß seine Mitarbeiter lediglich als Statisten erscheinen. Obwohl sie, wie man den Paulusbriefen entnehmen kann, vielfach durchaus selbständig arbeiteten, wird in der Apg ihre Tätigkeit außerhalb der großen Zentren völlig übergangen. So werden z. B. die Mission und die Gemeindegründungen im Lykostal (Kolossä) in der Apg nicht erwähnt. Besonders auffällig ist, daß ein so wichtiger Mitarbeiter wie Titus in der Apg überhaupt nicht genannt wird.

Auch der Ablauf der Missionstätigkeit des Paulus selbst ist in der Apg vereinfacht dargestellt. So werden die Verhandlungen, die Paulus während des Aufenthalts in Ephesus mit der Gemeinde in Korinth führt (vgl. die beiden Kor) gar nicht erwähnt; die Gründung der galatischen Gemeinden wird nur angedeutet (zum Problem s. o. § 25). Von den inneren Krisen, die wir aus den paulinischen Briefen kennen (Korinth, Galatien), erfährt man in der Apg nichts.

2) Die Missionsdarstellung der Apg folgt einem festen Schema: In jeder Stadt, in die Paulus kommt, wendet er sich zunächst an die Juden und predigt in der Synagoge. Erst danach geht er zu Heiden – als Reaktion auf die Ablehnung der Predigt durch die Juden. Im Kern wird diese Darstellung den tatsächlichen Ereignissen entsprechen: Auch außerhalb Palästinas werden Juden und ihre Sympathisanten (Proselyten und „Gottesfürchtige") die ersten Anhänger des Christentums gewesen sein. Aber in der Darstellung des Lk steht hinter diesem Vorgehen des Paulus das lk Programm der Heilsgeschichte: Das Heil wird den Heiden verkündigt, weil die Juden es nicht angenommen haben (vgl. Apg 13,46 und den Schluß des Buches).

Paulus wird in der Apg als ein Mann dargestellt, der seinen Lebensunterhalt mit Handarbeit verdient. Das stimmt mit den eigenen Angaben des Paulus überein, ist aber in der in der Apg vorausgesetzten pauschalen Form doch unzutreffend. Man erfährt ja aus den Briefen, daß Paulus in bestimmten Fällen durchaus eine Unterstützung von seiten der Gemeinde annahm (vgl. 1 Thess 2,9; 1 Kor 4,17; 9,1 ff.; Apg 18,3 einerseits mit Phil 4,10 ff.; 2 Kor 11,7 ff. andererseits). Man kann fragen, ob Lk Nachrichten hierüber nicht besaß, oder ob er sie absichtlich überging.

In der Forschung wird bisweilen behauptet, Paulus sei Apokalyptiker gewesen; das zeige sich auch an der Art seiner Missionstätigkeit: Unter dem Druck der von ihm als nahe bevorstehend geglaubten Parusie eile er durch die Länder, um noch vor dem Weltende mit der Mission die Grenzen der bewohnten Erde zu erreichen. Als Beleg wird etwa auf Röm 15,28 verwiesen. Aber Paulus deutet tatsächlich nichts dergleichen an – im Gegenteil: Es ist kennzeichnend, daß Paulus sich bei der Mission durchaus Zeit läßt; so bleibt er z. B. jahrelang in derselben Stadt (Korinth, Ephesus).

Seine Missionsmethode läßt sich indirekt rekonstruieren: Er geht vor allem in die Großstädte; dort arbeitet er so lange, bis die Gemeinde selbständig existieren (und missionieren) kann (vgl. dazu 1 Kor 16,19; 2 Kor 1,1; 1 Thess 1,8, außerdem Phm und Kol).

3) Hinsichtlich des geschichtlichen Ablaufs der Ereignisse kann man im ganzen wohl der Darstellung in Apg 15–20 folgen; an vielen einzelnen Stellen ist freilich Kritik anhand der paulinischen Briefe erforderlich. So weicht zum Beispiel die Darstellung der Ereignisse zwischen der Mission in Thessalonich und der in Korinth in der Apg von der des Paulus in 1 Thess ab: Nach Apg 17 f. verließ Paulus nach einem kurzen Aufenthalt aufgrund eines Tumults die Stadt Thessalonich und reiste allein, also ohne seine Begleiter Silas und Timotheus, über Beröa und Athen nach Korinth. Demgegenüber lassen die Verhältnisse in der thessalonichischen Gemeinde, soweit sie in 1 Thess sichtbar werden, die Annahme zu, Paulus habe sich wohl länger als nur drei Wochen in der Stadt aufgehalten. Außerdem schreibt Paulus in 1 Thess 3, er habe Timotheus von Athen nach Thessalonich zurückgeschickt – d. h. dieser muß ihn entgegen der Darstellung der Apg doch begleitet haben. (Vgl. außerdem den Bericht über die Mission in Philippi Apg 16,12 ff. mit den Aussagen des Phil; dazu s. o. S. 203.).

Es gibt andererseits aber auch weitgehende Übereinstimmungen zwischen der Apg und den Paulusbriefen. So wird in Apg 18,2 berichtet, Paulus habe in Korinth Aquila und Priskilla getroffen (vgl. 1 Kor 16,19). Sie waren von Paulus nicht getauft worden (vgl. 1 Kor 1,14 ff.), d. h. sie waren schon Christen, bevor Paulus nach Korinth kam. Paulus war also nicht der erste, der das Christentum nach Korinth brachte, aber er war der Gründer der dortigen christlichen *Gemeinde* (vgl. 1 Kor 3,6 ff.; 4,15).

Ein weiteres Missionszentrum war die kleinasiatische Stadt Ephesus. In breiter Darstellung berichtet Apg 19 von Vorgängen, die die Sicherheit des Paulus gefährdeten; das stimmt ebenfalls mit den eigenen Angaben des Paulus überein (1 Kor 15,32; 2 Kor 1,8) – allerdings erscheint die Gefahr nach der Schilderung der Apg bei weitem nicht so groß wie bei Paulus selbst. Die tatsächliche Situation in Ephesus schimmert aber auch in der Apg indirekt noch durch (20,17 ff.): Auf seiner letzten Reise nach Jerusalem trifft Paulus die Vertreter der ephesinischen Gemeinde in Milet, d. h. er kann oder darf offenbar Ephesus selbst nicht mehr betreten.

Arbeitsvorschlag

Vergleich des Apg-Abschnitts 19,1–21,17 mit der Darstellung im 2 Kor (2,1; 12,14; 13,1). Der Grundriß der Reiseroute stimmt hier wie dort überein; aber er ist in der Apg vereinfacht.

Apg 20,1 ff. berichtet vom letzten Besuch des Paulus in Korinth. Anschließend will er mit der Kollekte, deren Einsammlung inzwischen abgeschlossen ist, nach Jerusalem reisen (vgl. 2 Kor 8 f.), und für die darauf folgende Zeit ist ja eine Reise nach Spanien geplant (Röm 15,24). In Jerusalem wird Paulus jedoch verhaftet und in die Residenz des römischen Statthalters nach Caesarea gebracht, von wo aus er zwei Jahre später nach Rom überstellt wird.

In Rom wurde Paulus hingerichtet. Dem Bericht der Apg über diese letzte Lebenszeit des Paulus muß man kritisch begegnen: Der Bericht von der Seereise nach Rom ist stark legendarisch; auch die Darstellung seines Aufenthalts in Rom dürfte kaum den tatsächlichen Gegebenheiten entsprechen. Besonders auffällig ist, daß die Apg nichts über den Tod des Paulus schreibt, obwohl sie davon weiß (vgl. die deutlich als „Testament“ gestaltete Abschiedsrede in Milet 20,17 ff.; s. dazu o. S. 248).

Es ist hier noch einmal die Hypothese zu erwähnen, Paulus sei nach der römischen Gefangenschaft zunächst freigelassen worden und seinem ursprünglichen Plan entsprechend nach Spanien gereist. Diese These paßt nicht zu den uns bekannten Quellen über Paulus (s. zum einzelnen S. 246 f.).

2. Kirchenverständnis und Kirchenorganisation

1) Ein grundlegendes Moment des paulinischen Kirchenbegriffs läßt sich an der Kollekte zugunsten der Armen in Jerusalem demonstrieren, die aufgrund des Apostelkonzils in den paulinischen Gemeinden gesammelt wird. Diese Kollekte ist nicht nur eine Tat der caritas, sondern Darstellung des Kirchengedankens: Die Kirche ist eine Einheit in allen ihren Gemeinden, und deshalb üben alle ihre Glieder untereinander Solidarität. Zugleich zeigt die Kollekte, daß Paulus am heilsgeschichtlichen Zusammenhang der ganzen Kirche (d. h. auch der heidenchristlichen Gemeinden) mit Israel festhält, ohne damit jedoch eine juristische Anerkennung der Urgemeinde als einer Art oberster Kirchenbehörde zu verbinden. Die These, es habe sich geradezu um eine Art Kirchensteuer gehandelt, läßt sich schon deshalb nicht halten, weil es sich um eine einmalige Gabe und nicht um eine regelmäßige Abgabe handelt (vgl. Röm 15,25 f.; 2 Kor 8 f.).

2) Organisation und soziale Zusammensetzung der paulinischen Gemeinden lassen sich aus der Apg nicht rekonstruieren. Wie die Paulusbriefe zeigen, gab es in den Gemeinden keine „Ältesten" (anders die Darstellung in Apg 14,23; 20,17); es gab auch keine übergemeindliche Organisation. Paulus versteht die Kirche durchaus als Einheit, aber diese Einheit wird nicht rechtlich hergestellt und abgesichert. Er besitzt zwar in seinen Gemeinden Autorität als Apostel; aber er muß seine Autorität jeweils neu an der Sache gewinnen, die er vertritt. Deshalb kann er sich in seinen Briefen niemals auf eine rechtlich fixierte Stellung berufen und deren Anerkennung von den Gemeinden verlangen.

Innerhalb der Gemeinden gibt es jedoch durchaus „Ämter": Apostel, Propheten und Lehrer (1 Kor 12,28) bzw. Episkopen und Diakonen (Phil 1,1). Dabei handelt es sich aber um eine charismatische Ämterordnung: Es ist der Geist, der die Kirche leitet und aufbaut – so wie umgekehrt jeder Beitrag zum Aufbau der Kirche als Wirkung des Geistes verstanden ist.

Die Alternative, ob die Kirche vom Geist oder durch ein Kirchenrecht geordnet werde (Kontroverse zwischen R. Sohm und A. v. Harnack; s. o. S. 395), ist daher schon im Ansatz falsch: Der Geist schafft nach urchristlicher Vorstellung selbst Recht; der Pneumatiker leistet unmittelbar etwas zum Aufbau und damit auch zur Ordnung der Kirche.

Über die soziale Zusammensetzung der Gemeinden erfährt man einiges aus den Korintherbriefen. 1 Kor 1,26 ff. zeigt, daß die Gemeindemitglieder vornehmlich aus der Unterschicht kommen; von den makedonischen Gemeinden wird gesagt, sie seien sehr arm (2 Kor 8,2).

Kein prinzipielles Problem war die Sklavenfrage: Sowohl Sklaven als auch Sklavenbesitzer konnten zur christlichen Gemeinde gehören, ohne ihre soziale Stellung verändern zu müssen (vgl. das Problem des Phm; dazu § 30). Wenn in 1 Kor 1,16 von der Bekehrung eines „Hauses" die Rede ist, so wird das vermutlich auch die Sklaven einschließen (vgl. 1 Kor 7,21 ff.); und es ist ein wichtiges Indiz, daß die Grußliste von Röm 16 mehrere typische Sklavennamen enthält.

Ursache dieser relativen Indifferenz gegenüber den sozialen Verhältnissen ist die Eschatologie: Die Zugehörigkeit oder Nichtzugehörigkeit zu einer gesellschaftlichen Gruppe tangiert nicht das Heil. Paulus entwickelt deshalb kein theologisch bzw. christlich motiviertes soziales Programm; er bestreitet aber zugleich entschieden, daß aus der christlichen Eschatologie eine Abkehr von den Problemen der Welt resultiere: Der ganze 1 Kor ist die Auseinandersetzung mit der eschatologisch und mystisch begründeten enthusiastischen Weltflucht, die in Korinth propagiert wird. Paulus dekretiert gerade nicht, daß die täglichen Probleme der christlichen Existenz in der Welt irrelevant seien; vielmehr greift er diese Probleme auf und versucht sie zu klären. Ein Beispiel dafür ist der Abschnitt 1 Kor 7,1–17 über das Thema Ehe bzw. Ehescheidung. Auffällig ist dabei die große Sachlichkeit und der Realismus, mit dem das Thema abgehandelt wird: Eine theologisch überhöhte Glorifizierung der Ehe findet ebensowenig statt wie die Paulus vielfach unterstellte Feindlichkeit gegen das Geschlechtliche.

Die paränetischen Abschnitte der Paulusbriefe zeigen, daß die Inhalte der christlichen Ethik weithin mit der durchschnittlichen Ethik des Judentums und der hellenistischen Popularphilosophie übereinstimmen; Beispiele dafür sind vor allem Röm 12,3 ff. und Phil 4,8. Das Neue der christlichen Ethik liegt nicht in ihrem Inhalt, sondern in ihrer christologischen und eschatologischen Begründung (vgl. Röm 12 f.; 1 Kor 7,31): Die Ethik ist Folge der Heilszuwendung in Christus, nicht deren Vorbedingung.

Diese Tendenz zeigt sich sowohl in der Stellungnahme zur Sklavenfrage als auch in der unideologischen Aussage über den Staat (Röm 13). Es ist falsch, aus Röm 13 die Grundelemente einer christlichen Staatslehre herauslesen zu wollen. In der Situation des Paulus zu Beginn der zweiten Hälfte des 1. Jahrhunderts unter der Herrschaft des Kaisers Nero war die These von Röm 13 eine vernünftige und sachgerechte Antwort auf die Frage, in welchem Verhältnis der Christ zur staatlichen Gewalt stehen solle und könne. Es darf ja auf keinen Fall übersehen werden, daß Röm 13 nicht das rechtlich fixierte Verhältnis einer saturierten Kirche zu einer auf die Erhaltung des Christentums als einer staatserhaltenden moralischen Instanz bedachten Staatsmacht darstellt; sondern dieser Text setzt prinzipiell voraus, daß die Einstellung der Christen zu den Behörden dem entsprechen soll, was von jedem (vgl. 13,1) erwartet werden kann.

Einen besonders interessanten Einblick in die Problematik der Existenz christlicher Gemeinden in einer heidnischen Umwelt erhält man durch 1 Kor 8–10. Das bürgerliche Leben der Antike ist unmittelbar mit den Lebensformen der Religion verflochten; für die Christen ergibt sich daraus die Frage, ob sie diese Lebensformen zwar innerlich ablehnen, aber zugleich äußerlich akzeptieren können, oder ob sie aufgrund ihrer Stellung zur heidnischen Religion auch ihre bürgerliche Existenz überprüfen sollen. Die Argumentation des Paulus macht deutlich, daß es hierzu in der Gemeinde selbst unterschiedliche Standpunkte gab und daß offensichtlich auch seine eigene Position nicht völlig fest ist.

Lektürevorschläge

E. Käsemann, Grundsätzliches zur Interpretation von Röm 13, Ges. Aufs. II, 204–222; W. Schrage, Die Christen und der Staat nach dem Neuen Testament, 1971; H. v. Soden, Sakrament und Ethik bei Paulus, in: Das Paulusbild in der neueren deutschen Forschung, [2]1969, 338–379; G. Theißen, Studien zur Soziologie des Urchristentums, WUNT 19, 1979, bes. 201–317.

§ 68 Hinweise zur Erarbeitung der Theologie des Paulus

Vorbemerkung

Es kann nicht Aufgabe dieses Buches sein, die theologische Position des Paulus im einzelnen darzustellen und zu entfalten. Eine solche Kurzdarstellung wäre notwendig mangelhaft und würde mehr Fragen offenlassen als beantworten. Es sei daher an dieser Stelle auf die Darstellungen der paulinischen Theologie, vor allem in den verschiedenen Theologien des NT, verwiesen.

R. Bultmann, Theologie des NT, UTB 630, [7]1977, 187–353; H. Conzelmann, Grundriß der Theologie des NT, [3]1976, 175–314; W. G. Kümmel, Die Theologie des NT nach seinen Hauptzeugen. Jesus Paulus Johannes, NTD Erg. 3, [2]1972, 121–227; E. Lohse, Grundriß der neutestamentlichen Theologie, Theologische Wissenschaft 5, 1974, 74–111; K. H. Rengstorf (Hrsg.), Das Paulusbild in der neueren deutschen Forschung, Wege der Forschung 24, [2]1969.

Der Sinn dieses § ist es, Hinweise zu geben auf Mittel und Wege, wie man sich die theologischen Grundaussagen der paulinischen Briefe und damit die Grundzüge der paulinischen Theologie erarbeiten kann. Dabei ist vorausgesetzt, daß diese Erarbeitung ihrerseits schon wieder Theologie ist. Mit andern Worten: Es genügt nicht, den historischen exegetischen Befund aufzunehmen, sondern es kommt darauf an, den sachlichen Gehalt der rekonstruierten Aussage aufzuzeigen. Man darf nicht bei der Frage stehenbleiben: Was verstand Paulus unter Glaube? Was verstand Paulus unter Freiheit? usw., sondern man muß weiter fragen: Was *ist* – unter Berücksichtigung der exegetisch erhobenen theologischen Position des Paulus – Glaube?, Freiheit? Man muß sich dabei jedoch vor dem Trugschluß hüten, daß in der zeitbedingten „Schale" der paulinischen Argumentation so etwas wie ein zeitloser „Kern" stecke, den es herauszuarbeiten und in gegenwärtige Theologie umzusetzen gelte. Theologische Aussagen sind sinnvoll nur als geschichtlich je an ihrem Ort festgemachte – d. h. man kann den Kern nicht ohne die Schale haben. Man muß also jeweils fragen, warum Paulus die von ihm gemeinte Sache gerade so und nicht anders darstellt, warum er gerade so und nicht anders argumentiert.

Das gilt insbesondere auch bei religionsgeschichtlichen Problemen. Es genügt nicht, festzustellen, daß Paulus in Röm 6 die Taufe mit Hilfe einiger aus den Mysterienreligionen übernommenen Kategorien interpretiert. Man muß vielmehr fragen: Warum tut Paulus das? Welche Funktion haben diese Kategorien im Ganzen seiner Tauflehre?

Es gibt verschiedene Möglichkeiten, sich die Theologie des Paulus zu erarbeiten. Man kann einmal ähnlich wie bei der Herausarbeitung der Lehre Jesu (s. § 52) von den jüdischen Voraussetzungen ausgehen: Welche Glaubensgedanken des Judentums behält Paulus? Welche stößt er ab? Was baut er um? Was ist ihm möglicherweise so selbstverständlich, daß er darüber gar nicht ausführlich zu handeln braucht? Welche theologischen Aussagen sind andererseits dem alttestamentlichen und dem zeitgenössischen Judentum gegenüber völlig neu?

Beispiele: Zu den Themen, die Paulus durch den geschichtlichen Zusammenhang mit Israel vorgegeben sind, gehören die Lehre von Gott, die Anerkennung der Autorität der Bibel, der Gedanke der Erwählung Israels, die Erwartung der Auferstehung der Toten. Diese Themen braucht er nur dann ausdrücklich darzustellen, wenn er ihnen im Zusammenhang der christlichen Lehre einen besonderen Akzent geben will (klassische Beispiele: 1 Thess 4 f.; 1 Kor 15; Röm 9–11).

Andererseits spielen bei Paulus theologische Begriffe und Vorstellungen eine grundlegende Rolle, die keine alttestamentliche Tradition haben – etwa der Gedanke der Freiheit oder der Begriff des Gewissens. Beide Begriffe spielen jedoch in der jüdisch-hellenistischen Theologie und Philosophie eine wichtige Rolle (vgl. etwa das Denken Philos). Hier muß man fragen: Woher stammt das paulinische Verständnis dieser Begriffe? Welche Funktion haben sie im Rahmen seiner Theologie?

Und schließlich die dritte Möglichkeit: Paulus gestaltet jüdische Vorstellungen um. Beispielsweise übernimmt er die traditionelle jüdische Aussage, daß Gott weise und gerecht ist. Aber er gibt ihr eine durch das christliche Bekenntnis bedingte Neufassung: Gott hat sich am Kreuz offenbart, d. h. Christus ist Gottes Weisheit, Christus ist Gottes Gerechtigkeit. Das ist die sachliche Grundlage seiner Rechtfertigungslehre, und damit wird die Christologie zum Schlüssel der paulinischen Theologie.

Dieser Weg, bei den jüdischen Voraussetzungen zu beginnen und von dort aus die Eigenarten der paulinischen Theologie aufzuzeigen, ist methodisch möglich und notwendig. Entscheidend ist jedoch ein anderes Vorgehen: Man kann erkennen, daß Paulus mit seiner Theologie beim christlichen Bekenntnis einsetzt. Das ist wörtlich gemeint: Die formgeschichtliche Analyse zeigt, daß Paulus an vielen Stellen seine Gedanken im Anschluß an das Glaubensbekenntnis darlegt (vgl. den Grundbestand von 1 Kor 15,3 ff.: Christus ist gestorben und auferweckt; vgl. Röm 10,9). Entscheidend ist die Frage, *wie* Paulus dieses Bekenntnis nun interpretiert. Zwei Positionen stehen sich gegenüber: Nach A. Schweitzer ist die Theologie des Paulus bestimmt von dem Gedanken des Seins „in Christus" (Schweitzers Stichwort: Christusmystik). In der Tat spielt diese Formel bei Paulus eine wichtige Rolle (vgl. Röm 6,11.23), so daß man nach ihrer sachlichen Bedeutung im Ganzen der paulinischen Theologie fragen muß. Daß dieser Gedanke jedoch die zentrale Ausage des Paulus sei, wird etwa von R. Bultmann bestritten. Er vertritt die These, Zentrum der paulinischen Theologie sei die Rechtfertigungslehre, durch die das christliche Bekenntnis auf die Existenz der Gerechtfertigten in der Welt bezogen werde. Diese auch von den Reformatoren vertretene Position wird jedoch mit dem Hinweis kritisiert, die Rechtfertigungslehre des Paulus sei in Wahrheit nur eine Kampfeslehre gegen die judaistische Verengung des Gnadengedankens; da sie faktisch nur im Gal und im Röm belegt sei, könne man sie auf keinen Fall als Basis der paulinischen Theologie ansehen.

Arbeitsvorschlag

Methodisches Paradigma für die Entscheidung, welches der Schlüssel zur paulinischen Theologie sei, ist die Frage: Interpretiert Paulus das Bekenntnis in Richtung auf die Christusmystik? Oder bezieht er es auf die Rechtfertigung? Unter dieser Fragestellung sind einerseits Röm 3,21 ff.; 4,25 ff., andererseits Phil 3,2–14 zu analysieren.

Es ist zweifellos richtig, daß die Begrifflichkeit der Rechtfertigungslehre keineswegs in allen paulinischen Briefen vorkommt; so fehlt z. B. in den Korintherbriefen fast jeder Hinweis auf sie. Man muß aber beachten, daß es nicht genügt, nur den statistischen Befund der Terminologie aufzunehmen. Wichtiger und letztlich entscheidend ist die Frage, welches Verständnis von Gott und Mensch im Ganzen der paulinischen Theologie vorherrscht. Dann zeigt sich, daß die Rechtfertigungslehre des Röm und des Gal exakt dasselbe Verhältnis zwischen Gott und Mensch, dieselbe Bestimmung des Menschen in der Welt bezeichnet wie die Kreuzestheologie der Korintherbriefe.

Diese sachliche Position stellt den Angelpunkt der gesamten Theologie des Paulus dar. In der *Lehre von Gott*, die ihm aus dem Judentum vorgegeben ist, setzt Paulus einen entsprechenden Akzent: Gott ist der Vater Jesu Christi, d. h. der Vater des Gekreuzigten. Damit hat das Gottesverständnis eine neue Qualität gewonnen, indem es sich selbst als Kritik der Leistungsreligion erweist.

In der *Christologie* ist Paulus das Bekenntnis vorgegeben, ebenso die Orientierung des Glaubens am Auferstandenen (und nicht am historischen Jesus); vorgegeben ist ihm darüber hinaus die Erwartung der Parusie und der Gedanke der Präexistenz Christi. Paulus übernimmt diese christologischen Aussagen, aber er behandelt sie nicht gleichgewichtig, sondern setzt den Akzent deutlich beim Gedanken des Kreuzes (vgl. Phil 2,6–11; s. dazu o. S. 113 f.). Man kann generell sagen, daß Paulus nicht die Vorstellungsseite der Christologie weitertreibt (etwa durch den weiteren Ausbau der Präexistenzidee), sondern daß er Christologie als Interpretation der menschlichen Existenz versteht (vgl. 1 Kor 1 f.).

Arbeitsvorschlag

Das Glaubensbekenntnis ist zwischen Paulus und der Gemeinde in Korinth nicht strittig (1 Kor 15,1 ff.); es wird aber unterschiedlich, ja gegensätzlich interpretiert. Die Korinther deuten es enthusiastisch: Wir folgen dem Erhöhten bei seinem Aufstieg. Paulus dagegen unterstreicht: Wir kennen den Erhöhten nur als den Gekreuzigten (vgl. 1 Kor 2,2). Der Glaube ruft uns nicht mystisch zum Aufschwung in den Himmel, sondern hält uns in der Welt fest. Von dieser Ausgangsbasis läßt sich das ganze Kap. 15 interpretieren.

Die *Ekklesiologie* wird nicht theoretisch entfaltet. Man kann aber an dem Begriff ἐκκλησία ablesen, daß die Einheit der Kirche dialektisch verstanden ist: Plural und Singular werden so gebraucht, daß deutlich wird, daß die Einzelgemeinde nicht der Gesamtkirche untergeordnet ist, sondern diese gleichsam repräsentiert (vgl. o. S. 405 f.). Dieser Aspekt ist auch die Grundlage des typisch paulinischen Begriffes der Kirche als des Leibes Christi (vgl. 1 Kor 12).

Besonders gute Beispiele für die theologische Arbeit des Paulus sind seine *Soteriologie* und seine *Anthropologie*. Bestimmte soteriologische Deutungen des Todes Jesu fand er bereits vor, etwa in der Abendmahlstradition: Jesus starb als Sühneopfer; sein Tod war ein stellvertretendes Opfer oder ein Bundesopfer zur Vergebung der Sünden (Röm 3,25; vgl. 1 Kor 11,24 f.). Aber Paulus sieht die Grenze des Opfergedankens: Dieser beläßt das Heilsgeschehen in der Vergangenheit und kann nur in begrenztem Umfang – etwa mit Hilfe von Gedanken wie dem der Bundeserneuerung oder dem des neuen Bundesvolkes – zeigen, wie das Heil die Gegenwart bestimmt. Es geht Paulus nämlich nicht um die Bereinigung der Vergangenheit („Vergebung der begangenen Sünden"; Plural!), sondern es geht ihm um die Befreiung von der gegenwärtigen Macht der Sünde (Singular!) im Blick auf die Zukunft des Menschen. Deshalb betont Paulus so stark den Wortcharakter des Heilsgeschehens: Rechtfertigung und Versöhnung, die in Christus geschehen sind, verwirklichen sich heute durch das Wort, das dem Menschen die Versöhnung verkündigt (vgl. vor allem 2 Kor 5,11–6,10).

Kennzeichnend für die paulinische Anthropologie ist, daß der Mensch für Paulus stets in bestimmten Bezügen, in Relation steht. Der Mensch ist Geschöpf Gottes. Zugleich aber ist er der Sünde unterworfen und damit dem Tod verfallen (typischer Terminus zur Kennzeichnung dieses Sachverhalts ist das Stichwort σάρξ). „Sünde" bzw. „Fleisch" sind bei Paulus als überpersönliche Mächte verstanden, von denen sich der Mensch auch nicht selbst befreien kann, weil jeder Selbstbefreiungsversuch von vornherein in der Sphäre der σάρξ verfangen ist. Freiheit kann der Mensch nur gewinnen durch die Gnadentat Gottes und durch das Geschenk des Geistes: Die

Gnade schenkt die Rechtfertigung, der Geist ist die Kraft des neuen Lebens in Freiheit – konkret: die Möglichkeit der Liebe. Voraussetzung hierfür ist allein der Glaube, der die Rechtfertigung empfängt und damit in das neue Leben führt.

Arbeitsvorschläge

Welchen theologisch-systematischen Ort hat bei Paulus die *Eschatologie?* Orientiert sich Paulus an apokalyptischen Bildern? Wie verhalten sich die eschatologischen und die christologischen Aussagen zueinander?

Hinweis: Die Eschatologie steht vor dem gleichen Problem wie alle objektivierenden Lehren und Vorstellungen: Sie will die Zukunft durch ein Zukunftsbild fassen, d. h. sie erklärt Künftiges und Jenseitiges durch Bilder der Gegenwart und des Diesseits. Radikal wird Eschatologie aber erst da verstanden, wo auf jede Objektivation verzichtet wird und wo an ihre Stelle die völlige Unanschaulichkeit, die wirkliche Offenheit für die Zukunft tritt.

1. Exegese von 1 Kor 15 im Vergleich mit 1 Kor 7. Welches Verständnis von Eschatologie steht sachlich im Vordergrund?

2. Exegese von Röm 5,1 ff. In welchem Verhältnis stehen Christologie und Hoffnung zueinander?

§ 69 Die Entwicklung der Kirche bis zum Ende des ersten Jahrhunderts

Literatur: W. Bauer, Rechtgläubigkeit und Ketzerei im ältesten Christentum, [2]1964; L. Goppelt, Christentum und Judentum im ersten und zweiten Jahrhundert. Ein Aufriß der Urgeschichte der Kirche, BFChTh II/55, 1954, 71–267; A. Lindemann, Paulus im ältesten Christentum, BHTh 58, 1979; U. B. Müller, Zur frühchristlichen Theologiegeschichte, 1976.

1. Die äußere Entwicklung

1) Die äußeren Vorgänge der Kirchengeschichte sind praktisch unbekannt, denn christliche Quellen zu den Ereignissen gibt es praktisch nicht. Den wichtigsten Einblick gibt ein nichtchristliches Dokument, ein um 110 geschriebener Brief des jüngeren Plinius an den Kaiser Trajan über das Vorgehen gegen die Christen.

Einigermaßen bekannt ist dagegen die Entwicklung der kirchlichen Lehre und teilweise auch der kirchlichen Organisation. Denn in dieser Zeit zwischen 60 und 110 sind fast alle neutestamentlichen

Schriften mit Ausnahme der Paulusbriefe entstanden; einige Schriften stammen freilich aus noch späterer Zeit.

2) Die Quellen lassen durch die Erwähnung bestimmter Namen die Ausbreitung des Christentums erkennen: In den Überblicken der Evangelien werden Idumäa und das Transjordanland sowie Tyrus und Sidon genannt (vgl. Mk 3,8). Nach Apg 15,39 missioniert Barnabas auf Zypern, Tit setzt Gemeinden auf Kreta, Hebr setzt Gemeinden in Italien voraus. 1 Petr gibt in 1,1 einen großräumigen Überblick über die Verbreitung christlicher Gemeinden in Kleinasien. Der erwähnte Brief des Plinius schließlich beweist, daß das Christentum um das Jahr 100 den heidnischen Kult in Bithynien und in Pontus bereits stark zurückgedrängt hat. Die in der ersten Phase der Mission entstandenen Gemeinden haben sich inzwischen kontinuierlich weiterentwickelt. So hat die antiochenische Gemeinde eine herausragende Stellung inne, wie die besondere Bedeutung ihres Bischofs Ignatius beweist; ebenso besitzt die christliche Gemeinde in Ephesus zur Zeit der Abfassung des Eph (s. § 32) großes Ansehen: Sie wird in beiden Tim, in mehreren Ignatiusbriefen und in der Apk erwähnt. Tit berichtet von Gemeinden in Dalmatien, Ignatius nennt in seinem Brief an die Philadelphier (11,1) eine christliche Gemeinde in Kilikien; und 1 Clem ebenso wie der Philipperbrief des Polykarp von Smyrna beweisen, daß die von Paulus in Korinth und in Philippi gegründeten Gemeinden blühen.

Arbeitsvorschlag

Feststellung der Verbreitung des Christentums aufgrund der Adresse des 1 Petr, der sieben Sendschreiben der Apk und der Ignatiusbriefe.

2. *Die theologischen Tendenzen*

1) Die geistige Verfassung der Kirche ist immer noch alles andere als einheitlich. Allerdings lassen sich gewisse Linien aufzeigen: Die (deutero)paulinische und die johanneische „Schule“, die synoptische Tradition. Aber eine geschichtliche kontinuierliche Linie läßt sich nur in der Nachfolge des Paulus – und auch da nur teilweise – verfolgen (über die Einzelheiten s. Lindemann [Literaturangaben]).

Allgemeines Kennzeichen der Schriften dieses Zeitraums ist es, daß der Gegensatz von Juden- und Heidenchristen keine Rolle mehr spielt; das zeigt vor allem das Beispiel des Eph. Die Kirche ist jetzt faktisch heidenchristlich bestimmt. Dementsprechend ist die Freiheit vom Gesetz – außer im Judenchristentum (s. o. S. 409) – nicht mehr bestritten; andererseits ist das Alte Testament als heilige Schrift eindeutig anerkannt. Den hierin liegenden teilweisen Widerspruch versuchen die urchristlichen Schriftsteller auf verschiedene Weise zu lösen: Mt entwickelt das Schema von Verheißung und Erfüllung, Hebr bringt die typologische Deutung des Alten Testaments zur Blüte; auch Barn deutet typologisch. 1 Clem versteht das AT als Buch ethischer Vorbilder. Das Kultgesetz ist von der christlichen Gemeinde vollständig abgestreift (vgl. den „westlichen" Text des Aposteldekrets; s. o. S. 426).

2) Ein zweites wichtiges Thema ist die Entwicklung der Eschatologie: 2 Thess, der von Paulus geschrieben sein will, wendet sich gegen eine überspannte Naherwartung, die – offenbar ebenfalls im Namen des Paulus – die „Parusieverzögerung" beklagt; aber es wäre falsch, die Bedeutung dieses Problems zu überschätzen. Eine umfassende Krise wurde durch das Ausbleiben der Parusie nämlich nicht ausgelöst; lediglich in 2 Thess und in 2 Petr sowie in einigen Aussagen der Synoptiker finden sich Spuren einer solchen Krise. Im ganzen aber wurde diese Krise vermieden, weil bestimmte theologische Neukonzeptionen auf den Plan traten. So setzt sich in der Theologie des Kol und vor allem des Eph eine weitgehende Ignorierung der zukunftsgerichteten Eschatologie durch, eine Ausschaltung des Zeitfaktors aus dem theologischen Denken. Hebr schafft zwischen der Parusieerwartung und der Erfahrung ihres Ausbleibens eine Synthese in seinem Bild vom wandernden Gottesvolk; Joh schließlich löst das Problem so, daß er die kosmologisch-apokalyptischen Elemente ganz aus der Theologie ausscheidet.

Andererseits aber wird durch die „Dehnung" der Zeit ein anderes Problem aufgeworfen: Wie verhält es sich mit den nach der Taufe begangenen Sünden? Kann es nach der Taufe noch eine zweite Sündenvergebung geben? Oder ist eine „zweite Buße" nicht mehr möglich? Das Problem wird im Hebr und im Herm erörtert und unterschiedlich gelöst: Hebr schließt die zweite Buße aus (s. o. S. 311 f.), Herm dagegen hält eine zweite Buße und Sündenvergebung (nicht jedoch eine dritte!) für möglich. 1 Joh und 1 Clem machen einen Unterschied zwischen vergebbaren und nicht-vergebbaren Sünden.

3) Die Past bemühen sich, Kirchenordnungen zu schaffen und zugleich die paulinische Tradition zu wahren. Im Schrifttum dieser Zeit findet sich verstärkt die Tendenz, in Abwehr der „Häresie" die Grundlagen des christlichen Glaubens herauszuarbeiten. Dabei steht aber noch gar nicht inhaltlich fest, was Rechtgläubigkeit und was Häresie ist (so die fundamentale These W. Bauers). Die verschiedenen theologischen Schulen und Richtungen wollen im Zuge des Aus-

baus des Traditionsbewußtseins das überkommene Erbe sammeln, wobei die Apostel als feste Größe der Vergangenheit angesehen werden, während die Autoren selbst sich bereits deutlich als dritte christliche Generation verstehen (vgl. vor allem Lk 1,1–4). Durch diese Sammlung und Aufarbeitung der Tradition werden im Zuge eines geschichtlichen Prozesses die Kriterien gewonnen, mit deren Hilfe man Rechtgläubigkeit und Häresie bestimmen zu können glaubt.

Es ist außerordentlich instruktiv, die synoptischen Evangelien als Dokumente dieser Entwicklung zu lesen. Hier wird das Bild Jesu bewußt entworfen als das des Lehrers; der Glaube wird bewußt an Jesu Geschichte gebunden, damit ein Maßstab für christliches Leben gegeben ist.

4) Auch in nachpaulinischer Zeit gibt es keine übergemeindliche Organisation. Einige Exegeten meinen jedoch, in den Past zeichne sich doch eine solche übergreifende Organisation in Gestalt einer Metropolitanverfassung ab: Timotheus und Titus sollen Bischöfe einsetzen – folglich seien sie selbst eine Art Erzbischöfe. Aber das kann man dem Text der Past nicht entnehmen: Von der Einrichtung einer übergreifenden *Organisation* ist nicht die Rede; tatsächlich sind Timotheus und Titus lediglich fiktive Repräsentanten der „apostolischen" paulinischen Tradition. Richtig ist aber, daß innerhalb der Gemeinden eine feste Ämterordnung an die Stelle der charismatischen Gemeindeleistung getreten ist. Das Amt der Ältesten z. B. setzt sich jetzt auch in den von Paulus gegründeten Gemeinden durch (lediglich die Did kennt noch keine Presbyter). Dagegen erscheint der monarchische Episkopat in den Past offenbar noch nicht; eindeutig ist erst bei Ignatius von ihm die Rede. Bei ihm findet sich auch die erste dreistufige Hierarchie, die Bischof, Presbyter und Diakonen in Form einer Rangordnung voneinander unterscheidet. Möglicherweise ist diese Hierarchie aber noch eher Wunsch des Ignatius als konkrete Wirklichkeit in den Gemeinden (so die These W. Bauers).

5) Wir kennen aus dieser Zeit eine Fülle innergemeindlicher Traditionen: Im Gottesdienst wird die Schrift (d. h. das AT) verlesen und in Paränese und Lehre ausgelegt (1 Tim 4,13); Gebete des Gottesdienstes sind in der Did und im 1 Clem überliefert. Die Liturgie der frühchristlichen Abendmahlsfeier kennen wir aus Did 9.10.14. Die Handauflegung ist inzwischen zu einer festen Sitte der Geistverleihung geworden (Apg 8,17; 1 Tim 4,14), und selbst das Fasten hat Eingang in die Kirche gefunden (Did 8). Charakteristisch für das Leben der Christen ist die Feier des ersten Tages der Woche (1 Kor

16,2; Apg 20,7; Aph 1,10; Did 14,1): Im Pliniusbrief an Trajan heißt es, die Christen versammelten sich an einem bestimmten Tag noch vor Tagesanbruch, um ihrem Gott Christus Lobgesang darzubringen; am selben Tag kämen sie noch einmal zusammen, um eine gemeinsame Mahlzeit einzunehmen.

Lektürevorschlag

Plinius' Brief an Kaiser Trajan (s. o. S. 398).

4) Häufig wird diese Epoche der Kirchengeschichte mit dem Schlagwort „Frühkatholizismus" belegt; dabei schwingt – jedenfalls im protestantischen Bereich – eine gewisse Abwertung mit. Was aber sind die Kriterien für die Anwendung dieses Begriffes? Ist der Amtsgedanke oder das Traditionsprinzip für sich allein genommen schon Kennzeichen des Frühkatholizismus?

Es empfiehlt sich, diesen Begriff – wenn überhaupt! – erst dann zu benutzen, wenn der Traditionsgedanke mit der Vorstellung der Amtssukzession verknüpft ist; und das ist erst im 1 Clem der Fall. Bei Ignatius zeigt sich darüber hinaus eine Bindung der Heilswirkung von Verkündigung und Sakrament an das Amt.

Arbeitsvorschlag

Lektüre von H. v. Campenhausen, Die Entstehung der christlichen Bibel, BHTh 39, 1968, 5–122; E. Käsemann, Paulus und der Frühkatholizismus, Ges. Aufs. II, 239–252.

§ 70 Die Kirche im Römischen Reich

Literatur: J. Moreau, Die Christenverfolgung im Römischen Reich, 1961; A. Wlosok, Rom und die Christen. Zur Auseinandersetzung zwischen Christentum und römischem Staat, 1970.

Das Christentum des 1. Jahrhunderts stellt sich den Griechen und Römern als eine der zahlreichen neuartigen Religionen dar, die von Osten kommend in den Westen einströmen (vgl. § 20). Von diesen Konkurrenten des Christentums werden im NT nur zwei erwähnt: Die Anhänger Johannes des Täufers, die diesen für den Offenbarer halten (Joh 1,6; 3,25 ff.), und Simon Magus (Apg 8). Simon trat als inkarnierter Gott auf und machte in Samaria und offenbar auch in

Rom großen Eindruck; die Apg stellt ihn als Gaukler dar – offenbar bewußt, um ihn herabzusetzen. Die Lehre Simons wurde später von seinen Anhängern zu einem der gnostischen Systeme entwickelt (simonianische Gnosis; Texte bei W. Foerster, Die Gnosis I, 39 ff.). Von anderen antiken Religionen – natürlich mit Ausnahme des Judentums – erfahren wir aus den frühen christlichen Schriften nur indirekt etwas. Zweifellos kennt Paulus einige Lehren der Mysterienreligionen (vgl. Röm 6); Kol steht in Auseinandersetzung mit frühen Formen der Gnosis, Eph hat einige ihrer Denkvorstellungen in sein theologisches System übernommen. Der heidnische Polytheismus ist in der Areopagrede (Apg 17,22–31), aber auch in 1 Kor 8,1 ff. vorausgesetzt; eine bewußte Auseinandersetzung mit ihm gibt es jedoch nicht.

Verhältnismäßig früh kommt es zu Christenverfolgungen, zunächst jedoch nicht im ganzen Römischen Reich, sondern nur in einzelnen Gebieten. Entsprechend sind Anlaß und Formen solcher Aktionen nicht einheitlich. Anfangs wird das Vorgehen gegen die Christen nicht von den staatlichen oder städtischen Behörden veranlaßt, sondern es handelt sich zunächst um reine Volkstumulte. So wird in Apg 19 als Motiv für die Wut auf die Christen die Geschäftsschädigung genannt, die das kultlose Christentum für die Devotionalienhändler in Ephesus bedeutete. Häufig geht die Aktion auch von Juden aus (so in Thessalonich). Sie weisen – nach der Darstellung der Apg – auf den politischen Aspekt hin, indem sie die Stellung des Kaisers ins Spiel bringen (Apg 17,7). Auf solche Anzeigen hin können sich die Behörden nicht mehr passiv abwartend verhalten, sondern müssen die Sache zumindest untersuchen. Das bedeutet aber zugleich: Für die römischen Behörden ist das Christentum kein religiöses, sondern ein politisches Problem. Ihnen liegt an der Sicherheit der römischen Herrschaft und vor allem an der Aufrechterhaltung der öffentlichen Ordnung, insbesondere in den großen Städten. Präzedenzfälle dafür sind frühere römische Maßnahmen gegen fremde Kulte, die als Aberglaube (superstitio) gelten (vgl. Sueton, Tiberius 36; Tacitus, Ann II 85). Plinius stellt in seinem Brief an Trajan die Frage, was überhaupt als das Strafbare am Christentum anzusehen sei: Das Christsein schon als solches (nomen ipsum), oder erst die Verbrechen, die mit ihm zusammenhängen (flagitia nomini cohaerentia). Das Antwortschreiben Trajans definiert die Rechtslage nicht theoretisch, sondern empfiehlt ein „Opportunitätsprinzip“: Die Behörden sollen nicht von sich aus auf die Suche nach Christen gehen. Werden Christen jedoch angezeigt und überführt, so sind sie zu bestrafen. Weist einer aber nach, daß er kein Christ ist, indem er die Götter verehrt, soll ihm nichts geschehen. Auf keinen Fall sollte man auf anonyme Anzeigen eingehen, denn dies entspräche nicht dem Geist der Epoche. Insgesamt bleibt also die Rechtslage nach wie vor unklar.

In der älteren Literatur wird gefragt, ob gegen die Christen durch formelles Kriminalverfahren aufgrund bestehender Gesetze oder durch polizeiliche coercitio, also praktisch aufgrund von Willkürakten vorgegangen worden sei. Diese Alternative paßt nicht zur tatsächlichen Rechtslage: Kaiser und Senat waren ja nicht an die bestehenden Gesetze gebunden, sondern konnten je nach der Lage neue Straftatbestände schaffen. Darüber hinaus ist zu berücksichtigen, daß die Jurisdiktion in den Provinzen auf dem Regierungsauftrag des Statthalters beruhte, also von dessen persönlicher Beurteilung der Situation abhing.

Grundsätzlich konnte ein Gericht die Christen erst dann einer Schuld überführen, wenn diese die Verehrung der staatlich verordneten Götter oder das Opfer vor dem Bild des Kaisers verweigerten. Allerdings darf man die Bedeutung des Kaiserkults in der Frühzeit nicht überschätzen: Im täglichen Leben spielt er zunächst kaum eine Rolle; und als unmittelbarer Grund für die Verfolgung der Christen ist er nur in der Apk angedeutet.

Die Behauptung, die Christen hätten das Bekenntnis κύριος καῖσαρ sprechen sollen, seien dem aber mit dem Bekenntnis κύριος Ἰησοῦς entgegengetreten, ist quellenmäßig nicht zu belegen (anders noch H. Conzelmann, Was glaubte die frühe Christenheit?, 1955, in: Ges. Aufs., 112).

Wenn Plinius in der von ihm verwalteten Provinz Pontus von den Christen ein Opfer verlangt, dann erwartet er dabei nicht ein Zeichen ihrer Loyalität gegenüber dem Staat, sondern ihren Abfall vom Christentum. Daher ist es für die Christen ausgeschlossen, dieses Opfer darzubringen.

Man kann insgesamt sagen, daß die Gemeinde ständig durch die Gefahr der Verfolgung bedroht ist, aber die konkreten Aktionen bleiben zeitlich und örtlich begrenzt. Die berühmte neronische Verfolgung nach dem Brand Roms (Tacitus Ann XV 44) trifft allein die Christen in der Hauptstadt; auch die römischen Maßnahmen unter Domitian (vgl. 1 Petr; Apk; 1 Clem) und Trajan (vgl. Ignatius) erstrecken sich keineswegs auf das ganze Reich, sondern im wesentlichen auf Pontus und Bithynien.

Ein wichtiges Problem ist auch in diesem Zusammenhang das Verhältnis zwischen Christentum und Judentum. Die Juden genießen ja bestimmte Privilegien (s. o. S. 159 f.); man muß deshalb fragen, ob die Christen nicht versuchen, diese Privilegien nun (auch) für sich in Anspruch zu nehmen – etwa mit dem Hinweis, sie seien das wahre Israel. Bisweilen wird die These geäußert, die Apg verfolge diese Tendenz, um auf diese Weise das Christentum dem römischen Staat zu empfehlen. Aber das ist nicht zu begründen. Die Umwelt hat die Sonderstellung der Christen gegenüber den Juden sehr früh erkannt (vgl. Apg 11,26) – eine christliche Apologetik in dieser Richtung wäre völlig vergeblich gewesen.

Lk argumentiert in der Apg gar nicht damit, daß die Christen das wahre Israel seien und deshalb Anspruch auf den Schutz durch die römischen Behörden hätten. Er betont vielmehr, daß das Christentum keine politischen Ansprüche erhebe und infolgedessen für Rom keine Gefahr darstelle. Dieselbe Tendenz zeigt sich auch im Gespräch Jesu mit Pilatus Joh 18,28–40.

Die Reaktion der Christen auf die Verfolgung entspricht ihrem Bekenntnis: Norm ihres Verhaltens ist einerseits der Tod und die Auferstehung Jesu, andererseits die Eschatologie. Die Welt geht ihrem Ende entgegen; sie ist der Ort, wo die Wahrheit verfolgt wird. Die Christen hoffen auf die Parusie ihres Herrn und auf die künftige Auferstehung. Daher ist das Neue Testament durchzogen von dem Gedanken „Freude im Leiden" – ja sogar gesteigert: Freude über das Leiden. So wird in der Stephanusrede (Apg 7), in der Apk und dann später bei Ignatius und vor allem in den Märtyrerakten des 2. Jahrhunderts die Idee des Martyriums als des von Gott verordneten Leidens entwickelt. Das bedeutet jedoch nicht, daß das Martyrium gesucht wird. Aber die Nachfolge Jesu bedeutet für die Christen faktisch die Übernahme des Leidens Jesu (vgl. Mk 8,27–9,1), was sogar als feste Regel formuliert werden kann (Apg 14,22). Ein klassisches Dokument des christlichen Verhaltens in dieser Lage ist die Aussendungsrede Mt 10 (vor allem V. 23).

Ein geistiger oder gar bewaffneter Widerstand gegen Rom ist den Christen durch ihren Glauben verwehrt. 1 Petr fordert gerade angesichts der Verfolgung den Gehorsam gegen die Obrigkeit; 1 Clem fordert in derselben Lage das Gebet für die Obrigkeit. Einziges Mittel der Verteidigung ist der Nachweis, daß die Christen objektiv unschuldig sind und zu Unrecht verfolgt werden. Außerdem beten die Christen um den Schutz vor der Verfolgung.

NAMEN- UND SACHREGISTER

STELLENREGISTER
(Neues Testament)

Aufgeführt sind vor allem solche Textstellen, auf die ausführlicher eingegangen wird; Texte, die in Teil III (Übersicht über die neutestamentlichen Schriften) referiert werden, sind nur in besonderen Fällen im Register verzeichnet. Zu außerneutestamentlichen Texten s. das Namen- und Sachregister.

21. Wilhelm Rudolph: Chronikbücher. 1955. XXVI, 338 Seiten. Kart. DM 48.–, Hln. DM 54.–

Textbuch zur Geschichte Israels
In Verbindung mit Elmar Edel und Riekele Borger hrsg. von Kurt Galling. 3. Auflage 1979. XII, 109 Seiten. 1 Faltkarte. Studienausgabe kart. DM 24.–

Neues Testament

Hans Conzelmann
Die Mitte der Zeit
Studien zur Theologie des Lukas. 6. Auflage, unveränderter Nachdruck der 4., verbesserten und ergänzten Auflage 1977. VIII, 242 Seiten. (Beiträge zur historischen Theologie 17).Ln. DM 48.–

Oscar Cullmann
Jesus und die Revolutionären seiner Zeit
Gottesdienst, Gesellschaft, Politik. 2., unveränderte Aufl. 1970. 82 Seiten. Kart. DM 5.80

Oscar Cullmann
Der johanneische Kreis
Sein Platz im Spätjudentum, in der Jüngerschaft Jesu und im Urchristentum. Zum Ursprung des Johannesevangeliums. 1975. XII, 111 Seiten. Kart. DM 14.80

Martin Dibelius
Die Formgeschichte des Evangeliums
6. Auflage. Mit einem erweiterten Nachtrag von Gerhard Iber. Hrsg. von Günther Bornkamm. 1971. V, 329 Seiten. Ln. DM 26.–

Ernst Haenchen
Das Johannesevangelium
Ein Kommentar. Aus den nachgelassenen Manuskripten herausgegeben von Ulrich Busse. 1980. XXXIV, 614 Seiten. Ln. DM 118.–

Handbuch zum Neuen Testament
Hrsg. von Günther Bornkamm

2. Paul Wendland: Die hellenistisch-römische Kultur in ihren Beziehungen zum Judentum und Christentum. 4., erw. A. 1972. VIII, 284 Seiten. Kart. DM 45.–, Hln. DM 50.–

3. Erich Klostermann: Das Markusevangelium. Nachdruck in Vorbereitung.

4. Erich Klostermann: Das Matthäusevangelium. Nachdruck in Vorbereitung.

5. Erich Klostermann: Das Lukasevangelium. 3. A. 1975. VII, 246 Seiten. Hln. DM 44.–

7. Hans Conzelmann: Die Apostelgeschichte. 2., verb. A. 1972. IV, 168 Seiten. Kart. DM 23.–, Hln. DM 28.–

8. Hans Lietzmann: An die Römer. Einführung in die Textgeschichte

Studienausgabe kart. ca. DM 52.–, Ln. ca. DM 80.–

Helmut Thielicke
Der Evangelische Glaube
Grundzüge der Dogmatik

Band 1: Prolegomena. Die Beziehung der Theologie zu den Denkformen der Neuzeit. 1968. XX, 611 Seiten. Kart. DM 58.–, Ln. DM 64.–

Band 2: Gotteslehre und Christologie. 1973. XIX, 585 Seiten. Kart. DM 64.–, Ln. DM 72.–

Band 3: Theologie des Geistes. 1978. XXIV, 648 Seiten. Ln. DM 98.–

Helmut Thielicke
Theologische Ethik
Band I: Prinzipienlehre. Dogmatische, philosophische und kontroverstheologische Grundlegung. 5. Auflage, unveränderter Nachdruck der 4., durchgesehenen Auflage. 1981. XIX, 746 Seiten. Ln. DM 98.–

Band II/1: Entfaltung. 1. Teil. Mensch und Welt. 4. A. 1973. XXII, 644 Seiten. Ln. DM 98.–

Band II/2: Entfaltung. 2. Teil. Ethik des Politischen. 3. A. 1974. XXIV, 787 Seiten. Ln. DM 98.–

Band III: Entfaltung. 3. Teil. Ethik der Gesellschaft, des Rechtes, der Sexualität und der Kunst.2. A. 1968. XXXV, 972 Seiten. Ln. DM 98.–

Kirchen- und Dogmengeschichte

Hans Frhr.von Campenhausen
Die Entstehung der christlichen Bibel
(Beiträge zur historischen Theologie 39). Neuauflage in Vorbereitung.

Hans Frhr. von Campenhausen
Urchristliches und Altkirchliches
Vorträge und Aufsätze. 1979. VII, 360 Seiten. Ln. DM 98.–

Gerhard Ebeling
Luther
Einführung in sein Denken. 4., durchgesehene Auflage 1981. X, 321 Seiten. (UTB 1090) Kart. DM 22.80

Gerhard Ebeling
Lutherstudien
Band 1. 1971. XII, 341 Seiten. Kart. DM 32.50, Ln. DM 39.–

Gerhard Ebeling
Disputatio de Homine
Erster Teil: Text und Traditionshintergrund. 1977. XII, 225 Seiten. (Lutherstudien II/1). Ln. DM 69.–

Karl Heussi
Kompendium der Kirchengeschichte
16. Auflage, unveränderter Nachdruck der 13. Auflage 1981. XII,